Die Rolle und Funktionsweise
der Europäischen Kommission in der Ära Delors

# Europäische Hochschulschriften
Publications Universitaires Européennes
European University Studies

**Reihe XXXI**
**Politikwissenschaft**

Série XXXI Series XXXI
Sciences politiques
Political Science

**Bd./Vol. 400**

PETER LANG
Frankfurt am Main · Berlin · Bern · Bruxelles · New York · Wien

Dietrich Rometsch

# Die Rolle und Funktionsweise der Europäischen Kommission in der Ära Delors

PETER LANG
Europäischer Verlag der Wissenschaften

Die Deutsche Bibliothek - CIP-Einheitsaufnahme

Rometsch, Dietrich:

Die Rolle und Funktionsweise der Europäischen Kommission in der Ära Delors / Dietrich Rometsch. - Frankfurt am Main ; Berlin ; Bern ; Bruxelles ; New York ; Wien : Lang, 1999
(Europäische Hochschulschriften : Reihe 31, Politikwissenschaft ; Bd. 400)
Zugl.: Tübingen, Univ., Diss., 1999
ISBN 3-631-35514-9

D 21
ISSN 0721-3654
ISBN 3-631-35514-9

*Meinen Eltern*
*und Ursula*

“Die tragischen Ereignisse, die wir erlebt haben und die uns noch heute vor Augen stehen, haben uns vielleicht klüger gemacht. Aber die Menschen vergehen, und andere werden an unsere Stelle treten. Was wir ihnen hinterlassen können, wird nicht unsere persönliche Erfahrung sein. ... Was wir ihnen hinterlassen können, sind Institutionen. Institutionen leben länger als Menschen, und Institutionen können somit, wenn sie gut aufgebaut sind, die Klugheit der aufeinanderfolgenden Generationen aufspeichern und weitergeben.”

Jean Monnet, Ansprache anläßlich der ersten Tagung der Gemeinsamen Versammlung am 10. September 1952 in Straßburg, S. 30

“L'expérience de chaque homme se recommence. Seules les institutions deviennent plus sages; elles accumulent l'expérience collective et, de cette expérience et de cette sagesse, les hommes soumis aux mêmes règles verront non pas leur nature se changer, mais leur comportement graduellement se transformer”.

Jean Monnet, Les Etats-Unis d'Europe ont commencé, Paris 1955, S. 44

“Dès maintenant, la Commission veut instaurer un dynamisme de la décision et de l'action, rendre sens et efficacité au trilogue institutionnel. Elle a la volonté de saisir à plein bras ses responsabilités, d'élargir ses possibilités d'exécution dans le cadre des responsabilités qu'elle demandera au Conseil des ministres. La Commission prendra ses risques. ... La Commission doit en quelque sorte jouer le rôle central d'ingénierie de la construction européenne”.

Jacques Delors, Investiturrede vor dem Europäischen Parlament in Straßburg am 14. Januar 1985

## VORWORT

Kaum eine politische Institution ist wie die Europäische Kommission "gefeiert" und gleichzeitig "verdammt" worden. Dieses Phänomen und die Tatsache, daß die Europäische Kommission von zentraler Bedeutung für den europäischen Integrationsprozeß ist, macht den besonderen Reiz aus, sich mit dieser Institution näher zu befassen. Die Untersuchung der beiden Kommissionspräsidentschaften von Jacques Delors von 1985 bis 1992 lag insofern nahe, als gerade diese Periode ein besonders faszinierendes Beispiel für die umstrittene und manchmal auch widersprüchliche Rollen- und Funktionswahrnehmung der Europäischen Kommission darstellte. Um so erstaunlicher war (und ist), daß bislang kaum deutschsprachige Arbeiten zur (Delors-)Kommission vorliegen. Es ist zu hoffen, daß diese Veröffentlichung dazu beiträgt, daß eine rege wissenschaftliche Auseinandersetzung mit der Europäischen Kommission stattfindet.

Die vorliegende Studie stellt die überarbeitete und ergänzte Fassung des im März 1997 abgeschlossenen Manuskripts dar. Die Dissertation wurde im Sommer 1998 an der Fakultät für Sozial- und Verhaltenswissenschaften der Universität Tübingen eingereicht. Um die Authentizität der bei der Erstellung des Manukripts benutzten EG/EU-Vertragstexte zu wahren, wurde auf eine Umschreibung der Artikelbezeichnungen gemäß dem am 1. Mai 1999 in Kraft getretenen Vertrag von Amsterdam verzichtet.

Die Arbeit erhielt wichtige Impulse durch das von Prof. Dr. Gerhard Göhler geleitete DFG-Schwerpunktprogramm "Theorie politischer Institutionen", an dem der Autor von 1992 bis 1995 im Rahmen zweier am Institut für Europäische Politik in Bonn durchgeführten Projekte mitwirkte. Besonderer Dank gilt Prof. Dr. Wolfgang Wessels, Universität zu Köln, der kritischer Lehrer und zugleich Mentor war. Zu besonderem Dank bin ich auch Prof. Dr. Rudolf Hrbek, Universität Tübingen, verpflichtet, der mich in jeder Phase der Entstehung der Arbeit unterstützte. Die Arbeit wäre nicht zustande gekommen ohne die großzügige Hilfe der Fondation Robert Schuman in Paris und das Kulturwissenschaftliche Institut in Essen, für die ich mich an dieser Stelle sehr bedanke. Last but not least möchte ich mich bei allen Interviewpartnerinnen und –partnern für die mir entgegengebrachte Zeit und Geduld bedanken. Sie sind im Anhang namentlich aufgeführt. Von den zahlreichen Freunden und Bekannten, die mich unterstützten und denen mein herzlicher Dank gilt, möchte ich besonders Franco Algieri und Janis Emmanouilidis erwähnen, die in vielerlei Hinsicht wichtige Diskussionspartner für mich waren.

Brüssel, Juli 1999 Dietrich Rometsch

## Inhaltsverzeichnis

## Verzeichnis der Schaubilder und Tabellen

## Abkürzungsverzeichnis

| | |
|---|---|
| Abl. | Amtsblatt |
| BRITE | Basic Research in Industrial Technologies for Europe |
| BSP | Bruttosozialprodukt |
| CEEP | Conseil européen des entreprises publiques (Zentralverband der öffentlichen Wirtschaft) |
| ECHO | European Humanitarian Aid Office (Amt für humanitäre Hilfen der Europäischen Gemeinschaft) |
| EEA | Einheitliche Europäische Akte |
| EG | Europäische Gemeinschaft |
| EGB | Europäischer Gewerkschaftsbund |
| EGV | EG-Vertrag (in der Fassung vom 7. Februar 1992) |
| EP | Europäisches Parlament |
| ESPRIT | European Strategic Programme for Research in Information Technology (Europäisches Forschungsprogramm im Bereich der Informationstechnologie) |
| EU | Europäische Union |
| EUREKA | European Research Coordination Agency (Agentur für europäische Forschungskoordination) |
| EUV | Vertrag über die Europäische Union (in der Fassung vom 7. Februar 1992) |
| EWGV | EG-Vertrag (in der Fassung vor dem Inkrafttreten der Einheitlichen Europäischen Akte am 1.7.1987) |
| EWI | Europäisches Währungsinstitut |
| EWS | Europäisches Währungssystem |
| EZBS | Europäisches Zentralbanksystem |
| FAZ | Frankfurter Allgemeine Zeitung |
| Fn | Fußnote |
| FusV | Vertrag zur Einsetzung eines gemeinsamen Rates und einer gemeinsamen Kommission der Europäischen Gemeinschaften (sog. Fusionsvertrag) vom 8.4.1965 (Inkrafttretung am 1.7.1967) |
| GASP | Gemeinsame Außen- und Sicherheitspolitik |
| GATT | General Agreement on Tariffs and Trade (Allgemeines Zoll- und Handelsabkommen) |
| GD | Generaldirektion |
| IMP | Integrierte Mittelmeerprogramme |

| | |
|---|---|
| NATO | North Atlantic Treaty Organization (Nordatlantikpakt-Organisation) |
| PU | Politische Union |
| RACE | Research and Development in Advanced Communications Technologies for Europe (Europäisches Forschungs- und Entwicklungsprogramm im Bereich der Fernmeldetechnik) |
| START | Strategic Arms Reduction Talks (Gespräche über die Reduzierung strategischer Rüstung) |
| UNICE | Union des Confédérations de l'Industrie et des Employeurs d'Europe (Union der Industrie- und Arbeitgeberverbände Europas) |
| Verf. | Verfasser |
| WEU | Westeuropäische Union |
| WSA | Wirtschafts- und Sozialausschuß |
| WWU | Wirtschafts- und Währungsunion |
| ZJIP | Zusammenarbeit in der Justiz- und Innenpolitik |

# Teil I: Die Europäische Kommission als Objekt der Theorie politischer Institutionen

## Einleitung: Europäische Kommission und europäischer Integrationsprozeß

Die Europäische Kommission ist neben dem Europäischen Parlament, dem Ministerrat, dem Europäischen Rat und dem Europäischen Gerichtshof eine der zentralen Institutionen der Europäischen Gemeinschaft/Europäischen Union (EG/EU).[1] In der politik- und rechtswissenschaftlichen Literatur wird — basierend auf dem Vertrag von Rom, der durch die Einheitliche Europäische Akte (EEA) und den Vertrag zur Europäischen Union ergänzt und erweitert wurde — zusammengefaßt im wesentlichen zwischen den folgenden fünf Funktionen der Kommission unterschieden (Coombes 1970: 78ff.; Hallstein 1974: 58; Nicolaysen: 1979: 30; Lasok/Bridge 1982: 166ff.; Oppermann 1991: 117ff.; Schumann 1992: 40f.; Beutler/Bieber/Piepkorn/Streil 1993: 140f.; Noël 1993: 15): 1) die Kommission ist "Hüterin der Verträge"; 2) die Kommission ist die "Initiatorin" der EG-Rechtsetzung; 3) die Kommission vertritt das Gemeinschaftsinteresse im Rat und spielt die Rolle der "Vermittlerin" zwischen den Mitgliedstaaten; 4) die Kommission ist das "Exekutivorgan" der Gemeinschaft; 5) die Kommission ist "Repräsentantin" gegenüber Drittstaaten und internationalen Organisationen. Vor allem die zweite und die fünfte Funktion durchliefen in den vergangenen zwei Jahrzehnten eine bemerkenswerte Entwicklung — erstere im Zusammenhang mit der Realisierung des Binnenmarktes (Cecchini 1988; Jacquemin/Sapir 1989) und zweitere im Zusammenhang mit der wachsenden Aufmerksamkeit, die der Kommission in der internationalen Politik zuteil wurde (Nuttall 1989, 1990 und 1994).

Der erste EWG-Kommissionspräsident, Walter Hallstein, stellte an den Anfang seiner Ausführungen zur Kommission ihre Aufgabe, das "Gemeinschaftsinteresse ... nach innen ... und nach außen" zu vertreten (Hallstein 1974: 58). Zu diesem Zweck,

---

[1] In all den Fällen, in denen Bezug genommen wird auf die Zeit *vor* der Ratifizierung des Maastrichter Vertrages zur Europäischen Union (d.h. auf Ereignisse, Literaturhinweise, Einschätzungen etc. vor dem 1.11.1993) oder in den Fällen, in denen sich der Sinn einer Aussage lediglich auf den ersten Pfeiler des Vertrags über die Europäische Union bezieht (d.h. im wesentlichen auf die Institutionen, Verfahren und die Wirtschafts- und Währungsunion), wird der Begriff "Europäische Gemeinschaft" bzw. die Abkürzung "EG" verwendet. Der Begriff "Europäische Union" bzw. die Abkürzung "EU" wird verwendet, wenn sich der Sinn eines Satzes auf die Zeit *nach* der Ratifizierung des Maastrichter Vertrages bezieht oder in den Fällen, in denen die zweite und dritte Säule oder alle drei Säulen gemeinsam angesprochen sind; die Bezeichnung "Gemeinschaft/Union" bzw. die Abkürzung "EG/EU" wird dann verwendet, wenn sich beide Varianten überschneiden.

so Hallstein, bedürfe die Kommission der Unabhängigkeit von den Regierungen der Mitgliedstaaten. Daraus können zwei wesentliche Eigenschaften der Kommission abgeleitet werden, die in der Literatur zur Europäischen Kommission immer wieder betont werden: Erstens ist die Kommission neben dem Europäischen Parlament und dem Europäischen Gerichtshof das einzige wirklich "supranationale" Organ der Gemeinschaft (Constantinesco 1977: 373; Nicolaysen 1979: 29; Holland 1993: 91; Dinan 1994: 200); zweitens ist sie aufgrund ihrer spezifischen Rechte und Befugnisse ein "dynamisches Element" im europäischen Integrationsprozeß (Jansen/Weidenfeld 1973: 54; Ludlow 1991: 85f.; Schmitt von Sydow 1991: 4321).

Vor diesem Hintergrund scheint die Untersuchung der Europäischen Kommission für das Verständnis des Integrationsprozesses insgesamt ergiebig zu sein. Tatsächlich ist zu beobachten, daß in Zeiten einer "starken Kommission", wie etwa während der Aufbaujahre unter Walter Hallstein, auch der europäische Einigungsprozeß große Fortschritte machte. Als die Kommission in den 70er und 80er Jahren in den Hintergrund trat, schwächte sich auch die Dynamik des Integrationsprozesses ab. Erst die Ernennung Jacques Delors' zum Präsidenten der Europäischen Kommission und die Lancierung des Binnenmarktprogramms beendeten die Phase der "Eurosklerose" und verhalfen der Gemeinschaftsentwicklung zu einer neuen Dynamik. Der Fortgang des europäischen Einigungsprozesses und die Rolle der Kommission wurden in bestimmten Phasen ferner durch das Wechselspiel zwischen den EG-Institutionen nachhaltig geprägt: Da die Ausweitung der Machtbefugnisse der Kommission nicht den Vorstellungen de Gaulles entsprach (Loth 1995), wurde in den 60er Jahren der Rat durch die sog. "Politik des leeren Stuhls" blockiert (Rometsch 1993a). Die Konflikte zwischen Rat und Europäischem Parlament bei der Verabschiedung des Haushalts der Gemeinschaft, die den europäischen Einigungsprozeß Ende der 70er und Anfang der 80er Jahre zum Stagnieren brachten, konnten erst auf Initiative der Kommission durch das sog. "Delors-I-Paket" und die Einführung der finanziellen Vorausschau beigelegt werden. Der Fortgang des europäischen Einigungsprozesses wurde somit sowohl von partnerschaftlichen als auch von rivalisierenden Elementen zwischen den Institutionen geprägt, in deren Zentrum vielfach die Europäische Kommission stand (Rometsch/Wessels 1994; Westlake 1994).

Trotz — oder vielleicht gerade wegen — dieser zentralen integrationspolitischen Rolle wurde und wird der Kommission sowohl in der breiteren Öffentlichkeit[2] als

---

[2] Hier nur der Verweis auf eine kleine Auswahl von Kommentaren, die in der deutschen und englischen Presse zur Kommission zu finden sind (in Anlehnung an Rometsch/Wessels 1997): Erich Hauser: "Im Schußfeld: Die EG-Bürokratie. Verdienen 'Eurokraten' mehr als der Bundeskanzler?", in: Generalanzeiger v. 17.11.1984; Rudolf Wagner: "Sieben Sprachen — ein teurer Luxus", in: Die Zeit v. 10.5.1985; "Das Essen ist gut — aber sonst. Frust macht sich bei

auch in der Fachliteratur zum Teil heftige Kritik entgegengebracht. Die Kommission wird mit Begriffen belegt wie "Eurokratie", "Elfenbeinturm" (Fischer 1976: 717 und 723), "europäische Technokratie" oder "bureaucratic branch ... [...] ... interested in power and prestige" (Vaubel 1993: 45), ohne daß dabei eine differenziertere Betrachtung stattfindet, nach einzelnen Politikbereichen unterschieden wird und die sich wandelnde Rolle der Kommission im Verlauf der europäischen Einigung Berücksichtigung findet. Die Kommission wird in diesem Zusammenhang vielfach auch zum "Sündenbock" für Fehlentwicklungen, die sich auf nationaler und europäischer Ebene vollziehen. Dies scheint dabei um so leichter zu fallen, als die Öffentlichkeitsarbeit der Kommission bzw. generell das Verhältnis zwischen Kommission und öffentlicher Meinung problematisch ist. Es scheint somit, verkürzt ausgedrückt, eine Dilemma vorzuliegen zwischen der tatsächlichen, im wesentlichen auf den Verträgen beruhenden Rolle und Funktion der Kommission und der Rolle und Funktion, die der Kommission in der öffentlichen Wahrnehmung und in Teilen der wissenschaftlichen Debatte zugeschrieben wird. Die vorliegende Studie nimmt dieses Dilemma zum Ausgangspunkt, das auch vor einer der erfolgreichsten Phasen der Entwicklung der europäischen Integration, der Kommissionspräsidentschaft von Jacques Delors, nicht halt gemacht hat. Ziel ist es, die Europäischen Kommission in der Ära Delors einer empirischen Untersuchung zu unterziehen und dadurch zu einem breiteren Verständnis ihrer Rolle und Funktionsweise beizutragen.

Der weitere Integrationsprozeß und die Lösung der anstehenden Aufgaben der Gemeinschaft (Erweiterung der Union, Realisierung der Wirtschafts- und Währungsunion, Heranführung Mittel- und Osteuropas etc.) werden im wesentlich davon abhängen, inwieweit das institutionelle Gefüge der Gemeinschaft als Ganzes funktionsfähig bleibt und über effizient arbeitende Einzelinstitutionen verfügt, die die an sie übertragenen — und von ihnen erwarteten — Aufgaben und Funktionen erfüllen. Dies war auch das zentrale Thema der Regierungskonferenz 1996 (Weidenfeld 1995; Jopp/Schmuck 1996; Hrbek 1997), bei der es — letztlich mit geringem Erfolg — im wesentlich darum ging, die bestehenden Institutionen und Entscheidungsverfahren zu reformieren. Mit dem Rücktritt der Kommission im

---

10 000 EG-Beamten in Brüssel breit: Flucht in Liebelei und Alkohol, in: Stuttgarter Zeitrung v. 4.11.1985; "Rollt eure Matten. Europas Luxusbeamte fürchten um ihre Pfründe und drohen mit Streik — einige EG-Länder wollen ihnen an die Privilegien", Der Spiegel, Nr. 23, 1991, S. 183—186; "A View from the Brussels Boiler-Room", The Economist, 1.6.1991, S. 28; Sarah Lambert: "Bureaucrats who lie low in Brussels", in: The Independent v. 20.6.1992, S. 10; "Official — it's a mad, mad, mad, mad world", in: The Times v. 27.6.1992, S. 12; Lionel Barber: "The towering bureaucracy. The case for streamlining the European Commission appears overwhelming", in: Financial Times v. 21.6.1993, S. 15; "The European Commission is, at the best of times, a conspiratorial and Byzantine institution", in: The Independent v. 25.2.1994.

März 1999 ist die Herstellung eines effizient arbeitenden Verwaltungsapparats in Brüssel bzw. die Frage der Reform des institutionellen Gefüges der EU insgesamt erneut und mit großer Dringlichkeit auf die Tagesordnung gekommen. Der Amsterdamer Vertrag hat die spezifischen Rechte und Zuständigkeiten der Kommission beibehalten bzw. durch die schrittweise Übernahme der Innen- und Justizpolitik in den Bereich der Gemeinschaftskompetenz sogar geringfügig erweitert (Rometsch 1998a). Somit ist zu erwarten, daß die Kommission — zumindest bis auf weiteres — auch weiterhin als Initiativ- und Exekutivorgan von EG-Beschlüssen und als Vertretungsorgan nach außen eine zentrale Rolle spielen wird. Die Fortschritte, die der europäische Einigungsprozeß künftig machen wird und die Problemlösungen, die für die verschiedenen internen und externen Herausforderungen der Gemeinschaft/Union gefunden werden, werden über die Vertragsbestimmungen hinaus auch ganz wesentlich davon abhängen, inwieweit die Kommission ihre besondere Rolle als "Ideenschmiede" und "Konsensstifterin" erfüllt. Die innere Struktur und Funktionsweise der Kommission, aber auch das funktionierende Zusammenspiel der Kommission mit den anderen EG-Institutionen und den nationalen Verwaltungen im EG/EU-Entscheidungsprozeß, werden hierfür von zentraler Bedeutung sein.

Aus dieser Perspektive ist der "institutionelle Faktor" ein bestimmendes Element für den europäischen Einigungsprozesses. Verkürzt ausgedrückt könnte man sagen: "Institutionen bestimmen (Europa)Politik"; oder in einem allgemeineren Sinne, der für die Politikwissenschaft seit Beginn der 80er Jahre von immer größer werdendem Interesse ist: "institutions (do really) matter" (Keck 1991: 637; Göhler 1994: 7) bzw. "institutions make a difference" (Kerremans 1996). Welche Rolle haben nun Institutionen in der jüngeren europapolitischen Forschung gespielt?

## 1. Forschungsstand

### 1.1 Institutionen in der Integrationsforschung

Die politikwissenschaftliche Forschung zu Fragen der europäischen Integration hat sich in den 1970er und 80er Jahren sehr intensiv mit einzelnen Politikfeldern beschäftigt. Nachdem integrationstheoretische Arbeiten der 1950er und 60er Jahre, die unter den Bezeichnungen "Funktionalismus" (Mitrany 1943 und 1966), "Kommunikationstheorie" bzw. "Transaktionismus" (Deutsch 1957, 1964, 1967a und 1967b) und "Neofunktionalismus" bekannt geworden waren (Haas 1968; Lindberg/Scheingold 1970), sich als wenig haltbar erwiesen hatten, erschien die "Policy-Forschung" oder "Politikfeldforschung" als ein geeigneter Ansatz, um die Handlungen der Gemeinschaft in einem zunehmend komplexer werdenden System von Akteuren, Verfahren und Politikinhalten zu analysieren. Daß dabei auch die Arbeiten zu den Theorien der europäischen Integration — zumindest idealtypisch — genutzt wurden (Webb 1983), schien dem Anliegen keinen Abbruch zu tun, daß fortan nicht die Erklärung und Abstrahierung der Entwicklung des (gesamten) europäischen Integrationsprozesses im Vordergrund stand, sondern die Handlungsweisen, Inhalte und das Zustandekommen (bzw. das Nicht-Zustandekommen) von Entscheidungen in einzelnen Politiksektoren. Der Vorteil dieser Forschungsrichtung lag unter anderem darin, daß durch sie die Dynamik der Gemeinschaftsentwicklung und die Komplexität des Policy-Zyklus in der EG direkt aufgegriffen werden konnten und die Übertragung neuer Politikbereiche auf die europäische Ebene zu neuen gesonderten Feldforschungen führte (Außen- und Sicherheitspolitik: Holland 1987; Regelsberger 1993; Technologiepolitik: Peterson 1991; Umweltpolitik: Jachtenfuchs/Strübel 1992; Innen- und Justizpolitik: Monar/Ungerer/Wessels 1993 etc., um beispielhaft nur einige wenige zu nennen). Auf diese Art und Weise konnten die Auswirkungen des Integrationsprozesses auf eine Reihe von spezifischen Politikfeldern zum Teil sehr detailliert untersucht werden. Der Nachteil dieser Forschungsrichtung lag darin, daß spezifische institutionelle Fragestellungen — etwa zur Rolle der zwischenparlamentarischen Zusammenarbeit bei der Behebung der Legitimationsproblematik der EG/EU, die Frage der Demokratisierung der EG/EU durch die Herausbildung von europäischen Parteien oder die Frage nach der "Gatekeeper-Rolle" des Rates/Europäischen Rates im Entscheidungsprozeß der EG/EU — unberücksichtigt blieben bzw. nur am Rande behandelt wurden und damit verallgemeinerbare Aussagen zum Charakter, zur Funktionsweise und zur künftigen Entwicklung des politischen Systems der EG/EU ausblieben.

Aus der Sicht der Politikfeldforschung sind — verkürzt ausgedrückt — die einzelnen EG-Institutionen Teil einer komplexen und nahezu undurchdringlichen "black box", in der eine Vielzahl von nationalen und europäischen Akteuren im Entscheidungszyklus[3] miteinander interagieren und in unterschiedlicher Weise und Intensität am Zustandekommen von sektorspezifischen Beschlüssen beteiligt sind, ohne daß die Besonderheiten der EG-Institutionen bzw. deren interinstitutionelle Beziehungen im Vordergrund stehen. Sowohl die inneren als auch die äußeren Bedingungen ihrer Handlungsweise in einem demokratischen Gemeinwesen werden weitgehend ausgeblendet. Im wesentlichen geht es um den an Hand eines Phasenmodells empirisch nachzuweisenden Befund über das Zustandekommen von Entscheidungen bzw. auch nur von einer Entscheidung in einem spezifischen

3 Bei der Beschreibung des Politikzyklus werden mindestens vier Phasen unterschieden: die Phase der Problemdefinition, die Phase der Politikformulierung, die Phase der Politikimplementation und die Phase der Politikterminierung/-neuformulierung; letztere wird auch als Evaluation/Feedback-Loop Phase bezeichnet (vgl. Schumann 1992: 17ff.; Héritier 1993a: 9).

Politikfeld (z.B die Milchquotenregelung, vgl. Schumann 1992). Es fehlen somit weiterführende generalisierbare Aussagen zur institutionellen Eigen- und Entwicklungsdynamik der EG/EU. Hinzu kommt, daß die Policy-Analyse bzw. die Politikfeldforschung — von wenigen Ausnahmen abgesehen, die mit dem weiterführenden Begriff des “Policy-Netzwerks” operieren (Schumann 1992 und 1993; Héritier 1993a) — weniger das Anliegen verfolgt und weniger dazu Anlaß gibt, die theoretische Beschäftigung mit dem europäischen Integrationsprozeß bzw. die Erklärung der Gemeinschaftsentwicklung aus theoretischer Perspektive voranzutreiben, sondern im wesentlichen in einer — in ihrer theoretischen wie empirischen Reichweite — begrenzten Sektoranalyse verhaftet bleibt.

Zwar hat die bisherige Policy-Analyse die Rolle von Institutionen in ihrem Untersuchungsraster mit berücksichtigt (Schumann 1992: 8ff.), jedoch werden sie weitgehend nur als institutionelle Rahmenbedingungen und damit als recht statische Elemente betrachtet. Im Zentrum des Interesses der Policy-Analyse steht die Beschäftigung mit den Politikinhalten und dabei die Frage nach dem “Was” und “Warum”, die mittels einer Zyklus-orientierten Analyse untersucht werden. Das Verdienst der Weiterentwicklung der Policy-Analyse zur Policy-Netzwerk Analyse zu Beginn der 90er Jahre besteht vor allem darin, daß sie Institutionen bzw. den “institutionell gesetzte[n] Grenzen” (Héritier 1993a: 16) einen breiteren Raum gibt und damit die Vernachlässigung politisch-institutioneller Faktoren staatlichen bzw. suprastaatlichen Handelns zumindest teilweise aufgehoben wird.

Parallel dazu sind im Laufe der 80er Jahre politische Institutionen in der deutschen Politikwissenschaft wieder verstärkt in den Mittelpunkt des Interesses gerückt (Göhler 1987; Göhler/Lenk/Münkler/Walther 1990) und haben u.a. die Deutsche Forschungsgemeinschaft Anfang der 90er Jahre dazu veranlaßt, ein eigenes Schwerpunktprogramm “Theorie politischer Institutionen” einzurichten. Aus diesem Schwerpunktprogramm sind unter anderem empirische Untersuchungen in den EU-Mitgliedstaaten zur Verflechtung von nationalen und europäischen Institutionen hervorgegangen, die — so die Kernthese der Studie — als “institutionelle Fusion” bezeichnet werden kann, ohne daß sich daraus die Entstehung eines bestimmten institutionellen Modells in den EU-Mitgliedstaaten oder eines staatsähnlichen Institutionensystems auf europäischer Ebene ableiten läßt (Rometsch/Wessels 1996).

Auch in der neueren Korporatismusdebatte sind Institutionen — gleichwohl unter anderen Vorzeichen und mit einer anderen Gewichtung — Teil der Diskussion geworden. Diese Debatte weist darauf hin, daß für das Handeln von Verbänden unter anderem die institutionellen Bedingungen bestimmend sind, d.h. die Einflußnahme des politischen Institutionensystems auf die Organisation von

Interessen (Streeck 1994: 13f.). Dies trifft auch auf das Verhältnis von supranationalen Institutionen und Interessenverbänden in der Europäischen Union zu, wobei hier der Kommission eine besondere Rolle zukommt, da sie mit den Verbandsexperten im politisch-administrativen System der Gemeinschaft eng verzahnt ist (ebd.: 28).

Daneben hat der, von der angelsächsisch geprägten Politikwissenschaft ausgegangene, sog. "new institutionalism" (March/Olsen 1984, 1989 und 1994) die "Polity-Forschung" neu belebt und wurde in den 90er Jahren im Bereich der internationalen Politik (Keck 1991) aber auch im Bereich der EG/EU zur Analyse des Institutionensystems herangezogen (Bulmer 1994a und 1994b; Jachtenfuchs 1996; Kerremans 1996). Die Neuartigkeit dieses Ansatzes besteht darin, daß im Gegensatz zur herkömmlichen Institutionenforschung nicht mehr nur einzelne Institutionen einer detaillierten Analyse unterzogen werden,[4] sondern Institutionen in einem umfassenderen Verständnis als unabhängige "organizational factors" (March/Olsen 1984) der politischen und gesellschaftlichen Entwicklung betrachtet werden. Bezogen auf die Zeit nach Maastricht wird dabei versucht, den Zustand der "governance structure" der Gemeinschaft/Union auf der Grundlage ihres institutionellen "set-ups" auf unterschiedlichen Ebenen zu analysieren (Corbett 1993a; Bulmer 1994a). Unterschieden wird dabei zwischen der *transsektoralen Ebene*, d.h der Ebene der Organe, die nach den Bestimmungen des EG/EU-Vertrages, aber auch nach informellen Regeln arbeiten, der *Policy-Ebene*, d.h. der institutionellen Ausgestaltung in verschiedenen Politikfeldern, und der *Ebene der institutionellen Handlungsweise*, d.h. vor allem der Regulierungsgewalt der EG/EU Institutionen, welche als die zentrale Leistung der Gemeinschaft/Union betrachtet wird (Bulmer 1994a: 354). Die Originalität dieses Ansatzes besteht darin, daß zwei Forschungsrichtungen der Politikwissenschaft, die Policy- und die Polity-Forschung, in einem gemeinsamen Analyseansatz verknüpft werden. Der Nutzen dieses Ansatzes ist der, daß sowohl statisch-normative Aspekte aus der Polity-Forschung wie auch dynamisch-komparative Aspekte aus der Policy-Forschung in die Analyse Eingang finden. Diese Verknüpfung von zwei unterschiedlichen Forschungsansätzen, die auch in anderen Forschungsarbeiten zur Europäischen Union erkennbar ist (Jachtenfuchs 1996; Majone 1996) und an anderer Stelle auch als die Sicht "von oben" und die Sicht "von unten" bezeichnet wird (Peters 1993), wird in der vorliegenden Arbeit aufgegriffen. Die Rolle und Funktionsweise der Europäischen Kommission wird, ausgehend zunächst von unterschiedlichen integrationspolitischen Leitbildern, die ein jeweils unterschiedliches Bild ihrer rechtlichen Grundlagen und Handlungsinstrumente zeichnen, entlang der chronologischen Entwicklung des Policy-

---

4 Wie etwa die Kommission (Poullet/Deprez 1976), der Europäische Rat (Wessels 1980) oder das Europäische Parlament (Corbett/Jacobs/Shackleton 1995).

Verlaufs in der Delors-Ära untersucht werden. Damit wird der Versuch unternommen, die an anderer Stelle formulierte Formel "Polity läßt sich ohne Policy nicht analysieren" (Scharpf 1985a: 167) unmittelbar in einer empirisch angelegten Untersuchung zu berücksichtigen. Ziel ist es, durch die Nutzung sowohl von Polity-Elementen, d.h. der Kommission, dem Amt des Kommissionspräsidenten, der Rolle des Kabinetts von Delors, dem Beamtenapparat, dem "legislativen Output" u.a., als auch von Policy-Elementen, d.h. dem Beitrag der Kommission zur Errichtung und Ausgestaltung verschiedener Politikfelder, dem Politik-gestalterischen Einfluß des Kommissionspräsidenten, den Vorschlägen der Kommission zur Änderung der Vertragsbestimmungen u.a., einen umfassenden Einblick in die Rolle und Funktionsweise der Europäischen Kommission in der Ära Delors zu erhalten.

## 1.2 Stand der Literatur zu den EG/EU Institutionen

Die vorliegenden Arbeiten zu den Institutionen der Gemeinschaft/Union beziehen sich vor allem auf das Europäische Parlament, und dabei vor allem auf die ersten Direktwahlen (Rometsch 1994a). Hierbei handelt es sich vor allem um Darstellungen, die die politische und legitimatorische Bedeutung des direkt gewählten Europäischen Parlaments untersuchen. Daneben gibt es umfassende politik- und rechtswissenschaftliche Untersuchungen zur Rolle und Funktionsweise des Europäischen Parlaments, die ebenfalls recht zahlreich vorliegen (vgl. u.a. Grabitz/Läufer 1980; Hrbek/Jamar/Wessels 1984; Jacqué/Bieber/Constantinesco/Nickel 1984; Grabitz/Schmuck/Steppat/Wessels 1988; Schmuck/Wessels 1989; Abélès 1992; Corbett/Jacobs/Shackleton 1995; Lodge 1996). Untersuchungen, die einen institutionentheoretischen Ansatz verfolgen, d.h. die über die Darstellung der Funktionsweise des Europäischen Parlaments hinausgehen und Erkenntnisse liefern, die das Verständnis der Funktionsweise von politischen Institutionen generell behandeln, sind dabei mit wenigen Ausnahmen fast ganz ausgeblieben (Grabitz/Schmuck/Steppat/Wessels 1988) bzw. finden sich nur in Ansätzen in Darstellungen zum gesamten EG/EU-Institutionensystem wieder (Wessels 1994).

Im Vergleich dazu fallen wissenschaftliche Arbeiten zum Rat und zum Europäischen Rat zahlenmäßig weit geringer aus. Es liegen Arbeiten vor, die einen institutionellen Ansatz gewählt haben (Wessels 1980; Bulmer/Wessels 1987; Werts 1992), ohne daß daraus weiterführende Schlußfolgerungen für die Debatte zur Theorie politischer Institutionen gezogen werden.

Auch die Behandlung der Europäischen Kommission in der politik- und rechtswissenschaftlichen Literatur kann bislang als eher bescheiden bezeichnet werden.

Zwar gibt es eine Reihe von wichtigen Studien zur Europäischen Kommission, jedoch sind diese entweder relativ veraltet (Coombes 1970; Poullet/Deprez 1976; Schmitt von Sydow 1980) oder neueren Datums und dann Teil eines fremdsprachigen Sammelbandes (Berlin 1987; Ludlow 1991; Edwards/Spence 1994a; Bellier 1995; Laursen 1996; Nugent 1997) oder sie dokumentieren eine Expertenkonferenz (Louis/Waelbroek 1989) oder sie haben schließlich (auto)biographischen Charakter (Delors 1993; Grant 1994) und stellen als solche keine genuin wissenschaftlichen Untersuchungen zur Kommission als einer politischen Institution dar. Neuere Abhandlungen zur Europäischen Kommission finden sich entweder eingebettet in Publikationen zum gesamten EG-(Institutionen)System (Röttinger 1991; Peters 1992; Holland 1993; Noël 1993; Dinan 1994; Nugent 1994), behandeln sehr spezielle Einzelaspekte (Pag 1987; Garzon 1993; Ross 1993; Cram 1993; Ross 1994; Westlake 1994; Hummer/Obwexer 1995; Maurer 1995; Nicoll 1996; Hooghe 1997; Smith 1998), haben historischen Charakter (Middlemas 1995: 213ff.) oder es handelt sich um spezifisch juristische Erörterungen in Kommentaren zum EWG- bzw. EG-Vertrag (Hummer 1988; Schmitt von Sydow 1991). Sieht man von den Kapiteln im Jahrbuch der Europäischen Integration (Wolf 1991; Münster 1992; Rometsch 1993b; Rometsch 1994b; Rometsch 1995, Rometsch 1996; Rometsch 1997; Rometsch 1998a) und neueren englisch- und französischsprachigen Arbeiten ab (Edwards/Spence 1994b; Ross 1995; Cini 1996; Lequesne et alii 1996; Christiansen 1997; Laffan 1997; Kröger 1998; Rometsch 1998b; Smyrl 1998), so gibt es wenige aktuelle deutschsprachige Analysen zur Europäischen Kommission (Brückner 1997). Die vorliegende Arbeit soll einen Beitrag dazu leisten, dieses Desiderat zumindest ansatzweise zu schließen.

# 2. Fragestellung und theoretischer Ansatz

## 2.1 Fragestellung

Ausgehend von der eingangs dargestellten Beobachtung, daß die Europäische Kommission eine zentrale Institution der Gemeinschaft/Union ist und es einen engen Zusammenhang zwischen der Rolle der Europäischen Kommission und dem Fortgang der europäischen Integration zu geben scheint, steht im Zentrum der vorliegenden Arbeit die Betrachtung und Untersuchung der Europäischen Kommission als einen eigenständigen politischen Akteur. Die Kommission kann dabei als eine "politische" Institution bezeichnet werden, da sie an der Vorbereitung, Herstellung, Durchführung und Kontrolle von verbindlichen Entscheidungen beteiligt ist (Göhler 1990: 12; Göhler 1994: 22). Sie wirkt an Verhandlungs- und Entscheidungsprozessen mit, die "politischen" Charakter haben aufgrund der mit ihnen verbundenen Umsetzung von Interessen in Entscheidungen, der Verteilung von Macht und Ressourcen und der letztendlichen Verbindlichkeit für das soziale Ganze, d.h. für die Mitglieder der Gemeinschaft/Union und damit in letzter Instanz auch für die Bevölkerungen der Mitgliedstaaten. Die zentrale Frage dabei ist, durch welche Faktoren die Mitwirkung der Kommission am EG/EU-Entscheidungsprozeß bedingt wird, d.h. welche inneren und äußeren Voraussetzungen müssen erfüllt sein, daß die Europäische Kommission als eigenständiger politischer Akteur handeln kann? Die Frage zielt auf die Prämissen institutionellen Handelns ab und ist damit eine theoretische und zugleich empirisch zu beantwortende Frage. Aus empirischer Sicht (zu den theoretischen Ausführungen siehe unten 2.2) und bezogen auf die Europäische Kommission impliziert die Fragestellung zweierlei: Zum einen die inneren Funktionsbedingungen der Kommission im Sinne ihrer verwaltungsmäßigen Strukturen, der Quantität und Qualität der in ihr handelnden Kommissare und Beamten, der internen Entscheidungsmechnismen, des Informations- und Kommunikationsflusses innerhalb der Kommission etc. Zum anderen die äußeren Funktionsbedingungen der Kommission im Sinne des internationalen Kontexts, des politischen und institutionellen Umfelds, das u.a. bedingt wird durch die Kooperation mit den anderen EG-Institutionen und nationalen Institutionen, der Perzeption der Kommission durch die nationalen Regierungen, Verbände, Unternehmen und der Bevölkerungen und, daraus folgend, deren Bereitschaft, die Kommission als einen zentralen und eigenständigen Faktor in ihren Handlungs- und Problemlösungsstrategien zu berücksichtigen.

Die Unterscheidung zwischen "inneren" und "äußeren" Funktionsbedingungen wird in diesem Zusammenhang idealtypisch verstanden. In der "empirischen Realität" lassen sich beide nicht voneinander trennen, sondern gehen vielmehr ineinander über. Mehr noch: beide bedingen sich gegenseitig, d.h. um als eigenständiger Akteur "nach außen" auftreten zu können, bedarf es der wirkungsvollen Arbeitsweise "im Inneren"; um "im Inneren" wirksam handeln zu können, bedarf es des Anreizes und Problemdrucks "von außen". Hinzu kommt, daß die Funktionsbedingungen institutionellen Handelns Veränderungen unterliegen, d.h. je nach Zeitpunkt und Entscheidungsgegenstand sind die inneren und äußeren Funktionsbedingungen unterschiedlich. Die Rolle der Kommission im Bereich der Umweltpolitik war in den 70er Jahren eine andere als in den 90er Jahren; die Kommission handelt in der Agrarpolitik unter anderen Bedingungen und mit anderen Akteuren als etwa im Bereich der Handelspolitik. Diese Beispiele ließen sich fortsetzen und würden ein weitgefächertes Mosaik der Funktionsbedingungen der Europäischen Kommission ergeben. Es handelt sich dabei zunächst nicht um ein theoretisches Problem, sondern um ein empirisches Problem, das einer sinnvollen Ab- und Eingrenzung bedarf hinsichtlich Untersuchungszeitraum und Untersuchungsgegenstand.

Als *Untersuchungszeitraum* wurde die Ära der beiden ersten Präsidentschaften unter Jacques Delors gewählt, die sich von Januar 1985 bis Dezember 1992 erstreckten. Die Wahl dieses Zeitraums begründet sich darin, daß diese Phase — neben der Kommissionspräsidentschaft von Walter Hallstein, die jedoch *vor* der Einsetzung einer gemeinsamen Kommission von EGKS, EWG und EAG im Jahr 1967 lag — die bislang einzige ist, während der die Europäische Kommission über zwei volle Amtszeiten[5] unter einer gleichbleibenden Präsidentschaft arbeitete[6] und die Zusammensetzung des Kommissionskollegiums vergleichsweise stabil war.[7] Diese Beobachtung geht davon aus, daß die Rolle des Kommissionspräsidenten und die Kontinuität innerhalb des Kommissionskollegiums einen wichtigen Faktor für die Funktionsweise der Kommission darstellen. Nach dem Beitritt Spaniens und Portugals zur Gemeinschaft im Jahr 1986 wurde die Anzahl von 17 Mitgliedern der Kommission nicht weiter verändert. Als weiteres Charakteristikum der Ära der Delors-Kommission kommt hinzu, daß durch die Einheitliche Europäische Akte die Römischen Verträge verändert wurden. Diese Veränderungen traten in der Anfangsphase der Delors-Ära in Kraft und wurden dann bis zur nächsten Vertragsrevision im Jahr 1993 angewendet und umgesetzt. Damit arbeitete die Kommission unter Jacques Delors — als einzige Kommission seit Hallstein bisher — über einen längeren Zeitraum mit einer gleichbleibenden Zahl von Mitgliedstaaten und unter neuen, aber weitgehend gleichbleibenden konstitutionellen Bedingungen.

---

5 Der Zeitraum 1993—1995 wurde nicht berücksichtigt, da es sich im wesentlichen um eine Übergangspräsidentschaft handelte, um mit dem Fünfjahresrhythmus des Europäischen Parlaments in Einklang zu kommen; dies ist in Art. 158, 3 EGV geregelt worden.

6 Nach der Errichtung einer gemeinsamen Kommission für alle drei Gemeinschaften und bis zur Amtsübernahme von Jacques Delors im Januar 1985 gab es die folgenden Kommissionspräsidenten: Jean Rey (B) von Juli 1967 bis Juli 1970; Franco Maria Malfatti (I) von Juli 1970 bis März 1972; Sicco Mansholt (NL) von März 1972 bis Januar 1973; François-Xavier Ortoli (F) von Januar 1973 bis Januar 1977; Roy Jenkins (UK) von Januar 1977 bis Januar 1981; Gaston Thorn (LUX) von Januar 1981 bis Januar 1985.

7 Unter der "Stabilität" des Kommissionskollegiums wird hier die Dauer der Amtszeit der Kommissare verstanden; es läßt sich grob feststellen, daß diese unter Jacques Delors zugenommen hat. In der ersten Delors-Kommission (Januar 1981 bis Januar 1985) waren vier Kommissare aus der vorangegangenen Kommission übernommen worden; die zweite Delors-Kommission (Januar 1985 bis Januar 1989) enthielt acht "alte" Kommissare und die dritte Delors-Kommission (Januar 1993 bis Januar 1995) zehn. Letztere Zahl hängt sicherlich auch mit der kürzeren Amtszeit der dritten Delors-Kommission zusammen. Dennoch kann insgesamt von einer wachsenden "Stabilität" unter Delors gesprochen werden, die durch einen weiteren Indikator bestätigt wird: Während der zehn Jahre unter Jacques Delors gab es nur insgesamt zwei Rücktritte von Kommissaren (Carlo Ripa Di Meana im Juni 1992 und Abel Matutes im April 1994); demgegenüber gab es in den vorangegangenen zwei Kommissionen unter Roy Jenkins und Gaston Thorn, die zusammen sieben Jahre umfaßten (1977 bis 1985), vier Rücktritte.

Zur weiteren Eingrenzung wurde als *Untersuchungsgegenstand* die Rolle und Funktionsweise der Kommission unter Berücksichtigung der Policy-Entwicklung in der Ära Delors gewählt. Dabei wird keine systematische Untersuchung einzelner Politikfelder vorgenommen, sondern die Policy-Entwicklung wird in die Betrachtung des zeitlichen Ablaufs der Delors-Ära integriert. Im Zentrum der Untersuchung stehen dabei die folgenden drei Politikbereiche: Erstens die Herstellung des "Binnenmarkts 1992", da dieses Politikfeld für die Delors-Ära prägend war und dazu führte, daß ab Mitte der 80er Jahre eine "relance communautaire" stattfinden konnte, an der die Kommission, als eine der treibenden Kräfte, einen entscheidenden Anteil hatte. Die Kommission hat in diesem Politikfeld im wesentlichen die Funktion eines "regulator" (Majone 1989: 164), indem sie den Mitgliedstaaten eine Vielzahl von Gesetzgebungsmaßnahmen vorschlägt bzw. im Rahmen ihrer Befugnisse selbst erläßt und darüber hinaus über die vollständige und korrekte Anwendung der verbindlichen Bestimmungen des Gemeinschaftsrechts wacht. Zweitens die Sozial- und Strukturpolitik der Gemeinschaft, die im weiteren Sinne auch als die Politik des wirtschaftlichen und sozialen Zusammenhalts umschrieben werden könnte und die in der Delors-Ära gleichsam als Gegengewicht zur Binnenmarktpolitik vorangetrieben wurde. Hierbei handelt es sich um ein zunehmend wichtiger gewordenes Politikfeld, insbesondere hinsichtlich des Interessenausgleichs zwischen den ökonomisch divergierenden "Nord-" und "Süd-Staaten" der Gemeinschaft bzw. zwischen den "ärmeren" und "reicheren" Regionen innerhalb der Gemeinschaft. Die Durchführung von Maßnahmen in diesem Politikfeld stellte in der Delors-Ära vielfach die Voraussetzung dafür dar, daß eine Vertiefung der Integration bzw. später die Erweiterung der Gemeinschaft stattfinden konnte (Tömmel 1992: 186f.). Der Kommission wird dabei die Rolle eines "key actor" (Marks 1993: 399) zugeschrieben, der im wesentlichen eine "redistributive Funktion" (kritisch: Majone 1996) erfüllt, im Sinne der Umverteilung von Finanzmitteln innerhalb der Gemeinschaft, die über die verschiedenen Fonds an die nationalen Stellen und Personengruppen (Regionen, Städte, Gemeinden, Kammern, Landwirte etc.) vergeben werden. Drittens die Außenpolitik der Gemeinschaft, die in der Delors-Ära im wesentlichen im Rahmen der zwischenstaatlich angelegten Europäischen Politischen Zusammenarbeit (EPZ) stattfand und rechtlich außerhalb des Gemeinschaftsvertrages angesiedelt war. Die Kommission spielte dabei zunächst keine Rolle, jedoch wurde sie aufgrund der Überlappungen von wirtschaftlichen und politischen Aspekten der Außenpolitik und durch die Nutzung von Haushaltsmitteln zur Durchführung von außenpolitischen Maßnahmen nach und nach mit dem EPZ-Rahmen assoziiert (Nuttall 1992: 1—10). Die Kommission hat bei der Weiterentwicklung der EPZ zur Gemeinsamen Außen- und Sicherheitspolitik (GASP) im Rahmen des Maastrichter Vertrags darauf gedrungen, daß ihre außenpolitische Emanzipation fortgesetzt wird. Diese Strategie ist jedoch aus unterschiedlichen Gründen gescheitert. Die Kommission nimmt damit unverändert eine außenpolitische "Zwitterrolle" ein, die aus den verschiedenen "boundary problems" (Smith 1994: 249f. und 254) dieses Politikfeldes herrührt, verstanden als die unklaren Trennungslinien zwischen den Zuständigkeiten und Interessen der Mitgliedstaaten und denen der Gemeinschaft. Hinzu kommen die ungenauen Trennungslinien zwischen wirtschaftlichen, politischen und sicherheitspolitischen Fragen und denen innerhalb der Kommission zwischen den einzelnen Portefeuilles der Kommissare[8] und der beteiligten Generaldirektionen (GD).[9]

Zusammengefaßt wird in der vorliegenden Studie die Entwicklung der Kommissionspräsidentschaft Delors' von 1985 bis 1992 untersucht. Dabei wird eine besondere Fokussierung auf drei Politikbereiche der Gemeinschaft/Union vorgenommen, in denen die Kommission auf unterschiedliche Weise eine mehr oder weniger zentrale Rolle einnimmt. Durch die chronologische Darstellung der Entwicklung wird eine integrierte Betrachtungsweise der genannten Politikbereiche und deren Gestaltung durch die Kommission in der Delors-Ära ermöglicht. Je nach Phase werden dabei bewußt Querbezüge hergestellt, Gewichtungen bestimmter Ereignisse vorgenommen und die wechselseitige Einflußnahme der unterschiedlichen Politikbereiche beschrieben. Die drei Politikbereiche umfassen dabei im wesentlichen die verschiedenen Rollen- und Funktionsbeschreibungen der Kommission wie sie in der Fachliteratur vorkommen und wie sie eingangs genannt wurden.[10] Grob vereinfacht können die Funktionsbeschreibungen der Kommission den genannten Politikbereichen wie folgt zugeordnet werden: Die Kommission als "Exekutivorgan" kommt dabei insbesondere im Bereich der Sozial- und Strukturpolitik zum Tragen, da die Kommission hier auf der Grundlage der Entscheidungen des Ministerrates die Fondsmittel verwaltet und zusammen mit den Mitgliedstaaten operationelle Programme durchführt. Die Kommission als "Initiatorin" für Gemeinschaftsrecht spielt insbesondere im Bereich der Binnenmarktpolitik eine Rolle. Dies betrifft nicht nur Vorschläge für Rechtsakte, die an den Rat übermittelt werden, sondern auch die Initiative zur eigenständigen Rechtsetzung im Rahmen der vom Rat an die Kommission delegierten Rechtsetzungsbefugnisse. Die Kommission ist "Repräsentationsorgan" nach außen vor allem im Bereich der Außenbeziehungen der Gemeinschaft, da sie in diesem Bereich mit Drittstaaten

---

8 In der Kommission unter Jacques Santer sind vier Kommissare für unterschiedliche Teilbereiche der Außenbeziehungen zuständig: Leon Brittan (UK) für die Außenhandelspolitik, Hans Van Den Broek (NL) für die Außenpolitik, Manuel Marín (E) für die Nord-Süd Beziehungen und Emma Bonino (I) für humanitäre Hilfe.

9 Analog zu den in der vorangegangenen Fußnote genannten Kommissare sind dies: Generaldirektion I (Außenhandel), Generaldirektion IA (Außenpolitik), Generaldirektion IB und VIII (Nord-Süd Beziehungen) und das Amt für humanitäre Hilfen der Europäischen Gemeinschaften (ECHO).

10 Vgl. oben Einleitung von Teil I.

Verhandlungen führen kann und in internationalen Organisationen für die Gemeinschaft/Union insgesamt als Sprecherin fungiert. Die Kommission ist schließlich in allen drei Politikbereichen sowohl "Hüterin der Verträge" als auch "Vermittlerin" zwischen den Mitgliedstaaten, ohne daß diese Funktionen einem Politikfeld in besonderem Maße zugeordnet werden könnten. Mit dieser Eingrenzung des Untersuchungsfokus auf drei Politikbereiche wird damit ein ausreichend breites Spektrum abgedeckt, um die Kommission als politische Institution in der Delors-Ära einer empirischen Untersuchung zu unterziehen. Gleichwohl sind damit die schon angesprochene theoretische Problematik und die methodische Vorgehensweise noch nicht geklärt.

## 2.2 Theoretischer Ansatz

### 2.2.1 Zur Definition von "politischen Institutionen"

Politische Institutionen können definiert werden als "Regelsysteme der Herstellung und Durchführung verbindlicher, gesamtgesellschaftlich relevanter Entscheidungen und Instanzen der symbolischen Darstellung von Orientierungsleistungen einer Gesellschaft" (Göhler 1994: 39). Nach dieser Definition erbringen politische Institutionen im wesentlichen zwei "Leistungen" für die Gesellschaft: zum einen eine "Ordnungsleistung" im Sinne der Strukturierung von Willensbeziehungen und der Durchsetzung von Interessen durch legitimierte Instanzen; zum anderen eine "Orientierungsleistung" im Sinne der symbolischen Abbildung der maßgeblichen Prinzipien des gesellschaftlichen Zusammenlebens. Politische Institutionen wirken damit — funktional betrachtet — durch Steuerung, d.h. durch die zweckbestimmte Regulierung von Handlungsoptionen, und durch Repräsentation, d.h. der symbolischen Darstellung eines Sinns. In der Realität — so ist zu vermuten — sind die gesamtgesellschaftliche Ordnungs- und Orientierungsleistung miteinander verschränkt, d.h. die Ordnungsleistung erfolgt nicht nur als Steuerung durch Regulierung, sondern sie wirkt auch als Repräsentation durch symbolische Darstellung, und die Orientierungsleistung erfolgt nicht nur als Repräsentation durch Symbole, sondern sie dient auch der Steuerung. Beispiel für ersteres ist etwa die Neuordnung der Länder nach 1945 (= Ordnung durch Steuerung), die selbst bei so künstlichen Gebilden wie Nordrhein-Westfalen ein eigenes "Wir-Bewußtsein" entstehen ließ (= Orientierung durch Repräsentation). Ein Beispiel mit negativer Symbolwirkung kommt aus dem Bereich der EG: Die Neuordnung des Bananenmarktes (= Ordnung) wurde zum Symbol für die verfehlte Politik der Gemeinschaft und hat sich insbesondere im Europawahlkampf 1994 negativ ausgewirkt und zur Verdrossenheit der Bevölkerung gegenüber den EG-Institutionen geführt (= negative Orientierung). Beispiele für zweiteres, d.h. für die politische Steuerung durch symbolisch vermittelte Orientierungsleistungen, finden sich tagtäglich und sind fester Bestandteil der Politikvermittlung in modernen Gesellschaften. Dies firmiert in der Wissenschaft unter dem Stichwort "symbolische Politik" und wird dort vorwiegend kritisch betrachtet (Sarcinelli 1987 und 1989; Voigt 1989).

In dem hier verwendeten Zusammenhang ist der positive Aspekt der politischen Steuerung durch Symbole gemeint und nicht deren Nutzung zur Verschleierung politischer Inhalte und zur Irreführung der Bevölkerung. Die an den Anfang des Grundgesetzes gestellten Grundrechte und Grundfreiheiten haben symbolische Funktion und haben in der Bundesrepublik zur Herausbildung des "Verfassungspatriotismus" und zur Herstellung einer bundesrepublikanischen Identität beigetragen (= Orientierung). Gleichzeitig waren die Grundrechte für die politische Gestaltung in der Bundesrepublik die maßgebliche Richtschnur und stellten bei der Rechtsprechung — insbesondere durch das Bundesverfassungsgesetz — einen unverzichtbaren Rahmen dar (= Ordnung). Im Vergleich dazu haben "Maastricht", als Symbol für den Vertrag über die Europäische Union, und "Delors", als personifiziertes Symbol für die Europäische Kommission, nur geringe integrative Kraft entwickelt (= Orientierung), jedoch gingen von ihnen erhebliche politische Impulse aus, die Politik und Wirtschaft in den Mitgliedstaaten beeinflußt haben (= Ordnung). Zusammenfassend wird aus dieser Perspektive *eine* Theorie politischer Institutionen als Theorie der "maßgeblichen Ordnungs- und Orientierungsleistungen einer Gesellschaft" verstanden (Göhler 1994: 39).

Bezogen auf die Europäische Kommission in der Ära Delors können vor diesem Hintergrund die folgenden beiden Vermutungen angestellt werden: Erstens, die Europäische Kommission hat unter Delors in erster Linie eine *Ordnungsfunktion durch das Instrument der Steuerung* erfüllt. Der Binnenmarkt war somit vor allem ein Programm zur Steuerung von Wirtschaft und Gesellschaft durch Regulierung bzw. Deregulierung und hat dazu beigetragen, daß die Kommission an Einflußnahme gewonnen hat. Im Gemeinschaftsjargon und in den Medien wurde das Binnenmarktprogramm vor allem unter den Stichworten "Europe 1992" bzw. "Europa ohne Grenzen" publik gemacht. Beide Begriffe wurden zu Symbolen für die Tätigkeit der Gemeinschaft und machten die wesentliche Orientierungsleistung aus, die von der Kommission erbracht wurde (vgl. Schaubild 1).

Zweitens, die *Orientierungsfunktion durch das Instrument der Repräsentation*, die von der Europäischen Kommission unter Delors erbracht wurde, war vergleichsweise schwach ausgebildet verglichen mit der Ordnungsfunktion durch das Instrument der Steuerung. Zwar konnte der Präsident der Europäischen Kommission an Macht gewinnen und Delors wurde seinerseits zu einer Art von personifiziertem Symbol für das "Europa ´92", jedoch war die davon ausgehende Orientierungsleistung der Kommission im wesentlichen zweckgebunden und hat nicht zur Integration der Bevölkerungen bzw. zu einer dauerhaften Legitimierung des Gemeinschaftssystems geführt. Vielmehr setzte mit der Vollendung des Binnenmarktes ein Umschwung in der Bevölkerungsorientierung gegenüber der Gemeinschaft ein, die als Ende des "permissive consensus" bezeichnet wurde (Reif 1993). Der schwierige Ratifizierungsprozeß des Maastrichter Vertrags — und in diesem Zusammenhang vor allem der negative Ausgang des ersten Referendums in Dänemark — machten deutlich, in welchem Umfang die Orientierungsfunktion, die durch das Instrument der Repräsentation unter Delors erreicht worden war, noch unterentwickelt ist.

Schaubild 1: Die Ordnungs- und Orientierungsfunktion der Europäischen Kommission in der Ära Delors

| | | Funktionen | |
|---|---|---|---|
| | | Ordnung | Orientierung |
| Instrumente | Steuerung (durch Entscheidungen) | z.B. das Binnenmarktprogramm | "Europa 1992" oder "Europa ohne Grenzen" |
| | Repräsentation (durch Symbole) | der Präsident der Kommission | "Delors" |

Mit dieser formalen Definition von politischen Institutionen und ihrer funktionalen Wirkung sind jedoch nicht die Prämissen institutionellen Handelns erklärt (siehe oben, 2.1). Die Frage ist, was institutionelles Handeln voraussetzt? Durch wen oder was wird es bedingt? In einem weiteren Sinne setzt es das Vorhandensein eines sozialen Ganzen voraus, d.h. einer Gesellschaft oder einer Gruppierung innerhalb der Gesellschaft, in der ein Bedürfnis nach Ordnung durch Steuerung und Repräsentation und ein Bedümis nach Orientierung durch Entscheidungen und Symbole besteht. In einem engeren Sinne bezieht sich die Frage auf die politische Institution selbst, d.h. auf die Voraussetzungen für ihre Existenz. Sie wird damit zu einer Frage nach den Grundbedingungen institutionellen Daseins und Handelns, die hier im Vordergrund stehen soll. Eine Annäherung an diese Frage gelingt dadurch, daß nach den für eine politische Institution konstitutiven Bestandteilen gefragt wird, d.h. aus welchen Grundelementen besteht eine politische Institution und in welcher Weise sind diese für ihre Handlungen bestimmend? Auf der Grundlage dieser Überlegungen wird anschließend ein institutionentheoretisches Modell zur Untersuchung der Europäischen Kommission entwickelt.

### 2.2.2 Merkmale von politischen Institutionen nach Maurice Hauriou

In der Debatte zur "Theorie politischer Institutionen"[11], die von der Deutschen Forschungsgemeinschaft zu Beginn der 1990er Jahre unterstützt wurde, stellten die Überlegungen des französischen Rechtswissenschaftlers Maurice Hauriou einen zentralen Bestandteil dar (Göhler 1994). Hauriou hatte als einer der ersten Wissenschaftler zu Beginn des 20. Jahrhunderts den Versuch unternommen, die Entstehung und Wirkungsweise von Institutionen systematisch zu untersuchen. Die von Hauriou entwickelt Systematik kann als Grundlage des Verständnisses von politischen Institutionen betrachtet werden. Sie wird im folgenden auf die Kommission angewendet und durch eigene Überlegungen ergänzt.[12]

Hauriou identifizierte in der von ihm entwickelten "Theorie der Institution" (Hauriou 1965, ursp. 1925) drei Elemente, die für eine politische Institution konstitutiv sind: 1) die "Idee des zu schaffenden Werkes", d.h. die "Leitidee" oder "idée directrice"; 2) die "organisierte Macht" bzw. "le pouvoir organisé"); 3) die "Gemeinsamkeitsbekundung ... innerhalb der sozialen Gruppe mit Bezug auf die Idee" bzw. die "manifestations de communion ... dans le groupe social au sujet de l'idée" (Hauriou 1965: 35f und 1925: 10f).

---

11 Vgl. oben Teil I, Kapitel 1.2.

12 Dabei wird bewußt ein im "nationalen Kontext" entstandener Theorieansatz auf eine im transnationalen Raum angesiedelte EG/EU-Institution angewendet. Dies ist zum einen dadurch erklärbar, daß bislang (noch) keine genuin integrationstheoretischen Ansätze zur Analyse der EG/EU-Institutionen vorliegen. Darüber kann auch die fast inflationäre Verwendung von Begriffen wie "Mehrebenensystem" oder "Governance" nicht hinwegtäuschen, die angesichts ihrer mannigfaltigen Verwendung eher auf das Fehlen einer grundsätzlichen und systematischen Auseinandersetzung mit den EG/EU-Institutionen schließen lassen. Zum anderen ist feststellbar, daß in der jüngeren Vergangenheit durchgeführte Forschungsarbeiten zur EG/EU in vielfacher Weise auf "nationale" Theorieansätze rekurrierten und diese an die Bedingungen der EG/EU angepaßt haben (Wessels 1992; Héritier 1993b; Schumann 1993; Wessels 1994; Schneider/Wessels 1994; Meny/Muller/Quermonne 1995; Göhler 1996; Wessels/Rometsch 1996b). Die aus solchen Arbeiten hervorgegangenen theoretisch-methodischen Erkenntnisse haben sich für die EG-Forschung als fruchtbar und in vieler Hinsicht weiterführend erwiesen. Ein anderer Trend, der in der EG-Forschung der letzten Jahre zunehmend sichtbar wird, ist die Anwendung von theoretisch-konzeptionellen Überlegungen der Theorie der internationalen Politik auf die Erklärung und Funktionsweise der Europäischen Union (Risse-Kappen 1996).

Das zentrale Element der Überlegungen von Hauriou ist die Leitidee, die in einer politischen Institution "objektiv" vorhanden ist, d.h. unabhängig von der Interpretation der darin handelnden Menschen. Sie ist die im "Unterbewußtsein" oder "subconscient" einer Vielzahl von einzelnen existierende "objektive Vorstellung" ("vivre .. une vie objective") eines Unternehmens, die im Innersten einer Institution verborgene "Idee", die ihr Dasein beeinflußt, aber in der letztlich noch ein Teil "unbestimmbaren Wirkungsvermögens" ("une part d'indéterminé et de virtuel") steckt (Hauriou 1965: 37f und 1925: 13f). Insofern unterscheidet sich die Leitidee einer Institution auch von deren "Zweck" oder "Funktion", die politisch bestimmt wird, vielfach veränderbar ist und in enger Wechselbeziehung mit dem gesellschaftlichen Umfeld steht. Der "Zweck" einer politischen Institution schlägt sich nach Hauriou in der Vorstellung eines "bestimmten Erfolgs" nieder; bezogen auf den Staat wäre dies etwa der Schutz der nationalen bürgerlichen Gesellschaft. Die "Funktion" einer Institution ist, bezogen auf den Staat, nach Hauriou "die Verwaltung und die Erfüllung bestimmter Leistungen". Demgegenüber geht die Leitidee, verdeutlicht am Beispiel des Staates, über die Zweckverfolgung und die Funktionserfüllung hinaus: Die Leitidee ist mehr als der Zweck, da in ihr auch die "Vorstellung einer bestimmten Organisation und eines bestimmten Aktionsprogramms" liegt; die Leitidee geht über die Funktion hinaus, da sie auch den unbestimmbaren Aspekt der "politischen Führung" mit einschließt (Hauriou 1965: 37). Die Leitidee wird vor diesem Hintergrund mit dem Begriff des "Objekts" umschrieben: "Die Idee des Unternehmens ist das Objekt des Unternehmens; denn das Unternehmen hat die Verwirklichung dieser Idee zum Objekt" ("L'idée de l'entreprise est l'objet de l'entreprise, car l'entreprise a pour objet de réaliser l'idée"). Die Träger der Leitidee sind Menschen; gleichwohl unterliegt die Leitidee kaum subjektiven Veränderungen, da sie in deren "Unterbewußtsein verobjektiviert" ist und dadurch auch von Dauer ist; Hauriou drückt dies wie folgt aus: "Die Idee schafft sich ihre Anhänger in dem Verband, der sich für die Verwirklichung des Unternehmens einsetzt ... Selbst aber in diesem Verband unmittelbar Beteiligter wird die Idee allgemein noch im Unterbewußtsein verobjektiviert bleiben ... [und] ... im Unterbewußtsein der Erinnerung fortwährend [anhalten]." ("L'idée se créera des adhérents plus proches dans le groupe des gens intéressés à la réalisation de l'entreprise ... même dans ce groupe plus immédiat des interessés, elle sera encore d'ordinaire à l'état objectif dans le subconscient ... [et sera continue] ... dans le subconscient de la mémoire ...") (Hauriou 1965: 38 und 1925: 14f). Bezogen auf die Kommission ist zu vermuten, daß sich ihre Leitidee im wesentlichen aus den Verträgen ableitet und auf eine (oder mehrere) der zentralen fünf Funktionen, wie sie eingangs beschrieben wurden,[13] projiziert wird

13 Vgl. oben Einleitung von Teil I.

und je nach Zusammensetzung und Präsidentschaft der Kommission unterschiedlich thematisiert, gewichtet und umgesetzt wird.

Das zweite Element jeder politischen Institution ist nach Hauriou die "organisierte Führungsmacht, der sich die Idee des Unternehmens zu ihrer Verwirklichung bedient" ("un pouvoir de gouvernement organisé qui est pour la réalisation de l'idée de l'entreprise et à son service") (Hauriou 1965: 40f. und 1925: 17). Darunter versteht Hauriou, daß zur Verwirklichung der Idee des Unternehmens sich die Institution einer Organisation, d.h. Organe, Verwaltungsstrukturen etc., bedient, die ihr die notwendige Führungs- und Handlungsmacht verschafft. Die Ausübung der Führungs- und Handlungsmacht durch Eliten innerhalb der politischen Institution muß dabei mit den Grundsätzen der Gewaltenteilung und der Repräsentativität in Einklang stehen, die ihren Ausgangspunkt in der Idee des zu schaffenden Werkes haben. Hauriou versteht darunter, daß das Prinzip der Repräsentativität die notwendige Voraussetzung dafür ist, daß "die Führungsmacht einer verbandsmäßigen Institution [...] im Namen des Verbandes handeln [kann und] ... ihre Entscheidungen als solche des Verbandes selbst angesehen werden" ("il faut que le pouvoir de gouvernement d'une institution corporative agisse au nom du corps, que ses décisions puissent être considérées comme celles du corps lui-même") (Hauriou 1965: 41 und 1925: 18). Die Leitidee dient dabei dazu, eine "gemeinsame Vorstellung" unter den Führungseliten und Verbandsmitgliedern herzustellen, die die Verwirklichung der Repräsentativität erst sicherstellt. Die an der "Spitze stehenden Machthaber" einer Institution können dabei auch verleitet werden, sich "von der Verfolgung des gemeinsamen Wohls abzuwenden" bzw. zu "eigenmächtiger Handlung" zu greifen. Auf Dauer, so Hauriou, wird sich jedoch "die zunehmende Stärke der Idee des zu schaffenden Werks" durchsetzen und zur "freiwillige[n] Unterwerfung seitens der Herrschenden unter bestimmte Leitideen" führen (..."la puissance d'ascendant de l'idée de l'oeuvre à réaliser ... [suivi par] ... la soumission volontaire à certaines idées directrices de la part des gouvernants") (Hauriou 1965: 42 und 1925: 19). Bestes Beispiel hierfür ist, so Hauriou, die Unterordnung des Militärs unter die zivile Gewalt. Dies rührt aus der "Idee" her, daß die zivile Gewalt für den Frieden, als den "allgemein gültigen Normalzustand", zuständig ist. Bezogen auf die Gemeinschaft/Union könnte hier als Beispiel angeführt werden, daß die "Idee der europäischen Integration" sich in den Mitgliedstaaten zunehmend durchgesetzt hat und die teilweise und begrenzte Unterwerfung "nationaler Gewalt" unter die "gemeinschaftliche Gewalt" bedeutet, die von den EG/EU-Institutionen ausgeübt wird.

Das dritte Element einer politischen Institution ist die "Gemeinsamkeitsbekundung der Verbandsmitglieder ebenso wie der Führungsorgane" ("... la manifestation de communion des membres du groupe et aussi des organes de gouvernement ..."), d.h. der innerhalb und im unmittelbaren Umfeld einer Institution handelnden Menschen (Hauriou 1965: 43 und 1925: 19). Hauriou umschreibt das "Gemeinsamkeitsphänomen" ("phénomène de communion") wie folgt: "... die einzelnen, die aus dem Bewußtsein von einer gemeinsamen Idee zu Aufrührern werden und bei denen das Gefühl gemeinsamer Erregung sich fortpflanzt. Mittelpunkt dieser Bewegung ist die Idee, die sich in gleichen Vorstellungen im Bewußtsein von Tausenden widerspiegelt und dort Bereitschaft zur Aktion auslöst." ("... les consciences individuelles qui s'émeuvent au contact d'une idée et qui, par un phénomène d'interpsychologie, ont le sentiment de leur émotion commune. Le centre de ce mouvement c'est l'idée qui se réfracte en des concepts similaires en des milliers de consciences et y provoque des tendances à l'action") (Hauriou 1965: 44 und 1925: 20). Ein wichtiger Aspekt — welcher dieses "Gemeinsamkeitsphänomen" Haurious auch vom "Kollektivbewußtsein" Durkheims unterscheidet — ist dabei, daß die "Eliten" für die weitere Umsetzung der gemeinsamen "Idee" in eine gemeinsame "Tat" eine zentrale Rolle spielen. Hauriou drückt dies so aus, daß "die Gemeinsamkeit in der Idee [...] das Einvernehmen im gemeinsamen Wollen unter Führung eines Oberhaupts nach sich [zieht]" ("La communion en l'idée entraîne l'entente des volontés sous la direction d'un chef") (Hauriou 1965: 44 und 1925: 21). Zusammenfassend handelt sich bei diesem dritten Element demnach um das aus der Leitidee hervorgehende Zusammengehörigkeitsgefühl und den damit verbundenen gemeinsamen Willen zur Verwirklichung der "Idee des Unternehmens", d.h. der "Leitidee", die die Bereitschaft zur Aktion auslöst und die einzelnen unter der Führung der Eliten zur Einheit werden läßt. Bezogen auf die Europäische Kommission kann aus diesen theoretischen Überlegungen abgeleitet werden, daß die vom Präsidenten und vom Kommissionskollegium ausgehende und an konkreten Handlungen ablesbare Leitidee der Kommission eine wichtige Rolle spielt für die Zusammengehörigkeit und die innere Funktionsweise der Kabinette und des Verwaltungsapparats.

Das zentrale Element einer politischen Institution ist nach dem Ansatz von Hauriou die "Leitidee". Sie spiegelt wider und erzeugt — um mit Göhler zu sprechen — sowohl die Ordnungs- als auch die Orientierungsleistung einer politischen Institution. Dabei ist zu vermuten, daß es nicht *die* Leitidee einer politischen Institution gibt, sondern daß eine politische Institution vielmehr über ein "Set von Leitideen" verfügt; Leitideen kommen danach in unterschiedlichem Umfang und in unterschiedlichen Situationen zum Tragen. Zu vermuten ist dabei der folgende Zusammenhang: Zum einen scheinen sich "Leitideen" gegenseitig zu bedingen und wechselseitigen Einfluß auszuüben; insofern unterliegen Leitideen einem permanenten Anpassungs- und Veränderungsdruck. Zum anderen scheint es dabei nicht *die* dominierende Leitidee zu geben, sondern vielmehr gibt es wechselnde

Zyklen, Konjunkturen, Renaissancen und auch Konkurrenzen einzelner Leitideen, welche in einem engen Zusammenhang stehen und in der politischen Realität oft nur schwer voneinander zu trennen sind. Letzteres läßt vermuten, daß es innerhalb des "Sets von Leitideen" so etwas wie einen "harten Kern" der Leitideen gibt bzw. sich eine Art von "rotem Faden" durch alle Leitideen zieht, der die Richtschnur institutionellen Handelns bildet.

Das Vorhandensein mehrerer Leitideen kann auf die "Eigenlogik" der in einer politischen Institution enthaltenen Ideen zurückgeführt werden, die sich auf nicht intendierte Weise weiterentwickeln und zu einem Ergebnis führen, das ursprünglich nicht beabsichtigt war. So hat das Bürgertum sich stets für die Rechte des politisch autonomen Individuums eingesetzt und damit die Legitimationsbasis für die Wahlrechtserweiterung des Vierten Standes gelegt, die durchaus nicht in seinem ursprünglichen Interesse lag (Göhler 1994: 41). Ein anderes Beispiel ist der durch den Vertrag von Maastricht neu eingerichtete Ausschuß der Regionen, dessen Leitidee die Schaffung von mehr Bürgernähe und Demokratie auf europäischer Ebene war. Durch seine begrenzten Kompetenzen und die durch die Heterogenität seiner Zusammensetzung bedingte politische Schwäche ist er der Verwirklichung dieser Leitidee — bisher jedenfalls — wenig nahegekommen bzw. hat vielmehr eine zweite, "entgegengesetzte Leitidee" an Bedeutung gewonnen, wonach durch die Stärkung der Partizipation der Regionen und Kommunen im EG-Entscheidungsprozeß ein zusätzlicher Grad der Komplexität und Intransparenz auf europäischer Ebene entstanden ist, der zu mehr Bürgerferne geführt hat und eher ein Verlust an Demokratie bedeutet. Die Folge dieser Art von nicht-intendierter Eigenlogik bzw. der pathologischen Entwicklung einer Leitidee kann entweder deren Korrektur und Anpassung sein und damit die Entstehung einer veränderten oder neuen Leitidee bedeuten, die mit der ursprünglichen Leitidee wenig oder nichts zu tun hat. Oder aber diese Entwicklung kann das Ende der politischen Institution hervorrufen, da diese ihre ursprüngliche(n) Leitidee(n) verloren hat bzw. diese nicht umsetzen konnte und — je nach Einzelfall — durch eine neue politische Institution ersetzt oder überlagert wird. Im Falle des Ausschusses der Regionen ist eher ersteres festzustellen: im Zusammenhang mit der Regierungskonferenz 1996 und der in Amsterdam beschlossenen Vertragsreform wurde die ursprüngliche Leitidee von "mehr Bürgernähe und Demokratie" in eine neue Leitidee von "effektiver Mitwirkung der Regionen und Kommunen im EG-Entscheidungsprozeß" umgewandelt. Die Gründe für diese Art der Entwicklung von Leitideen sind vielschichtig und komplex und hängen mit den äußeren politischen Rahmenbedingungen zusammen, aber auch mit den innerhalb einer politischen Institution vorzufindenden Bedingungen.

Die "Eigenlogik der Leitidee" ist insofern ein mehrdeutiger Begriff, als darunter auch die Eigenlogik gegenüber den "Anwendern" der Leitidee, d.h. der in einer Institution handelnden Menschen, verstanden werden kann. Durch die innerhalb einer politischen Institution autonom bzw. eigenmächtig handelnden Akteure erfährt die Leitidee eine spezifische Interpretation bzw. es werden mit Blick auf den Organisationszweck der politischen Institution bestimmte Handlungsoptionen entworfen, die inadäquat, miteinander konkurrierend oder schlichtweg falsch sein können, um die Leitidee zu verwirklichen. Zusammengefaßt gibt es demnach eine Eigenlogik der Leitidee(n) gegenüber den "Adressaten", die außerhalb der politischen Institution angesiedelt sind, und gegenüber den "Anwendern", die innerhalb der politischen Institution sind.

Bezogen auf die Kommission kann unter der von "außen" beeinflußten Eigenlogik die Entwicklung der Kommission in den 60er Jahren verstanden werden. Kommissionspräsident Walter Hallstein wollte damals durch den Vorschlag zur Schaffung der Gemeinsamen Agrarpolitik und zur Einführung von Eigenmitteln für die Gemeinschaft eine Stärkung der Rolle der Kommission erreichen (Loth 1995). Dies stieß jedoch auf den Widerstand Frankreichs und veranlaßte de Gaulle zur sog. "Politik des leeren Stuhls". Damit wurden einer selbstbestimmten Entwicklung der Kommission in Richtung auf eine "föderale Regierung" deutliche Grenzen gesetzt. Erst unter Jacques Delors, so scheint es, wurde diese Leitidee der Kommission aus den 60er Jahre wieder aufgenommen, die diesmal durch Premierministerin Margaret Thatcher gebremst wurde. Aber nicht nur einzelne Politiker beeinflussen die Entwicklungslogik der Leitidee(n) der Kommission, sondern auch die Regierungen und die wirtschaftlichen und sozialen Kräfte in den Mitgliedstaaten setzten sich mit ihr auseinander. So hat etwa die Einführung der neuen Bananenmarktordnung durch die Kommission zu Klagen der Bundesregierung vor dem EuGH, zu Protesten der deutschen Bananenimporteure und zu "Europamüdigkeit" in der Bevölkerung geführt, die die Rolle der Kommission unmittelbar berührten (Stevens 1996).

Ein Beispiel für die "innere" Eigenlogik ist die Verselbständigung von einzelnen Verwaltungseinheiten, die mit der zunehmenden Komplexität der auf die Kommission übertragenen "technischen" Zuständigkeiten an "bürokratischem Wissen" gewonnen haben. Diese Art von "verbürokratisierten" Verwaltungseinheiten zeichnen sich dadurch aus, daß sie ihre Spezialisierung und das Expertenwissen, das sie sich angeeignet haben, höher einzustufen als die Loyalität und Zugehörigkeit zur Kommission insgesamt (Coombes 1970: 126). Aus der Sicht der aus der Soziologie herrührenden Theorie sozialer Differenzierung kann sich die Verselbständigung von Teilsystemen zu einem folgenschweren Partikularismus entwickeln, der negative Externalitäten entstehen läßt und zu sozialen Konflikten führt

(Mayntz/Rosewitz/Schimanek/Stichweh 1988). Bezogen auf die Gemeinschaft können zwischen den Institutionen bzw. innerhalb der Kommission zwischen einzelnen Generaldirektionen, Direktionen oder Referaten Machtkämpfe um knappe Haushaltsmittel oder um exklusive Zuständigkeiten entstehen, die — nachdem sie ausgetragen sind — asymmetrische Abhängigkeitsbeziehungen verfestigen. Mit dem Grad der Verselbständigung wächst die Fähigkeit des Teilsystems zur Abwehr externer Einflußnahme und zur Zurückweisung von Interessen, die nicht den eigenen entsprechen. Es entsteht das Problem der politischen Steuerbarkeit des Teilsystems und der politischen Institution insgesamt (Mayntz 1988: 35f.).

Schließlich stellt das institutionelle Umfeld einen weiteren Aspekt zur Ergänzung der Hauriou'schen Systematik dar. Es mag erstaunen, daß Hauriou diesem Gedanken in seiner Analyse von politischen Institutionen praktisch keine Bedeutung zugemessen hat. Auch in neueren Arbeiten zur "Theorie politischer Institutionen" wird dieser Aspekt weitgehend vernachlässigt (Göhler/Lenk/Münkler/Walther 1990; Göhler 1994). In der Integrationsforschung ist dieser Aspekt hingegen recht geläufig. Verstanden wird darunter vereinfacht, daß Institutionen nicht "im luftleeren Raum" agieren, sondern in einen bestimmten politischen, institutionellen und gesellschaftlichen Kontext eingebettet sind, der ihre Existenz und ihre Funktionsweise beeinflußt. Der zusammenfassende Rückblick auf die institutionelle Entwicklung der EG/EU nach dem 2. Weltkrieg wird bei Ross mit "contexts and institutions" überschrieben (Ross 1995: 20). Im Zusammenhang mit der Untersuchung des Zusammenspiels nationaler Institutionen mit dem EG/EU-Institutionensystem wird einleitend konstatiert, daß Institutionen sowohl "the 'products'" als auch "the 'producers' of specific national contexts" sind (Rometsch/Wessels 1996: XV). An anderer Stelle wird bei der Untersuchung der Bedeutung von "Ideen" für den EG/EU-Entscheidungsprozeß deren "Wirkung in einem bestimmten Kontext" und die Existenz von "unterschiedlichen Kontextbedingungen" betont (Jachtenfuchs 1996: 436).

Bezogen auf die Europäische Kommission ist feststellbar, daß sie ihre Rolle und Funktionsweise im Rahmen eines "nationalen Kontexts" definiert und entwickelt. Konkret ist zu beobachten: "... the Member States establish the context in which the Commission functions and it is within this context that the precise roles and influences of the Commission are specified" (Nugent 1997: 22). An anderer Stelle werden mit Blick auf die Delors-Kommission verschiedene "contextual variables" genannt — wie etwa die politischen Umstände in den Mitgliedstaaten, das internationale Umfeld nach 1989 und die wirtschaftliche Entwicklung der späten 80er Jahre —, die für ihre Entwicklung entscheidend waren (Ross 1995: 234ff.). Es kann daher festgehalten werden, daß der wirtschaftliche und politische Kontext, innerhalb dessen eine politische Institution — und hier insbesondere die Europäische Kommission — agiert, ein wichtiges Element für ihre theoretisch-konzeptionelle Einordnung darstellt.

Zusammengefaßt ist die zentrale Annahme bei diesen Beobachtungen, daß politische Institutionen einerseits durch die Leitideen, die organisierte Macht und die in ihnen handelnden Eliten eigenständige politische Akteure sind. Im Extremfall kann das Phänomen der "Eigenlogik" von Leitideen die Verselbständigung der politischen Institution bewirken. Unterstellt wird dabei allgemein, daß politische Institutionen nicht einfach die Kristallisation der gesellschaftlichen Kräfteverhältnisse darstellen und insofern "neutrale Bühne" für politische Aktivitäten von gesellschaftlichen Gruppen und Individuen sind, sondern daß sie selbst die politischen Aktivitäten der Gesellschaft steuern und beeinflussen und gegenüber gesellschaftlichen Individuen und Gruppen Restriktionen setzen, Anreize geben, neue Handlungsoptionen eröffnen und die Bildung von Strategien und Allianzen bewirken. Andererseits sind politische Institutionen in ein bestimmtes Umfeld eingebettet und insofern das "Produkt" von politischen, wirtschaftlichen und sozialen Gegebenheiten, die ihren Handlungen Grenzen setzen bzw. ihr Dasein beinflussen. Im Extremfall kann die Eigenlogik der institutionellen Leitideen durch äußere Umstände verändert oder verworfen werden. Unterstellt wird aus dieser Sicht, daß politische Institutionen in einem Abhängigkeitsverhältnis zum politischen und sozialen Kontext stehen und die außerhalb der Institution zum Ausdruck kommenden Machtkonstellationen, Interessen, Restriktionen, Handlungszwänge etc. direkt oder indirekt auf sie einwirken und ihre Handlungen bestimmen. Dieser Kontrast spiegelt sich in anderer Form auch bei den sog. "Neo-Institutionalisten" (March/Olsen 1984, 1989 und 1994) bzw. den "historischen Institutionalisten" (Steinmo/Thelen/Longstreth 1992) wider. Gleichwohl wird hier offenbar ein "Mittelweg" gefunden, indem sowohl davon ausgegangen wird, daß es eine Kausalität von den gesellschaftlichen Akteuren zu den politischen Institutionen gibt, als auch umgekehrt von den politischen Institutionen zur Gesellschaft (Keck 1991: 637). Welche Erkenntnisse lassen sich nun aus dem Neo-Institutionalismus für die hier dargestellten Überlegungen gewinnen?

### 2.2.3 Die Wirkungsweise von politischen Institutionen nach dem Neo-Institutionalismus

Der Neo-Institutionalismus sieht sich nicht als ein neues, geschlossenes Theoriegebäude, sondern vielmehr als eine bestimmte Sichtweise, die für die Analyse von Politik hilfreich sein kann. Sie bedeutet ein "Aufmerksammachen" auf die eigenständige Rolle von politischen Institutionen und äußert sich in einer Vielzahl von institutionentheoretischen Aspekten, von denen zumindest drei für die hier zu behandelnde Fragestellung und zur Einordnung des oben aufgezeigten theoretisch-konzeptionellen Widerspruchs herangezogen werden sollen (March/Olsen 1984: 738f.).

Erstens die Vorstellung von der Interdependenz von sozialen und politischen Institutionen; im Rahmen der wechselseitigen Beeinflussung agieren soziale und politische Institutionen jedoch autonom. Damit wendet sich der Neo-Institutionalismus von der Vorstellung ab, daß soziale Institutionen politische Institutionen erzeugen, d.h. daß die "polity" von der Gesellschaft hergestellt wird und von dieser allein abhängt. Vielmehr weist der Neo-Institutionalismus darauf hin, daß politische Institutionen bei der Umsetzung von "public policies" die Gesellschaft auch beeinflussen und gestalten, indem sie Identitäten schaffen und wirtschaftliche und soziale Problemfelder neu organisieren. Bezogen auf die Kommission wird dies dann deutlich, wenn sie, wie dies im Bereich der Wettbewerbspolitik immer wieder ersichtlich wird (z.B. EKO-Stahlwerk oder VW), bei der Erteilung von Subventionen aus Wettbewerbsgründen eingreift und damit auf die wirtschaftliche und soziale Entwicklung in einer Region Einfluß nimmt.

Zweitens das Argument der Komplexität politischer Prozesse und der "historischen Ineffizienz"; verstanden wird darunter die komplexe Überlappung und Verflechtung von Institutionen, Personen und Ereignissen, die dagegen sprechen, daß es eine Optimierung der Problemlösung gibt, die dadurch entsteht, daß historische Erfahrungen über Generationen hinweg akkumuliert werden und sich institutionell in Form von Normen verfestigen. Der Neo-Institutionalismus geht demgegenüber davon aus, daß diese Art der "historischen Kausalität" problematisch ist und präzise nachgewiesen werden müßte. Wahrscheinlicher scheint ihm die Beobachtung zu sein, daß es einen "Morast kollektiver Komplexität" (March/Olsen 1984: 740) gibt, der nicht mit Vereinfachungen wie "historischer Effizienz" und statistischer Aggregation zu erfassen ist. Nach neo-institutionalistischer Auffassung steht im Vordergrund, daß es mehrere Institutionen gibt, die miteinander verflochten ("nested") sind und die sich durch vielfache Überlappungen auszeichnen. Für die hier zu untersuchende Institution — die Europäische Kommission — ist wichtig, daß dabei auch die transnationale Dimension der institutionellen Verflechtung erkannt wird oder wie March und Olsen es ausdrücken: "National political systems fit into international political systems and are composed of numerous subsystems, some of which extend beyond national boundaries" (March/Olsen 1984: 740).

Drittens der "Sinn" und die "symbolische Wirkung" von Institutionen; damit wendet sich der Neo-Institutionalismus gegen die Vorstellung, daß insbesondere große Organisationen als kohärent agierende Akteure betrachtet werden können, die auf der Grundlage von "rationality" und "choice" handeln. Vielmehr ist zu beobachten, daß politische Institutionen auch Ziele verfolgen, die nicht miteinander zusammenhängen und die nicht nach Rationalitätskriterien ausgewählt werden. Im Zentrum der Beobachtungen steht dabei der Entscheidungsprozeß, der sowohl die soziale Ordnung in einer Gesellschaft widerspiegelt, als auch ein Instrument ist, durch das die Zweckdienlichkeit eines Vorgangs durch Signale, Symbole und Rituale dargestellt werden kann. Dabei geht es bei der symbolischen Darstellung weniger um die Legitimierung des Entscheidungsprozesses, als vielmehr um das "Sichtbarmachen" der Ereignisse und Vorgänge, die so erscheinen sollen wie sie stattgefunden haben (March/Olsen 1984: 742). Hintergründig geht es dabei um die Frage der Dynamik von Symbolen und um ihre Fähigkeit, das "rationale" Verhalten der Akteure im Entscheidungsprozeß zu beeinflussen. Bezogen auf politische Institutionen, die über große administrative Apparate wie etwa die Kommission verfügen, kann aus diesen Überlegungen gefolgert werden, daß deren innere Konflikte und Rivalitäten durch Symbole und Rituale gemildert werden bzw. durch eben diese eine dauerhafte Verfestigung finden. Insofern könnten die innerhalb der Kommission permanent stattfindenden "meetings" zwischen einzelnen Abteilungen und Generaldirektionen, aber auch von Kommissionsbeamten mit externen Beamten und Sachverständigen, eine Art von Ritual darstellen, durch das Probleme nicht wirklich gelöst werden. Vielmehr handelt es sich dabei um eine Form des institutionalisierten Dauerkonflikts, der sich in Form von "Sitzungsmarathons" äußert, dessen Problemlösungsfunktion marginal ist und der der Austragung quasi rituell inszenierter (Schein)Gefechte dient. Die Probleme und Entscheidungen werden in Wahrheit aber abseits dieses Schauplatzes gelöst bzw. getroffen, etwa auf der Ebene der Kabinette oder in fest etablierten "Policy-Netzwerken" (Héritier 1993b).

Der Neo-Institutionalismus betont somit die Autonomie und Gestaltungsfähigkeit von politischen Institutionen. Gleichzeitig macht die neo-institutionalistische Argumentation deutlich, daß die Komplexität politischer Entscheidungsprozesse eine einfache Zuordnung von Kausalitäten ausschließt. Die Existenz mehrerer Institutionen, Personen und Ereignissen, die unter- und miteinander im Policy-Prozeß verflochten sind und sich gegenseitig beeinflussen, legt nahe, daß sich politische Institutionen und ihr gesellschaftlich-politischer Kontext gegenseitig in vielfacher Weise bedingen. Eine klare Wechselbeziehung im Sinne eines einfachen Über- oder Unterordnungverhältnisses ist nicht erkennbar. Vielmehr sind mehrere gleichzeitig agierende institutionelle Systeme und Subsysteme vorhanden, die sich überlappen, beeinflussen, in Konkurrenz zueinander stehen etc., ohne daß daraus eine eindeutige, zeitlich zu fixierende institutionelle Verfestigung abgeleitet werden kann. Hinzu kommt die "symbolische Dimension" des Handelns von Institutionen, die Ausdruck der Rationalität bzw. der Irrationalität institutionellen Verhaltens sein kann und die ebenfalls auf ein eher vielschichtiges und komplexes Austauschverhältnis zwischen Institution und politisch-sozialem Umfeld hindeutet. Welche Schlußfolgerungen lassen sich nun aus den dargelegten institutionentheoretischen Elementen für die Untersuchung der Europäischen Kommission ziehen?

## 2.3 Institutionentheoretisches Modell zur Untersuchung der Europäischen Kommission

Das im folgende dargestellte institutionentheoretische Modell zur Untersuchung der Europäischen Kommission setzt sich zusammen aus Elementen der deutschen Debatte zur Theorie politischer Institutionen — insbesondere den Überlegungen von Göhler —, aus dem institutionentheoretischen Ansatz von Maurice Hauriou, der gewissermaßen die französische Sicht wiedergibt, und dem angelsächsisch geprägten Neo-Institutionalismus, der im wesentlichen auf den Überlegungen von March und Olsen basiert. Dieser theoretische "Flickenteppich" darf nicht als Eklektizismus mißverstanden werden, sondern stellt den Versuch dar, unterschiedliche Ansätze zur Theorie politischer Institutionen aufzugreifen und miteinander zu verknüpfen. Durch die Inbeziehungsetzung unterschiedlicher institutionentheoretischer Annahmen und Überlegungen sind über die rein nationale Debatte hinausgehend Gemeinsamkeiten und Kristallisationspunkte aus der "internationalen" Debatte zum Wirken von politischen Institutionen herausgearbeitet worden. Sie können wie folgt zusammengefaßt werden:

- Politische Institutionen erbringen nicht nur eine Ordnungs- sondern auch eine Orientierungsleistung, die sowohl durch Regulierung als auch durch symbolische Darstellung erfolgen kann (Göhler); im Neo-Institutionalismus wird davon ausgegangen, daß die symbolische Wirkung von Institutionen auch Ausdruck ihrer fehlenden Kohärenz und Rationalität sein kann und zu einem Ritual verkommt, das nur scheinbar die erwartete Ordnungs- und Orientierungsleistung erbringt (March/Olsen).
- Zentrales Element für eine politische Institution ist nach Hauriou die "Leitidee" ("idée directrice"), die sich in "objektiver" und dauerhafter Weise bei ihren Anhängern verfestigt und die das zu verwirklichende Objekt der politischen Institution darstellt; im Neo-Institutionalismus taucht dieser Aspekt bei der Frage nach dem "Sinn" einer politischen Institution auf (March/Olsen), der auch bei

Göhler genannt wird und im wesentlichen durch Symbole dargestellt wird und die Integration der Mitglieder des politischen Verbandes und dessen Legitimation bewirkt.

- Eine politische Institution verfügt über eine "organisierte Macht" in Form einer Organisation (etwa eines Verwaltungsapparats), deren Funktionsweise durch zwei gegensätzlich wirkende Kräfte bestimmt wird: einerseits durch die politische Führung der Eliten, die die Leitidee(n) verkörpern (Hauriou), und andererseits durch die administrative Eigenlogik (Göhler), die von der/den Leitidee(n) abweicht/en oder diese verfälscht/en.
- Die Neo-Institutionalisten sind der Auffassung, daß es keine "historische Effizienz" gibt, nach der in politischen Institutionen Erfahrungen akkumuliert werden, die zu einer Optimierung der Problemlösung führen; vielmehr sind im Zusammenhang mit politischen Institutionen organisationelle Komplexität und institutionelle Verflechtung zu beobachten; bei Göhler wird dieses Phänomen im Zusammenhang mit der "Eigenlogik" thematisiert, die gegen eine "historische Gradlinigkeit" institutionellen Handelns spricht und ebenfalls auf Komplexität und Verflechtung hinweist; bei Hauriou tritt dieses Phänomen dann auf, wenn die an der Spitze der "organisierten Macht" stehenden Eliten sich zu eigenmächtigem Handeln berufen fühlen und versuchen, die "Leitideen" zu verfälschen oder die anderer Institutionen zu übernehmen; dies führt zu institutionellen Überlappungen und kann sich nachteilig auf deren Funktionsweise auswirken.
- In der Integrationsforschung wird auf den engen Zusammenhang zwischen politischen Institutionen und dem politischen und gesellschaftlichen Kontext hingewiesen; die Überlegungen von Göhler und Hauriou, die diesen Aspekt weitgehend unberücksichtigt lassen, werden um die Annahme ergänzt, daß politische Institutionen nicht nur autonom agierende Akteure sind, sondern auch "Produkte" eines bestimmten politischen, wirtschaftlichen und sozialen Umfelds; der damit verbundene Kontrast wird bei den Neo-Institutionalisten mit dem Komplexitätsargument verdeutlicht, nach dem am politischen Entscheidungsprozeß eine Vielzahl von institutionellen Systemen und Subsystemen beteiligt sind, die miteinander verflochten sind und sich

gegenseitig bedingen, ohne daß daraus einfache Kausalbeziehungen abgeleitet werden können.

Schaubild 2: Institutionentheoretisches Modell zur Untersuchung der Europäischen Kommission

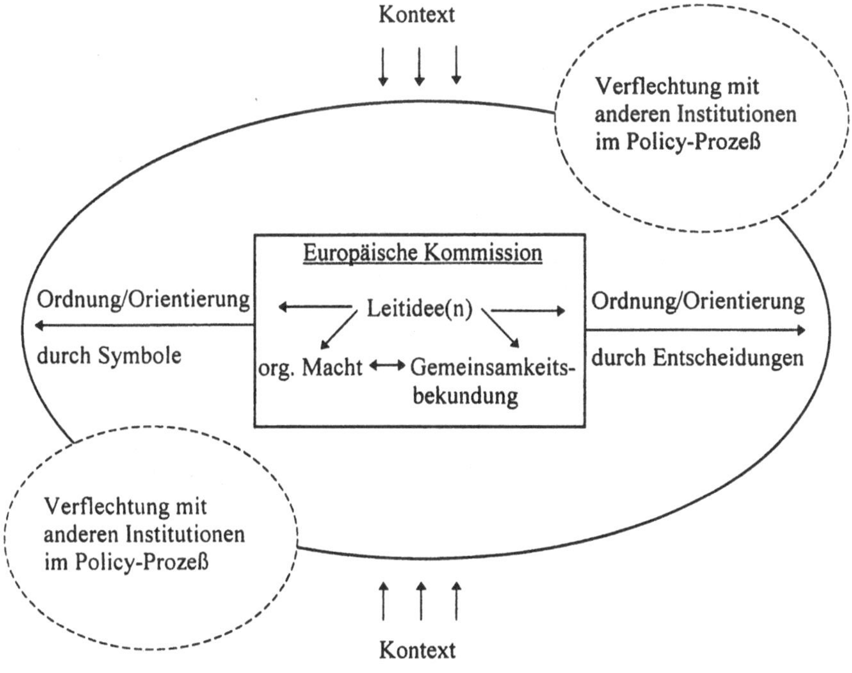


In Schaubild 2 werden die bislang diskutierten institutionentheoretischen Elemente schematisch dargestellt und auf die Europäische Kommission bezogen. Zusammengefaßt sind die folgenden Aspekte für die Untersuchung der Kommission in der Ära Delors von Bedeutung:

- Die Europäische Kommission ist Teil eines spezifischen politischen, wirtschaftlichen und sozialen Kontexts, der aus dem internationalen Umfeld, den anderen EU-Institutionen, den Politiken der EU-Mitgliedstaaten, der wirtschaftlichen Entwicklung in der Union, der Haltung der Bevölkerung gegenüber dem Integrationsprozeß etc. gebildet wird.

- Die Europäische Kommission ist im Policy-Prozeß auf europäischer Ebene mit den anderen Institutionen der EG/EU und den nationalen Institutionen eng verflochten. Diese institutionelle Verflechtung hat sowohl Wirkung "nach innen", d.h. auf die unmittelbare Rolle und Funktionsweise der Kommission, als auch "nach außen" auf den politischen und institutionellen Kontext, in den die Kommission eingebettet ist.
- Die von der Europäischen Kommission erbrachten Ordnungs- und Orientierungsleistungen beruhen sowohl auf Entscheidungen als auch auf Symbolen. In der "empirischen Realität" lassen sich beide kaum voneinander trennen, d.h. Ordnungs- und Orientierungsleistung hängen eng miteinander zusammen und werden sowohl durch konkrete Entscheidungen wie symbolhafte Handlungen erbracht (vgl. Schaubild 1 oben).
- Das zentrale Element der Rolle und Funktionsweise der Europäischen Kommission ist/sind die in ihr vorhandene(n) bzw. ihr "von außen" zugeordnete(n) Leitidee(n). Die Leitidee(n) bestimmt(en) die interne Machtorganisation und die Zusammengehörigkeit zwischen den in ihr handelnden Personen. Die Leitidee(n) hat (haben) aber auch Einfluß auf die von der Kommission erbrachten Ordnungs- und Orientierungsleistungen.

Diese Elemente aus der theoretischen Debatte dienen als Grundlage für die empirische Untersuchung. Im folgenden wird dargelegt, welche methodische Vorgehensweise angewandt wird, um theoretische Annahmen und die empirische Umsetzung miteinander zu verknüpfen.

## 3. Methodische Vorgehensweise

Das folgende Kapitel erläutert, wie die bis jetzt ermittelten theoretischen Konzepte auf die empirische Untersuchungsarbeit angewendet werden können. Die Ausgangsfrage für die methodische Vorgehensweise ist, *welche* in der theoretischen Debatte ermittelten Elemente *wie* für eine empirische Untersuchung der Kommission herangezogen werden können?

## 3.1 Drei Grundelemente: Leitidee, organisierte Macht und Gemeinsamkeitsbekundung

In Anlehnung an die von Hauriou entwickelte Unterscheidung zwischen Leitidee, organisierter Macht und Gemeinsamkeitsbekundung werden drei Grundelemente des politischen Handelns der Europäischen Kommission festgelegt. Die im folgenden vorgenommenen "Operationalisierungen" dieser drei Grundelemente stellen für die empirische Arbeit eine Orientierungs- und Interpretationshilfe dar. Ausgangsthese ist, daß eine politische Institution — in diesem Falle die Europäische Kommission — nur dann in der Lage ist, auf Dauer in einem demokratischen System ihren Auftrag zu erfüllen und zu existieren, wenn die genannten drei Grundelemente erfüllt werden. Leitidee, organisierte Macht und Gemeinsamkeitsbekundung scheinen dabei eng miteinander verflochten zu sein und sich gegenseitig zu bedingen. Das Fehlen eines dieser drei Grundelemente kann nicht durch die Übererfüllung eines anderen kompensiert werden; auf Dauer bedarf es der Erfüllung aller drei Grundelemente, ohne die eine politische Institution — hier die Europäische Kommission — nicht "lebensfähig" ist.

### 3.1.1 Leitidee

Mit Blick auf den hier vorliegenden Untersuchungsgegenstand, die Europäische Kommission, wird unter der Leitidee der allgemeine Gründungssinn dieser Institution verstanden und die ihr im institutionellen Kräftefeld zugeordnete Funktion als politischer Akteur. Letztere unterliegt vielfach der unterschiedlichen Perzeption und Evaluierung des europapolitischen Zusammenhangs. Diese sog. "Leitbilder" (Schneider 1977 und 1992) dienen der Erklärung, Deutung und Interpretation des europäischen Integrationsprozesses. Das Verhältnis von "institutionellen Leitideen" und "europapolitischen Leitbildern" (Wessels 1994), die sich in der Literatur und im politischen Diskurs unterschiedlich niedergeschlagen haben, ist für die Erklärung und den Wandel der Leitidee der Kommission hilfreich. Die "Leitbilder der Europapolitik" werden darüber hinaus zur Operationalisierung und idealtypischen Abstrahierung des in Schaubild 2 dargestellten "Kontexts" herangezogen, in den die Europäische Kommisson eingebettet ist.[14]

Nach einem breiter angelegten, aus der Soziologie herrührenden Verständnis von der funktionalen Differenzierung innerhalb der Gesellschaft kann im Zusammenhang mit der Leitidee auch von der "sinnhaften Spezialisierung" (Mayntz 1988: 19) gesprochen werden. Danach zeichnet sich die Kommission durch die "Art des speziellen Sinns" aus, bei dem es sich "um einen Zweck oder

---

[14] Vgl. unten Teil I, Kapitel 4.

eine Leistung, aber auch um einen anerkannten Selbstwert handeln [kann]." (ebd.). Im Gegensatz zum "objektiven" Vorhandensein der Leitidee bei Hauriou wird bei den Differenzierungstheoretikern davon ausgegangen, daß der "spezielle Sinn" gesellschaftlicher Funktionssysteme nicht vorgegeben ist, sondern "kognitiv-symbolisch festgelegt werden [kann bzw. muß]" (Mayntz 1988: 27). Selbst wenn ein "objektiver Sinnbezug" des Handelns eines Akteurs unterstellt wird, ist nicht ausgeschlossen, daß eine Spannung zu seinen tatsächlichen Handlungsmotiven besteht. So kann zum Beispiel der Zweck der Erstellung von Gesundheitsleistungen in einer kommerziell arbeitenden Privatklinik durch ein dominierendes Gewinnmotiv überlagert werden und sich auf die Qualität der Pflege- und Therapieleistungen auswirken. Insofern scheint der "spezielle Sinn" einer Institution den "Eigen-Sinn" einzelner Handlungen nicht von vornherein auszuschließen.

Diese Unterscheidung zwischen dem "Sinn" und dem "Eigensinn" muß bei der Analyse der Leitidee der Kommission berücksichtigt werden. Methodisch stellt sich dabei die Frage, wo sich "die Leitidee" der Kommission bzw. der ihr innewohnende "spezielle Sinn", die das Dasein der Kommission bestimmen, niedergeschlagen haben und woraus sie bestehen? Ein wesentlicher Ansatzpunkt für die Analyse stellt dabei der EG-Vertrag dar, der die Aufgaben der Kommission in Art. 155 EGV beschreibt. Daneben bestehen noch weitere Vertragsartikel, die auf die Kommission Bezug nehmen, insbesondere im Zusammenhang mit ihrem Vorschlagsmonopol. Mit dem Inkrafttreten des Vertrags über die Europäische Union wurde der Kommission in der intergouvernementalen Zusammenarbeit, d.h. im Rahmen des Titels V (Gemeinsame Außen- und Sicherheitspolitik) und des Titels VI (Zusammenarbeit in den Bereichen Justiz und Inneres) eine neue (zusätzliche) Definition ihrer Leitidee zugeordnet, die erheblich von der des alten EG-Vertrags abweicht. Darüber hinaus ist die Kommission Teil eines "politischen Systems", bestehend aus den anderen EG-Organen, den Mitgliedstaaten, den Interessengruppen und den nationalen Bevölkerungen; damit wird ihre Leitidee auch in einem politisch-institutionellen Umfeld definiert. In methodischer Hinsicht stellt sich die Frage, wie sich die Leitidee der Kommission in diesem Kräftefeld niedergeschlagen hat und woran sie ablesbar ist? Eine Antwort auf diese Frage entzieht sich einer einfachen empirischen Messung; gleichwohl können mit Hilfe des Ansatzes der integrationspolitischen "Leitbilder" (Schneider 1977; 1992) und der darin enthaltenen "institutionellen Leitideen" (Hauriou 1965, usrp. 1925; Wessels 1994) der Kommission zumindest idealtypische Modelle erstellt werden, die als Erklärungs- und Interpretationsraster dienen.[15] Es wird dabei davon ausgegangen, daß auch die aktuelle Diskussion über die Kommission in Anlehnung an die

[15] Ebd.

unterschiedlichen europapolitischen Leitbilder und die damit verknüpften institutionellen Leitideen zur Kommission stattfindet und daß Leitbilder und Leitideen Elemente enthalten, die zum besseren Verständnis der Rollenwahrnehmung der Kommission beitragen.

### 3.1.2 Organisierte Macht

Unter dem Begriff der "organisierten Macht" wird im weiteren Sinne die "Problemlösungskapazität" einer politischen Institution verstanden. Bezogen auf die Kommission steht diese in Zusammenhang mit der Funktionsweise ihres Verwaltungsapparats, der Zusammensetzung ihrer Beamtenschaft und der Mitwirkung der Kommission am EG-Entscheidungsprozeß. Es wird davon ausgegangen, daß, je effizienter die Kommission aufgebaut ist und je besser sie dadurch funktioniert, sie desto eher in der Lage sein wird, am Entscheidungsprozeß mitzuwirken und damit zur Lösung der der Gemeinschaft übertragenen Aufgaben beizutragen.

Die "organisierte Macht" sagt zunächst einmal nichts oder nur wenig über die Qualität der Handlungen der Kommission aus. Hingegen wird mit der "organisierten Macht" der Frage nachgegangen, inwieweit die Kommission sich als eine "machtvolle Handlungsinstanz" gegenüber den anderen EG-Organen, den Mitgliedstaaten, Verbänden, Unternehmen und der Bevölkerung etablieren konnte. Dies ist unter anderem ablesbar an den von ihr erarbeiteten Vorschlägen, der Zahl der von ihr verabschiedeten Rechtsakte und der Mitwirkung von Kommissionsbeamten in den verschiedenen Expertengremien und Durchführungsausschüssen. Die "organisierte Macht" kann nach diesem Verständnis definiert werden als der "Einsatz von Ressourcen (wie etwa Personal, Verwaltungseinheiten, Arbeitsgruppen, Finanzmittel etc.) und Handlungsinstrumenten (wie etwa Sitzungen, Weisungen, Beschlußvorlagen), um ein Maximum an Mitwirkung an der Vorbereitung, Herstellung, Durchführung und Kontrolle von Entscheidungen zu erreichen". Damit nähert sich das hier verwendete Verständnis von "organisierter Macht" dem in der Wirtschaftswissenschaft gebräuchlichen Begriff der "Effizienz" an. Eine gebräuchliche Definition von "Effizienz" in der Ökonomie ist, daß "eine gegebene Produktmenge unter Berücksichtigung der Faktorpreise zu den geringstmöglichen Kosten hergestellt wird" (Dichtl/Issing 1993: 493). Die Verwendung dieser Art von Definition macht nur dann Sinn, wenn die genannten Kriterien — allgemein ausgedrückt sind dies "Kosten" und "Nutzen" — quantitativ meßbar sind. Im Falle der Untersuchung der Kommission handelt es sich aber nur begrenzt um quantitativ präzise meßbare Kriterien. Zwar liegen Angaben zum Aufbau und zu den Handlungen der Kommission vor (wie etwa zur Anzahl und

Zusammensetzung der Beamten oder zur Anzahl der Vorschläge im EG-Rechtsetzungsprozeß), jedoch ist der daraus entstehende "Nutzen" für die Gemeinschaft nicht quantitativ meßbar. Die "organisierte Macht" der Kommission und die Leistungen, die sie dabei erbringt, ist daher nur aus dem integrationspolitischen Zusammenhang heraus "erfahrbar".

Für die Methodik bedeutet dies, daß für die Untersuchung der "organisierten Macht" der Delors-Kommission soweit wie möglich "quantitative" Daten ermittelt werden zur Zahl der Beamten, der Vorschläge an den Rat, der Beschlüsse der Kommission, der Expertengruppen, der Durchführungsausschüsse etc., aber auch eine Auswertung des "qualitativen Materials" vorgenommen wird, das sich aus den Handlungen der Kommission insgesamt und ihres Kommissionspräsidenten in der Ära Delors ergibt und das aus einschlägigen Arbeiten zur Delors-Kommission (u.a. Grant 1994; Ross 1993; 1994; 1995), Reden und Interviews Delors´ und aus Interviews mit Kommissionsbeamten, die der Verfasser durchgeführt hat,[16] hervorgeht. Dieses "qualitative Material" dient im wesentlichen dazu, die Rolle des Kommissionspräsidenten innerhalb des Kommissionskollegiums und die Funktionsweise der Kabinette und ihre Zusammenarbeit mit den Verwaltungsdiensten zu ermitteln. Die zentrale Frage bei der Auswertung des Materials ist dabei, durch welche Besonderheiten sich die Funktionsweise der Kommission in der Ära Delors auszeichnet und inwieweit daraus generelle Rückschlüsse auf eine veränderte Rolle der Kommission im europäischen Integrationsprozeß gezogen werden können.

### 3.1.3 Gemeinsamkeitsbekundung

Dieses dritte Element könnte als "Akzeptanz"[17] oder — modern ausgedrückt — als "corporate identity" — bezeichnet werden, die innerhalb einer politischen Institution zum Tragen kommt. Bezogen auf die Europäische Kommission wird darunter das Vertrauen und die positive Überzeugung verstanden, die ihr von

---

[16] Vgl. unten Quellen- und Literaturverzeichnis.

[17] Der Begriff "Akzeptanz" kann hier in eingeschränktem Maße mit "Legitimität" gleichgesetzt werden. Gleichwohl wird hier nicht Bezug auf ein bestimmtes, in der Politikwissenschaft entwickeltes Legitimitätskonzept genommen (Weber 1956: 823ff; Easton 1965: 278ff; Luhmann 1969; Habermas 1976), sondern es wird ein funktionales Verständnis von Legitimität zugrunde gelegt, d.h. es wird davon ausgegangen, daß eine politische Institution, um auf Dauer handlungsfähig zu sein, einer "Form der Legitimierung" bedarf, ohne daß damit schon ein bestimmtes Legitimitätsverständnis definiert ist. In Anlehnung an Hauriou wird davon ausgegangen, daß die Legitimierung einer politischen Institution in erster Linie durch eine Form der "Gemeinsamkeitsbekundung" entsteht, die einer politischen Institution von "innen" und von "außen" entgegengebracht wird.

"innen", d.h. von den in und durch sie handelnden Beamten, und von "außen", d.h. von den Adressaten ihres Handelns, entgegengebracht wird.

Es wird davon ausgegangen, daß die Kommission nur dann in der Lage ist, die ihr innewohnende(n) "Leitidee(n)" zu verwirklichen, wenn ihre Beamtenschaft ein "Zusammengehörigkeitsgefühl" entwickelt hat, das mit dieser/n Leitidee(n) in Einklang steht. Dieses "Zusammengehörigkeitsgefühl" wird sich in der Praxis weniger durch ein enthusiastisches Bekenntnis für eine bestimmte Form eines vereinten Europas äußern, als vielmehr in der generellen Überzeugung zu suchen sein, durch die Mitarbeit in der Kommission den europäischen Integrationsprozeß voranzubringen, ohne daß damit jedoch die Frage der "finalité politique" dieses Prozesses schon entschieden wäre. Insofern handelt es sich nicht um eine "deklaratorische" Gemeinsamkeitsbekundung, sondern — um mit Hauriou zu sprechen — um das "Bewußtsein einer gemeinsamen Idee". Letzteres wird, in Anlehnung an Göhler, um so ausgeprägter sein, je mehr die Beamten "Orientierungsangebote" erhalten, die die "Idee" der Kommission symbolisieren. Ein wichtiger Faktor wird dabei sein, inwieweit die in der Kommission handelnden politischen "Eliten", d.h. insbesondere der Kommissionspräsident und sein Kabinett und die anderen Kommissare und ihre Kabinette, in der Lage sind, die "Leitidee(n)" der Kommission zu verkörpern und dadurch den Verwaltungsapparat unter ihrer Führung zur Verwirklichung der "Idee(n)" zu motivieren. Für den hier zu untersuchenden Zeitraum von 1985-1992 wird insbesondere die Rolle von Jacques Delors und der Einfluß seiner Person auf die Herstellung einer Art von "innerer Gemeinsamkeitsbekundung durch die Überzeugung zum gemeinsamen Handeln" der Kommission im Vordergrund stehen.

Neben dieser bis jetzt beschriebenen "inneren Gemeinsamkeitsbekundung" bedarf das Handeln der Kommission auch einer "äußeren Gemeinsamkeitsbekundung", die insbesondere von den Regierungen der Mitgliedstaaten, den Interessengruppen und den nationalen Bevölkerungen ausgeht. Unter der "äußeren Gemeinsamkeitsbekundung" wird das der Kommission von "außen" entgegengebrachte Vertrauen als Institution, die Zustimmung zu ihrem Handeln bzw. allgemein ihre "Akzeptanz" verstanden. Dabei muß zwischen den verschiedenen Gruppen unterschieden werden, die der Kommission ihre "Akzeptanz" entgegenbringen — die auch negativ ausfallen kann und damit zur Ablehnung wird — bzw. die ihr Handeln befürworten oder im negativen Falle ablehnen. Die Regierungen der Mitgliedstaaten haben einen anderen Bezug zur Kommission und nehmen die Kommission in anderer Form wahr als die Bevölkerungen, die vor allem die Gemeinschaft/Union als Ganzes wahrnehmen und weniger zwischen den einzelnen Institutionen unterscheiden. Innerhalb der Bevölkerungen muß zwischen den Bevölkerungsteilen unterschieden werden, die gegenüber der Gemeinschaft/Union generell eine positive Einstellung entwickelt haben und denen, die von vornherein der europäischen Integration ablehnend gegenüberstehen. Hinzu kommt eine "geographische" Differenzierung zwischen den einzelnen Mitgliedstaaten und Regionen der Europäischen Union. In Gebieten, in denen die Gemeinschaft/Union durch Hilfen — etwa durch Finanzmittel aus den Strukturfonds — die Bevölkerung direkt unterstützt, wird die "Akzeptanz" der Kommission als "Verteilungsinstanz" der Gemeinschaft sehr viel größer sein, als in Mitgliedstaaten und Regionen in denen dies nicht der Fall ist bzw. in denen die Kommission durch "interventionistische Regulierungen" — wie etwa im Fall von Subventionskürzungen oder Eingriffen in bestehende Marktordnungen — die vertraute Ordnung der Menschen "stört" und gewohnte Privilegien beschneidet. In methodischer Hinsicht stellt sich daher generell die Aufgabe, die Unterscheidung zwischen den verschiedenen "Objekten", gegenüber denen die "äußere Gemeinsamkeitsbekundung" zum Tragen kommt (Gemeinschaft/Union insgesamt, einzelne Institution, Handlungen der Institution, Personen), und den verschiedenen "Gruppen", von denen die "äußere Gemeinsamkeitsbekundung" ausgeht (Regierungen, Bevölkerungen, letztere mit positiver oder negativer Einstellung, spezifische Interessengruppen) in einer empirischen Untersuchung zu berücksichtigen. Der Versuch, ein geeignetes Untersuchungsmodell zu erarbeiten, ist an anderer Stelle schon unternommen worden, ohne daß damit aber den nur begrenzt vorliegenden Daten zu Befragungen in der Gemeinschaft/Union und ihren Institutionen ausreichend Rechnung getragen wurde (Westle/Niedermayer 1991).

In Anbetracht dieser Differenzierungen und der Vielschichtigkeit der "innerhalb" und "außerhalb" der Gemeinschaft und ihren Institutionen sich äußernden "Gemeinsamkeitsbekundungen", die einer eigenen umfassenden empirischen Untersuchung bedürften, wird im folgenden dieser Aspekt nur begleitend behandelt werden. Hinzu kommt, daß die reichhaltigste Quelle zu Umfragen in der Gemeinschaft/Union — das von der Kommission regelmäßig herausgegebene EUROBAROMETER — nur einen begrenzten Fundus an Umfragen zur Kommission enthält. Die Entwicklung der "äußeren Gemeinsamkeitsbekundung" der Delors-Kommission wird daher nur in Ansätzen durch Daten aus EUROBAROMETER und in stärkerem Maße durch Äußerungen von Politikern aus den Mitgliedstaaten belegt werden. Die Entwicklung des "Zusammengehörigkeitsgefühls" innerhalb der Kommission — vor allem unter den Kommissionsbeamten — wird durch Interviews ermittelt. Dabei handelt es sich um ein nicht repräsentatives "Ausloten" von Stimmungsbildern zur Kommission in der Delors-Ära, dessen Wert darin besteht, daß Meinungstrends zur Rolle der Kommission und qualitative Aussagen zur Policygestaltung der Kommission miteinander in Verbindung gebracht werden können.

Die aufgeworfenen Fragen und Aspekte zur Methodik der empirischen Untersuchung der Kommission dürfen nicht losgelöst vom generellen politischen Kontext der Delors-Ära, den einzelnen Phasen der Präsidentschaft Delors' und den jeweils im Zentrum stehenden Politikfeldern betrachtet werden. Bevor diese Elemente einer empirischen Untersuchung unterzogen werden,[18] werden im folgenden verschiedene Modelle zur Erklärung und Interpretation der Rolle und Funktionsweise der Kommission vorgestellt. Sie sind in Anlehnung an vier integrationstheoretische Ansätze entstanden — den Realismus, den Funktionalismus, den Föderalismus und den kooperativen Föderalismus — und dienen zur Darstellung des oben angedeuteten Verhältnisses zwischen "Leitideen" und "Leitbildern". Darüber hinaus dienen sie als Interpretationsraster für die empirischen Ergebnisse dieser Arbeit, die weiter unten ausgeführt werden.[19]

## 4. Leitbilder für die Europäische Kommission

Bei der Kommission handelt es sich um ein komplexes Gebilde, das seinerseits Teil eines komplizierten institutionellen Systems ist. Am EG/EU-Entscheidungsprozeß sind eine Vielzahl von Akteuren der europäischen und der nationalen Ebene beteiligt und je nach Politikfeld, den anzuwendenden Entscheidungsverfahren und dem konkreten Entscheidungsgegenstand fällt deren Zusammensetzung unterschiedlich aus. Insofern fällt es schwer, eine generelle Darstellung der "Handlungsbedingungen" vorzunehmen und eine allgemein gültige Definition der "Eigenständigkeit" der Rolle der Kommission zu treffen. Genauso schwierig ist es, eine "absolute Meßlatte" für das "gute" bzw. das "weniger gute" Funktionieren der Kommission festzulegen. Um dennoch eine "verobjektivierbare" Untersuchung der Rolle und Funktionsweise der Kommission unter Berücksichtigung ihrer Mitwirkung an der Policygestaltung durchführen zu können, werden idealtypische Erklärungsmodelle zur Rolle der Kommission im europäischen Integrationsprozeß entwickelt. Sie haben eine zweifache Funktion: Erstens dienen sie zur Operationalisierung des in Schaubild 2 angedeuteten "Kontexts", in den die Europäische Kommission eingebettet ist. Zweitens werden sie zur Einordnung, Erklärung und Interpretation der empirischen Ergebnisse herangezogen.

Diese Vorgehensweise nutzt das Konzept der "Leitbilder" zur europäischen Integration (Schneider 1977, 1986 und 1992) bzw. erfolgt in Anlehnung an verschiedene, aus den Integrationstheorien abgeleitete europapolitische Ordnungs-

[18] Vgl. unten Teil II.
[19] Vgl. unten Teil II und Teil III.

vorstellungen,[20] in denen die Kommission eine jeweils spezifische Rolle und Funktion innehat. Viele dieser "Leitbilder" bzw. der integrationstheoretischen Ansätze sind überholt oder haben sich in der europapolitischen "Realität" als nicht haltbar erwiesen. Insofern stellen sie in diesem Zusammenhang idealtypische Modelle dar, die in erster Linie eine Erklärungs- und Interpretationsfunktion haben. Darüber hinaus wird aber davon ausgegangen, daß die "Leitbilder der Europapolitik", verstanden als "Zielvorstellungen und Strategiekonzeptionen", als "ein 'Ideal'... oder ein als realisierbar angenommener besserer Zustand" (Schneider 1977: 17 und 20) oder als "Wahrnehmungs- und Deutungsmuster der je gegebenen Situation" (Schneider 1992: 4) auch als Phänomene einer Art von "sunken collective memory" (Wessels 1994: 309) aufgefaßt werden können. Wenngleich sie kaum eine weiterführende Rezeption in der wissenschaftlichen Diskussion erfahren haben, gleichzeitig aber vielerorts ein "Theoriedefizit" beklagt wird bzw. für eine neue theoretische Auseinandersetzung mit dem europäischen Integrationsprozeß plädiert wird (Jachtenfuchs/Kohler-Koch 1996; Risse-Kappen 1996), sind sie aus der einschlägigen Debatte als identifizierbare Bezugsmuster nicht ganz verschwunden und können als mehr oder weniger bewußt vorhandene Referenzpunkte bzw. "mental maps" (Wallace 1990: 5) verstanden werden. Insofern macht es Sinn, auf die unterschiedlichen europapolitischen "Leitbilder" als einer Art von "Denkschemata" Bezug zu nehmen. Diese Vorgehensweise wird auch dadurch gerechtfertigt, daß viele europapolitische Bilder, Konzeptionen und Begrifflichkeiten, die in der aktuelleren europapolitischen Debatte gebräuchlich sind und immer wieder auftauchen, letztlich auf bestehende, teilweise in Vergessenheit geratene oder schlichtweg verdrängte "Leitbilder der Europapolitik" zurückgeführt werden können. Durch diese Art der Abstrahierung können — je nach Perspektive und Analyseebene — europapolitische Vorgänge insgesamt oder auch nur in Teilen erfaßt werden; sie kann auch dazu führen, daß mehrere europapolitische Leitbilder gleichzeitig herangezogen werden und sich gegenseitig ergänzen. Wichtig an dieser Stelle ist, daß durch die europapolitischen Leitbilder ein Ordnungs- und Interpretationsschema zur Verfügung steht, das von einer gewissen Dauerhaftigkeit geprägt ist und das für die Einordnung und Bewertung der empirischen Untersuchungsergebnisse herangezogen werden kann.

Ein weiterer Vorteil dieses Ansatzes besteht darin, daß Art und Wirkungsweise der europapolitischen Leitbilder im Zusammenhang mit den von Hauriou beschriebenen "Leitideen" stehen. Das Verhältnis, das dabei zwischen beiden

[20] Als wesentlich erachtet werden die folgenden integrationstheoretischen Ansätze: der Realismus (u.a. Morgenthau 1956; Waltz 1959), der Föderalismus (u.a. Monnet 1955; Spinelli 1958; Mayne/Pinder 1990), der Funktionalismus (u.a. Mitrany 1966; Haas 1968), der Neo-Funktionalismus (u.a. Lindberg 1963; Lindberg/Scheingold 1970; Keohane/Hoffmann 1991) und der kooperative Föderalismus (Scharpf 1985b; Wessels 1985b und 1990).

existiert — nämlich daß "europapolitische Leitbilder ... die Sinngebung des Integrationsgeschehens insgesamt ...[beinhalten und] ... gleichzeitig den Orientierungsrahmen und die Legitimitätsbasis für institutionelle Leitideen [abgeben]" (Wessels 1994: 309) — soll an dieser Stelle aufgegriffen werden. Die empirische Untersuchung soll dazu beitragen, das Verhältnis zwischen den europapolitischen Leitbildern und ihren institutionellen Leitideen am Beispiel der Europäischen Kommission näher zu bestimmen. Welches sind nun die wichtigsten europapolitischen Leitbilder, die zur Erklärung der Rolle der Kommission herangezogen werden können?

## 4.1 Das Leitbild des intergouvernementalen Europas: Die Kommission als "Sekretariat"

Das Leitbild des intergouvernementalen Europas geht davon aus, daß im Zuge des europäischen Integrationsprozesses ein "pooling" der nationalen Souveränitäten stattfindet (Keohane/Hoffmann 1991: 7), ohne daß die Mitgliedstaaten und ihre Regierungen, die durch Wahlen von der Bevölkerung direkt legitimiert und zur Ausübung hoheitlicher Befugnisse beauftragt sind, die generelle Verantwortung für die staatlichen Schutz- und Wohlfahrtspflichten gegenüber der Bevölkerung aufgeben. Zur besseren Erfüllung ihre staatlichen Aufgaben und Funktionen haben die Mitgliedstaaten auf der Basis eines völkerrechtlichen Vertrags die Europäischen Gemeinschaften gegründet (Kirchhof 1994: 60), die, begrenzt durch die Prinzipien der Einzelermächtigung, der Verhältnismäßigkeit und der Subsidiarität[21], in beschränktem Maße hoheitliche Aufgaben erfüllen können. Die Mitgliedstaaten bleiben in jedem Fall die "Herren der Verträge" (Bundesverfassungsgericht 1994: 190), d.h. durch die Gründung der Gemeinschaften wird keine unabhängige Union mit Staatscharakter gebildet, die sich über die Mitgliedstaaten wölbt, sondern es wird ein begrenzt zuständiges institutionelles Gefüge geschaffen, das über den Vertrag an die allein legitimierten Mitgliedstaaten gebunden ist, welche Kompetenzerweiterungen, neue Zuständigkeiten und Verfahren u.a. Vertragsänderungen nach ihren innerstaatlichen Bestimmungen ermöglich können. Aus verfassungsrechtlicher Sicht gilt damit, daß "Europarecht ... nur über die Brücke des nationalen Zustimmungsrechts" in die Mitgliedstaaten einfließt (Kirchhof 1994: 60; ders. 1996: 11). Insofern gibt es verkürzt ausgedrückt "das Recht Europas und das der Staaten" (Kirchhof 1996), zwischen denen kein Über- oder Unterordnungsverhältnis wie in einem Bundesstaat besteht, nach dem Bundesrecht Landesrecht bricht, sondern das Verhältnis zwischen beiden Rechten funktioniert

---

[21] Der Verweis auf diese Prinzipien wird ausdrücklich in der Entscheidung des Bundesverfassungsgerichts zum Vertrag über die Europäische Union vom 20.10.1993 vorgenommen (vgl. Bundesverfassungsgericht 1994).

nach dem gleichen Prinzip einer völkerrechtlichen Vereinbarung, wie es auch für andere internationale Organisationen gültig ist: "Die EU und die Vereinten Nationen haben nur die Kompetenzen und Befugnisse, die ihnen die Staaten jeweils vertraglich zugewiesen haben" (Kirchhof 1996: 11). Der Vertrag sieht dabei gemäß Art. N EUV vor, daß Vertragsänderungen nur dann erfolgen können, wenn sie in allen Mitgliedstaaten ratifiziert wurden; insofern verfügt jeder Mitgliedstaat über ein Vetorecht, das ihn davor schützt, daß die Gestaltung der Verträge eine Form annimmt, die von der Bevölkerung bzw. dem nationalen Parlament, als direkt legitimiertem Repräsentationsorgan, nicht getragen wird. Genauso räumt das Gemeinschaftsrecht jedem Mitgliedstaat ein Vetorecht bei der Herstellung von abgeleiteten Rechtsakten ein, da viele Entscheidungen des Rates der Einstimmigkeit bedürfen, welche ein "typisches ... Merkmal des Staatenverbundes" (Kirchhof 1996: 11) ist.

Institutionell schlägt sich diese Rolle der Mitgliedstaaten im Rat, als dem zentralen Entscheidungsgremium der Gemeinschaft/Union, und dem Europäischen Rat, als der obersten Lenkungs- und Entscheidungsinstanz, nieder. Im Europäischen Rat, in dem die Staats- und Regierungschefs versammelt sind, werden die Leitlinien der Gemeinschaft/Union beraten und die "großen" Entscheidungen getroffen, die nur einstimmig zustande kommen können. Im Ministerrat, der unmittelbar von den Regierungen der Mitgliedstaaten gebildet wird, liegt die "Entscheidungs- und zugleich Legitimationskraft" der Gemeinschaft/Union; die nationalen Regierungen "legitimieren die Entwicklung der EG gegenüber den Bürgern" (Lepsius 1991: 19). Im Gegensatz zum Europäischen Rat kommt im Ministerrat das *Gros* der Entscheidungen mit qualifizierter Mehrheit zustande. Insofern kann ein Mitgliedstaat überstimmt werden, jedoch tritt dieser Fall nur recht selten ein, da die im Rat versammelten Regierungsvertreter darum bemüht sind, möglichst einen Konsens herzustellen. Zudem wird durch nationale Vertreter, die in den verschiedenen Entscheidungsgremien sitzen, d.h. den Arbeitsgruppen des Rates und dem Ausschuß der Ständigen Vertreter I und II (Mentler 1996), dafür gesorgt, daß ein Mitgliedstaat vor der Verabschiedung eines Rechtsaktes seine Position jederzeit vorbringen kann und er in dem Diskussions- und Verhandlungsprozeß in den Ratsgremien die Möglichkeit hat, andere Mitgliedstaaten von seiner Haltung zu überzeugen. Der sog. "Luxemburger Kompromiß" aus dem Jahr 1966,[22] demgemäß ein Mitgliedstaat das Recht hat, bei "sehr wichtigen Interessen" ("intérêts très importants") sich darauf zu berufen, daß "die Erörterung fortgesetzt werden muß bis ein einstimmiges Einvernehmen erzielt worden ist"[23] ("la discussion devra se poursuivre jusqu'à ce que l'on soit parvenu à un accord unanime"), ist zwar nie formeller Teil des Gemeinschaftsrechts geworden und seine Geltendmachung war *de jure* nicht einklagbar; *de facto* ist dieser Passus jedoch zumindest über eine

---

22 Vgl. EG-Bulletin, Nr. 3 (1966), S. 8ff. oder Europa-Archiv, Nr. 4 (1966), S. D 85ff.

23 Ebd., S. 9 bzw. S. D 85.

gewisse Periode politisch respektiert worden und ist gemäß diesem Leitbild seither nie ganz aus "den Köpfen" verschwunden.[24]

In einem nach diesem Vorbild gestalteten institutionellen System spielt die Kommission nur eine untergeordnete Rolle, vergleichbar der eines "Sekretariats" in einer traditionellen internationalen Organisation. Die Kommission stellt eine Verwaltungsinstanz dar, deren Hauptaufgabe im wesentlichen darin besteht, die notwendigen "politisch neutralen" Informationen an den Rat und den Europäischen Rat weiterzuleiten, die dadurch in die Lage versetzt werden, Entscheidungen zu treffen. Darüber hinaus ist sie — in Anlehnung an das Modell einer "klassischen Bürokratie" (Weber 1956 und 1958) — für die Durchführung der Entscheidungen von Rat und Europäischem Rat zuständig. Gleichwohl spielt die Kommission dabei keine eigenständige Rolle, sondern sie wird von den nationalen Verwaltungen und den nationalen Politikern eng kontrolliert. Die im Rahmen der sog. "Komitologie" bestehenden Ausschußverfahren — und hier insbesondere das Verfahren des "Regelungsausschusses" — sind hierfür ein reales Beispiel, da sie eine weitreichende "Überwachung" der an die Kommission delegierten Implementierungsaufgaben durch die Mitgliedstaaten ermöglichen. Danach werden bei fehlender Zustimmung des Ausschusses die von der Kommission vorgeschlagenen Durchführungsmaßnahmen nicht in Kraft gesetzt und die Kompetenz hierfür an den Rat zurückverwiesen.

Nach diesem Leitbild stehen der Kommission generell keine, oder nur begrenzte verfahrensrechtliche Kompetenzen zu und die an sie delegierten Aufgaben zur Durchführung von EG-Recht unterliegen der ausdrücklichen Zustimmung des Ministerrates. Der Rat und der Europäische Rat können die Kommission jederzeit auffordern, Dokumente und Informationen zu bestimmten Fragen vorzulegen, ohne aber zur tatsächlichen Verwendung der Vorlagen der Kommission verpflichtet zu sein. Diese Art von Sekretariatsrolle wurde der Kommission im Rahmen der Europäischen Politischen Zusammenarbeit eingeräumt (Costa Pereira 1988; Nuttall 1989 und 1992), wo sie lange Zeit nur als "Konferenz- und Informationsdienst" genutzt wurde. Nur in Ausnahmefällen erging an sie von der Präsidentschaft die Aufforderung, zu einer Angelegenheit ihr Expertenwissen einzubringen. Mit der

---

[24] Zuletzt wurde im Zusammenhang mit den Verhandlungen im Rahmen des GATT im September 1993 auf den "Luxemburger Kompromiß" Bezug genommen. Premierminister Balladur wies damals darauf hin, daß Frankreich bereit sei, "en réaffirmant ... sa volonté d'user du droit de veto pour s'opposer à ce texte" (d.h. dem sog. Blair-House Abkommen über die Ölsaaten); vgl. Bulletin d'Information, Ambassade de France in Bonn, 16.9.1993, S. 3f. Bezeichnend ist in diesem Zusammenhang auch die Reaktion von Außenminister Juppé gegenüber Außenhandelskommissar Brittan, die im Laufe einer Brüsseler Nachtsitzung zu den GATT-Verhandlungen erfolgte: "Nicht die Kommissare haben die Macht zur Entscheidung. Das ist Sache der Minister"; vgl. FAZ v. 22.9.1993, S. 3; siehe auch S. 17 und 19 sowie FAZ v. 20.9.1993.

Einheitlichen Europäischen Akte (EEA) und vor allem der Einrichtung der Gemeinsamen Außen- und Sicherheitspolitik in Titel V des Vertrags über die Europäische Union hat die Kommission ein nicht-exklusives Vorschlagsrecht im Bereich der Außen- und Sicherheitspolitik erhalten. Auf dem Gebiet des "group-to-group dialogue" hat sie sich von einem einfachen Ausführungsorgan zu einem "Protagonisten" (Nuttall 1990) der interregionalen Zusammenarbeit der Gemeinschaft entwickelt. Es scheint demnach, daß selbst in diesem intergouvernemental organisierten Bereich die Rolle der Kommission einem Veränderungsprozeß unterliegt. Aus der Sicht dieses Leitbildes kann argumentiert werden, daß dies eine notwendige Entwicklung ist, um die Sekretariatsrolle der Kommission besser nutzen zu können. Ziel ist es letztlich, die Rolle der Kommission als Verwaltungs- und Expertensekretariat — ähnlich dem NATO-Generalsekretariat — durch eine gemäßigte Aufwertung zu verfestigen und eine Angleichung an die Gemeinschaftssäule zu vermeiden.

## 4.2 Das Leitbild des funktionalen Europas: Die Kommission als zentrale "Planungsinstanz"

Nach diesem Leitbild dient die europäische Integration dazu, in bestimmten, eng abgesteckten Bereichen Problemlösungen zu erarbeiten, die von den Mitgliedstaaten allein nicht gefunden werden können bzw. die einer genuin "europäischen" Lösung bedürfen. Dieser Einigungsansatz wurde mit der Errichtung der Europäischen Gemeinschaft für Kohle und Stahl (EGKS) verfolgt, der in dem (dann gescheiterten) Projekt der Europäischen Verteidigungsgemeinschaft und der Europäischen Atomgemeinschaft fortgesetzt wurde. Dieser "funktionale", d.h. auf die Lösung bestimmter wirtschaftlicher und sozialer Problemfelder hin ausgerichte Integrationsansatz geht im wesentlichen auf David Mitrany zurück (Mitrany 1966). Mitrany's Grundfrage war, wie zwischen souveränen Nationalstaaten Kriege vermieden werden können und welche organisatorischen Schritte hierzu unternommen werden müssen. Die Herstellung und Bewahrung von Frieden wurde dabei nicht direkt angegangen — im Sinne der Untersuchung von Konflikten und der Entwicklung von Maßnahmen zur Konfliktprävention —, sondern indirekt durch die Identifizierung von "gemeinsamen Interessen" ("common needs") und von Bereichen, die sich für eine Zusammenarbeit anbieten. "Peace by pieces" (Zellentin 1992: 67) lautet verkürzt ausgedrückt der zentrale Gedanke; dabei hatte Mitrany weniger einen exakten Plan zur Neuordnung der internationalen Beziehungen vor Augen, der zu einer bestimmten "finalité politique" führen würde, als vielmehr die pragmatische Zusammenarbeit zwischen Staaten zur Lösung gemeinsamer Probleme. Dadurch würde eine Vielzahl von spezialisierten internationalen Agenturen entstehen, in denen nationale Beamte aufgrund ihrer

Ausbildung und ihres beruflichen Interesses — und außerhalb der traditionellen Diplomatie unter Führung der nationalen Außenministerien — dazu bestimmt wären, "to concentrate upon the pragmatic issues of how to solve common problems for the common advantage, rather than to focus upon questions of national prestige and sovereign authority" (Claude 1971: 383).

Der Funktionalismus verband damit die Erwartung der Entstehung einer "multilevel interpenetration of governments" (ebd.), die Kriege verhindert und weltweit zur Entwicklung von politischen Institutionen führt, die für das Handeln der Nationalstaaten maßgeblich sind. Die Übertragung von Macht und Handlungsinstrumenten auf politische Institutionen, die diese zur Erfüllung ihrer Aufgaben benötigen, impliziert für die Nationalstaaten einen teilweisen Transfer von Souveränität zugunsten dieser "internationalen Agenturen"; die Folge wäre "that power would be distributed and dispersed" (Mitrany 1966: 33), d.h. die Dezentralisierung von Macht. Die Souveränität und Existenz der Staaten wird dadurch jedoch nicht grundsätzlich in Frage gestellt; der Funktionalismus zielt nicht auf die Schaffung eines supranationalen Überbaus ab, sondern unterstellt lediglich die Schaffung einer Methode "[to] overlay political divisions with a spreading web of international activities and agencies, in which and through which the interests and life of all the nations would be gradually integrated" (Mitrany 1966: 38). Ausgehend von der Beobachtung einer wachsenden Komplexität und Interdependenz innerhalb der Weltgemeinschaft, schlägt der funktionale Ansatz die Errichtung von "international organization" vor, die verstanden wird als ein historischer Prozeß zur Herstellung eines "institutional framework for the joint exploration of approaches to peace" (Claude 1971: 445f.). Dadurch wird die Möglichkeit der Kooperation zwischen den Staaten gestärkt und die Regierbarkeit des internationalen Systems erleichtert, ohne daß die Entstehung einer Weltregierung notwendig würde: "The meaningful question is not whether the world has 'a government', but how much governance is in evidence, how much effective governing is taking place" (Claude 1971: 444).

Hinsichtlich der europäischen Integration wird der funktionale Einigungsansatz vor allem mit Jean Monnet in Verbindung gebracht.[25] Monnet war Leiter des "Commissariat au Plan" in Frankreich, das nach dem Krieg die zentrale Planungsstelle für die Umstrukturierung und Modernisierung der französischen Wirtschaft war. Er war maßgeblich an der Ausarbeitung des sog. "Schuman-Plans" von 1950 beteiligt. Seine Konzeption der Kommission, die in Zusammenarbeit mit seinen damaligen Beratern Pierre Uri und Paul Reuter entstanden war (Monnet 1976: 352), lehnt sich sehr stark an die Rolle der Hohen Behörde in der EGKS an,

---

[25] Daher wird vielfach auch von der "Monnet-Methode" hinsichtlich des europäischen Einigungsprozesses gesprochen.

deren erster Präsident Monnet von 1953 bis 1955 war.[26] Danach besitzt die Kommission eine herausgehobene Position und hat aufgrund ihres "technischen Wissens" den besten Einblick in die zu lösenden Probleme. Sie verkörpert das "gemeinsame europäische Interesse" und ist aufgrund ihrer Schlüsselstellung, die aus ihrer spezifischen Zuständigkeit herrührt und sich aus den anzuwendenden Verfahren ergibt, am ehesten in der Lage, den gemeinsamen Problemlösungswillen in konkrete Aktivitäten umzusetzen. Sie verfügt über einen schlanken Apparat von hochqualifizierten Experten, die bestens informiert sind und die die Fakten kennen, um die notwendigen Planungen vorzunehmen, auf deren Grundlage dann die einzelnen Entscheidungen getroffen werden. Ein kleiner Stab von hervorragenden Beamten paßt sich am ehesten in die bestehende Struktur von nationalen Verwaltungen ein und ist am besten in der Lage, den nationalen Beamten die erforderlichen Impulse zu geben: "... j'étais en tout état de cause déterminé à faire de la Haute Autorité un appareil aussi léger que possible. [...] ... Il suffirait de quelques centaines de fonctionnaires européens pour mettre au travail des milliers d'experts nationaux et faire servir aux missions du traité les puissantes machineries des entreprises et des Etats. Du moins, je m'efforcerais de bâtir sur ce modèle les premières institutions communautaires" (Monnet 1976: 436). Die Kommission ist — im übertragenen Sinne — ein "think-tank", deren grundlegende Legitimation darin besteht, daß sie Expertenwissen in konkrete Planungsarbeit umsetzt, die dem gemeinsamen europäischen Interesse, d.h. der Herstellung von Frieden und Wohlstand, dient. Insofern besitzt die Kommission auch eine "responsabilité politique" (Monnet 1976: 448), da sie dadurch unmittelbar für die Zukunftsgestaltung in Europa Verantwortung trägt.

Die Kommission muß hinsichtlich ihrer Struktur und Arbeitsweise das Prinzip der "funktionalen Repräsentation" beachten, d.h. sie muß gewährleisten, daß die an der Lösung interessierten Mitgliedstaaten an der internationalen Willensbildung beteiligt sind. Denn aus funktionalistischer Sicht ist "ohne die Teilhabe von Betroffenen an der von Experten, Managern und Beamten betriebenen 'technischen Selbstbestimmung' ... [keine] ... Gerechtigkeit in internationalen Organisationen [...] herzustellen" (Zellentin 1992: 71f.). Insofern wird deutlich, daß die Zusammensetzung der Kommission — sowohl auf der Ebene des Kollegiums der Kommissare wie auf der Ebene der Dienste — nicht nur eine Frage der Rekrutierung von "Experten" ist, sondern auch eine Frage der Vertretung der Mitgliedstaaten. Aus funktionalistischer Sicht wird dabei der Widerspruch zwischen dem Prinzip der "Repräsentation" und dem Prinzip der "Unabhängigkeit" der Kommissare und Beamten durchaus als problematisch erkannt. Die funktionale

[26] An dieser Stelle sei auch auf eine ältere Studie zum Vergleich von Hoher Behörde und EWG-Kommission verwiesen, die die Gemeinsamkeiten und Unterschiede beider Organe aus rechtswissenschaftlicher Sicht untersucht hat (Schroeter 1963).

Repräsentation fördert eher die Entstehung von "Partikularinteressen" der Beteiligten, erschwert dadurch die gemeinschaftliche Willensbildung und widerspricht somit dem Prinzip der Unabhängigkeit der Experten. Dies kann letztlich nur durch die strikte Orientierung an technischer Expertise und durch das gemeinsame Interesse an der Lösung der Sachfragen überwunden werden. Langfristig wird dadurch eine "gemeinsame Produktion und Distribution von Werten sowie [...] die Verdichtung zwischengesellschaftlicher Beziehungen" (Zellentin 1992: 74) erwartet, die nationale Alleingänge, ein nur den eigenen Interessen dienendes Handeln bzw. auch ein gewaltsames Vorgehen zunehmend "dysfunktional" erscheinen lassen.

Aus dieser Perspektive ist der europäische Einigungsprozeß grundsätzlich auf einige "technische" Bereiche beschränkt, d.h. "Die EG ist und bleibt ein funktional ausgegrenzter 'Zweckverband', kein den Nationalstaaten prinzipiell übergeordnetes politisches Regime" (Lepsius 1991: 37). Mit der Kommission hat die EG/EU ein "eigentümliches Planungs-, Steuerungs- und Exekutivorgan"; sie besitzt "eine herausgehobene Stellung, ohne doch eine parlamentarisch verantwortliche Regierung zu sein" (ders.: 20). Die langfristige Entwicklung wird aber auch mit einiger Skepsis gesehen bzw. wird sie aufgrund ihres funktionalen Charakters als begrenzt betrachtet, da die politischen und finanziellen Möglichkeiten nicht vorhanden sind, um die wohlfahrtsstaatliche Funktion der Nationalstaaten vollständig abzulösen. Selbst wenn es zum Aufbau einer eigenen "Implementationsbürokratie" käme, würde diese für die nationalen Verwaltungen keine unmittelbare Konkurrenz bedeuten, da sie "angesichts der geringen Geldmittel [der Gemeinschaft/Union] ohnehin keine wesentlichen Struktureffekte ausüben kann" (Lepsius 1991: 35). Weit wichtiger als die bürokratischen Interventionen sind die über den Markt erfolgenden Einwirkungen auf die regionale Strukturbildung und die Arbeitsmärkte und insofern würde die Kommission nur eine — mit begrenzten Handlungsmöglichkeiten ausgestattete — "eigenständige Agentur zur Verwaltung und Entwicklung der Wirtschaftsgemeinschaft" darstellen (ders. 1991: 39).

Im Gegensatz zu dieser eher pessimistischen Sicht sah Monnet in der verwaltungs- und verfahrensmäßigen Effizienz der Kommission, die er als gegeben voraussetzte, gerade ihre grundsätzliche Legitimation. Danach dominiert die Kommission durch ihren Informationsvorsprung und ihren umfassenden "europäischen Ansatz" den Entscheidungsprozeß, während der Ministerrat lediglich die Rolle einer "Ratifikationsinstanz" spielt und das Europäische Parlament ein "Diskussionsforum" darstellt. Aus dieser Sicht kommt der Effizienz des Verwaltungsapparats der Kommission und der Wirksamkeit der von ihm ausgearbeiteten Entscheidungen eine zentrale Rolle zu. Am ehesten wird dies durch die Übernahme der französischen

Verwaltungskultur und der — nach französischem Muster vollzogenen — Rekrutierung von Elitebeamten gewährleistet, die innerhalb des europäischen Verwaltungsapparats die intellektuelle Basis darstellen und den notwendigen "Chorgeist" schaffen (Berlin 1987). Ergänzt wird dieses Elitentum durch eine im wesentlichen auf die deutsche Verwaltungstradition zurückgehende und durch deutsches juristisches Denken geprägte Verwaltungsstruktur, die insbesondere unter Walter Hallstein eingerichtet wurde. Die Beamtenschaft ist danach in eine klare, hierarchisch angelegte Struktur von Generaldirektionen, Direktionen, Abteilungen und Referate gegliedert. Aufgrund ihres Elitestatus und ihres Interesses an der Arbeit für das gemeinsame europäische Ziel zeichnet sich die Beamtenschaft durch einen hohen Grad an Homogenität aus. Gleichzeitig steht an der Spitze der Kommission eine Person, die sowohl über das notwendige Charisma als auch über das erforderliche Fachwissen verfügt, um nach innen wie nach außen — im Sinne Göhlers — "symbolische Orientierung" zu vermitteln und innerhalb der Gemeinschaft/Union "leadership" zu erzeugen.

Diese, zuvörderst durch die Hohe Behörde geprägte Leitidee hat sich im Kontext der EG/EU nicht bzw. nur teilweise durchgesetzt. Grund hierfür ist, daß der EWG-Vertrag eine Schwächung der Rolle der Kommission beinhaltet, indem die zentrale Entscheidungsgewalt auf den Ministerrat übertragen wird (Schroeter 1963). Durch die Einrichtung des Ausschusses der Ständigen Vertreter und der spezialisierten Arbeitsgruppen des Rates sind Gremien eingerichtet worden, die eine Konkurrenz zur "technischen" und verfahrensmäßigen Kompetenz der Kommission darstellen. Im Rahmen der sog. "Komitologie" wurden der Kommission zusätzlich Ausschüsse mit nationalen Beamten zur Seite gestellt, die die Arbeit der Kommission bei der Implementation von EG-Recht überwachen. Der Trend zur Stärkung der Rolle von nationalen Vertretern im institutionellen System der Gemeinschaft bzw. die Einführung von intergouvernementalen Elementen in das Gemeinschaftssystem ist durch den Vertrag über die Europäische Union fortgesetzt worden. In dem neu geschaffenen sog. zweiten (Gemeinsame Außen- und Sicherheitspolitik) und dritten Pfeiler (Zusammenarbeit in der Justiz- und Innenpolitik) verfügt die Kommission nur über geringe eigenständige Befugnisse und wird lediglich "in vollem Umfang an den Arbeiten" in diesen Bereichen "beteiligt" (Art. J.9 und K.4, 2 EUV). Der funktionale Integrationsansatz wird durch die Erschließung neuer Kooperationsbereiche zwar bestätigt, jedoch hat dabei die Kommission, in ihrer Funktion als zentrale Planungs- und Entscheidungsinstanz, in der europapolitischen Realität an Einfluß verloren.

Die "technokratische Rolle" der Kommission wird demgegenüber im Bereich der Wirtschafts- und Währungsunion bestätigt. Danach ist die Kommission unter anderem für die Überwachung der Haushaltslage und die Entwicklung des öffentlichen Schuldenstandes in den Mitgliedstaaten zuständig (Art. 104 c, 2 EGV). Zu diesem Zweck kann die Kommission einen Bericht erstellen bzw. eine Stellungnahme abgeben, wenn sie der Auffassung ist, daß ein übermäßiges Defizit in einem Mitgliedstaat besteht bzw. ein solches sich ergeben könnte. Im Bereich der wirtschaftspolitischen Koordinierung werden "auf Empfehlung der Kommission" die "Grundzüge der Wirtschaftspolitik der Mitgliedstaaten" erstellt (Art. 103, 2 EGV). Vor dem Eintritt in die dritte Stufe der Wirtschafts- und Währungsunion (WWU) prüft die Kommission (zusammen mit dem Europäischen Währungsinstitut), inwieweit die Mitgliedstaaten ihren Verpflichtungen bei der Einhaltung der Konvergenzkriterien nachgekommen sind (Art. 104j, 1 EGV); dieser Bericht stellt (zusammen mit dem Bericht des EWI) die Grundlage dar für die Entscheidung des Rates über den Eintritt in die dritte Stufe der WWU. Im Kontext dieser funktionalen Aufgabenstellung — d.h. der Vorbereitung der Wirtschafts- und Währungspolitik in den Mitgliedstaaten auf den Eintritt in die dritte Stufe der WWU — wird die Rolle der Kommission als einer zentralen, auf der Grundlage von Expertise handelnden "Technokratie" bestätigt.

### 4.3 Das Leitbild des föderalen Europas: Die Kommission als "föderale Regierung"

Ausgangspunkt dieses Leitbildes ist die Vorstellung, daß der europäische Einigungsprozeß in einen Bundesstaat bzw. die "Vereinigten Staaten von Europa" mündet, die nach den Prinzipien einer klassischen Föderation strukturiert sind. Die Gliedstaaten haben einen föderalen, auf Dauer eingerichteten Bund mit einer eigenen Verfassung geschlossen und ihre vormals existierende Souveränität als unabhängige Staaten auf ein gemeinsames föderales Staatswesen übertragen. Die Kommission stellt in diesem neuen Staatswesen die "föderale Regierung" dar. Sie ist gewählt und ist gegenüber dem Europäischen Parlament verantwortlich, das die Vertretung der Bürgerinnen und Bürger der Föderation darstellt. Der Rat stellt die Vertretung der Gliedstaaten dar und hat bei der Wahl der Kommission keine oder nur eine untergeordnete Funktion. An der Spitze der Kommission steht der Regierungschef, der über die Benennung der Minister allein entscheidet. Die Kommission bedarf für ihre Einsetzung lediglich eines Zustimmungsvotums durch das Europäische Parlament, das das Kommissionskollegium als Ganzes betrifft und für das die absolute Mehrheit der Parlamentarier erforderlich ist. Im Gesetzgebungsprozeß stellt das Europäische Parlament die erste Kammer dar und ist mit umfassenden Entscheidungs- und Kontrollkompetenzen ausgestattet. Der Rat wirkt nur an bestimmten, ihn — und damit die Gliedstaaten — direkt betreffenden Gesetzesvorhaben voll mit und verfügt in den Bereichen, die der ausschließlichen Zuständigkeit der Föderation unterstehen, nur über ein Einspruchsrecht, das der absoluten Mehrheit der Stimmen im Rat bedarf bzw. nach der Zurückweisung durch das Europäische Parlament nur mit einer 2/3 Mehrheit durchgesetzt werden kann. Nur hinsichtlich der Veränderung der Verfassung und der Aufnahme neuer Mitglieder in die Föderation entscheidet der Rat gleichberechtigt neben dem Europäischen Parlament. Für Kompetenzstreitigkeiten zwischen Kommission, Europäischem Parlament und Rat bzw. bei Verfassungsklagen ist das Europäische Verfassungsgericht zuständig. Generell gilt, daß in dem "Dreigestirn" Kommission, Europäisches Parlament und Rat letzterer die schwächste Rolle spielt, während die Kommission als föderale Exekutive mit den weitreichendsten Befugnissen ausgestattet ist. Der Europäische Rat als das Forum der (Minister)Präsidenten der Gliedstaaten spielt nur eine symbolische Rolle und hat vor allem eine protokollarische Funktion bei hohen Feierlichkeiten und Gedenktagen.

Die grundsätzliche Legitimition dieses Leitbildes resultiert aus der Direktwahl des Europäischen Parlaments durch das europäische Volk. Aus der Mitte des Europäischen Parlaments geht entsprechend dem politischen Kräfteverhältnis die Kommission als föderale Regierung hervor. Die Kommission hat dabei nicht nur die Aufgabe, Gesetzesinitiativen zu ergreifen, sondern muß auch dafür sorgen, daß die Gesetze und Verordnungen — je nach Zustimmungspflichtigkeit — in beiden Häusern angenommen werden. Die Handlungen der Kommission stehen somit in einem politischen Kontext und werden von einem (partei)politischen Verhandlungsprozeß begleitet, bei dem es in erster Linie darum geht, die notwendigen Mehrheiten in der ersten und — falls notwendig — auch in der zweiten Kammer zu erlangen. Insofern bedarf die Kommission eines großen (partei)politischen Geschicks, insbesondere dann, wenn etwa im Europäischen Parlament aufgrund regionalspezifischer Bedenken die Mehrheitsfraktion gespalten ist oder wenn die Zustimmung des Rats erforderlich wird und dort die Opposition die Mehrheit hat. Schließlich hat die Kommission auch eine wichtige Kontrollfunktion bei der Durchführung von verbindlichen Rechtsakten in den Gliedstaaten und muß die vollständige und einheitliche Anwendung ihrer Politik überwachen.

Die Legitimationsgrundlage des Föderalismus bzw. in einem weiteren Sinne des Konzepts einer "Weltregierung", die auf einer mehr oder weniger ausgeprägten Föderierung der Staaten beruht, ist die Einsicht, daß "war ... a necessary, natural, and inescapable product of the multi-state system" ist (Claude 1971: 412). Aus diesem Grund muß "the absurd architecture of the present world" (The City of Man 1941: 27), die Ausgangspunkt ist für die Anarchie im internationalen Staatensystem, abgeschafft werden und durch eine demokratische Weltregierung ersetzt werden. Die Weltregierung kann am ehesten im Rahmen einer weltweiten Föderierung der Staaten realisiert werden und ist allein in der Lage, im globalen Maßstab für Frieden und Sicherheit zu sorgen, d.h. "the establishment of international federal institutions ..[is].. the necessary basis of a peaceful world" (Claude 1971: 414). Die Weltregierung wird von den Völkern der Mitgliedstaaten direkt gewählt und stellt eine "international agency as independent as possible of all governments" dar (ders. 1971: 416). Aus der Sicht zweier britischer Föderalisten sind die Gründe, die für die Errichtung einer föderalen Union sprechen, in den 90er Jahren die gleichen wie schon in den 30er Jahren: "... the same conditions of international anarchy that prompted the formation of Federal Union in 1938 still exist today, especially outside Europe. ..... Purely national action cannot meet these challenges. So federalists must still reiterate the same message: that unfettered national sovereignty is outdated and a barrier to peace, that free men must unite and submit their arguments and their force to the rule of law, and that the federations which they form must provide the nucleus of a world order pledged to maintain peace and ensure justice" (Mayne/Pinder 1990: 214).

In Europa wurde das Leitbild des föderalen Europas insbesondere von Widerstandsgruppen während des zweiten Weltkriegs entwickelt (Lipgens 1986) und wurde vor dem Hintergrund der Selbstzerstörung des europäischen Kontinents als die einzige Option betrachtet, um künftig ein friedliches Zusammenleben zwischen den Menschen zu gewährleisten.[27] Gleichwohl wurde dieses Ideal in der politischen Realität nicht oder nur in Ansätzen verwirklicht. Dies änderte sich auch nicht, als sich nach 1945 viele, mehr oder weniger einflußreiche Personen und Gruppen für ein föderales Europa einsetzten (Spinelli 1958; Loth 1990) und es bis in die heutige Zeit hinein verschiedene Initiativen gab, um den "qualitativen Sprung" in ein föderales Europa zu unternehmen. Innerhalb der Gemeinschaft/Union haben sich dabei insbesondere das Europäische Parlament bzw. die es konstituierenden Gruppen und Personen als einflußreiche Verfechter des Föderalismus erwiesen. Neben vielen anderen Initiativen brachten 50 EVP-Abgeordnete im September 1983 einen weitreichenden Entwurf für eine Verfassung der Europäischen Union ein — den sog. "Luster/Pfennig-Entwurf" (Europäisches Parlament 1983) —, der auf der Erklärung beruhte, den "Bundesstaat Europäische Union" zu schaffen, der "den Endzustand der europäischen Einigungsbemühungen im Auge" hat (Lipgens 1986: 688). In dem Entwurf werden die Kommission und ihr Präsident nicht mehr erwähnt, sondern es wird von der "Unionsregierung" und dem "Unionsministerpräsidenten" gesprochen, der die "Unionsminister" ernennt und entläßt. Im Jahr

[27] Als zwei Beispiele von vielen föderalen Entwürfen, die während des 2. Weltkriegs entstanden sind, sei an dieser Stelle auf die Schrift von Altiero Spinelli "Die Vereinigten Staaten von Europa" vom Oktober 1941 (Lipgens 1986: 71f.) und die Genfer Konferenz von Widerstandskämpfern, die die "Deklaration zugunsten Europäischer Föderation" erarbeitete (Lipgens 1986: 174ff.), verwiesen; beide Dokumente veranschaulichen in besonders nachdrücklicher Weise die Befindlichkeiten und Vorstellungen, die zu dieser Zeit hinsichlich der Neuordnung Europas vorherrschten.

1984 verabschiedete das Europäischen Parlament dann einen zurückhaltenderen "Entwurf für eine Verfassung der Europäischen Union", der maßgeblich auf die Initiative und Konzeption von Altiero Spinelli zurückging (Europäisches Parlament 1984). Wenngleich der sog. "Spinelli-Entwurf" eine deutliche Mehrheit im Europäischen Parlament erfuhr und in verschiedenen nationalen Parlamenten positiv aufgenommen wurde,[28] brachten ihm die Regierungen der Mitgliedstaaten nur wenig Enthusiasmus entgegen und wiesen ihn letztlich als "zu utopisch" zurück. Der zehn Jahre später unternommene Versuch einer Neuauflage der Spinelli-Initiative durch den sog. "Oreja/Herman Bericht" (Europäisches Parlament 1994) scheiterte kläglich schon im Europäischen Parlament; das Plenum konnte sich nicht dazu entschließen, über den Bericht abzustimmen und verwies ihn zurück an den institutionellen Ausschuß.

Der Vertrag über die Europäische Union stellt nicht den qualitativen Sprung zur Herstellung einer europäischen Föderation dar und die Kommission hat darin nicht die Kompetenzen und die verfahrensrechtlichen Zuständigkeiten einer föderalen Regierungsinstanz erworben. Dennoch sind im Vertrag von Maastricht Elemente erkennbar, die — zumindest von der Tendenz her — als eine Entwicklung in föderaler Richtung interpretiert werden können. Dazu gehört die gestärkte Rolle des Europäischen Parlaments nach dem sog. Mitentscheidungsverfahren gemäß Art. 189 b EGV. Dieses Verfahren sieht die Möglichkeit von drei Lesungen vor, in deren Verlauf das Europäische Parlament — durchaus vergleichbar mit einem nationalen Zweikammersystem wie etwa in der Bundesrepublik Deutschland — eine dem Rat gegenüber ebenbürtige Entscheidungsinstanz darstellt. Können sich Europäisches Parlament und Rat nicht auf einen gemeinsamen Entwurf für einen Rechtsakt einigen, so besteht die Möglichkeit, einen Vermittlungsausschuß einzuberufen, der paritätisch besetzt ist und der eine Einigung zwischen beiden Seiten ausarbeiten kann. Kommt es zu keiner Einigung im Vermittlungsausschuß, kann der Rat auf seinen ursprünglichen Vorschlag, der vor der Eröffnung des Vermittlungsverfahrens bestand, zurückgreifen, es sei denn, das Europäische Parlament legt mit der absoluten Mehrheit seiner Mitglieder sein "Veto" ein. In diesem letzten Fall kommt überhaupt kein Rechtsakt zustande, jedoch ist es dadurch unmöglich geworden, entgegen der Mehrheit des Europäischen Parlaments einen Rechtsakte zu verabschieden.

Ein weiteres Element in föderaler Richtung stellt die Einsetzung der Kommission gemäß Art. 158, Abs. 2 EGV dar. Fortan muß sich die Kommission "als Kollegium

---

[28] So in der italienischen Abgeordneten-Kammer, dem belgischen Repräsentantenhaus und dem deutschen Bundestag (Lipgens 1986: 737f); dort wurden in Entschließungen die Regierungen aufgefordert, das jeweilige nationale Verfahren zur Ratifizierung des Vertragsentwurfs des Europäischen Parlaments in Gang zu setzen.

einem Zustimmungsvotum des Europäischen Parlaments" stellen; erst nach der Zustimmung des Europäischen Parlaments können der Präsident und die übrigen Mitglieder der Kommission von den Regierungen der Mitgliedstaaten im gegenseitigen Einvernehmen ernannt werden. In der politischen Praxis hat dieses im Jahr 1994/95 erstmals angewendete Verfahren dazu geführt, daß zunächst der von den Mitgliedstaaten designierte Kommissionspräsident sich einem Votum des Europäischen Parlaments stellte. Danach wurden die vom Präsidenten auf Vorschlag der Regierungen der Mitgliedstaaten designierten übrigen Mitglieder der Kommission zu öffentlichen "Hearings" in die Fachausschüsse des Europäischen Parlaments eingeladen. Zuletzt bedurfte das gesamte Kommissionskollegium gemäß Art. 158, Abs. 2 EGV der Zustimmung des Europäischen Parlaments. Wenngleich dieses Investiturverfahren der Kommission nicht ohne Kritik blieb — insbesondere hinsichtlich der Durchführung der "Hearings" — so hat es doch die Verbindung und damit die demokratische Rückkopplung der Kommission, als potentieller Regierung, an das Europäische Parlament, als potentieller erster Kammer, deutlich verbessert. Dieses Verfahren stellt "ein Mittel zur Verdichtung der Beziehungen zwischen Kommission und Parlament" dar, durch welches ein "Verpflichtungsverhältnis" zwischen beiden Institutionen geschaffen wurde (Maurer 1995: 95). Es kann als ein "Beitrag zur Reduzierung des Demokratiedefizits" in der Gemeinschaft/Union gewertet werden, das auch die Regierungen der Mitgliedstaaten berührt, da diese sich "nicht länger der parlamentarischen Kontrolle entziehen können, wenn es um die Zusammensetzung des 'regierungsähnlichen Exekutivorgans' der Europäischen Union geht" (ders. 1995: 96).

## 4.4 Das Leitbild des kooperativ-föderalen Europas: Die Kommission als "politischer Motor"

Dieses Leitbild lehnt sich an das Konzept des kooperativen Föderalismus an, dessen Ausgangspunkt die Dynamik und Komplexität der Entwicklung des europäischen Integrationsprozesses ist. Ursprünglich wurde dieser Ansatz zur Erklärung innerstaatlicher Aufgabenvermischungen — etwa im Bereich Raumordnung, Wirtschaftsförderung, Finanzen, Bildung, u.a. — in einem föderal strukturierten Staatswesen — und hier insbesondere in der Bundesrepublik Deutschland — entwickelt (Kunze 1968; Kisker 1971). Hervorgerufen durch die Entwicklungsdynamik der Gemeinschaft/Union im Laufe der 80er Jahre und ihrer Annäherung an eine quasi-Staatlichkeit hinsichtlich der auf sie übertragenen Kompetenzbereiche, wurde der kooperative Föderalismus auch zur Erklärung und Weiterentwicklung auf die Gemeinschaft/Union angewendet (Wessels 1985a: 18; Wessels 1985b: 58ff; Bulmer/Wessels 1987: 10; Wessels 1990: 238).

Bezogen auf die Gemeinschaft der Mitte 80er Jahre wird aus der Sicht des kooperativen Föderalismus zunächst die zunehmende Ausweitung der auf die europäische Ebene übertragenen Politikbereiche konstatiert und auf die daraus folgende "Europäisierung" der nationalen Politiken und Institutionen geschlossen (Ladrech 1994). Durch das wachsende "'pooling' and 'mixing' of national sovereignties with Community competences" (Wessels 1985b: 60) ist eine klare Unterscheidung zwischen der nationalen und der europäischen Ebene unmöglich geworden: "... both levels share in the responsibility for problem solving" (ebd.). Keine Ebene verfügt über ausreichende Kompetenzen und Mittel, um die Herausforderungen und Erwartungen, denen sich der moderne Wohlfahrtsstaat in einer interdependenten Welt gegenübersieht, allein zu erfüllen. Aus diesem Grund ist eine enge Kooperation im zwischenstaatlichen Raum notwendig, die zu einer engen Verzahnung innerhalb und zwischen den Mitgliedstaaten und der Gemeinschaft führt. Die Gemeinschaft erreicht einen "Gleichgewichtszustand", der zu Beginn der 70er Jahre unter dem Begriff "Concordance System" (Puchala 1972: 277) in die Debatte eingebracht wurde und der von der Vielfalt an Entscheidungsverfahren, der elastischen Handhabung des Faktors "Zeit", der politischen und administrativen Potenz der Regierungen der Mitgliedstaaten, der Entwicklung von Verhaltensnormen und einem hohen Maß an Transaktionsströmen geprägt ist (Hrbek 1981: 96f.).

Die innerhalb des kooperativ-föderalen und von Konkordanz geprägten Systems stattfindenden Interaktionsprozesse sind "eher bürokratisch als diplomatisch". Das transnationale "bargaining" ist der dominierende Interaktionsstil. Er wird nicht durch "Zwang und Konfrontation", sondern durch "Konzession und Kompromiß" charakterisiert; Pragmatismus statt Ideologie und gegenseitige Rücksichtnahme statt Dominanz sind die vorherrschenden Merkmale (Hrbek 1981: 95f.). Die Regierungen und Bürokratien spielen dabei eine zentrale Rolle im transnationalen Verhandlungs- und Verflechtungsprozeß (H. Wallace 1990), während die nationalen Parlamente, aber auch das Europäische Parlament, die Kontrolle über und die Einflußnahme auf den "permanent process of 'transnational' negotiation" zunehmend verlieren (Wessels 1985b: 61). Der transnationale Verflechtungsprozeß macht dabei "nicht an den Grenzen halt" (Hrbek 1979), sondern bewirkt Veränderungen in den politischen Systemen der Mitgliedstaaten, die — insbesondere seit dem Inkrafttreten des Maastichter Vertrags — auf eine "Europäisierung" nationaler Strukturen und Politikprozesse hinweisen (Hrbek 1981: 103; Ladrech 1994: 69ff.; Wessels/Rometsch 1996a: 351ff.). Dies wirft verschiedene Probleme auf: Erstens erweist sich die Verflechtung der Bürokratien und Institutionen, deren weitere Entwicklung als "Fusion" bezeichnet wird (Wessels 1992), als wenig effizient und führt zu einer "Politikverflechtungsfalle" (Scharpf 1985b), deren "Policy-Output" nur inadäquate Lösungen hervorbringt.

Zweitens verwischt der im kooperativen Föderalismus angelegte Fusionsprozeß die Verantwortlichkeiten der Akteure und reduziert die Transparenz des Systems. Die getroffenen Entscheidungen können vom einzelnen nicht mehr einem bestimmten Akteur oder einer spezifischen Institution zugeordnet werden. Dies impliziert negative Folgen für das Verhältnis von Bürger und Staat: "For the normal citizens the 'state' becomes less and less a clear object of 'identification'" (Wessels 1990: 238). Insofern bedeutet die "Fusion" auch die "'diffusion' of responsibilities" (Wessels 1990: 238), die die demokratische Legitimität des Systems insgesamt fraglich erscheinen läßt. Der kooperative Föderalismus warnt vor einer Erweiterung des Demokratiedefizits in der Gemeinschaft als Folge der wachsenden Verflechtung und betrachtet das Europäische Parlament — aber auch die nationalen Parlamente — als (noch) nicht in der Lage, um dieser Entwicklung wirksam entgegenzutreten.

Aus der Sicht des kooperativen Föderalismus ist das Zusammenspiel zwischen vier Ebenen — der subnationalen, der nationalen, der transnationalen und der supranationalen Ebene — dominierend, ohne daß es sich dabei um ein festes hierarchisches Zuordnungsverhältnis handelt (Hrbek 1981: 95 und 103). Die Gemeinschaft/Union stellt ein "Mehrebenensystem" (Jachtenfuchs/Kohler-Koch 1996) bzw. ein "multi-tiered system of government" (Bulmer 1994a: 355) dar, in dem die Kommission ein zentraler "Mitspieler" ist. Aufgrund ihres effizienten Verwaltungsapparats, des hoch qualifizierten Personals und ihrer Kompetenzen und verfahrensmäßigen Vorrechte ist die Kommission bestens für den transnationalen Verhandlungs- und Verflechtungsprozeß im Mehrebenensystem ausgestattet. Durch ihr Initiativmonopol und das Recht, jederzeit im Rat die Abstimmung über einen Rechtsakt einzufordern, kann sie entscheidenden Einfluß auf die Vorbereitung und Herstellung von Beschlüssen nehmen. Die Flexibilität ihrer Verwaltungsstrukturen und die Expertise ihrer Beamten erlauben ihr, sich rasch an eine veränderte Verhandlungssituation anzupassen und aus ihrem "Wissensreservoir" zu schöpfen. Dies gibt ihr gegenüber den nationalen, teilweise verkrusteten Bürokratien entscheidende Vorteile, die weitaus mehr von den (partei)politischen Auseinandersetzungen und Strategien auf nationaler Ebene abhängen: "Regulative Politik ist die Domäne der Experten und paßt deshalb zum Selbstverständnis der Kommission als einer unpolitischen Institution, die konzeptuell durchdachte und wissenschaftlich abgesicherte Vorschläge zur Lösung konkreter Probleme vorlegt" (Jachtenfuchs/Kohler-Koch 1996: 26).

In der interinstitutionellen Auseinandersetzung zwischen dem Rat, der Präsidentschaft im Rat, dem Generalsekretariat des Rates und dem Europäischen Parlament stellt die Kommission nach diesem Leitbild nicht nur eine neutrale Vermittlungsinstanz dar. Ihre Funktion besteht nicht darin, unabhängig vom Verhandlungsgegenstand einen Konsens im Rat zu erreichen oder eine

Übereinkunft zwischen Rat und Parlament zu vermitteln. Vielmehr hat sie in erster Linie die Funktion, das gemeinsame europäische Interesse im interinstitutionellen Verhandlungsprozeß so weit wie möglich durchzusetzen. Sie versucht, insbesondere auf die im Rat — aber auch im Europäischen Rat — versammelten Vertreter der Mitgliedstaaten Druck auszuüben, um eine "europäische" Entscheidung zu erreichen. Gleichzeitig strebt die Kommission danach, insbesondere im Europäischen Parlament — und seit Maastricht verstärkt auch im Ausschuß der Regionen — "Alliierte" für ihre Anliegen zu gewinnen. Ziel ist es, basierend auf fundiertem Fachwissen und durch das Ausnutzen aller Möglichkeiten, im interinstitutionellen Verhandlungsprozeß einen Lösungsvorschlag zu erarbeiten, der die einzelnen nationalstaatlichen Interessen überwindet und eine genuin europäische Lösung darstellt, die auch den europäischen Einigungsprozeß voranbringt. Dabei unternimmt die Kommission in Einzelfällen auch Anstrengungen — wie etwa im Zusammenhang mit dem Binnenmarkt 1992 oder der Einführung einer gemeinsamen Währung —, offensiv und medienwirksam mit ihren Lösungsvorschlägen an die Öffentlichkeit zu treten. Durch die dadurch angestoßene öffentliche Debatte und im Rahmen der politischen Auseinandersetzung versucht sie — dort wo dies opportun erscheint —, zusätzliche Unterstützung zur Durchsetzung ihrer Lösungskonzepte zu gewinnen. Ein intergouvernemental ausgehandelter Konsens, basierend auf dem kleinsten gemeinsamen Nenner, wird vor diesem Hintergrund nur als eine Notlösung betrachtet.

Die Legitimität des institutionellen Systems beruht nach diesem Leitbild im wesentlichen auf dem Prinzip der "doppelten Legitimation", d.h. der Legitimation durch die Mitgliedstaaten und der Legitimation durch die Gemeinschaftsinstitutionen. Die Kommission allein verfügt über keine ausreichende Legitimation. Zwar werden ihr aufgrund ihrer Expertise und ihres Eintretens für das gemeinsame europäische Interesse eine gewisse Unterstützung und Sympathie entgegengebracht — insbesondere von seiten der "Nutznießer" einer solchen Politik, wie etwa von den Verbänden, Regionen und Wirtschaftsunternehmen, die sie als "Ideenbörse" bzw. als "ehrliche Maklerin" ihrer Interessen betrachten (Mazey/Richardson 1996: 410ff.) —, jedoch verfügt sie über keine eigenständige umfassende demokratische Legitimation. Die Kommission ist keine aus der Mitte des direkt gewählten Europäischen Parlaments hervorgegangene quasi-Regierung, sondern sie wird nach Zustimmung des Europäischen Parlaments von den Regierungen der Mitgliedstaaten ernannt. Aufgrund der fehlenden "kollektive[n] Identität der Europäer" (Kielmansegg 1995: 235) und der damit einhergehenden mangelhaft ausgebildeten "gesellschaftliche[n] Infrastruktur der Demokratie" (ders. 1995: 237) wird sich an diesem Zustand auf absehbare Zeit auch grundsätzlich nicht sehr viel ändern. Vielmehr wird die Legitimität der Kommission aus verschiedenen Elementen zusammengesetzt und gespeist — wie etwa aus ihrer Fähigkeit, wirksame Lösungen zu erarbeiten, ihren auf Vertragsrecht beruhenden Kompetenzen und ihrer Verkörperung des gemeinsamen europäischen Interesses — bzw. stellt eine aus der engen Verzahnung mit den nationalen Institutionen, Verwaltungen und den europäischen Dachverbänden abgeleitete Legitimität dar. Ihre Rückkopplung an das Europäische Parlament durch das Zustimmungsvotum bei ihrer Einsetzung, aber auch die Möglichkeit eines Mißtrauensvotums, sind ergänzende Elemente dieser Legitimität.

Im Laufe der Entwicklung des europäischen Integrationsprozesses und insbesondere seit der Ratifizierung des Vertrags über die Europäische Union kann dieses Leitbild als sehr wirklichkeitsnah beurteilt werden. Dabei muß jedoch zwischen den Rechten und Zuständigkeiten der Kommission in den drei Pfeilern der Union differenziert werden: So verfügt sie im ersten Pfeiler, d.h. im Bereich Wirtschaft und Währung, über weitreichende Initiativ- und Entscheidungsrechte, während sie in den beiden anderen Pfeilern, d.h. in der Außen- und Sicherheitspolitik und der Jusitz- und Innenpolitik, nur begrenzt Vorschläge einbringen kann und ansonsten gemäß Art. K.4 (2) bzw. Art. J.8 EUV "in vollem Umfang an den Arbeiten ... beteiligt [wird]". Eine erste Bilanz der Aktivitäten der Union in diesen Bereichen hat ergeben, daß die Kommission vor allem im zweiten Pfeiler ihre Rolle extensiv wahrgenommen hat — wobei eine genau Trennung dessen, was von der Kommission initiierte Vorschläge sind und dessen, was von den Mitgliedstaaten ausgeht, kaum möglich ist —, während die Kommission im dritten Pfeiler eine eher zurückhaltende Rolle spielt (Cullen/Grau/Myers/Monar 1995). Diese unterschiedliche Bilanz hat sich auch auf die administrative Struktur niedergeschlagen bzw. ist nach diesem Leitbild ursächlich auf die unterschiedliche administrative Struktur zurückzuführen: Während für die Außenbeziehungen in der Kommission mindestens vier Generaldirektionen mit einem umfangreichen Personalbestand zur Verfügung stehen,[29] wird die Justiz- und Innenpolitik lediglich durch eine Abteilung im Generalsekretariat koordiniert.[30] Nach der Logik dieses Leitbilds kann prognostiziert werden, daß mit der zunehmenden Anwendung der Bestimmungen des dritten Pfeilers die Kommission sich verstärkt um eine aktive Rolle in diesem Bereich bemühen wird und in der Folge mit einem Ausbau ihrer administrativen Kapazitäten zu rechnen ist. Die Verstärkung des Verwaltungsapparats wird die

---

[29] Dies sind die Generaldirektionen I (Außenwirtschaftsbeziehungen), IA (Außenpolitik), IB (Nord-Süd Beziehungen, insbesondere Lateinamerika) und VIII (Entwicklungspolitik).

[30] Es handelt sich dabei um die Abteilung F im Generalsekretariat der Kommission; interessanterweise waren vor der Schaffung der Generaldirektion IA die politischen Aspekte der Außenbeziehungen und Fragen der Europäischen Politischen Zusammenarbeit in dieser Abteilung angesiedelt. Im Sinne einer gewissen "administrativen Kontinuität" wäre zu erwarten, daß sich die neue Abteilung F in absehbarer Zeit ebenfalls zu einer eigenen Generaldirektion weiterentwickelt.

Kommission dann in die Lage versetzen, auch im dritten Pfeiler die Rolle des "politischen Motors" zu spielen und im Rechtssetzungsprozeß eine unabhängige, am gemeinsamen europäischen Interesse orientierte Position einzunehmen.

Darüber hinaus hat die Kommission verschiedene, außerhalb der ausdrücklichen vertraglichen Bestimmungen angesiedelte Mitwirkungsrechte erhalten. So sind der Präsident und der Vizepräsident der Europäischen Kommission zu den seit 1975 regelmäßigen stattfindenden Treffen des Europäischen Rates eingeladen; der Kommissionspräsident nimmt dabei an den Beratungen im Kreis der Staats- und Regierungschefs teil (Bulmer/Wessels 1987: 56). Der Kommissionspräsident ist auch — zusammen mit der Ratspräsidentschaft — seit 1977/78 regelmäßig auf den Weltwirtschaftsgipfeln[31] im Rahmen der G-7 anwesend (Bonvicini/Wessels 1984; Krenzler 1993: 70) und wird — nach Absprache und in wechselnder Begleitung — entweder mit der Ratspräsidentschaft oder zusammen mit der Troika bei wichtigen außenpolitischen Treffen — etwa mit dem Präsidenten der Vereinigten Staaten oder den Regierungschefs der Visegrád-Staaten — hinzugezogen. Das für die Außenbeziehungen zuständige Mitglied der Kommission nimmt an den seit 1981 regelmäßig stattfindenden Treffen der Handelsminister der USA, Japans und Kanadas teil und im Jahr 1989 wurde der Kommission — ebenfalls außerhalb der ausdrücklichen Bestimmungen des EG-Vertrags — die Koordinierung der Wirtschaftshilfe der westlichen Industriestaaten (G-24) gegenüber den Reformstaaten in Mittel- und Osteuropa übertragen. Diese verschiedenen Funktionen können als ein Indikator für die Rolle der Kommission im Sinne dieses Leitbildes interpretiert werden, wenngleich es dabei weniger um die Verzahnung zwischen der Kommissionsverwaltung und den nationalen Verwaltungen und Verbänden geht, als vielmehr um eine im wesentlichen politisch-symbolische Funktion: der Kommissionspräsident bzw. der Vizepräsident der Kommission vertreten eigenständig, aber auch zusammen mit nationalen Regierungsvertretern, die Gemeinschaft/Union nach außen und die Kommission handelt im Namen der westlichen Industriestaaten gegenüber den Reformstaaten in Mittel- und Osteuropa. Somit verbindet sich mit diesem Leitbild nicht nur die Rolle der Kommission als "politischer Motor" im Innern, sondern auch eine wichtige Repräsentationsfunktion der Kommission nach außen.

Es scheint, daß dieses zuletzt dargestellte Leitbild des "kooperativen Föderalismus" und die der Kommission darin zugeordnete Leitidee des "politischen Motors" am ehesten der "Realität" der Gemeinschaft/Union der 80er und 90er Jahre entspricht und am besten geeignet ist, um die Komplexität des europäischen Diskussions- und

---

31 Jedoch nicht auf den Treffen der Finanzminister der G-7, die seit 1986 regelmäßig zusammenkommen, da die Kommission über keine währungspolitischen Kompetenzen verfügt (Krenzler 1993: 74). Es ist jedoch zu erwarten, daß mit der Einführung einer gemeinsamen Währung die Kommission auch zu diesen Treffen eingeladen werden dürfte.

Entscheidungsprozesses in einem "dynamischen Mehrebenensystem" zu verstehen. Es wird daher bei der nachfolgenden Untersuchung der Rolle und Funktionsweise der Kommission in der Delors-Ära als "Referenzmodell" dienen, ohne daß die anderen Leitbilder und ihre spezifischen Leitideen zur Kommission damit ganz aus dem Blickfeld geraten sollen.

# Teil II: Die Kommission unter Jacques Delors: "politischer Motor" im europäischen Integrationsprozeß

## Einleitung: Das Zusammenspiel von Ideen, Kontext und Symbolen

Als Jacques Delors im Januar 1985 Präsident der EG-Kommission wurde befand sich die Europäische Gemeinschaft — und mit ihr das institutionelle System der Gemeinschaft — in einer Phase der Stagnation und des "Europessimismus", die — aus einer globalen zeitlichen Perspektive betrachtet — auch als die "dark ages" des europäischen Integrationsprozesses bezeichnet wurden (Keohane/ Hoffmann 1991: 8). Für diesen Zustand können zwei wesentliche Erklärungsfaktoren herangezogen werden: Erstens war die vorangegangene Kommissionspräsidentschaft unter dem Luxemburger Gaston Thorn schwach gewesen und hatte nicht die notwendigen Initiativen entwickelt, um die Kommission und die Gemeinschaft als Ganzes voranzubringen. Die Folge davon war, daß einzelne Kommissare ihr individuelles Programm verfolgten, ohne daß die Kommission als Ganzes aktiv wurde und eine übergreifende Strategie entwickeln konnte (Ross 1995: 27f.). Zweitens war der allgemeine politische und wirtschaftliche Kontext Ende der 70er und Anfang der 80er Jahre in vielerlei Hinsicht ungünstig gewesen und hatte der Gemeinschaft — und damit auch der Kommission — nicht den notwendigen Spielraum eröffnet, um den Integrationsprozeß weiterzuentwickeln bzw. um als "politischer" und "konstitutioneller Motor" zu agieren.

Die Vermutung ist, daß sowohl die besonderen "internen Bedingungen" in der Gemeinschaft, als auch der besondere "externe Kontext" und die wechselseitige Beinflußung dieser beiden Faktoren dafür verantwortlich waren, daß die Gemeinschaftsentwicklung blockiert wurde. Unter den "internen Bedingungen" wird vor allem die mangelhafte Nutzung der spezifischen Funktionen der Kommission verstanden — insbesondere der Initiativfunktion — und deren fehlende symbolische Darstellung. Unter dem besonderen "externen Kontext" wird insbesondere die wirtschaftliche Rezession zu Beginn der 80er Jahre und die durch den Ost-West Konflikt geprägte (welt)politische Lage verstanden. Mit der Übernahme der Kommissionspräsidentschaft durch Jacques Delors wurde diese doppelte Problematik einer Lösung entgegengeführt: Erstens kam mit Delors eine Persönlichkeit an die Spitze der Kommission, die den Willen und die Kapazität besaß, innerhalb der Gemeinschaft neue Ideen und Initiativen zu entwickeln und daraus einen "Führungsanspruch" für die EG-Kommission abzuleiten, d.h. mit Delors kam ein "leader of vision and method" an die Macht, der die Kommission zu einem "indispensable fount of proposals and prodding" machte (Keohane/Hoffmann 1991: 13). Zweitens änderte sich ab Mitte der 80er Jahre die politische und wirtschaftliche Lage in Europa zum Teil recht grundlegend und eröffnete der Gemeinschaft, und damit auch der EG-Kommission, nach außen neue Handlungsmöglichkeiten. Verkürzt ausgedrückt entstand eine "neue Kommission" in einer "neuen Situation" und umgekehrt; beide Faktoren ergänzten sich wechselseitig und trugen in sich den "Keim", der die Voraussetzung war, um eine neue Phase der europäischen Integrationsentwicklung einzuleiten.

Im folgenden soll in Anlehnung an das oben entwickelte institutionentheoretische Modell[32] das Wechselverhältnis von "internen Bedingungen" und "Kontext" und die davon ausgehende Beeinflussung des europäischen Integrationsprozesses näher beleuchtet werden. Die erste These lautet, daß die der Kommission zur Verfügung stehenden Rechte und Zuständigkeiten und die ihr zugeschriebenen Funktionen im EG-Entscheidungsprozeß schon vor der Delors-Ära bestanden, aber erst unter Delors umfassend angewendet und umgesetzt wurden und im Rahmen einer "günstigen" makro-politischen und makro-ökonomischen Situation die Entfaltung der Leitidee des *politischen Motors* ermöglicht wurde. Der an anderer Stelle als "political opportunity structure" (Ross 1995: 4f.) bezeichnete, durch den Kontext bestimmte Situationszusammenhang konnte aus sich heraus noch keine neue Integrationsdynamik erzeugen. Auch die von Delors entwikkelten Ideen und Initiativen — hier im nicht juristischen Sinne verstanden — hätten durch ihre Abhängigkeit von den allgemeinen politischen und wirtschaftlichen Rahmenbedingungen für sich allein der Gemeinschaft keine neuen Impulse geben können. Es scheint, daß erst die Symbiose beider Faktoren, d.h. von *Ideen* und *Kontext*, die durch die besonderen Führungsqualitäten Delors′ zu einer sich wechselseitig dynamisierenden Entwicklungslogik verschmolzen, die Entwicklung ermöglichten, die ab Mitte der 80er Jahre die "Dynamics of European Integration" (W. Wallace 1990b) auslöste und die gemeinhin als das Entstehen einer "New European Community" bezeichnet wurde (Keohane/Hoffmann 1991).

Damit rückt der hier verfolgte Ansatz von bisher vorliegenden Arbeiten zur Delors-Ära ab, die entweder die Person Delors′ und seinen persönlichen Lebensweg als den zentralen Aspekt der Entwicklung der Gemeinschaft ab Mitte der 80er Jahre betrachteten (Grant 1994) oder die im Kabinett Delors den Mittelpunkt der neuen Integrationsdynamik der Gemeinschaft verorteten (Ross 1995). Keiner von beiden Ansätzen scheint der Delors-Ära ganz gerecht zu werden, noch scheinen beide Ansätze die sich in der Kommission ab 1985 kristallisierenden Entwicklungen völlig verkannt zu haben. Im Unterschied zu den genannten Arbeiten wird hier davon ausgegangen, daß sowohl die von Delors entwickelten *Ideen* als auch der *Kontext* und ihre wechselseitigen Verquickungen für die institutionelle

---

32 Vgl. Schaubild 2 oben.

Entwicklung der Kommission und der Gemeinschaft als Ganzes ab Mitte der 80er Jahre verantwortlich gewesen sind.

Ein wichtiges Element stellen in diesem Zusammenhang die der Kommission zugeschriebenen Funktionen dar — wie etwa "Hüterin der Verträge", "Initiatorin" des Gemeinschaftsrechts oder "Exkutivorgan" der Gemeinschaft —, die schon im Rahmen des Vertragsrechts angelegt waren und ein "objektiv vorhandenes Set an Funktionen" bildeten, das in der Delors-Ära zur Entwicklung der Leitidee des *politischen Motors* genutzt werden konnte. In seiner Antrittsrede vor dem Europäischen Parlament im Januar 1985 machte Delors deutlich, daß die neue Kommission gewillt war, ihre bestehenden Rechte voll auszusschöpfen: "Im derzeitigen Rahmen des durch Übereinkünfte oder Nicht-Übereinkünfte geschwächten Römischen Vertrages verpflichtet sich die Kommission, alle gebotenen Möglichkeiten zu nutzen. Die Kommission wird von ihrem Initiativrecht Gebrauch machen, um die Ihnen dargelegten Prioritäten zu realisieren ... Sie wird auch nicht zögern, einen Vorschlag zurückzuziehen, wenn sie der Meinung ist, daß er inhaltlich [vom Ministerrat] zu stark verändert wurde ... [...] ... . [Bei] Zuständigkeitskonflikte[n], Zuständigkeitsgerangel ... wird die Kommission versuchen, Vermittlerdienste zu leisten ... [und] sie ist entschlossen, ihre Verantwortung voll auszuschöpfen und ihre Durchführungsbefugnisse im Rahmen der Befugnisübertragungen, um die sie den Ministerrat ersuchen wird, zu erweitern. ... Die Kommission muß ... gewissermaßen die Rolle des leitenden Ingenieurs für das europäische Aufbauwerk spielen".[33]

Eine zweite These geht davon aus, daß es Delors verstanden hat, die schon vorhandenen Aufgaben der Gemeinschaft zu "neuem Leben zu erwecken" bzw. mit neuem Inhalt zu füllen — vielfach durch einfache Anwendung und Neuinterpretation der schon im Vertrag genannten Ziele, wie etwa die Realisierung des Binnenmarktes und die "vier Freiheiten" — und für die Kommission zu nutzen. Durch die erfolgreiche Anwendung dieses Konzepts erreichte er, daß neben dem Datum "1992" und dem "Europa ohne Grenzen" auch seine Person zu einer Art von "Symbol" für die "neue Leitidee" innerhalb der Gemeinschaft wurde. Das Neuartige der Delors-Ära besteht darin, daß nicht nur Ideen und Kontext eine günstige Symbiose eingingen, die eine "neue" Leitidee entstehen ließ, sondern daß eine "Personifizierung" der Leitidee stattfand. Dies ließ Delors selbst in den Mittelpunkt rücken; er erbrachte für die Regierungen, die Bevölkerungen und die Akteure in Wirtschaft und Gesellschaft eine "symbolische Orientierungsleistung",

[33] Vgl. Die Orientierungen der Kommission der Europäischen Gemeinschaften, Rede von Jacques Delors vor dem Europäischen Parlament in Straßburg am 14. Januar 1985, in: EG-Bulletin, Beilage Nr. 1 (1985), S. 14f.

die mit einer neuen politischen und wirtschaftlichen Entwicklung in der Gemeinschaft einherging.

Die Wirkung, die von dieser Entwicklung während der Präsidentschaft Delors' auf die Kommission als Institution ausging, ist ein Paradoxon, das auf den Punkt gebracht lauten könnte: "Die Kommission wurde Opfer ihres eigenen Erfolges" bzw. wie es an anderer Stelle genannt wird: "Delors ...pushed his ... agenda too far too fast" (Grant 1994: 3). Hinzu kommt, daß sich der wirtschaftliche und politische Kontext zu Beginn der 90er Jahre — hervorgerufen unter anderem durch den Fall der Mauer und das Ende des Ost-West Konfliktes, den Golfkrieg, den einsetzenden Konjukturrückgang und das dänische "Nein" zum Maastrichter Vertrag — fundamental veränderte und mit der Situation von 1985 nur noch wenig gemein hatte. Gleichzeitig war die Kommission von der Leitidee des "politischen Motors" geprägt und verfolgte eine Strategie der "integrationspolitischen Expansion", die beide nicht mehr in diesen Kontext paßten bzw. durch ihre eigene Dynamik den Kontext so mitverändert hatten, daß die Grenzen des "Machbaren" erreicht waren. An anderer Stelle wird hierzu treffend ausgeführt: "The historical circumstances and conditions of the times set limits on what is possible, just as the consequential actions themselves alter these circumstances, shaping them into something which they were not before — and perhaps creating the very limits to what can be done." (Ross 1995: 3).

Im folgenden wird eine Darstellung der Delors-Ära in der Zeit von Januar 1985 bis Dezember 1992 vorgenommen. Im Mittelpunkt steht dabei der Zusammenhang zwischen den im wesentlichen von Delors geprägten *Ideen*, die seine Amtszeit geprägt haben, d.h. vor allem der Binnenmarkt, die Einheitliche Europäische Akte (EEA), die Wirtschafts- und Währungsunion (WWU) und die Politische Union (PU), und dem *Kontext*, in dem Delors tätig war, d.h. den politischen, wirtschaftlichen und sozialen Umständen, die in der Delorszeit zum Tragen kamen und die die "political opportunity structure" der Kommission von 1985 bis 1992 darstellten. Dabei wird der Versuch unternommen, die spezifische Rolle Delors' in dem komplexen Prozeß von Initiative, Diskurs und Entscheidungsfindung in der EG/EU herauszuarbeiten, wobei die Verknüpfung mit der Rolle der nationalen Regierungen, der Wirtschafts- und Sozialpartner und der anderen EG-Institutionen — dort wo dies von Bedeutung ist — besondere Berücksichtigung finden wird. Im Zentrum steht dabei, den Einfluß des Kommissionspräsidenten auf die Herausbildung der "Leitidee" des "politischen Motors" der Kommission zu verdeutlichen, der an anderer Stelle verkürzt auch als "Delors Effekt" (Ludlow 1991: 116ff.) bezeichnet wird.

# 1. Die erste Präsidentschaft (Januar 1985 — Januar 1989)

## 1.1 Die Nominierung Delors'

Im Dezember 1983 gab es die ersten Spekulationen über mögliche Kandidaten für die Kommissionspräsidentschaft. Es tauchten der Name des ehemaligen Bundeskanzlers Helmut Schmidt und des ehemaligen italienischen Außenministers Emilio Colombo auf, die jedoch beide ablehnten. Durch die Nennung dieser Namen war gleichwohl deutlich geworden, daß bei der Besetzung des Postens des Kommissionspräsidenten mit einem hochkarätigen Politiker zu rechnen war. Im Frühjahr 1984 brachten sich dann der Niederländer und amtierende Kommissar Frans Andriessen und der dänische Finanzminister Henning Christophersen ins Gespräch (Thalmann 1985: 56). Als aussichtsreicher Kandidat erschien der Belgier Etienne Davignon, der sich aufgrund seiner Kompetenz und seines Verhandlungsgeschicks in Brüssel einen Namen gemacht hatte und der als amtierender Vizepräsident der Kommission auf Erfahrungen in Brüssel verweisen konnte. Er kam jedoch aus einem kleinen Mitgliedsland — nach Luxemburg wäre wieder ein großer Mitgliedstaat an der Reihe gewesen, den Kommissionspräsidenten zu stellen —, das mit Jean Rey zudem Ende der 60er Jahre schon einmal einen Präsidenten gestellt hatte; außerdem wurde Davignon mit einer interventionistischen Wirtschaftspolitik in Verbindung gebracht, die mit der insbesondere von Deutschland, Frankreich und Großbritannien angestrebten marktwirtschaftlich orientierten *relance européenne* nicht vereinbar gewesen wäre (Moravcsik 1991: 39).

Von deutscher Seite wurde im Laufe des Frühjahr 1984 der Anspruch auf die Kommissionspräsidentschaft angemeldet. Dies war unter anderem mit dem größten Nettobeitrag zum EG-Budget begründet worden bzw. damit, daß seit dem Ausscheiden Walter Hallsteins im Jahr 1967 kein Deutscher mehr Kommissionspräsident geworden war. Außerdem schien Konsens darüber zu bestehen, daß auf den Präsidenten eines kleinen Landes wieder ein großes Mitgliedsland folgen sollte. Nachdem im Frühjahr 1984 informell Einigkeit darüber entstanden war, daß ein deutscher Kommissionspräsident in Betracht kam,[34] setzte eine wenig überzeugende Kandidatensuche in der Bundesrepublik ein. Es wurden Namen wie Ernst Albrecht und Egon Klepsch genannt, die jedoch beide ablehnten. Kurt Biedenkopf kam als möglicher Kandidat ins Gespräch, jedoch fand dieser nicht die notwendige Unterstützung bei Bundeskanzler Kohl aufgrund alter CDU interner Streitigkeiten aus der Zeit, als Biedenkopf noch CDU-Generalsekretär war.[35]

---

[34] An anderer Stelle heißt es hierzu, daß sich ein weitgehender Konsens durchsetzte, daß der nächste Kommissionspräsident "ein deutscher sein solle" (Thalmann 1985: 57).

[35] Information von Werner Ungerer im Gespräch mit dem Verf. am 5.8.1996.

Vieles deutete auch auf einen nur halbherzig unternommenen Vorstoß Bonns hin, der im Ausland, nicht zuletzt auch aufgrund der internationalen Unbekanntheit Biedenkopfs, schließlich nicht weiter ernst genommen wurde.[36] Nachdem bis zum Sommer 1984 von deutscher Seite weder ein Kandidat formell vorgeschlagen worden war noch ein geeigneter Kandidat in Aussicht stand, wurde daraus implizit der Verzicht auf den deutschen Anspruch auf die Kommissionspräsidentschaft geschlossen (Thalmann 1985: 57).

Es scheint, daß die Durchsetzung eines deutschen Kommissionspräsidenten auch nur schwer zu realisieren gewesen wäre. Ein Grund hierfür war, daß sich Kohl noch in der ersten Hälfte seiner Amtszeit befand und nicht über die außenpolitische Handlungsfähigkeit verfügte, um einen deutschen Kandidaten — zumal einen unbekannten und wenig überzeugenden — bei den anderen Regierungen durchzusetzen. Ein weiterer Grund war, daß die lange Amtszeit Hallsteins noch schwer wog und — abgesehen von der Präsidentschaft François-Xavier Ortolis — bislang kein Franzose für längere Zeit an der Spitze der Kommission gestanden hatte. Aus deutscher Perspektive war es schließlich besser, einen nicht-deutschen Kandidaten zu unterstützen, der eine "deutsche Politik" machen würde.[37]

Delors wurde von Mitterrand als Kandidat für das Amt des Kommissionspräsidenten erst sehr spät ins Spiel gebracht. Ein Grund hierfür war sicherlich die bevorstehende Regierungsumbildung in Frankreich im ersten Halbjahr 1984,[38] aber auch die Verschlechterung der Beziehungen zwischen Mitterrand und Delors. Mitterrands ursprüngliche Präferenz galt Claude Cheysson, der französischer Außenminister war und als ehemaliger Kommissar als ein aussichtsreicher Kandidat galt.[39] Er wurde jedoch von Bundeskanzler Kohl abgelehnt aufgrund dessen enger Beziehungen mit Genscher, der innerhalb der FDP in Bedrängnis geraten war und dem Kohl zu diesem Zeitpunkt mißtraute. Auch Margaret Thatcher war gegen Cheysson aufgrund dessen ablehnender Haltung gegenüber den britischen Budgetforderungen. Am Rande des Gipfels in Fontainebleau gab es dann die ersten Hinweise, die auf eine Ernennung Delors´ hindeuteten. Delors erinnerte sich an den Beginn des Gipfels: "I´d come to welcome Kohl when he got out of the helicopter. He took me aside and said [in German, of which Delors

---

[36] Die Presse kommentierte dies wie folgt: "Da wurde Kurt Biedenkopf schon als erster Mann für die EG-Kommission 'gehandelt', von den eigenen Leuten dann aber vor den Kopf gestoßen — und die Bundesregierung darob in Paris wie in London mitleidig belächelt", vgl. Süddeutsche Zeitung v. 6.12.1984.

[37] Karl-Heinz Narjes im Gespräch mit dem Verf. am 29.8.1996.

[38] Die dann am 16. Juli 1984 durch die Entlassung von Pierre Mauroy und die Ernennung von Laurent Fabius zum neuen Premierminister vollzogen wurde.

[39] Claude Cheysson war von 1973 bis 1981 Mitglied der Kommission gewesen, bevor er nach dem Wahlsieg Mitterrands zum Außenminister ernannt wurde.

got the gist] that he'd agree to a French president as long as his initials were JD and not CC" (zit. nach Grant 1994: 58).

Als ehemaliger Vorsitzender des Wirtschaftsausschusses im Europäischen Parlament und aufgrund seiner Kompetenz und seines Fleißes galt Delors schon seit längerem "as a man to watch", der für höhere europäische Aufgaben in Frage kommen würde.[40] Delors fand bei den Staats- und Regierungschefs vor allem deswegen Rückhalt, weil er sich als französischer Wirtschafts- und Finanzminister Respekt verschafft hatte und sich in der ersten Regierung Mauroy als Gegengewicht zu den kommunistischen Kräften erwiesen hatte. Letzteres hatte vor allem bei Bundeskanzler Kohl und Premierministerin Thatcher den Ausschlag gegeben, der Nominierung Delors' zuzustimmen. Thatcher unternahm gleichzeitig noch eine "Vorsichtsmaßnahme": sie ernannte Lord Cockfield als "liberal counterweight" (Moravcsik 1991: 40) — eine Maßnahme, die sich im weiteren Verlauf als überflüssig bzw. als Trugschluß erweisen sollte. Am 18. Juli 1984 gab der irische Premierminister Garrett FitzGerald schließlich bekannt, daß sich die Staats- und Regierungschefs der EG-Mitgliedstaaten darauf geeinigt hätten, Jacques Delors zum neuen Präsidenten der EG-Kommission zu designieren.

Die Designierung und später erfolgende Ernennung Delors' zum Präsidenten der Kommission kann somit — zumindest zum Teil — als das Ergebnis günstiger Umstände interpretiert werden. Die Bundesrepublik war nicht in der Lage, einen geeigneten Kandidaten zu benennen. In den großen Mitgliedstaaten waren Regierungen an der Macht, die die wirtschaftliche Liberalisierung in der Gemeinschaft vorantreiben wollten und die in Delors den geeigneten Mann für die Umsetzung dieser Aufgabe sahen: "Delors was fortunate to become president when he did. France, Germany and Britain, the EC's most influential members, had strong leaders who believed that economic deregulation and some kind of institutional reform were necessary." (Grant 1994: 278).

Mit der Ernennung Delors' zum Kommissionspräsidenten erlebte auch die Kommission als Institution schnell eine Aufwertung, die unmittelbar mit seiner Person in Verbindung gebracht wurde. Schon nach Ablauf des ersten Jahres der Amtszeit Delors' wurde in einer ersten Bilanz der politische Aufschwung, den die Kommission genommen hatte, betont und Parallelen zwischen Delors und seinen Vorgängern Monnet und Hallstein gezogen: "Im Jahr 1985 gewann die Kommission in der EG einen Rang zurück, wie sie ihn seit zwanzig Jahren — seit de Gaulles Angriff auf Präsident Hallstein 1965/66 — nicht mehr genossen hatte. Das lag zum einen an ihrem energischen Präsidenten, Jacques Delors, zum anderen an der

---

40 Karl-Heinz Narjes im Gespräch mit dem Verf. am 29.8.1996.

Einsicht der Mitgliedstaaten, daß die Kommission nach langem Niedergang wieder aufgewertet werden müsse. ... Mit der Wahl dieses Mannes zum Präsidenten der Kommission verrieten die Mitgliedsländer, daß sie von dieser nicht mehr nur eurokratischen Service erwarteten, sondern wieder politische Mit-Führung im Entscheidungsprozeß. ... Delors geduldiges Zureden, bis ein Konsens auf hohem Niveau erzielt ist, erinnert an Jean Monnet. Doch konnte er sich auch in einen gerissenen Taktiker verwandeln." (Thalmann 1986: 69 und 70).

## 1.2 Der neue Kontext

Jacques Delors trat sein Amt als Kommissionspräsident am 6. Januar 1985 an. Schon zu diesem Zeitpunkt gab es Anzeichen dafür, daß sich die Gemeinschaft nach den Jahren der "Eurosklerose" am Beginn einer Phase der Aufwärtsentwicklung befand. Die sich abzeichnenden veränderten Umstände verschafften der Kommission neue Handlungsmöglichkeiten. Zu vermuten ist daher, daß jeder, der im Jahr 1985 Kommissionspräsident geworden wäre, von dieser neuen Entwicklung profitiert hätte; gleichwohl ist zweifelhaft, "... that many would have seized the opportunities with such skill as Delors" (Grant 1994: 61). Die hier unternommene eher punktuelle und gestraffte Betrachtung soll dabei nicht davon ablenken, daß es sich zu Beginn der 80er Jahre um einen umfassenden und aus mehreren Etappen bestehenden politischen Prozeß handelte, der an anderer Stelle als "Reform-Septennium der EG" von 1980 bis 1987 bezeichnet wurde, und der sich aus einer Vielzahl von Initiativen, Vorschlägen und Entscheidungen unterschiedlicher Akteure zusammensetzte (Hrbek 1987: 170ff.).

Welches waren nun die Anzeichen, die auf eine "neue Aufwärtsentwicklung" in der Gemeinschaft hinwiesen und die die *relance européenne*, deren Gehalt schon zu Beginn der 80er Jahre thematisiert und untersucht worden war (Hrbek 1982), vorbereiteten? Es können mindestens fünf solcher Anzeichen genannt werden: Erstens waren die Ost-West Beziehungen Mitte der 80er Jahre von einer neuen Phase der Entspannung gekennzeichnet, nachdem zu Beginn der 80er Jahre durch den sowjetischen Einmarsch in Afghanistan (Dezember 1979), die Ausrufung des Kriegsrechts in Polen (Dezember 1981), den Abbruch der Abrüstungsverhandlungen über Mittelstreckenraketen in Genf (Oktober 1983), den Beginn der Stationierung der Pershing-II-Raketen und der Marschflugkörper (November 1983) und durch die Vertagung der START-Verhandlungen auf unbestimmte Zeit (Dezember 1983) die Fronten verhärtet waren (Link 1988: 204ff.). Die amerikanische Regierung unter Ronald Reagan war 1984/85 auf eine Politik des Ausgleichs und der Annäherung gegenüber der UdSSR umgeschwenkt, nachdem Anfang der 80er Jahre im Zusammenhang mit der sowjetischen Afghanistanpolitik und dem NATO-Doppelbeschluß eine eher konfrontative Außenpolitik geführt worden war (Gaddis 1992). Die Wahl Michail Gorbatschows zum Generalsekretär der KPdSU und die damit einhergehende langsame Öffnung und Dialogbereitschaft der UdSSR gegenüber dem Westen, aber auch gegenüber der eigenen Bevölkerung — die in den Medien unter den Schlagworten "Glasnost" und "Perestrojka" aufgegriffen wurden —, waren weitere wichtige Elemente der neuen Entspannungsphase, die ab Mitte der 80er Jahre einsetzte (Hamann/ Matthies 1991).

Zweitens hatte sich die wirtschaftliche Lage in Europa — aber vor allem auch in den USA — nach den zwei schweren Ölkrisen in den 1970er Jahren wieder verbessert. Die industrielle Produktion hatte 1984/85 in fast allen EG-Mitgliedstaaten[41] zugelegt und das Volumen der Ein- und Ausfuhren hatte im EG-Durchschnitt deutlich zugenommen. Das Wachstum des Bruttosozialprodukts in der Gemeinschaft stieg von durchschnittlich 1,2 % in den Jahren 1981—83 auf 2,4 % in den Jahren 1983—85.[42] In der Bundesrepublik waren nach einer Streikwelle im Frühjahr 1984 in der Metall- und der Druckindustrie neue Tarifabschlüsse zwischen Arbeitgebern und Arbeitnehmern vereinbart worden, die die wirtschaftliche Entwicklung stabilisierten und die Binnennachfrage erhöhten. In Frankreich war die Regierung unter Pierre Mauroy nach den ersten Jahren des "sozialistischen Experimentierens" zu einer Politik der "rigueur" umgeschwenkt, die eine neue Phase der wirtschaftlichen Stabilisierung und des Aufschwungs einleitete. Unter dem damaligen Wirtschafts- und Finanzminister Jacques Delors wurde in Frankreich ab dem Frühjahr 1983 eine rigide Sparpolitik betrieben, die sich durch drastische Ausgabenkürzungen und Steuererhöhungen auszeichnete und die in der Wirtschaft neues Vertrauen entstehen ließ. Generell hatte sich, nicht zuletzt durch die britische Vorreiterrolle, in den EG-Mitgliedstaaten eine "neue" wirtschaftspolitische Orthodoxie niedergeschlagen, die von Liberalisierung und Privatisierung gekennzeichnet war.

Drittens hatten es die Europäer auf dem Gipfel in Fontainebleau im Juni 1984[43] geschafft, die seit fünf Jahren schwelende Finanzkrise der Gemeinschaft zu beseitigen. Die unter dem Ausruf der britischen Premierministerin Thatcher "I want

---

[41] Mit Ausnahme Italiens, dessen industrielle Produktion 1985, als in allen anderen EG-Mitgliedstaaten die Produktion wieder zulegte, noch unter dem Stand von 1980 lag; vgl. Eurostat, Statistische Grundzahlen der Gemeinschaft, 24. Ausgabe (1987), S. 159.

[42] Berechnung auf der Grundlage der Volumenindizes der Bruttoinlandsprodukte zu Marktpreisen, vgl. Eurostat, a.a.O., S. 41.

[43] Vgl. Schlußfolgerungen des Vorsitzes des Europäischen Rates, 28. Tagung am 25. und 26. Juni 1984 in Fontainebleau, Presse- und Informationsamt der Bundesregierung, Bulletin, Nr. 77 v. 29.6.1984, S. 684f.

my money back" firmierende Krise hatte die Handlungsfähigkeit der Gemeinschaft lange Zeit blockiert. In Fontainebleau war ein Kompromiß gefunden worden, der den Briten einen Teil ihres jährlich zuviel gezahlten Haushaltsbeitrags durch einen besonderen Ausgleichsmechanismus zurückerstattete[44] und der gleichzeitig durch die Festlegung des Höchstsatzes für die MwSt-Abgabe[45] eine mittelfristige Finanzplanung bis zum Jahr 1988 einführte, die einen schrittweisen Ausbau der Eigenmittel der Gemeinschaft mit sich brachte. Generell zeichnete sich zwischen den Regierungen der Mitgliedstaaten ein neues Einvernehmen bei der Lösung der verschiedenen Probleme ab, die sich in der Gemeinschaft angestaut hatten. Der im Juni 1981 von der Kommission vorgelegte sog. Mandatsbericht, der eine Gesamtstrategie hinsichtlich der konsequenten Anwendung der bestehenden Politiken, der Reform der Agrarpolitik und der Lösung der Haushaltsprobleme enthielt, war noch an den tiefgreifenden Meinungsverschiedenheiten zwischen den EG-Mitgliedstaaten gescheitert. Die neu im Amt befindliche französische Regierung hatte im Oktober 1981 einen Vorschlag zur Schaffung eines "Europäischen Sozialraums" eingebracht und im September 1983 eine Initiative zum Ausbau der Gemeinschaftsaktivitäten im Bereich der Energie-, Forschungs- und Energiepolitik, die beide ebenfalls an der Ablehnung der Mitgliedstaaten scheiterten. Und auf dem Gipfel des Europäischen Rates in Stuttgart im Juni 1983 war die Absicht bekundet worden, "der Europäischen Gemeinschaft in einer umfassenden Aktion Impulse zur Neubelebung zu geben".[46] Es mangelte somit nicht an guten Vorschlägen und Initiativen. Ein Durchbruch gelang jedoch erst, nachdem zwischen den Mitgliedstaaten ein ausreichendes Maß an ordnungs- und wirtschaftspolitischer "Konvergenz" erreicht worden war und die einzelnen Vorschläge zu einem "Paket" zusammengefügt werden konnten (Hrbek 1987: 178ff.).

---

44 Der Korrekturmechanismus bestand darin, daß Großbritannien 1984 eine Pauschalrückzahlung von 1 Mrd. ECU erhielt und ab 1985 66 % der Differenz zwischen dem britischen Anteil an den MwSt-Zahlungen und den anderen Haushaltszahlungen (Agrarabschöpfungen, Zölle) zurückerstattet wurden. Die Finanzierung des "britischen Rabatts" wurde auf die anderen Mitgliedstaaten nach dem Schlüssel ihrer MwSt-Beiträge aufgeteilt, wobei der Finanzierungsbeitrag der Bundesrepublik auf 66 % begrenzt wurde. Es scheint, daß diese Lösung auf einen Vorschlag von Bundeskanzler Kohl zurückging, nachdem am Ende des Gipfels in Fontainebleau Mitterrand und Thatcher nach einem Vieraugengespräch zu keiner Einigung gekommen waren. Der Nachteil von Kohls Lösungsidee war, daß damit der Eintritt in einen föderalistischen Finanzausgleich in der EG, so wie ihn auch die Kommission anstrebte, auf lange Sicht vom Tisch war (Thalmann 1985: 54f.).

45 Es wurde ein Höchstsatz von 1,4 % der MwSt für alle Mitgliedstaaten (einschließlich Spanien und Portugal) zum 1. Januar 1986 festgelegt.

46 Vgl. Erklärung des Europäischen Rates in Stuttgart zur Neubelebung der Gemeinschaft durch eine umfassende Aktion, verabschiedet am 18. Juni 1983, in: Presse- und Informationsamt der Bundesregierung, Bulletin, Nr. 65 v. 21.6.1983, S. 609—611, hier: S. 609.

Viertens war — in Folge aber auch als Voraussetzung der genannten Gründe — zu Beginn der 80er Jahre ein "neuer politischer Wille" innerhalb der Gemeinschaft spürbar geworden, der sich — zunächst noch zaghaft — in der sog. "Genscher-Colombo-Initiative"[47] und der sog. "Feierlichen Deklaration von Stuttgart"[48] (Hrbek 1987: 178ff.), später dann schon deutlicher in Form des "Vertragsentwurfs zur Gründung der Europäischen Union" niedergeschlagen hatte, der vom Europäischen Parlament im Februar 1984 angenommen worden war (Europäisches Parlament 1984). Hinzu kam, daß politische Gruppierungen wie die "Känguruh-Gruppe" — bestehend aus einer Gruppe von Europaparlamentariern und Geschäftsleuten, die sich vor allem aus wirtschaftlichen Gründen sehr nachhaltig für die Überwindung der Grenzen einsetzten — die "Kohnstamm Gruppe" — eine Gruppe von Föderalisten, die sich unter der Leitung von Max Kohnstamm nach dem Tod von Jean Monnet formiert hatte — und die "Krokodil Gruppe" — eine Gruppe von föderalistisch orientierten Europaabgeordneten unter der Leitung von Altiero Spinelli, die sich vor allem für die Ausarbeitung eines Vertragsentwurfs zur Gründung der Europäischen Union einsetzte (Hrbek 1987: 174f.) — ab 1983 verstärkt dafür eintraten, die bestehenden nicht-tarifären Handelsgrenzen innerhalb der Gemeinschaft abzubauen und einen gemeinsamen Markt zu errichten (Moravcsik 1991: 22; Grant 1994: 66). In diesem Zusammenhang entstanden im weiteren Verlauf informelle Netzwerke, die auch Spitzenvertreter der Kommission, des Rates und der Verbände mit einschlossen und die wesentlichen Einfluß auf den Ablauf bei der Realisierung des Binnenmarktes hatten, nachdem dessen "Lösbarkeit" allgemein anerkannt worden war.[49] Im März 1985 wurde der sog. "Dooge-Bericht" vorgelegt, der das Ergebnis der Arbeiten des Ad-hoc-Ausschusses unter dem Vorsitz des ehemaligen irischen Außenmini-

---

47 Die Initiative des deutschen und des italienischen Außenministers vom 4. November 1981 beinhaltete eine stärkere Verbindung von EG und EPZ, eine Steigerung der Effizienz im EG-Entscheidungsprozeß durch die Stärkung der Rolle des Europäischen Rats und des Europäischen Parlaments, die Einbeziehung der Sicherheitspolitik in die EPZ und die engere Zusammenarbeit im Bereich Justiz und Kultur; abgedruckt in: EG-Bulletin, Nr. 11 (1981), S. 99—103.

48 Die "Feierliche Deklaration zur Europäischen Union" wurde am 19. Juni 1983 auf dem Gipfel des Europäischen Rats in Stuttgart verabschiedet (abgedruckt in: EG-Bulletin, Nr. 6, 1983, S. 26—32). Sie stellte eine "verwässerte" Fassung der Genscher-Colombo-Initiative auf der Ebene der zehn Staats- und Regierungschefs dar. Sie enthielt keine präzisen Aussagen zur Ausweitung der Kompetenzen des Europäischen Parlaments, zur Einbeziehung der Sicherheitspolitik in den Rahmen der EPZ sowie zur Durchführung von Mehrheitsabstimmungen im Ministerrat gemäß den Bestimmungen des EWG-Vertrags. Dennoch galt die Feierliche Deklaration als ein Erfolg, da sie Teil eines Reformpakets war, das auf dem Stuttgarter Gipfel geschnürt werden konnte (Finanzierung der EG, Agrarmarktpolitik, Erweiterung, neue Gemeinschaftspolitiken) und das Ausgangspunkt für die Lösung verschiedener Problembereiche der Gemeinschaft in den nachfolgenden Jahren war.

49 Hinweis von Karl-Heinz Narjes im Gespräch mit dem Verf. am 7.10.1996.

sters James Dooge war und der sich unter anderem dafür aussprach, einen "homogenen internen Wirtschaftsraum" zu schaffen, in dem der "vollständig integrierte Binnenmarkt verwirklicht wird". Letzterer sollte über "leistungsfähige demokratische Institutionen" verfügen, die "ganz im Dienste des gemeinsamen Interesses stehen".[50] Der Rat nahm diese Schlußfolgerungen an und beauftragte die Kommission einige Wochen nach der Veröffentlichung des "Dooge-Berichts" mit der Ausarbeitung eines detaillierten Arbeitsprogramms. Die Kommission konnte ihrerseits die Arbeiten des Dooge-Ausschusses bei ihrem weiteren Vorgehen verwerten und in die später erfolgenden Verhandlungen über die EEA einbringen.[51]

Fünftens war nach den überstandenen Ölkrisen der 70er Jahre und in Folge der globalen weltwirtschaftlichen Veränderungen in politischen und wirtschaftlichen Kreisen in der Gemeinschaft das Bewußtsein herangereift, daß Europa in zunehmendem Maße die Herausforderung des Wettbewerbs mit dem asiatischen Raum — und hier vor allem Japan — und dem nordamerikanischen Raum — und hier vor allem den USA — aufgreifen mußte, wenn es im Bereich der technologischen und industriellen Entwicklung in Zukunft weiter Schritt halten wollte (Hrbek/Erdmann 1987: 183ff). Zu Beginn der 80er Jahre war der "technology gap" zwischen der japanischen und US-amerikanischen Industrie einerseits und der europäischen Industrie andererseits im Bereich der Informationstechnologie — und hier vor allem bei der Herstellung von Halbleitern und Computerchips — erdrückend groß geworden (Stubbs/Saviotti 1994: 153). Hinzu kam, daß in vielen Mitgliedstaaten zu Beginn der 80er Jahre die Strategie der "national champions" gescheitert war, die danach getrachtet hatte, durch staatliche Unterstützung im Bereich der Mikroelektronik, der Computerindustrie und der Telekommunikation nationale Großunternehmen zu bilden, die in der Lage wären, mit den japanischen und amerikanischen Großunternehmen konkurrieren zu können. Trotz dieser Anstrengungen hatte die europäische Industrie im Bereich der Hochtechnologie sowohl in Europa als auch weltweit zwischen 1973 und 1983 an Marktanteilen verloren: Während der Anteil von Hochtechnologieprodukten an den gesamten Ausfuhrmärkten der Europäer um 2,5 % innerhalb von zehn Jahren zurückgegangen war, hatte sich der Anteil der Amerikaner um 2,7 % und der Japaner um 5,6 % im gleichen Zeitraum erhöht (Vignon 1986: 14f.). Vor diesem Hintergrund setzte ein Umdenken unter europäischen Managern ein, die zunehmend dazu übergingen, die Zusammenarbeit mit anderen europäischen Unternehmen zu suchen, um vor allem die steigenden Kosten in der Forschungs- und Entwick-

---

[50] Abgedruckt in: Jahrbuch der Europäischen Integration 1985, S. 403—417, hier: S. 405 und 411.

[51] Hinweis von Jérôme Vignon im Gespräch mit dem Verf. am 13.1.1997.

lungsarbeit aufzufangen und um den schnellen Wandel der Technologien und der Märkte besser bewältigen zu können.

In den Jahren 1979/80 gelang es der EG-Kommission unter der Federführung des damaligen Generaldirektors für Binnenmarkt und Industrie, Etienne Davignon, die Vorstandsvorsitzenden der zwölf führenden Unternehmen im Bereich der europäischen Informationstechnologie an einen Tisch zu bekommen und über Möglichkeiten der Zusammenarbeit zu sprechen. Die Kommission drang darauf — teilweise gegen den Widerstand der nationalen Regierungen — auf die Einführung des "European Strategic Programme for Research and Development in Information Technology" (ESPRIT)[52] und des Programms für "Research and Development in Advanced Communications Technologies for Europe" (RACE).[53] Im Oktober 1983 wurde das zweite "Forschungsprogramm zur Vorausschau und Bewertung in Forschung und Technologie" (FAST II)[54] mit einer Laufzeit von vier Jahren beschlossen und im Dezember 1984 sprach sich der Rat auf Vorschlag der Kommission für die Durchführung des Programms zur Förderung der "Basic Research in Industrial Technologies for Europe" (BRITE)[55] aus. Die Kommission hatte mit Unterstützung der europäischen Großunternehmen die Notwendigkeit der Zusammenarbeit in der technologischen Forschung in Europa erkannt und durch die Einrichtung von mehrjährigen Forschungsprogrammen erste konkrete Schritte zu ihrer Realisierung unternommen. Die Bemühungen der

---

[52] Das Programm ESPRIT wurde auf Vorschlag der Kommission im Februar 1984 vom Rat beschlossen. Dabei handelte es sich um eine Forschungs- und Entwicklungsmaßnahme der Gemeinschaft in der vorwettbewerblichen Forschung im Bereich der Informationstechnologie. ESPRIT förderte die Kooperation zwischen Hochschulen, Forschungseinrichtungen und Unternehmen und hatte zum Ziel, die Grundlage zu legen zur Verbesserung der europäischen industriellen Wettbewerbsfähigkeit. ESPRIT I umfaßte während der Laufzeit von 1984 bis 1988 ein Finanzvolumen von 1,5 Mrd. ECU, die je zur Hälfte von der Gemeinschaft und den Teilnehmern aufgebracht wurden.

[53] Das Programm RACE wurde von der Kommission 1984 angeregt, jedoch vom Rat erst im Dezember 1987 beschlossen. Es hatte zum Ziel, die vorwettbewerbliche Forschung und Entwicklung im Bereich der Fernmeldetechnik zu fördern. Durch die Einführung der integrierten Breitbandkommunikation sollte es zur Schaffung einer europaweiten Kommunikationsinfrastruktur beitragen. RACE umfaßte während der Testphase von 1985 bis 1987 einen Etat von 21 Mio. ECU; das erste reguläre Fünfjahresbudget von RACE (1990—1994) belief sich auf 460 Mio. ECU.

[54] Im Rahmen des "Forschungsprogramms zur Vorausschau und Bewertung in Forschung und Technologie" (FAST) wurden Studien gefördert, die sich mit den Auswirkungen des technologischen Wandels auf Beschäftigung und Arbeit beschäftigten.

[55] Bei dem Programm BRITE handelte es sich um ein Aktionsprogramm für die Grundlagenforschung im Bereich der industriellen Technologien, das u.a. zum Ziel hatte, multinationale Forschungsteams zu bilden. In seiner ersten Laufzeit von 1985 bis 1988 umfaßte es einen Etat von 100 Mio. ECU.

Kommission stießen dabei im weiteren Verlauf vor allem im Europäischen Parlament auf positive Resonanz, das den technologischen Rückstand der Europäer und die damit verbundenen Folgen für Wachstum und Wohlstand ebenfalls mit Besorgnis betrachtete und von den Vorschlägen der Kommission neue Impulse für andere Politikbereiche wie Umwelt, Verkehr, Medizin, Energie u.a. erwartete (Hrbek/Erdmann 1987: 190). Die EG-Mitgliedstaaten — allen voran Deutschland und Frankreich — zeigten sich hinsichtlich einer umfassenden EG-Technologiepolitik eher zurückhaltend, unter anderem aufgrund der damit verbundenen Ausweitung des EG-Haushalts und wegen der von ihnen favorisierten EUREKA-Initiative (ebd.: 195ff.).

Auch von seiten der Industrie wurden Initiativen unternommen, die für eine Stärkung der wirtschaftlichen Zusammenarbeit und der Marktintegration plädierten: Im Jahr 1983 wurde unter dem Vorsitz von Pehr Gyllenhammer von Volvo der informelle "Roundtable of European Industrialists" von Vertretern großer europäischer Industrieunternehmen wie Philips, Siemens, Olivetti, GEC, Daimler Benz, Volvo, Fiat, Bosch, ASEA, Ciba-Geigy u.a. gegründet. Der "Roundtable" sprach sich für die Herstellung eines einheitlichen europäischen Marktes aus und entwickelte sich zu einer einflußreichen Lobby. In einem von dem "Roundtable" erstellten Bericht waren die zu erwartenden Skalenerträge prognostiziert worden, die der europäischen Wirtschaft in einem gemeinsamen Markt zugute kommen würden (Sandholtz/Zysman 1989: 117). Im Zusammenhang mit dem 25-jährigen Bestehen von UNICE wies dessen Präsident Carli 1983 auf die "Dringlichkeit einer Erneuerung der industriellen und technologischen Basis Europas" hin. Als Voraussetzung hierfür nannte er unter anderem die zügige Verwirklichung des Binnenmarktes und die Herstellung investitionsfreundlicher Rahmenbedingungen durch umfangreiche Deregulierungsmaßnahmen. Am Vorabend des Gipfels in Athen im Dezember 1983 veröffentlichte UNICE verschiedene Memoranden, die an alle Institutionen und Mitgliedstaaten, insbesondere die Ratspräsidentschaft, gerichtet waren und die zahlreiche Forderungen und Lösungsvorschläge für eine *relance européenne* enthielten (Burkhardt-Reich/Platzer/Steiert 1984: 288f.). Schließlich erschien 1985 der sog. "Dekker-Plan"[56] des niederländischen Elektronikkonzerns Philips, der für die Herstellung eines gemeinsamen Binnenmarktes plädierte und dies als die einzige Chance für die europäische Industrie betrachtete, um weltweit an Wettbewerbsfähigkeit zu gewinnen. Dieses Plädoyer zeigte bei der Herstellung des Weißbuches zum Binnenmarkt unmittelbare Wirkung (Pelkmans/Beuter 1986: 150).

[56] So genannt nach der Schrift des Vorstandsvorsitzende von Philips, Wisse Dekker: Europe — 1990, Eindhoven/Brüssel 1985.

Zusammengefaßt hatte zu Beginn der 80er Jahre, bedingt durch die Veränderungen der Strukturen in der Weltwirtschaft — aber auch der internationalen Beziehungen insgesamt — eine Umorientierung unter den wirtschaftlichen und politischen Akteuren in der Gemeinschaft stattgefunden, die der weiteren Entwicklung in Richtung der Herstellung des Binnenmarktes 1992 voranging. Das Verfolgen von "nationalen" Problemlösungsstrategien schien angesichts der globalen Veränderungen immer weniger der geeignete Weg. Stattdessen bot sich die Gemeinschaft immer mehr als ein adäquater Handlungsrahmen an: "Angesichts des in vielen EG-Mitgliedstaaten starken Problemdrucks und angesichts der immer enger gewordenen Durchdringung und Verflechtung von Politikbereichen über nationalstaatliche Grenzen hinaus, wurde die Gemeinschaft in Überlegungen zur Problemlösung einbezogen" (Hrbek 1987: 172). Indem sich die Gemeinschaft zu Beginn der 80er Jahre nicht in einem Zustand befand, der es ihr ermöglicht hätte, die an sie gerichteten Erwartungen zu erfüllen, setzte eine Reformdiskussion ein, die von verschiedenen Vorschlägen und Initiativen mit unterschiedlicher Reichweite getragen wurde und die eine *relance européenne* vorbereitete. Die Kommission trug zu dieser Reformdiskussion insofern bei, als sie die veränderten Bedingungen — vor allem im Bereich der Hochtechnologie — thematisierte und durch konkrete Forschungsprogramme Anreize für Veränderungen gab. In den Unternehmen setzte ein Umdenken ein und zwischen ihnen wurden Verhandlungen über gemeinsame Forschungsprojekte und über neue strategische Allianzen aufgenommen. Es ist schwer auszumachen, inwieweit diese Entwicklungen der Auslöser für den Binnenmarkt 1992 waren oder ob diese Entwicklungen erst durch die Lancierung des Binnenmarktprogramms ihre volle Entfaltung erfahren haben. Zu vermuten ist eine "Mischung" von beidem; an anderer Stelle heißt es hierzu treffend: "The international changes did not produce 1992; they provoked a rethinking. The 1992 project emerged because the domestic context was propitious and policy entrepreneurs fashioned an elite coalition in favor of it" (Sandholtz/Zysman 1989: 106).[57]

## 1.3 Das Programm zur Realisierung des Binnenmarktes 1992

Im Herbst 1984 war Delors auf der Suche nach der "Big Idea" (Grant 1994: 66), die dazu dienen würde, der Gemeinschaft neue Impulse zu verleihen. Er unter-

---

[57] Pointierter drückte sich Wisse Dekker aus, der 1988 in Genf sagte, daß der europäische Integrationsprozeß der 50er Jahre eine Sache der Politiker war, während die "industrielle" Phase seit Mitte der 80er Jahre durch Unternehmer und Geschäftsleute initiiert worden sei (zit. nach Moravcsik 1991: 22). Moravcsik selbst ist dabei gegenteiliger Ansicht: "Business, at least on the supranational level, was mobilized by the emerging interstate consensus for reform, rather than the reverse" (Moravcsik 1991: 48).

nahm zu diesem Zweck Besuche in den Hauptstädten der Mitgliedstaaten und führte mit allen zehn Regierungen Gespräche über verschiedene Vorschläge, die zu diesem Zeitpunkt in der Diskussion waren: institutionelle Reformen, Währungsunion, engere Zusammenarbeit in der Verteidigung und die Realisierung des Binnenmarktes. Diese Gespräche ergaben, daß nur die Realisierung des Binnenmarktes die Unterstützung aller zehn Regierungen fand (Delors 1994: 220). Das Ergebnis der "Tour des capitals" Delors' war, daß die nationalen Volkswirtschaften unter dem zunehmenden Druck der Globalisierung standen und der Binnenmarkt hierauf die geeignete Antwort sein würde.[58] Ein weiterer Grund war, daß in Belgien, Dänemark, Deutschland, Italien und den Niederlanden im Herbst 1984 Mitte-Rechts-Koalitionen an der Regierung waren, die der Idee von Handelserleichterungen, dem Ausbau des Wettbewerbs und der Deregulierung positiv gegenüberstanden.[59] In Großbritannien wurde von der konservativen Regierung unter Premierministerin Margaret Thatcher schon seit Jahren eine neoliberale Wirtschaftspolitik verfolgt, deren Hauptanliegen die Liberalisierung, die Deregulierung und die Verbesserung der Effizienz und Wettbewerbsfähigkeit der Wirtschaft waren (Wallace 1989a: 364). In diesen Kontext paßte der Umschwung in Brüssel und wurde als eine Bestätigung des "britischen Modells" betrachtet. Thatcher selbst befürwortete einen Fortgang des europäischen Einigungsprozesses, solange er in Verbindung mit "praktischen Zielsetzungen" wie der Binnenmarktrealisierung stand. Für die Umsetzung dieses Ziels würden in begrenztem Maße auch Mehrheitsentscheidungen annehmbar sein, ohne daß dadurch das Vetorecht der Mitgliedstaaten bei "sehr wichtigen nationalen Interessen" aufgehoben sein würde.[60]

Eine weiterführende These in diesem Zusammenhang ist, daß sich der Binnenmarkt als "Big Idea" nur deshalb durchsetzen konnte, weil er im Gegensatz zu den institutionellen Reformen, der Währungsunion und der engeren Zusammenarbeit in der Verteidigungspolitik das einzige Thema war, über das sich die drei "großen Mitgliedstaaten" in der Gemeinschaft — Deutschland, Frankreich und Großbritannien — einig waren (Moravcsik 1991: 27ff.). Frankreich spielte dabei in gewisser Hinsicht eine Schlüsselrolle: während es sich in den Bereichen Währungsunion und Verteidigung im Prinzip für eine *relance* ausgesprochen hätte — beides wurde sowohl von Deutschland als auch Großbritannien abgelehnt — tat es sich mit dem Binnenmarkt schwerer, der wiederum von Deutschland und

---

58 Jérôme Vignon im Gespräch mit dem Verf. am 13.1.1997.

59 Dieser Umstand und die damit einhergehende Politikumgestaltung wird an anderer Stelle als eine der wesentlichen Voraussetzungen für die Reformen beschrieben, die in der Gemeinschaft ab Mitte der 80er Jahre möglich wurden (Moravcsik 1991: 21).

60 Vgl. "Europe: The Future — United Kingdom Memorandum, June 1984" (abgedruckt in: Gazzo 1985: 86—95).

Großbritannien stark befürwortet wurde. Entscheidend war aus dieser Sicht, daß sich in Frankreich ab dem Frühjahr 1983 ein Wandel vollzog und Mitterrand zunehmend von einer innenpolitisch motivierten Politik der "Autarkie"[61] abrückte und sich einer europapolitisch orientierten Politik der "austerité"[62] zuwandte. Dieser Wandel, in dessen Folge die französischen Kommunisten aus der Regierung ausschieden und sich der moderatere Flügel der französischen Sozialisten — angeführt von Pierre Mauroy, Michel Rocard und Jacques Delors — durchsetzte, war die Voraussetzung dafür, daß Frankreich bereit war, der Binnenmarktliberalisierung zusammen mit Deutschland und Großbritannien zuzustimmen. Die veränderte Europapolitik Frankreichs wurde dann während der französischen Ratspräsidentschaft im ersten Halbjahr 1984 spürbar — ein deutliches Anzeichen hierfür war unter anderem die Rede von Staatspräsident Mitterrand vor dem Europäischen Parlament im Mai 1984[63] — und ermöglichte den Erfolg des Gipfels in Fontainebleau (Moravcsik 1991: 29ff.).

Der unmittelbare Zusammenhang zwischen der Entwicklung in Frankreich 1983/84 und der ab 1985 einsetzenden *relance européenne* wurde in Gesprächen, die der Verfasser geführt hat, bestätigt.[64] Zwischen beiden bestand insofern eine Parallelität, als in beiden Fällen Jacques Delors einer der zentralen Wegbereiter war und in beiden Fällen die gleiche Grundüberlegungen zum Tragen kamen: In Frankreich war die Öffnung gegenüber Europa vollzogen worden, um die notwendigen strukturellen Reformen im Innern durchführen zu können. Die *politique de rigueur* in Frankreich wurde dabei von flankierenden Maßnahmen begleitet, d.h. es wurden nicht nur die öffentlichen Ausgaben reduziert, sondern es wurden gleichzeitig auch mehr Mittel für die Bereiche Forschung, Bildung, regionale Entwicklung u.a. zur Verfügung gestellt. Der gleiche Mechanismus traf auch auf die EG Mitte der 80er Jahre zu: Die Öffnung gegenüber den internationalen

---

[61] Diese Politik war von Nationalisierungen, Importbeschränkungen, Kapitalverkehrskontrollen und der Ablehnung des EWS geprägt und wurde vor allem vom radikalen linken Flügel der Sozialisten und von den Kommunisten befürwortet.

[62] Diese Politik bestand vor allem in einer strikten Sparpolitik, mit dem Ziel, das Haushaltsdefizit zu senken und die Stabilität des Franc wieder herzustellen. Delors hatte als Finanzminister (ab 1981) und als späterer Finanz-, Wirtschafts- und Haushaltsminister (ab 1983) einen wesentlichen Anteil an der Konzeption und Durchführung dieser Politik (Grant 1994: 46ff.).

[63] Mitterrand übte darin unter anderem Kritik an der Einstimmigkeitsregel und forderte die Rückkehr zu den Prinzipien der Römischen Verträge. Ferner befürwortete er den Vertragsentwurf des Europäischen Parlaments zur Gründung der Europäischen Union und schlug vor, auf dieser Grundlage sowie auf der Grundlage der Feierlichen Deklaration von Stuttgart eine Konferenz der interessierten Mitgliedstaaten einzuberufen; die Rede ist abgedruckt in: Europa-Archiv, Nr. 12 (1984) S. D 331—338 (Mitterrand 1984).

[64] So u.a. Karl-Heinz Narjes im Gespräch mit dem Verf. am 29.8.1996 und Jérôme Vignon im Gespräch mit dem Verf. am 13.1.1997.

Märkten war notwendig geworden, um im Innern Reformen durchzuführen, die die Wettbewerbsfähigkeit der europäischen Wirtschaft stärken würden. Gleichzeitig wurden mit der EEA neue Politikbereiche in den Vertrag aufgenommen, um im Bereich des wirtschaftlichen und sozialen Zusammenhalts und der Forschungs- und Technologiepolitik neue Maßnahmen ergreifen zu können. Das Konzept Delors', das sowohl in Frankreich als auch in der Gemeinschaft Anwendung fand, bestand in der Balancierung zwischen "rigueur et dynamisme", d.h. zwischen einer Deflationspolitik bei gleichzeitiger Ausgabenerhöhung in als strategisch erachteten Politikfeldern.[65]

Am 14. Januar 1985 kündigte Delors in seiner Antrittsrede vor dem Europäischen Parlament den Beschluß der Kommission an, "bis 1992 alle innergemeinschaftlichen Grenzen aufzuheben".[66] Er begründete diesen Schritt mit dem Argument, daß "wir auch heute noch eine Art Feudaleuropa [haben], das nicht mehr zu bieten hat als Handelshemmnisse, Zollämter, Förmlichkeiten und bürokratischen Hickhack".[67] Die damit verbundene Idee der Schaffung eines "Binnenmarktes", in dem die Freiheit des Personen-, Waren-, Dienstleistungs- und Kapitalverkehrs gewährleistet ist, war nicht neu und warf ähnliche ökonomische Probleme auf wie in der Vergangenheit (Werner 1989). Mit der Idee des Binnenmarktes 1992 wurde "ein wirtschaftspolitisches Konzept verallgemeinert, das die Kommission in bestimmten Politikfeldern schrittweise und lange Zeit wenig sichtbar seit fast zwei Jahrzehnten verfolgt[e]" (Schneider/Werle 1989: 427). Schon der EWG-Vertrag aus dem Jahr 1957 nannte in Art. 2 als Aufgabe der Gemeinschaft "die Errichtung eines Gemeinsamen Marktes"; nach Art. 8 EWGV sollte der "Gemeinsame Markt ... während einer Übergangszeit von zwölf Jahren schrittweise verwirklicht [werden]", d.h. bis zum Jahr 1969. In den 60er Jahren gelang zwar die Abschaffung von Zöllen und mengenmäßigen Beschränkungen, jedoch machte die Verwirklichung der sog. "vier Freiheiten" nur schleppende Fortschritte, da die den gemeinsamen Markt behindernden abweichenden nationalen Regelungen bei Berufsbefähigungsnachweisen, bei der Erbringung von Dienstleistungen, im Verbraucher-, Gesundheits- und Umweltschutz u.a. nur einstimmig harmonisiert werden konnten. Im Laufe der 70er und Anfang der 80er Jahre gab es dann verschiedene Anstrengungen, um den politischen Willen zur Schaffung eines echten Binnenmarktes wiederzubeleben. Diese Initiativen scheiterten jedoch größtenteils, da sich durch die Ölkrisen die wirtschaftliche Lage in den EG-Mitgliedstaaten dramatisch verschlechtert hatte. Die ursprüngliche Annahme, daß durch die Eliminierung der Zoll- und Handelsschranken und durch Rechtsangleichungen der Binnenmarkt geschaffen werden könnte, hatte sich zunehmend als

[65] Hinweis von Jérôme Vignon im Gespräch mit dem Verf. am 13.1.1997.
[66] Vgl. EG-Bulletin, Beilage 1 (1985), S. 6.
[67] Ebd.

Irrtum erwiesen. Nach dem Abbau der Zollschranken in den 60er Jahren wurden in den 70er Jahren neue, nicht-tarifäre Instrumente entwickelt, die den Handel in der EG beschränkten. Der Protektionismus hatte eine "neue Blüte" erreicht. Zwar versuchte die Kommission, in verschiedener Form die neuen nicht-tarifären Beschränkungen aufzuheben, jedoch stieß sie auf den Widerstand der nationalen Regierungen, die dem Binnenprotektionismus den Vorrang einräumten.[68] Im Jahr 1977 war die sechste Mehrwertsteuer-Richtlinie vom Rat einstimmig beschlossen worden, um durch eine Angleichung der indirekten Steuern weiter in Richtung des Gemeinsamen Marktes voranzukommen. Nach Einschätzung der Kommission setzte sich diese Initiative jedoch nicht durch, "teils durch die einsetzende Rezession, teils durch den Mangel an Vertrauen und Vorstellungsvermögen" (Kommission 1985: 4). Auch in der Thorn-Kommission waren zu Beginn der 80er Jahre — jedoch mit geringem Erfolg — Anstrengungen in dieser Richtung unternommen worden.[69] So war auf dem Gipfel des Europäischen Rates in Kopenhagen im Dezember 1982 der Rat aufgefordert worden, "vor Ende April 1983 über die vorrangigen Maßnahmen zu beschließen, welche die Kommission zur Stärkung des Binnenmarktes vorgeschlagen hat".[70] Im Jahr 1984 gelang es der Thorn-Kommission, die Mitgliedstaaten zur Einführung des einheitlichen Zolldokuments zu bewegen, das dazu beitrug, daß der grenzüberschreitende LKW-Verkehr erleichtert wurde. Der Rat hatte ursprünglich 300 Angaben in dem Dokument vorgesehen, jedoch schaffte es die Kommission, den Rat auf 35 Angaben "runterzuhandeln" und machte dadurch deutlich, daß bürokratische Widerstände überwunden werden konnten. Wenngleich es sich nur um einen kleinen Schritt in Richtung der Realisierung des Binnenmarktes handelte, ging von der Einführung des einheitlichen Zolldokuments eine "enorme pädagogische Wirkung" aus.[71] Schließlich schlug die Kommission im Juni 1984 ein globales

[68] Karl-Heinz Narjes im Gespräch mit dem Verf. am 29.8.1996.

[69] Am 21. Oktober 1981 legte die Kommission dem Rat eine Entschließung zur Stärkung des Binnenmarktes vor, die darauf abzielte, die Formalitäten an den innergemeinschaftlichen Grenzen zu vereinfachen. Diese Initiative wurde vom Europäischen Parlament durch eine Entschließung zur Vollendung des Binnenmarktes vom 15. Oktober 1981 unterstützt. Auf dem Europäischen Rat in Kopenhagen im Dezember 1982 schlug die Kommission schließlich ein Programm zur Verstärkung des Binnenmarktes vor und legte im Juni 1984 dem Rat ein detailliertes Gesamtprogramm vor, das sich nicht nur auf die Abschaffung der Zollschranken und den Rechtsrahmen für die Tätigkeit der Unternehmen bezog, sondern auch auf den freien Kapital-, Dienstleistungs- und Personenverkehr (vgl. Kommission der Europäischen Gemeinschaften, Gesamtbericht über die Tätigkeit der Europäischen Gemeinschaften 1981: 88; 1983: 84; 1984: 84).

[70] Vgl. Schlußfolgerungen des Vorsitzes des Europäischen Rats, Tagung in Kopenhagen am 3. und 4. Dezember 1982, in: Presse- und Informationsamt der Bundesregierung, Bulletin, Nr. 123, S. 1109.

[71] Karl-Heinz Narjes im Gespräch mit dem Verf. am 29.8.1996.

Binnenmarktprogramm vor,[72] das jedoch mit einem zu kurzfristigen Zeithorizont ausgestattet war und von dem "keine politische Ausstrahlung" ausging (Thalmann 1986: 72).

Vor diesem Hintergrund wäre es falsch, Delors als den "Vater" des Binnenmarktes zu bezeichnen; gleichwohl liegt das Verdienst Delors' rückblickend darin, daß er eine "alte Idee in neuem Gewand" und mit neuen Instrumenten umzusetzen wußte. Das Neue, das ab 1985 unter Delors vorgenommen wurde, war, die Initiative zur Realisierung des Binnenmarktes mit einem konkreten Datum zu versehen — dem "Binnenmarkt 1992" — und die Umsetzung des Binnenmarktprogramms auf der Grundlage eines präzisen Arbeitsplans — dem Weißbuch "Vollendung des Binnenmarkts"[73] — durchzuführen. Das Weißbuch der Kommission bestach durch seine "Komplexität und Detailliertheit" (Pelkmans/Beuter 1986: 149) — es enthielt über 300 Vorschläge für Verordnungen und Richtlinien zum Abbau der materiellen, technischen und steuerlichen Schranken in der Gemeinschaft — und durch seine "für EG-Verhältnisse ungewöhnlich deutliche Sprache" (ebd.) bzw. seine "concreteness ... in that it provides a perfect yardstick to measure with some precision the pace of implementation of the programme" (Bieber/Dehousse/Pinder/Weiler 1988: 16).

Die Festlegung eines bestimmten Zeitpunkts war dabei ganz bewußt gewählt worden. Sie ging offenbar auf die positiven Erfahrungen zurück, die in den 60er Jahren mit dem Abbau der Zölle und mengenmäßigen Beschränkungen gemacht worden waren.[74] Dieses Ziel war schon im Juli 1968 erreicht worden, anderthalb Jahre vor dem Ende der Übergangsfrist. Durch die erneute Festlegung eines präzisen Datums, bis zu dessen Erreichen ein kürzerer Zeitraum lag, würde — so die Hoffnung — der notwendige Druck entstehen, um ein ähnliches oder sogar besseres Ergebnis zu erzielen: "The Customs Union was completed in 10½ years, well ahead of time. I argued that what our forebears could do nearly 30 years ago we should today be able to do at least as well and hopefully better" (Cockfield 1994: 32). Hinsichtlich der Idee für die Jahreszahl "1992" werden unterschiedliche Urheber und Zeitpunkte genannt: Es wird berichtet, daß sie in einer Unterredung zwischen Jacques Delors, seinem damaligen Kabinettchef Pascal Lamy, dessen Stellvertreter Günter Burghardt und einem weiteren Mitglied des Kabinetts, François Lamoureux, entstanden war (Grant 1994: 67f.). Aus der Sicht von Lord Cockfield war die endgültige Festlegung des Datums "1992" in einer Unterredung zwischen Delors und ihm selbst im Herbst 1984 entstanden (Cockfield 1994: 33). Schließlich gibt es die These, daß Delors persönlich das Datum "1992" entwickelt

---

72 Vgl. KOM (84) 305 v. 13.6.1984.

73 Vgl. Kommission der Europäischen Gemeinschaften, KOM (85) 310 endg. v. 14.6.1985.

74 Information von Karl-Heinz Narjes im Gespräch mit dem Verf. am 29.8.1996.

und festgelegt hat.[75] Das Zustandekommen des Datums "1992" ist insofern interessant und wichtig, als es einen Hinweis auf das Selbstverständnis der am Beginn ihrer Amtszeit stehenden neuen Kommission gibt. Lord Cockfield berichtet in diesem Zusammenhang, daß nicht von vornherein genau klar war, was "1992" wirklich bedeutete und daß es interpretatorische Differenzen gab zwischen ihm selbst und Delors bzw. dessen Kabinett: "In the early days of the Commission I was involved in a dispute with Jacques Delors' *Cabinet* over precisely this point [d.h. of what "1992" really meant, Anm. d. Verf.]. His *Cabinet* was drafting documents on the basis of 1 January 1992. I said it meant and must mean 31 December 1992. In the end I won the argument" (Cockfield 1994: 33). Das Datum "31.12.1992" setzte sich schließlich durch und wurde ausdrücklich in einer Erklärung im Anhang der später verabschiedeten Einheitlichen Europäischen Akte genannt.[76] Die Festlegung auf Ende 1992 war insofern wichtig und wurde gegenüber den anderen in der Diskussion stehenden Jahreszahlen 1990, 1995 und 2000 vor allem deshalb bevorzugt, weil dadurch ein Zeitraum von acht Jahren, d.h. von genau zwei Amtszeiten der Kommission zur Verfügung stehen würde. Darauf wies Delors auch in seiner Antrittsrede vom 14. Januar 1985 vor dem Europäischen Parlament hin: "Acht Jahre, um diesen Vorsatz [d.h. den Binnenmarkt 1992, Anm. d. Verf.] zu verwirklichen, d.h. die Amtszeit von zwei Kommissionen".[77] Implizit ging die neue Kommission demnach am Beginn ihrer Amtszeit von einem doppelten Mandat von zweimal vier Jahren aus.

Das Weißbuch wurde im wesentlichen von Lord Cockfield, dem damaligen für den Binnenmarkt zuständigen Kommissar, und seinen Mitarbeitern erarbeitet (Cockfield 1994: 37). Das dazu notwendige "Material" war größtenteils schon unter Cockfields Vorgänger, Karl-Heinz Narjes, zusammengetragen worden, der in der Thorn-Kommission das Binnenmarktressort betreut hatte.[78] Cockfield

---

[75] Jérôme Vignon im Gespräch mit dem Verf. am 13.1.1997.

[76] In den Anhang des Vertrags wurde die Erklärung zu Art. 8 a EWGV aufgenommen, in der es u.a. hieß: "Die Konferenz möchte mit Artikel 8a den festen politischen Willen zum Ausdruck bringen, vor dem 1. Januar 1993 die Beschlüsse zu fassen, die zur Verwirklichung des ... Binnenmarktes erforderlich sind. [...] Die Festsetzung des Termins '31. Dezember 1992' bringt keine automatische rechtliche Wirkung mit sich". Wenngleich schon in der Vergangenheit konkrete Daten und Etappen genannt worden waren — etwa "die Übergangszeit [bestehend] aus drei Stufen von je vier Jahren" gemäß Art. 8 EWGV oder die drei Stufen, die der Werner-Plan zur Einführung der Wirtschafts- und Währungsunion bis 1980 vorsah — so wurde nun erstmals ein präziser "Stichtag" explizit im Vertragstext verankert, der zwar nicht rechtlich einklagbar war, von dem jedoch ein enormer politischer und psychologischer Druck ausging.

[77] Vgl. EG-Bulletin, Beilage 1 (1985), S. 6.

[78] Der Verf. im Gespräch mit Karl-Heinz Narjes am 29.8.1996. Narjes wies in diesem Zusammenhang darauf hin, daß er die Realisierung des Binnenmarktes schon 1983 für lösbar hielt. Ein wichtiger Schritt hierzu war, daß auf Initiative von Bundeskanzler Kohl auf dem Gipfel des Europäischen Rates in Kopenhagen im Jahr 1982 die Einrichtung eines Rates für den

begann ab September 1984 damit, sich mit dem Binnenmarkt auseinanderzusetzen und erste Überlegungen für dessen Realisierung anzustellen. Zu diesem Zeitpunkt war der Binnenmarkt nur eine von vielen Politikoptionen der designierten Kommission und hatte keine herausragende Position inne. Cockfield konzentrierte sich bei seinen vorbereitenden Arbeiten auf vier Elemente, die für den weiteren Erfolg des Binnenmarktprogramms ausschlaggebend sein sollten: Erstens sollte das Binnenmarktziel durch ein "komplettes Programm" festgeschrieben werden, das einen Zeitrahmen enthält und das den breiteren "philosophischen Rahmen" herstellt, um die Vorstellungen der Bevölkerungen zu erreichen. Zu diesem Zweck mußte ein "neuer Ansatz" gefunden werden, der über die bisherigen vier Freiheiten hinausging und der auf die mit der Bewegungsfreiheit verbundenen Überwindung der Grenzen hinwies: "... when I came to write the White Paper, I decided that the approach must be one of ... looking directly at the barriers or obstacles. This is why the White Paper is structured in terms of 'Physical Barriers', 'Technical Barriers' and 'Fiscal Barriers'. It is also why the 'frontiers' and the removal of the frontiers became such an important, if not the most important, part of the philosophy of 'Completion of the Internal Market'. And why ... [it] was defined in terms of 'an area without internal frontiers'" (Cockfield 1994: 41). Zweitens sollten bei der Realisierung des Binnenmarkts die Sorgen der südlichen Mitgliedstaaten und Irlands berücksichtigt werden, die Nachteile gegenüber den vom Binnenmarkt eher profitierenden "reicheren" nördlichen Mitgliedstaaten befürchteten und daher einen Ausgleich forderten. Die Herstellung eines "linkage" zu den "ärmeren" Mitgliedstaaten würde für die Unterstützung des Binnenmarktprogramms wichtig sein: "The agreement I made with my colleagues from the South was that in return for my Internal Market Programme, I would support them in their demands that the Structural Funds should be doubled" (Cockfield 1994: 45). Drittens war es das Ziel Cockfields, das Binnenmarktprogramm möglichst schnell auf den Weg zu bringen und der Kommission hierfür auf höchster Ebene die notwendige politische Unterstützung zu sichern, d.h. auf der Ebene der Staats- und Regierungschefs. Dieses Vorgehen würde ein exaktes Timing voraussetzen und sollte verhindern, daß die Ministerialverwaltungen in den Mitgliedstaaten das Binnenmarktprogramm zu früh erhalten und es von ihnen "zerrissen" wird: "My aim throughout had been to put the White Paper to the Heads of Government in time

Binnenmarkt beschlossen wurde. Bis *dato* war der Allgemeine Rat für Binnenmarktfragen zuständig gewesen, der sich nur ungern mit so "technischen" Fragen wie Zöllen und nicht-tarifären Handelshemmnissen beschäftigte ("das ist für Diplomaten eher langweilig .." Anm. von Narjes). Durch die Schaffung des neuen Binnenmarktrates wurden nun erstmals Experten aus den Wirtschaftsministerien, den Ständigen Vertretungen und der Kommission zusammengeführt. Es entstand eine enge Kooperation zwischen ihnen, die von wissenschaftlicher und politischer Seite (wie etwa von seiten der "Känguruh Gruppe") unterstützt wurde.

for their endorsement when they met at Milan on the 28 and 29 June that year (1985). The drafting of the White Paper was completed by the beginning of June ... but it was not sent to the Heads of Government until 14 June ... This timing was not without deliberate intent. It gave the Heads of Government sufficient time to read the document and appreciate the immense importance of the opportunity being opened up. But it did not give their officials time to pick it to pieces" (Cockfield 1994: 48f.). Viertens war die Kommission darum bemüht, mit der Veröffentlichung des Binnenmarktprogramms ein positives Echo in der Presse auszulösen, um eine möglichst breite Akzeptanz für dieses Vorhaben zu erhalten. Ziel war es, das Binnenmarktprogramm in der Öffentlichkeit "gut zu verkaufen": "I realised too that favourable press coverage was essential to success. We decided therefore that a major press conference must be held [after its publication, Anm. d. Verf.]". Die von der Kommission am 15. Juni 1985 durchgeführte Pressekonferenz verlief schließlich erfolgreich und bescherte dem Binnenmarktprogramm die angestrebte positive Resonanz. Das Binnenmarktprogramm rückte von da an ins Zentrum des Interesses, nicht zuletzt auch weil es zunächst keine anderen bedeutsameren Policyvorschläge von seiten der Kommission gab: "... when the White Paper ... appeared, there were no rivals to attract attention, the White Paper took centre stage; indeed it was the only player on the stage. ... We succeeded in selling it well" (Cockfield 1994: 55).

Das Binnenmarktprogramm war in seinen wesentlichen Grundzügen in den ersten vier Monaten der Amtszeit der neuen Kommission entstanden. Lord Cockfield und sein Team hatten für die endgültige Abfassung nur ca. sechs Wochen benötigt. Delors hatte nur zu den Abschnitten über das Unternehmensrecht und die Mehrwertsteuerharmonisierung beigetragen (Grant 1994: 69). Er hatte von Anfang an darauf bestanden, daß Lord Cockfield diese Aufgabe vollständig übernimmt. Dies führte im weiteren Verlauf insofern zu Mißverständnissen, als Lord Cockfield eine sehr "legalistische Herangehensweise" verfolgte, während für Delors mehr die "politische und soziale Rationalität" des Binnenmarktprogramms im Vordergrund stand.[79] Lord Cockfield sollte sich in diesem Punkt zunächst durchsetzen, jedoch war das Konzept Delors´ insofern von größerer Tragweite, als darin eine umfassendere Aufgabenstellung für die Kommission angelegt war, die für weitere Policyprojekte genutzt werden konnte.

Die weitaus wichtigere Rolle, die Delors zunächst zufiel, war es "to sell the 1992 programme with energy and enthusiasm" (Grant 1994: 69). Delors stand in engem Kontakt mit Industriellen aus großen europäischen Unternehmen.[80] Daneben

---

[79] Jérôme Vignon im Gespräch mit dem Verf. am 13.1.1997.

[80] So u.a. mit dem oben erwähnten "Roundtable of European Industrialists".

stellte er auf zahlreichen Wirtschaftsforen[81] und Tagungen von Arbeitgebern[82] und Gewerkschaften[83] die Ziele des Binnenmarktprogramms vor. Vier Kernargumente wurden dabei von Delors immer wieder genannt: Erstens, daß das Ausbleiben des Binnenmarkts der europäischen Wirtschaft Kosten in Höhe von mehreren Milliarden ECU verursacht und die Kommission daher das Binnenmarktprogramm entworfen hat, um diese Kosten bis zum Jahr 1992 abzubauen. Gegenüber den Gewerkschaften wurde im Zusammenhang mit dem "Kostenreduzierungsargument" bei der Realisierung des Binnenmarktes das zu erwartende Wirtschaftswachstum und die Schaffung von Arbeitsplätzen betont.[84] Zweitens, daß die Realisierung des Binnenmarktes eine Herausforderung für die industrielle Wettbewerbsfähigkeit bedeutet und des Einsatzes neuer Technologien und der technologischen Zusammenarbeit in Europa bedarf. Drittens, daß die Gemeinschaft im Vergleich zu den USA und Japan im Bereich Wachstum und Beschäftigung hinterherhinkt und es daher über die fristgerechte Realisierung des Binnenmarktes hinaus zu einer größeren Kohärenz und Konvergenz der Wirtschafts- und Sozialpolitiken in den EG-Mitgliedstaaten kommen muß. Viertens, daß der Binnenmarkt nur im Rahmen einer "Niedrig-Inflationszone" entstehen kann und dies zur Stabilisierung der Währungsparitäten anreizt. Letzteres erfolgt im Rahmen des Europäischen Währungssystems und muß durch die Übertragung geldpolitischer Kompetenzen auf die Gemeinschaft weiter ausgebaut werden, um die Vorteile des gemeinsamen Marktes an die Produzenten und Verbraucher weitergeben zu können.[85]

Ein wichtiges Element des öffentlich wirksamen "Verkaufens" des Binnenmarktkonzepts stellte der sog. "Cecchini-Bericht" dar, der im März 1988 veröffentlicht

---

[81] Vgl. Rede Delors' auf der Internationalen Automobilausstellung am 13.9.1985 in Frankfurt/Main (Delors 13.9.1985); Rede Delors' auf dem Kongreß der "European Society for Opinion and Marketing Research" (ESOMAR) am 15.9.1986 in Monte Carlo (Delors 15.9.1986); Rede Delors' vor Vertretern aus Industrie und Landwirtschaft am 28.10.1988 in Dublin (Delors 28.10.1988a).

[82] Vgl. Rede Delors' vor der Confederation of British Industries am 29.10.1985 in London (Delors 29.10.1985) und noch einmal am 10.11.1986 in London (Delors 10.11.1986).

[83] Vgl. u.a. Rede auf dem Kongreß des Europäischen Gewerkschaftsbundes am 12.5.1988 in Stockholm (Delors 1993: 69ff.), Rede auf dem Kongreß der britischen Gewerkschaften am 8.9.1988 in Bournemouth (Delors 1993: 64f.) und Rede Delors' auf dem irischen Gewerkschaftskongreß am 28.10.1988 in Dublin (Delors 28.10.1988b).

[84] Vgl. u.a. die Rede auf dem irischen Gewerkschaftskongreß (Delors 28.10.1988b: 5).

[85] Vgl. v.a. die Rede Delors' auf der Internationalen Automobilausstellung am 13.9.1985 in Frankfurt/Main und die Rede Delors' vor der Confederation of British Industries am 29.10.1985 in London.

wurde.[86] Unter der Leitung des italienischen Wirtschaftswissenschaftlers Paolo Cecchini[87] war eine umfassende Studie über die "Kosten der Nichtverwirklichung Europas", d.h. des Ausbleibens des Binnenmarktes erstellt worden. Ziel der Studie war es, auf der Grundlage einer umfassenden empirischen Untersuchung die Kosten der Marktzersplitterung in der Gemeinschaft zu beziffern. Cecchini und sein Team kamen zu dem Ergebnis, daß durch die bestehenden Grenzkontrollen, die technischen Hindernisse beim Warenaustausch und den fehlenden Wettbewerb Kosten von ca. 200 Mrd. ECU entstehen und den Volkswirtschaften der Mitgliedstaaten insgesamt 4,3 bis 6,4 % an potentiellem Wachstum ihrer Bruttosozialprodukte verloren gingen (Cecchini 1988: 112). Der Bericht ging im Umkehrschluß davon aus, daß durch den Abbau der Beschränkungen im grenzüberschreitenden Waren- und Dienstleistungsverkehr, durch die Öffnung der öffentlichen Beschaffungsmärkte, durch die Liberalisierung der Finanzdienste und durch die Erhöhung des Wettbewerbs zwischen den Unternehmen dieses Wachstum in der Gemeinschaft erreicht werden könne und nach einer vorübergehenden Zunahme der Arbeitslosigkeit die Beschäftigung langfristig um ca. 5 Mio. neue Arbeitsplätze zulegen würde (ebd.: 132). Der Cecchini-Bericht bzw. allgemein die öffentlichkeitswirksame Thematisierung des Binnenmarktsprogramms durch die Kommission stieß sowohl bei den Unternehmen als auch bei den Gewerkschaften auf Widerhall.

### 1.3.1 Binnenmarkt und Unternehmer

Die Argumentationslinie des Cecchini-Berichts, die von der Kommission — und vor allem von Delors — aber auch von den Regierungen der Mitgliedstaaten in Vorträgen und Veröffentlichungen genutzt wurde, stieß vor allem in Unternehmerkreisen auf Gehör. Dabei waren für die Unternehmen weniger die Wachstums- und Beschäftigungszahlen von Bedeutung — diese waren vor allem für die Politiker einschlägige Argumente, um für das Binnenmarktprogramm zu werben — als vielmehr der Neuansatz, den die Kommission mit dem Binnenmarktprogramm verfolgte. Die Kommission trat fortan für "eine Strategie der 'Staatsentlastung' und tendenziellen 'Entregulierung'" (Schneider/Werle 1989: 426f.) ein, die der Wirtschaft den notwendigen Freiraum verschaffen würde, um künftig — zumindest im europäischen Raum — global operieren zu können. Ein wichtiger Aspekt, der damit unmittelbar in Zusammenhang stand und die Wirt-

[86] Vgl. Research on the "Cost of Non-Europe", Basic Findings, 16 Bde., Luxemburg 1988; eine gekürzte zusammenfassende Darstellung der Methode und der wichtigsten Ergebnisse der Studie wurde auch für ein breiteres Publikum veröffentlicht (Cecchini 1988).

[87] Paolo Cecchini war in der Thorn-Kommission stellvertretender Generaldirektor der GD III (Binnenmarkt und gewerbliche Wirtschaft) gewesen.

schaft überzeugte, war, daß sich die Gemeinschaft von der seit den 60er Jahren verfolgten Politik verabschiedete, "die administrativen Handelshemmnisse und die zunehmenden Disparitäten technischer Normen über einen komplizierten Abstimmungs- und Harmonisierungsprozeß mit Hilfe von Richtlinien und Verordnungen abzubauen" (ebd.). Das Neue der Binnenmarktstrategie der Kommission bestand nun vielmehr darin, "vom Ansatz der Rechtsangleichung wegzukommen und das Gewicht auf die gegenseitige Anerkennung und die Gleichwertigkeit der nationalen Regeln zu legen" (Kommission 1985: 6).[88] Die Idee der Abkehr von einer "monolithic conception that characterized the traditional approach to harmonization" (Bieber/Dehousse/Pinder/Weiler 1988: 18) war auch eine Reaktion auf die Ende der 70er Jahre allseits sichtbare "Krise der regulativen Politik" (Mayntz 1979), die die Kommission nun aufgriff und für die Lancierung ihrer Binnenmarktstrategie nutzte. Zwar würde dadurch die Problematik einer Vereinheitlichung nationaler Standards und Produkte durch Marktprozesse nicht grundsätzlich ausgeräumt, jedoch schien mit der neuen, durch das *Cassis de Dijon*-Urteil[89] und die Rahmengesetzgebung durch Richtlinien geprägten "Philosophie" das geeignete Instrument gefunden worden zu sein, "to reconcile, in almost perfect theoretical fashion, the balance between diverse regulatory regimes and open markets through the device of functional parallelism" (Bieber/Dehousse/Pinder/Weiler 1988: 19).

Das Binnenmarktkonzept '92 war mit erheblichen Konsequenzen für die Unternehmen — und hier vor allem die europäischen Großunternehmen — verbunden. Dabei ging es im wesentlichen um zweierlei: Erstens um die Informationsbeschaffung, die notwendig war, um die Auswirkungen des Binnenmarktes und die damit verbundenen Marktchancen zu ermessen; diese Informationen würden die Grundlage darstellen, um Umstrukturierungen vorzunehmen und um neue Unternehmensstrategien zu entwerfen. Zweitens — auf der Grundlage des zuvor genannten — die Fusion oder die Übernahme von mittleren und/oder großen Unternehmen sowohl auf nationaler als auch auf europäischer Ebene. Dies würde

---

[88] Von besonderer Bedeutung war in diesem Zusammenhang das sog. "Cassis de Dijon" Urteil des EuGH aus dem Jahr 1979 gewesen (Rs. 120/78, REWE, Slg. 1979, S. 649). Der EuGH hatte damals über eine deutsche Vorschrift zu befinden, nach der Fruchtsaftliköre wie "Cassis de Dijon" nur dann verkehrsfähig sind, wenn sie einen Mindestalkoholgehalt von 25 % aufweisen. Der EuGH kam zu dem Ergebnis, daß diese Vorschrift aus Gründen des Gesundheits- und Verbraucherschutzes und des lauteren Wettbewerbs nicht aufrechterhalten werden kann. Generell wurde diese Entscheidung dahingehend ausgelegt, daß in einem Mitgliedstaat rechtmäßig hergestellte und vermarktete Erzeugnisse auch in anderen Mitgliedstaaten vertrieben werden dürfen und keiner Einfuhrbeschränkung unterliegen. In der Folge hat diese Entscheidung die Notwendigkeit der Rechtsangleichung auf dem Gebiet der Vermarktung von Erzeugnissen erheblich verringert.

[89] Vgl. die vorangegangene Fußnote.

eine Ausweitung der Investitionstätigkeiten und eine Stärkung der Wettbewerbsfähigkeit mit sich bringen, die notwendig sein würden, um in dem größeren Markt bestehen zu können.

Allein zwischen 1988 und 1989 verdoppelte sich die Zahl der Fusionen und Übernahmen europäischer Firmen von 1200 auf 2400;[90] innerhalb der Gemeinschaft nahmen die direkten ausländischen Investitionen von 5,6 Mrd. ECU im Jahr 1984 auf 14,4 Mrd. ECU im Jahr 1986 zu[91] und die industrielle Produktion legte zwischen 1984 und 1986 um 5,3 % zu, nachdem sie zwischen 1980 und 1983 um 2,1 % zurückgegangen war.[92] Dabei gerieten europäische Unternehmen immer mehr in Konkurrenz zu japanischen Unternehmen, die dazu übergingen, direkt in der Gemeinschaft zu investieren, anstatt zu exportieren und sich den Antidumping-Regeln der Kommission bzw. den EG-Handelsbeschränkungen in bestimmten Sparten auszusetzen.[93] Im Oktober 1989 wurde vor diesem Hintergrund "The Battle of 1992"[94] zwischen Europa und Japan um die Vorherrschaft im Binnenmarkt diagnostiziert. Bis zum Beginn des Jahres 1989 waren mehr als 700 japanische Firmen und 411 Produktionsstätten japanischer Firmen in Europa angesiedelt worden, die ca. 750 000 Beschäftigte hatten; die japanischen Direktinvestitionen in die EG-Mitgliedstaaten hatten sich zwischen 1986 und 1988 verdoppelt und erreichten 1989 den vorläufigen Höchststand von 8,6 Mrd. US $.[95]

Die mit dem Binnenmarkt verbundene Belebung der Wirtschaftstätigkeit in Europa wurde auch außerhalb der Gemeinschaft wahrgenommen. In den Staaten der Europäischen Freihandelsassoziation (EFTA) wurde befürchtet, daß die EFTA-Volkswirtschaften vom neu entstehenden Markt ausgeschlossen sein würden. In den Vereinigten Staaten wurde mit einer Mischung aus Sorge und Bewunderung die Entstehung einer ökonomisch potenten "Fortress Europe" beobachtet. Die symbolische Funktion, die Delors dabei außerhalb der Gemeinschaft spielte, wurde im Februar 1989 besonders deutlich, als das amerikanische Wochenmagazin "Newsweek" eine Ausgabe mit dem Bild Delors auf der Titelseite herausbrachte, unter dem geschrieben stand: "The Czar of Brussels:

---

[90] Vgl. Panorama der EG-Industrie 1990, hrsg. von der Kommission der Europäischen Gemeinschaften, Luxemburg, S. 94.

[91] Ebd., S. 92; die Zahlen beziehen sich auf die Statistiken aus dem Ursprungsland.

[92] Die Zahlen beziehen sich auf die Gemeinschaft der Zwölf; vgl. Eurostat, Statistische Grundzahlen der Gemeinschaft, 26. Ausgabe, Brüssel/Luxemburg 1989, S. 159.

[93] Im Automobilbereich war ein sog. "gentlemen's agreement" vereinbart worden, wonach der Marktanteil japanischer Autos am gesamten europäischen Automarkt nicht mehr als 11 % betragen durfte.

[94] Vgl. Newsweek, Nr. 40 v. 2.10.1989 mit dem Titelblatt: "Europe and Japan. The Battle of 1992".

[95] Ebd., S. 25.

Building the Europ-empire of 1992".[96] Aus dieser Perspektive wurde Jacques Delors als "Mr. 1992" wahrgenommen, der dabei war, den Binnenmarkt in der Europäischen Gemeinschaft zu errichten, "[that would constitute] the largest and richest market that the world has ever known".[97]

### 1.3.2 Binnenmarkt und Gewerkschaften

Delors war sich darüber bewußt, daß der Binnenmarkt nur Erfolg haben würde, wenn auch die Gewerkschaften das Projekt unterstützen würden. Auf seiten der Gewerkschaften war die Sorge entstanden, daß es sich beim Binnenmarktprogramm in erster Linie um ein unternehmerfreundliches Konjunkturprogramm handelt, das auf Kosten der Arbeitnehmer gehen würde. In dem vom Europäischen Gewerkschaftsbund im Februar 1988 verabschiedeten europäischen Sozialprogramm zur Gestaltung des "Europäischen Sozialraums im Binnenmarkt" wurde kritisch angemerkt: "Heute stehen wir vor einem neuen Abschnitt beim Aufbau Europas: der Vollendung des großen Binnenmarktes. Dieser Abschnitt wurde politisch in einem liberalen Rahmen des freien Austauschs entworfen, ohne daß die sozialen Erfordernisse und Realitäten berücksichtigt wurden. ... Bereits zum Zeitpunkt der Verabschiedung des Weißbuchs prangerte der EGB diesen einseitigen Ansatz beim Aufbau des Binnenmarktes an, da er zu großen Gefahren für die Arbeitnehmer führt".[98] Es wurde befürchtet, daß die Schwerpunktlegung auf Liberalisierung, Deregulierung und Rationalisierung in erster Linie der Stärkung der Wettbewerbsfähigkeit der Unternehmen dient und Fortschritte im sozialen Bereich lediglich als ein Hindernis erscheinen lassen würde (Seidel 1989: 158). Mit dem Abbau der Beschränkungen für den Waren-, Dienstleistungs- und Kapitalverkehr und der Zunahme des Wettbewerbs entstand das Risiko, daß die Unternehmen insbesondere dort Investitionen tätigten — und damit "Sozialdumping" betrieben — wo die Standortbedingungen am unternehmerfreundlichsten wären und die Rechte der Arbeitnehmer am geringsten ausfielen (Kleinhenz 1990: 21ff.; Schmitz 1990: 103).

Die Gründe für die Abwesenheit der sozialen Dimension im Binnenmarktkonzept waren aus gewerkschaftlicher Sicht durchaus nachvollziehbar: "Ganz offensichtlich aber stand der Präsident der EG-Kommission [im Juni 1985, Anm. d. Verf.] vor der politischen Alternative, entweder das Weißbuch in seiner damaligen

---

96 Vgl. Newsweek, Nr. 6, v. 6.2.1989.

97 Ebd., S. 9.

98 Vgl. "Gestaltung des europäischen Sozialraums im Binnenmarkt", Europäisches Sozialprogramm des Europäischen Gewerkschaftsbundes vom 11. und 12.2.1988 (abgedruckt in Breit 1988b: 135ff.).

Fassung durchzubringen oder die soziale Komponente einzubauen und auf den Widerstand der britischen und einiger anderer Regierungen zu stossen und letztlich für die zukünftige Gestaltung der Europapolitik nichts in den Händen zu haben" (Köpke 1988: 48). Aus diesem Grund richtete sich die hauptsächliche Kritik der Gewerkschaften weniger gegen die Kommission, als vielmehr gegen die (konservativen) Regierungen der Mitgliedstaaten und den Rat (Breit 1988a: 59; Vetter 1988: 121 und 126).

Die europäischen Gewerkschaften standen dem Binnenmarktprojekt nicht grundsätzlich ablehnend gegenüber; abgesehen vom Widerstand einzelner Verbände auf nationaler und regionaler Ebene wurde dem Binnenmarkt im Grunde Zustimmung entgegengebracht:[99] "Der Deutsche Gewerkschaftsbund — alle Mitglieder des Europäischen Gewerkschaftsbundes — sagen Ja zu Europa und auch Ja zum Binnenmarkt — aber keinesfalls bedingungslos" (Breit 1988a: 57). Verbunden wurde mit der Zustimmung die Forderung, bei der Verwirklichung des Binnenmarktes kein Ungleichgewicht zwischen den sozialen und rechtlichen Ansprüchen der Arbeitnehmer und den Interessen der Wirtschaft entstehen zu lassen. Dem Ziel des Binnenmarkts müsse eine "soziale Dimension" hinzugefügt werden, da aus der Sicht der Gewerkschaften die Gemeinschaft nicht nur eine "Wirtschaftsgemeinschaft", sondern auch eine "Sozialgemeinschaft" darstelle. Diese Haltung schlug sich vor allem im Zusammenhang mit der Verankerung der Mitbestimmung in transnational verfaßten Unternehmen und Konzernen nieder, die durch Fusionen oder Unternehmensübernahmen im Binnenmarkt entstehen würden. Konkret wurde von gewerkschaftlicher Seite die Umsetzung der sog. "Vredeling-Richtlinie"[100] gefordert, die die Informations- und Konsultationsrechte der Arbeitnehmer in multinationalen Unternehmen regelte (Köpke 1988). Die sog. "5. Richtlinie über die Struktur von Aktiengesellschaften"[101] und die sog. "10. Richtlinie über die grenzüberschreitende Verschmelzung von Aktienge-

---

[99] Hinweis von Karl-Heinz Narjes im Gespräch mit dem Verf. am 7.10.1996.

[100] Die sog. "Vredeling-Richtlinie" wurde nach dem seinerzeit zuständigen EG-Kommissar, Henk Vredeling, benannt. Im Jahr 1980 beschloß die Kommission erstmals einen Vorschlag, der nach den entsprechenden Stellungnahmen des EP und des WSA in geänderter Form dem Rat im Juli 1983 vorgelegt wurde. Damit sollte erreicht werden, daß multinationale Unternehmen, auch aus Drittstaaten, die Tochterunternehmen in der Gemeinschaft haben, ihre Arbeitnehmer bzw. deren Vertreter regelmäßig über die Situation des Unternehmens informieren und vor wichtigen Entscheidungen konsultieren. Der Rat konnte sich über diesen Vorschlag nicht einigen und beschloß im Juli 1986 — insbesondere auf Betreiben der britischen Regierung — die Beratungen erst Anfang 1989 wieder aufzunehmen.

[101] Dieser geänderte Vorschlag (ursprünglicher Entwurf: 1972) der Kommission wurde dem Rat im August 1983 vorgelegt und hatte vier Beteiligungsmodelle von Arbeitnehmern an der Verwaltung von Aktiengesellschaften zum Inhalt.

sellschaften"[102] wurden von den Gewerkschaften vehement abgelehnt, da in ihnen die Mitwirkungsrechte der Arbeitnehmer bzw. ihrer Vertreter nicht in ausreichendem Maße berücksichtigt worden waren (Breit 1988a: 62; Brusis 1988: 16). Dabei wurde Kommissionspräsident Jacques Delors — bzw. die Kommission insgesamt — durchaus als ein potentieller "Verbündeter" im Kampf um die Bewahrung und den Ausbau der Arbeitnehmerrechte im entstehenden Binnenmarkt betrachtet. Dies kann implizit aus der Bezugnahme auf seine Person in öffentlichen Stellungnahmen geschlossen werden: "Eine europäische Politik, die unter dem Oberbegriff der Wettbewerbsverzerrungen und der Beseitigung von Handelshemmnissen die sozialen Verhältnisse in der Gemeinschaft mit der Verwirklichung des Binnenmarktes auf ein Niedrigniveau herunternivellieren will, trifft auf den entschiedenen Widerspruch der Gewerkschaften in ganz Europa. ... Das wäre ein Europa, von dem Jacques Delors gesagt hat, es bedeute den Aufbau der Wirtschaft auf den Ruinen der sozialen Beziehungen" (Breit 1988a: 58).[103]

### 1.3.3 Binnenmarkt und "sozialer Dialog"

Im Januar 1985, zwei Wochen nach seiner Antrittsrede, lud Delors Vertreter der Europäischen Industrieverbände (UNICE), der Europäischen Arbeitgeberverbände (CEP), des Zentralverbandes der öffentlichen Wirtschaft (CEEP) und des Europäischen Gewerkschaftsbundes (EGB) zu Gesprächen nach Val Duchesse bei Brüssel ein. Dieses Treffen stellte den Auftakt des sog. "sozialen Dialogs" dar, mit dessen Hilfe die Sozialpartner unmittelbar in die Diskussion über die Realisierung des Binnenmarktprogramms eingebunden wurden und ihrerseits durch den Abschluß von verbindlichen Vereinbarungen im Bereich des Arbeitsschutzes und der Mitbestimmung einen Beitrag zum Gelingen des Binnenmarktes leisten sollten. Delors betrachtete den sozialen Dialog als ein "instrument tout à fait important" für das weitere Vorgehen der Kommission[104] und als einen

[102] Dem Rat lag seit 1975 ein veränderter Vorschlag für die Schaffung eines "Statuts der Europäischen Aktiengesellschaft" vor (ursprünglicher Vorschlag der Kommission: 1970), der die Gründung einer Aktiengesellschaft auf europäischer Ebene ermöglichen sollte. Im Rat kam keine Einigung über diesen Vorschlag zustande, da die darin vorgesehenen Mitwirkungsrechte der Arbeitnehmer bzw. ihrer Vertreter umstritten waren, so daß die Verhandlungen 1980 eingestellt wurden. Im Januar 1985 wurde mit dem Vorschlag der sog. "10 Richtlinie" ein erneuter Versuch unternommen, der sich an die früheren Entwürfe anlehnte, jedoch die Frage der Arbeitnehmervertretung in den Organen der Gesellschaft (vorübergehend) ausklammerte.

[103] Daß Jacques Delors für die Gewerkschaften durchaus "zitierfähig" war, schlug sich z.B. auch dadurch nieder, daß im Anhang des Dokumentationsbandes einer Tagung des Deutschen Gewerkschaftsbundes zum europäischen Gesellschaftsrecht ein Interview mit Delors abgedruckt wurde (Breit 1988: 127ff.).

[104] François Lamoureux im Gespräch mit dem Verf. am 13.1.1997.

"entscheidenden Faktor", um den Binnenmarkt 1992 zu realisieren.[105] Die Begründung für sein Bemühen, die Sozialpartner in die Binnenmarktdiskussion einzubeziehen, lieferte er unter anderem in einer Rede vor dem Europäischen Parlament im Januar 1989: "... die europäischen und einzelstaatlichen Vertreter der Arbeitgeber- und Arbeitnehmerverbände [haben] dem sozialen Dialog einen neuen realistischen und konkreten Impuls verliehen. Die Kommission wird sich bemühen, diesen Erörterungen Nährstoff zu geben und zu bewirken, daß sie die sozialen Beziehungen ... in den Wirtschaftszweigen und in den Unternehmen ... durch eine Art von Wechselwirkung von oben nach unten und von unten nach oben bereichern. Jeder kann auf diese Weise seinen Beitrag zur Erneuerung Europas leisten".[106]

Die Arbeitgeberseite befürwortete diese Initiative, jedoch stand sie dem Abschluß von verbindlichen Vereinbarungen skeptisch gegenüber, während der Europäische Gewerkschaftsbund diese Art der Berücksichtigung von Arbeitnehmerinteressen befürwortete und die starre Haltung der Arbeitgeber kritisierte (Schmitz 1990: 105). Delors seinerseits nutzte das gewerkschaftliche Interesse an einem sozialen Dialog, um seine Idee eines "sozialen Europas" voranzutreiben und um die Arbeitnehmerseite für das Binnenmarktprojekt zu gewinnen. Ziel der Kommission war es letztlich, einen breiten Konsens bezüglich des Binnenmarktes zu schmieden. Die nationalen Regierungen standen diesem breiten Ansatz der Kommission positiv gegenüber, "da kein Regierungsmitglied zu Hause auftreten konnte, ohne etwas für die sozialen Rechte der Arbeitnehmer getan zu haben".[107] Unterstützend kam hinzu, daß der "Dialog zwischen den Sozialpartnern" durch die EEA in Art. 118 b des EG-Vertrags aufgenommen wurde, ab 1986 der Europäische Rat in seinen Schlußfolgerungen mehr oder weniger regelmäßig die Beratungen der Sozialpartner auf europäischer Ebene begrüßte und die Kommission dazu aufgefordert wurde, sich weiterhin um die Föderung dieser Zusammenarbeit zu bemühen.[108] Neben dem Cecchini-Bericht stellte der "soziale Dialog" ein weiteres wichtiges Element dar, um eine breite Unterstützung für das Binnenmarktprogramm zu erlangen. Im weiteren Verlauf der Kommissionspräsidentschaft Delors' wurde der "soziale Dialog" insofern ergänzt und erweitert, als sich Delors darum bemühte, auch die Kirchen, die regionalen und kommunalen

---

105 Jérôme Vignon im Gespräch mit dem Verf. am 13.1.1997.

106 Vgl. Rede von Jacques Delors vor dem Europäischen Parlament in Straßburg am 17. Januar 1989, in: EG-Bulletin, Beilage Nr. 1 (1989), S. 8.

107 Karl-Heinz Narjes im Gespräch mit dem Verf. am 7.10.1996.

108 Vgl. Schlußfolgerungen des Vorsitzes des Europäischen Rates, Tagung in London am 5. und 6. Dezember 1986, in: Presse- und Informationsamt der Bundesregierung, Bulletin, Nr. 153 v. 12.12.1986, S. 1279; vgl. auch Schlußfolgerungen des Vorsitzes des Europäischen Rates, Tagung am 27. und 28. Juni 1988 in Hannover, in: Presse- und Informationsamt der Bundesregierung, Bulletin, Nr. 90 v. 30.6.1988, S. 846.

Gebietskörperschaften und andere große gesellschaftliche Gruppen und Interessenverbände in einen kontinuierlichen und umfassenden Dialog einzubeziehen.[109]

Im November 1985 fand das Treffen "Val Duchesse II" statt. Die Kommission und die Sozialpartner einigten sich auf dem Treffen in recht allgemeiner Form darauf, daß Wachstum und Beschäftigung in Europa gesteigert werden müssen und richteten zwei Arbeitsgruppen zur Wirtschaftspolitik und zur Einführung neuer Technologien ein. In der abschließenden Pressekonferenz formulierte Delors die zentrale Aufgabe der "Val Duchesse-Treffen" wie folgt: "L'essentiel de notre ambition est de démontrer que l'Europe existe et qu'elle constitue un ensemble pertinent pour résoudre les défis de notre temps; nous affirmons et développons sa crédibilité en donnant forme au dialogue social à l'échelle communautaire".[110] Damit wurde deutlich, daß das Ziel der Kommission bei der Einrichtung des "Drei-Parteien-Dialogs" vor allem darin bestand, diesen Dialog existieren zu lassen und die Sozialpartner — aber auch die Öffentlichkeit insgesamt — für Europa — und damit auch für den Binnenmarkt — zu sensibilisieren. Die Erarbeitung von Lösungen für die konkreten wirtschaftlichen und sozialen Fragen, die im Zusammenhang mit dem Binnenmarkt entstanden, wurde im Rahmen des "sozialen Dialogs" kaum erreicht, wenngleich dies von seiten der Kommission immer wieder gefordert worden war. So kam Delors 1988 in einer Rede vor dem irischen Gewerkschaftskongreß zu dem Schluß, "the results [of the dialogue between the social partners in the EC] have so far been disappointing".[111] Dennoch ließ sich Delors davon nicht entmutigen, denn er fuhr weiter fort: "Now the challenge must be taken up again. For this reason I have called a new meeting for 12 January".[112] Es scheint, daß unabhängig vom Ergebnis des sozialen Dialogs dieser Dialog stattfinden mußte, da er es der Kommission erlaubte, die europäischen Arbeitgeber- und Arbeitnehmerverbände an einen Tisch zu bringen und für die Binnenmarktziele zu gewinnen.

In einer Rede auf der Konferenz des Europäischen Gewerkschaftsbundes am 12. Mai 1988 in Stockholm stellte Delors eine Reihe von Arbeitsgesetzen vor und lancierte die Idee einer "europäischen Sozialcharta", die EG-weit Mindeststandards für Arbeitnehmerrechte festschreiben sollte. Er schlug die Schaffung eines "europäischen Gesellschaftsrechts" vor, in dem u.a. die Mitbestimmung von

---

[109] Hinweis von Bernhard Zepter im Gespräch mit dem Verf. am 18.2.1997.

[110] Vgl. Conférence de Presse du Président Delors à l'issue de "Val Duchesse II" le 12.11.1985, Note BIO(85) 367 v. 13.11.1985.

[111] Vgl. die Rede Delors' auf dem irischen Gewerkschaftskongreß im Oktober 1988 in Dublin (Delors 28.10.1988b: 8).

[112] Ebd.

Arbeitnehmern in europäischen Unternehmen verankert sein würde. Darüber hinaus trat er für die Ausweitung des Rechts auf "ständige Weiterbildung" für alle Lohnempfänger ein. Delors machte deutlich, das es sich bei seinem Eintreten für soziale Belange nicht um eine "fixe Idee" handelte, sondern daß es seine Überzeugung war, daß "ohne die Realisierung des sozialen Zusammenhalts im gemeinsamen Raum der große Markt niemals existieren wird ...[...]... weil die Unternehmen und die Arbeiter ... nicht die gleichen Chancen hätten, dem Markt beizutreten, und die rasche Folge wären Blockaden" (Delors 1993: 73).

Diese Strategie der verstärkten Einbindung der Gewerkschaften in das Binnenmarktprojekt stand in Einklang mit der Grundüberzeugung Delors', wonach das europäische Gesellschaftsmodell "auf einem ausgewogenen Gleichgewicht zwischen Mensch und Gesellschaft beruht" (Delors 1993: 61). Diese Grundüberzeugung Delors' rührte aus einer auf den ersten Blick widersprüchlichen Mischung her: einerseits aus Delors' Mitgliedschaft in der französischen *Parti Socialiste* und seine Nähe zum Gedankengut der französischen Gewerkschaftsbewegung; andererseits aus Delors' Verbundenheit mit der katholischen Kirche und sein Einstehen für "the ideal of Christian personalism" (Grant 1994: 87).

Die Berücksichtigung von Arbeitnehmerinteressen verschlechterte jedoch das Verhältnis der Kommission zu den Arbeitgebern. Letztere kritisierten, daß die Kommission zu viel Zeit für die Sozialpolitik vergeude und sich zuwenig um den Binnenmarkt kümmere. Auf einem Treffen mit Vertretern von UNICE im November 1988 verteidigte Delors den von der Kommission eingeschlagenen Weg der sozialen Flankierung des Binnenmarktes. Delors warf den Vertretern der Industrie vor, daß ihre Kritik an der sozialen Dimension des Binnenmarktes dem europäischen Einigungswerk insgesamt Schaden zufügen würde. Er argumentierte weiter, daß Europa mehr sei als nur eine "Freihandelszone"; wenn die Industrie einen Klassenkampf anstrebe, könne sie diesen haben (Grant 1994: 84). Von seiten der Arbeitgeber wurde es auch abgelehnt, im Rahmen des "sozialen Dialogs" verbindliche Vereinbarungen zu treffen. Als Begründung hierfür wurde angeführt, daß es sich erstens um einen Dialog handele, der in Anlehnung an Art. 118 b EGV zu vertraglichen Beziehungen führen kann, "wenn dies die Sozialpartner für wünschenswert halten". Und zweitens bestand auf seiten der Arbeitgeber kein Interesse, lediglich gewerkschaftliche Forderungen wie europäische Tarifverträge, die Frage der Mitbestimmung in grenzüberschreitenden Großunternehmen u.a. zu vereinbaren. Dabei wurde die Rolle der Kommission im Rahmen des "sozialen Dialogs" durchaus kritisch gesehen: "Soweit es die Kommission betrifft, ist manchmal der Eindruck nicht zu verdrängen, daß sie den Sozialen Dialog als ein gemeinschaftspolitisches Instrument versteht: Seine Ergebnisse sieht sie als ihre Erfolge und ihr in mancherlei Hinsicht problematisches Selbstverständnis als Gestalterin einer europäischen Sozialpolitik ist interessiert an vorzeigbaren verbindlichen Regelungen. Doch mit einer solchen Sicht verkennt sie ihre begrenzte, lediglich fördernde und moderierende Funktion im Sozialen Dialog. Wenn es nicht zu vertraglichen Vereinbarungen kommt ... so hat die Kommission dieses Ergebnis zu akzeptieren" (Thüsing 1990: 108).

Insgesamt waren die Beziehungen zwischen den Arbeitgebern und der Kommission jedoch von weitgehender Übereinstimmung geprägt und es gab vielfältige Kooperationen zwischen beiden Seiten. Dabei traf sicherlich zu, daß die Kommission weniger von UNICE abhängig war, als umgekehrt UNICE vom Vorgehen der Kommission. Es scheint, daß UNICE bei der Binnenmarktrealisierung eher die Rolle eines "Mitspielers" einnahm und keine eigenen, weiterführenden Vorschläge einbrachte, sondern diese "aktive" Rolle der Kommission überließ.[113] Die Kommission und UNICE führten gemeinsame Konferenzen auf höchster Ebene zum Binnenmarkt und zur Wettbewerbspolitik durch und beide Seiten konsultierten einander eng, als Anfang 1986 offzielle Verhandlungen zwischen der Gemeinschaft und Japan aufgenommen wurden, um eine gerechtere handelspolitische Lastenverteilung und die Öffnung des japanischen Marktes zu erreichen (Burkhardt-Reich/Platzer/Steiert 1987: 293f.). Letzteres war vor allem für die weitere Strategie der Kommission von Bedeutung.

### 1.3.4 Binnenmarkt und Wettbewerb mit Japan und USA

Ein weiteres Element des öffentlich wirksamen Werbens für das Binnenmarktprogramm bestand darin, auf die Wettbewerbsnachteile Europas gegenüber Japan und den USA hinzuweisen, die als Folge der sich verlangsamenden Integrationsbestrebungen zu befürchten waren. Schon vor der Übernahme der Kommissionspräsidentschaft durch Jacques Delors hatte die Kommission in Bestandsaufnahmen und Berichten zur Lage von Industrie und Forschung auf die amerikanische und japanische Herausforderung hingewiesen (Godet/Ruyssen 1981). Mit der Lancierung des Binnenmarktprogramms wurde diese Argumentation intensiviert und ausgebaut. Der wirtschaftliche Niedergang Europas im Vergleich zu Japan und den USA hatte Delors seit den 70er Jahren beschäftigt (Grant 1994: 155). In seiner Antrittsrede vor dem Europäischen Parlament griff Delors diesen Gedanken auf und sprach von einem "Dreigespann", bestehend aus der "Verwirklichung eines großen Binnenmarktes, [der] Harmonisierung von Vorschriften [und der] industriellen Kooperation".[114] Er war der Ansicht, daß der

---

[113] Jérôme Vignon im Gespräch mit dem Verf. am 13.1.1997.

[114] Vgl. Rede von Jacques Delors vor dem Europäischen Parlament in Straßburg am 14. Januar 1985, in: EG-Bulletin, Beilage Nr. 1 (1985), S. 10.

Binnenmarkt allein nicht ausreichend sein würde, um eine größere Wettbewerbsfähigkeit zu erhalten. Vielmehr müsse die Gemeinschaft zusätzlich "die Annäherung zwischen europäischen Unternehmen begünstigen ... [durch] Austausch und Zusammenarbeit wissenschaftlichen und wirtschaftlichen Fortschritts [erleichtern und durch] ... die Harmonisierung der Vorschriften ... gesunden und loyalen Wettbewerb [schaffen]".[115] Als Delors diese Vorstellungen vor dem Europäischen Parlament im Jahr 1985 darlegte, stießen sie auf wenig Widerhall, so daß die Industriepolitik — im Schatten der Realisierung des Binnenmarktes — lange Zeit nur eine untergeordnete Rolle spielte. Erst das wachsende Handelsbilanzdefizit gegenüber Japan, das zwischen 1985 und 1989 von 18,1 Mrd. ECU auf 25,2 Mrd. ECU anstieg, und der zunehmende Vorsprung der japanischen Industrie vor allem im Bereich der Elektronik und Mikroelektronik veranlaßte die Gemeinschaft, in der Industriepolitik neue Aktivitäten zu entwickeln. Im November 1990 legte die Kommission ein Strategiepapier zur Industriepolitik vor — das sog. "Bangemann-Papier" — das neben der Förderung von Bereichen "mit Schlüsselfunktion" (Informationstechnologie, Flugzeugbau, Meerestechnik etc.) vor allem für einen "horizontalen", d.h. sektorübergreifenden und die "Breitentechnologien" (wie flexible Produktionssysteme, neue Werkstoffe etc.) betreffenden Ansatz beim Einsatz industriepolitischer Maßnahmen plädierte (etwa durch gemeinschaftsfinanzierte Forschungs- und Entwicklungsprogramme).[116] Die Überlegungen der Kommission waren dabei nicht von einer interventionistischen Industriepolitik getragen, sondern stellten vielmehr ein Credo für mehr Wettbewerbsfähigkeit und Marktwirtschaft dar, in der die industriepolitische Förderung lediglich der Verbesserung der Rahmenbedingungen und der Beschleunigung der strukturellen Anpassungsprozesse dienen würde.

In einer Rede vor dem Europäischen Parlament im Januar 1989 erklärte Delors, daß die Gemeinschaft zusätzlich den audiovisuellen Raum gestalten müsse und zuvörderst die Einführung des hochauflösenden Fernsehen brauche, um seine Wettbewerbsfähigkeit in diesem Bereich gegenüber den Japanern und Amerikanern sicherzustellen und um seine kulturelle Identität zu schützen.[117] Dabei war nicht zu übersehen, daß die neuen industriepolitischen Aktivitäten die Rolle der Kommission, aber auch der Gemeinschaft insgesamt, stärken würden. Für die Kommission bedeutete dies speziell ".... aus der Rolle des Mitspielers immer stärker in diejenige des Regisseurs zu wachsen" (Schneider/Werle 1989: 430).

[115] Ebd.

[116] Vgl. Kommission der Europäischen Gemeinschaften (1990): Industriepolitik in einem offenen und wettbewerbsorientierten Umfeld. Ansätze für ein Gemeinschaftskonzept, KOM(90) 556 endg. v. 16.11.1990.

[117] Vgl. Rede von Jacques Delors vor dem Europäischen Parlament am 17.1.1989, in: EG-Bulletin, Nr. 1 (1989), S. 9.

## 1.4 Von der Regierungskonferenz zur Verabschiedung der Einheitlichen Europäischen Akte

### 1.4.1 Der Ausgangspunkt der EEA-Verhandlungen

Die Frage der Umsetzung des Binnenmarktprogramms, d.h. die damit verbundene Änderung und Anpassung der Entscheidungsverfahren — insbesondere durch die Einführung von Mehrheitsentscheidungen im Ministerrat — war in den ersten Monaten der Amtszeit Delors' weitgehend ausgeklammert worden. In der Einführungsrede Delors' vor dem Europäischen Parlament am 14. Januar 1985 wurde das Mehrheitsprinzip nicht erwähnt und im Arbeitsprogramm der Kommission für das Jahr 1985 waren nur vage Hinweise auf eine effizientere Entscheidungsfindung in begrenzten Bereichen zu finden, ohne daß auf das Mehrheitsprinzip ausdrücklich Bezug genommen wurde. Zu vermuten ist, daß die Kommission aus taktischen Gründen das Thema Mehrheitsentscheidungen bzw. das der Vertragsänderungen insgesamt zunächst vermied, da unter anderem von den Arbeiten im Rahmen des sog. Dooge-Komitees bekannt geworden war, daß es sich um einen sensiblen Bereich für verschiedene Mitgliedstaaten handelte. Dänemark, Griechenland und Großbritannien hatten sich im Dooge-Komitee sowohl gegen Vertragsänderungen als auch gegen die Einführung von Mehrheitsabstimmungen bzw. die Abschaffung des Vetorechts ausgesprochen und dies unter anderem durch Erklärungen in Fußnoten des Dooge-Berichts zum Ausdruck gebracht.

Auf dem Gipfel des Europäischen Rates in Mailand im Juni 1985 machte Delors den Vorschlag, den sog. "Luxemburger Kompromiß" zu überwinden und die Entscheidungsfindung durch die Einführung von Mehrheitsabstimmungen im Rat zu verbessern (Thalmann 1986: 73). Delors schlug den Staats- und Regierungschefs zwei Optionen vor: entweder es wird durch ein Übereinkommen festgelegt, daß derjenige Mitgliedstaat, der gegen eine gemeinsame Regelung ist, sich der Stimme enthält, oder es wird durch eine Änderung des Vertrags die Entscheidungsfindung im Rat reformiert (Delors 1994: 223). Die Möglichkeit, im Rat mit Mehrheit abzustimmen, sollte vor allem auf den Bereich der Binnenmarktgesetzgebung angewendet werden[118] und es sollte gleichzeitig dem Europäischen Parlament die Möglichkeit eingeräumt werden, Änderungsvorschläge einzubringen. Darüber hinaus trat Delors dafür ein, die angestrebten Vertragsänderungen in die Beitrittsverträge mit Portugal und Spanien aufzunehmen. Delors' Intervention auf dem Gipfel in Mailand führte zu einem Stimmungsumschwung unter den Staats- und Regierungschefs; die Gegner einer Vertragsänderung — angeführt von der

[118] Diese Idee war nicht ganz neu; die Thorn-Kommission hatte schon im März 1983 erstmals dafür geworben, die Anwendung von Mehrheitsentscheidungen vor allem auf den Binnenmarktbereich zu konzentrieren (Thalmann 1986: 72).

britischen Premierministerin Thatcher — gerieten in die Minderheit. Am zweiten Tag des Gipfels in Mailand wurde auf Vorschlag des damaligen Präsidenten des Europäischen Rates, Bettino Craxi, gemäß Art. 236 EWGV mit einfacher Mehrheit die Einberufung einer Regierungskonferenz zur Änderung der Verträge beschlossen; nur Dänemark, Griechenland und Großbritannien stimmten dagegen (Hrbek 1987: 185). Nach Delors' Erinnerung stellte Craxi auf dem Treffen in Mailand lapidar fest: "On considère qu'il y a huit pays qui sont pour, deux qui sont contre, je convoque la conférence intergouvernementale" (Delors 1994: 224). Dieses Vorgehen war einigermaßen ungewöhnlich und bedeutete für die unterlegenen Mitgliedstaaten "presque un viol", da der Europäische Rat eine rein intergouvernementale Institution darstellte, die gewöhnlich nur mit Einstimmigkeit beschloß (ebd.). Es scheint, daß diese Maßnahme zwischen den Regierungen vorher nicht abgesprochen war und allein auf eine italienische Initiative zurückging (Moravcsik 1991: 41).

### 1.4.2 Der Verlauf der Verhandlungen und die Rolle der Kommission

Die Kommission hatte im Vorfeld der Verhandlungen eine Stellungnahme zur Einberufung der Regierungskonferenz abgegeben.[119] Darin hatte sie das Ziel der Revision des Vertrages grundsätzlich befürwortet und dafür plädiert, daß die Konferenz innerhalb eines "einheitlichen Rahmens" abgehalten wird. Hintergrund des Plädoyers für eine "einheitliche Konferenz" war, daß die Kommission befürchtete, daß durch eine Aufsplittung der Regierungskonferenz ihre Stellung im Rahmen der angestrebten Außen- und Sicherheitspolitik geschwächt werden könnte und vom langfristig zu erreichenden Ziel einer "Europäischen Union" abgerückt würde (De Ruyt 1987: 68).

Bei der Eröffnung der Regierungskonferenz am 9. September 1985 in Luxemburg nutzte Delors die Gelegenheit, um in einer Rede vor den Außenministern der EG-Mitgliedstaaten sowie Spaniens und Portugals die Bedeutung der Konferenz zu unterstreichen und die von der Kommission verfolgten Ziele zu erläutern.[120] Delors nannte dabei die folgenden Ziele: die Europäische Politische Zusammenarbeit zu kodifizieren und die Voraussetzungen für einen zusammenhängenden und leistungsfähigen Wirtschaftsraum zu schaffen; zu letzterem gehörten insbesondere die Verwirklichung des Binnenmarktes, die Beherrschung des technologischen Fortschritts, der wirtschaftliche und soziale Zusammenhalt und die Stärkung der währungspolitischen Zusammenarbeit. Im weiteren Verlauf der Rede

---

[119] Vgl. KOM (85) 445 endg. v. 22.7.1985 sowie EG-Bulletin, Nr. 7/8 (1985), S. 9f.

[120] Rede von Jacques Delors zur Eröffnung der Regierungskonferenz am 9.9.1985 in Luxemburg, in: EG-Bulletin, Nr. 9 (1985), S. 7ff. (Delors, 9.9.1985).

ging Delors auf die Vorschläge der Kommission zur Regierungskonferenz ein und entwickelte dabei zwei Grundgedanken, die für das weitere Vorgehen der Kommission maßgeblich sein würden: Erstens die Idee, daß die Schaffung eines großen Marktes nur dann erfolgreich sein könne und sich positiv auswirke, wenn sie durch flankierende Maßnahmen abgestützt würde, die den notwendigen Zusammenhalt innerhalb des Marktes gewährleisten; in einem weiteren Sinne müsse dabei auch über Maßnahmen in den Bereichen Umwelt, Währung, Industrie, Gesundheit und Bildung nachgedacht werden. Zweitens die Idee, daß das Finanzsystem der Gemeinschaft veraltet sei und dringend der Modernisierung bedürfe, um — wenngleich dies nicht explizit ausgesprochen wurde — die angestrebten flankierenden Politiken finanzieren zu können. Schließlich ging Delors in seiner Rede mit deutlichen Worten auf die EG-Entscheidungsverfahren ein und ließ dadurch das Kernanliegen der Kommission bei der bevorstehenden Vertragsreform erkennen: "Eine ernstliche Analyse des Beschlußfassungsverfahrens ... zeigt, daß die Schuld an der derzeitigen Situation bei der Einstimmigkeitsregel zu suchen ist, die wie ein Bleigewicht das gesamte Gemeinschaftssystem lähmt. ... Wir müssen in dieser Frage einen qualitativen Sprung verwirklichen und mit der derzeitigen Praxis der systematischen Suche nach Einstimmigkeit brechen. Wir müssen also in genau umrissenen Fällen künftig mit qualifizierter Mehrheit entscheiden ... ".[121]

Die Regierungskonferenz begann ihre Arbeiten Anfang September 1985 und teilte sich — entgegen dem Plädoyer der Kommission — auf Arbeitsebene in zwei Verhandlungsgruppen auf. Eine Gruppe, bestehend aus den Politischen Direktoren der Außenministerien der Zwölf, war für die EPZ zuständig, die andere, im wesentlichen aus den Ständigen Vertretern der Mitgliedstaaten in Brüssel bestehend,[122] für den Bereich der EWG. Dem Anliegen der Kommission nach Einheitlichkeit wurde jedoch insofern entgegengekommen, als auf der Ebene der Außenminister eine "einheitliche Konferenz" bestand und zumindest in diesem Kreis beide Verhandlungsbereiche zusammen behandelt wurden (De Ruyt 1987: 68f.).

Von seiten der Mitgliedstaaten wurden bis Mitte Oktober Positionspapiere zu den verschiedenen Themen der Regierungskonferenz vorgelegt.[123] Im Zentrum der Verhandlungen standen jedoch das Papier der Kommission vom September[124]

---

[121] Ebd., S. 10.

[122] Mit Ausnahme Luxemburgs, das die Ratspräsidentschaft inne hatte und den Generalsekretär im luxemburgischen Außenministerium, Jean Dondelinger, benannte, der gleichzeitig den Vorsitz dieser Gruppe übernahm.

[123] Vgl. EG-Bulletin, Nr. 10 (1985), S. 7.

[124] Vgl. EG-Bulletin, Nr. 9 (1985), S. 11ff.

sowie die Vorschläge der Kommission, die sie im weiteren Verlauf in die Regierungskonferenz einbrachte und die die Debatte auf die drei Schwerpunkte Binnenmarkt, wirtschaftlicher und sozialer Zusammenhalt und Stärkung der Parlamentsbefugnisse konzentrierten.[125] Die zwischen den Mitgliedstaaten zum Ausdruck kommenden Divergenzen wurden von Ende Oktober bis Anfang Dezember auf fünf formellen Treffen der Außenminister und einer sog. "Konklave" ausgehandelt und auf dem Gipfel der Staats- und Regierungschefs in Luxemburg im Dezember entschieden. Die letzten Unstimmigkeiten wurden auf dem Treffen der Außenminister am 16. und 17. Dezember bereinigt (Corbett 1987: 244), so daß der definitive Text schließlich am 27. Januar 1986 vorlag. Die Kommission spielte bei den Verhandlungen eine wichtige Rolle und war als Beobachterin ohne Stimmrecht zu den Verhandlungsrunden zugelassen. In der Stellungnahme des Rates zur Einberufung der Regierungskonferenz hieß es hierzu, daß die Regierungskonferenz "auf der Ebene der Außenminister zusammen mit einem Vertreter der Kommission" abgehalten werde, sowie je einem "Vertreter Spaniens und Portugals".[126] Delors nahm an den Treffen der Außenminister teil, während Emil Noël, Generalsekretär der Kommission, an den Treffen auf Arbeitsebene teilnahm. Die Stellungnahmen der Kommission im Rahmen der Regierungskonferenz wurden zu 95 % von einem kleinen Team bestehend aus Delors, Lamoureux, Lamy und Noël geschrieben, ohne daß die anderen Kommissare konsultiert wurden (Delors 1994: 224; Grant 1994: 72). Insbesondere die institutionellen Fragen waren "Präsidentensache" und wurden im Rahmen der "institutionellen Gruppe" bestehend aus Delors selbst, seinem Kabinettchef Lamy, dem Leiter der Juristischen Abteilung, Claus-Dieter Ehlermann, und einigen anderen hohen Beamten der Kommission entworfen.[127]

Für die Entwicklung der Strategie der Kommission war es von Anfang an wichtig, den "Schulterschluß" mit dem Europäischen Parlament zu suchen. Die Überlegung dabei war, daß sich Kommission und Parlament bei ihrem Vorgehen gegenseitig unterstützen und ergänzen, da sie nur zusammen in der Lage sind, das "gemeinsame europäische Interesse" wirksam gegenüber den Regierungen der Mitgliedstaaten in den Verhandlungen zu vertreten. Erste Hinweise auf diese Strategie hatte Delors schon bei der Vorstellung des Arbeitsprogramms der Kommission im März 1985 gegeben: "... bei der Lösung der komplizierten

---

[125] Vgl. EG-Bulletin, Nr. 10 (1985), S. 7f.

[126] Vgl. Stellungnahme des Rates zur Einberufung einer Konferenz von Vertretern der Regierungen der Mitgliedstaaten, EG-Bulletin, Nr. 7—8 (1985), S. 10.

[127] Die "institutionelle Gruppe" orientierte sich bei ihren Überlegungen an den Bestimmungen des EGKS-Vertrags, der somit die EEA — zumindest zum Teil — inspirierte; die Gruppe war zu einem späteren Zeitpunkt auch für die Konzipierung des Verfahrens der Zusammenarbeit verantwortlich; Information von Jérôme Vignon im Gespräch mit dem Verf. am 13.1.1997.

Fragen, wie u.a. den Mehrheitsentscheidungen, dem Vetorecht, dem unterschiedlichen Integrationstempo, wird sie [d.h. die Kommission, Anm. d. Verf.] ihre Verantwortung übernehmen ... die uns nach wie vor den Ehrgeiz haben läßt ... gemeinsam mit Ihnen [d.h. den Mitgliedern des Europäischen Parlaments] die Hüter des europäischen Interesses zu sein".[128] Bei der Eröffnung der Regierungskonferenz im September in Luxemburg wies Delors darauf hin, daß die Kommission dafür eintrete, die Befugnisse des Europäischen Parlaments zu stärken und es am EG-Entscheidungsprozeß zu beteiligen.[129] Einen Höhepunkt erreichte die Herstellung der "Allianz" zwischen Kommission und Europäischem Parlament am 22. Oktober 1985 anläßlich des Treffens der Regierungskonferenz mit einer Parlamentsdelegation. Altiero Spinelli, Vorsitzender des institutionellen Ausschusses, bekräftigte dabei im Namen des Europäischen Parlaments die Forderung nach einer Beteiligung an der Abfassung der Texte zur Vertragsrevision und bezeichnete die bloße Übermittlung von Informationen und die Vorlage von Verhandlungsergebnissen als ungenügend. Ferner trat er dafür ein, daß vor der Paraphierung des endgültigen Vertragstextes das Europäische Parlament die Möglichkeit erhalten müsse, zu den Verhandlungsergebnissen Stellung zu nehmen.[130] Die Vertreter der Regierungen der Mitgliedstaaten lehnten die Forderungen des Parlaments jedoch weitgehend ab, was mit Enttäuschung und Verbitterung von seiten des Parlaments aufgenommen wurde.[131] Lediglich die Kommission bemühte sich darum, das Anliegen des Parlaments nach einer effektiven Mitwirkung am Verhandlungsprozeß aufzugreifen. In der nachfolgenden Aussprache über die Regierungskonferenz am 23. Oktober 1985 sagte Delors im Europäischen Parlament, daß "... es die Kommission als ihre Pflicht erachtet, dem Parlament über ihre Tätigkeit im Rahmen dieser Konferenz Bericht zu erstatten" und daß sich die Kommission von verschiedenen Punkten des Vertragsentwurfs des Parlaments unmittelbar anleiten ließe.[132] Für den weiteren Verhandlungsverlauf sollte sich dann die Zusammenarbeit zwischen der Kommission und dem Europäischen Parlament als ein wichtiges Instrument für die Durchsetzung von Positionen in einzelnen Politikbereichen erweisen.

---

[128] Einführungsrede von Jacques Delors vor dem Europäischen Parlament in Straßburg am 12.3.1985, in: EG-Bulletin, Nr. 4 (1985), S. 7 (Delors, 12.3.1985).

[129] Rede von Jacques Delors zur Eröffnung der Regierungskonferenz am 9.9.1985 in Luxemburg, in: EG-Bulletin, Nr. 9 (1985), S. 10 (Delors, 9.9.1985).

[130] Vgl. EG-Bulletin, Nr. 10 (1985), S. 9.

[131] Vgl. die Debatte im Europäischen Parlament im Anschluß an das Treffen mit den Vertretern der Regierungen der Mitgliedstaaten, in: Agence Europe, Nr. 4190, 24.10.1985, S. 3f.

[132] Vgl. Intervention von Jacques Delors bei der Aussprache im Europäischen Parlament zur Verabschiedung einer Entschließung über die Beteiligung des Parlaments an der Endphase der Arbeiten, in: EG-Bulletin, Nr. 10 (1985), S. 10f.

### 1.4.3 Die Substanz der Verhandlungen und die Rolle der Kommission

Ein wichtiger Beitrag der Kommission bestand in dem Entwurf für ein neues Vertragskapitel über den Gemeinsamen Markt.[133] Diese Art der Vorgehensweise stieß vor allem bei den Briten auf Zustimmung, die die Realisierung des Binnenmarkts als das zentrale Ziel betrachteten. Die Kommission erreichte dadurch, daß sich auf britischer Seite mehr und mehr die Erkenntnis durchsetzte, daß die Regierungskonferenz ein notwendiges Instrument sei, um den Binnenmarkt zu schaffen. Verschiedene Mitgliedstaaten waren mit den Vorschlägen der Kommission im Bereich des Binnenmarktes — und hier vor allem dem Vorschlag zur Schaffung eines "Raums ohne Grenzen"[134] und der verbindlichen Frist bis 1992 — nicht zufrieden und legten im Verlauf der Verhandlungen eine Reihe von individuellen Ausnahmen und besonderen Forderungen vor. So beanspruchten Großbritannien und Irland für sich Ausnahmeregelungen im Bereich der Gesundheitskontrollen, Griechenland, Irland und Portugal verknüpften den Ausgang der Binnenmarktverhandlungen mit Fortschritten im Bereich der Kohäsion und Dänemark und Deutschland verlangten eine Ausnahmeregelung im Bereich der Harmonisierung von Verbraucherschutz- und Umweltstandards (Corbett 1987: 245). Delors war mit dieser Art der "Verwässerung" des Binnenmarktkonzepts seinerseits unzufrieden und wirkte auf Bundeskanzler Kohl und Staatspräsident Mitterrand ein, um eine Änderung zu erreichen. Das Ergebnis seiner Unterredungen mit dem deutschen Kanzler und dem französischen Staatspräsident war, daß auf einem der letzten Treffen auf Ministerebene eine deutsch-französische Initiative zustande kam, die dazu führte, daß die ursprüngliche Version der Kommission zum Binnenmarkt wieder aufgenommen wurde und man sich über eine generelle Ausnahmeklausel einigte, die dann später in Art. 100 a, Abs. 4 in Verbindung mit Art. 36 des EG-Vertrags berücksichtigt wurde (Grant 1994: 73). Ferner wurde in Art. 100 a, Abs. 3 EGV vereinbart, daß die Kommission bei ihren Vorschlägen zur Errichtung des Gemeinsamen Marktes "in den Bereichen Gesundheit, Sicherheit, Umweltschutz und Verbraucherschutz von einem hohen Schutzniveau" ausgeht. In Art. 8 c EGV wurde die generelle Bestimmung aufgenommen, daß die Kommission bei der Formulierung ihrer Vorschläge "den Umfang der Anstrengungen, die einigen Volkswirtschaften mit unterschiedlichem Entwicklungsstand im Zuge der Errichtung des Binnenmarktes abverlangt werden [berücksichtigt]". Damit wurde durch eine recht unverbindliche Formulierung den Interessen der südlichen Mitgliedstaaten entgegengekommen, ohne ein Veto zu

---

[133] Vgl. Agence Europe, Nr. 4165 v. 19.9.1985, S. 3 und Nr. 4178 v. 7./8.10.1985, S. 3.

[134] Dieser Begriff war auf maßgebliches Betreiben Delors' eingeführt worden und sollte den zu ökonomisch ausgerichteten Begriff "Binnenmarkt" ersetzen. Von dem Begriff "Raum ohne Grenzen" bzw. "Binnenraum" erhoffte sich Delors eine Sogwirkung auf den sozialen, gesellschaftlichen und kulturellen Bereich (Thalmann 1986: 71).

riskieren. Durch das Verfahren nach Art. 100 a, Abs. 4 EGV wurde zwar die Möglichkeit eines Vetos der Mitgliedstaaten im Bereich der Binnenmarktgesetzgebung im Prinzip aufrechterhalten, jedoch hatte sich das Kräfteverhältnis deutlich zugunsten der Kommission verschoben. Fortan würde die Kommission über die Berufung auf Art. 100 a, Abs. 4 EGV durch das jeweilige Mitgliedsland informiert werden und würde sich darüber Gewißheit verschaffen, daß keine "willkürliche Diskriminierung und keine verschleierte Beschränkung des Handels" vorliegt. Sollte die Kommission — oder ein anderer Mitgliedstaat — zu der Auffassung kommen, daß dies der Fall sei, könnte sie unmittelbar den EuGH anrufen und gegen den entsprechenden Mitgliedstaat Klage wegen Vertragsverletzung erheben. Mit dieser Klausel wurde die Schiedsgewalt über ein nationales Veto — zumindest im Bereich des Binnenmarktes — vom Rat auf den Gerichtshof und — in einem geringerem Maße — auch auf die Kommission übertragen (De Ruyt 1987: 175).

Die Überlegungen der Kommission im Bereich der währungspolitischen Koordination — ein Bereich, an dem Delors besonders interessiert war[135] und der seiner Ansicht nach unbedingt in den Vertrag aufgenommen werden sollte — wurden von der Regierungskonferenz zunächst unberücksichtigt gelassen. Die Kommission hatte vorgeschlagen, in Art. 107 EWGV Bestimmungen zur ECU und zum Europäischen Währungssystem (EWS) aufzunehmen und darin festzuschreiben, daß alle Mitgliedstaaten verpflichtet sind, im Rahmen des EWS zu kooperieren, ohne daß damit eine obligatorische Teilnahme am Wechselkursmechanismus verbunden sein würde.[136] Außerdem hatte sie vorgeschlagen, einen gemeinsamen Währungsfonds einzurichten, an dem sich nur diejenigen Mitgliedstaaten beteiligen, die dies wünschen. Damit würde für einige Mitgliedstaaten die Möglichkeit bestehen, in der währungspolitischen Zusammenarbeit voranzuschreiten. Am Rande des ECOFIN-Rates Ende Oktober 1985 brachte Delors "ausschließlich unter seiner eigenen Verantwortung" das von ihm "persönlich verfaßte" Dokument offiziell in die Regierungskonferenz ein.[137] Die Wirtschafts- und Finanzminister erteilten jedoch dem damit verbundenen Szenario eines "two-track monetary system" bzw. eines Integrationsprozesses *à géométrie variable* eine Absage. Belgien, Frankreich, Irland und Italien hielten die Vorschläge der Kommission für nicht weitgehend genug und Deutschland, Großbritannien und die Niederlande lehnten es ab, auf der Regierungskonferenz über Währungsfragen zu verhandeln. Die Bundesregierung ließ verlauten, daß Fortschritte im Bereich des EWS die vollständige Liberalisierung von Kapitalbewegungen und die Teilnahme

---

[135] Delors unterstand während der gesamten Zeit als Kommissionspräsident die Zuständigkeit für Währungsangelegenheiten.

[136] Vgl. EG-Bulletin, Nr. 10 (1985), S. 13.

[137] Ebd., S. 12 sowie Agence Europe, Nr. 4193 v. 28./29.10.1985, S. 5.

des britischen Pfunds am Wechselkursmechanismus voraussetzten.[138] Ferner bestanden die Minister darauf, vor der Vorlage eines Vorschlags der Kommission im Währungsbereich konsultiert zu werden (Corbett 1987: 247f.; Moravcsik 1991: 42). Die Bemühungen Delors' um eine Stärkung der währungspolitischen Zusammenarbeit hatten damit zunächst einen Rückschlag erlitten.

Die Strukturpolitik war ein weiterer Punkt, auf den die Kommission im Rahmen der Regierungskonferenz Wert legte. Die Strukturpolitik stellte nicht nur ein wichtiges Instrument des regionalen Ausgleichs innerhalb der Gemeinschaft dar, um die mit dem Binnenmarkt einhergehenden "Härten" auszugleichen, sondern sie war auch ein Mittel, um von Irland und den südlichen Mitgliedstaaten die notwendige politische Unterstützung für die EEA zu erhalten. Es wurden Vorschläge von seiten Frankreichs, Irlands, Griechenlands und der Kommission eingebracht. Eine veränderte Version des Vorschlags der Kommission, in der die Bestimmungen über Sozialarbeit, Beschäftigungsbedingungen und eine neue Form der Gemeinschaftsanleihen nicht mehr enthalten waren, setzte sich schließlich gegenüber den Vorschlägen der Mitgliedstaaten durch (Corbett 1987: 248). Die Kommission konnte mit diesem Ergebnis in zweifacher Hinsicht zufrieden sein: Erstens hatte ein neues Kapitel über den wirtschaftlichen und sozialen Zusammenhalt Eingang in den Vertrag gefunden (Art. 130 a —130 e EGV), das Abstimmungen mit qualifizierter Mehrheit bei Durchführungsbeschlüssen vorsah, die den europäischen Regionalfonds betrafen.[139] Zweitens war im Anhang der EEA eine Erklärung aufgenommen worden, die vorsah, daß "... im Rahmen der finanziellen Möglichkeiten ... eine signifikante reale Aufstockung der ... für die Interventionen der Fonds bereitgestellten Finanzmittel vorgenommen [wird]".[140] Mit dieser Erklärung wurde die Grundlage geschaffen für die von der Kommission angestrebte und 1988 schließlich durchgesetzte Erhöhung der Strukturfondsmittel.

Auch in den Bereichen Umwelt und Forschung und Technologie übermittelte die Kommission bis Mitte September Vorschläge an die Regierungskonferenz.[141] Die Kommission trat dabei generell dafür ein, von der bisher praktizierten Lösung, Entscheidungen auf der Basis von Art. 235 EWGV zu treffen, abzurücken und stattdessen diese Bereiche in den Gemeinschaftsvertrag zu übernehmen (De Ruyt 1987: 71). Hinsichtlich der Umweltpolitik enthielt der Vorschlag der Kommis-

---

[138] Vgl. Agence Europe, Nr. 4194 v. 30.10.1985, S. 5.

[139] Im Bereich des Europäischen Sozialfonds (Art. 127 EGV) und des Europäischen Ausrichtungs- und Garantiefonds für die Landwirtschaft, Abteilung Ausrichtung (Art. 43 EGV), waren jeweils schon Abstimmungen mit qualifizierter Mehrheit im Vertrag vorgesehen.

[140] Vgl. Erklärung zu Artikel 130d des EWG-Vertrags im Anhang der EEA.

[141] Vgl. Agence Europe, Nr. 4165 v. 19.9.1985, S. 3 und Nr. 4178 v. 7./8.10.1985, S. 3.

sion die folgenden Elemente: Einführung einer Liste von Interventionsbereichen, Beibehaltung strengerer nationaler Bestimmungen, solange sie den Gemeinsamen Markt nicht stören, einstimmig getroffene Entscheidungen hinsichtlich der Festlegung der umweltpolitischen Leitlinien und Mehrheitsabstimmungen bei der Durchführung von umweltpolitischen Maßnahmen (Corbett 1987: 249). Von seiten der Mitgliedstaaten wurde aus unterschiedlichen Motiven Kritik an dem Vorschlag der Kommission geäußert: Irland und Griechenland forderten aufgrund der mit der Umweltpolitik verbundenen Kosten eine Balance zwischen Umweltpolitik und wirtschaftlicher Entwicklung; Großbritannien fürchtete die Einführung strengerer Umweltstandards und wollte der Gemeinschaft in diesem Bereich möglichst wenig Handlungsspielraum einräumen; Dänemark und Griechenland lehnten die Einführung von Mehrheitsabstimmungen ab (ebd.). Diese Bedenken wurden von der luxemburgischen Präsidentschaft aufgenommen und fanden schließlich in den Vertragstext Eingang: gemäß Art. 130 r, Abs. 3 EGV berücksichtigt die Gemeinschaft bei der Erarbeitung von Maßnahmen im Bereich der Umwelt "die wirtschaftliche und soziale Entwicklung der Gemeinschaft insgesamt sowie die ausgewogene Entwicklung der Regionen"; in Abs. 4 des gleichen Artikels wurde festgelegt, daß die Gemeinschaft im Bereich der Umweltpolitik nur unter Berücksichtigung des Subsidiaritätsprinzips tätig wird und in Art. 130 s EGV wurde der Kompromiß gefunden, daß der Rat mit Einstimmigkeit beschließt und dabei festlegen kann, "was unter die mit qualifizierter Mehrheit zu fassenden Beschlüsse fällt". Wenngleich damit den Bedenken der Mitgliedstaaten weitgehend Rechnung getragen wurde und nur ein Teil des Vorschlags der Kommission in den Vertrag Eingang fand, konnte sich die Kommission dennoch in drei grundsätzlichen Anliegen durchsetzen: Erstens wurde die Umweltpolitik in den Gemeinschaftsbereich des Vertrags aufgenommen; zweitens wurden Mehrheitsabstimmungen im Prinzip möglich gemacht und, drittens, wurde die Beibehaltung von strengeren nationalen Umweltschutzmaßnahmen akzeptiert.

Der Vorschlag der Kommission in der Forschungs- und Technologiepolitik war weniger umstritten und wurde von der luxemburgischen Präsidentschaft in etwas abgeänderter Form als Verhandlungsgrundlage verwendet.[142] Auch hier stand die Frage der Einführung von Mehrheitsentscheidungen im Zentrum der Verhandlungen. Vor allem Deutschland hatte sich dafür ausgesprochen, bei Fragen der Finanzierung der Technologiepolitik nur mit Einstimmigkeit zu entscheiden (Corbett 1987: 250). Im endgültigen Vertragstext wurde schließlich der folgende Kompromiß gefunden: bei der Verabschiedung von mehrjährigen Rahmenprogrammen (Art. 130 i EGV) und bei der Gründung von gemeinsamen Unternehmen oder Strukturen (Art. 130 o EGV) entscheidet der Rat einstimmig; bei

---

[142] Vgl. Agence Europe, Nr. 4186 v. 8.11.1985, S. 3f.

der Verabschiedung von spezifischen Programmen (Art. 130 k EGV) und von Zusatzprogrammen (Art. 130 l EGV) zur Durchführung von mehrjährigen Rahmenprogrammen bzw. bei der Zusammenarbeit mit Drittstaaten und internationalen Organisationen (Art. 130 n EGV) entscheidet der Rat mit qualifizierter Mehrheit. Damit war der ursprüngliche Vorschlag der Kommission weitgehend in den Vertrag übernommen worden.

Zur Frage der institutionellen Veränderungen hatte die Kommission erst Anfang Oktober 1985[143] — und damit vergleichsweise spät — konkrete Entwürfe ausgearbeitet und in die Verhandlungen eingebracht (De Ruyt 1987: 72). Dies kann als taktisches Verhalten der Kommission interpretiert werden, das sich positiv auf die weitere Entwicklung des Verhandlungsprozesses auswirken sollte: Nachdem die Kommission verschiedene Änderungsvorschläge zu den Politikbereichen vorgelegt hatte, die für die Mitgliedstaaten in unterschiedlichem Maße von Interesse waren — der Binnenmarkt insbesondere für Großbritannien, der wirtschaftliche und soziale Zusammenhalt vor allem für Griechenland und Irland, die Umweltpolitik insbesondere für Dänemark und Deutschland — legte sie Vorschläge zu den Institutionen und Verfahren vor, die gleichsam den "Preis" darstellten, den die Mitgliedstaaten "zu zahlen" bereit sein mußten, um die von ihnen angestrebte erweiterte Politikgestaltung zu erreichen. Im Zentrum stand dabei die Anpassung der Entscheidungsverfahren und die Stärkung der Durchführungsbefugnisse der Kommission. Delors setzte sich hinsichtlich ersterem für Mehrheitsentscheidungen im Ministerrat und für eine Stärkung des Europäischen Parlaments ein und schlug die Einführung eines "Verfahrens der Zusammenarbeit" vor. Delors' Kernargument gegenüber den anfänglich skeptischen Regierungen war, daß wenn der Rat künftig verstärkt mit Mehrheit abstimmt, bedürfe es parallel dazu einer Stärkung des Europäischen Parlaments, da die nationalen Parlamente fortan immer weniger in der Lage sein würden, die Minister im Rat in Brüssel zu kontrollieren (Grant 1994: 73). Diese Art der Argumentation stieß vor allem bei den Benelux-Staaten sowie bei Deutschland, Frankreich und Italien auf Gehör. Die Verhandlungen spielten sich in der Folge dann weitgehend zwischen den Mitgliedstaaten und dem Europäischen Parlament ab, ohne daß die Kommission eine zentrale Rolle einnahm. Paradoxerweise sollte die Kommission am Ende zu den "Gewinnern" der Verhandlungen über das Zusammenarbeitsverfahren gehören, ohne daß sie selbst unmittelbar zu diesem Erfolg beigetragen hatte.

Im einzelnen entwickelten sich die Verhandlungen in diesem Punkt wie folgt: Neben Deutschland brachte zunächst nur die Kommission einen Vorschlag für ein geändertes Entscheidungsverfahren in die Verhandlungen ein. Trotz vielfältiger

---

[143] Vgl. Agence Europe, Nr. 4178 v. 7./8.10.1985, S. 3.

Bemühungen gingen die Verhandlungen über diese Vorschläge nur schleppend voran. Umstritten war vor allem die Einführung eines Vermittlungsverfahrens zwischen Rat und Parlament, die Möglichkeit einer zweiten Lesung im Parlament und die Zustimmung des Parlaments bei sogenannten verfassungsändernden Angelegenheiten (Corbett 1987: 255f.). Bei der Suche nach einer Kompromißlösung spielte Italien eine Schlüsselrolle, indem es einen Vorschlag einbrachte, der sich explizit auf den Vertragsentwurf des Europäischen Parlaments von 1984 bezog und der ein volles Mitentscheidungsrecht für das Europäische Parlament in bestimmten Politikbereichen forderte.[144] Da dies von seiten verschiedener Verhandlungsdelegationen als ein zu weitgehender Vorschlag abgelehnt wurde, erfuhr der schon eingebrachte Vorschlag der Kommission eine Stärkung, ohne daß davon aber die Verhandlungen eine nachhaltige Dynamisierung erfuhren (Corbett 1987: 256f.). In der weiteren Folge erarbeitete die luxemburgische Präsidentschaft einen Kompromißvorschlag, der die Möglichkeit einer zweiten Lesung im Parlament beibehielt, diese aber auf neun Vertragsartikel beschränkte und die Berücksichtigung von Änderungsanträgen des Parlaments vollständig der Kommission überließ.[145] Die Zustimmung des Parlaments zu Vertragsänderungen wurde auf die Bereiche der Artikel 237 und 238 EGV begrenzt und das Vermittlungsverfahren wurde ganz fallengelassen. Der luxemburgische Kompromißvorschlag stieß jedoch sowohl beim Europäischen Parlament als auch bei Italien auf Ablehnung. Der italienische Außenminister Andreotti ließ verlauten, daß Italien keinem Vertragstext zustimmen würde, der für das Europäische Parlament nicht akzeptabel sei.[146] Auf einer Pressekonferenz Ende November 1985 erklärte Delors, daß die Kommission und das Europäische Parlament darin übereinstimmten, daß es besser wäre, wenn die Regierungskonferenz scheitere, als ein Ergebnis zu erhalten, daß keine wirkliche *relance* der europäischen Einigung verspräche. Falls der Anwendungsbereich von qualifizierten Mehrheitsentscheidungen eine Reduzierung erfahre, würde der Gemeinschaft die Möglichkeit entzogen, die angestrebte *relance* zu vollziehen.[147] In einer Erklärung am folgenden Tag bestätigte Parlamentspräsident Pflimlin im Namen des Europäischen Parlaments die von Delors zum Ausdruck gebrachten Bedenken und Kommissar Ripa di Meana bekräftigte gegenüber dem Institutionellen Ausschuß des Europäischen Parlaments "that the European Commission intends to ally itself to the EP in this

---

[144] Vgl. Agence Europe, Nr. 4183 v. 14./15.10.1985, S. 3.

[145] Vgl. Agence Europe, Nr. 4199 v. 7.11.1985, S. 3f.

[146] Vgl. Agence Europe, Nr. 4207 v. 20.11.1985, S. 3; ferner bezeichnete Andreotti in einer Rede vor dem Europäischen Hochschulinstitut in Florenz am 25.11.1985 die Einführung von Mehrheitsabstimmungen, die Stärkung der Kommission und die Beteiligung des Europäischen Parlaments am EG-Gesetzgebungsprozeß als Minimum der Ergebnisse der Regierungskonferenz, vgl. Agence Europe, Nr. 4211 v. 25./26.11.1985, S. 3.

[147] Vgl. Conférence de Presse de M. Jacques Delors am 27.11.1985 in Brüssel (Delors, 27.11.1985); vgl. auch Agence Europe, Nr. 4213 v. 28.11.1985, S. 3f.

context [d.h. the Intergovernmental Conference, Anm. d. Verf.].[148] Die Verhandlungen gerieten daraufhin in eine Sackgasse und selbst auf dem Gipfel der Staats- und Regierungschefs in Luxemburg am 2./3. Dezember 1985 wurde keine Lösung in der Frage der Ausgestaltung des neuen Zusammenarbeitsverfahrens gefunden.

Das Europäische Parlament war mit den Ergebnissen des Europäischen Rates von Luxemburg unzufrieden und ergriff nun seinerseits die Initiative, um seine Position zu verdeutlichen und um konkrete Alternativvorschläge — nicht zuletzt zur Stärkung der eigenen Befugnisse — an den Rat zu richten. In einer Entschließung an die Außenminister der Mitgliedstaaten vom 11. Dezember 1985, die von Belgien, Italien und der Kommission unterstützt wurde, schlug das Parlament unter anderem vor, das neue Verfahren der Zusammenarbeit auf alle Bereiche auszudehnen, in denen der Rat mit Mehrheit entscheidet.[149] Weiter wurde vorgeschlagen, daß nach Abschluß der zweiten Lesung der Rat über die vom Parlament übermittelten Texte entscheidet. Der Rat könne dabei die vom Parlament vorgenommenen Abänderungen mit qualifizierter Mehrheit ändern; falls die Abänderungen des Parlaments die Unterstützung der Kommission gefunden hätten, bedürfe der Rat jedoch der Einstimmigkeit, um diese seinerseits abzuändern. Hinsichtlich der zeitlichen Frist schlug das Parlament vor, daß der vom Parlament vorgeschlagene Text als angenommen gilt, wenn der Rat innerhalb von drei Monaten nicht beschließt.

In ihrer letzten Sitzung am 16. und 17. Dezember berieten sich die Außenminister und einigten sich auf eine Lösung, die die Vorschläge des Parlaments hinsichtlich des Zusammenarbeitsverfahrens teilweise berücksichtigte, aber auch Teile davon ablehnte (Corbett 1987: 257f.). Die Außenminister akzeptierten nicht die Ausdehnung des Zusammenarbeitsverfahrens auf alle Bereiche, in denen mit Mehrheit entschieden wird, und sie lehnten auch den Vorschlag des Parlaments ab, daß nach Ablauf der Dreimonatsfrist der Vorschlag des Parlaments gleichsam automatisch angenommen wird. Der Kompromiß der Außenminister bestand im wesentlichen darin, daß der Streit über die Auswirkungen der zweiten Lesung im Parlament durch eine Aufwertung der Rolle der Kommission gelöst wurde. Nach dem schließlich in Art. 149 EGV verankerten Verfahren, überprüft die Kommission gemäß Art. 149, Absatz d EGV nach Abschluß der zweiten Lesung im Parlament den gemeinsamen Standpunkt des Rates "unter Berücksichtigung der vom Europäischen Parlament vorgeschlagenen Abänderungen". Der Rat kann gemäß Art. 149, Abs. e EGV den von der Kommission überprüften Vorschlag mit qualifizierter Mehrheit verabschieden bzw. gemäß Art. 149, Abs. d, 2. Satz, EGV die nicht von der Kommission berücksichtigten Abänderungen des Parlaments

---

[148] Agence Europe, Nr. 4214 v. 29.11.1985, S. 3.
[149] Vgl. EG-Bulletin, Nr. 12 (1985), S. 10ff.

einstimmig annehmen. Mit diesem Verhandlungsergebnis konnte die Kommission zufrieden sein, da ihr eine wichtige Rolle — die auch als "rôle de filtre" bezeichnet wird (De Ruyt 1987: 131) — bei der Überprüfung des Gesetzentwurfs nach der zweiten Lesung im Parlament zugebilligt worden war. Sie würde fortan darüber bestimmen, über welche Abänderung des Parlaments der Rat mit qualifizierter Mehrheit oder gegebenenfalls mit Einstimmigkeit entscheidet.[150] Das Europäische Parlament hatte für sich zumindest erreicht, daß der Rat nach der zweiten Lesung mit allen EP-Abänderungen konfrontiert werden würde, selbst wenn die Kommission diese nicht in den von ihr überarbeiteten Vorschlag aufgenommen hatte (Corbett 1987: 258). Wenngleich die Kommission, abgesehen von ihrem anfänglich eingebrachten Vorschlag, wenig zu einer Kompromißfindung beigetragen hatte, war ihr auch ohne eigenes Zutun von den Mitgliedstaaten und mit Unterstützung des Europäischen Parlaments im Rahmen des Zusammenarbeitsverfahrens eine wichtige Rolle zugebilligt worden.

Hinsichtlich der Durchführungsbefugnisse ging es vor allem darum, der Kommission möglichst weitgehende Befugnisse bei der Durchführung von Ratsentscheidungen einzuräumen. Wenngleich die Durchführung von Entscheidungen durch die Kommission im Prinzip schon durch Art. 155 EWGV möglich war, hatte sich in der Praxis diese Vertragsbestimmung als nicht ausreichend erwiesen bzw. hatte sich der Rat bei der Anwendung dieser Bestimmung als recht restriktiv gezeigt. Die Kommission schlug daher vor, Art. 155 EWGV so zu verändern, daß der Kommission "automatisch" die Befugnisse zur Durchführung von Ratsentscheidungen übertragen werden und der Rat nur in begrenztem Maße die Durchführungsmodalitäten bestimmt bzw. nur in bestimmten Fällen mit Einstimmigkeit die Durchführung von Entscheidungen wieder an sich ziehen kann. Delors hatte in den Verhandlungen ferner darauf gedrungen, daß in den Vertrag die Bestimmung aufgenommen wird, daß bei der Durchführung von Entscheidungen im Bereich des Binnenmarkts nur sog. "beratende Ausschüsse" eingesetzt werden (De Ruyt 1987: 142). Die Mitgliedstaaten lehnten diese Vorschläge als zu weitreichend ab. Sie befürworteten stattdessen einen niederländischen Vorschlag, der darauf abzielte, nicht der Kommission neue Rechte einzuräumen, sondern dem

---

[150] Die *ratio legis* dieser Bestimmung war, daß die "Filterrolle" der Kommission der Garant dafür wäre, daß nach einer Abstimmung im Rat die in die Minderheit geratenen Mitgliedstaaten nicht einer "Interessenkoalition" bestehend aus Teilen des Rates und/oder des Parlaments gegenüber stehen würden. Die Konferenz bestätigte somit die generelle Funktion der Kommission hinsichtlich der Balancierung und Stabilisierung des Gemeinschaftshandelns (De Ruyt 1987: 134ff.).

Rat die Pflicht aufzuerlegen, die Durchführung von Entscheidungen der Kommission zu übertragen (Corbett 1987: 255).[151]

Aus dem letztlich angenommenen Vertragstext ist ersichtlich, daß die Vorschläge der Kommission nicht vollständig abgelehnt wurden, sondern zumindest in zweierlei Hinsicht Berücksichtigung fanden: Erstens wurde in Art. 145 EGV der Vorschlag der Kommission übernommen, daß es sich der Rat "in spezifischen Fällen ... vorbehalten [kann], Durchführungsbefugnisse selbst auszuüben". Damit war die von der Kommission vorgeschlagene Ausnahmeregelung im Prinzip übernommen worden. Zweitens wurde in einer Erklärung im Anhang der EEA, über die sich die Außenminister erst während ihrer letzten Sitzung Mitte Dezember verständigen konnten, vereinbart, "vor Inkrafttreten der Akte die Grundsätze und Regeln festzulegen, anhand derer die Durchführungsbefugnisse der Kommission ... zu definieren sind".[152] Der Rat wurde in der Erklärung ferner dazu aufgefordert, bei der Übertragung von Durchführungsbefugnissen auf die Kommission "insbesondere dem Verfahren des Beratenden Ausschusses einen maßgeblichen Platz ... einzuräumen". Damit hatte die Kommission zumindest in Form einer nicht verbindlichen Erklärung erreicht, daß künftig der Rat aufgefordert sein würde, bei der Delegierung von Durchführungsbefugnissen an die Kommission in erster Linie den schwächsten Typus der Durchführungsausschüsse, d.h. den beratenden Ausschuß, einzusetzen. Die Anwendung dieser Regelung würde der Kommission einen breiten Spielraum bei der Verabschiedung von Durchführungsmaßnahmen einräumen.[153]

Die Bewertung von Art. 145, Abs. 3 EGV, d.h. inwieweit damit tatsächlich eine Stärkung der Rolle der Kommission erreicht wurde, war (und ist) umstritten. Eine Sichtweise, die auch von der Kommission vertreten wurde, ist, daß durch die neuen in Art. 145 EGV aufgenommenen Bestimmungen der Rat fortan häufiger gezwungen sein würde, der Kommission die Durchführung von EG-Rechtsakten zu übertragen (Corbett 1987: 262). Eine andere Sichtweise, die vom Europäischen Parlament, und implizit auch vom Rat, vertreten wurde, ist, daß durch Art.

---

[151] Dies erklärt, warum in der Folge hinsichtlich der Durchführungsbefugnisse der Kommission Art. 145 EWG, d.h. der Abschnitt zum Rat, und nicht Art. 155 EWG, d.h. der Abschnitt zur Kommission, verändert wurde.

[152] Diese Verpflichtung wurde später mit der Entscheidung des Rates vom 13.7.1987 (sog. "Komitologieentscheidung") erfüllt; vgl. Abl. L 197 v. 18.7.1987, S. 33ff.

[153] Dies ist in der Folgezeit jedoch nur unzureichend erfolgt, so daß der Rat durch Parlament und Kommission immer wieder zur Einhaltung dieser Verpflichtung ermahnt wurde (vgl. etwa in den Jahresberichten der Kommission das Kapitel zur Durchführung von EG-Recht). Bis in die jüngste Zeit hinein ist der Einsatz der sog. Durchführungsausschüsse ein Streitpunkt zwischen den Institutionen geblieben, für die eine definitive und allgemein verbindliche Lösung noch aussteht.

145 EGV der Rat, erstmals auf der Grundlage einer explizit im Vertrag genannten Bestimmung, der Kommission die Modalitäten für die Ausübung der Durchführungsbefugnisse vorschreiben kann bzw. er sich in besonderen Fällen die Ausübung der Durchführungsbefugnisse selbst vorbehält.[154] Beide Sichtweisen sind nachvollziehbar und besitzen eine gewisse Relevanz. Eine genaue Bewertung würde aber von der praktischen Anwendung von Art. 145 EGV abhängen. In der juristischen Debatte hat sich in der Folge der EEA die vorherrschende Meinung herausgebildet, daß die Kommission durch Art. 145, Abs. 3 EGV gestärkt worden sei, da Art. 145 EGV das Prinzip der Übertragung *der* Durchführungsbefugnisse[155] vom Rat auf die Kommission zur allgemeinen Regel erhebt (De Ruyt 1987: 139 und 258).

Bei den bis Mitte Dezember 1985 noch vorgenommenen Änderungen und Ergänzungen an dem Schlußdokument von Luxemburg setzte Delors durch, daß der Teil über die Gemeinschaft (d.h. im wesentlichen das neue Verfahren der Zusammenarbeit, die Umweltpolitik, die Regionalpolitik, die Forschungs- und Technologiepolitik und die Bezugnahme auf die WWU) und der intergouvernemental angelegte Teil über die Europäische Politische Zusammenarbeit (EPZ) nicht getrennt wurden. Dabei handelte es sich um eine "alte" Forderung der Kommission, die schon in der Stellungnahme zur Einberufung der Regierungskonferenz enthalten war. Delors′ Argument war, daß eine Trennung von EG und EPZ die Kohärenz des institutionellen Gefüges schwächt und nach außen den Eindruck einer "gespaltenen Gemeinschaft" abgibt. Die Minister akzeptierten den Vorschlag Delors′, das gesamte Reformpaket aus den genannten Gründen "Einheitliche Europäische Akte" zu nennen (Grant 1994: 74). Die Idee der Kommission, einen "einheitlichen Vertrag" zu unterzeichnen, wurde letztlich mit Unterstützung eines französischen Vorschlags in die Verhandlungen eingebracht und durchgesetzt (Corbett 1987: 254). Im November 1986 begründete Delors vor dem Ausschuß für Auswärtige Angelegenheiten der französischen Nationalversammlung die Wahl des Begriffs "Einheitliche Akte" nochmals wie folgt: "... le

---

[154] Das Europäische Parlament hat diese Regelung in seiner Entschließung vom 11.12.1985 abgelehnt: "... man kann die dem Rat in Artikel 145 (neu) zugestandene Möglichkeit ... nicht akzeptieren. Dieses Novum ist gefährlich und steht im Widerspruch zu der Notwendigkeit, die Rolle der Kommission zu stärken", vgl. EG-Bulletin, Nr. 12 (1985), S. 12.

[155] De Ruyt weist darauf hin, daß es sich in Art. 145, Abs. 3 EGV nicht einfach um (einige) "Befugnisse zur Durchführung" handelt, sondern um "*die* Befugnisse zur Durchführung" [Kursivsetzung durch den Verf.] von EG-Recht. Durch den Gebrauch des bestimmten Artikels wird die Absicht der EEA deutlich, die Übertragung der Durchführungsbefugnisse auf die Kommission zur allgemeinen Regel zu erheben. Dies wird dadurch ergänzt, daß der nachfolgende Satz von "spezifischen Fällen" spricht, in denen der Rat, gleichsam als eine Art Ausnahme, es sich vorbehalten kann, die Durchführungsbefugnisse selbst auszuüben (De Ruyt 1987: 139).

titre 'Acte Unique' ... symbolise la volonté d'établir dans un même texte les conditions d'une osmose entre, d'une part l'économie, le social et le monétaire et, d'autre part, la coopération politique".[156] Nicht ohne einen gewissen Anflug von Enttäuschung wies Delors darauf hin, daß die EEA (nur) das "Europa des Möglichen" widerspiegelt: "La réalisation du grand marché intérieur est prévue, mais de nombreuses dérogations le sont également".[157] Gleichzeitig machte er deutlich, daß die EEA nicht nur ein Instrument zur Realisierung des Binnenmarktes bis 1992 ist und dazu dient, eine Reihe neuer Politikbereiche in den Vertrag aufzunehmen, sondern daß sie auch eine politische Dimension besitzt, die über diese wirtschaftliche Funktion hinausweist: "L'objectif final de l'Acte Unique, c'est celui de l'Union Européenne, tel qu'il a déjà été formulé lors du Sommet de Copenhague en 1973. Ce texte traduit une approche progressive qui intègre les précautions qui semblaient indispensables aux Etats membres et constitue un minimum indispensable pour permettre la poursuite de la construction européenne".[158]

### 1.4.4 Die Deutsch-französische Unterstützung

Auf dem Gipfel des Europäischen Rates in Luxemburg am 2. und 3. Dezember 1985 hatte die Regierungskonferenz ihren Höhepunkt erreicht. Mit Ausnahme des Zusammenarbeitsverfahrens sowie einiger von seiten der Mitgliedstaaten vorgebrachten Reserven, die in den erwähnten Nachverhandlungen zwischen den Außenministern 14 Tage später ausgeräumt werden konnten, stellte Luxemburg den politischen Durchbruch für das gesamte Verhandlungspaket dar.[159] Damit war in erstaunlich kurzer Zeit und unter maßgeblicher Beteiligung der Kommission eine Vertragsreform unter Dach und Fach gebracht worden.[160] Der damit verbundene Erfolg — d.h. die vertragsmäßige Verankerung des Binnenmarktkonzepts der Kommission und die Aufnahme der währungspolitischen Zusammenarbeit in den Vertrag — war nicht zuletzt auf einen deutsch-französischen Kompromiß zurückzuführen: Deutschland würde der Bezugnahme auf die Wirtschafts- und Währungsunion zustimmen — was sich in der Präambel der EEA niederschlug und in Art. 102 a des EGV einfloß, der sowohl das EWS als auch die ECU erwähnte, wie dies ursprünglich von der Kommission vorgeschlagen

---

[156] Vgl. Erklärung Jacques Delors' vor dem Ausschuß für auswärtige Beziehungen der französischen Nationalversammlung am 7.11.1986 (Delors 7.11.1986: 1).

[157] Ebd., S. 2.

[158] Ebd., S. 3.

[159] Vgl. Agence Europe, Nr. 4218 v. 5.12 1985, S. 3.

[160] Hinweis von Jérôme Vignon im Gespräch mit dem Verf. am 13.1.1997.

worden war,[161] — und würde im Gegenzug von Frankreich die Zustimmung zum Prinzip der freien Kapitalbewegungen erhalten, welches eines der Kernprinzipien des Binnenmarkts war und später in Art. 8 a EGV aufgenommen wurde. Es ist nicht zu übersehen, daß Delors' Vorgehen auf die Hilfe von Kohl und Mitterrand angewiesen war und ohne die deutsch-französische Unterstützung vermutlich zu einem frühen Scheitern verurteilt gewesen wäre. Der deutsch-französische Schulterschluß ist eine Erklärung dafür, daß Thatcher sich dem Reformvorhaben nicht verschließen konnte und schließlich — wenn auch zögerlich und mit einigen Bedenken — einwilligte.[162] Das wichtigste Ergebnis dabei war, daß es dem deutsch-französischen Duo gelang — entlang der strategischen Vorgaben der Kommission — sich in der Frage der Mehrheitsentscheidungen in der Binnenmarktgesetzgebung gegenüber der britischen Premierministerin durchzusetzen. Durch den deutsch-französischen Schulterschluß wurde deutlich gemacht, daß bei einem Nichtstattfinden bzw. Scheitern der Regierungskonferenz Großbritannien vom weiteren Intergrationsprozeß ausgeschlossen sein würde und auf lange Sicht in die Isolation gerate: "On this point [d.h. to promote majority voting on internal market matters, Anm. d. Verf.] the British yielded to Franco-German pressure to convene an intergovernmental conference, at least in part because the Franco-German position was backed by the threat of exclusion" (Moravcsik 1991: 49).

Eine weiterführende Erklärung, die auch Dänemark und Griechenland, d.h. die beiden anderen der Regierungskonferenz gegenüber skeptisch eingestellten Mitgliedstaaten mit einbezieht, ist, daß von der in Industrie und Wirtschaft geführten Debatte über den Binnenmarkt — die maßgeblich von der Kommission initiiert worden war[163] — eine große Attraktion und Überzeugung ausging, der sich die

---

[161] In Art. 102 a, Abs. 2 EGV wurde weiter festgelegt, daß die im Bereich der WWU erforderlich werdenden institutionellen Veränderungen Art. 236 EGV unterliegen würden, d.h. der Einstimmigkeit. Dieses Ergebnis war von der Kommission nicht angestrebt worden. In Anbetracht des Widerstands vor allem von seiten Deutschlands und Großbritanniens — letzteres nahm am Wechselkursmechanismus des EWS überhaupt noch nicht teil — wäre ein besseres Resultat in diesem Bereich auch eher eine Überraschung gewesen. Kritischer äußerte sich hierzu Corbett: "It was perhaps worth mentioning the EMS and the ECU in the Treaties ... but the terms used in the relevant articles were so restrictive as to make subsequent development of the EMS more difficult than at present" (Corbett 1987: 260).

[162] Die wieder erstarkte deutsch-französische Zusammenarbeit war schon im ersten Halbjahr 1984 im Zusammenhang mit den Reformbemühungen um die Gemeinsame Agrarpolitik und der Reduzierung des britischen Haushaltsbeitrags spürbar geworden. Das Tandem Kohl/Mitterrand funktionierte; beide machten ab 1984 deutlich, daß sie bereit waren, in Sachen europäische Integration voranzuschreiten und übten dadurch Druck auf Thatcher aus: "Britain became increasingly isolated as Mitterrand and Kohl repeated the threat of a two-tier Europe (*Europe à deux vitesses*) that would leave Britain without a say in the details of the new agreements (d.h. der späteren EEA, Anm. d. Verf.)" (Moravcsik 1991: 36).

[163] Vgl. oben Teil II, Kapitel 1.3.

Mitgliedstaaten nicht weiter widersetzen konnten. Aus dieser Perspektive war die Realisierung des Gemeinsamen Marktes unumgänglich, damit Europa den Anschluß an die Weltspitze der Industriestaaten nicht verliert, und dies rechtfertigte es bzw. erschien nach Abwägung der Kosten und Nutzen als das "kleinere Übel", der Einführung von Mehrheitsabstimmung zuzustimmen (De Ruyt 1987: 71). Schließlich ging von der geschickten italienischen Verhandlungsführung auf dem Gipfel in Mailand und dem späteren Beharren vor allem Italiens auf einer Stärkung des Europäischen Parlaments im EG-Entscheidungsprozeß ein wichtiger Impuls für die Einberufung der Regierungskonferenz und für die Durchsetzung von qualifizierten Mehrheitsabstimmungen aus. Die Begründung für die Rücksichtnahme auf die italienische Position hinsichtlich der Stärkung des Parlaments hing dabei unmittelbar mit der parlamentarischen Ratifizierung des gesamten Verhandlungspakets zusammen: "Italy, whose agreement is conditional on the EP giving a positive reception to the conclusions of Luxembourg, will refuse to endorse these conclusions, in which case the second Luxembourg compromise [d.h. the results of the summit in Luxembourg of December 1985] will fall through".[164]

Hinsichtlich der deutsch-französischen Unterstützung für das Vorgehen der Kommission lassen sich drei Hauptgründe anführen: Erstens bedurfte sowohl der deutsche Bundeskanzler als auch der französische Staatspräsident eines "europapolitischen Erfolges". Die deutsche Europapolitik hatte durch das Einlegen eines Vetos, unter Berufung auf den sog. "Luxemburger Kompromiß", im Rahmen der Agrarpreisverhandlungen und durch den deutschen Alleingang bei der Einführung schadstoffarmer Autos bei den europäischen Partnern im Laufe des Jahres 1985 Irritationen ausgelöst (Garthe 1986). Frankreich war um eine Fortsetzung seiner integrationsfreundlichen Politik bestrebt und suchte dabei den deutsch-französischen Schulterschluß, nicht zuletzt um einige von französischer Seite favorisierte Projekte wie EUREKA und die Stärkung von EWS und ECU mit deutscher Hilfe voranzubringen. Zweitens hatten sowohl Bundeskanzler Kohl als auch Staatspräsident Mitterrand und ihre jeweiligen Regierungen erkannt, daß die europäische Einigung, und in Verbindung damit indirekt auch das deutsch-französische Bündnis, auf Dauer nur Bestand haben werden, wenn der Einigungsprozeß erkennbare Fortschritte macht und der systematisch gewordenen "Torpedierung" durch die britische Regierung ein Ende bereitet wird. Drittens waren sich Kohl und Mitterrand auch persönlich näher gekommen und teilten die Überzeugung, daß mittel- bis langfristig nur die Herstellung des Binnenmarktes, und zu einem späteren Zeitpunkt auch die Politische Union, der geeignete Weg sind, um unter sich wandelnden weltwirtschaftlichen Bedingungen die europäi-

---

[164] Emanuele Gazzo (Editorial): The "second Luxembourg Compromise" and the European Parliament, in: Agence Europe, Nr. 4221 v. 9./10.12.1985, S. 1.

sche Wirtschaft wettbewerbsfähiger zu machen und den Wohlstand der europäischen Gesellschaften zu sichern. Ein Zeugnis dieser gemeinsamen Überzeugung war der deutsch-französische "Entwurf eines Vertrags über die Europäische Union" der auf dem Gipfel des Europäischen Rates in Mailand vorgelegt wurde.[165] Die weiterführende These ist in diesem Zusammenhang, daß die *relance européenne* Mitte der 80er Jahre Teil einer "geopolitical grand strategy" war, die die europäische Antwort auf das im Entstehen begriffene amerikanisch-sowjetische Kondominium darstellte und in deren Rahmen das deutsche Interesse nach Wiedervereinigung und das französische Interesse nach einer Emanzipation der Europäer im Bereich der konventionellen und nuklearen Waffen eine günstige Symbiose eingingen (Moravcsik 1991: 50).

Die Einheitliche Europäische Akte wurde am 17. und 28. Februar 1986 in Luxemburg bzw. Den Haag unterzeichnet.[166] Sie konnte erst in Kraft treten, nachdem sie von allen Mitgliedstaaten entsprechend ihrer innerstaatlichen Bestimmungen ratifiziert worden war. Zu diesem Zweck wurden in Dänemark und Irland Referenden durchgeführt, die mit 56 % in Dänemark und 70 % in Irland jeweils positiv ausfielen. In den übrigen zehn Mitgliedstaaten wurde die EEA — teilweise mit großen Mehrheiten — von den Parlamenten ratifiziert. Aufgrund der Verfassungsklage einer irischen Privatperson, in deren Folge in Irland die Verfassungsmäßigkeit der EEA geprüft wurde (Keatinge 1987: 373), verzögerte sich das Inkrafttreten bis zum 1. Juli 1987.

## 1.5 Das Delors-I-Paket zur Finanzreform

Auf dem Londoner Gipfel des Europäischen Rates im Dezember 1986 präsentierte Delors in ungeschminkter Weise die Finanzen der Gemeinschaft. Das Kernproblem stellten die Agrarausgaben dar, die etwa 2/3 des Gemeinschaftshaushalts zu diesem Zeitpunkt verschlangen. Durch den Aufkauf der Agrarprodukte zu Festpreisen, die über dem Weltmarktniveau lagen, hatte eine Überproduktion im Agrarbereich eingesetzt, die den Gemeinschaftshaushalt doppelt belastete: Erstens mußte die Gemeinschaft die Agrarprodukte zu Fixpreisen aufkaufen und aufgrund fehlender Nachfrage teuer lagern; zweitens mußte die Gemeinschaft

[165] Gleichwohl handelte es sich dabei um eine recht zurückhaltende Unionsverfassung, die sich in erster Linie auf den Bereich der europäischen Außenpolitik bzw. der EPZ bezog und die den bestehenden supranationalen Institutionen nur wenig neue und nicht wirklich umfassende Rechte einräumte; abgedruckt in: Europa-Archiv, Nr. 16 (1985), S. D 449—453.

[166] Drei Mitgliedstaaten — Dänemark, Griechenland und Italien — zögerten ihre Unterzeichnung bis Ende Februar 1986 hinaus, um den Ausgang des Referendums in Dänemark abzuwarten bzw. um — wie im Falle Italiens — der Unzufriedenheit mit der EEA Ausdruck zu verleihen.

dann zu einem späteren Zeitpunkt Einnahmeverluste hinnehmen, um die Lagerbestände auf dem Weltmarkt durch Sondervermarktungen zu verbilligten Preisen wieder abstoßen zu können. Eine Folge dieser Finanzierungspraxis der EG-Agrarpolitik war unter anderem, daß für innergemeinschaftliche Strukturhilfen für die ärmeren Regionen nicht ausreichend Mittel zur Verfügung standen; mit der Erweiterung um Portugal und Spanien war aber gerade in diesem Bereich ein verstärkter Handlungsbedarf entstanden. Am Ende des Londoner Gipfels im Dezember 1986 erinnerten die Staats- und Regierungschefs an die in der EEA enthaltenen Bestimmungen zum wirtschaftlichen und sozialen Zusammenhalt und forderten "Herrn Delors [auf] ... Vorschläge für die Entwicklung der Strukturpolitiken und die Reform der Strukturfonds ... vorzulegen".[167]

Am 18. Februar 1987 skizzierte Delors in seiner Einführungsrede vor dem Europäischen Parlament die Vorstellungen der Kommission zur Reform der Finanzen der Gemeinschaft, die später als sog. "Delors-I-Paket" bezeichnet wurden: Um der Einheitlichen Europäischen Akte zum Erfolg zu verhelfen, bedürfe es "eine der veränderten Weltlage angepaßte Gemeinsame Agrarpolitik ... stabile, ausreichende und garantierte Eigenmittel und eine tatsächlich wirksame Haushaltsdisziplin";[168] für den Gemeinschaftshaushalt bis 1992 würde dies konkret bedeuten, daß bei den Agrarausgaben Mitteleinsparungen vorgenommen werden und sich die Strukturfondsmittel real verdoppeln. Schließlich müsse, so Delors, "... der Höchstsatz der Eigeneinnahmen der Gemeinschaft im Verhältnis zu ihrem BSP ausgedrückt werden ... dieser Höchstsatz, der bis 1992 ausreichend sein muß, sollte auf 1,4 % des BSP festgesetzt werden".[169] Damit wurde erstmals die Einführung einer auf fünf Jahre angelegten mittelfristigen Haushaltsplanung vorgesehen, die die großen Einzelposten des Haushalts (Landwirtschaft, Verwaltung, Forschung und Entwicklung etc.) durch Obergrenzen festlegt und die dazu beitragen würde, den jährlichen Streit um die Höhe der Einzelposten zu vermeiden. Gleichzeitig sollten über den Zeitraum von fünf Jahren die Ausgaben für die Gemeinsame Agrarpolitik vermindert werden, indem das Preisniveau ab einer bestimmten Höhe der Produktionsmenge abgesenkt wird und parallel dazu eine Zunahme der Strukturfondsmittel stattfindet, um künftig im Bereich Forschung, Umwelt und Verkehr aktiver werden zu können.

---

[167] Vgl. Schlußfolgerungen des Vorsitzes des Europäischen Rates, Tagung in London am 5. und 6. Dezember 1986, in: Presse- und Informationsamt der Bundesregierung, a.a.O., S. 1277.

[168] Vgl. Einführungsrede von Jacques Delors vor dem Europäischen Parlament zur Vorstellung des Arbeitsprogramms der Kommission für 1987 am 18.2.1987, in: EG-Bulletin, Beilage Nr. 1 (1987), S. 31 (Delors 18.2.1987).

[169] Ebd., S. 34.

Delors war sich darüber bewußt, daß die Erhöhung der Strukturfondsmittel eine notwendige Maßnahme darstellte, um die südlichen Mitgliedstaaten der Gemeinschaft für das Binnenmarktprojekt zu gewinnen, das — so die Perzeption — in erster Linie den reicheren Mitgliedstaaten im Norden Vorteile bringen würde. Schon im März 1985 hatte in der Gemeinschaft die Verständigung über die sog. Integrierten Mittelmeerprogramme (IMP) begonnen, die in diesem Stadium vor allem dazu dienten, von Griechenland die Zustimmung zu der bevorstehenden Süderweiterung zu erhalten (Hrbek 1987: 185). Delors hatte sich als sehr geschickt in den Verhandlungen über die Frage der Finanzierung erwiesen und es damals durch einen Kompromißvorschlag erreicht, daß eine für alle Seiten annehmbare Lösung gefunden werden konnte und der Nord-Süd Gegensatz — in diesem Falle vor allem zwischen Athen und Bonn — innerhalb der Gemeinschaft entschärft wurde (Thalmann 1986: 70). Der Ausgleich zwischen den "reicheren" nördlichen und den "ärmeren" südlichen Staaten stellte für Delors jedoch nicht in erster Linie ein Instrument dar, um politische Einwilligungen "zu erkaufen" oder um den "innergemeinschaftlichen Frieden" herzustellen. In einer Rede in Frankfurt/Main im September 1985 präzisierte Delors seine Vorstellungen hierzu: "Une telle évolution [d.h. la réalisation du marché commun, Anm. d. Verf.] augmentera bien sûr notre efficacité économique et améliorera notre compétitivité. Mais elle posera inévitablement aussi la question de la solidarité entre les régions et les pays qui gagnent et ceux qui y perdent. ... Les Programmes intégrés méditerranéens représentent dans ce contexte une expérience tout à fait nouvelle pour la Communauté. Elle devrait nous inciter, dans les années à venir, à une réflexion approfondie sur les meilleures voies pour exprimer cette cohésion économique et sociale entre nos peuples, nos pays et nos régions, cohésion qui est un facteur crucial pour la réussite de la construction européenne".[170] Delors betrachtet die IMP demnach als eine Art von "Wegbereiter" für die weiterführende Aufgabe der Kommission, im Kontext der Herstellung des Binnenmarktes die wirtschaftliche und soziale Kohäsion innerhalb der Gemeinschaft zu sichern und auszubauen. Dabei dürfe das strukturpolitische Konzept der Kommission "nicht einfach nur [als] Haushaltsübertragungen" verstanden werden, sondern als ein spezifisches Instrument, um "die Konvergenz der Volkswirtschaften" voranzutreiben (Delors 1993: 52). Aus dieser Perspektive war die Erhöhung der Strukturfondsmittel ein notwendiges Instrument, das mit dem Binnenmarkt unmittelbar verbunden war, und das dazu beitragen würde, das Nord-Süd Gefälle und den damit verbundenen politischen Gegensatz innerhalb der Gemeinschaft abzufedern und den inneren wirtschaftlichen und sozialen Zusammenhalt in der Gemeinschaft zu stärken.

---

[170] Exposé introductif von Jacques Delors anläßlich der Podiumsdiskussion im Rahmen der Internationalen Automobilausstellung am 13.9.1985 in Frankfurt/Main, S. 5 (Delors, 13.9.1985).

Auf dem Sondergipfel in Brüssel am 11./12. Februar 1988 wurde das sog. "Delors-I-Paket" verabschiedet. Es wurde beschlossen, die Strukturfondsmittel der Gemeinschaft im Laufe von fünf Jahren von 7,8 Mrd. ECU im Jahr 1988 auf 13 Mrd. ECU im Jahr 1992 zu erhöhen. Ferner einigten sich die Staats- und Regierungschefs darauf, die Gesamtobergrenze für Zahlungsermächtigungen im Haushalt der Gemeinschaft bis 1992 auf 1,2 % des Bruttosozialprodukts der Gemeinschaft festzulegen. Für den Zeitraum 1988—1992 wurden jährliche Obergrenzen vereinbart, um eine "geordnete Entwicklung" zu ermöglichen. Die Kommission wurde darüber hinaus aufgefordert, nur "Vorschläge ... [vorzulegen]..., die mit Ausgaben im Rahmen der vereinbarten Obergrenzen und Teilobergrenzen vereinbar sind".[171] Zur Finanzierung der zusätzlichen Budgetmittel wurde die Einführung einer vierten Einnahmequelle beschlossen, die auf der Grundlage der Bruttosozialprodukte der Mitgliedstaaten berechnet würde. Damit würden die ärmeren Mitgliedstaaten entlastet und dem relativen Wohlstand in der Gemeinschaft bei der Finanzierung des Gemeinschaftsbudget künftig stärker Rechnung getragen werden.

Der erfolgreiche Abschluß des Brüsseler Gipfels war möglich geworden, weil die Delors-Kommission über eine "Gesamtstrategie" verfügte, die sich aus drei aufeinander aufbauenden Stufen zusammensetzte: Erstens die Schaffung des Binnenmarktes bis Ende 1992; zweitens die EWG-Vertragsänderungen durch die EEA zur Umsetzung des Binnenmarktes; drittens die Erhöhung der Finanzmittel bei gleichzeitiger Haushaltsdisziplin, um die flankierenden Politiken zu finanzieren und um die Überschußproduktion in der Landwirtschaft einzudämmen. Diese Strategie führte zu einem "ehrgeizigen, komplexen, aber logischen und in sich kohärenten Gesamtpaket" der Kommission, das sich auch deshalb als erfolgreich erwies, weil es nie auf einen ebenso kohärenten und logischen Gegenvorschlag stieß (Ehlermann 1988: 57).

Das Zustandekommen des "Delors-Pakets" war in diesem Kontext im wesentlichen durch zwei Umstände möglich geworden: Erstens stimmte die Bundesregierung, die die Hauptlast der Budgeterhöhungen zu tragen hatte, den Reformvorhaben zu. Diese Entwicklung war nicht selbstverständlich gewesen. Noch im Vorfeld des Gipfels war die Bundesregierung im Ausschuß der Ständigen Vertreter bemüht gewesen, zu einem Kompromiß zu gelangen, der weit unterhalb der Forderungen der Kommission nach einer Verdopplung der Strukturfonds lag. Delors war über die deutsche Haltung offenbar verärgert. Auf dem Gipfel in Brüssel gelang es ihm dann, Bundeskanzler Kohl die Zustimmung zu den von der

---

[171] Vgl. Schlußfolgerungen des Vorsitzes des Europäischen Rates, Tagung vom 11. bis 12. Februar 1988 in Brüssel, in: Presse- und Informationsamt der Bundesregierung, Bulletin, Nr. 27 v. 24.2.1988, S. 225.

Kommission veranschlagten 13 Mrd. ECU für die Strukturfonds abzuringen.[172] Ein Grund für diese überraschende Wendung war, daß die Bundesregierung die deutsche Präsidentschaft vom ersten Halbjahr 1988 zu einem Erfolg machen wollte, nachdem sie von den anderen Mitgliedstaaten der Gemeinschaft wegen ihrer eigenwilligen Wirtschafts- und Währungspolitik kritisiert worden war (Adam-Schwaetzer 1988: 7). Ein weiterer Grund war, daß der Gipfel in Kopenhagen im Dezember 1987 gescheitert war und die Gemeinschaft dringend einer Lösung für die sich angestauten Agrar- und Finanzprobleme bedurfte (ebd.: 10). Zweitens gelang es durch die Aufnahme neuer "Agrarstabilisatoren" (d.h. der Ausdehnung von Flächenstillegungen, der Ausweitung der Vorruhestandsregelung u.a.) und der sog. "Agrarleitlinie" in das Delors-Paket, nach der das Wachstum der Agrarausgaben nicht mehr als 74 % der jährlichen Steigerungsrate des Bruttosozialprodukts der Gemeinschaft betragen durfte, die Zustimmung der britischen Regierung zu erhalten.

Es scheint somit, daß der erfolgreiche Abschluß des Delors-Pakets im Kontext der Gesamtstrategie der Kommission erst möglich geworden war, nachdem Delors eine Übereinstimmung mit der Bundesregierung gefunden hatte und der Widerstand der britischen Regierung durch Zugeständnisse gebrochen worden war. Bundeskanzler Kohl und Kommissionspräsident Delors hatten auf dem Sondergipfel in Brüssel eine gemeinsame Position entwickelt. Hinzu kam, daß Frankreich die Haltung der Kommission befürwortete. "Die Koalition Delors-Kohl-Mitterrand arbeitete gut"[173] und setzte die britische Premierministerin Thatcher unter Druck. Die "Dreier-Koalition" konnte sich aber erst durchsetzen, nachdem es nach harten Auseinandersetzungen gelungen war, die britische Premierministerin zum Einlenken zu bewegen (Garthe 1988: 344). Mit der erfolgreichen Verabschiedung des Delors-Pakets wurde Delors in den Medien zum ersten Mal als "star" bezeichnet (Grant 1994: 80). Erst der erfolgreiche Abschluß des Gipfels in Brüssel löste die eigentliche (weltweite) "Binnenmarkteuphorie" aus und "bewirkte innerhalb von Tagen eine Änderung des Klimas;" Delors war hierzu der "konzeptionelle Antreiber" gewesen und es begann eines der erfolgreichsten Jahre der Ära Delors.[174] Tatsächlich waren in Brüssel alle wesentlichen offenen Fragen gelöst worden und hatten der Wirtschaft die notwendige Planungssicherheit vermittelt, die notwendig war, um Investitionen zu tätigen und um sich auf die — nun immer realistischer erscheinende — Schaffung des Binnenmarktes 1992 vorzubereiten. Am Ende der deutschen Präsidentschaft stellte Delors im Europäischen Parlament fest, daß die Gemeinschaft "in sechs

---

[172] Information von Werner Ungerer im Gespräch mit dem Verf. am 5.8.1996.

[173] Karl-Heinz Narjes im Gespräch mit dem Verf. am 29.8.1996.

[174] Ebd.

Monaten mehr erreicht [hat] als in zehn Jahren"[175] und nannte im weiteren Verlauf seiner Rede an erster Stelle die Verabschiedung des Finanzpakets vom Februar 1988.

## 1.6 Das Delors-Komitee

Delors war durch Tommaso Padoa-Schioppa, den ehemaligen Generaldirektor für Wirtschafts- und Währungsangelegenheiten in der Europäischen Kommission und stellvertretenden Generaldirektor der Bank von Italien, auf die Notwendigkeit weiterer Schritte in Richtung auf die Herstellung der Wirtschafts- und Währungsunion aufmerksam gemacht worden. Padoa-Schioppas Kernargument war, daß es ergänzend zum Binnenmarktprogramm einer "konsistenten Strategie" bedürfe, die gleichzeitig drei politische Funktionen erfüllen müsse: "Integration der Märkte, Stabilisierung der Wirtschaft und gerechte Verteilung der Vorteile".[176] Die Aufhebung der Kapitalverkehrskontrollen, wie dies im Binnenmarktprogramm vorgesehen worden war, würde zu Spekulationen gegen den Wechselkurs- und Interventionsmechanismus des Europäischen Währungssystems führen und damit den gemeinsamen Markt gefährden. In dem unter seinem Vorsitz erstellten Bericht vom April 1987 schlug Padoa-Schioppa daher vor, "die währungspolitische Koordination und die Mechanismen des EWS erheblich [zu verstärken], wenn bei freiem Kapitalverkehr Wechselkursdisziplin herrschen soll".[177] Delors griff diese Argumentation auf und ging noch einen Schritt weiter: Nach den Währungsturbulenzen, die durch den "schwarzen Montag" am 19. Oktober 1987 an der New Yorker Börse ausgelöst worden waren, sprach sich Delors für die Einrichtung einer Europäischen Zentralbank und die Einführung der ECU als internationale Reservewährung aus (Grant 1994: 117). Der Bericht Padoa-Schioppas, die Ankündigung Delors' in Folge des "schwarzen Montags" und die von der Kommission Ende Oktober vorgelegten Vorschläge zur Liberalisierung des Kapitalverkehrs[178] bedeuteten noch nicht den Durchbruch, jedoch waren sie die ersten Schritte in Richtung der Lancierung der WWU auf höchster Ebene.

Im darauffolgenden Frühjahr 1988 zeigte sich Delors noch zögerlich hinsichtlich der Lancierung des WWU-Projekts, nachdem das "Delors-I-Paket" gerade erst

---

175 Rede von Jacques Delors am 6.7.1988 vor dem Europäischen Parlament (Delors 6.7.1988: 154).

176 Vgl. Effizienz, Stabilität und Verteilungsgerechtigkeit. Eine Entwicklungsstrategie für das Wirtschaftssystem der Europäischen Gemeinschaft, Bericht der Studiengruppe unter Vorsitz von Tommaso Padoa-Schioppa, Wiesbaden: Gabler, 1988 (ursp. Brüssel, April 1987), S. XIV.

177 Ebd.

178 Vgl. Auf dem Weg zu einem europäischen Finanzraum, KOM(87) 550 endg. v. 28.10.1987.

verabschiedet worden war und er keine neue "Front" gegenüber der britischen Premierministerin Thatcher aufbauen wollte (Grant 1994: 119). Die folgenden Argumente haben ihn dann dazu bewogen, die Idee der Wirtschafts- und Währungsunion zu einem Kernanliegen der Kommission zu machen: Erstens war nach der erfolgreichen Lancierung des Binnenmarktprogramms und der Verabschiedung der Einheitlichen Europäischen Akte deutlich geworden, daß die Gemeinschaft einer neuen Herausforderung bedurfte, um ihre Dynamik nicht zu verlieren. Zweitens war durch die Börsenkrise und die damit einhergehenden Währungsturbulenzen im Herbst 1987 die Abhängigkeit der Europäer von der Dollarentwicklung und die Verwundbarkeit des Europäischen Währungssystems offensichtlich geworden, trotz der im September 1987 in Basel und Nyborg vereinbarten EWS-Reform.[179] Drittens wurden unter den Regierungen der Mitgliedstaaten vermehrt Stimmen laut, die die Dominanz der Deutschen Bundesbank im Wechselkurs- und Interventionsmechanismus beklagten und die Schaffung einer Europäischen Zentralbank und die Einführung der ECU als Reservewährung forderten.[180] Viertens schien die deutsche Bundesregierung — und hier insbesondere Außenminister Genscher[181] — der Idee einer WWU nicht abgeneigt gegenüberzustehen, da die Überzeugung vorherrschte, daß Deutschland auf lange Sicht nicht in der Lage sein würde, den Wechselkursmechanismus zu steuern und die D-Mark auf Dauer als Ankerwährung der Gemeinschaft überfordert wäre (Stavenhagen 1988: 45). Delors spielte dann die Schlüsselrolle dabei, Bundeskanzler Kohl von der Notwendigkeit der WWU zu überzeugen. Mit der Entscheidung zur Einrichtung des Delors-Komitees folgte Kohl den Vorstellungen Delors' und düpierte damit Bundesbankpräsident Pöhl, der sich gegen deutliche Schritte in Richtung WWU ausgesprochen hatte (Grant 1994: 119f.).

Auf dem Gipfel des Europäischen Rates in Hannover am 27.—28. Juni 1988 wurde die Einrichtung eines Komitees der zwölf EG-Notenbankpräsidenten und

[179] Auf den Treffen der EG-Notenbankgouverneure und der EG-Finanzminister in Basel und Nyborg am 9. und 13. September 1987 war die sog. "kleine EWS-Reform" beschlossen worden. Danach waren die Zentralbanken aufgefordert, im Rahmen des EWS bei Kursverlusten schwachen Währungen künftig früher Beitstand zu leisten (sog. "intramarginale Interventionen"), um so besser zur Stabilität der Währungsparitäten beizutragen; verbunden war damit auch eine stärkere Nutzung der ECU bei der Rückzahlung der Währungskredite.

[180] Vgl. das Memorandum des französischen Finanzministers Edouard Balladur vom Januar 1988 (in: Le Monde, 15.1.1988) sowie das Papier des italienischen Finanzministers Giulio Amato (Schlüter 1988: 142f.); siehe auch Bernhard Blom: "Zorn auf den Zuchtmeister", in: Die Zeit v. 9.10.1987.

[181] Vgl. Europäische Währung und Zentralbank, Memorandum von Bundesaußenminister Hans-Dietrich Genscher vom 26. Februar 1988, abgedruckt in: Außenpolitik der Bundesrepublik Deutschland, Dokumente von 1949—1994, hrsg. vom Auswärtigen Amt, Bonn 1995, S. 560—562.

vier weiterer Sachverständiger[182] beschlossen. Delors begrüßte diese Entscheidung und sprach sich ausdrücklich für die Mitarbeit der Zentralbankgouverneure in dem Komitee aus, da "eine Untersuchung dieser Frage [d.h. der Wirtschafts- und Währungsunion, Anm. d. Verf.] ohne die direkte Beteiligung der Zentralbankgouverneure nicht möglich ist".[183] Das Komitee sollte unter dem Vorsitz von Jacques Delors tagen und erhielt den Auftrag, bis zum Gipfel in Madrid im Juni 1989 "die konkreten Etappen zur Verwirklichung dieser Union [d.h. der Wirtschafts- und Währungsunion, Anm. d. Verf.] zu prüfen und vorzuschlagen".[184] Die Einrichtung des Delors-Komitees stieß nicht bei allen Mitgliedern des Europäischen Rates auf Wohlwollen. Insbesondere die britische Premierministerin Thatcher war gegen jegliche Schritte in Richtung einer Wirtschafts- und Währungsunion. Bundeskanzler Kohl hatte die Einrichtung des Komitees auf dem Gipfel in Hannover persönlich vorgeschlagen und Thatcher akzeptierte, da sie davon ausging, daß es sich "nur" um ein Komitee handeln würde und die Notenbankpräsidenten für ihre skeptische Haltung gegenüber der WWU bekannt waren (Grant 1994: 120).

Zwischen September 1988 und April 1989 trat das Delors-Komitee acht Mal zusammen. Als Vorsitzender des Komitees begrenzte Delors die Tagesordnung zunächst auf eine Diskussion über die Prinzipien der WWU und über die Fehler, die bei vorangegangenen Versuchen zur Errichtung der WWU gemacht worden waren. Delors schlug vor, den ihm vertrauten Tommaso Padoa-Schioppa als Berichterstatter einzusetzen, mit dem Auftrag, einen Entwurf für einen Bericht zu verfassen. Auf Druck von Bundesbankpräsident Pöhl wurde ihm Günter Baer, ein deutscher Beamter der Bank für Internationalen Zahlungsausgleich in Basel, beigeordnet. Im Verlauf der Arbeiten des Komitees hielt sich Delors sehr zurück — zur Überraschung der WWU-Skeptiker wie etwa Karl Otto Pöhl oder Robin Leigh-Pemberton, dem Gouverneur der Bank von England. Die Rolle des Vorsitzenden wurde von Delors in objektiver Weise wahrgenommen und nicht dazu benutzt, den Zentralbankgouverneuren seine Vorstellungen aufzuzwingen. Delors' Strategie bestand bei diesem Vorgehen darin, die Skepsis der Zentralbank-Gouverneure durch seine Zurückhaltung abzubauen und sie dadurch zu

[182] Die weiteren Mitglieder des Delors-Komitees waren Frans Andriessen, Mitglied der Kommission und zuständig für die Außenhandelsbeziehungen, Miguel Boyer, ehemaliger spanischer Finanzminister und Präsident der Banco Exterior de España, Alexandre Lamfalussy, Generaldirektor bei der Bank für Internationalen Zahlungsausgleich (BIZ) in Basel, und Neils Thygesen, Professor für Wirtschaftswissenschaften in Kopenhagen (vgl. Schlußfolgerungen des Europäischen Rates in Hannover, a.a.O.).

[183] Rede von Jacques Delors am 6.7.1988 vor dem Europäischen Parlament (Delors 6.7.1988: 156).

[184] Vgl. Schlußfolgerungen des Vorsitzes des Europäischen Rates, Tagung am 27. und 28. Juni 1988 in Hannover, a.a.O., S. 846.

ermuntern, ihre Expertise hinsichtlich der Schaffung der WWU einzubringen (Grant 1994: 123).

Die Abfassung des Berichts lag dann vor allem in den Händen von Baer, Padoa-Schioppa und Jean Paul Mingasson, stellvertretender Generaldirektor in der GD II (Wirtschaft und Finanzen). Daneben waren aber auch Mitglieder des Kabinetts, insbesondere Joly Dixon und François Lamoureux, an der redaktionellen Arbeit beteiligt; und schließlich hat auch Delors selbst viel an dem Bericht geschrieben.[185] Es scheint, daß die Zentralbankgouverneure unter dem Vorsitz Delors′ die "Ideen" lieferten und hohe Beamte der Kommission bzw. aus dem Kabinett von Delors daraus einen kohärenten Bericht formten. Delors gehörte dabei zusammen mit Günter Baer und Tommaso Padoa-Schioppa zu den wenigen, die an beiden Arbeitsprozessen beteiligt waren.

Der "Bericht zur Wirtschafts- und Währungsunion in der EG"[186] (sog. "Delors-Bericht"), der am 17. April 1989 veröffentlicht wurde, stellte einen Kompromiß dar zwischen der bislang insbesondere von deutscher Seite verfochtenen "Krönungsstrategie", nach der die wirtschaftliche Konvergenz der Einführung einer gemeinsamen Währung vorangehen muß, und der insbesondere von Frankreich vertretenen "Lokomotivstrategie", nach der der frühen Einführung einer gemeinsamen Währung die wirtschaftliche Konvergenz folgen würde. Der Kompromiß bestand aus einer "Parallelstrategie", nach der die Wirtschaftsunion und die Währungsunion in festgelegten Etappen gleichzeitig zu verwirklichen sind. Der Delors-Bericht beinhaltete einen Dreistufenplan, ohne aber eindeutige Termine für den Beginn der zweiten und dritten Stufe zu nennen. In der ersten Stufe, die am 1. Juli 1990 beginnen sollte, würde neben der Vollendung des Binnenmarktes, der Verdoppelung der Strukturfondsmittel und der Intensivierung der wirtschafts- und finanzpolitischen Koordinierung der Kapital- und Wertpapiermarkt vollständig liberalisiert werden und alle Gemeinschaftswährungen dem Wechselkursmechanismus des EWS beitreten. Die zweite Stufe würde nach Inkrafttreten eines neuen Vertrages beginnen und die Einrichtung der grundlegenden Organe und Strukturen — insbesondere dem Europäischen Zentralbanksystem — mit sich bringen. Sie würde die Phase des Übergangs zur Endstufe darstellen, in der hinsichtlich der Ergebnisse im Bereich der Umsetzung des Binnenmarktes und der Struktur- und Regionalpolitik Bilanz gezogen werden würde. Der Umfang und die Finanzierung der nationalen Haushaltsdefizite würden durch Regeln festgelegt und die Bandbreiten im Wechselkursmechanismus würden in Anlehnung an die Erfahrungen mit der wirtschaftlichen Konvergenz allmählich verengt. In der dritten Stufe würden die Wechselkursparitäten

---

[185] Information von François Lamoureux im Gespräch mit dem Verf. am 13.1.1997.

[186] Abgedruckt in: Europa-Archiv, Nr. 10 (1989), S. D 283—D 304.

schließlich unwiderruflich festgelegt und die Kompetenzen in der Wirtschafts- und Währungspolitik auf die Gemeinschaftsinstitutionen — und hier insbesondere das Europäische Zentralbanksystem — übergehen. Im weiteren Verlauf der dritten Stufe würden die nationalen Währungen durch eine einheitliche Gemeinschaftswährung ersetzt.

Delors und Padoa-Schioppa hatten sich dem Druck Karl Otto Pöhls insofern gebeugt, als sie in die dritte Stufe verbindliche Regeln und Verfahren aufnahmen, die verhindern sollten, daß ein Mitgliedstaat mit einem hohen Haushaltsdefizit die WWU destabilisieren könnte. In allen anderen Punkten entsprach der Bericht aber den Vorstellungen Delors´ und Padoa-Schioppas, wenngleich die Substanz des Berichts auf die EG-Notenbankpräsidenten zurückging (Grant 1994: 123).

Die Brisanz des Delors-Berichts lag vor allem darin, daß der Dreistufenplan als ein "einheitlicher Prozeß" gesehen wurde, d.h. es wurde dafür plädiert, daß mit der Einleitung der ersten Stufe "zugleich eine Entscheidung für den gesamten Prozeß getroffen [würde]" (Delors-Bericht 1989: D 296). Ferner wurde festgestellt, daß ohne die Verabschiedung eines revidierten Vertrags die Schaffung der Wirtschafts- und Währungsunion nicht möglich sei und es daher notwendig sein würde, eine Regierungskonferenz einzuberufen, um über die konkrete Ausgestaltung des neuen Vertragswerks zu verhandeln. Wenngleich der Delors-Bericht nicht frei von Mängeln war und in verschiedenen Punkten auch kritisiert wurde — insbesondere hinsichtlich der Sinnhaftigkeit des Dreiphasenmodells anstatt eines Zweiphasenmodells, der starken Gewichtung von institutionellen Vorkehrungen und der Koordinierung der Politiken, anstatt dies den Marktkräften zu überlassen, und der weitgehend im Unklaren gelassenen Parallelität von währungspolitischem und wirtschaftspolitischem Handeln — so überwog doch die insgesamt positive Aufnahme des Berichts und die davon möglicherweise ausgehenden langfristigen Impulse für den europäischen Integrationsprozeß: "Es handelt sich um ein europapolitisches Memorandum höchsten Ranges, das die integrationspolitische Diskussion in Europa auf Jahre hinaus bestimmen dürfte" (Kloten 1989: 251).

Auf dem Gipfel in Madrid am 26./27. Juni 1989 wurde festgestellt, daß der Delors-Bericht "dem in Hannover erteilten Auftrag voll gerecht wird und eine gute Grundlage für die weiteren Arbeiten bildet". Die Staats- und Regierungschefs vereinbarten ferner, "die erste Stufe der Verwirklichung der Wirtschafts- und Währungsunion am 1. Juli 1990 [zu beginnen]" und "die vorbereitenden Arbeiten für die Einberufung einer Regierungskonferenz zur Festlegung der anschließenden Stufen durchzuführen".[187] Delors hatte damit zweierlei erreicht: Erstens hatten die Staats- und Regierungschefs den Vorschlag eines etappenweisen Übergangs zur Wirtschafts- und Währungsunion im Grundsatz gebilligt und mit der Festlegung des Beginns der ersten Stufe auch eingeleitet. Zweitens hatten die Staats- und Regierungschefs die Einberufung einer Regierungskonferenz vereinbart und damit den Weg zu einer vertraglichen Festschreibung der WWU in Aussicht gestellt.

Im Sommer 1989 hatte Delors den Höhepunkt seiner Amtszeit erreicht. Die Weichen in Richtung WWU waren in Madrid gestellt worden. Auf dem Gipfel der G-7 in Paris im Juli 1989 wurde vereinbart, der Europäischen Kommission die Koordination der westlichen Hilfe der 24 OECD-Staaten zugunsten Polens und Ungarns — und später aller weiteren Reformstaaten — zu übertragen. Am 17. Juli 1989 stellte Österreich den Antrag auf die Vollmitgliedschaft in der EG. Die Gemeinschaft hatte damit den Beweis für ihre ungebrochene innere Dynamik erbracht und ein untrügliches Signal für ihre Attraktivität "von außen" erhalten. Innerhalb der Gemeinschaft spielte die Kommission mit Delors an der Spitze eine zentrale Rolle. Um diese günstige Lage aufrechtzuerhalten, würde es für Delors in der Folgezeit darauf ankommen, die Dynamik der "Vertiefung" fortzusetzen und eine schnelle "Erweiterung" durch die EFTA-Staaten zu vermeiden.

## 1.7 Bewertung der Rolle der Kommission

Für Delors war die Verabschiedung der Einheitlichen Europäischen Akte die logische Folge der Realisierung des Binnenmarktprogramms und der Auftakt für weitere Schritte in Richtung Wirtschafts- und Währungsunion: wenn die Gemeinschaft ernsthaft gewillt war, den Plan zur Schaffung eines Binnenmarktes mit den vier Freiheiten umzusetzen, dann bedurfte es hierfür einschneidender Vertragsänderungen, um die rechtlichen und verfahrensmäßigen Voraussetzungen zu schaffen, die dafür notwendig sein würden. Die Einheitliche Akte, der Binnenmarkt und die Entwicklung in Richtung der Wirtschafts- und Währungsunion standen aus Sicht Delors´ in einem unmittelbaren Zusammenhang; der Erfolg des einen würde den Erfolg der nachfolgenden Schritte bedingen. Das entscheidende Bindeglied zwischen diesen Elementen stellte dabei die Möglichkeit zur Durchführung von Mehrheitsentscheidungen im Rat dar. Delors wies darauf in einer Rede vor dem Europäischen Hochschulinstitut in Florenz im November 1986 hin: "Ce qu´apporte l´Acte Unique en ce domaine est très important, puisque deux

[187] Vgl. Schlußfolgerungen des Vorsitzes des Europäischen Rates, Tagung am 26. und 27. Juni 1989 in Madrid, in: Presse- und Informationsamt der Bundesregierung, Bulletin, Nr. 69 v. 30.6.1988, S. 607.

tiers des décisions concernant le noyau central — le grand marché intérieur — ... pourront être tranchées par un vote à la majorité qualifiée du Conseil des Ministres .. [...].. C'est pourquoi l'Acte unique a prévu une procédure dite de coopération qui lui permette, au cours d'une double lecture, de contribuer à l'élaboration de cette communauté de droit, dans les domaines les plus importants".[188] Von anderer Seite wurde festgestellt, daß "die Durchsetzung von Mehrheitsabstimmungen die entscheidende Leistung von Delors war".[189] Delors selbst hat rückblickend sein Eintreten für qualifizierte Mehrheitsabstimmungen im Rat wie folgt begründet: "Tant que la construction européenne stagnait, le poids respectif des nations se faisait sentir ... Avec le vote à la majorité, cela change. ... la majorité n'est pas une majorité simple, c'est une majorité qualifiée, où les voix sont pondérées en fonction de la taille des pays. C'est le complément dialectique de l'idée d'égalité. Ce vote à la majorité est le 'tigre dans le moteur'" (Delors 1994: 226). Zusammen mit dem sog. Delors-I-Paket von 1988 über die Finanzreform der Gemeinschaft stellten der Binnenmarkt und die EEA aus der Sicht Delors' das "Triptychon" der Reformen in der Gemeinschaft dar (Grant 1994: 76) bzw. bildeten sie zusammen "une vraie stratégie" der Kommission, die zu einem späteren Zeitpunkt durch die in Maastricht beschlossene Wirtschafts- und Währungsunion gekrönt werden sollte.[190]

Die EEA war weitgehend unter dem Ausschluß der Öffentlichkeit beraten und ratifiziert worden und an ihrem Zustandekommen war die Kommission maßgeblich beteiligt gewesen. Die Kommission spielte "hinter den Kulissen" eine wichtige Rolle und nahm — mit Unterstützung des Europäischen Parlaments — zum Teil entscheidenden Einfluß auf den Verlauf und das Ergebnis der Verhandlungen zwischen den Mitgliedstaaten. Der folgenden Beurteilung kann daher zugestimmt werden: "Une ... raison du succès de la conférence est le rôle déterminant qu'y joua la Commission. ... Elle soumit, sur la plupart des sujets traités, des documents bien charpentés qu'elle eut la souplesse de remanier régulièrement sur base des réaction des délégations" (De Ruyt 1987: 70). So wurden auf Betreiben der Kommission die Bereiche wirtschaftlicher Zusammenhalt, Umwelt und Forschung und technologische Entwicklung in den Vertrag aufgenommen und es war im wesentlichen die Kommission, die die Einführung von Mehrheitsentscheidungen vorantrieb und mit Hilfe Deutschlands und Frankreichs, unterstützt von der Hartnäckigkeit Italiens, schließlich auch auf dem Gipfel in Luxemburg durchsetzen konnte. Selbst aus Sicht einer "intergovernmental institutionalist explanation" (Moravcsik 1991: 21 und 25f.), die gegenüber der Rolle der Kom-

---

[188] Vgl. Jacques Delors: L'Europe et l'Acte unique: un moment de vérité, Rede am 21.11.1986 vor dem Europäischen Hochschulinstitut in Florenz, S. 14 und S. 16 (Delors: 21.11.1986).

[189] Karl-Heinz Narjes im Gespräch mit dem Verf. am 29.8.1996.

[190] François Lamoureux im Gespräch mit dem Verf. am 13.1.1997.

mission eher kritisch eingestellt ist, wird hinsichtlich der Verhandlungen der EEA festgestellt: "... the remarkable speed of the conference might be attributed, at least in part, to the role of Delors and the Commission in proposing and revising the specific wording of treaty amendments" (Moravcsik 1991: 46). Dennoch wird aus dieser Sicht im weiteren festgestellt, daß letztlich nicht die Kommission, sondern die Mitgliedstaaten — und hier insbesondere Deutschland, Frankreich und Großbritannien — den Ausgang der Verhandlungen und den Inhalt der EEA bestimmten. Begründet wird diese These mit dem Argument, daß nicht nachweisbar sei, daß sich die Initiativen der Kommission tatsächlich auf die Substanz der Verhandlungsergebnisse niedergeschlagen hätten. Ferner wird darauf hingewiesen, daß in den von der Kommission eingebrachten neuen Politikbereichen (im wesentlichen Umwelt, Forschung und Entwicklung und Strukturpolitik) die Gemeinschaft mit Billigung der Mitgliedstaaten schon seit geraumer Zeit Aktivitäten unternommen hätte und deren Aufnahme in den Vertrag insofern nicht unmittelbar ein Verdienst der Kommission gewesen sei. Auch der Binnenmarkt sei letztlich im wesentlichen nur durch ein Mandat des Rates — und damit durch die Mitgliedstaaten — zustande gekommen. Dies führt schließlich zu dem Ergebnis, daß die zentrale Rolle der Kommission im Rahmen der EEA-Verhandlungen insgesamt in Frage gestellt wird (Moravcsik 1991: 46f.).

Dieser Argumentation ist insofern zuzustimmen, als natürlich der in den Mitgliedstaaten vorhandene "politische Wille" und das wirtschaftliche Interesse am Binnenmarkt — insbesondere von seiten Deutschlands, Frankreichs und Großbritanniens — eine besondere Rolle spielten, daß die in der EEA vereinbarten Vertragsreformen möglich wurden. Gleichzeitig ist der "intergovernmental institutionalist explanation" Moravcsiks aber insofern zu widersprechen, als der veränderte politische und wirtschaftliche Kontext in der Gemeinschaft der Kommission und ihrem Präsidenten ab Mitte der 80er Jahre einen besonderen Spielraum einräumte, der es erlaubte, daß die Kommission eine aktive Rolle im Rahmen der Verhandlungen über die EEA spielen konnte. Die daraus entstehende Dynamik wurde zur Durchsetzung der Finanzreform und zur Ausarbeitung des Dreistufenplans zum Einstieg in die Wirtschafts- und Währungsunion genutzt. In dem veränderten Kontext trug die Kommission — mit Unterstützung des Europäischen Parlaments — dazu bei, daß zwischen den Mitgliedstaaten Kompromisse gefunden wurden und ein Verhandlungspaket entstand, daß — so die hier gewonnene Erkenntnis — die Mitgliedstaaten alleine nicht in der Lage gewesen wären zu erreichen. Die fehlende "Nachweisbarkeit" der Rolle der Kommission an Hand der "Substanz" des Vertrages, d.h. von konkret auf die Kommission zurückgehenden Bestimmungen der EEA, ist dabei genauso mehr oder weniger gut zu belegen, wie dies die "Nachweisbarkeit" der Rolle der einzelnen Mitgliedstaaten ist. Die Argumentation Moravcsiks ist daher nicht ausreichend schlüssig und erscheint wenig überzeugend, um die auch an anderer Stelle betonte wichtige Rolle und Initiativfunktion der Kommission im Laufe der EEA-Verhandlungen nachhaltig zu entkräften (Corbett 1987; De Ruyt 1987).

Nach dem Beschluß über die EEA wurde — insbesondere im Europäischen Parlament[191] — Enttäuschung laut und zum Teil heftige Kritik an der Vertragsreform geübt (Pescatore 1986). Es entbrannte eine Diskussion über das "Für" und "Wider" der EEA und ihre integrationspolitische Bedeutung (Glaesner 1986; Grabitz 1986; Weidenfeld 1986; Wessels 1986) und nur wenige betonten dabei die in der Vertragsreform angelegten kleinen Fortschritte (Hrbek 1986; Hrbek/Läufer 1986). Delors selbst sprach wie ein "Vater" über die EEA[192] und schien einer der wenigen zu sein, der die "historische Tragweite" abzuschätzen vermochte und den "Wert" dieser Vertragsänderung erkannte: "... the results of the Summit represented a 'satisfactory whole' opening 'new horizons'... in two or three years this meeting will be considered as important as the one over thirty years ago that paved the way for the creation of the European Community ... The Commission ... expected better, but it was a matter of a 'compromise of progress'".[193] Zwar sparte auch Delors nicht mit Kritik an der Einheitlichen Akte — er nannte diesbezüglich in einer Rede im Januar 1986 die Bestimmungen zum Binnenmarkt, die Kohärenz und die Befugnisse des Europäischen Parlaments — jedoch stellte er insgesamt fest, daß die erzielten Ergebnisse als ein Schritt vorwärts anzusehen seien und nun viel davon abhänge, daß die Ergebnisse, und hier insbesondere die Anwendung der qualifizierten Mehrheitsentscheidungen, in die Wirklichkeit umgesetzt und tatsächlich angewendet würden.[194] Rückblickend sagte Delors hierzu: "I knew that if this treaty was accepted, it was an important moment and that historians would one day recognise the value of this mouse"[195] (Grant 1994: 75). Nach Delors' Einschätzung lag die Besonderheit der EEA vor

---

[191] In der Entschließung des Europäischen Parlaments vom 16. Januar 1985 wurde unter anderem auf die "Unklarheiten und Mängel" der EEA verwiesen, die "... die widersprüchlichsten Auslegungen zulassen wird ... [ohne] ... der Gemeinschaft ein wirksames Handeln [zu] ermöglichen"; ferner beinhalte die EEA "schwerwiegende demokratische Mängel" und stelle "keine echte Reform der Gemeinschaft" dar, vgl. EG-Bulletin, Nr. 1 (1986), S. 10.

[192] Delors gab an, daß ca. 85 % der EEA auf seine Beamten und ihn selbst zurückgehen; ein Kommentator geht davon aus, daß 60—70 % eher der Wahrheit entspricht (Grant 1994: 75).

[193] Vgl. Agence Europe, Nr. 4218 v. 5.12.1985, S. 4.

[194] Intervention von Jacques Delors bei der Aussprache im Europäischen Parlament über die Ergebnisse der Arbeiten der Regierungskonferenz vom 16. und 17.12.1985, vgl. EG-Bulletin, Nr. 1 (1986), S. 9 (Delors, 16.1.1986).

[195] Die Bezeichnung "mouse" nimmt offenbar Bezug auf einen Redebeitrag von Altiero Spinelli, der in der Aussprache des Europäischen Parlaments am 16. Januar 1986 die Ergebnisse der Regierungskonferenz wie folgt umschrieben hatte: "Der Berg hat eine Maus zur Welt gebracht ... noch dazu eine armselige, totgeborene Maus", vgl. EG-Bulletin, Nr. 1 (1986), S. 10.

allem darin, daß sie "präzise" und "auf den Punkt gebracht" war (ebd.). In institutioneller Hinsicht enthielt sie für die Kommission zwei für die weitere Entwicklung wichtige Elemente: Erstens hatte — neben dem Europäischen Parlament — vor allem die Kommission von der Übertragung neuer Kompetenzen auf die Gemeinschaft profitiert; sie konnte fortan in mehr Politikbereichen ihr Vorschlagsmonopol einsetzen. Zweitens wurde durch die Ausweitung von Mehrheitsabstimmungen im Rat das Vorschlagsrecht der Kommission indirekt gestärkt; fortan würde es für den Rat sehr viel schwieriger werden, von Kommissionsvorschlägen abzurücken, da hierfür die Einstimmigkeit erforderlich sein würde. Es deutete sich eine Entwicklung an, nach der es einfacher sein würde im Rat mit Mehrheit über einen Vorschlag der Kommission abzustimmen, als denselben Vorschlag mit Einstimmigkeit zurückzuweisen. Die Folge war, daß die Rolle der Kommission im EG-Entscheidungsprozeß an Gewicht gewonnen hatte.

## 2. Die zweite Präsidentschaft (Januar 1989 — Dezember 1992)

Im Januar 1989 begann die zweite Präsidentschaft Delors'. Wie selbstverständlich war das Mandat Delors' von den Staats- und Regierungschefs auf dem Gipfel in Hannover Ende Juni 1988 um weitere vier Jahre verlängert worden (Stabenow 1989: 60). Nach den ersten, erfolgreich verlaufenen Jahren — die EEA war in Kraft getreten, die Vorbereitung auf den Binnenmarkt war in vollem Gange, die Finanzen der Gemeinschaft waren geordnet und die "Tür" in Richtung Wirtschafts- und Währungsunion war aufgestoßen worden — lag die Erwartung nahe, daß die Delors-Kommission die Gemeinschaft gleichsam "zu neuen Ufern" führen könnte. Diese Erwartung sollte sich nicht erfüllen. Im Zeitraum 1988/89 begannen sich innerhalb und außerhalb der Gemeinschaft die Bedingungen zum Teil grundlegend zu ändern. Hinzu kam, daß sich die Kommission selbst verändert hatte. Die Zunahme der zu erfüllenden Aufgaben, die Ausweitung des Verwaltungsapparats und die erhöhte öffentliche Aufmerksamkeit, die der Kommission entgegengebracht wurde, waren nicht ohne Wirkung geblieben. Gleichzeitig begann eine Phase, die von konfliktgeladenen und politischen umstrittenen Projekten geprägt war. Die europäische Integration hatte einen "kritischen Punkt" erreicht und nahm Kurs auf die Wirtschafts- und Währungsunion und die Politische Union. Die Europäische Kommission unter Delors war zu ihrem wichtigsten "Lotsen" aufgestiegen und sah sich mit der schwierigen Aufgabe konfrontiert, die Gemeinschaft durch die aufkommenden Unwägbarkeiten zu lenken.

## 2.1 Die Verabschiedung der Sozialcharta und der Konflikt mit Thatcher

Die Forderung nach einem stärkeren Eintreten für ein "soziales Europa" wurde vor allem von den südlichen, sozialistisch regierten Mitgliedstaaten (einschließlich Italiens) erhoben.[196] Im März 1988, mehrere Monate vor Beginn der griechischen Präsidentschaft im zweiten Halbjahr 1988, wurde von der griechischen Regierung unter Andreas Papandreou ein Memorandum vorgelegt, das sich für eine Stärkung des wirtschaftlichen und sozialen Zusammenhalts aussprach.[197] Im November 1988 forderte die Kommission den Wirtschafts- und Sozialausschuß (WSA) auf, einen Entwurf für eine "EG-Charta der sozialen Grundrechte" zu erarbeiten. Auf dem Gipfel in Rhodos bekräftigte der Europäische Rat das Ziel, "einen möglichst großen Wohlstand für alle, entsprechend der Tradition des sozialen Fortschritts zu erreichen".[198] Wenngleich die griechische Präsidentschaft im zweiten Halbjahr 1988 ambitionierte Pläne für einen europäischen Sozialraum entwickelt hatte, scheiterte dieser Vorstoß weitgehend an dem "'Doppelfelsen' der britischen Opposition und der geringen Unterstützung durch Kommissionspräsident Delors" (Axt 1989: 328).

Die Kommission vermittelte mit dem Voranschreiten des Binnenmarktes den Eindruck, als ginge es ihr vor allem um den Nutzen für Unternehmen und Wirtschaft und weniger um weiterführende Regulierungen im sozialen Bereich. Um die aufkommenden Zweifel zu zerstreuen, legte die Kommission im zweiten Halbjahr 1988 eine Stellungnahme zur sozialen Dimension des Binnenmarktes vor und unterbreitete verschiedene Vorschläge zur Stärkung flankierender arbeitsmarktpolitischer Maßnahmen und zu Gesundheit und Sicherheit am Arbeitsplatz (Seidel 1989: 158). Delors beabsichtigte, das sozialpolitische Profil der Kommission weiter auszubauen, und betrachtete die Sozialcharta als ein geeignetes Instrument, um in dieser Hinsicht aktiv zu werden. Im Februar 1989 legte der WSA einen Entwurf für eine Sozialcharta vor, der jedoch nicht die Zustimmung Delors' fand, da seiner Ansicht nach zu viele allgemeine Normen bezüglich des sozialen Schutzes, der Gesundheit, der Bildung und der Umwelt enthalten waren und zu wenig der eigentliche Kern thematisiert worden war, d.h.

---

[196] Information von Karl-Heinz Narjes im Gespräch mit dem Verf. am 7.10.1996.

[197] Vgl. Memorandum, Objet: Les priorités et les objectifs de la présidence grecque pour la création d'un espace social commun, v. 21.3.1988, Athen (zit. nach Axt 1989: 331); das Memorandum enthielt Vorschläge zur Verbesserung der Sicherheit und Gesundheit am Arbeitsplatz, zum Dialog der Sozialpartner, zum Abbau der Arbeitslosigkeit und zur Berufsbildung, zur Gleichstellung der Frauen und zur Bevölkerungspolitik.

[198] Vgl. Schlußfolgerungen des Vorsitzes des Europäischen Rats, Tagung am 2. und 3. Dezember 1988 in Rhodos, in: Presse- und Informationsamt der Bundesregierung, Bulletin, Nr. 170 v. 6.12.1988, S. 1510.

die Arbeitnehmerrechte im Binnenmarkt.[199] Die Kommission arbeitete daraufhin einen eigenen Vorentwurf für eine Sozialcharta aus, der den Staats- und Regierungschefs auf dem Gipfel in Madrid im Juni 1989 vorgelegt wurde. Dieser Entwurf wurde von der britischen Premierministerin Thatcher kritisiert, da er zum einen zu neuen Regulierungen im Bereich des Arbeitsschutzes und der Sozialgesetzgebung auf europäischer Ebene führen würde. Zum anderen lehnte Thatcher die Sozialcharta aus politischen Gründen ab: "The Social Charter was quite simply a socialist charter — devised by socialists in the Commission and favoured predominantly by socialist member states. ... we did not need a Community document ... aimed at introducing the Delors brand of socialism by the back door" (Thatcher 1993: 750f.). Auf dem Gipfeltreffen des Europäischen Rates am 8./9. Dezember 1989 in Straßburg wurde eine "verwässerte" Version (Seidel 1990: 169) des ursprünglichen Entwurfs[200] der Kommission von elf Staats- und Regierungschefs unterzeichnet.[201] Die britische Premierministerin Thatcher hatte sich trotz der verschiedenen Änderungen, die an der Sozialcharta vorgenommen worden waren und die im wesentlichen dazu dienten, ihre Zustimmung zu erhalten, geweigert, die Sozialcharta zu unterzeichnen. Daß es sich dabei vor allem um eine innenpolitisch motivierte Verweigerungshaltung zur Bewahrung nationalstaatlicher Souveränität[202] handelte, war dabei um so deutlicher, als die Sozialcharta kein rechtlich verbindliches Dokument darstellte. Auch das soziale Aktionsprogramm,[203] das die Kommission — als unmittelbare Folge der Sozialcharta — im November 1989 vorlegte, wurde von Großbritannien abgelehnt.

Trotz dieses politischen Rückschlags bei der Herstellung der sozialen Dimension des Binnenmarktes hatte die Kommission unter Delors zumindest dreierlei erreicht: Erstens war durch die Verabschiedung der Sozialcharta, auch ohne Großbritannien, der Einstieg in das "soziale Europa" erreicht worden. Die Kommission hatte eine "Plattform" geschaffen, von der aus zu einem späteren Zeitpunkt weitere Initiativen im sozialen Bereich unternommen werden konnten. Zweitens hatte die Kommission dem Binnenmarktprojekt bzw. der Gemeinschaft

---

199 Vgl. Wirtschafts- und Sozialausschuß (1989): Die sozialen Grundrechte der Europäischen Gemeinschaften, Stellungnahme, CES 270/89 v. 22.2.1989, Brüssel.

200 Vgl. Kommission der Europäischen Gemeinschaften, Gemeinschaftscharta der sozialen Grundrechte — Entwurf, KOM (89) 471 endg. v. 2.10.1989.

201 Vgl. Kommission der Europäischen Gemeinschaften: Gemeinschaftscharta der sozialen Grundrechte der Arbeitnehmer, abgedruckt in: Jahrbuch der Europäischen Integration 1989/90, S. 439—343.

202 Wie dies von Margaret Thatcher etwa mehr als ein Jahr zuvor in ihrer Brügger Rede zum Ausdruck gebracht worden war (Thatcher 1988).

203 Mitteilung der Kommission über ihr Aktionsprogramm zur Anwendung der Gemeinschaftscharta der sozialen Grundrechte, KOM (89) 568 v. 29.11.1989.

insgesamt ein "sozialverträgliches" Erscheinungsbild gegeben, das für die weitere Umsetzung der Binnenmarktgesetzgebung und für die Akzeptanz in der Bevölkerung von Vorteil sein würde.[204] Drittens waren durch die Sozialcharta und das soziale Aktionsprogramm die Beziehungen zum Europäischen Parlament auf eine gute Grundlage gestellt worden. Nach den Europawahlen vom Juni 1989 waren die Sozialisten die stärkste Gruppe im Europäischen Parlament geworden. Das Parlament hatte daraufhin deutlich werden lassen, daß ein "ausgewogenes Binnenmarktkonzept" (Schmuck 1991: 80f.), bei dem vor allem die soziale und ökologische Dimension im Vordergrund steht, zu den Schwerpunkten der neuen Legislaturperiode gehört, und folglich die Kommission in diesem Bereich kein Entgegenkommen erwarten konnte.

Delors' nachdrückliches Eintreten für eine soziale Dimension des Binnenmarktes stieß in zweierlei Hinsicht auf Widerstand: Zum einen verstärkte die britische Regierung ihre Ablehnung, nachdem sie im Rat bei verschiedenen Richtlinien zum Mutterschutz, zur wöchentlichen Arbeitszeit und zur Kinderarbeit überstimmt worden war. Kritisiert wurde dabei vor allem die Wahl der Rechtsgrundlage durch die Kommission, die vielfach auf das "Binnenmarktverfahren" nach Art. 100 a EGV zurückgegriffen hatte, um die Gesetzesvorhaben im Rat mit qualifizierter Mehrheit verabschieden zu können. Zum anderen wuchs die Kritik von seiten der Arbeitgeberverbände an der zunehmenden sozialen Regulierung durch die Kommission. Nach Ansicht von Zygmunt Tyszkiewicz, dem Generalsekretär von UNICE, hatten Delors' Vorschläge im Sozialbereich das Binnenmarktprogramm gebremst. Dabei seien weniger die unmittelbar damit verbundenen Kosten für die Unternehmen ausschlaggebend, als vielmehr "the overall impression of more regulation [which] deters investment — especially from American companies which may be allergic to a phrase like worker consultation" (Grant 1994: 86).

Delors' Anliegen bei der Unterzeichnung der Sozialcharta war es nicht, den "Sozialismus durch die Hintertür einzuführen", wie dies die britische Premierministerin Thatcher gemutmaßt hatte, sondern Delors ging es um die Verteidigung des "europäischen Gesellschaftsmodells". In einer Rede auf dem Kongreß der britischen Gewerkschaften in Bournemouth am 8. September 1988 nannte Delors als erstes von vier Hauptthemen: "Wir müssen unser europäisches und in seiner Form einzigartiges Modell der Gesellschaft erhalten und verstärken" (Delors 1993: 64). Insofern würde die Sozialcharta und das daraus hervorge-

---

[204] Tatsächlich stieg der "eher gute Eindruck", den die Kommission bei denjenigen hinterlassen hatte, die vor kurzem von der Kommission über die Medien gehört, gesehen oder gelesen hatten, von 41 % im Herbst 1987 auf 47 % im Herbst 1988; vgl. Eurobarometer, Trend variables 1974—1993, S. 227.

gangene Aktionsprogramm der Kommission nicht nur eine sozialpolitische Abfederung des Binnenmarktes darstellen und ein Instrument, um die Unterstützung der Gewerkschaften zu erhalten, sondern es würde darüber hinaus eine grundlegende Notwendigkeit sein, um die historisch gewachsenen europäischen Gesellschaften auf Dauer zu bewahren. Delors präzisierte sein Engagement für den Schutz des europäischen Gesellschaftsmodells mit den folgenden Argumenten: "European society is different from the Japanese model to the extent that society doesn't exert this psychological or sociological pressure on the individual; there is a bit more space to blossom. But at the same time society is more present than it is in the United States. The Europeans have always had a kind of balance between the individual and society. That goes back to the base of their civilisation, to Christianity, to Roman law, to the Greek civitas, and in the recent period, to the influence of social democracy" (Grant 1994: 86f.).

In der weiteren Entwicklung vollzog sich zwischen 1988 und 1989 ein Wandel in der zehnjährigen Amtszeit Delors'. Die Diskussion über die sozialen Dimension des Binnenmarktes stellte hierfür nur den Auftakt dar. In diesem Zeitraum gab es zwei grundlegende Veränderungen, die bislang die Funktionsweise der Kommission und die Rolle Delors' bestimmt hatten, und die sich in der weiteren Entwicklung als nachteilig für die Kommission erweisen sollten.

Erstens verschlechterten sich zusehends die Beziehungen zur britischen Premierministerin Margaret Thatcher. Grund hierfür war aus der Sicht Thatchers das zunehmend offene Eintreten Delors' für ein föderales Europa, das zentralistisch und bürokratisch organisiert sein würde, und dem entgegengesteuert werden mußte: "By the summer of 1988 he [d.h. Jacques Delors, Anm. des Verf.] had altogether slipped his leash as a *fonctionnaire*[205] and become a fully fledged political spokesman for federalism. ... the time had come to strike out against what I saw as the erosion of democracy by centralization and bureaucracy, and to set out an alternative view of Europe's future" (Thatcher 1993: 742). Die Mutmaßung Delors' in einer Rede vor dem Europäischen Parlament am 6. Juli 1988, daß "die Verlegung der Entscheidungszentrale" nach Brüssel impliziere, daß "in zehn Jahren [...] 80 % der Wirtschaftsgesetzgebung, vielleicht auch der steuerlichen und sozialen, gemeinschaftlichen Ursprungs sein [werden]",[206] war der Aufhänger für die wachsende Kritik, die Margaret Thatcher in der Folgezeit an Delors — und an der Kommission in Brüssel insgesamt — übte. Ein weiterer "Stein des Anstoßes" war Delors' Auftritt vor dem britischen Gewerkschaftskongreß in Bournemouth am 8. September 1988 gewesen. Delors war im

---

[205] Kursivsetzung auch im Orginal.

[206] Vgl. Rede von Jacques Delors am 6.7.1988 vor dem Europäischen Parlament im Rahmen der Debatte über den Gipfel des Europäischen Rats in Hannover (Delors 6.7.1988: 157).

Anschluß an seine Rede von den Gewerkschaftern und Labour-Anhängern lautstark gefeiert worden; von diesem Zeitpunkt an war der Kommissionspräsident zu einem "innenpolitischen Feind" Thatchers geworden.[207]

Den Auftakt für die Attacken Thatchers gegen die Kommission stellte ihre Rede vor dem Europa-Kolleg in Brügge am 22. September 1988 dar, die in der Folgezeit zu einer Art von Symbol für den Widerstand gegen Brüssel avancierte.[208] In dieser Rede argumentierte sie, daß Großbritannien die Einflußnahme des Staates erfolgreich eingedämmmt habe und daß es nun darum gehe, neuen staatlichen Dirigismus und Zentralismus auf europäischer Ebene zu verhindern: "We have not successfully rolled back the frontiers of the state in Britain only to see them reimposed at a European level, with a European super-state exercising a new dominance from Brussels" (Thatcher 1988: 6). Die Begründung für diese ablehnende Haltung gegenüber "Brüssel" war das aus Thatchers Sicht inakzeptable Verhalten der Institutionen: "... the Commission was pushing forward the frontiers of its 'competence' into new areas ... [and] the ECJ would favour 'dynamic and expansive' interpretations of the treaty over restrictive ones". Aus britischer Sicht stellte sich daher die Kernfrage: "Were British democracy, parliamentary sovereignty, the common law, our traditional sense of fairness, our ability to run our own affairs in our own way to be subordinated to the demands of a remote European bureaucracy, resting on very different traditions?" (Thatcher 1993: 743).

Zweitens entstand durch den Fall der Mauer eine neue geopolitische Lage in Europa. Die politischen, wirtschaftlichen und sicherheitspolitischen Parameter in Europa wurden einem grundlegenden Wandel unterzogen. In der Folge wurde die Gemeinschaft mit neuen Herausforderungen konfrontiert, für die sie nicht oder nur wenig gerüstet war und für deren Bewältigung die Kommission Vorschläge erarbeitete, die den Argwohn der Regierungen der Mitgliedstaaten hervorriefen. Bevor jedoch die deutsche Vereinigung konkrete Formen annehmen konnte, war die Kommission dazu aufgerufen, gegenüber den EFTA-Staaten, die über den entstehenden Binnenmarkt zunehmend besorgt waren und wirtschaftliche Nachteile befürchteten, ein geeignetes Konzept zu entwickeln.

---

[207] Information von Karl-Heinz Narjes im Gespräch mit dem Verf. am 29.8.1996.

[208] In der Folge dieser Rede wurde die sog. "Bruges Group" gegründet, die sich gegen weitere Schritte in Richtung der Stärkung der supranationalen Institutionen aussprach und als ihr zentrales Anliegen die Bewahrung des Nationalstaats betrachtete. Die "Bruges Group" kann als anti-föderal und als gegen eine zentrale Verwaltungsinstanz in Brüssel eingestellt bezeichnet werden bzw. als Befürworterin der freien Marktwirtschaft und der Erweiterung der Gemeinschaft. Sie hat sich auch publizistisch zu Wort gemeldet (vgl. u.a. Minford 1992).

## 2.2 Die Lancierung des Europäischen Wirtschaftsraums

In einer Rede vor dem Europäischen Parlament am 17. Januar 1989 schlug Delors vor, zwischen der Gemeinschaft und den Ländern der EFTA "eine neue Form des Zusammenschlusses zu finden, der institutionell strukturierter wäre und gemeinsame Entscheidungs- und Verwaltungsorgane hätte".[209] Auf ihrem Gipfel in Oslo am 15. März gaben die Regierungschefs der EFTA-Länder "eine positive Antwort auf die Initiative von Herrn Delors" und erklärten ihre Bereitschaft "zusammen mit der EG Mittel und Wege zu sondieren, um eine strukturierte Form der Partnerschaft ... zu verwirklichen".[210] Am 20. März folgte ein Treffen der Außenminister von EG und EFTA, auf dem die Kommission durch Jacques Delors und Frans Andriessen vertreten war, und auf dem vereinbart wurde, über "die Möglichkeit einer erweiterten Zusammenarbeit und ... einer strukturierten Partnerschaft .... in naher Zukunft Gespräche [einzuleiten]".[211] Auf dem Treffen der EG- und EFTA-Minister in Brüssel am 19. Dezember 1989 wurde schließlich beschlossen, im ersten Halbjahr 1990 formelle Verhandlungen aufzunehmen mit dem Ziel des Abschlusses eines "umfassenden Abkommens ... das die inhaltlichen ... rechtlichen und institutionellen Aspekte abdeckt".[212] Damit erhielten die seit 1984 im Rahmen des sog. Luxemburger Prozesses laufenden Gespräche zur Schaffung eines "dynamischen europäischen Wirtschaftsraums"[213] eine neue Dimension. Fortan sollte es nicht nur um die Regelung von "technischen" Einzelfragen vor allem in den Handelsbeziehungen und um die Zusammenarbeit in Bildung und Wissenschaft gehen, sondern Ziel war nun die Ausarbeitung eines "globalen Konzepts", das auch gemeinsame Institutionen mit einbeziehen würde.

Die Idee des "Europäischen Wirtschaftsraumes" (EWR) erlaubte es Delors, zwei grundsätzliche Anliegen miteinander zu verknüpfen: Erstens konnte die Gemeinschaft den Prozeß der Realisierung des Binnenmarktes fortsetzen und wurde nicht durch die Vorbereitung von Erweiterungsverhandlungen "gestört". Zweitens wurde dem Wunsch der EFTA-Staaten Rechnung getragen, näher an die Gemein-

---

[209] Vgl. EG-Bulletin, Beilage Nr. 1 (1989), S. 20.

[210] Vgl. Erklärung zur Tagung der EFTA-Regierungschefs in Oslo am 14./15. März 1989, abgedruckt in: 29. Jahresbericht der Europäischen Freihandelsassoziation, S. 38—42, hier: S. 39f.

[211] Vgl. Informelles Ministertreffen der Europäischen Gemeinschaft und ihrer Mitgliedstaaten mit den Mitgliedstaaten der EFTA in Brüssel am 20. März 1989, abgedruckt in: 29. Jahresbericht der Europäischen Freihandelsassoziation, S. 43—44, hier: S. 44.

[212] Vgl. Gemeinsame Erklärung auf dem Ministertreffen der Europäischen Gemeinschaft und ihrer Mitgliedstaaten mit den Ländern der EFTA in Brüssel am 19. Dezember 1989, abgedruckt in: 29. Jahresbericht der Europäischen Freihandelsassoziation, S. 60—62, hier: S. 62.

[213] Vgl. Ministertreffen der Europäischen Gemeinschaft und ihrer Mitgliedstaaten mit den Staaten der Europäischen Freihandelsassoziation in Luxemburg am 9. April 1984, abgedruckt in: Die Europäische Freihandelsassoziation, 3. Aufl., Juni 1987, S. 170—172, hier: S. 171.

schaft heranzurücken und von der Binnenmarktentwicklung nicht ausgeschlossen zu sein.

Hinter dem EWR-Konzept stand die Idee eines "Systems konzentrischer Kreise",[214] dem sich Delors implizit im Laufe des Jahres 1989 annäherte.[215] Danach war Europa — ähnlich einem russischen Holzpuppenspiel — in sich teilweise überlagernde Integrations- und Kooperationsstufen gegliedert. Damit waren unterschiedliche Organisationsformen verbunden, die zwischen dem Leitbild der "Vereinigten Staaten von Europa", als einem Extrempunkt, und dem Leitbild des "gemeinsamen Hauses Europa", als dem anderen Extrempunkt, angesiedelt waren. Das Herzstück dieses Systems bildete der europäische Bundesstaat, bestehend im wesentlichen aus dem Europa der Sechs. Die zweite Stufe stellte die Europäische Gemeinschaft als europäischer Staaten(ver)bund dar, die aus den sechs EG-Mitgliedstaaten und weiteren sechs bis acht Mitgliedern bestand (im wesentlichen den 15 Mitgliedern der heutigen Europäischen Union). Die dritte Stufe würde eine "Assoziation Europäischer Staaten" darstellen, die nach dem Vorbild der EFTA funktionieren würde und der insbesondere die Staaten Mittel- und Osteuropas angehörten, aber auch die Schweiz, Norwegen und Island. Die letzte Stufe umfaßte das "Europa der KSZE", dem neben den baltischen Staaten und einzelnen europäischen Sowjetrepubliken auch die USA und Kanada angehörten. Die Lancierung des EWR-Konzepts stand somit in einem breiteren Kontext von Überlegungen und einer beginnenden Diskussion über die Neuordnung Europas, die durch die Veränderungen in der Sowjetunion und den in Gang kommenden Umbruch in Mittel- und Osteuropa entstanden war. Wenngleich an dieser Stelle offen bleiben muß, inwieweit sich die Delors-Kommission tatsächlich vom Konzept der "konzentrischen Kreise" verschrieben hatte, so machten die Vorschläge der Kommission doch deutlich, daß sie die Rolle der Gemeinschaft als "europäischem Ordnungsfaktor" erkannt hatte und bereit war, diese Rolle für sich bzw. für die Gemeinschaft insgesamt zu nutzen.

Nach dem österreichischen Antrag auf Vollmitgliedschaft im Juli 1989 und vor allem dem schnell fortschreitenden Transformationsprozeß in den Staaten Mittel- und Osteuropas, wurde der Wille eines "Zurück nach Europa" — verstanden als eine Annäherung der mittel- und osteuropäischen Staaten an die vertraglich

---

214 Vgl. Michael Mertes und Norbert Prill: "Der verhängnisvolle Irrtum eines Entweder—Oder", in: Frankfurter Allgemeine Zeitung v. 19.7.1989, S. 8 sowie die aktualisierte Fassung dieses Konzepts, das für eine "institutionelle Ökonomie" plädierte (Mertes/Prill 1992).

215 Inwieweit Delors tatsächlich als ein Anhänger des "Systems der konzentrischen Kreise" — zumindest für eine vorübergehende Zeit — bezeichnet werden kann, muß offen blieben. Bei den Gesprächen des Verf. insbesondere mit François Lamoureux und Jérôme Vignon ergaben sich hierzu widersprüchliche Aussagen.

fixierte Ordnung der Europäischen Gemeinschaft — immer deutlicher. Im Laufe des Zeitraums 1989/90 zeichnete sich — wenn auch erst in Ansätzen — mehr und mehr ab, daß die Idee eines "Europas der konzentrischen Kreisen" und die damit verbundene Bildung von "Klubs", die sich auf unterschiedlichen Integrationsstufen bewegen, auf Dauer nicht haltbar war. Die Gemeinschaft würde mittelfristig mit einem Beitrittsdruck bzw. einer Beitrittsdiskussion konfrontiert sein, die vor allem mit politischen Argumenten geführt wurde, und sie würde langfristig mit einer größeren Zahl neuer Mitglieder rechnen müssen. Die bis dahin geführte Diskussion über eine "Vertiefung" *oder* "Erweiterung" wandelte zusehends in eine Debatte über "Vertiefung" *und* "Erweiterung", bei der deutlich wurde, daß beide Vorgänge in Zukunft nicht mehr zu trennen sein würden (Wallace 1989b; Wessels 1993).

Delors zeigte sich in dieser Debatte flexibel und erkannte, daß Vertiefung und Erweiterung langfristig Hand in Hand gehen können. Er erwies sich als kein starrer Anhänger des Europas der "konzentrischen Kreise", sondern akzeptierte die neu entstandene politische Dynamik in Europa. Letztere würde jedoch an bestimmte Bedingungen geknüpft sein: Erstens ging die Kommission bzw. die Gemeinschaft insgesamt davon aus, daß Verhandlungen über eine Erweiterung nicht vor der Realisierung des Binnenmarktes in Betracht zu ziehen waren; zweitens betonte Delors, daß bei einer Erweiterung der Gemeinschaft jeglichen Bestrebungen hinsichtlich eines "Europe à la carte" eine Absage erteilt würde. Delors war ein Anhänger des Prinzips der vollen und uneingeschränkten Mitgliedschaft in der Gemeinschaft, das nur in Einzelbereichen und nur für eine vorübergehende Zeit Anpassungs- und Übergangsregelungen erlaubte. Delors dachte in der Kategorie des "petite Europe", dessen Kern die zu schaffende Wirtschafts- und Währungsunion darstellte, und das Teil des "grande Europe" war, das mit ihm unmittelbar in Verbindung stand. Die Trennlinie zwischen beiden war die Mitgliedschaft bzw. die Nicht-Mitgliedschaft in der Wirtschafts- und Währungsunion, ohne daß diese jedoch ein unüberwindliches Hindernis darstellen würde.[216] Dieses einfache, letztlich am Vertragstext und am *acquis communautaire* orientierte Konzept Delors' sollte sich für die weitere Entwicklung in Europa insofern als tragfähig erweisen, als damit die Kommission über eine "Richtschnur" verfügte, die es ihr ermöglichte, sich von politisch bedingten Zweideutigkeiten und Irritationen zu distanzieren, die in der Folge entstanden.

[216] Information von François Lamoureux im Gespräch mit dem Verf. am 13.1.1997.

## 2.3 Der Fall der Mauer

Im Laufe des Sommers 1989 flohen Tausende von Ostdeutschen über Ungarn und die deutsche Botschaft in Prag in die Bundesrepublik Deutschland. Im September und Oktober erhöhte sich der Druck auf die Regierung der DDR durch zahlreiche Demonstrationen in Ost-Berlin, Leipzig und anderen Städten der DDR. Früher als viele Regierungschefs in den Mitgliedstaaten der Gemeinschaft erkannte Delors, daß die deutsche Einheit unabwendbar sein würde und daß diese Entwicklung eine Chance für die Herstellung der Politischen Union bedeutete.

Delors reagierte zunächst recht unbekümmert auf die Entwicklung in Ostdeutschland. Auf die Frage, ob er sich einen ostdeutschen Kommissar in Brüssel vorstellen könne, antwortete Delors im Herbst 1989: "Sicherlich. Warum nicht?".[217] In einer Rede im Wissenschaftszentrum in Bonn am 5. Oktober 1989 gebrauchte Delors das "Bild von der Familie", um das Verhältnis zwischen der Bundesrepublik Deutschland und der Europäischen Gemeinschaft zu beschreiben. Vor dem Hintergrund der aus der DDR fliehenden Menschen versicherte Delors "wie sehr Ihre Familie, die Europäische Gemeinschaft, mit Ihnen fühlt und freudige Bewegung und Hoffnung mit Ihnen teilt" (Delors 1989: 6). Im weiteren gelte es aber, die "gemeinsamen Gefühle" in "gemeinsames Handeln" überzuführen; die "Chance", die sich mit der Entwicklung in Osteuropa verbinde, genüge allein nicht, da "die Zeit drängt", um die Europäische Gemeinschaft zu stärken (ebd.). In der weiteren Rede ging Delors dann auf den Beitrag ein, den die Bundesrepublik beim Aufbau der Gemeinschaft geleistet hat. Dieser bestünde nach Ansicht Delors' vor allem in den verschiedenen Ideen und Grundprinzipien — wie Wettbewerb, Stabilität, soziale Marktwirtschaft, Rechtsstaatlichkeit und Föderalismus — die von der Bundesrepublik geprägt worden seien und jetzt Merkmale der Gemeinschaft darstellten. Am Ende der Rede widmete sich Delors der Wirtschafts- und Währungsunion, deren Probleme sich nicht ändern ließen, "wenn nicht parallel dazu institutionelle Änderungen vorgenommen werden, die das wirtschaftliche und politische Gleichgewicht der Gemeinschaft gewährleisten. Denn es muß auch das Demokratiedefizit unserer Institutionen verringert werden, das mit zunehmender Leistungsfähigkeit und Stärke der EG-Exekutive wächst ..." (Delors 1989: 22). Damit wies Delors auf die Notwendigkeit der institutionellen Weiterentwicklung der Gemeinschaft hin und gab gegenüber der Bundesregierung das Signal, daß damit auch eine Demokratisierung der Gemeinschaft verknüpft sein würde, was ein besonders wichtiges Anliegen für sie darstellte.

---

[217] Vgl. Der Spiegel, Nr. 44, 1989, S. 184.

Die Herstellung der Politischen Union war das eigentliche Ziel Jacques Delors' (Grant 1994: 70).[218] Der Binnenmarkt und die EEA sollten insofern nur den Auftakt darstellen — gleichwohl mit strategischer Bedeutung — um dem Ziel der Politischen Union näher zu kommen. Mit dem Umbruch in Mittel- und Osteuropa und der bevorstehenden Herstellung der deutschen Einheit war eine veränderte Situation entstanden, die der Schaffung der Politischen Union neue Impulse verleihen würde: "... la réunification [était] ... une chance supplémentaire pour l'Europe ... [Delors y voyait] instinctivement une chance pour l'Union politique ... [il n'y voyait pas] un risque mais il avait une vision historique ...".[219] Nach Delors' Vorstellungen würde die Politische Union mittelfristig eine Stärkung der Institutionen der Gemeinschaft implizieren und langfristig die Ausarbeitung einer europäischen Verfassung erforderlich machen. Dies würde es erlauben, zwei Anliegen miteinander zu verbinden: Erstens würde eine gestärkte verfassungsmäßige Struktur der Gemeinschaft den geeigneten Rahmen darstellen, um die Furcht vor dem wiedervereinigten Deutschland zu nehmen und um die deutsche Frage auf Dauer zu lösen. Zweitens würde Deutschland durch die Herstellung der Politischen Union die aus seiner Sicht notwendige Ergänzung zur Wirtschafts- und Währungsunion erhalten, die von der Bundesbank, aber auch von deutschen Politikern, angemahnt worden war. Im Rahmen der Politischen Union würde es auch möglich sein, der von Bundeskanzler Kohl geforderten Stärkung des Europäischen Parlaments nachzukommen und dem in der deutschen Öffentlichkeit angemahnten "Demokratiedefizit" in der Gemeinschaft entgegenzuwirken.

Mit dem Fall der Mauer am 9. November 1989 traten zunächst Irritationen auf, die sich den Vorstellungen Delors' entgegenstellten. Bundeskanzler Kohl zeigte sich zögerlich, auf dem Gipfel in Straßburg im Dezember dem Start der Regierungskonferenz zur WWU im Herbst 1990 zuzustimmen. Ein Grund hierfür war, daß die vorgezogenen Bundestagswahlen zum gleichen Zeitpunkt stattfinden würden und der Start von Verhandlungen über die WWU, die unter anderem die "Abschaffung der D-Mark" zum Inhalt haben würde, einem Wahlsieg der Regierungskoalition abträglich sein könnte (Picht 1990: 53). Vor allem in den fünf neuen Länder, wo die D-Mark ein wichtiges Motiv für die Herstellung der Einheit gespielt hatte bzw. weiter spielte, würde die Regierungskonferenz über die WWU negativ ausgelegt werden können und der Regierungskoalition von CDU/CSU und FDP im Wahlkampf Nachteile bringen.

Bundeskanzler Kohl stellte am 28. November 1989 im Bundestag ein "Zehn-Punkte-Programm zur Überwindung der Teilung Deutschlands und Europas" vor, das im europäischen Ausland für Überraschung sorgte und als "deutscher Allein-

---

[218] So auch Jérôme Vignon im Gespräch mit dem Verf. am 13.1.1997.

[219] François Lamoureux im Gespräch mit dem Verf. am 13.1.1997.

gang" bei der Herstellung der Einheit perzipiert wurde. Die Staatsbesuche Mitterrands in Kiew am 6. Dezember und in Ost-Berlin und Leipzig am 20.—22. Dezember 1989 stellten im Gegenzug "'anachronistische' Besuche" dar (Lippert 1993: 54). Sie deuteten auf den Versuch Frankreichs hin, das Regime in der DDR zu stützen,[220] und wurden als ein Hinweis darauf gesehen, wie schwer sich die Franzosen mit der deutschen Einheit taten (Teltschik 1991: 96). Noch im November hatte Mitterrand in einem Interview erklärt, daß er die deutsche Wiedervereinigung nicht fürchte, aber das dies nicht hieße, daß er sie befürworte, da sie unmittelbar das Problem der polnischen Westgrenze aufwerfe.[221] Auf der Pressekonferenz in Kiew zusammen mit Gorbatschow erklärte Mitterrand: "Die Lage ist klar. Es gibt zur Zeit, wie immer man über die Zukunft denkt, zwei deutsche Staaten ... man [kann] die Grenzen nicht so einfach verändern [...]. Das ist das Mindeste. Wenn man die Friedensaussichten bewahren will ... so ist es normal, daß man daran festhält. Wird man deswegen eine ewige Ordnung definieren? Alle jene, die davon geträumt haben, haben sich immer geirrt. Es gibt populäre Realitäten. Aber jedes Ding zu seiner Zeit".[222] In dem Maße, in dem die politische Elite Frankreichs das "wie und wann" der deutschen Wiedervereinigung mit bestimmten Bedingungen versah, wurde "im Endergebnis [der] ... Eindruck eines 'besser nicht' vermittelt" (Rouget 1990: 58).

Delors reagierte auf die Ereignisse in Berlin am 9. November mit Anteilnahme und Besonnenheit und brachte der Entwicklung in Deutschland Vertrauen entgegen. In einem Telegramm an Bundeskanzler Kohl vom 10. November 1989 sprach Delors von seiner "große[n] Anteilnahme und Freude" hinsichtlich der "historischen Entwicklungen, die unsere deutschen Freunde so tief bewegen". Weiter erklärte er — zunächst noch recht allgemein —, daß er "zutiefst davon überzeugt [sei], daß die Gemeinschaft eine unersetzliche Rolle bei der Erlangung des Rechtes aller Europäer auf Selbstbestimmung gespielt hat und weiter spielen wird".[223] In einem Interview im französischen Fernsehen am 12. November 1989 wiederholte Delors den Hinweis auf den Grundsatz der Selbstbestimmung der Völker und betrachtete ihn als unmittelbar anwendbar auf die ostdeutsche Bevölkerung. Er bezeichnete die Einhaltung des Selbstbestimmungsrechts als die erste Bedingung in der aktuellen Situation. Als zweite Bedingung fügte Delors hinzu:

---

[220] So wurden anläßlich des Besuchs von Mitterrand sechs Abkommen mit der DDR über die Zusammenarbeit in den Bereichen Wirtschaft, Industrie und Technik, Umweltschutz, Jugendaustausch, Kultur und Doppelbesteuerung geschlossen.

[221] Vgl. The Wall Street Journal (Europe), 22.11.1989, S. 1.

[222] Vgl. "Nach dem Treffen Mitterrand-Gorbatschow am 6.12.1989 in Kiew", in: Dokumente, Nr. 1 (Februar 1990) S. 67f.

[223] Vgl. Jacques Delors: Solidarität mit den Deutschen, Telegramm an Bundeskanzler Kohl, Pressemitteilung vom 10.11.1989, Kommission der Europäischen Gemeinschaften, Vertretung in der Bundesrepublik Deutschland (Delors 10.11.1989).

"... l'intangibilité des frontières pour justes ou injustes qu'elles soient. Si quelqu'un vient faire des revendications pour changer les frontierès, il y a risque de tension politiques très graves".[224] Auf die Frage, die in dem gleichen Interview gestellt wurde, ob er die Wiedervereinigung fürchte oder nicht, antwortete Delors: "Non, à condition que les Allemands de l'est l'ait décidée eux même. Ce qui est important aujourd'hui, c'est le droit à l'autodétermination des allemands de l'est. Ils font partie de la famille et ensuite nous verrons."[225] In einem Interview, das am gleichen Tag im deutschen Fernsehen ausgestrahlt wurde, äußerte sich Delors dann spezifischer zur künftigen Entwicklung Deutschlands in Europa. Auf die Frage, ob er Angst habe, daß die Bundesrepublik einen Sonderweg einschlägt, antwortete Delors: "Ich habe keine Angst. Warum? Weil die Bundesrepublik Deutschland zu den Gründern der EG gehört. Sie teilt deren Ideale. Sie hat der Gemeinschaft ihren Stempel aufgedrückt. Ohne Zweifel will sie weiter, zusammen mit den anderen Mitgliedstaaten, zusammen mit allen Deutschen, nicht nur zu einer wirtschaftlichen Einigung, sondern auch zur politischen Einheit Europas beitragen".[226] Und auf die Frage, ob er sich eine Gemeinschaft mit zwei deutschen Mitgliedern vorstellen könne, antwortete Delors: "Alles ist möglich. Es ist nicht meine Sache zu wählen. Es ist Sache der Deutschen, das Für und Wider abzuwägen und im Lichte der Ereignisse, der geschichtlichen Möglichkeiten souverän ihre Wahl zu treffen, in ihrem Recht auf Selbstbestimmung".[227] Im Januar 1990 sagte er dann in einem Interview in "The Irish Times", daß er die Wiedervereinigung Deutschlands unterstütze, da dadurch die Gemeinschaft gestärkt würde. Seine Haltung zur deutschen Einheit wurde von seiten der Bundesregierung daher als "sehr positiv" betrachtet (Teltschik 1991: 102).

Der Gipfel des Europäischen Rates in Straßburg am 8./9. Dezember 1989 wurde vor dem Hintergrund der Ereignisse mit einiger Spannung erwartet. Zwar hatten sich die Staats- und Regierungschefs bei einem Treffen am 18. November im Elysée-Palast im Grundsatz auf Hilfen für Mittel- und Osteuropa verständigt,[228] — mit konkreten Zusagen für Polen und Ungarn — jedoch war die deutsche Frage, bis auf die Zusicherung Kohls, daß die Bundesrepublik an ihrem Eintreten für die europäische Einigung festhalten würde, nicht weiter thematisiert worden

---

[224] Vgl. Interview von Jacques Delors im französischen Fernsehen in der Sendung "Sept sur Sept" am Sonntag, den 12.11.1989 (Delors 12.11.1989a).

[225] Ebd.

[226] Vgl. Interview von Jacques Delors im ZDF, das am Sonntag, den 12.11.1989 zwischen 19.15 Uhr und 19.45 gesendet wurde (Delors 12.11.1989b).

[227] Ebd.

[228] Vgl. Erklärung des französischen Staatspräsidenten, François Mitterrand, im Anschluß an das informelle Zusammentreffen der Staats- und Regierungschefs der EG-Mitgliedstaaten vom 18. November 1989 in Paris, Bulletin d'informations, Französische Botschaft Bonn, Nr. 224, 21.11.1989.

(Teltschik 1991: 38). Das deutsch-französische Verhältnis war durch den Zehn-Punkte-Plan angespannt (Picht 1990: 52ff.) und aus Frankreich, Großbritannien und den Niederlanden waren skeptische Stimmen hinsichtlich der Herstellung eines vereinigten "Großdeutschlands" zu vernehmen.[229] Die Unstimmigkeiten zwischen den europäischen Partnern wurden in Straßburg dann noch erhöht, als Bundeskanzler Kohl am Ende des ersten Tages sich nicht bereit erklärte, die Oder-Neiße-Linie als östliche Grenze des wiedervereinigten Deutschlands unzweideutig anzuerkennen (Grant 1994: 133).

Diese Haltung war vor allem aus innenpolitischen und wahltaktischen Motiven zu erklären — vor allem gegenüber den Vertriebenenverbänden — , die Bundeskanzler Kohl schon bei seinem Staatsbesuch in Polen im November 1989 dazu bewogen hatten, an der deutschen Rechtsposition zur Oder-Neiße-Grenze festzuhalten (Teltschik 1991: 14). Zwar mißbilligten die europäischen Partner diese Haltung im Grundsatz, jedoch kamen sie dem deutschen Kanzler insoweit entgegen, als sie in der Schlußerklärung von Straßburg zustimmten, daß "das deutsche Volk in freier Selbstbestimmung seine Freiheit wiedererlangt". Bundeskanzler Kohl akzeptierte im Gegenzug, daß sich dieser Prozeß "auf friedliche und demokratische Weise, unter Wahrung der Abkommen und Verträge sowie sämtlicher in der Schlußakte von Helsinki niedergelegten Prinzipien im Kontext des Dialogs und der Ost-West-Zusammenarbeit [vollzieht und] ... auch in die Perspektive der europäischen Integration eingebettet sein [muß].[230] Darüber hinaus einigten sich die Staats- und Regierungschefs darauf, daß die Regierungskonferenz zur Wirtschafts- und Währungsunion vor Ende 1990 zusammentreten wird.

Die Zustimmung von Bundeskanzler Kohl in Straßburg zur Einberufung einer Regierungskonferenz zur WWU — und später zur Politischen Union — erklärte sich aus der neuen politischen Situation heraus, die Ende 1989 entstanden war. Die Skepsis, die in den europäischen Nachbarstaaten gegenüber der deutsch-deutschen Entwicklung entstanden war, machte es notwendig, daß die Bundesregierung ein deutliches Zeichen gibt, daß sie am Fortgang der europäischen Integration weiter interessiert ist. Bundeskanzler Kohl tat dies aber nicht, ohne auf eine gleichzeitige Stärkung des Europäischen Parlaments zu drängen: Die Zustimmung zur Regierungskonferenz über die WWU wurde verknüpft mit dem Hin-

[229] Vgl. "'Wenn Deutschland erwacht ...', Neues im Osten — Reaktionen im Westen", in: Blätter für deutsche und internationale Politik (Dezember 1989), S. 1480—1496; speziell zu Frankreich: "Stimmen vor Öffnung der Mauer" und "Nach Öffnung der Mauer am 9.11.1989", in: Dokumente, Nr. 1 (Februar 1990), S. 59—69.

[230] Vgl. Schlußfolgerungen des Vorsitzes des Europäischen Rates, Tagung der Staats- und Regierungschefs in Straßburg am 8. und 9. Dezember 1989, in: Presse- und Informationsamt der Bundesregierung, Bulletin, Nr. 147 v. 19.12.1989, S. 1241—1248, hier: S. 1246.

weis auf die neue Legislaturperiode des Europäischen Parlaments und "daß die Wirtschafts- und Währungsunion [dem] Demokratieerfordernis in vollem Umfang Rechnung trägt".[231] Darüber hinaus war die Entwicklung in den Staaten Mittel- und Osteuropas so weit vorangeschritten, daß konkrete Beschlüsse zur Stärkung des Reformprozesses aber auch zur Stärkung der Gemeinschaft notwendig wurden. In den Schlußfolgerungen von Straßburg wurde diesbezüglich festgehalten: "Es liegt im Interesse aller europäischen Staaten, daß die Gemeinschaft stärker wird und sich beschleunigt zur Europäischen Union entwickelt".[232]

Der Gipfel von Straßburg war insofern ein Erfolg für die Gemeinschaft, als verschiedene Kompromißlinien gefunden werden konnten: Erstens wurde im Grundsatz vereinbart, daß die deutsche Einheit eine Sache der Deutschen ist, gleichwohl aber im Rahmen der KSZE und des europäischen Einigungsprozesses zu erfolgen hat. Zweitens wurde vereinbart, daß die weiteren Schritte, die zur Herstellung der WWU unternommen werden, gleichzeitig auch der Stärkung der Politischen Union Rechnung tragen müssen. Damit hatten sich die Staats- und Regierungschefs auf eine Strategie geeinigt, die den Vorstellungen Delors' entsprach und die Elemente enthielt — wie etwa die Befürwortung der deutschen Einheit und die Verknüpfung von WWU und Politischer Union — die Delors schon Monate zuvor in die Diskussion eingebracht hatte.

## 2.4 Auf dem Weg zur Politischen Union

Die veränderte Lage in Europa und der erfolgreiche Gipfel von Straßburg ermutigten Delors dazu, weiter in Richtung der Verknüpfung von WWU und Politischer Union zu denken. In einer Rede vor dem Europäischen Parlament am 17. Januar 1990 mahnte Delors: "Diese Stärkung der Gemeinschaft setzt Fortschritte bei der Durchführung der Einheitlichen Akte voraus. ... Aber das allein reicht nicht aus. Wie ich schon im Oktober in Brügge gesagt habe, beschleunigt die Geschichte ihren Lauf, und auch wir müssen unser Tempo steigern. Nur eine starke und selbstbewußte Gemeinschaft, die im Innern gefestigt ist und nach außen geschlossen auftritt, vermag ihrem Auftrag gerecht zu werden ... Zwei Orientierungen bieten sich an: die Wirtschaft- und Währungsunion und die politische Zusammenarbeit".[233] Im weiteren Verlauf seiner Rede schlug Delors vor, daß die bevorstehende Regierungskonferenz "unter einem einheitlichen Vorsitz gleichzeitig Überlegungen in zwei Richtungen anstellen solle: die Wirtschafts- und Währungsunion und ihre institutionellen Aspekte einerseits und die übrigen

[231] Ebd., S. 1243.
[232] Ebd., S. 1241.
[233] Vgl. EG-Bulletin, Beilage, Nr. 1 (1990), S. 13.

Fragen einschließlich der politischen Zusammenarbeit, um die fertige Gestalt der Gemeinschaft von morgen sichtbar zu machen, andererseits".[234]

In einem Interview im französischen Fernsehen im Januar 1990 erläuterte Delors, welches Ziel er mittel- bis langfristig anstrebte: bis zum Ende des Jahrtausends sei es für ihn vorstellbar, daß sich die Gemeinschaft zu einer "echten Föderation" weiterentwickelt; die Kommission solle dabei eine "politische Exekutive" darstellen, die gegenüber dem Europäischen Parlament und einer zweiten Kammer, bestehend aus Vertretern der Regierungen der Mitgliedstaaten bzw. der nationalen Parlamente, verantwortlich sein würde (Grant 1994: 135). Diese Art des Vorstoßes richtete sich indirekt sowohl gegen die Vorstellungen des Staatspräsidenten der UdSSR, Michail Gorbatschow, der anläßlich seines Deutschlandbesuchs im Juni 1989 vom "(gesamt)europäischen Haus"[235] gesprochen hatte, als auch gegen das Konzept von Staatspräsident Mitterrand, der in seiner Ansprache zum Jahreswechsel 1989/90 das Bild einer "europäischen Konföderation"[236] gebraucht hatte. Indem sich Delors frühzeitig für die deutsche Einheit ausgesprochen hatte — schon in seiner Rede vor dem Europa-Kolleg in Brügge am 17. Oktober 1989 hatte Delors die Auffassung vertreten, daß den Deutschen das Selbstbestimmungsrecht nicht vorenthalten werden könne (Delors 1993: 324f.)[237] — und in der weiteren Entwicklung denen widersprach, die ein zu großes Deutschland befürchteten, nahm Delors unmittelbar Einfluß auf die politische Debatte in Europa und kam zunehmend in die Position, die Agenda mit zu bestimmen. Diese

---

234 Ebd., S. 15f.

235 Vgl. u.a. Rede Gorbatschows in der Industrie- und Handelskammer in Köln, in: Bundespresseamt, Ostinformationen, Deutschland-UdSSR, v. 14.6.1989, S. 18, sowie Abschluß-Pressekonferenz mit dem sowjetischen Staats- und Parteichef Michail Gorbatschow, in: Die Welt v. 16.6.1989.

236 Vgl. Le Monde v. 2.1.1990, S. 1 und 5; Mitterrand sagte wörtlich: "...je compte voir naître, dans les années 90, une confédération européenne, au vrai sens du terme, qui associera tous les Etats de notre continent dans une organisation commune et permanente d'échanges, de paix et de sécurité." In dem dazugehörigen Kommentar in Le Monde wurde bemerkt, daß es offenbar Mitterrands Wunsch sei, daß die 90er Jahre die "Jahre der Konföderation" werden; gleichwohl bliebe offen, welche Beziehungen zwischen dem Konzept Mitterrands und der Idee Gorbatschows vom "gemeinsamen europäischen Haus" bestünden.

237 Delors sagte in der deutschen Übersetzung: ".. oder ob wir einmal eine Antwort auf die 'deutsche Frage' finden, daß heißt, den Menschen das Recht auf Selbstbestimmung gewähren müssen" (Delors 1993: 324). Vgl. auch die französische Orginalrede, die in diesem Punkt etwas weniger deutlich ist, als die deutsche Übersetzung. Delors sagte darin: "... ou qu'il s'agisse aussi de traiter, le moment venu, la question allemande. C'est-à-dire l'application à tous du droit à l'autodétermination". Vgl. Séance d'Ouverture de la Quarantième Année Académique du Collège d'Europe, Discours de Monsieur Jacques Delors, Président de la Commission des Communautés Européennes, Bruges le 17 octobre 1989, 39 S., hier: S. 33 (Delors 17.10.1989).

Rolle konnte von den Regierungen der Mitgliedstaaten auf Dauer nicht akzeptiert werden, da die EG-Kommission mit Delors an der Spitze zusehends in die Rolle einer quasi-Regierung schlüpfte und Vorschläge in die Diskussion einbrachte, die in Paris und London auf Mißbilligung stießen. Dies brachte die französische und die britische Regierung im Laufe des Jahres 1990 dazu "[to lead] a discreet revolt against Delors and the commission" (Grant 1994: 136). Delors akzeptierte diese Maßregelung: Ein für April vorgesehener Entwurf zur Politischen Union wurde fallen gelassen und Delors äußerte sich nicht mehr öffentlich zur Politischen Union bis November 1991.

Die Zurückhaltung Delors' kann als ein taktisches Manöver interpretiert werden: Nachdem der Kommissionspräsident die Debatte angestoßen hatte und sich nun zurückhielt, um die Regierungen der Mitgliedstaaten nicht weiter zu verärgern, griff das Europäische Parlament Teile der von Delors lancierten Ideen auf und führte sie weiter aus. Das Europäische Parlament trat dabei selbstbewußt gegenüber den Mitgliedstaaten auf und setzte sich für eine Stärkung der eigenen Rolle, aber auch für eine Stärkung der Kommission ein. Ende Februar 1990 legte der institutionelle Ausschuß des Europäischen Parlaments den sog. "Martin-Bericht" vor.[238] Darin wurde vorgeschlagen, die Tagesordnung der Regierungskonferenz zu erweitern, so daß "alle Aspekte der Europäischen Union erfaßt werden".[239] Das Parlament ging in seinem Bericht davon aus, daß die Erweiterung der Tagesordnung erfolgreich sein werde und forderte darüber hinaus seine Teilnahme an der Regierungskonferenz. Grund für die erweiterte Tagesordnung war nach Ansicht des Parlaments, daß "der Abschluß eines neuen Stadiums auf dem Weg zur europäischen Integration unverzichtbar sei",[240] da 1992 verschiedene Termine fällig würden, wie die Verwirklichung des Binnenmarktes, die Revision der EPZ, die Entscheidung über die Erweiterung und das Ende der finanziellen Vorausschau. Vor diesem Hintergund sei eine Teilreform im Bereich der Währungsunion nicht ausreichend; vielmehr bedürfe es einer "globalen Reform der Verträge".[241] Mit Blick auf die Kommission schlug der "Martin-Bericht" vor, daß sie in den Außenbeziehungen "wie in anderen politischen Bereichen die Möglichkeit haben [sollte], politische Vorschläge zu initiieren und im übrigen als Sprecherin und Vertreterin der Gemeinschaft nach außen [auftritt]."[242] In der Entschließung zum "Martin-Bericht" vom 14. März 1990 forderten die Parlamentarier schließlich die

[238] Vgl. Europäisches Parlament, Zwischenbericht im Namen des institutionellen Ausschusses über die Regierungskonferenz im Rahmen der Strategie des Parlaments im Hinblick auf die Europäische Union, Berichterstatter: David Martin, Dok. A3—47/90 v. 27.2.1990.

[239] Ebd., S. 10.

[240] Ebd., S. 12

[241] Ebd.

[242] Ebd., S. 16.

Schaffung einer "Europäischen Union auf föderativer Grundlage" und mahnten eine stärkere Berücksichtigung der Parlamente, der Kommission und des Wirtschafts- und Sozialausschusses im Reformprozeß an.[243] Die belgische Regierung legte daraufhin im März 1990 ein Memorandum vor, das in vielen Punkten — vor allem im institutionellen Bereich — mit dem "Martin-Bericht" übereinstimmte und das darüber hinaus Vorschläge für eine gemeinsame Außen- und Verteidigungspolitik enthielt. Ziel des Memorandums war es "eine Beschleunigung der Politischen Union [zu erreichen]" (Woyke 1991: 289).

Am 18. April 1990 richteten Bundeskanzler Kohl und Staatspräsident Mitterrand ein gemeinsames Schreiben an den irischen Ratspräsidenten Haughey, in dem sie unter Bezugnahme auf die EEA sich dafür aussprachen, "die Gesamtheit der Beziehungen zwischen den Mitgliedstaaten in eine Europäische Union umzuwandeln und diese mit den notwendigen Aktionsmitteln auszustatten".[244] In dem Schreiben schlugen Kohl und Mitterrand vor, eine zweite Regierungskonferenz einzurichten, die parallel zur Regierungskonferenz über die WWU stattfindet. Zweck der zweiten Regierungskonferenz sollte es sein, die demokratische Legitimation der Union zu stärken, die Institutionen effizienter zu machen, die Kohärenz zwischen den politischen Aktionen und den Aktionen der Union in der Wirtschafts- und Währungspolitik sicherzustellen und eine gemeinsame Außen- und Sicherheitspolitik zu definieren. Das deutsch-französische Tandem funktionierte wieder und beeinflußte nachhaltig den Sondergipfel in Dublin am 28.—29. April 1990, der sich im wesentlichen der deutschen Einheit und der Politischen Union widmete. Der Europäische Rat stellte in Dublin fest, "... daß die Vereinigung Deutschlands ... ein positiver Faktor in der Entwicklung Europas im allgemeinen und der Gemeinschaft im besonderen sein wird" und er "bestätigte ... sein Engagement für die Politische Union", indem er die Außenminister beauftragte, bis zum Juni 1990 die "Durchführung einer zweiten Regierungskonferenz" zu prüfen und Vorschläge hierfür auszuarbeiten.[245] Darüber hinaus wurde auf dem Gipfel Delors' Plan zur Eingliederung der DDR in die Gemeinschaft angenommen und vereinbart, die Kommission in vollem Umfang in den politischen und gesetzgeberischen Angleichungsprozeß zwischen beiden deutschen Staaten einzube-

[243] Vgl. Entschließung zu der Regierungskonferenz im Rahmen der Strategie des Europäischen Parlaments im Hinblick auf die Europäische Union, in: Abl. C 96 v. 17.4.1990, S. 114—118.

[244] Vgl. Botschaft des Staatspräsidenten der Französischen Republik, François Mitterrand, und des Bundeskanzlers der Bundesrepublik Deutschland, Helmut Kohl, an den irischen Premierminister und amtierenden Präsidenten des Europäischen Rates, Charles Haughey, vom 18. April 1990, abgedruckt in: Außenpolitik der Bundesrepublik Deutschland, Dokumente von 1949 bis 1994, hrsg. vom Auswärtigen Amt, Bonn 1995, S. 669—670.

[245] Vgl. Schlußfolgerungen des Vorsitzes des Europäischen Rates, Sondertagung der Staats- und Regierungschefs der EG am 28. April 1990 in Dublin, in: Presse- und Informationsamt der Bundesregierung, Bulletin, Nr. 51 v. 4.5.1990, S. 402—404, hier: S. 401 und 403.

ziehen. Für die Kommission bedeutete dies "a considerable success", der zur Stärkung ihres politischen Profils beitrug und dazu führte, daß sie an den innerdeutschen Verhandlungen über den Staatsvertrag beteiligt war und später an den Diskussionen über den Einigungsvertrag offziell mitwirkte (Spence 1991: 19).

Auf dem zweiten Gipfel in Dublin im Juni 1990 wurde schließlich vereinbart, die beiden Regierungskonferenzen zur Wirtschafts- und Währungsunion und zur Politischen Union im Dezember zu eröffnen. Bei den Vorarbeiten zu den Beratungen über die Politische Union sollten sich die Außenminister auf Beiträge der Regierungen der Mitgliedstaaten und der Kommission stützen. Die Kommission legte ihre Stellungnahme zur Regierungskonferenz über die Politischen Union am 21. Oktober vor, in der sie ihre Vorstellungen nochmals verdeutlichte: die Schaffung einer einheitlich verfaßten Gemeinschaft mit einem gemeinsamen institutionellen System, das flexibel genug ist, um langfristig die Errichtung einer "föderativen Organisation" zu ermöglichen; das derzeitige institutionelle Gleichgewicht und die Initiativbefugnis der Kommission, als einer der "Schlüssel für die Dynamik der Gemeinschaft", sollten beibehalten werden; die Gewährleistung eines einheitlichen und kohärenten Vorgehens der Gemeinschaft auf internationaler Ebene, das auch eine gemeinsame Sicherheitspolitik mit einschließt; die Verstärkung der demokratischen Legitimität des Gemeinschaftsgeschehens, insbesondere durch die Stärkung der Rechte des Europäischen Parlaments und die Einführung einer "Europabürgerschaft"; schließlich sollte sich die Ausweitung der Befugnisse der Gemeinschaft vorrangig auf die soziale Dimension, die Infrastrukturnetze und die Freizügigkeit erstrecken und das Subsidiaritätsprinzip sollte im Rahmen eines überarbeiteten Art. 235 EGV in den Vertrag aufgenommen werden.[246]

Die Delors-Kommission hatte Unterstützung bei denjenigen gefunden, die noch zu Beginn des Jahres 1990 ihren Vorstellungen gegenüber skeptisch eingestellt waren. Die Idee der Verknüpfung der deutschen Einheit mit der Lancierung der Politischen Union setzte sich in Dublin durch, ohne daß Delors selbst aktiv für diese Lösung eintreten mußte. Das Europäische Parlament unterstützte die Vorstellungen der Kommission und verlieh ihnen damit zusätzliches Gewicht. Die Kommission hatte unter der Führung Delors' im Zusammenhang mit der deutschen Einheit und der Politischen Union "die konzeptionelle Debatte um die Folgen der Einheit mitgeprägt und damit ein wichtiges Signal nach Paris gegeben" (Janning 1990: 310). Ferner hatte sie "als erstes EG-Organ jene Grundsatz-

[246] Vgl. Kommission der Europäischen Gemeinschaften, Stellungnahme der Kommission vom 21. Oktober 1990 zu dem Entwurf zur Änderung des Vertrags zur Gründung der Europäischen Wirtschaftsgemeinschaft im Zusammenhang mit der Politischen Union, KOM (90) 600 endg. v. 23.10.1990.

position [eingenommen], die sich im Laufe des Jahres 1990 als Strategie der Gemeinschaft insgesamt durchsetzte" (Lippert 1993: 46).

## 2.5 Die Vorbereitung der Wirtschafts- und Währungsunion

Den Grundsatz des wirtschaftlichen und sozialen Zusammenhalts bezeichnete Delors in einer Rede, die er am 1. März 1991 in Bordeaux vor dem Nationalkonvent über die Zukunft des ländlichen Raums in Frankreich hielt, als "eines der zentralen Ziele der Gemeinschaft" (Delors 1993: 91). Er verband damit die Vorstellung, daß "jeder Einwohner und jede Region der EG [...] die gleichen Chancen besitzen [muß], am gemeinsamen Wohlstand teilzuhaben" (ebd.). Als Folge der Verdoppelung der Strukturfondsmittel durch das Delors-I-Paket und der Einführung zusätzlicher Fördergebiete gewann der Grundsatz des wirtschaftlichen und sozialen Zusammenhalts zu Beginn der 90er Jahre an Bedeutung und wurde vor allem von den südlichen Mitgliedstaaten eingefordert, um die mit dem Binnenmarktprogramm einhergehenden Härten auszugleichen. Delors war ein Verfechter dieses Grundsatzes, der seiner Arbeit in der Kommission in dreierlei Hinsicht entgegenkam: Erstens, um Zustimmung zum allgemeinen wirtschaftspolitischen Vorgehen der Kommission, insbesondere im Kontext der Errichtung des Binnenmarktes, zu erhalten; zweitens, um die Rolle der Kommission durch die damit verbundene Zuweisung neuer Befugnisse zu stärken; drittens, um seine Vorstellungen über den Ausbau des "europäischen Gesellschaftsmodells" voranzubringen.

Im August 1990 veröffentlichte die Kommission ihre Stellungnahme zur Regierungskonferenz über die WWU, die sich sehr stark an die Arbeiten des Delors-Komitees anlehnte.[247] Die Kommission schlug darin vor, die zweite Phase der WWU am 1. Januar 1993 beginnen zu lassen.[248] In dieser Phase sollte die Errichtung eines unabhängigen, der Preisstabilität verpflichteten und demokratisch verantwortlichen "Europäischen Systems der Zentralbanken" (sog. "EuroFed") vorgenommen werden und die Verwendung der ECU gefördert und weiter erhöht werden. Die ursprüngliche Idee, denjenigen Staaten Sanktionen aufzuerlegen, die keine solide Haushaltspolitik verfolgen, wurde fallengelassen. In der dritten Phase, deren Beginn offen gelassen wurde und Gegenstand einer politischen Einigung im Europäischen Rat sein würde, sollte unter der Verantwortung der "EuroFed" die Einführung der ECU als einheitliche Währung vorgenommen werden. Die "EuroFed" würde für die einheitliche Geldpolitik verantwortlich

---

[247] Vgl. Kommission der Europäischen Gemeinschaften, Wirtschafts- und Währungsunion, SEK (90) 1659 v. 21.8.1990.

[248] Ebd., S. 4.

sein, die gemeinsame Währungspolitik ausarbeiten und umsetzen sowie das Management der Wechselkurse und Währungsreserven entsprechend den vom Ministerrat festgelegten Leitlinien vornehmen.[249]

Dieser Vorschlag verärgerte jedoch zum einen die Deutschen — und hier insbesondere Bundesbankpräsident Pöhl — die nicht bereit waren, die D-Mark "auf dem europäischen Altar" zu opfern, ohne die Gewißheit zu haben, eine ebenso stabile Währung wie die D-Mark zu erhalten. Das Kernargument der Bundesbank bestand darin, daß mit dem von der Kommission angestrebten Stufenprozeß mit festen Terminen beträchtliche Risiken — insbesondere für die Stabilität der deutschen Währung — verbunden sein würden. Ein derartiger Prozeß sollte nach Ansicht der Bundesbank vielmehr von der tatsächlichen wirtschaftlichen, politischen und finanzpolitischen Konvergenz in den Mitgliedstaaten abhängen, die deutlicher ausfallen müßte, als dies bis zu diesem Zeitpunkt in den Mitgliedstaaten zu beobachten war. Hinzu kam, daß in den Mitgliedstaaten die notwendigen institutionellen Voraussetzungen geschaffen werden mußten, d.h. insbesondere die Unabhängigkeit der Zentralbanken. Langfristig würde die WWU eine engere Verknüpfung zwischen den Mitgliedstaaten "in the form of a comprehensive political union" notwendig machen.[250] Zusätzlich sollte aus der Sicht der Bundesbank in der Übergangsphase kein "Europäisches System der Zentralbank" entstehen, sondern lediglich ein "Rat der Zentralbankgouverneure" eingerichtet werden und es sollten verbindliche Regeln und Sanktionsmechanismen vereinbart werden, um eine effektive Haushaltsdisziplin zu gewährleisten. Erst wenn die Unabhängigkeit der nationalen Zentralbanken hergestellt, die Inflationsraten reduziert, die Zinssätze angeglichen und die Haushaltsdefizite in allen Mitgliedstaaten gering genug sein würden, könnte die letzte Stufe der WWU beginnen.[251] Die Stellungnahme der Bundesbank fand die volle Unterstützung der Bundesregierung und wurde vom deutschen Finanzminister mit den Worten kommentiert: "Termine schaffen keine Konvergenz" (Rahmsdorf 1991: 120).

Zum anderen lehnten die südlichen Mitgliedstaaten den Kommissionsvorschlag ab, da sie eine lange zweite Phase der WWU befürworteten, um ihren Volkswirtschaften genügend Zeit zur Vorbereitung auf den Eintritt in die dritte Phase der WWU zu geben. Darüber hinaus hatten die südlichen Mitgliedstaaten eine Erhöhung der Mittel für den Regionalfonds erwartet als Ausgleich für die Einführung der WWU. Delors geriet somit in ein Dilemma: einerseits würden höhere Regio-

---

[249] Ebd., S. 25f. und S. 33.

[250] Deutsche Bundesbank's statement on creating Economic and Monetary Union in Europe, 19.9.1990, in: Richard Corbett (1993b): The Treaty of Maastricht. From Conception to Ratification: A Comprehensive Reference Guide, Harlow: Longman, S. 244—247.

[251] Ebd., S. 246f.

nalfondsmittel die nördlichen Mitgliedstaaten — und hier insbesondere Deutschland — abschrecken und andererseits würden die südlichen Mitgliedstaaten ohne finanzielle Unterstützung nicht gewillt und in der Lage sein, dem Beginn der zweiten und dritten Phase der WWU zu folgen (Grant 1994: 146).

Auf dem informellen Treffen der Wirtschafts- und Finanzminister in Rom am 8. September 1990 signalisierten nur Frankreich, Belgien, Italien und Dänemark ihre Bereitschaft, der Delors-Linie zu folgen. Deutschland, Luxemburg und die Niederlande vertraten den Standpunkt, daß vor dem Beginn der zweiten und dritten Stufe alle zwölf EG-Mitgliedstaaten die Konvergenzkriterien erfüllt haben müßten (Grant 1994: 147). Der britische Schatzkanzler John Major kritisierte das Datum des 1. Januar 1993, das die Kommission als Beginn der zweiten Stufe vorgeschlagen hatte, und bemängelte, daß keine ausreichende Analyse bzw. Erfahrung vorliege, um ein präzises Datum festzulegen.[252] Der spanische Finanzminister Carlos Solchaga schlug vor, die zweite Stufe der WWU erst am 1. Januar 1994 beginnen zu lassen, nachdem die Konvergenz ein signifikantes Maß erreicht hat, und dann diese zweite Stufe fünf bis sechs Jahre beizubehalten. Vor dem Eintritt in die zweite Stufe sollten alle Währungen dem EWS beigetreten sein, ohne jedoch notwendigerweise die engen Bandbreiten von ± 2,5 % zu befolgen, wie dies von der Kommission vorgeschlagen worden war, und die Zentralbanken sollten gegenüber den nationalen Regierungen über vollkommene Unabhängigkeit verfügen. In der zweiten Stufe könnte, ähnlich wie dies die britische Regierung vorgeschlagen hatte, eine "harte ECU" eingeführt werden, die erst in der dritten Stufe, nach einer Phase der festen Wechselkurse, zur gemeinsamen Währung würde.[253] Der deutsche Finanzminister beharrte parallel dazu auf dem Vorschlag, den Beginn der zweiten Stufe der WWU nicht an ein präzises Datum zu binden. Vielmehr sollten bestimmte Bedingungen erfüllt werden; vor allem die wirtschaftliche Konvergenz sollte ein ausreichendes Maß erreicht haben; außerdem sollten vor dem Beginn weiterer Stufen der WWU die Zentralbankgouverneure über die gleiche Unabhängigkeit verfügen wie der deutsche Bundesbankpräsident.[254]

Die Ansichten der Regierungen der Mitgliedstaaten zur Einführung der WWU waren somit von Uneinigkeit geprägt und wichen zum Teil erheblich von denen der Delors-Kommission ab, die für die Festlegung eines präzisen Stufenplans plädiert hatte. Die Gegner einer schnellen Einführung der WWU hatten einen taktischen Sieg errungen und die Strategie der Kommission, im Rahmen der im Dezember beginnenden Regierungskonferenz rasch zu einem Abschluß zu

---

252 Vgl. Agence Europe, Nr. 5325 v. 10./11.9.1990, S. 7.

253 Ebd., S. 6f.

254 Ebd., S. 7.

kommen, war in Gefahr geraten.[255] Im Oktober 1990 veröffentlichte die Kommission eine Studie über die Kosten und Nutzen der WWU, die in vieler Hinsicht an den Cecchini-Bericht von 1988 erinnerte, die jedoch unter den Regierungen, den Unternehmen und den Gewerkschaften nicht die gleiche Überzeugungskraft wie der Cecchini-Bericht entwickeln konnte.[256] Ein Grund hierfür war unter anderem, daß eine quantifizierte Gesamteinschätzung der Vorteile der WWU kaum möglich war. Die direkten Vorteile der WWU (z.B. bei den Einsparungen der Transaktionskosten) würden vermutlich nur gering ausfallen und die sehr viel umfangreicheren indirekten Vorteile der WWU (z.B. Förderung von Investitionen durch niedrigere Zinsen und höhere Wechselkurssicherheit) waren kaum zu beziffern. Das Eintreten der indirekten Vorteile würde im wesentlichen von der Glaubhaftigkeit der Politik der Gemeinschaft und der der Mitgliedstaaten abhängen, die dazu aufgerufen waren, den mit der WWU verbundenen Systemwechsel tatsächlich zu vollziehen.[257]

Diese Entwicklung, und die damit verbundene Argumentation, machte Delors erstmals die Grenzen seiner Gestaltungsmöglichkeiten in einem für die Kommission wichtigen Bereich deutlich. Von weitreichender politischer Bedeutung war dabei, daß Delors' integrationspolitisches Konzept insgesamt in die Schranken verwiesen worden war: Weitere Fortschritte in Richtung der Realisierung der WWU würden nur möglich sein, wenn insbesondere die südlichen Mitgliedstaaten ihre hohen Haushaltsdefizite und Inflationsraten drastisch abbauen würden. Dies würde nicht ohne die entsprechenden Anpassungsmaßnahmen erfolgen, die vermutlich wirtschaftliche Schocks zur Folge hätten. Gleichzeitig war ein wirtschaftlicher Wandel und eine gewisse Kompromißbereitschaft in den nördlichen Mitgliedstaaten notwendig, um eine finanzielle Kompensation für die ärmeren, vor allem südlichen Mitgliedstaaten zu erreichen. Es zeichnete sich jedoch ab, daß diese Kompromißbereitschaft gering ausfallen würde und damit die Gemeinschaft — nicht zuletzt aufgrund des deutschen Widerstands, der durch die finanziellen Belastungen der deutschen Einheit bedingt war — nur einen geringen Beitrag zur Finanzierung der wirtschaftlichen und sozialen Kosten beim Übergang in die WWU für die ärmeren Mitgliedstaaten würde leisten können. Mittel- bis langfristig war daher mit Spannungen — wenn nicht mit einer Spaltung — hinsichtlich des wirtschaftlichen und sozialen Zusammenhalts in der Gemeinschaft zu rechnen, deren politische Auswirkungen nicht abzusehen waren.

---

[255] Agence Europe, Nr. 5326 v. 12.9.1990, S. 1.

[256] Vgl. Kommission der Europäischen Gemeinschaften, Generaldirektion Wirtschaft und Finanzen: Ein Markt, eine Währung. Potentielle Nutzen und Kosten der Errichtung einer Wirtschafts- und Währungsunion — eine Bewertung, in: Europäische Wirtschaft, Nr. 44, Brüssel/Luxemburg, Oktober 1990.

[257] Ebd., S. 9ff.

Der wirtschaftliche und soziale Zusammenhalt war aber für Delors zu einem der zentralen Grundsätze der Gemeinschaft geworden, dessen Nichterfüllung auch seine Vorstellungen zur gesellschaftspolitischen Entwicklung in Europa in Frage stellte. Im Zusammenhang mit dem Padoa-Schioppa-Bericht, der sich mit den Folgen der Errichtung des Binnenmarktes und der Süderweiterung auseinandergesetzt hatte, hatte es Delors als die "wichtigste Lektion" bezeichnet, "daß die unsichtbare Hand, die auf einem Markt mit größtmöglicher Freiheit von Angebot und Auswahl für die optimale Faktorallokation sorgt, selbst nicht ohne Führung bleiben kann"; er kam zu dem Schluß, "daß die Regulierungs- und Verteilungsfunktion ... auf Gemeinschaftsebene verstärkt werden [muß]. Der Erfolg unserer Bemühungen und das wirtschaftliche und soziale Gleichgewicht der Gemeinschaft hängen davon ab".[258]

In einer Rede in Bordeaux im März 1991 führte Delors aus, daß er an dem von ihm im Zusammenhang mit der Sozialcharta skizzierten "europäischen Gesellschaftsmodell" weiter festhalten würde. Mehr noch: Delors unterstrich, daß für ihn ein enger Zusammenhang bestehe zwischen dem "sozialen" bzw. dem "ländlichen Europa" und der Bewahrung der europäischen Gesellschaften. Mit der Verabschiedung der Sozialcharta würde ein "sozioökonomisches Modell" verteidigt, das die politischen Repräsentanten — mit Ausnahme Großbritanniens — befürworteten; "... der ländliche Raum [spielt] in diesem europäischen Gesellschaftsmodell eine wesentliche Rolle ... [da er zur] Beständigkeit der so wichtigen sozialen Verbindungen in den Ländern der Gemeinschaft ...[beiträgt]" (Delors 1993: 79).

Der Kontrast zwischen den Verhandlungen über die Wirtschafts- und Währungsunion und den mit ihrer Realisierung einhergehenden wirtschaftlichen und sozialen Lasten einerseits und der Forderung nach wirtschaftlichem und sozialem Zusammenhalt zum Erhalt des europäischen Gesellschaftsmodells andererseits, weitete sich im Zeitraum 1990/91 aus. Die innerhalb der Gemeinschaft entstehenden politischen Spannungen sollten sich dabei auch auf das weitere Vorgehen und die Rolle der Kommission auswirken. Bis zum ersten Gipfel in Rom im Oktober 1990 verlief die Entwicklung noch im Sinne Delors': Im Laufe des Septembers/Oktobers wurde ein spanisch-niederländischer Kompromißvorschlag positiv aufgenommen, der den Beginn der zweiten Stufe der WWU auf den 1. Januar 1994 datierte und die Einhaltung des Termins mit der Erfüllung objektiver Bedingungen, wie die Vollendung des Binnenmarktes, die Teilnahme am EWS, dem Ausschluß monetärer Finanzierungen von Haushaltsdefiziten und die Unab-

---

[258] Vgl. Vorwort von Jacques Delors zum Padoa-Schioppa-Bericht, S. V—VI (Padoa-Schioppa-Bericht 1988).

hängigkeit der Zentralbanken verknüpfte.[259] Am 6. Okober 1990 wurde der Beitritt des britischen Pfunds zum Wechselkursmechanismus des EWS durch die Finanzminister und Notenbankchefs der Gemeinschaft gebilligt. Mit diesem Schritt verband sich die Hoffnung, daß der Streit über die WWU zwischen Großbritannien und den anderen Mitgliedstaaten entschäft würde (Wallace 1991: 357).

Auf dem Gipfel des Europäischen Rates in Rom am 27. und 28. Oktober 1990 wurde jedoch offensichtlich, daß dies ein Trugschluß war: Die britische Premierministerin Thatcher weigerte sich, die Schlußfolgerungen zur WWU mitzutragen, in denen die anderen elf Mitgliedstaaten den Beginn der zweiten Stufe — abweichend vom Vorschlag der Kommission — auf den 1. Januar 1994 festgelegt hatten und die Schaffung einer "neuen Institution der Gemeinschaft" vereinbarten, die nach Eintritt in die zweite Stufe für die Koordinierung der Geldpolitiken und die Entwicklung der ECU zuständig sein würde.[260] Die Isolierung Großbritanniens war offensichtlich geworden und fand in den Schlußfolgerungen des Gipfels ausdrücklich Erwähnung: "Das Vereinigte Königreich sieht sich nicht in der Lage, dem oben dargelegten Konzept [über den Beginn der zweiten Stufe am 1.1.1994, Anm. d. Verf.] zuzustimmen. ... Das Vereinigte Königreich ist zwar bereit, ... einen Schritt über die erste Stufe hinaus zu tun, ist jedoch der Ansicht, daß den Terminbeschlüssen die Beschlüsse über den Inhalt dieses Schritts vorausgehen sollten".[261] Als Alternative war von Großbritannien der Gegenvorschlag eingebracht worden, die ECU zu einer Parallelwährung neben den weiterbestehenden nationalen Währungen zu machen. Die anderen elf Mitgliedstaaten hatten sich jedoch vor Beginn des Gipfels über einen Kompromißvorschlag der italienischen Ratspräsidentschaft verständigt, der an den bestehenden spanisch-niederländischen Vorschlag anknüpfte und der Preisstabilität absoluten Vorrang einräumte.[262] Vor dem Hintergrund dieses Diskussionsstands waren die britischen Vorschläge nicht akzeptabel. Die britische Premierministerin war mit dem Verlauf und dem Ergebnis des Gipfels in Rom sehr unzufrieden und betrachtete Delors "as a symbol for everything which had gone wrong in Rome" (Grant 1994: 149). Die Verärgerung Thatchers war insofern nachvollziehbar, als sie, zusammen mit Schatzkanzler John Major, im Vorfeld des Gipfels eine präzise Fest-

---

[259] Vgl. "Kompromiß über Start am 1.1.1994 zeichnet sich ab", in: Handelsblatt v. 9.10.1990.

[260] Vgl. Schlußfolgerungen des Vorsitzes des Europäischen Rates, Sondertagung der Staats- und Regierungschefs der EG am 27. und 28. Oktober 1990 in Rom, in: Presse- und Informationsamt der Bundesregierung, Bulletin, Nr. 128 v. 6.11.1990, S. 1333—1338, hier: S. 1334 .

[261] Ebd., S. 1334f.

[262] Vgl. "Eurofed soll zur Preisstabilität verpflichtet werden. Vorschlag des italienischen Finanzministers für die Regierungskonferenz der EG", in: Frankfurter Allgemeine Zeitung v. 23.10.1990.

legung des Beginns der zweiten Stufe kategorisch abgelehnt hatte.[263] Die in Rom erlittene Niederlage und die Isolierung Großbritanniens innerhalb der Gemeinschaft sollte nicht ohne Folgen für die britische Innenpolitik bleiben: am 22. November 1990 trat die britische Premierministerin zurück, nachdem ihre unbeugsame Haltung in Rom den Rücktritt von Außenminister Howe bewirkt hatte und sie im Zusammenhang mit ihrer innenpolitischen Angeschlagenheit durch die "poll tax" zunehmend in die Kritik geraten war.

Delors konnte mit dem Ergebnis des Oktober-Gipfels in Rom in zweierlei Hinsicht zufrieden sein: Erstens waren die Staats- und Regierungschefs dem von ihm vorgeschlagenen Prinzip der Festlegung eines festen Termins für den Beginn der zweiten Stufe der WWU gefolgt. Zwar hatte die Kommission einen früheren Termin in die Diskussion eingebracht, jedoch war das genaue Datum letztlich zweitrangig. Delors hatte dies schon Anfang Oktober im Europäischen Parlament zum Ausdruck gebracht: "Le passage à la deuxième phase doit être fixé à une date déterminée, peu importe si c'est le 1er janvier 1993 ou le 1er janvier 1994, en fonction de critères objectifs".[264] Zweitens hatte in der Frage des Beginns und der Ausgestaltung der WWU eine Annäherung mit Bundeskanzler Kohl stattgefunden, der sich im weiteren Verlauf der Regierungskonferenz immer mehr zu einem "Verbündeten" der Kommission entwickelte.[265] Kohl hatte sich wenige Tage vor dem Gipfel in einem Interview im französischen Fernsehen für den 1.1.1994 als Beginn der zweiten Stufe ausgesprochen und hatte damit der Debatte über die WWU eine neue Qualität verliehen. Kohl war zwar der Ansicht von Finanzminister Waigel und Bundesbankpräsident Pöhl gefolgt und nicht der Linie von Außenminister Genscher, die der Position Delors' nahe kam, jedoch hatte das "Machtwort" des Kanzlers insgesamt für Klarheit gesorgt, der britischen Option eine deutliche Absage erteilt und dem Drängen der Kommission auf Festlegung eines festen Zeitplans zur WWU politisches Gewicht verliehen.[266] Hinzu kam, daß durch das Eintreten der Bundesregierung für den 1.1.1994 ein Kompromiß mit den südlichen EG-Mitgliedstaaten in greifbare Nähe rückte, die einen späteren Beginn der zweiten Stufe favorisiert hatten.

---

263 Vgl. "Major spricht sich vehement gegen eine Terminfestsetzung für die zweite Stufe aus", in: Handelsblatt v. 22.10.1990; "Eiserne Lady blockiert zweite Stufe. Margaret Thatcher gegen einen festen Termin für Wirtschafts- und Währungsunion", in: Die Welt v. 23.10.1990.

264 Rede von Jacques Delors vor dem Europäischen Parlament am 10.10.1990 in Straßburg, S. 5 (Delors 10.10.1990).

265 Vgl. "Delors begrüßt Kohls Festlegung. Zweite Stufe von 1994 an — Hoffnungen auf Sondergipfel in Rom", in: Frankfurter Allgemeine Zeitung; "Konvergenz mit Kohl", in: Frankfurter Allgemeine Zeitung v. 20.10.1990.

266 Vgl. Wolfgang Hirn: "EG-Währungsunion: Die Schlachtordnung vor dem Gipfel. Kohl hat gesprochen", in: Wirtschaftswoche v. 26.10.1990.

Die Ausgangsbedingungen für die Kommission waren auf dem zweiten Gipfel in Rom im Dezember 1990 vor diesem Hintergrund günstig: Delors' stärkste Gegenspielerin, die britische Premierministerin Thatcher, war nicht mehr anwesend; sie war durch den in Europaangelegenheiten — zu diesem Zeitpunkt noch — moderateren John Major abgelöst worden. Die EG-Zentralbankgouverneure hatten Mitte November 1990 einen detaillierten Entwurf eines Statuts für das zu schaffende Europäische Zentralbanksystem (EZBS) vorgelegt, der in praktisch allen Grundsatzfragen — vor allem der Unabhängigkeit des EZBS, der Verpflichtung zur Preisstabilität und dem Verbot der staatlichen Finanzierung von öffentlichen Haushaltsdefiziten — Einigkeit zwischen den Mitgliedstaaten erkennen ließ (Rahmsdorf 1991: 121f.). Der deutsche Bundeskanzler und der französische Staatspräsident hatten kurz vor dem Gipfel eine gemeinsame Erklärung veröffentlicht, durch die sie die bis dahin schwelenden Meinungsverschiedenheiten ausräumten und sich im Grundsatz auf eine gemeinsame Position zur Politischen Union einigten.[267] Der Kompromiß bestand darin, daß Mitterrand einer Stärkung des Europäischen Parlaments zustimmte und sich Kohl mit der Leitungsfunktion des Europäischen Rates im Rahmen der angestrebten gemeinsamen Außen- und Sicherheitspolitik einverstanden erklärte. Dennoch brachte der Gipfel nicht den erwarteten Erfolg für die Kommission und veranlaßte Delors dazu, Mahnungen auszusprechen und dem weiteren Integrationswillen der Mitgliedstaaten mit Skepsis zu begegnen.[268] Delors befürchtete, daß die Staats- und Regierungschefs hinter die im Oktober in Rom vereinbarten Beschlüsse zurückfallen könnten, d.h. insbesondere der Vereinbarung über den Beginn der zweiten Stufe der WWU am 1.1.1994.

Wenngleich dies nicht eintrat und der Gipfel in Rom im Dezember 1990 generell von "guten Absichten" geprägt war und zur Einsetzung der beiden Regierungskonferenzen über die Wirtschafts- und Währungsunion und die Politische Union führte, waren gleichzeitig beharrende Elemente erkennbar geworden, die auf einen Fortbestand des "Souveränitätsverständnis[ses] des alten Nationalstaates mit seinen herkömmlichen Ansprüchen [und Interessen, Anm. d. Verf.]"[269] hin-

---

[267] Vgl. Gemeinsame Botschaft von Bundeskanzler Dr. Kohl und dem Präsidenten der Französischen Republik, François Mitterrand, an den Präsidenten des Ministerrates der Italienischen Republik und amtierenden Präsidenten des Europäischen Rates, Giulio Andreotti, vom 6.12.1990, in: Außenpolitik der Bundesrepublik Deutschland, Dokumente von 1949 bis 1994, hrsg. vom Auswärtigen Amt, Bonn 1995, S. 776—778.

[268] Vgl. "Mahnungen von Kommissionschef Delors", in: Handelsblatt v. 17.12.1990; Eberhard Wisdorff: "Zweifel am Integrationswillen einiger EG-Länder. Delors wittert Gefahr", in: Handelsblatt v. 19.12.1990; "Europäische Währungsunion. Sprüche und Taten", in: Frankfurter Rundschau v. 19.12.1990.

[269] Vgl. Hansjakob Stehle: "Vorwärts mit vielen Vorbehalten. Nur zögernd treten die Regierungen nationale Rechte an die Gemeinschaft ab", in: Die Zeit v. 21.12.1990, S. 9.

deuteten: Deutschland war in wachsendem Maße mit der Herstellung der deutschen Einheit beschäftigt; in Großbritannien war John Major darum bemüht, an den europapolitischen Kurs von Margaret Thatcher anzuknüpfen und hatte in diesem Sinne für Januar einen Vertragsentwurf für die WWU, den sog. "Hard-ECU-Plan" angekündigt;[270] in Italien setzte sich die Krise des politischen Systems fort und die wirtschaftlichen und sozialen Spannungen zwischen Nord und Süd verschärften sich; in Frankreich waren euroskeptische Stimmen laut geworden[271] bzw. hatte nach dem Ende des Ost-West Konflikts und der Herstellung der deutschen Einheit generell ein Prozeß der Neudefinition der europapolitischen und internationalen Rolle Frankreichs begonnen; in den Schlußfolgerungen des Europäischen Rates war insbesondere durch Portugal bewirkt worden, daß die Gewährung eines vollen Mitentscheidungsrechts des Europäischen Parlaments abgemildert worden war und stattdessen die nationalen Parlamente Erwähnung gefunden hatten.[272] Darüber hinaus hatte 1989/90 eine generelle "Klimaveränderung" eingesetzt, die insbesondere durch die Entwicklung in der Sowjetunion und den Umbruch in Mittel- und Osteuropa bedingt war und die an anderer Stelle verkürzt als "Wiedergeburt des Nationalismus" (Minc 1992; Hassner 1995: 92) bezeichnet wird. Hinzu kam, daß sich die Zwölf im Zusammenhang mit der sich zuspitzenden Golfkrise zunehmend uneinig waren und durch die immer wahrscheinlicher werdende militärische Auseinandersetzung offensichtlich wurde, daß die Gemeinschaft über keine effektiven Handlungsmöglichkeiten verfügte.[273]

In diesem sich verändernden Kontext war im Rahmen der Debatte über die Politische Union ein von der Kommission im November 1990 vorgelegtes Arbeitspapier zur Außen- und Sicherheitspolitik von den Mitgliedstaaten abgelehnt worden, da unter anderem die Forderungen hinsichtlich der Rolle der Kommis-

---

[270] Vgl. "Eröffnung der Regierungskonferenz zur WWU. Ankündigung eines konkurrierenden britischen Vertragstextes", in: Neue Zürcher Zeitung v. 18.12.1990.

[271] Am 5.12.1990 verabschiedete der RPR-Nationalrat das Manifest "Für die Union der Staaten Europas", das deutlich intergouvernementale Züge trug, und das eine Reaktion auf die veränderte innenpolitische Situation in Frankreich war, die von der stärker werdenden rechtsextremen Nationalen Front geprägt wurde. Generell wurde dieser Schritt als ein Signal für die "Radikalisierung der RPR im Hinblick auf die europäische Integration" gewertet (La Serre/Lequesne 1991: 316).

[272] Die Schlußfolgerungen des Europäischen Rats in Rom enthalten lediglich den Hinweis "... die Entwicklung von Mitentscheidungsverfahren ... in Betracht zu ziehen", vgl. Schlußfolgerungen des Vorsitzes des Europäischen Rates, Tagung der Staats- und Regierungschefs der EG am 14. und 15. Dezember 1990 in Rom, in: Presse- und Informationsamt der Bundesregierung, Bulletin, Nr. 149 v. 21.12.1990, S.1553—1559, hier: S. 1553; vgl. auch Hansjakob Stehle, a.a.O., in: Die Zeit v. 21.12.1990, S. 9

[273] Vgl. zu dieser Entwicklung generell Herbert Kremp: "Golfkrieg, Sowjetunion und fehlende Einheit bringen Europa '92 zu Fall", in: Die Welt v. 22.2.1991.

sion zu überzogen waren (Wolf 1991: 75). Nachdem die Wirtschafts- und Finanzminister im Anschluß an den Gipfel in Rom die Regierungskonferenz zur WWU eröffnet hatten, wurde der Vertragsentwurf, den die Kommission als Grundlagenpapier ausgearbeitet hatte, lediglich "zur Kenntnis genommen"[274] und nicht weiter behandelt. Dies bedeutete im Klartext eine Zurückweisung der Vorschläge der Kommission hinsichtlich des weiteren Vorgehens im Rahmen der Regierungskonferenz zur WWU. Zwei Gründe waren hierfür verantwortlich: Erstens waren die Wirtschafts- und Finanzminister mit dem Inhalt nicht einverstanden; insbesondere Finanzminister Waigel forderte verbindliche Kriterien bei der Begrenzung der Haushaltsdefizite und sprach sich dafür aus, die Europäische Zentralbank erst am Ende der zweiten Stufe einzurichten. Zweitens mißfiel den Ministern, daß die Kommission zu Beginn ihrer Verhandlungen das Ergebnis schon vorwegnehmen wollte (Grant 1994: 151).

Die Kommission war unter der Führung Delors' offensichtlich zu vorschnell gewesen und hatte die Ablehnung der nationalen Regierungen provoziert, die zunehmend mit innenpolitischen und internationalen Problemen beschäftigt waren. Delors hatte einen Rückschlag erlitten, wenngleich er aus seiner Sicht nur folgerichtig gehandelt hatte und die Verhandlungen über die WWU durch konkrete Vorgaben voranbringen wollte. Die Kommission büßte dadurch einen Teil des ihr nach dem Fall der Mauer zugebilligten "politischen Kredits" ein. Unter den Regierungen der Mitgliedstaaten hatten die Unstimmigkeiten — insbesondere mit Großbritannien, aber unterschwellig auch zwischen den nördlichen und den südlichen Mitgliedstaaten — zugenommen und es gab nur insofern Einvernehmen, als eine Mehrheit der Mitgliedstaaten behutsamer vorgehen wollte, als dies die Vorschläge der Kommission gefordert hatten. Die weitere Durchsetzung der Ideen der Kommission würde nun davon abhängen, inwieweit es ihr gelänge, im Rahmen der Regierungskonferenz durch ausgewogene Vorschläge eine Annäherung zwischen den Positionen der Mitgliedstaaten zu erreichen — ohne dabei gleichwohl die von ihr verfolgte Strategie der Verknüpfung von wirtschaftlichem und sozialem Zusammenhalt bei gleichzeitiger politischer Integration aufzugeben —, um dadurch mittel- bis langfristig eine dauerhafte Stärkung ihrer (integrations)politischen Rolle herbeizuführen.

## 2.6 Der Weg nach Maastricht

Im Laufe des Jahres 1991 erfolgten die äußerst beschwerlichen und komplizierten Verhandlungen im Rahmen der Regierungskonferenzen zur Wirtschafts- und

---

[274] Vgl. Schlußfolgerungen des Vorsitzes des Europäischen Rates am 14. und 15. Dezember 1990 in Rom, a.a.O., S. 1555.

Währungsunion (WWU) und zur Politische Union (PU). Die Kommission wurde in beide Verhandlungsprozesse einbezogen und nutzte diese Möglichkeit aktiv durch die Vorlage von Vertragsentwürfen und Positionspapieren. Die Beteiligung der Kommission an den beiden Regierungskonferenzen fiel dabei unterschiedlich aus: während die Kommission auf den Verlauf der Verhandlungen zur WWU Einfluß nahm und in einzelnen Verhandlungspunkten ihre Vorschläge durchsetzen konnte, blieb ihr Einfluß auf die Verhandlungen zur PU begrenzt. Ein wesentlicher Grund hierfür war, daß die Kommission bezüglich der WWU insbesondere durch den Delors-Bericht, aber auch durch den Padoa-Schioppa-Bericht und andere Arbeiten,[275] konzeptionelle Vorüberlegungen angestellt hatte, über umfangreiche Informationen verfügte und somit auf die Verhandlungen vorbereitet war. Demgegenüber war die Idee der PU im Rahmen des veränderten Kontexts nach dem Fall der Mauer entstanden und ging im wesentlichen auf eine Initiative der Mitgliedstaaten — insbesondere Deutschlands und Frankreichs — zurück. Die Kommission hatte im Bereich der PU keine umfassenderen Vorarbeiten geleistet und konnte daher im Verhandlungsprozeß auf nur wenig konzeptionelles Material zurückgreifen.[276] Darüber hinaus gelang es nicht, eine ausreichende Verknüpfung zwischen beiden Verhandlungsprozessen herzustellen und sie zu der von der Kommission geforderten "gemeinsamen Philosophie für die institutionelle Struktur [zu führen].[277] Während es der Kommission im Rahmen der Verhandlungen zur EEA gelungen war, die Institutionen und Entscheidungsverfahren ins Zentrum der Vertragsrevision zu stellen, sollte eine solche thematische Konzentration im Rahmen der sehr viel komplexeren Verhandlungen über die PU und die WWU nicht mehr möglich sein.

Von seiten der Kommission waren im wesentlichen David Williamson, Generalsekretär der Kommission, François Lamoureux, zu diesem Zeitpunkt stellvertretender Kabinettchef von Delors, und Giovanni Ravasio, Generaldirektor der GD II (Wirtschaft und Finanzen) für die "technische" Seite der Regierungskonferenzen verantwortlich. Sie nahmen als Beobachter an den Verhandlungen auf der Ebene der Botschafter bzw. der persönlichen Beauftragten der Außenminister teil. Williamson und Lamoureux waren dabei vor allem für die Verhandlungen über die PU zuständig und Ravasio betreute zusammen mit Lamoureux die Verhand-

[275] Vgl. Kommission der Europäischen Gemeinschaften, Wirtschafts- und Währungsunion, SEK (90) 1659 endg. v. 21.8.1990; Kommission der Europäischen Gemeinschaften: Die Europäische Gemeinschaft in den 90er Jahren: auf dem Weg zur Wirtschafts- und Währungsunion, in: Europäische Wirtschaft, Nr. 46, Dezember 1990; Kommission der Europäischen Gemeinschaften, Jahreswirtschaftsbericht 1990/91 (Revision). Die Europäische Gemeinschaft in den 90er Jahren: Auf dem Weg zur Wirtschafts- und Währungsunion, KOM (91) 185 endg. v. 23.5.1991.

[276] Hinweis von François Lamoureux im Gespräch mit dem Verf. am 13.1.1997.

[277] Vgl. SEK (90) 1659 v. 21.8.1990, S. 2.

lungen über die WWU. Der Vertreter des Kabinetts des Präsidenten, François Lamoureux, war somit der einzige hohe Beamte der Kommission, der beide Verhandlungsprozesse eng begleitete. Delors nahm auf der politischen Ebene Einfluß auf die Regierungskonferenz durch seine regelmäßige Teilnahme an den Sitzungen des ECOFIN-Rates und durch seine Interventionen im Europäischen Parlament. Viele der Vorlagen der Kommission, die im Rahmen der Regierungskonferenzen entstanden, wurden im Kabinett Delors′ — und hier vor allem von François Lamoureux zur PU und von Joly Dixon zur WWU — geschrieben.[278] Gleichwohl vermieden es die anderen Kommissare, Delors dabei ebenso freie Hand zu lassen, wie dies im Rahmen der Verhandlungen über die EEA geschehen war (Grant 1994: 189).

Die Rolle der Kommission wurde im Laufe der Verhandlungen im wesentlichen von den folgenden beiden Elementen bestimmt: Erstens verfolgte Delors — beflügelt durch den Erfolg des Delors-I-Pakets, des Delors-Komitees und des Binnenmarktprogramms 1992 — eine ehrgeizige Strategie, obgleich die Kommission durch den Fall der Mauer, die wachsende Abtrünnigkeit Großbritanniens und die zunehmend kritische Stimmung in den Mitgliedstaaten gegenüber ihren Vorschlägen zunehmend ins Abseits geraten war. Delors hielt im Laufe der Verhandlungen an einer föderalen Zielsetzung fest, die eine Stärkung der Kommission mit einschließen würde, wenngleich in den meisten Mitgliedstaaten eine von föderalen Prinzipien geleitete Weiterentwicklung der Gemeinschaft auf Ablehnung stieß. Zweitens war das Arbeitsprogramm der Kommission durch eine Vielzahl von Aktivitäten (über)belastet, die ihr nicht den notwendigen Spielraum ließen, um sich nachhaltiger mit den beiden Regierungskonferenzen auseinanderzusetzen. Die Verhandlungen im Rahmen des Europäischen Wirtschaftsraums, die Europa-Abkommen mit Polen, Ungarn und Tschechien, die Uruguay-Runde sowie die Bemühungen zur Reform der Gemeinsamen Agrarpolitik waren zeitraubend und banden innerhalb der Kommission viele Kräfte. Hinzu kamen der Golfkrieg, die Ausweitung des Konfliktes auf dem Balkan und das Auseinanderbrechen der Sowjetunion, die in wachsendem Maße die Kommission unter Druck setzten und — aufgrund der wachsenden Uneinigkeit innerhalb der Gemeinschaft — sich nachteilig auf ihr Ansehen in der Öffentlichkeit auswirkten.

### 2.6.1 Die Verhandlungen über die Wirtschafts- und Währungsunion

Die Verhandlungen über die WWU konzentrierten sich vor allem auf die Frage der Einrichtung von Übergangsphasen und die Rolle der "neuen Institution", die

[278] Vgl. aufführlicher zum Delors-Kabinett unten Teil III, Kapitel 1.2.

gemäß den Schlußfolgerungen des Europäischen Rates im Oktober in Rom aus "den nationalen Zentralbanken und aus einem zentralen Organ" gebildet werden sollte.[279] Dabei hatten sich grob zwei Lager herausgebildet: Ein Großteil der Mitgliedstaaten unter der Führung Frankreichs befürwortete eine kurze Übergangszeit zur WWU und die frühe Einrichtung einer mit weitreichenden geldpolitischen Kompetenzen ausgestatteten Europäischen Zentralbank. Eine Minderheit von Mitgliedstaaten unter der Führung der Bundesrepublik befürwortete eine eher lange Übergangszeit zur WWU und die Einrichtung einer Europäischen Zentralbank am Ende dieses Prozesses nach einem einstimmig gefaßten Beschluß durch den Europäischen Rat. Großbritannien spielte eine weitgehend außerhalb dieser beiden Lager angesiedelt Sonderrolle und forderte die Schaffung eines Europäischen Währungsfonds, die Einführung einer "harten ECU" und die Möglichkeit eines britischen "opt-outs" vor dem Eintritt in die dritte Stufe.[280] Die Position der Kommission kam innerhalb dieser Konstellation der französischen Argumentation am nächsten. In einem Memorandum vom 1. Februar 1991 unterstrich die Kommission die Bedeutung einer erfolgreichen ersten Phase der WWU, die am 1. Juli 1990 begonnen hatte, und plädierte für eine kurze Übergangsphase bis zur vollständigen Einrichtung der WWU.[281] Nach Ansicht der Kommission sollte schon in der zweiten Phase der engültige Arbeitsmechanismus der WWU eingerichtet werden, so daß es zu keiner dritten Phase kommen müsse. Die Kommission befürwortete ferner die Errichtung einer mit weitreichenden Kompetenzen ausgestatteten "Eurofed", bestehend aus den nationalen Zentralbanken und der Europäischen Zentralbank, die allein für die Einführung und die Stabilität der ECU zuständig sein sollte, und der die notwendigen Instrumente zur Verfügung stehen würden, um eine marktorientierte Geldpolitik durchzuführen. Schließlich plädierte die Kommission dafür, im Rahmen der WWU eine ausreichende demokratische Verantwortlichkeit zu gewährleisten, die unter anderem in einer Berichtspflicht der "Eurofed" gegenüber dem Europäischen Parlament bestehen würde. Im Gegenzug legte die Bundesregierung im Februar 1991 einen Entwurf vor, der dafür eintrat, in der zweiten Stufe lediglich einen Rat der Zentralbankgouverneure einzurichten und damit die Geldpolitiken weitgehend in den Händen der nationalen Zentralbanken zu belassen. Außerdem forderte die Bundesregierung die Einführung eines Sanktionsmechanismus, der dafür sorgen sollte, daß die Defizite der öffentlichen Haushalte die Höhe der öffentlichen Investitionen

---

279 Schlußfolgerungen des Vorsitzes des Europäischen Rates am 27. und 28. Oktober 1990 in Rom, a.a.O., S. 1334.

280 Vgl. United Kingdom Proposal for the creation of a European Monetary Fund responsible for managing the hard ECU, January 1991, in: Richard Corbett (1993b): The Treaty of Maastricht. From Conception to Ratification, a.a.O., S. 254—262.

281 Vgl. European Commission explanatory memorandum concerning the draft treaty on European Economic and Monetary Union, in: Agence Europe, Documents, Nr. 1687, 1.2.1991.

nicht übersteigen. Und schließlich sollte der Übergang zur dritten Stufe, die die Einführung einer gemeinsamen Währung und die Schaffung der Europäischen Zentralbank mit sich brächte, allein von der Erfüllung der Konvergenzkriterien abhängig gemacht werden (Janning 1991: 303).

Die Präsidentschaft Luxemburgs im Rat erwies sich im Laufe der Verhandlungen nicht zuletzt aufgrund der wachsenden internationalen Herausforderungen am Golf und im ehemaligen Jugoslawien als wenig glücklich.[282] Es gelang ihr nicht, den Abstand zwischen den Positionen Frankreichs, der Kommission und der Bundesrepublik wesentlich zu verringern. Grund hierfür war, daß die Verhandlungspositionen der Mitgliedstaaten zur WWU bestimmten Bedingungen unterworfen waren bzw. von einigen generellen Erwägungen getragen wurden, die sich eher hemmend auf eine Annäherung auswirkten: Erstens war die Bundesregierung durch die starke Rolle der Bundesbank bei der Formulierung ihrer Position im Prinzip festgelegt und verfügte nur über einen geringen Handlungsspielraum. Hinzu kam, daß die Bundesregierung aus innenpolitischen aber auch aus internationalen Erwägungen heraus der Herstellung der Politischen Union Priorität einräumte — mit besonderer Betonung der Stärkung des Europäischen Parlaments — und sich eine funktionierende Wirtschafts- und Währungsunion nur als "Junktim" von WWU und PU vorstellen konnte.[283] Zweitens war Frankreich in erster Linie an einer raschen Verwirklichung der Wirtschafts- und Währungsunion interessiert, um die nach der Herstellung der deutschen Einheit noch drückender gewordene Vormachtstellung der deutschen Währung bzw. der Bundesbank in Frankfurt in den Rahmen der Gemeinschaft einzubinden und um dadurch seinen eigenen Führungsanspruch in Europa zu sichern. Die Politische Union mit einem gestärken Europäischen Parlament war aus französischer Sicht eher sekundär und wurde als ein notwendiges Zugeständnis an Deutschland betrachtet.[284] Drittens die südlichen und ärmeren Mitgliedstaaten unter der Führung Spaniens, die in den Verhandlungen weder der Herstellung der Politischen Union noch der Realisierung der Wirtschafts- und Währungsunion als solches Priorität einräumten, sondern die vor allem die Frage der Bewältigung der Auswirkungen der von den nördlichen Mitgliedstaaten angestrebten "'two-speed' or multi-speed EMU" (Cameron 1995: 72) beschäftigte. Aus ihrer Sicht mußten die

---

[282] Vgl. Peter Hort: "Gewissensfrage an Luxemburg. Außenminister Poos und seine nicht immer geglückte EG-Präsidentschaft", in: Frankfurter Allgemeine Zeitung v. 3.7.1991.

[283] Vgl. "Kohl will den Durchbruch zur Politischen Union" und "Kohl beharrt auf Junktim", beide in: Handelsblatt v. 21.5.1991.

[284] Vgl. Winfried Münster: "Die ungewollte Politische Union. Der Weg zur Integration führt in der EG durch die Rumpelkammer der Interessen", in: Süddeutsche Zeitung v. 5.7.1991.

Verhandlungen in erster Linie darauf hinauslaufen, einen umfangreichen horizontalen Finanzausgleich bzw. einen Ausgleichsfonds zu schaffen.[285]

Die Haltung der Kommission war angesichts dieser grundsätzlichen Unterschiede davon geprägt, die im Prozeß der Diskussion über die WWU entstandenen "Errungenschaften" der Gemeinschaft — angefangen von der Idee des Stufenplans im Delors-Bericht, über die Vereinbarung in Rom über den Beginn der zweiten Stufe am 1. Januar 1994 bis hin zu dem von ihr im Februar vorgelegten Memorandum — zu konsolidieren und so weit wie möglich in den Verhandlungen durchzusetzen. Gleichzeitig war die Kommission darum bemüht, die Anliegen der Mitgliedstaaten aufzugreifen und durch Verhandlungen eine Annäherung der Positionen zu erreichen. Die Strategie der Kommission bestand darin, die Positionen der Regierungen der Mitgliedstaaten — mit Ausnahme Großbritanniens, das seit der Zurückweisung des "Hard-ECU-Plans" vom Januar 1991 sich darauf konzentrierte, eine für sich günstige "opt-out-Klausel" zu erhalten und damit die Verhandlungen weitgehend Deutschland und Frankreich überließ (Corbett 1993b: 40) — so umfassend wie möglich zu berücksichtigen und schrittweise ein "Gesamtpaket" zu schnüren, das am Ende für alle akzeptabel sein würde. Dieses Vorgehen sollte dabei durchaus auch dafür genutzt werden, die eigene Rolle zu stärken. Die Herstellung einer Übereinstimmung mit der deutschen Position fiel der Kommission am leichtesten. Schon in dem Memorandum vom Februar hatte die Kommission sich der Idee des "Junktims" von PU und WWU angeschlossen und deutlich gemacht, daß die Stärkung der politischen Dimension dabei eine besondere Rolle spielte: "EMU and political union alike aim to give the Community a new capacity for action ... Both are aspects closely linked to one and the same movement: the advance towards European union".[286] Zwischen der Kommission und Frankreich bestand insofern ein grundsätzliches Einvernehmen, als beide für eine kurze Übergangszeit bis zur dritten Stufe der WWU plädierten und dabei weniger den Akzent auf die Erfüllung von bestimmten Konvergenzkriterien legten. Beide hatten vielmehr das Ziel der raschen Einführung einer gemeinsamen Währung und der Schaffung der Europäischen Zentralbank vor Augen. Die südlichen Mitgliedstaaten wurden insofern von der Kommission berücksichtigt, als sie die Einrichtung eines finanziellen Ausgleichsmechanismus befürwortete zur Behebung von wirtschaftlichen Schwierigkeiten und zur Förderung der Konvergenz.[287] Schließlich brachte die Kommission Ende Mai 1991 einen Vorschlag über die künftige Finanzverfassung der Gemeinschaft in die Regierungskonferenz ein, der sich für die finanzielle Unabhängigkeit der

[285] Vgl. Eberhard Wisdorff: "EG-Regierungsverhandlungen über die angestrebte Politische Union. Gemeinsamkeiten und Konflikte", in: Handelsblatt v. 6.5.1991.

[286] Explanatory Memorandum v. 1.2.1991, a.a.O., S. 1.

[287] Ebd., S. 6.

Gemeinschaft aussprach und — zumindest vom Prinzip her — die Einführung einer Gemeinschaftssteuer vorschlug, die langfristig für die Finanzierung der notwendigen Kohäsionsmaßnahmen genutzt werden könnte.[288]

Vor dem Hintergrund der Interessenunterschiede zwischen den Mitgliedstaaten und der um Profilierung bemühten Kommission hatte die luxemburgische Ratspräsidentschaft einen schweren Stand. Sie legte am 12. April 1991 ein "Non-Paper" vor, das die unwiderrufliche Festlegung der Wechselkurse, die Einführung einer gemeinsamen Währung, die ECU, und die Einrichtung eines Europäischen Systems der Zentralbanken vorsah.[289] Dieser Vorschlag fand nicht die Zustimmung der Mitgliedstaaten. Aus deutscher Sicht war er in vielen Punkten zu ungenau und nannte keine genauen Übergangskriterien zur dritten Stufe der WWU. Aus der Sicht der anderen, insbesonderen der südlichen Mitgliedstaaten, ging er nicht weit genug, da er keinen Hinweis auf einen besonderen finanziellen Kompensationsmechanismus enthielt. Trotz der Stagnation in den Verhandlungen im ersten Halbjahr 1991 — die unter anderem durch die zeitraubende Vermittlungstätigkeit der luxemburgischen Präsidentschaft im Konflikt zwischen Serbien, Kroation und Slowenien bedingt war — konnten sich die Außenminister bei ihrem Treffen in Luxemburg im Mai 1991 zumindest auf einige Kernprinzipien beim Übergang zur dritten Stufe der WWU einigen: keine Zwangsmitgliedschaft in der WWU, keine Vetomacht für ein Mitgliedsland und kein willkürlicher Ausschluß aus der WWU (Grant 1994: 182).

Die Erfahrungen mit dem luxemburgischen Vertragsentwurf und die während der luxemburgischen Präsidentschaft vereinbarten Grundprinzipien bildeten die Grundlage für die Arbeiten der niederländischen Präsidentschaft im zweiten Halbjahr 1991. Recht überraschend legte die niederländische Regierung Ende September 1991 einen Vertragsentwurf vor, der "einen Kranz von harten Bedingungen für die Mitgliedschaft in der WWU [enthielt]" (Woyke 1992: 302). Darin schlug die niederländische Präsidentschaft vor, die Wirtschafts- und Währungsunion Ende 1996 beginnen zu lassen, wenn sechs oder mehr Mitgliedstaaten die Konvergenzkriterien über einen Zeitraum von zwei Jahren erfüllt hätten und unter sich den Beschluß fassen würden, weiter voranzuschreiten. Die Konvergenzkriterien umfaßten nach niederländischen Vorstellungen die Geldwertstabilität, die derjenigen des stabilsten EG-Mitgliedstaats nahe kommen mußte, die jähr-

---

[288] Vgl. Political Union: Financial Provisions. Contribution by the Commission to the Intergovernmental Conference, in: Agence Europe, Documents, Nr. 1713/14 v. 30.5.1991.

[289] Vgl. Non-Paper by the Luxemburg Presidency, draft treaty articles with a view to achieving Political Union, in: Agence Europe, Documents, Nr. 1709/1710 v. 3.5.1991; vgl. auch Draft Articles 2 to 4 bis and 102 to 104 of the Treaty establishing the EEC, amended with a view of the creation of Economic and Monetary Union, in: Agence Europe, Nr. 1693, v. 27.2.1991.

liche Neuverschuldung, die auf 3 % des BSP begrenzt sein sollte, und die Teilnahme am Wechselkursmechanismus des EWS ohne Abwertung seit 1994. Die Vorreiterstaaten würden gegenüber der WWU-Mitgliedschaft von Nachzüglern ihr Veto einlegen können, wenn sie der Ansicht wären, daß diese die Konvergenzkriterien nicht erfüllten. Auf deutsches Drängen hin enthielt der niederländische Entwurf schließlich den Vorschlag, nach Eintritt der zweiten Stufe zunächst ein "Währungsinstitut" — das spätere Europäische Währungsinstitut (EWI) — einzurichten. Erst mit dem Eintritt der dritten Stufe sollte die Schaffung der Europäischen Zentralbank erfolgen (Corbett 1993b: 41).[290]

Delors war mit dem niederländischen Vertragsentwurf sehr unzufrieden, da er seiner Ansicht nach von den Vorschlägen des Delors-Ausschusses vom April 1989 abwich und den Einstieg in ein "Europa der zwei Geschwindigkeiten" bedeuten würde. Letzteres wurde von der Kommission abgelehnt, da alle Mitgliedstaaten die gleichen Ziele verfolgten und es im Rahmen der Stufenregelung der WWU besser wäre, den Mitgliedstaaten mit einer schwächeren Währung Ausnahmeregelungen und Übergangszeiten einzuräumen, als diese von vornherein auszuschließen. Delors sprach sich auch gegen einen Sanktionsmechanismus bei Nichteinhaltung der Konvergenzkriterien aus, da dies nicht mit dem Subsidiaritätsprinzip vereinbar wäre (Grant 1994: 183). Nach Ansicht der Kommission sollte vielmehr durch EG-Darlehen und spezifische Sanierungsprogramme den schwächeren Mitgliedstaaten die Möglichkeit gegeben werden, ihre öffentlichen Schulden abzubauen und ihr außenwirtschaftliches Ungleichgewicht zu reduzieren, um dadurch möglichst erfolgreich die erste Stufe der WWU nutzen zu können (Wolf 1991: 74). Die betroffenen südlichen Mitgliedstaaten — und hier vor allem Italien und Griechenland — aber auch Belgien schlossen sich dieser Kritik an und bewirkten, daß der niederländische Vertragsentwurf zurückgezogen wurde (Cameron 1995: 72).

Die niederländische Regierung — und hier vor allem Finanzminister Wim Kok — bemühte sich darum, zumindest Teile ihres Vertragsentwurfs zu retten. Sie wurde dabei von der Bundesregierung — vertreten durch Finanzminister Theo Waigel — unterstützt (Grant 1994: 183). Ende Oktober legte die niederländische Präsidentschaft einen überarbeiteten Vertragsentwurf vor, der den Vorschlag enthielt, daß der Europäische Rat als Ganzes über den Beginn der dritten Stufe

[290] Vgl. Regierungskonferenz zur Wirtschafts- und Währungsunion: Vorschläge der niederländischen Präsidentschaft zur Übergangsperiode — Bedingungen für den Übergang in die Endphase, in: Agence Europe, Dokumente, Nr. 1731 v. 6.9.1991.

der WWU entscheiden solle.[291] Voraussetzung hierfür war, daß sieben oder acht Mitgliedstaaten die Konvergenzkriterien erfüllen und denjenigen Mitgliedstaaten, die die Konvergenzkriterien nicht erfüllt hätten, Ausnahmeregelungen eingeräumt werden. Dieser Kompromißvorschlag kam den südlichen Mitgliedstaaten entgegen, die ein "Europa der unterschiedlichen Geschwindigkeiten" ablehnten, da sie davon ausgingen, nicht zur ersten Gruppe der WWU-Teilnehmer zu gehören. Damit waren die meisten derjenigen Punkte, die die Kommission als zentral erachtet hatte — wie die Vermeidung unterschiedlicher Geschwindigkeiten beim Eintritt in die WWU und die Nicht-Verhängung von Sanktionen, wenn die Defizite der öffentlichen Haushalte die öffentlichen Investitionen übersteigen — vom Tisch. Auf deutsches Drängen hin wurde jedoch an der Verhängung von Sanktionen bei einem übermäßigen Haushaltsdefizit festgehalten. Delors mußte insoweit nachgeben, als die Mitgliedstaaten Einigung darüber fanden, daß bei einem "übermäßigen Defizit" — wie es später in Art. 104 c EGV formuliert wurde — nach Stellungnahme der Kommission und nach Empfehlungen des Rates an den betroffenen Mitgliedstaaten zum Abbau dieses Defizits "Geldbußen in angemessener Höhe" verhängt werden können.

Ein anderer umstrittener Punkt betraf die Frage des "opt-outs" beim Eintritt in die dritte Stufe der WWU, die insbesondere für Großbritannien und Dänemark von Interesse war. Der niederländische Entwurf sah hier vor, daß jedem Mitgliedstaat diese Möglichkeit offen steht. Delors lehnte die Einführung einer generellen "opt-out Klausel" ab, da sie wie ein "Damoklesschwert" über der Realisierung der WWU hängen würde (Corbett 1993b: 42). Er schlug daher vor, das "opting out" in einem verbindlichen Protokoll im Anhang des Vertrages individuell für diejenigen Mitgliedstaaten zu verankern, die dies wünschten. Auf der "Marathonsitzung" der Wirtschafts- und Finanzminister, die am 1. Dezember 1991 in Scheveningen begann, setzte sich dieser Vorschlag nach langen Verhandlungen durch, nachdem die dänische Regierung eingewilligt hatte und die britische Regierung in diesem Punkt isoliert worden war. Die niederländische Präsidentschaft strich die allgemeine "opt-out Klausel" aus ihrem Vertragsentwurf und übernahm die "Protokollösung" Delors', welche dann auch in den späteren Vertrag von Maastricht Eingang fand (Grant 1994: 184).

Die Bilanz der Verhandlungen über die WWU fiel für die Kommission gemischt aus: Einerseits setzten sich Teile der von ihr im Februar eingebrachten Forderungen auf dem Gipfel in Maastricht durch. So wurde die Europäische Zentralbank mit weitreichenden geldpolitischen Befugnissen ausgestattet, umfassende

---

[291] Vgl. Vertragsentwurf über die Wirtschafts- und Währungsunion (von der niederländischen Präsidentschaft bei der Regierungskonferenz zur WWU vorgelegt), in: Agence Europe, Dokumente, Nr. 1740/41 v. 1.11.1991.

Sanktionsmechanismen gegen Mitgliedstaaten wurden abgelehnt und die "opting-out Klausel" fand nicht unmittelbar in den Vertragstext Eingang, sondern wurde nur im Anhang erwähnt. Auf dem Gipfel in Maastricht wurde schließlich insbesondere auf Drängen Spaniens die Idee der Kommission bezüglich eines Finanzmechanismus durchgesetzt und die Einrichtung des Kohäsionsfonds für die ärmeren Mitgliedstaaten beschlossen. Andererseits konnte die Kommission nicht durchsetzen, daß die Europäische Zentralbank schon in der zweiten Stufe eingerichtet wird; stattdessen wurde die deutsch-niederländische Option der Einrichtung des EWI angenommen. Die Idee der Kommission, die Europäische Zentralbank gegenüber dem Europäischen Parlament unmittelbar verantwortlich zu machen, wurde ebenso abgelehnt wie die Einrichtung eines umfassenden Sanierungsprogramms für die Volkswirtschaften der ärmeren Mitgliedstaaten. Schließlich mußte die Kommission hinnehmen, daß gegen Mitgliedstaaten Geldbußen verhängt werden können und daß beim Eintritt in die dritte Stufe der WWU ein "Europa der unterschiedlichen Geschwindigkeiten" zumindest nicht ausgeschlossen war.

### 2.6.2 Die Verhandlungen über die Politische Union

Im Vorfeld der Verhandlungen zur PU hatte die Kommission in ihrer Stellungnahme zur Regierungskonferenz deutlich gemacht, daß die Herstellung einer "echten politischen Dimension" der Gemeinschaft vor allem darin besteht, daß sich die Gemeinschaft — aus politischen und historischen Gründen — in der internationalen Politik stärker engagiert.[292] Zu diesem Zweck hatte die Kommission für "ein einheitliches und kohärentes Vorgehen der Gemeinschaft auf internationaler Ebene" plädiert und die Schaffung einer "gemeinsamen Außenpolitik" angeregt, die auch sicherheitspolitische Aspekte umfassen würde.[293] Diese sollte aus folgenden Elementen gebildet werden: Die Beistandsverpflichtung des Art. 5 des Brüsseler Vertrags über die WEU sollte in das neu zu schaffende Kapitel über die gemeinsame Außen- und Sicherheitspolitik aufgenommen werden; die Ausnahmeregelungen für die Produktion und den Handel von Gütern mit Verteidigungszwecken (sog. "dual-use Güter") sollten wegfallen und damit den Regeln des Gemeinsamen Marktes unterliegen; das Vorschlagsrecht in der Außen- und Sicherheitspolitik sollte zwischen dem Ratsvorsitz, den Mitgliedstaaten und der Kommission aufgeteilt werden; bei der Beschlußfassung sollte der Rat im

---

[292] Vgl. Kommission der Europäischen Gemeinschaften, Stellungnahme der Kommission vom 21. Oktober 1990 zu dem Entwurf zur Änderung des Vertrags zur Gründung der Europäischen Wirtschaftsgemeinschaft im Zusammenhang mit der Politischen Union, KOM (90) 600 endg. v. 23.10.1990, S. 2.

[293] Ebd., S. 4f.

Rahmen der vom Europäischen Rat festgelegten Anwendungsbereiche mit qualifizierter Mehrheit entscheiden; das Europäische Parlament sollte in außenpolitischen Angelegenheiten regelmäßig konsultiert werden und über die wichtigsten außenpolitischen Geschehnisse auf dem laufenden gehalten werden.[294] Verkürzt ausgedrückt umfaßten die Verhandlungsziele der Kommission damit drei Aspekte: Erstens neue Zuständigkeiten für die Gemeinschaft in der Außen- und Sicherheitspolitik; zweitens die Einführung eines verteidigungspolitischen Elements in Anlehnung an Art. 5 des WEU-Vertrags; drittens die Ausweitung von qualifizierten Mehrheitsentscheidungen im Rat.[295]

Die Vorstellungen der Kommission im Bereich der Außen- und Sicherheitspolitik stießen bei den Mitgliedstaaten auf unterschiedliches Interesse. Die folgenden beiden Gruppen waren erkennbar: Zum einen die Gruppe der "Atlantiker" bestehend aus Großbritannien, Dänemark, die Niederlande und Portugal. Für diese Staaten war der NATO-Rahmen dominierend und Vorschläge zur Weiterentwicklung der europäischen Sicherheits- und Verteidigungsidentität mußten aus der Sicht dieser Staaten unter Berücksichtigung der weiteren Entwicklung der NATO vorgenommen werden; eine Integration der WEU in die Europäische Union wurde abgelehnt.[296] Zum anderen die Gruppe der "Integrationisten" bestehend aus Deutschland, Frankreich, Italien, Spanien, Belgien, Griechenland und Luxemburg. Für diese Staaten hatte die Stärkung der gemeinsamen Außen- und Sicherheitspolitik Vorrang, wobei der Einführung einer verteidigungspolitischen Dimension mit Hilfe der WEU eine besondere Bedeutung zufiel. Diese Gruppe befürwortete die Integration der WEU in den Rahmen der Union. Die Position Irlands war weitgehend zwischen diesen beiden Gruppen angesiedelt (Corbett 1993b: 44f.). Es handelte sich gleichwohl nicht um homogene Gruppierungen, denen die Kommission gegenüberstand; vielmehr waren innerhalb der beiden Gruppen unterschiedliche Positionen und Schwerpunkte erkennbar. So sprach sich etwa Großbritannien gegen die Möglichkeit von qualifizierten Mehrheitsabstimmungen auf Vorschlag der Kommission bei der Durchführung von "gewöhnlichen" GASP-Maßnahmen aus, während die Niederlande dies befürworteten (ebd.: 45). Ferner gab es innerhalb beider Gruppen "konzeptionelle Differenzen" bezüglich der Rolle der WEU und der weiteren Ausgestaltung des Verhältnisses zur NATO (Weisser 1991: 238f; Regelsberger 1992: 237f.).

---

[294] Ebd.

[295] Information von François Lamoureux im Gespräch mit dem Verf. am 13.1.1997.

[296] Nach dem Ende des Ost-West Konflikts befand sich die NATO am Beginn eines umfassenden Prozesses der Neuorientierung und der Reform, dessen vorläufiger Höhepunkt der NATO-Ratsgipfel in Rom im November 1991 darstellte; vor dem NATO-Gipfel kam für die "Atlantiker" eine Einigung im Rahmen der Regierungskonferenz daher nicht in Betracht.

Generell waren die Verhandlungen über die Gemeinsame Außen- und Sicherheitspolitik nicht losgelöst vom Verhalten der Zwölf bei den verschiedenen Konflikten, die 1990/91 ihren Ausgang genommen hatten und die zunehmend die internationale Politik bestimmten und sich dabei auch auf den Zusammenhalt innerhalb der Gemeinschaft auswirkten. Bevor die Operation "Desert Storm" im Januar 1991 begann, um Kuweit von der irakischen Besetzung zu befreien, hatten die zwölf EG-Mitgliedstaaten im Rahmen der EPZ verschiedene Friedensinitiativen unternommen, die alle ohne Erfolg geblieben waren. Vor allem Frankreich und Großbritannien scherten im weiteren Verlauf zunehmend aus dem Verbund der Zwölf aus und unternahmen auf eigene Faust diplomatische, und zu einem späteren Zeitpunkt auch militärische Schritte. Mitterrand entsandte Claude Cheysson auf eine Friedensmission in den Irak, die mit den Zwölf nicht vereinbart worden war und Großbritannien arbeitete enger mit dem Weißen Haus zusammen als mit seinen europäischen Partnern (Grant 1994: 185f.). Im Januar 1991 wurde im UN-Sicherheitsrat ohne Konsultation der EPZ-Partner ein französischer Friedensplan für den Golf eingebracht, obgleich zum gleichen Zeitpunkt auch Großbritannien und Belgien Mitglieder dieses Gremiums waren (Regelsberger 1991: 225). Am 23. Januar 1991 stellte Delors in einer Rede vor dem Europäischen Parlament fest, daß "... sich in der Öffentlichkeit so etwas wie ein Gefühl des vergeblichen Wartens auf Europa breit[macht]"[297] und daß die Ereignisse in der Golfregion "... die politische Bedeutungslosigkeit Europas nur allzu klar vor Augen geführt haben".[298] Es sei daher notwendig, daß "... die Gemeinschaft die institutionellen Mittel erhalten wird, an denen es ihr gegenwärtig zu einem raschen und wirksamen Handeln im außen- und sicherheitspolitischen Bereich mangelt".[299] Der Golfkrieg offenbarte die Unterschiedlichkeit der Interessen und die begrenzten Handlungsmöglichkeiten der Zwölf in der internationalen Politik und führte vor Augen, wieviel Anstrengungen noch notwendig sein würden, um zu einer wirklich gemeinsamen Außen- und Sicherheitspolitik mit einer verteidigungspolitischen Dimension zu gelangen. Der belgische Außenminister Marc Eyskens stellte in diesem Zusammenhang fest, daß sich der Wirtschaftsriese EG als "politischer Zwerg und militärischer Wurm" entlarvt habe. Der Spiegel kommentierte hierzu, daß die EG nach dem Motto handele "jeder der zwölf Partner für sich und keiner für alle"; nach 30 Jahren Integration stelle sich die Gemeinschaft dar als ein "Furioso vitaler Eigensucht, von keinem Gemeinschaftsgeist angekränkelt".[300]

---

[297] Vgl. EG-Bulletin, Beilage, Nr. 1 (1991), S. 6.
[298] Ebd., S. 12.
[299] Ebd., S. 6.
[300] Vgl. Dieter Wild: "Land der Lügen", in: Der Spiegel v. 13.5.1991.

Im Februar 1991 wurde ein deutsch-französisches Papier vorgelegt, das den Vorschlag enthielt, innerhalb der NATO die Sicherheits- und Verteidigungsidentität der Europäer durch den Ausbau eines "europäischen Pfeilers" zum Ausdruck zu bringen. Die Möglichkeiten der WEU sollten dabei genutzt werden. Sie würde "der 'Kanal' werden, durch den die Politische Union und die NATO zusammenarbeiten und dadurch die wechselseitige Verstärkung der europäischen und transatlantischen Sicherheitsstrukturen sicherstellen".[301] Die WEU würde ein "integraler Bestandteil" des europäischen Einigungsprozesses sein. Die Arbeiten der WEU würden so ausgerichtet, daß sich eine "organische Beziehung" zwischen der Politischen Union und der WEU entwickeln würde. Die Beschlüsse des Europäischen Rats zu den Prinzipien und Orientierungen der gemeinsamen Außen- und Sicherheitspolitik sollten gleichzeitig als "Richtschnur" für die Zusammenarbeit im Rahmen der WEU gelten.[302]

Delors war über den fehlenden außenpolitischen Zusammenhalt unter den Zwölf und die Alleingänge einzelner Mitgliedstaaten enttäuscht. Ermuntert durch den deutsch-französischen Vorstoß zur GASP erneuerte er die Vorschläge der Kommission und brachte eigene, weiterführende Ideen ein, um die Verhandlungen über die Politische Union voranzubringen. In einer Rede vor dem International Institute for Strategic Studies in London am 7. März 1991 nannte Delors Abstimmungen mit qualifizierter Mehrheit in der Außenpolitik als "unabdingbarer Stimulus ... einer Gemeinschaft im Werden" (Delors 1993: 295). Ferner bekräftigte Delors den Vorschlag, die Bestimmungen von Art. 5 des WEU-Vertrags, der den gegenseitigen Beistand der WEU-Mitgliedstaaten im Falle einer Aggression beinhaltet, in den EG-Vertrag aufzunehmen. Und schließlich äußerte Delors die Überzeugung, daß "wenn man die Europäische Union tatsächlich will, dann muß nun ein vermutlich zeitintensiver Prozeß in Gang gesetzt werden, um die allmähliche Integration der WEU und ihrer Vorteile in die EG zu ermöglichen" (Delors 1993: 298). Diese Vorschläge stießen auf Widerstand von seiten der "Atlantiker" — und hier insbesondere Großbritanniens und der Niederlande — die dafür plädierten, die WEU weniger in die EU zu integrieren, als sie vielmehr auf eine Brückenfunktion zwischen EU und NATO zu beschränken (Wester 1992: 210).

---

301 Vgl. Gemeinsames deutsch-französisches Papier zur Sicherheitspolitischen Zusammenarbeit im Rahmen der Gemeinsamen Außen- und Sicherheitspolitik der Politischen Union vom 4. Februar 1991, in: Aussenpolitik der Bundesrepublik Deutschland, Dokumente von 1949 bis 1994, hrsg. vom Auswärtigen Amt, Bonn 1995, S. 788—791, hier: S. 789.

302 Ebd., S. 790.

In ihrem Vertragsentwurf zur Politischen Union, der in Teilen zwischen März und Juni 1991 veröffentlicht wurde,[303] ging die Kommission teilweise über die schon von Delors in Reden vorgebrachten Überlegungen hinaus. Dabei war das Anliegen der Kommission zu erkennen, ihre eigene Rolle im Rahmen der Politischen Union deutlich zu stärken. So schlug die Kommission vor, das Initiativrecht in der gemeinsamen Außenpolitik auf sie selbst, auf die Ratspräsidentschaft und auf eine einfache Mehrheit von Mitgliedstaaten zu übertragen. In Fragen von "wesentlichem gemeinsamem Interesse", die nicht auf Vorschlag der Kommission erfolgen würden, würde der Rat gemäß Art. 148, Abs. 2, 2. Spiegelstrich EGV mit einer "verstärkten qualifizierten Mehrheit", d.h. 54 Stimmen, die die Zustimmung von mindestens acht Mitgliedstaaten erfordern, abstimmen. Das Europäische Parlament sollte an der Festlegung und Ausführung der gemeinsamen Außen- und Sicherheitspolitik eng beteiligt werden. Die Kommission, das Generalsekretariat des Rates und der Ausschuß der Ständigen Vertreter sollten gemeinsam für die Vorbereitung und Durchführung der Entscheidungen des Rats in der Außen- und Sicherheitspolitik zuständig sein. Ferner sollte die Union in außen- und sicherheitspolitischen Angelegenheiten gegenüber Drittstaaten und internationalen Organisationen im wesentlichen durch die Ratspräsidentschaft und die Kommission vertreten werden (sog. "Bizephalismus"). Durch die enge Einbindung der Kommission würde die "Troika" in der Realität durch eine "Quadriga" ersetzt werden. In den Fällen, in denen nur einige Mitgliedstaaten Mitglieder von bestimmten internationalen Organisationen wären (z.B. WEU) oder dort einen Sitz hätten (z.B. UN-Sicherheitsrat), würde der Rat auf Vorschlag der Kommission bzw. eines Mitgliedstaats mit der verstärkten qualifizierten Mehrheit beschließen können, daß die betreffenden Mitgliedstaaten den Standpunkt der Union in diesen internationalen Organisationen vertreten. Ferner sollte die WEU für die Durchführung der vom Rat beschlossenen sicherheitspolitischen Maßnahmen herangezogen werden können und nach und nach in die Union integriert werden.[304]

Mit diesen Vorschlägen überforderte die Kommission die Geduld der Mitgliedstaaten und manövrierte sich in eine Sackgasse, aus der sie während der weiteren Verhandlungen nur noch schwer herauskam. Hintergrund hierfür war, daß sich

---

[303] Vgl. Regierungskonferenzen: Beiträge der Kommission, in: EG-Bulletin, Beilage Nr. 2 (1991), S. 89ff.; in dieser Beilage des Bulletins sind alle Beiträge der Kommission zu den beiden Regierungskonferenzen zur WWU und zur PU zu finden; da jedoch bis auf wenige Ausnahmen der Zeitpunkt der Veröffentlichung der Vorschläge der Kommission nicht berücksichtigt ist, wird im folgenden weitgehend auf die in Agence Europe veröffentlichten Dokumente verwiesen.

[304] Vgl. Political Union: Commission Proposals at IGC on "Common External Policy", in: Agence Europe, Documents, Nr. 1697/98 v. 7.3.1991, S. 5f.

die Mitgliedstaaten in dem sensiblen Bereich der Außen- und Sicherheitspolitik in ihrer zentralen Rolle übergangen fühlten und die Kommission durch ihren Vorschlag hatte deutlich werden lassen, daß sie nicht an den zwischen den Mitgliedstaaten schon erreichten Diskussionstand anknüpfen wollte. Die Vorstellungen der Kommission von Anfang März 1991 wichen, unter Verkennung der tatsächlichen Bedingungen und Möglichkeiten, sehr deutlich von den Positionen der Mitgliedstaaten ab. Letztere waren über das Verhalten der Kommission verärgert und nahmen sie fortan in den Verhandlungen nur noch wenig ernst. An anderer Stelle wird daraus treffend der Schluß gezogen: "Delors made a huge tactical mistake in authorising this document [d.h. den Vertragsentwurf der Kommission zur Politischen Union, Anm. d. Verf.], which reflected his own, personal priorities. Few governments took the draft seriously, which left Delors on the sidelines of the IGC" (Grant 1994: 188).

Tatsächlich wies der nachfolgende luxemburgische Vertragsentwurf von Mitte April 1991[305] — in Anlehnung an einen französischen Plan[306] — auf eine Tempelkonstruktion hinsichtlich der Gestaltung der künftigen Europäischen Union hin. Die Gemeinsame Außen- und Sicherheitspolitik würde eine von der EG separierte Säule darstellen und im wesentlichen durch den Europäischen Rat bestimmt werden. Die Kommission und das Europäische Parlament würden bei der Vorbereitung und Durchführung der gemeinsamen Außenpolitik keine wesentliche Rolle spielen. Die Kommission "mißachtete" diesen Stand der Diskussion — vermutlich aus der Beobachtung heraus, daß nur eine Minderheit der Mitgliedstaaten, nämlich Frankreich, Großbritannien und Dänemark, die Tempelkonstruktion befürworteten (Wester 1992: 211) — und unterbreitete am 21. Mai 1991 der luxemburgischen Präsidentschaft einen Gegenvorschlag, der für eine einheitliche Vertragsstruktur plädierte.[307] Die Kommission schlug darin vor, daß die Gemeinsame Außen- und Sicherheitspolitik Teil des Titels über die "Außenbeziehungen der Union" wird, der auch die Bestimmungen zur gemeinsamen Außenhandelspolitik und zur Entwicklungspolitik enthält. Die Kommission unterstrich damit, daß die Aufrechterhaltung der Einheitlichkeit der Vertragsstruktur ein zentrales Prinzip für sie war. Die Begründung hierfür leitete sie aus der Geschichte der Gemeinschaft ab, die gleichzeitig ihre Kritik am luxem-

[305] Vgl. Non-Paper. Draft Treaty articles with a view to achieving Political Union, in: Agence Europe, Documents, Nr. 1709/1710 v. 3.5.1991.

[306] Die Idee der Tempelkonstuktion scheint dabei im wesentlichen auf den französischen Botschafter Pierre de Boissieu zurückzugehen; Hinweis von François Lamoureux im Gespräch mit dem Verf. am 13.1.1997.

[307] Vgl. Political Union: The Structure of the Draft Treaty. Contribution by the European Commission to the Intergovernmental Conference, in: Agence Europe, Documents, Nr. 1715 v. 31.5.1991.

burgischen Entwurf rechtfertigte: "... the intergovernmental Conference should be guided by the basic thinking which has been behind the construction of Europe for 40 years now, namely that all progress made towards economic, monetary, social or political integration should gradually be brought together in a single Community as the precursor of a European Union. ... [...] ... Yet the structure of the draft Articles presented by the Luxembourg Presidency on 15 April highlights the risk that the conference will depart from this basic orientation".[308]

Die Kommission übte aber noch aus einem anderen Grund Kritik am luxemburgischen Vertragsentwurf vom April: Der darin enthaltene Vorschlag für ein Mitentscheidungsverfahren nach Art. 189 a[309] in Verbindung mit Art. 198 b[310] verletzte aus Sicht der Kommission die institutionelle Balance der Gemeinschaft, da der Rat, anstatt wie bisher mit Einstimmigkeit, nunmehr mit qualifizierter Mehrheit die Abänderung eines Vorschlags der Kommission würde beschließen können (Wester 1992: 209). In einer Rede vor dem Europäischen Parlament am 17. April beklagte dies Delors. Er wies darüber hinaus darauf hin, daß die Kommission das Recht verlieren würde, Abänderungen an einem Gesetzentwurf zuzustimmen bzw. sie abzulehnen und daß die Kommission von der zweiten Phase des Mitentscheidungsverfahrens, d.h. der Phase nach dem Vermittlungsausschuß, völlig ausgeschlossen wäre. Delors bezeichnete daher den luxemburgischen Vorschlag zum Mitentscheidungsverfahren "... une entorse aux principes de base qui ont inspiré les pères fondateurs du traité ... [la Commission] ne pourrait plus, si ce projet était accepté en l'état, assurer son droit d'initiative et son devoir de mener à bien tout travail législatif".[311] Die dahinter stehende Befürchtung der Kommission war, daß sie — wie dies an anderer Stelle kommentiert wurde — "zum blossen Sekretariat der Gemeinschaft" degradiert würde.[312]

Auf dem Treffen der Außenminister in Dresden Anfang Juni 1991 bemühte sich Delors darum, den Vertrauensverlust, den die Kommission im Zusammenhang mit der Diskussion über die Ausgestaltung der GASP erlitten hatte, wieder auszugleichen. In dem vor dem Treffen veröffentlichten Memorandum der Kommission wurde auf den luxemburgischen Vertragsentwurf Bezug genommen und dafür plädiert, in den einleitenden Artikeln des Vertrags, die die gemeinsamen Prinzipien enthalten, den Gedanken der institutionellen Kohärenz und das Kon-

---

[308] Ebd., S. 1 und 2.

[309] Das Mitentscheidungsverfahren wurde erst zu einem späteren Zeitpunkt zu Art. 189 b EGV.

[310] Zum Zeitpunkt des luxemburgischen Vorschlags vom April 1991 enthielt Art. 198 b die Bestimmungen zum Verfahren der Zusammenarbeit.

[311] Vgl. Rede von Jacques Delors am 17.4.1991 vor dem Europäischen Parlament in Straßburg (Delors 17.4.1991: 4).

[312] Vgl. "Unscharfe Konturen einer Europäischen Union", in: Neue Zürcher Zeitung v. 24.4.1991.

zept der Unionsbürgerschaft aufzunehmen, um die Einheitlichkeit der Vertragsstruktur und die Zusammengehörigkeit der Bevölkerungen zu unterstreichen.[313] Bezüglich der Mitwirkung der Kommission in der Außen- und Sicherheitspolitik enthielt das Memorandum den Minimalvorschlag, "[that] the Commission shall participate fully in the work carried out in the common foreign and security policy field".[314] Gleichwohl hielt die Kommission an ihrem Kernanliegen fest: "... the central objective of transforming the Community into a European Union should be to ensure the unity, the consistency and, as a result, the efficiency of its international activities" und in Art. B des Vorschlags war zu lesen, "[that the] federal vocation is thus confirmed".[315] Generell war das Kommissionspapier jedoch darum bemüht, den Vorschlag der luxemburgischen Präsidentschaft so weit wie möglich zu bewahren "and [to] affect the texts of the relevant articles only in so far as is strictly necessary".[316] Diese moderateren Vorschläge stießen bei den Benelux-Staaten, den Mittelmeeranrainern und Deutschland auf Gehör; nur Großbritannien, Frankreich und Dänemark hielten am ursprünglichen luxemburgischen Vertragsentwurf fest (Grant 1994: 190f.). In der abschließenden Pressekonferenz des Dresdner Außenministertreffens stellte Delors fest, daß die Zwölf Fortschritte gemacht hätten, wenngleich noch kein Konsens über einen gemeinsamen Vertragsentwurf erreicht worden wäre.[317] Delors hatte auf dem Treffen in Dresden deutlich gemacht, daß die Kommission die intergouvernementale Methode — und hierbei insbesondere den Vorschlag über die Pfeilerstruktur — ablehnte und an einer einheitlichen Vertragsstruktur und einer Union mit föderaler Zielrichtung festhielt. Die Kommission hatte dadurch ihre Position im Grundsatz verteidigt, ohne jedoch in die Isolation geraten zu sein.[318]

Vor dem Hintergrund der Entwicklung in Dresden und der von der Kommission eingebrachten Vorschläge arbeitete die luxemburgische Ratspräsidentschaft ihren Vertragsentwurf um. In die Präambel wurde der Satz aufgenommen, daß der europäische Einigungsprozeß "allmählich zu einer Union mit einer föderalen Zielsetzung" führt; ferner wurden die Bestimmungen zum "einheitlichen institutionellen Rahmen" aufgenommen und der Vorschlag akzeptiert, im Jahr 1996 eine weitere Regierungskonferenz durchzuführen, auf der der "föderale Charakter

---

313 Vgl. Political Union: The Structure of the Draft Treaty. Contribution by the European Commission to the Intergouvernmental Conference, in: Agence Europe, Documents, Nr. 1715 v. 31.5.1991, S. 3.

314 Ebd., S. 5.

315 Ebd., S. 2.

316 Ebd., S. 3.

317 Vgl. Agence Europe, Nr. 5504 v. 3./4. Juni 1991, S. 3.

318 Hinweis von François Lamoureux im Gespräch mit dem Verf. am 13.1.1997.

der Union" ausgebaut würde.[319] Im Bereich der GASP enthielt der neue Vertragsentwurf nur wenige Änderungen gegenüber dem vorangegangenen Entwurf vom April (Corbett 1993b: 46). Eine Mehrheit der Mitgliedstaaten begrüßte die an dem luxemburgischen Vertragsentwurf vorgenommenen Änderungen, jedoch gab es auch ablehnende Stimmen. Während für die belgische und die niederländische Regierung der Vertragsentwurf nicht weit genug ging — beide Regierungen plädierten für eine "Baum-Konstruktion" anstellen des "Tempel-Modells" — ließ die britische Regierung verlauten, daß das britische Parlament dem Wort "föderal" im Vertrag im Zuge der Ratifizierung nicht zustimmen könne (Grant 1994: 191). Trotz dieser noch bestehenden Unstimmigkeiten hatte es den Anschein, daß die Regierungskonferenz über die Politische Union einen Schritt vorangekommen war. Die Kommission hatte sich flexibel gezeigt und von ihren — aus der Sicht der Regierungen der Mitgliedstaaten — zu weitreichenden Forderungen vom März 1991 Abstand genommen, ohne dabei jedoch ihre grundsätzliche Position gänzlich aufzugeben. Delors hatte die Ablehnung der Vorschläge der Kommission von seiten der Mitgliedstaaten akzeptiert, dabei jedoch nicht nachgelassen, sich weiter konstruktiv in die Debatte einzubringen. Es gelang der Kommission, daß zumindest einige wenige der für sie wichtigen Punkte in den luxemburgischen Vertragsentwurf aufgenommen wurden. Der Gipfel des Europäischen Rates in Luxemburg am 28./29. Juni 1991 stimmte hinsichtlich der Regierungskonferenz dann auch recht zuversichtlich. Es wurde festgehalten, daß "der Entwurf des Vorsitzes sowohl hinsichtlich der meisten Grundzüge des Inhalts als auch hinsichtlich des Stands der Beratungen der beiden Konferenzen die Grundlage für die weiteren Beratungen bildet ...".[320]

Ungeachtet dieser Fortschritte legte die niederländische Ratspräsidentschaft, die auf die luxemburgische Präsdentschaft im zweiten Halbjahr 1991 folgte, im September einen neuen Vertragsentwurf vor.[321] Dieser Vertragsentwurf, der vor allem auf den niederländischen Europaminister Piet Dankert zurückging, hatte im Kern einen "föderaleren Charakter" als der luxemburgische Entwurf und brach mit dem bis dahin erreichten Konsens. Der Dankert-Entwurf hatte das "Tempel-Modell" durch die "Baum-Konstruktion" ersetzt und damit die gemeinsame Außen- und Sicherheitspolitik und die Justiz- und Innenpolitik in das gemeinschaftliche institutionelle System einbezogen. Die Kommission und das Europäi-

---

[319] Vgl. Draft Treaty on the Union, in: Agence Europe, Documents, Nr. 1722/1723 v. 5.7.1991, S. 24.

[320] Vgl. Schlußfolgerungen des Vorsitzes des Europäischen Rates, Tagung der Staats- und Regierungschefs am 28. und 29. Juni 1991 in Luxemburg, in: Presse- und Informationsamt der Bundesregierung, Bulletin, Nr. 78 v. 9. Juli 1991, S. 625—634, hier: S. 625.

[321] Vgl. Der niederländische Vertragsentwurf "Auf dem Weg zur Europäischen Union", in: Agence Europe, Documents, Nr. 1733/1734 v. 3.10.1991.

sche Parlament würden in diesen beiden Bereichen zwar eine weniger wichtige Rolle spielen, jedoch wäre auf längere Sicht ein Ausbau ihrer Zuständigkeiten nicht ausgeschlossen. Bis auf Belgien sprachen sich alle Mitgliedstaaten gegen den niederländischen Entwurf aus. Auf der Sitzung des Außenministerrats am 30. September 1991 wurde beschlossen, daß der niederländische Entwurf nicht die Grundlage der Verhandlungen über die Politische Union bis zum Gipfel in Maastricht darstellen würde (Wester 1992: 212). Delors stand dem niederländischen Text nahe, ohne ihn offiziell gutzuheißen, und setzte sich dem Verdacht aus, die Niederlande zur Vorlage dieses wenig konsensfähigen Vertragsentwurfes gedrängt zu haben (Grant 1994: 195). Letztlich hat die Kommission den niederländischen Vorschlag vom September 1991 jedoch weder mit vorbereitet noch offiziell begrüßt. Die Vorlage dieses Vorschlags war vielmehr Ausdruck einer inner-niederländischen Zerstrittenheit zwischen dem damaligen niederländischen Außenminister und Ratsvorsitzenden Van Den Broek und den übrigen niederländischen Ressorts. Dahinter stand das generelle, politisch bedingte "Kompetenzgerangel" um die niederländische Europapolitik zwischen Premierminister Ruud Lubbers einerseits und Außenminister Hans Van Den Broek andererseits.[322] Das niederländische Vorgehen wurde sowohl aus taktischer wie auch aus strategischer Sicht von der Kommission abgelehnt.[323]

Bei den Verhandlungen über die gemeinsame Sicherheits- und Verteidigungspolitik, die künftige Rolle der WEU und deren Einbettung in den Rahmen der NATO spielten die Vorstellungen der Kommission im weiteren Verlauf keine entscheidende Rolle mehr. Die Mitgliedstaaten unternahmen selbst verschiedene Initiativen — so der italienisch-britische Plan[324] vom 4. Oktober 1991 zur Ausgestaltung einer gemeinsamen Sicherheits- und Verteidigungspolitik, einschließlich der Bildung einer "European reaction force", das deutsch-französisch-spanische Kommuniqué[325] zum "föderativen Anspruch" der Union und zu Mehrheitsabstimmungen in der GASP vom 11. Oktober und die deutsch-französische Initiative[326] vom 16. Oktober 1991 zur Rolle der WEU und der künftigen Zusammen-

---

[322] Vgl. Hermann Bleich: "EG-Vorsitz. Niederländisches Kompetenzrangeln", in: Frankfurter Rundschau v. 1.7.1991.

[323] Information von François Lamoureux im Gespräch mit dem Verf. am 13.1.1997.

[324] Vgl. Agence Europe, Dokumente, Nr. 1735 v. 5.10.1991.

[325] Vgl. French, German and Spanish Foreign Ministers, Joint communiqué, Paris, October 1991, abgedruckt in: Richard Corbett (1993b): The Treaty of Maastricht. From Conception to Ratification, a.a.O., S. 343.

[326] Vgl. Botschaft von Bundeskanzler Dr. Kohl und dem Präsidenten der Französischen Republik, François Mitterrand, an den Vorsitzenden des Europäischen Ministerrates und niederländischen Ministerpräsidenten, Dr. Ruud Lubbers, vom 14. Oktober 1991, Bonn/Paris (Auszüge), in: Aussenpolitik der Bundesrepublik Deutschland, Dokumente von 1949 bis 1994, hrsg. vom Auswärtigen Amt, Bonn 1995, S. 826—829.

arbeit zwischen WEU und NATO —, die die Gemeinsamkeit aufwiesen, daß die Kommission nur am Rande erwähnt wurde bzw. die darin übereinstimmten, daß in einem für die nationalen Regierungen sensiblen Bereich nur eine eingeschränkte Rolle der Kommission akzeptabel sein würde. Die Vorschläge der Regierungen der Mitgliedstaaten und die darin zum Ausdruck kommende Ablehnung der Vorschläge der Kommission in der Außen- und Sicherheitspolitik waren insofern widersprüchlich, als die Zwölf im Zuge der Ausweitung des Konflikts im ehemaligen Jugoslawien zunehmend uneinig waren und die Kommission — nicht zuletzt aufgrund der wachsenden Ungeduld in der Öffentlichkeit — die Einführung von qualifizierten Mehrheitsentscheidungen zur Überwindung der Handlungsunfähigkeit der Gemeinschaft gefordert hatte. Diese Forderung wurde von den Regierungen der Mitgliedstaaten nicht aufgegriffen, da sich die Interessengegensätze — in Jugoslawien, aber auch am Golf — als zu groß erwiesen hatten und zusätzlich ein Machtzuwachs der Kommission befürchtet wurde.

Am 8. November 1991 legte die niederländische Präsidentschaft einen überarbeiteten Vertragsentwurf vor, der das "Tempel-Modell" des Luxemburger Entwurfs wieder aufgriff.[327] Hinsichtlich der gemeinsamen Außen- und Sicherheitspolitik wurde darin vorgeschlagen, daß der Rat generell lediglich bei der Durchführung von "gemeinsamen Aktionen" mit qualifizierter Mehrheit entscheidet. Für die Rolle der Kommission bei der Durchführung der GASP und der Außenvertretung der Union durch die Präsidentschaft wurde die Formulierung gewählt "The Commission shall be fully associated ..."; der Gedanke einer "Quadriga" wurde in diesem Zusammenhang nicht erwähnt. Darüber hinaus enthielt der niederländische Vertragsentwurf den Passus, die Kommission "shall *act* in full association with the work carried out in common foreign and security policy field" und nicht, wie von der Kommission in Dresden vorgeschlagen, "shall *participate* fully ... in the common foreign and security policy field" [Kursivsetzungen durch den Verf.]. Damit war von der unmittelbaren Entscheidungsbeteiligung der Kommission weiter abgerückt worden. Neu aufgenommen wurde hingegen die Bestimmung, daß die Botschaften und Konsulate der Mitgliedstaaten und die Vertretungen der Kommission in Drittländern und bei Internationalen Organisationen bei der Umsetzung der vom Rat beschlossenen gemeinsamen Positionen zusammenarbeiten. Neu war auch die Bestimmung, "that the European Council shall define the principles of and general guidelines [of CFSP]"; diese stellte die Grundlage für die Handlungen des Rats dar "... [to] take the decisions necessary for defining and implementing common foreign and security policy". Das Europäische Parlament sollte regelmäßig durch die Präsidentschaft und die Kommission über die grundsätzlichen Entwicklungen in der

---

[327] Vgl. Dutch Presidency Draft Union Treaty, working document, in: Agence Europe, Dokumente, Nr. 1746/1747 v. 20.11.1991.

GASP unterrichtet werden. Damit würden der Europäische Rat und Rat die zentrale Rolle im Entscheidungsprozeß der GASP spielen, während das Parlament lediglich informiert würde und die Kommission eine ergänzende Funktion innehätte.

Hinsichtlich der sicherheits- und verteidigungspolitischen Dimension der GASP schloß sich der niederländische Vorschlag im wesentlichen dem luxemburger Entwurf vom Juni an. Eine endgültige Einigung bei der Verteidigung und der Rolle der WEU wurde erst auf dem Gipfel in Maastricht gefunden (Corbett 1993b: 48). Die dabei gefundene Lösung orientierte sich an den von den Mitgliedstaaten Anfang Oktober eingebrachten Vorschlägen. Der letztlich gefundene Kompromiß sah wie folgt aus: die WEU würde gemäß Art. J.4, Abs. 2 EUV "integraler Bestandteil der ... Europäischen Union" werden; letztere würde die WEU ersuchen können, "... die Entscheidungen und Aktionen der Union, die verteidigungspolitische Bezüge haben, auszuarbeiten und durchzuführen"; die Politik der Union würde "... die Verpflichtungen einiger Mitgliedstaaten aus dem Nordatlantikvertrag [achten] und ... mit der in jenem Rahmen festgelegten gemeinsamen Sicherheits- und Verteidigungspolitik [vereinbar sein]".[328] Insgesamt wurden damit zwar leichte Verbesserungen gegenüber dem luxemburgischen Entwurf vom Juni vorgenommen, jedoch waren eine Reihe von Vorschlägen der Kommission nicht berücksichtigt worden bzw. hatten sich im Bereich der Sicherheits- und Verteidigungspolitik die Vorstellungen der Mitgliedstaaten weitgehend durchgesetzt.

Demgegenüber wurden in den zweiten niederländischen Entwurf einige Bestimmungen im Bereich der Wirtschafts- und Währungsunion aufgenommen, die unmittelbar auf Vorschläge der Kommission zurückgingen: Der Ministerrat erhielt die Möglichkeit, auf Vorschlag der Kommission EG-weite Vereinbarungen zwischen den Arbeitgebern und den Gewerkschaften unmittelbar in EG-Recht zu übertragen. Das Kapitel zur Sozialpolitik wurde ausgeweitet und darin das Verfahren der qualifizierten Mehrheitsentscheidungen aufgenommen. Diese Erweiterung der Kompetenzen der Union im Bereich der Sozialpolitik wurde von der britischen Regierung abgelehnt, die sich generell gegen neue Kompetenzübertragungen auf die Union aussprach.

Gegen Ende der Regierungskonferenz wurden die Forderungen von seiten der südlichen Mitgliedstaaten immer lauter, die unter der Führung Spaniens dafür eintraten, die Strukturfondsmittel anzuheben und einen speziellen Fonds für die

---

[328] Vgl. Vertrag über die Europäische Union vom 7.2.1992, abgedruckt in: Läufer, Thomas, Bearb. (1996): Europäische Union — Europäische Gemeinschaft. Die Vertragstexte von Maastricht, Bonn: Europa Union Verlag, S. 25.

ärmeren Mitgliedstaaten einzurichten, um im Bereich der wirtschaftlichen Konvergenz Forschritte zu machen. Diese Forderungen bestätigten Delors' Eintreten für den wirtschaftlichen und sozialen Zusammenhalt in der Gemeinschaft, der die Solidarität zwischen den reicheren und den ärmeren Mitgliedstaaten erforderlich machen würde. Delors griff die Idee eines speziellen Fonds auf — nicht zuletzt um ein potentielles spanisches Veto zu brechen — und schlug vor, einen "Kohäsionsfonds" für die ärmeren Mitgliedstaaten einzurichten, der für die Finanzierung von Umwelt- und Verkehrsinfrastrukturprojekten zuständig sein würde. Mit Rücksicht auf die Bedenken Großbritanniens trat Delors — gleichsam als Kompensation — dafür ein, im Sinne der Subsidiarität die Kompetenzen der Union auf einige wenige Bereich zu beschränken. Er schlug unter anderem vor, Tourismus, Energie, Katastrophenschutz, Gesundheit und Verbraucherschutz nicht in den Vertrag aufzunehmen (Grant 1994: 196f.).

Diese Vorschläge setzten sich auf dem Gipfel des Europäischen Rates im Dezember 1991 in Maastricht weitgehend durch und wurden Teil des neuen EG/EU-Vertrags: In den Anhang des Vertrags wurde das Protokoll über die Sozialpolitik aufgenommen, dem alle Mitgliedstaaten mit Ausnahme Großbritanniens zustimmten. Darin wurde in Art. 4 unter anderem die Bestimmung aufgenommen, daß "die Durchführung der auf Gemeinschaftsebene geschlossenen Vereinbarungen [zwischen den Sozialpartnern, Anm. d. Verf.] ... auf gemeinsamen Antrag der Unterzeichnerparteien durch einen Beschluß des Rates auf Vorschlag der Kommission" erfolgen kann. Der Kohäsionsfonds, der "Vorhaben in den Bereichen Umwelt und transeuropäische Netze auf dem Gebiet der Verkehrsinfrastruktur" finanziell unterstützt, wurde in Art. 130 d EGV verankert. Für die Bereiche Tourismus, Katastrophenschutz und Energie wurden keine eigenen Titel in den Vertrag aufgenommen, sondern lediglich in einer Erklärung im Anhang des Vertrages darauf hingewiesen, daß diese Bereiche auf der Revisionskonferenz 1996 überprüft werden.

Trotz dieser — nach der Ratifizierung des Vertrags schließlich verbindlich gewordenen — "kleinen" Erfolge war Delors mit dem Ergebnis der Verhandlungen sehr unzufrieden und hatte sich in vielen Punkten — insbesondere in der Außen- und Sicherheitspolitik — nicht durchgesetzt. Schon im November 1991 hatte Delors vor dem Europäischen Parlament seine Enttäuschung über den zweiten niederländischen Vertragsentwurf und den Fortgang der Verhandlungen ungeschminkt zum Ausdruck gegeben. Er prangerte die "bricolage institutionnel" an, der sich die Mitgliedstaaten hingeben würden, und sprach mit Blick auf die Trennung zwischen der GASP und der Gemeinschaftssäule von der "schizophrénie organisée". Weiter warf er die Frage auf, wie die Grauzone zwischen der gemeinsamen Außenpolitik und den Gemeinschaftskompetenzen im

Bereich der Wirtschafts- und Entwicklungspolitik überbrückt werden solle. Vor diesem Hintergrund warf Delors die grundsätzliche Frage nach dem Sinn einer föderalen Union auf und stellte diese gleichzeitig in Frage: "... l'affirmation si controversée de la vocation fédérale a-t-elle un sens, est-elle une garantie? Non".[329] Und Delors beendete seine Rede mit einem fast leidenschaftlichen Appell: "Mais la méthode communautaire reste, me semble-t-il ... d'après l'expérience historique le garant du respect de la souveraineté des Etats membres et le garant de l'efficacité. Mais, avant d'en arriver là, il fallait être clair et précis. Mesdames et Messieurs, on ne joue pas avec un grand espoir. On ne triche pas avec les énormes défis du monde contemporain!".[330]

Auf dem Gipfel in Maastricht wurde aus den hier skizzierten Verhandlungspunkten ein "Gesamtpaket" geschnürt, daß in vielem unter den Forderungen und Erwartungen der Kommission blieb. Zwar hatte die Kommission im Rahmen der Regierungskonferenz über die Politische Union eine aktive Rolle gespielt, jedoch war ihr Einfluß auf die Verhandlungsergebnisse — verglichen mit den Verhandlungen zur EEA[331] — sehr viel geringer. Delors hatte durch verschiedene Initiativen und Ideen den Verhandlungen wichtige Impulse gegeben — so im Zusammenhang mit der Struktur des Vertrags, dem Mitentscheidungsverfahren oder im Bereich der Gemeinsamen Außen- und Sicherheitspolitik — ohne daß es aber wirklich gelang, die Positionen der Kommission durchzusetzen. Vielmehr mußte die Kommission verschiedene Niederlagen einstecken — die Pfeilerstruktur des Vertrags, die schwache Rolle der Kommission in der GASP, die beschränkte Anwendung von Mehrheitsentscheidungen in der GASP, die Dominanz der nationalen Vorstellungen im Bereich Sicherheit und Verteidigung, die Beschneidung des Initiativmonopols der Kommission in der zweiten Phase des Mitentscheidungsverfahrens, das britische "opting-out" in der Sozialpolitik etc. — und dabei erkennen, daß die Hauptakteure der Regierungskonferenz die Mitgliedstaaten waren. Eine Erklärung für den aus Sicht der Kommission ungünstigen Verlauf der Regierungskonferenz ist, "that the Commission, as defender of Community interests, found itself several times in a minority position, often only supported by small countries such as Belgium and The Netherlands or a federalist country such as Italy" (Wester 1992: 214). Eine weiterführende Erklärung ist, daß sich Delors durch zu weitreichende Vorschläge von den Vorstellungen der Mitgliedstaaten nach und nach entfernte: "... by the end of the negotiations he [d.h. Delors, Anm. d. Verf.] would become more and more isolated from the other

---

[329] Vgl. Rede von Jacques Delors am 20.11.1991 vor dem Europäischen Parlament in Straßburg (Delors 20.11.1991: 3).

[330] Ebd., S. 4.

[331] Vgl. oben Teil II, Kapitel 1.4.

partners, which increasingly considered such an approach to be unrealistic" (ebd.: 213).

## 2.7 Das erste dänische Referendum und das Subsidiaritätsprinzip

Am 7. Februar 1992 wurde der Vertrag über die Europäische Union in Maastricht feierlich unterzeichnet. Damit rückte die Ratifikation des Vertrages in den Mitgliedstaaten "gemäß ihren verfassungsrechtlichen Vorschriften"[332] auf die offizielle Tagesordnung. Inoffiziell hatte der Ratifikationsprozeß gleichwohl schon während der Verhandlungen über den Vertrag eingesetzt. Zu beobachten war im Laufe des Jahres 1991 erstens, daß die Regierungen der Mitgliedstaaten bei der Formulierung ihrer Positionen sehr genau die innenpolitische Situation berücksichtigten. Dies war besonders deutlich im Falle der konservativen Regierung in Großbritannien, die sich Mitte 1992 Neuwahlen stellen mußte und deren Wiederwahl seit dem Rücktritt von Premierministerin Thatcher und der wachsenden Zerstrittenheit innerhalb der konservativen Partei — insbesondere hinsichtlich der Europapolitik — zunehmend ungewiß erschien. Dies wurde zu einem späteren Zeitpunkt auch in Frankreich ersichtlich, wo die sozialistische Regierung innenpolitisch zunehmend unter Druck geriet und die Debatte über den Maastrichter Vertrag von François Mitterrand dazu benutzt wurde, die Opposition zu spalten. Zweitens war im Laufe des Jahres 1991 zu beobachten, daß mit der Ausweitung der wirtschaftlichen Krise in der Union in fast allen Mitgliedstaaten die Unzufriedenheit mit der nationalen Politik wuchs und sich eine allgemeine "Politikverdrossenheit" breit machte, die sich auf die EU-Politik und die Mitgliedschaft in der Gemeinschaft negativ auswirkte. Die Zahl derjenigen, die mit der Demokratie in ihrem Land unzufrieden waren, stieg von 1991 bis Ende 1992 von 40 % auf 51 % an.[333] Zur gleichen Zeit sank im EG-Durchschnitt die Zahl derjenigen, die die europäische Integration befürworten, von 81 % auf 71 %.[334] Darüber hinaus war mit Ausnahme Dänemarks[335] in allen Mitgliedstaaten der

[332] Vgl. Art. R EUV.

[333] Die Frage, die gestellt wurde, lautete: "On the whole, are you satisfied, fairly satisfied, not very satisfied, or not at all satisfied with the way democracy works in your country?". Bei den im Text angeführten Zahlen handelt es sich um die Summe der Werte aus "not very satisfied und "not at all satisfied" bezogen auf die Gemeinschaft der Zwölf, vgl. Eurobarometer, Trends 1974—1993, S. 36.

[334] Die Frage, die gestellt wurde, lautete: "In general, are you for or against efforts being made to unify Western Europe?". Bei den im Text angeführten Zahlen handelt es sich um die Summe der Werte aus "for very much" und "for to some extent" bezogen auf die Gemeinschaft der Zwölf, vgl. Eurobarometer, Trends 1974—1993, S. 70.

[335] In Dänemark hatte der Anteil der Befürworter der EG-Mitgliedschaft im Zeitraum 1991/92 um 3 % zugenommen; vgl. bezüglich der Quelle und der Berechnung die nachfolgende Fußnote.

Anteil derjenigen, die die Mitgliedschaft ihres Landes in der Gemeinschaft befürworteten, um durchschnittlich 12,2 % geringer geworden[336] bzw. wurde mit Ausnahme Dänemarks[337] von einem im Durchschnitt um 8,4 % größeren Anteil der EG-Bevölkerung kein unmittelbarer Nutzen von der Mitgliedschaft ihres Landes in der Gemeinschaft gesehen.[338] Die Daten deuteten darauf hin, daß die dänische öffentliche Meinung eine Sonderrolle spielte und für sie vor allem die Mitgliedschaft in der Gemeinschaft — und weniger der Union — im Vordergrund stand bzw. als positiv erachtet wurde.

Die dänische Regierung hatte sich im Laufe der Verhandlungen im Rahmen der beiden Regierungskonferenzen als zunehmend "euroskeptisch" erwiesen. Unmittelbar vor dem Gipfel in Maastricht im Dezember 1991 hatte sich Außenminister Ellemann-Jensen in einer Debatte im Folketing gegen die von der Kommission vorgeschlagene einheitliche institutionelle Struktur ausgesprochen und dafür plädiert, daß sowohl die Gemeinsame Außen- und Sicherheitspolitik als auch die Zusammenarbeit in der Justiz- und Innenpolitik Bestandteile der intergouvernementalen Zusammenarbeit bleiben sollten. Die Debatte führte schließlich zu einem mit großer Mehrheit angenommenen Beschluß, der die dänische Regierung dazu verpflichtete, sich gegen Mehrheitsentscheidungen in der GASP auszusprechen, die Einführung des föderalen Prinzips abzulehnen und die Vorbehalte gegenüber der angestrebten gemeinsamen Währung in der dritten Stufe der WWU aufrechtzuerhalten (Thune 1992: 321). Gemessen an diesen Vorgaben fiel die Bilanz der dänischen Regierung bezüglich der im Maastrichter Vertrag letzt-

---

336 Die Frage, die gestellt wurde, lautete: "Generally speaking, do you think that (your country's) membership of the European Community (common market) is a good thing, a bad thing or neither good nor bad?". Es wurde die folgende Berechnung auf der Grundlage der einzelnen Länderdaten durchgeführt: gebildet wurde die Differenz der Werte für "good thing" von III/1991 und XI/1992 und davon der Durchschnitt bezogen auf elf Mitgliedstaaten (mit Ausnahme Dänemarks) errechnet; die Einzelwerte, die den Rückgang zwischen März 1991 und November 1992 wiedergeben, sind für die elf Mitgliedstaaten wie folgt: B -16 %, D -14 %, EL -5 %, E -22 %, F -15 %, IRL -5 %, I -10 %, LUX -7 %, NL -7 %, P -20 %, UK -13 %; vgl. Eurobarometer, Trends 1974—1993, S. 71ff.

337 In Dänemark ist der Anteil derjenigen, die keinen Nutzen in der EG-Mitgliedschaft ihres Landes erkennen, 1991 und 1992 gleich geblieben.

338 Die Frage, die gestellt wurde, lautete: "Taking everything into consideration, would you say that (your country) has on balance benefited or not from being a member of the European Community (Common Market)?". Es wurde die folgende Berechnung auf der Grundlage der einzelnen Länderdaten durchgeführt: gebildet wurde die Differenz der Werte für "not benefited" von III/1991 und XI/1992 und davon der Durchschnitt bezogen auf elf Mitgliedstaaten (mit Ausnahme Dänemarks) errechnet; die Einzelwerte, die die Zunahme zwischen März 1991 und November 1992 wiedergeben, sind für die elf Mitgliedstaaten wie folgt: B 11 %, D 7 %, EL 3 %, E 18 %, F 8 %, IRL 2 %, I 9 %, LUX 5 %, NL 4 %, P 9 %, UK 16 %; vgl. Eurobarometer, Trends 1974—1993, S. 90ff.

endlich vorzufindenden Bestimmungen recht positiv aus: die GASP war weitestgehend intergouvernemental geblieben und ließ Mehrheitsentscheidungen nur in Ausnahmefällen zu; das föderale Prinzip war nicht in den Vertragstext aufgenommen worden und Dänemark hatte erfolgreich die Aufnahme eines Protokolls in den Maastrichter Vertrag durchgesetzt, das die Durchführung eines Referendums vor dem Eintritt in die dritte Stufe der WWU anerkennt und Dänemark gegebenenfalls eine Freistellung bei der Teilnahme in der WWU einräumt.[339]

Innerhalb der dänischen öffentlichen Meinung waren im Vorfeld des ersten Referendums zwei auf den ersten Blick gegensätzliche Stimmungsbilder zu erkennen. Erstens hatte sich im Laufe des Jahres 1991 der Trend fortgesetzt, wonach eine steigende Zahl von Wahlberechtigten in einem Referendum für die dänische EG-Mitgliedschaft stimmen würden. Tatsächlich war zwischen Januar 1989 und Oktober 1991 der Anteil der Befürworter der EG-Mitgliedschaft von 48 % auf 63 % angewachsen (Thune 1992: 324). Zweitens — und im Kontrast hierzu — deutete eine Meinungsumfrage vom 10. Dezember 1991 darauf hin, daß eine Mehrzahl von Stimmberechtigten sich gegen die Mitgliedschaft Dänemarks in der Europäischen Union aussprechen würde. Danach würden in einem Referendum 40 % aller Stimmberechtigten mit Nein und 34 % mit Ja stimmen; 20 % wären unentschieden (Thune 1992: 325).

Es scheint, daß der Divergenz zwischen der weitgehend positiv beurteilten und auf wirtschaftlichen Vorteilen beruhenden Fortsetzung der EG-Mitgliedschaft einerseits, und der mehrheitlich negativ perzipierten und mit zusätzlichen Souveränitätseinbußen einhergehenden EU-Mitgliedschaft andererseits, auf politischer Ebene keine besondere Bedeutung beigemessen wurde. Die alarmierenden Zahlen hinsichtlich der EU-Mitgliedschaft wurden in Dänemark mit dem Argument relativiert, daß auch im Vorfeld der Referenden von 1972 und 1986 die Nein-Stimmen überwogen hatten. Generell schien eine Kluft zu entstehen zwischen der Mehrheit der politischen Parteien, die einen breiten Konsens — der Regierungs- und Oppositionsparteien vereinte — zugunsten des Vertrags über die Europäische Union entwickelten, und der Bevölkerung, in der sich eine Mehrheit gegen das Vertragswerk abzeichnete bzw. in der ein Großteil dem Vertragswerk gegenüber skeptisch eingestellt war. Die parteipolitische Solidarität hatte dabei offenbar eine breitere Diskussion über die Ergebnisse der beiden Regierungskonferenzen weitgehend verhindert und nicht dazu beigetragen, das Informationsdefizit, das in der Bevölkerung bestand, abzubauen. Hinzu kam, daß vor dem Hintergrund der erst im Frühjahr 1992 einsetzenden Debatte über den Vertrag der Beschluß, das Refe-

---

[339] Vgl. 12. Protokoll über einige Bestimmungen betreffend Dänemark im Anhang des EU-Vertrags, abgedruckt in: Läufer, Thomas, Bearb. (1996): Europäische Union — Europäische Gemeinschaft, a.a.O., S. 82.

rendum schon im Juni durchzuführen, wie eine überstürzte Entscheidung aufgefaßt wurde, die die Skepsis der Bürger noch weiter verstärkte.[340]

Am 2. Juni 1992 sprachen sich 50,7 % der wahlberechtigten Dänen bei 49,3 % Ja-Stimmen gegen die Ratifizierung des Vertrags über die Europäische Union aus. Dieses knappe Ergebnis, das einer Mehrheit der Nein-Stimmen gegenüber den Ja-Stimmen von nur 46 000 Stimmen entsprach, war ein Schock für die Gemeinschaft im allgemeinen und für die Kommission im besonderen.[341] Der Schock saß dabei um so tiefer, als mit dem negativen Ausgang des Referendums die Gemeinschaftsmethode an sich in Frage gestellt worden war.[342] Delors war nach dem negativen Ausgang des Referendums die persönliche Betroffenheit anzusehen: "... when he entered the commission press room the morning after 2 June, the pallor of his skin suggested he had received an electric shock" (Grant 1994: 215). In der anschließenden Pressekonferenz erklärte Delors, daß "die Kommission den Willen des dänischen Volkes zur Kenntnis [nimmt], das der Souverän ist und sich gemäß der demokratischen Spielregeln geäußert hat". Delors unterstrich die "vitale Bedeutung" der Verträge über die Politische Union und die Wirtschafts- und Währungsunion und bezeichnete sie als einen "unerläßlichen Qualitätssprung" für die Gemeinschaft. Delors fügt dann jedoch in recht pessimistischer Weise hinzu: "... dieses 'Nein' [muß] für alle Anlaß zum Nachdenken sein, aber die Kommission sieht sich gezwungen, ihre Befürchtung zu äußern, daß dieses 'Nein' Folgen haben wird — nicht nur für die Europäische Gemeinschaft, auch für Dänemark und die Dänen und nicht zuletzt für die Perspektiven der Erweiterung, wie wir sie uns vorgestellt hatten".[343] Wenngleich Delors die Verantwortung der Kommission bzw. seiner Person für den negativen Ausgang des Referendums in der Presseerklärung nicht ansprach, wurde deutlich, daß nach dem dänischen "Nein" ein Umdenken innerhalb der Kommission — aber auch der Gemeinschaft/Union insgesamt — erforderlich sein würde.

Demgegenüber gab es Hinweise darauf, daß die Kommission zumindest einen indirekten Einfluß auf den negativen Ausgang des Referendums gehabt hatte.

---

[340] Als ein weiteres sich nachteilig auswirkendes Element muß die kostenlose Verteilung von ca. 300 000 Exemplaren des EU-Vertrags in dänischer Sprache gesehen werden; durch diese Maßnahme wurde weniger das Informationsdefizit in der Bevölkerung abgebaut, als vielmehr die Mehrheit der Bevölkerung durch den selbst für Experten kaum "lesbaren" Vertragstext in ihrer ablehnenden Haltung noch weiter gestärkt; vgl. u.a. The Economist v. 4.4.1992, S. 64.

[341] Vgl. David Gardner und David Buchan: "Shocked leaders search for solution to crisis after Danish referendum rejects treaty. EC to press on with Maastricht", in: Financial Times v. 4.6.1992, S. 1; die erste Seite der Financial Times zeigte dabei das Bild des müde wirkenden Jacques Delors auf der Pressekonferenz vom Vortag.

[342] Hinweis von François Lamoureux im Gespräch mit dem Verf. am 13.1.1997.

[343] Vgl. Agence Europe, Nr. 5741 v. 4.6.1992, S. 3.

Delors hatte in einer Rede vor dem Europäischen Parlament in Straßburg am 7.4.1992 den Bericht der Kommission über die institutionellen Auswirkungen der Erweiterung, der dem Europäischen Rat in Lissabon im Sommer 1992 vorgelegt werden sollte, wie folgt angekündigt: "Ce sera sans doute ... un choc politique, intellectuel et institutionnel pour les douze Etats membres qui, à mon sens, n'ont pas encore suffisamment réfléchi sur ce que pourrait être, par exemple, une Communauté qui s'ouvrirait aux 35 Etats nations qui existent déjà dans l'Europe ... [...] ... il faut attendre ce rapport pour voir quelles perspectives nous pouvons avoir et quelle architecture, de façon à obtenir autant d'efficacité au centre, plus de décentralisation, plus de contrôle démocratique et politique".[344] In der Presse wurde vor dem Hintergrund dieser Rede berichtet: "Mr Delors and his staff plan Europe's future"; danach würden die Pläne der Kommission von der Vorstellung getragen, "that a wider Community requires a stronger central government".[345] Diese Presseberichterstattung wurde in dänischen Zeitungen übernommen und unterstützte die *Nej*-Kampagne, die argumentierte, daß der Maastrichter Vertrag abzulehnen sei, da er die Macht in Brüssel weiter zentralisieren würde und den kleinen Mitgliedstaaten ihre Rechte und Einflußmöglichkeiten entziehe (Grant 1994: 214). Gleichwohl hat sich nach der Veröffentlichung der Pressemeldungen über den angeblichen "Regierungsplan Delors'" das knappe Kopf-an-Kopf Rennen zwischen den Befürwortern und den Ablehnern des EU-Vertrags fortgesetzt, wobei die Ja-Stimmen Ende April einen leichten Vorsprung von 5 % erreichten.[346] Offenbar reichte dieser Vorsprung jedoch nicht aus, um die hohe Zahl der Unentschiedenen für das "Ja-Lager" zu mobilisieren bzw. um den Anteil derjenigen Unentschiedenen, die dann mit "Nein" stimmten, zu kompensieren. Am Tag des Referendums wurde in Kopenhagen eine letzte Meinungsumfrage veröffentlicht, die auf eine knappe Führung von 6 % der Ja-Stimmen gegenüber den Nein-Stimmen hinwies.[347] In der Realität bedeutete dies: Würden 3 % der Wähler ihre Meinung ändern und in das "Nein-Lager" wechseln, wäre der Vorsprung der Ja-Stimmen zunichte. Die Knappheit der Führung wurde auch insofern deutlich, als bei dieser Art von Umfragen mit einer Fehlerquote von mindestens 3 % gerechnet werden mußte, die sich in die eine oder andere Richtung auswirken konnte.

---

[344] Vgl. Rede von Jacques Delors am 7.4.1992 vor dem Europäischen Parlament in Straßburg (Delors 7.4.1992: 6f.).

[345] Vgl. The Economist v. 11.4.1992, S. 54.

[346] Ende März ergab eine Meinungsumfrage, daß sich 35,5 % für und 36,2 % gegen den Vertrag aussprechen würden; 27,6 % waren zu diesem Zeitpunkt noch unentschieden (vgl. L'Express v. 27.3.1992, S. 18). Ende April stieg der Anteil der Ja-Stimmen dann auf 37 % weiter an und die der Nein-Stimmen fiel auf 32 % (vgl. L'Express v. 15.5.1992, S. 20).

[347] Vgl. Agence Europe, Nr. 5742 v. 3.6.1992, S. 3.

Vor dem Hintergrund dieser unsicheren Stimmungslage war es offensichtlich, daß Äußerungen und Meldungen aus oder über Brüssel den Ausgang des Referendums beeinflussen konnten. Wenngleich nicht gefolgert werden kann, daß Delors' Äußerungen in seiner Rede vor dem Europäischen Parlament am 7. April 1992 und die damit verbundene Pressekampagne die Stimmung in Dänemark zuungunsten der Befürworter "gekippt" hat, so kann zumindest festgestellt werden, daß sie nicht zu einem wesentlichen Ausbau der Führung der Ja-Stimmen beigetragen hat. Von der Kommission gingen in dieser kritischen Situation keine entscheidenden Impulse aus, die einen positiven Ausgang des Referendums möglich gemacht hätten.[348]

Delors hat nie von einer persönlichen Schuld am negativen Ausgang des ersten dänischen Referendums gesprochen. Gleichwohl räumte er im Nachhinein selbstkritisch ein: "... Wenn ich heute zurückblicke auf meine eigene Leistung: Die Art, wie ich seinerzeit den Maastricht-Vertrag 'verkauft' habe, war alles andere als brillant. Ich habe nicht die überzeugenden Argumente gefunden, welche die Öffentlichkeit wirklich bewegt hätten. Ich gestehe meine eigenes Unvermögen ein, aber ich stelle auch die Schwäche der Regierungen fest, die es sich einfach machen und unpopuläre Maßnahmen mit dem Argument rechtfertigen: Europa ist schuld!"[349]

Was Delors verschwieg, war, daß er möglicherweise auch insofern eine indirekte Mitschuld trug, als er — ob gewollt oder nicht — ab Ende 1991 und Anfang 1992 immer offener als ein möglicher Nachfolger der amtierenden Premierministerin Edith Cresson gehandelt wurde.[350] Vor dem Hintergrund der zunehmenden öffentlichen Kritik an Premierministerin Cresson, die für das schlechte Ergebnis der Sozialisten bei den französischen Kommunalwahlen Ende März 1992 verantwortlich gemacht wurde, und mit Blick auf die für März 1993 angesetzten Parlamentswahlen in Frankreich, wurde Delors als "Joker n° 1"[351] für Mitterrand im Kampf um die Fortsetzung der sozialistischen Regierungsmacht betrachtet. Konnte der Kommissionspräsident noch als glaubwürdiger Verfechter des Unionsvertrages bzw. der europäischen Einigung insgesamt erscheinen, wenn er gleichzeitig im Begriff war, einen hohen nationalen Posten einzunehmen? Es ist

---

[348] Es gibt Hinweise darauf, daß im Gegensatz zu dieser eher abwartenden Haltung der Kommission die *Nej*-Kampagne von Kreisen um den britischen Verleger Goldsmith finanziell unterstützt wurde und daß britische "Eurosceptics" in Kopenhagen auf Veranstaltungen auftraten, um gegen den Vertrag Stimmung zu machen.

[349] Vgl. Die Zeit v. 2.2.1996, S. 3.

[350] Vgl. Sylvie Pierre-Brossolette: Delors: Matignon pour commencer ..., in: L'Express v. 27.12.1991, S. 27—29.

[351] Vgl. L'Express v. 17.1.1992, S. 13.

schwer auszumachen, inwieweit die Diskussion um Delors' potentielle "nationale Karriere" die öffentliche Meinung in Dänemark bzw. den Ausgang des dänischen Referendums beeinflußt hat. Festzustellen ist lediglich, daß der Kommissionspräsident in der französischen Öffentlichkeit im ersten Halbjahr 1992 an Popularität zulegte,[352] während seine Popularität auf europäischer Ebene im Schwinden begriffen war und dadurch nach außen möglicherweise der Eindruck eines "sich Absetzens" von der Gemeinschaft und den in Maastricht erzielten Ergebnissen entstanden war.

Nach dem gescheiterten dänischen Referendum verfolgten die Kommission und die Mitgliedstaaten eine Politik der Schadensbegrenzung, deren strategisches Ziel darin bestand, den Maastrichter Vertrag in seiner bestehenden Form aufrechtzuerhalten und den Ratifikationsprozeß fortzusetzen. Auf der Ebene der Staats- und Regierungschefs lautete verkürzt ausgedrückt das Motto: "Retten, was zu retten ist" (Engel 1993: 61). Der dänische Außenminister Uffe Ellemann-Jensen kündigte zunächst an, daß er die Partner in der Gemeinschaft bitten werde, den Vertrag von Maastricht neu zu verhandeln. Am Rande einer NATO-Tagung in Oslo am 4. Juni 1992 ließen die elf Außenminister unter Anwesenheit von Jacques Delors jedoch verlauten, daß sie "jegliche neuen Verhandlungen zum in Maastricht unterzeichneten Wortlaut [ausschließen]" und daß der Ratifizierungsprozeß entsprechend dem festgesetzten Zeitplan fortgesetzt würde.[353] In Oslo wurde aber auch das Bemühen um eine politische Lösung erkennbar, indem erklärt wurde, daß "die Tür für die Beteiligung Dänemarks an der Union offen bleibt" und Dänemark weiterhin "zur Familie gehöre".[354] Der portugiesische Ministerpräsident Cavaco Silva ließ verlauten, daß, wenn Dänemark den Vertrag von Maastricht auch weiterhin ablehne, eine Alternative für die Dänen darin bestehe, in die EFTA zurückzukehren.[355] Von deutsch-französischer Seite wurde deutlich gemacht, daß die Dänen entweder den Vertrag annehmen oder aber die Gemeinschaft verlassen müßten (Grant 1994: 216). Delors nahm ebenfalls eine

---

[352] Nach repräsentativen Meinungsumfragen von Ifop vom Januar 1991 und Februar 1992 war der Anteil derjenigen wahlberechtigten Franzosen, die mit Blick auf die Präsidentschaftswahlen in Frankreich es für möglich erachteten, für Delors zu stimmen, von 43 % auf 49 % angestiegen. Delors stand damit im März 1992 an erster Stelle der potentiellen Präsidentschaftskandidaten, gefolgt von Chirac (46 %), Barre (42 %), Giscard d'Estaing (38 %) und Rocard (37 %); vgl. L'Express v. 20.3.1992, S. 12f. Delors konnte diese Führung bis zum Sommer 1992 noch ausbauen; nach einer von Ifop am 4. und 5. Juni durchgeführten Umfrage über die Popularität der potentiellen Präsidentschaftskandidaten, wurden die folgenden Werte ermittelt: Delors (50 %), Bérégovoy (45 %), Rocard (44 %), Giscard (42 %), Barre (41 %), Chirac (41 %), Léotard (38 %), Balladur (29 %), Pasqua (28 %), Séguin (22 %); vgl. L'Express v. 19.6.1992, S. 15.

[353] Vgl. Agence Europe, Nr. 5745 v. 6.6.1992, S. 3.

[354] Ebd.

[355] Ebd., S. 4.

"harte Haltung" ein und erklärte am 21. Juni im französischen Fernsehen: "Die Länder zahlen. Dänemark gewinnt viel mit der Gemeinsamen Agrarpolitik; es ist aber nicht sicher, ob die Partner nicht die Zusammenarbeit einschränken, zum Beispiel im Zusammenhang mit den Vorteilen eines großen Marktes ohne Grenzen ...".[356] Diese quasi-Drohung Delors' implizierte, daß Dänemark, wenn es den Maastrichter Vertrag nicht ratifiziert, seine Mitgliedschaft in der EG aufgeben müsse und damit nicht nur die Vorteile aus der Gemeinsamen Agrarpolitik einbüßen würde, sondern auch die Vorteile, die aus dem im Entstehen begriffenen Binnenmarkt insgesamt resultierten.

Trotz der Bemühungen um Schadensbegrenzung und der Aufrechterhaltung des Ziels der Ratifizierung des Maastrichter Vertrags in den Mitgliedstaaten, setzte in der Folge des dänischen Referendums eine gegen die Europäische Union und die Kommission gerichtete Berichterstattung in den Medien ein. Dabei wurde die Kommission und ihr Kommissionspräsident vor allem in der britischen Presse heftig kritisiert[357] und es wurde Skepsis,[358] bis hin zu Ablehnung,[359] laut hinsichtlich der bevorstehenden Verlängerung des Mandats von Delors um weitere zwei Jahre. Im Vorfeld des Gipfels in Lissabon wurde Delors als "Imperator"[360] bzw. als "Europe's 'Demon King'"[361] bezeichnet und die Kommission als "Euromonster"[362] dargestellt, der unterstellt wurde, aufgrund ihres "Machthungers" immer mehr Kompetenzen in Brüssel zentralisieren zu wollen und damit indirekt für das Scheitern des Referendums verantwortlich zu sein. In Frankreich entschied sich Mitterrand — weitgehend aus wahltaktischen Gründen — unmittelbar nach dem 2. Juni ebenfalls für die Durchführung eines Referendums und schürte damit den Machtkampf mit der liberal-konservativen Regierungskoalition bestehend aus RPR und UDF, die in sich gespalten werden sollte. Innerhalb von UDF und RPR gewannen die Maastricht-Gegner immer größeren Einfluß und plädier-

---

[356] Vgl. Agence Europe v. 22./23.6.1992, S. 5; wenige Tage später nahm Delors in einer Pressekonferenz diese harte Haltung zum Teil wieder zurück und erklärte: "Ich habe einen Irtum (mit dieser Erklärung) begangen. ... Ich war so sehr traumatisiert von der Verständnislosigkeit unter den französischen Bauern bezüglich der GAP-Reform, daß ich die Relevanz aufzeigen wollte. Jetzt sage ich nichts mehr zu Dänemark und seiner Zukunft", vgl. Agence Europe v. 25.6.1992, S. 4.

[357] Vgl. Tim Jackson: "Delors faces battles he cannot win ... the Commission President has better reason than ever for pessimism", in: The Independent v. 29.6.1992, S. 11; George Brock: "King of the F-word adapts to new order", in: The Times v. 29.6.1992, S. 12.

[358] Vgl. David Gardner: "Delors future hangs in Lisbon's balance", in: Financial Times v. 10.6.1992, S. 1 und S. 14; "Doubts about Mr Delors", Financial Times v. 11.6.1992, S. 14.

[359] Vgl. "An end to Delors", in: The Times v. 16.6.1992, S. 15.

[360] Vgl. Agence Europe, Nr. 5748 v. 13.6.1992, S. 1.

[361] Vgl. Martin Ivens: "Dangerous Delors", in: The Times v. 15.6.1992.

[362] Tim Jackson: "Dreaded Euro-monster rears its ugly head", in: The Independent v. 27.6.1992, S. 10.

ten — ähnlich der *Nej*-Kampagne in Dänemark — mit dem "Anti-Zentralisierungsargument" gegen die Ratifizierung des Maastrichter Vertrags. Das "Anti-Zentralisierungsargument" richtete sich dabei unmittelbar gegen die Rolle der Kommission. Gleichzeitig wurde die Ablehnung des EU-Vertrags mit einem Angriff gegen Mitterrand verbunden: "voter contre Maastricht, ce n'est plus ... être anti-européen, mais seulement refuser les eurocrates, les diktats de Bruxelles et l'impossible de M. Mitterrand".[363] Damit wurden zwei schon in der Vergangenheit beliebte Mechanismen in Gang gesetzt: Die Kommission wurde zum "Sündenbock", der für das Ausbleiben von Fortschritten im Integrationsprozeß unmittelbar verantwortlich gemacht wurde und die Europapolitik wurde für wahltaktisch motivierte Machtauseinandersetzungen auf nationaler Ebene mißbraucht.

In der Folge des dänischen Referendums wurde innerhalb der Kommission eine Analyse der in der Vergangenheit begangenen Fehler durchgeführt und es wurden Überlegungen angestellt, wie das Vertrauen der öffentlichen Meinung zurückgewonnen werden könnte. Vor dem Hintergrund der Erkenntnis, daß sich die dänische Bevölkerung vor allem gegen ein künftig von "Brüssel" aus regiertes Europa ausgesprochen hatte, schien das Subsidiaritätsprinzip ein geeignetes Instrument zu sein, um die Vertiefung des europäischen Einigungsprozesses mit der wachsenden Skepsis in der Bevölkerung zu verbinden. Tatsächlich setzte nach dem 2. Juni 1992 eine in dieser Intensität noch nicht dagewesene Debatte um das Subsidiaritätsprinzip ein.[364] Die Kommission wurde zu einer vehementen Fürsprecherin dieses Prinzips und Delors selbst hielt kaum mehr eine Rede, die nicht das Subsidiaritätsprinzip zumindest erwähnte.

Die Kommission erkannte die taktischen Vorteile, die sich mit einer Forcierung der Subsidiaritätsdebatte verbinden würden. Gleichwohl wäre es falsch anzunehmen, die Kommission hätte den Subsidiaritätsgedanken quasi "über Nacht" entdeckt und handele nur aus opportunistischen Gründen, um die Gunst der Bevölkerungen zurückzugewinnen. Vielmehr konnte die Kommission — und insbesondere Delors — auf verschiedene Anstrengungen verweisen, die schon in der Vergangenheit unternommen worden waren, um das Subsidiaritätsprinzip für die Gemeinschaft stärker zu nutzen. Delors hatte sich schon Mitte der 70er Jahre

---

[363] Vgl. Dominique de Montvalon: "Les ravages de Maastricht", in: L'Express v. 22.5.1992, S. 18.

[364] Vgl. etwa die Debatte im Europäischen Parlament vom 27.10.1992 über den Gipfel des Europäischen Rates in Birmingham, in der fast in jedem Redebeitrag auf das Subsidiaritätsprinzip eingegangen wurde, in: Amtsblatt der EG, Verhandlungen des Europäischen Parlaments, Sitzungsperiode 1992—1993, Sitzungsberichte vom 26. bis 30. Oktober 1992, Nr. 3-423, S. 113ff.; auch in der wissenschaftlichen Debatte fand das Subsidiaritätsprinzip seit Sommer 1992 zunehmendes Interesse gefunden (vg. u.a. Jachtenfuchs 1992; Dehousse 1993; Duff 1993; Merten 1993; Renzsch 1993; Hrbek 1995).

— damals im nationalen Kontext — für eine stärkere Dezentralisierung der Regierungsgewalt ausgesprochen (Delors 1975: 218ff.) und in einem Beitrag, der für eine umfassende Demokratisierung der französischen Gesellschaft plädierte, die Anwendung des "vieux principe de subsidiarité" vorgeschlagen (Delors 1977: 220). Auch in der Antrittsrede vor dem Europäischen Parlament im Jahr 1985,[365] im Delors-Bericht vom April 1989 (Delors-Bericht: D 288) und in der Rede vor dem Europa-Kolleg in Brügge im Oktober 1989 (Delors 17.10.1989: 15 und 22) wird auf das Subsidiaritätsprinzip Bezug genommen. In einer Rede vor dem Institut Européen d'Administration Publique in Maastricht im März 1992 führte Delors seine Vorstellungen zur Subsidiarität präziser aus. Er stellt darin den wechselseitigen Zusammenhang her zwischen einer föderalen Ordnungsstruktur, der Normenhierarchie, der Herstellung von Bürgernähe und der Anwendung des Subsidiaritätsprinzips. Delors bezeichnete die föderale Ordnung als eine "Methode", die eine funktionale Aufgabenverteilung erlauben würde. Die Rahmengesetzgebung, die Delors als "loi", d.h. als Gesetz bezeichnete, stelle hierfür das geeignete Instrument dar. Sie sollte die im Gemeinschaftsrecht vorgesehene, mittlerweile jedoch zu detailliert gewordene "Richtlinie" ersetzen. Im Unterschied zur Exekutivrechtsetzung würde das Gesetz lediglich allgemeine Zielvorgaben enthalten, die dann konkret von den betroffenen Mitgliedstaaten und Regionen entsprechend ihrer jeweiligen Gesetzgebungsverfahren ausgefüllt werden. Der Vorteil bestünde nicht nur darin, daß eine zu detaillierte Regelung auf höchster Ebene vermieden würde und stattdessen die dem Bürger und den Problemen näher stehende nationale und regionale Ebene die erforderlichen Maßnahmen beschließen könnten, sondern daß dadurch auch die nationalen und regionalen Parlamente unmittelbar in den EG-Entscheidungsprozeß eingebunden würden. Damit sollte die Befugnis der Kommission, Verordnungen zu erlassen, zwar nicht *per se* unterbunden werden, gleichwohl sollte der Gesetzgeber, d.h. im wesentlichen die Parlamente, aber eine gewisse Kontrolle über sie ausüben und dadurch dem Drang zur Zentralisierung in der Gemeinschaft entgegengewirkt werden: "En privilégiant la mise en oeuvre de la loi par les Parlements nationaux ou par les autorités régionales, la Commission veut rompre avec un centralisme souvent inefficace, afin que les décisions de mise en oeuvre soient prises le plus près possible de ceux auxquels elles s'adressent".[366] Delors hatte damit das Bemühen der Kommission unterstrichen, ihre eigene zentrale Rolle zurückzunehmen — ohne gleichwohl ihr Initiativrecht aufzugeben —, um der Entwicklung von mehr Bürgernähe und Demokratie größeren Raum zu geben. Delors hatte damit gleichzeitig den vornehmlich politischen Charakter des Subsidiaritätsprinzips hervorgehoben: "... la subsidiarité est bien une pédagogie de l'approche

[365] Vgl. EG-Bulletin, Beilage, Nr. 1 (1985), S. 13.

[366] Vgl. Jacques Delors: Le Principe de Subsidiarité, Rede am 21.3.1991 auf dem Kolloquium des Institut Européen d'Administration Publique in Maastricht (Delors 21.3.1991: 13).

fédérale: il importe que le citoyen puisse globalement comprendre ce qui ressort de chacun des niveaux d'autorité, sans quoi la démocratie est affectée. Une part du fameux 'déficit démocratique' dans la Communauté provient de ce manque de visibilité ... La subsidiarité n'est pas seulement un débat philosophique ou juridique, mais bien politique".[367]

In einer Pressekonferenz im Vorfeld des Gipfels in Lissabon im Juni 1992 betonte Delors noch einmal seine langjährige Beschäftigung mit dem Subsidiaritätsprinzip. Dabei wurde auch der Zusammenhang zwischen dem Bild der Kommission in der Öffentlichkeit und der Anwendung der Subsidiariät deutlich: "Die EG-Kommission [hat] in diesem Bereich d.h. der Subsidiarität, Anm. d. Verf.] die Initiative ergriffen ... denn ich glaube daran. Dies ist ein Problem, daß mich seit Monaten, wenn nicht Jahren beschäftigt. Die Kommission möchte auch die 'Attacken' einiger Hauptstädte abwehren, die dazu tendierten, die Kommission als 'Sündenbock' darzustellen oder sie für Projekte verantwortlich zu machen, die sie nie beabsichtigt hat".[368]

Auf dem Gipfel des Europäischen Rates in Lissabon im Juni 1992 präsentierte Delors einen ersten Bericht zum Subsidiaritätsprinzip. Er wies unter anderem darauf hin, daß die Subsidiarität "nicht mit der Notwendigkeit verwechsel[t werden] dürfe, die Arbeit der Gemeinschaft zu vereinfachen und 'auseinanderlaufen' zu lassen".[369] In der anschließenden Pressekonferenz am Ende des Gipfels räumte Delors ein "wegen des 'elitären und technokratischen' Wesens der europäischen Schaffung (weswegen die Gemeinschaft häufig der 'Sündenbock' sei, obwohl die Probleme wesentlich komplexer seien) beunruhigt zu sein".[370] Er führte in diesem Zusammenhang weiter aus, daß "Subsidiarität bedeute, Bedingungen zu treffen, die so wirkungsvoll wie möglich und in unmittelbarer Bürgernähe sind, ... Umgekehrt müßten solche Entscheidungen aber auch auf Gemeinschaftsebene getroffen werden, wenn eine EG-Maßnahme unerläßlich erscheine".[371] Delors hatte damit die zwei Seiten der Subsidiarität verdeutlicht: Die Subsidiarität als Instrument zur Herstellung von mehr Bürgernähe und damit von mehr Legitimität für die Gemeinschaft und damit auch für die Kommission einerseits, und andererseits die Subsidiarität als Gefahr der "Verwässerung" von Gemeinschaftsmaßnahmen bzw. eines schleichenden Machtverlusts der Institutionen in Brüssel. Mit der Intervention Delors' auf dem Lissaboner Gipfel war die politische Bedeutung und die damit verwobene legitimatorische Dimension des

---

[367] Ebd., S. 16.
[368] Vgl. Agence Europe, Nr. 5757 v. 25.6.1992, S. 3.
[369] Vgl. Agence Europe, Nr. 5560 v. 28.6.1992, S. 2.
[370] Ebd.
[371] Ebd.

Subsidiaritätsprinzip deutlich geworden. Die Staats- und Regierungschefs waren sensibilisiert worden und beschlossen auf dem Gipfel, der Kommission den Auftrag zu erteilen, die "verfahrenstechnischen und praktischen Maßnahmen zur Umsetzung des Grundsatzes"[372] auszuarbeiten.

Auf der Sondersitzung des Europäischen Parlaments in Straßburg zwei Tage vor dem Gipfel in Birmingham sprach Delors von der Notwendigkeit, im Zusammenhang mit der Ratifizierung des Unionsvertrages und unter den gegebenen wirtschaftlich und geldpolitisch ungünstigen Umständen das "Triptychon" bestehend aus Transparenz, Subsidiarität und Demokratie anzuwenden.[373] Diese Formulierung war bezeichnend, da Delors während seiner ersten Amtszeit vom "Triptychon" bestehend aus dem Binnenmarkt, der EEA und dem Delors-I-Paket gesprochen hatte.[374] Damit wurde ein grundlegender Wandel zum Ausdruck gebracht, der sich innerhalb der Gemeinschaft vollzogen hatte und der die Kommission zwang, ihre Prioritäten neu zu setzen. Hatte sich die Kommission während der ersten Amtszeit Delors′ vor allem mit der wirtschaftlichen, finanziellen und verfahrensmäßigen Umgestaltung der Gemeinschaft beschäftigt, war die Kommission nun dazu übergegangen, sich mit grundlegenden Fragen der Kompetenzverteilung und der Legitimierung der Union auseinanderzusetzen. Im weiteren Verlauf des Redebeitrags vor dem Europäischen Parlament erläuterte Delors seine Vorstellungen zum Subsidiaritätsprinzip. Er unterstrich dabei, daß Vorbedingung für die Anwendung der Subsidiarität die Bekräftigung des "acquis communautaire" sei und die Wahrung des institutionellen Gleichgewichts und des Initiativmonopols der Kommission. Er schlug vor, ein interinstitutionelles Abkommen zur Subsidiarität abzuschließen. Gleichzeitig sprach sich Delors gegen die Idee aus, eine Kompetenzliste durch ein "comité des sages" ausarbeiten zu lassen, da das Subsidiaritätsprinzip zuvörderst "un état d′esprit" sei, der nicht durch Experten festgelegt werden könne.[375]

Auf dem Gipfel in Birmingham im Oktober 1992 erläuterten die Staats- und Regierungschefs, worum es ihnen bei der Ausgestaltung des Subsidiaritätsprinzips ging. In ihren Ausführungen spielten sie damit indirekt auf das gescheiterte dänische Referendum an: "... Größere Einheit kann ohne übermäßige Zentralisierung erreicht werden. ... Die Gemeinschaft kann nur dann tätig werden, wenn

---

[372] Vgl. Schlußfolgerungen des Vorsitzes des Europäischen Rates, Tagung der Staats- und Regierungschefs in Lissabon am 26. und 27. Juni 1992, in: Presse- und Informationsamt der Bundesregierung, Bulletin, Nr. 71 v. 1.7.1992, S. 673—688, hier: S. 675.

[373] Vgl. Redebeitrag von Delors auf der Sondersitzung des Europäischen Parlaments am 14. Oktober 1992 in Straßburg (Delors 14.10.1992: 2).

[374] Vgl. oben Teil II, Kapitel 1.7.

[375] Vgl. Delors, 14.10.1992, S. 3.

die Mitgliedstaaten ihr die Befugnis hierzu in den Verträgen erteilt haben. Ein Tätigwerden auf Gemeinschaftsebene sollte nur dann erfolgen, wenn dies angemessen und notwendig ist; der Vertrag von Maastricht stellt hierfür den richtigen Rahmen dar und enthält die entsprechenden Zielvorgaben. Wenn die Gemeinschaft sich mit Unterstützung ihrer Bürger weiterentwickeln soll, so ist es von wesentlicher Bedeutung, daß dieser Grundsatz — das Subsidiaritätsprinzip oder der Grundsatz des Bürgernähe — mit Leben erfüllt wird".[376]

Im Vorfeld des Sondergipfels in Birmingham ließ die Kommission ein Arbeitspapier zur Subsidiarität kursieren, das in Auszügen der Öffentlichkeit zur Kenntnis gegeben wurde.[377] Nach Abschluß des Gipfels wurden Ende Oktober 1992 die konkreten Überlegungen der Kommission zur Ausgestaltung und Anwendung des Subsidiaritätsprinzips vollständig veröffentlicht.[378] Darin wurde einmal mehr der Zusammenhang zwischen der Stärkung der demokratischen Kontrolle, der Transparenz bei der Gesetzgebung und der Achtung des Subsidiaritätsprinzips auf Gemeinschaftsebene betont. Die Kommission erläuterte in dieser Mitteilung an den Rat und das Europäische Parlament, daß es bei der Anwendung des Subsidiaritätsprinzips nicht um die Frage der Zuweisung von Zuständigkeiten an die Gemeinschaft gehe, sondern vielmehr um die Art und Intensität der Ausübung bestehender Zuständigkeiten. Damit würde das Subsidiaritätsprinzip durch das ihm verwandte Prinzip der Verhältnismäßigkeit ergänzt. Für die konkrete gesetzgeberische Arbeit würde dies bedeuten, daß die Gemeinschaftsorgane, und hier insbesondere die Kommission, dem "Gebot der Vernunft" folgen müßten, d.h. daß sie bei der Wahrnehmung ihrer Zuständigkeiten nur die Maßnahmen ergreifen sollten, die am besten auf Gemeinschaftsebene ergriffen werden können. Die weitere Argumentation der Kommission war von zwei zentralen Anliegen geprägt: Erstens, daß die Anwendung des Subsidiaritätsprinzips ein Instrument für mehr Bürgernähe sei und daß die Herstellung von mehr Bürgernähe der Kommission entgegenkommt, da sie nicht über die Kapazität verfügt, um alle Gemeinschaftsaktionen in den Mitgliedstaaten durchzuführen und zu kontrollieren; dies sollte jedoch nicht dazu führen, daß die bestehenden Machtverhältnisse in der Gemeinschaft verändert werden. Wörtlich führte die Kommission in ihrer Mitteilung aus: "... [die] Forderung nach einer größtmöglichen Bürgernähe der Gemeinschaftsaktion ... ist auch vielfach unumgänglich, weil der europäische öffentliche Dienst im Vergleich zu den öffentlichen Verwaltungen der Mitgliedstaaten von sehr begrenztem Umfang ist. ... [...] ... die Umsetzung dieses Grund-

[376] Vgl. Schlußfolgerungen des Vorsitzes des Europäischen Rates, Sondertagung der Staats- und Regierungschefs in Birmingham am 16. Oktober 1992, in: Presse- und Informationsamt der Bundesregierung, Bulletin, Nr. 115 v. 23.10.1992, S. 1057—1064, hier: S. 1058.
[377] Vgl. Agence Europe, Nr. 5833 v. 10.10.1992, S. 8.
[378] Vgl. Agence Europe, Dokumente, Nr. 1804/05 v. 30.10.1992.

satzes [d.h. der Subsidiarität, Anm. d. Verf.] [darf] nicht auf eine Bevormundung der Kommission durch Infragestellung ihres Initiativrechts und damit eine Änderung des in den Verträgen vorgegebenen Gleichgewichts hinauslaufen".[379] Zweitens sollte auf Gemeinschaftsebene gehandelt werden, wenn die Voraussetzungen erfüllt sind, um eine Maßnahme auf der Ebene der Gemeinschaft zu ergreifen; letzteres würde wiederum dem Bürger zugute kommen. Wörtlich führte die Kommission hierzu aus: "Es geht darum, dem Bürger klar zu machen, daß alle Beschlüsse nach Möglichkeit auf einer ihm nahen Ebene getroffen werden, ohne dabei die Vorteile, die ihm aus dem gemeinsamen Handeln auf Gemeinschaftsebene entstehen, in Frage zu stellen oder das institutionelle Gleichgewicht zu verändern".[380]

Insgesamt wurde damit deutlich, daß die Kommission zum einen mit dem Subsidiaritätsprinzip den Vorteil verband, ein Mittel zur Entlastung der Gemeinschaftsorgane — und insbesondere ihres eigenen Verwaltungsapparats — zur Verfügung zu haben. Zum anderen erkannte die Kommission die Gefahr, daß sich das Subsidiaritätsprinzip nachteilig auf das institutionelle Gefüge der Gemeinschaft auswirkt bzw. die bestehende Handlungsfähigkeit der Organe einschränkt. Damit könnte sich das als "Zauberformel" (Engel 1993: 56) bezeichnete Prinzip zu einer "Bremse" der Gemeinschaft und ihrer Institutionen entwickeln.

Ungeachtet dieses Dilemmas war es der Kommission gelungen, den Subsidiaritätsgedanken zu thematisieren und seine inhaltliche Präzisierung voranzutreiben. Diese Strategie war insofern zumindest teilweise erfolgreich, als es dadurch gelang, den durch das dänische Referendum am 2. Juni 1992 erlittenen Rückschlag "aufzufangen". Wenngleich durch die Subsidiarität kein grundlegender Stimmungsumschwung erreicht wurde, gelang es doch, die Vorstellung eines in Brüssel sich ausbreitenden "Molochs" zu zerstreuen und den Ratifikationsprozeß des Vertrags über die Europäische Union weiter voranzubringen. Auf dem Gipfel des Europäischen Rates in Edinburgh im Dezember 1992 wurde schließlich ein Gesamtkonzept zur Anwendung des Subsidiaritätsprinzips beschlossen und durch konkrete Vorschläge zur Überprüfung von geltenden Rechtsvorschriften ergänzt.[381] Es enthielt die wesentlichen Argumente, die die Kommission in ihrer Mitteilung vom 30. Oktober 1992 ausgeführt hatte. Gleichzeitig wurde in Edinburgh ein Beschluß gefaßt hinsichtlich der von Dänemark aufgeworfenen Probleme zur Unionsbürgerschaft, zur WWU, zur Verteidigungspolitik und zur

---

[379] Ebd., S. 3 und 4.

[380] Ebd., S. 2

[381] Vgl. Schlußfolgerungen des Vorsitzes des Europäischen Rates, Tagung der Staats- und Regierungschefs in Edinburgh am 11. und 12. Dezember 1992, in: Presse- und Informationsamt der Bundesregierung, Bulletin, Nr. 140 v. 28.12.1992, S. 1277—1302, hier: S. 1280ff.

Zusammenarbeit in der Justiz- und Innenpolitik. Diese Bereiche sollten in Dänemark nur eingeschränkt Anwendung finden. Der Beschluß sollte ausschließlich für Dänemark gelten und wurde durch eine einseitige Erklärung Dänemarks ergänzt.[382] Dies stellte die Voraussetzung dar für das zweite Referendum in Dänemark, daß im Mai 1993 durchgeführt wurde und bei dem eine Mehrheit der Bevölkerung dem Vertragswerk von Maastricht schließlich zustimmte.

Zusammenfassend kann festgehalten werden, daß der negative Ausgang des Referendums in Dänemark sowohl für die Gemeinschaft im allgemeinen als auch für die Kommission im besonderen einen Schock darstellte. Die Entwicklung, die zu diesem Schock geführt hatte, war aber nicht überraschend gewesen. Die Meinungsumfragen, die auf einen unsicheren Ausgang des Referendums hingewiesen hatten, waren sowohl in Dänemark als auch in Brüssel bekannt gewesen, jedoch waren sie nicht ernst genug genommen worden. Wenngleich die Delors-Kommission den negativen Ausgang des Referendums sicherlich nicht verschuldet hatte, so hatte sie andererseits wenig dazu beigetragen, um einen solchen zu verhindern. Erst nach dem Referendum wurde die "laisser-faire-Haltung" aufgegeben und grundsätzliche Überlegungen angestellt, wie das Verhältnis zwischen Bürger und europäischem Integrationsprozeß besser gestaltet werden könnte. Das Subsidiaritätsprinzip erschien als ein geeignetes Instrument hierfür und wurde von der Kommission aufgegriffen und ab dem zweiten Halbjahr 1992 verstärkt in die Debatte eingebracht. Zu diesem Zeitpunkt hatte bereits ein grundlegender Wandel in der Gemeinschaft eingesetzt, der die Kommission unmittelbar betraf: Die Kommission war nicht mehr in erster Linie dazu da, die Gemeinschaft "zu gestalten" und "voranzubringen", sondern sie war dazu übergegangen "zu reparieren" und "zu verteidigen"; sie war nicht mehr "politischer Motor", sondern sie war in die Rolle des "Schadensbegrenzers" gerutscht. Dieser grundlegende Wandel würde auch für die weitere Entwicklung bis zum Ende der zweiten Amtszeit Delors' für die Rolle der Kommission bestimmend sein.

## 2.8 Die Gemeinschaft in der Krise

Der negative Ausgang des dänischen Referendums vom 2. Juni 1992 war Ausdruck eines veränderten Kontexts, der einen Stimmungsumschwung in der Gemeinschaft bewirkt hatte, der sich seit der Einrichtung der beiden Regierungskonferenzen zur Wirtschafts- und Währungsunion und zur Politischen Union im Jahr 1990/91 schleichend vollzogen hatte. Die weitgehend unter dem Ausschluß der Öffentlichkeit ausgehandelten Vertragsänderungen, die zunehmend von

[382] Ebd., S. 1289ff.

"Brüssel" ausgehenden Bestimmungen bei gleichzeitiger Undurchschaubarkeit der Verfahren und Verantwortlichkeiten und die Hilflosigkeit der Zwölf angesichts des Krieges auf dem Balkan waren wesentliche Gründe dafür, daß zum Zeitpunkt der Ratifizierung des Maastrichter Vertrages in fast allen Mitgliedstaaten eine Kluft zwischen den politischen Eliten einerseits und der Bevölkerung andererseits entstanden war. Während sich die Eliten in Politik, Wirtschaft und Verwaltung mehrheitlich für den Vertrag über die Europäischen Union aussprachen, war in den Bevölkerungen eine wachsende Skepsis gegenüber dem Vertragswerk von Maastricht aber auch gegenüber dem Integrationsprozeß insgesamt aufgekommen. Kurz vor dem ersten Referendum in Dänemark war der EU-Vertrag im dänischen Folketing mit 130 zu 25 Stimmen verabschiedet worden. Die Kluft, die zwischen politischer Elite und Bevölkerung entstanden war, wurde am Beispiel der dänischen Sozialdemokraten besonders deutlich: während sich die sozialdemokratischen Parlamentarier im Folketing einstimmig für den Vertrag von Maastricht aussprachen, entschieden sich 64 % der sozialdemokratischen Wähler im Referendum gegen den Vertrag (Thune 1993: 309).

Das dänische Referendum vom 2. Juni 1992 löste eine "Kettenreaktion" in den anderen Mitgliedstaaten aus bzw. wurde das negative Ergebnis auf andere, nicht unmittelbar mit dem Vertrag über die Europäische Union in Zusammenhang stehende innen- und währungspolitische Bereiche übertragen, die sich weitgehend dem Einfluß der Kommission entzogen. In Frankreich teilte Präsident Mitterrand am 3. Juni mit, daß die Ratifizierung einer Volksabstimmung unterliegen würde und in Großbritannien beschloß Premierminister Major, eine für den 3. und 4. Juni im britischen Unterhaus angesetzte Maastricht-Debatte zu verschieben. Nach dem dänischen Referendum sprachen sich laut einer Umfrage 81 % der Deutschen und 51—58 % der Niederländer für die Durchführung eines Volksentscheids aus.[383] Diese Entwicklung, die im Kern eine "Renationalisierung" der Europapolitik bedeutete, entzog sich zunehmend der unmittelbaren Handlungs- und Einflußmöglichkeiten der Kommission. Während die Kommission im Vorfeld und im Verlauf der Vertragsverhandlungen noch die Agenda der EG mitbestimmt hatte und auf die Diskussionen Einfluß nehmen konnte, implizierte die Ratifizierungsphase des Maastrichter Vertrags eine "Degradierung" der Rolle der Kommission. Die bislang von ihr erbrachten Ordnungs- und Orientierungsleistungen waren nicht mehr gefragt bzw. wurden in anderer Form von nationalen Akteuren erbracht. Die Kommission entwickelte sich weg von einem "Ordnungsfaktor" und hin zu einer bloßen "Beobachterin" der Vorgänge, die sich in und zwischen den Mitgliedstaaten ereigneten und die für das weitere "Schicksal" des Maastrichter Vertrags — aber auch für ihr eigenes — bestimmend sein würden.

---

[383] Vgl. Agence Europe, Nr. 5745 v. 6.6.1992, S. 4.

Delors war sich der Bedeutung der Diskrepanz zwischen den Befürwortern des Maastrichter Vertrags, die vor allem aus den Reihen des "politischen Establishments" kamen, und den Gegnern des Vertrags, die in allen Schichten der Bevölkerung zu finden waren, bewußt. Schon am 7. April hatte Delors im Rahmen der Debatte im Europäischen Parlament über die Ergebnisse der Regierungskonferenz festgestellt: "Cette Communauté [après Maastricht, Anm. d. Verf.], elle n'est pas assez démocratique ... Il me semble, de plus en plus, que notre aventure est trop élitiste, trop technocratique et que les peuples ne s'y retrouvent pas. ... [...] ... il faut être inventeur de simplicité et c'est aujourd'hui mon souci premier. Nous avons trop de procédures compliquées, trop de querelles byzantines, trop de réglementations sophistiquées. Cela explique l'éloignement ou le désintérêt des citoyens".[384] Die Gefahr bestand darin, daß der EU-Vertrag angesichts dieser Komplexität und der damit verbundenen Entfremdung von den Bürgerinnen und Bürger in Frankreich nicht ratifiziert wird und in diesem Falle nicht nur die WWU und die PU in Frage gestellt werden, sondern der Integrationsprozeß insgesamt. Dies hätte unmittelbare Auswirkungen auf die Rolle der Kommission und würde einen Rücktritt Delors' nicht ausschließen. In einem Radiointerview mit dem Sender *Europe 1* am 31. August verteidigte Delors den neuen Unionsvertrag mit dem Argument, daß er eine bessere Kontrolle der Kommission erlaube: "Parce que le nouveau traité en renforçant la dimension politique et le contrôle démocratique de la Communauté limite la douce tyrannie de la Commission européenne qui entre parenthèses a été bien nécessaire pendant un moment, et permet d'espérer un jour un bon équilibre. ...".[385] Im gleichen Interview kündigte Delors an, bei einem negativen Ausgang des Referendums in Frankreich keine weitere Amtszeit als Kommissionspräsident zu akzeptieren.[386] Auf die Frage, welche Lehren er aus dem dänischen Referendum ziehe, gab Delors eine recht allgemeine Antwort, der die persönliche Betroffenheit anzumerken war, die aber eine gewisse konzeptionelle Unsicherheit des Kommissionspräsidenten durchblicken ließ: "Mais il y a quand même un problème général. ... Dans nos démocraties de l'ouest ... il y a un écart qui se creuse entre l'opinion publique et le système politique et c'est cet écart qui aujourd'hui me fait terriblement peur, car nous devons ... redonner aux gens le sens de la citoyenneté, leur démontrer qu'ils détiennent une responsabilité formidable ... il faudra reconstruire patiemment les fils d'une démocratie où les gens ne sont pas simplement des individus, mais ce sont des membres de la société et des citoyens".[387]

---

[384] Vgl. Delors 7.4.1992, S. 2f.

[385] Vgl. Interview von Jacques Delors am 31.8.1992 in der Sendung "Le Club de la Presse" auf *Europe 1* (Delors 31.8.1992: 4).

[386] Ebd., S. 9.

[387] Ebd., S. 11.

Im Laufe des August deuteten Meinungsumfragen in Frankreich darauf hin, daß die Nein-Stimmen deutlich zugelegt hatten und damit die Lager der Befürworter und der Gegner des Maastrichter Vertrags gleich auf waren.[388] Damit wurde die Ratifizierung des EU-Vertrags — und in Verbindung damit die Realisierung der WWU — nach dem negativen dänischen Referendum nun auch durch ein mögliches französisches "Nein" in Frage gestellt. Auf den Kapitalmärkten setzten Spekulationen gegen den französischen Franc, aber auch gegen das britische Pfund, die italienische Lira und die spanische Peseta ein. Die Kapitalmärkte vermuteten, daß im Falle eines negativen Ausgangs des Referendums in Frankreich die Herstellung der WWU nicht zu erwarten sei und damit auch der politische Wille fehle, um die Währungsparitäten im Europäischen Wechselkursmechanismus unverändert zu lassen. Letztere waren seit 1987 nicht angepaßt worden, wenngleich die wirtschaftliche Entwicklung in den Mitgliedstaaten unterschiedlich verlaufen war und ein *Realignment* der Wechselkurse notwendig geworden war. Hinzu kam, daß die durch die deutsche Einheit bedingte Hochzinspolitik der Deutschen Bundesbank in Mitgliedstaaten mit einer schwachen Währung einen Kapitalabfluß bewirkt hatte und durch den dadurch notwendig gewordenen Risikoaufschlag auf das Zinsniveau die wirtschaftliche Entwicklung in diesen Ländern abgeschwächt worden war. Die Märkte erwarteten, daß die Währungen in diesen Mitgliedstaaten abgewertet werden, da diese Mitgliedstaaten gezwungen sein würden, durch den Gewinn an Wettbewerbsfähigkeit ihre Volkswirtschaften anzukurbeln. Die Spekulation auf den Finanzmärkten war somit zugunsten der D-Mark, während das britische Pfund, die italienische Lira und die spanische Peseta eher abgestoßen wurden.

Am 13. September wurde der Druck auf den Finanzmärkten schließlich so groß, daß die Lira nach einer am Wochenende erfolgten *ad hoc*-Koordination um 7 % abgewertet werden mußte. Im Gegenzug verpflichtete sich die Bundesbank zu einer Senkung ihrer Leitzinsen.[389] Delors zeigte sich nach diesen Entscheidungen zufrieden und bewertete die Abwertung der Lira als einen richtigen Schritt, um den Übergang zur WWU vorzubereiten. Er begrüßte auch die Senkung der deutschen Zinsen und bezeichnete dies als eine Geste der Solidarität.[390] Aus nicht-offiziellen Kreisen war zu vernehmen, daß diese Entwicklung die "Ja"-Stimmen

---

[388] Drei von Ifop am 21./22.8., am 27./28.8. und am 31.8./1.9. durchgeführte Umfragen wiesen auf die folgende Entwicklung im August hin (Prozentangaben in der zeitlichen Reihenfolge der Umfragen): Ja-Stimmen 51 %, 47 %, 50 %; Nein-Stimmen 49 %, 53 %, 50 %; gleichzeitig war Ende August der Anteil derjenigen, die hinsichtlich ihrer Stimmabgabe noch unentschlossen waren, von 20 % auf 16 % gefallen; vgl. L'Express v. 11.9.1992, S. 11.

[389] Am Montag morgen, den 14.9.1992, senkte der Zentralrat der Deutschen Bundesbank nach einem außerordentlichen Treffen den Diskontsatz um 0,5 Punkte und den Lombardsatz um 0,25 Punkte; vgl. Agence Europe, Nr. 5814 v. 14./15.9.1992, S. 9f.

[390] Ebd., S. 11.

bei dem Referendum in Frankreich stärken würde, da deutlich geworden wäre, wie die monetäre Zusammenarbeit im Rahmen der WWU aussehen könnte. Damit war weniger die abgestimmte Abwertung der Lira gemeint, als vielmehr der Druck auf die Bundesbank, der zu einer Senkung der deutschen Leitzinsen geführt hatte.[391] Am 16. September war die britische Regierung gezwungen, dem Abwertungsdruck nachzugeben und das Pfund aus dem System der Bandbreiten des Europäischen Wechselkursmechanismus herauszunehmen. Nach einer eilig einberufenen Sitzung des Währungsausschusses in der Nacht zum 17. September wurde ferner beschlossen, die Peseta um 5 % abzuwerten[392] und die italienische Lira aus dem europäischen Wechselkursmechanismus herauszunehmen.[393] Damit kehrte vorübergehend Ruhe auf den Finanzmärkten ein. Die Kommission folgerte aus diesen Entwicklungen, daß die Notwendigkeit einer wirtschaftlichen und währungspolitischen Zusammenarbeit noch größer geworden sei.[394] Gleichzeitig wurde deutlich, daß die weitere Aufrechterhaltung der Wechselkursparitäten und damit die Stabilität im Rahmen des EWS entscheidend vom Ausgang des französischen Referendums abhängen würde.

Am 20. September stimmten 51,01 % der stimmberechtigten Franzosen für den Vertrag von Maastricht. Es handelte sich wieder um ein knappes Ergebnis bei einer recht unterschiedlichen geographischen, politischen und sozio-ökonomischen Stimmenverteilung;[395] es überwogen die Ja-Stimmen um ca. 400 000 bei insgesamt 25 Mio. abgegebenen Stimmen. Wenngleich damit eine gewisse Erleichterung verbunden war, bedeutete die Ratifizierung in Frankreich nicht das Ende der Stimmungskrise in der Gemeinschaft. Vielmehr setzte in Großbritannien eine Entwicklung ein, in deren Verlauf der Vertrag über die Europäische Union zum "Spielball" für innenpolitisch motivierte Machtauseinandersetzungen wurde, die die Ratifizierung des Vertragswerkes erneut ungewiß erscheinen ließen. Hinzu kam, daß sich in der Gemeinschaft generell ein Stimmungswandel vollzogen hatte, der eine Abkehr von den gemeinsamen Institutionen implizierte und

---

[391] Die Bundesbank dementierte diesen Zusammenhang und wies darauf hin, daß sie ihre Entscheidung autonom getroffen habe; vgl. Agence Europe, Nr. 5814 v. 14./15.9.1992, S. 9

[392] Die Peseta wurde zusammen mit dem portugiesischen Escudo zwei Monate später noch einmal um 6 % abgewertet.

[393] Vgl. Agence Europe, Nr. 5817 v. 18.9.1992, S. 5.

[394] Ebd., S. 6.

[395] In Frankreich waren mehrere Gegensätze erkennbar: in soziokultureller Hinsicht stimmten vor allem Landwirte, Fischer, Arbeiter und Angestellte bevorzugt mit "Nein"; in parteipolitischer Hinsicht stimmten vor allem Anhänger der Linken (Anhänger von Chevènement), der extremen Linken (Kommunisten), der Rechten (Gaullisten) und der extremen Rechten (Front National) gegen den Vertrag; in geographischer Hinsicht zeichnete sich ein Stadt-Land Gegensatz ab, wonach vornehmlich auf dem Land (mit Ausnahme von Marseille) gegen den Vertrag gestimmt wurde (La Serre/Lequesne 1993: 315f.).

eine Betonung der nationalen Ebene bewirkte. Dieser Stimmungsumschwung wurde unmittelbar nach dem Referendum in Frankreich wie folgt kommentiert: "Allerdings wird die Gemeinschaft noch von anderer Seite gefährdet, wovor gewarnt werden muß. Es handelt sich um Gedanken, die man zu verbreiten sucht, und denen zufolge ... es angebracht wäre, das Zentrum der institutionellen Schwerkraft vom gemeinschaftlichen zum intergouvernementalen Aspekt hin zu verlagern, d.h. eher zum Olymp hin als zum Volk".[396]

Der knappe Ausgang des französischen Referendums bewirkte weder ein Verbesserung des Erscheinungsbildes der Union noch des der Kommission in der Öffentlichkeit. Die Kommission hatte sich im Vorfeld der Referendums weitgehend zurückgehalten und Delors hatte erst ab Ende August begonnen, in die Debatte in Frankreich einzugreifen, als die Umfrageergebnisse auf eine mögliche Führung der Nein-Stimmen hindeuteten.[397] Das Dilemma bestand für Delors — bzw. für die Kommission insgesamt — darin, daß er einen Vertrag zu verteidigen hatte, mit dem er nicht zufrieden war und bei dessen Zustandekommen die Kommission andere Vorstellungen und Ideen entwickelt hatte. Delors unterstützte letztlich den Maastrichter Vertrag und plädierte für ein "Oui" in der französischen Abstimmungskampagne. Er setzte sich damit sowohl der Kritik des euroskeptischen *Non*-Lagers wie der des Lagers der französischen Föderalisten aus, die über den Inhalt des Vertrags enttäuscht waren und ihn daher ablehnten.[398] Gleichwohl wirkte sich das Eingreifen Delors' nicht negativ auf seine Popularität in Frankreich aus bzw. schien Delors' Popularität unangetastet zu lassen: "The referendum on Maastricht failed to dent Delors's popularity, which continued to surpass that of Rocard, Chirac or Giscard ... He incarnates the dream — or the myth — of the renaissance of a centre which would break free from the right and ally with the Parti Socialiste" (Grant 1994: 255). Im Rahmen einer durch nationale Anliegen bestimmten Diskussion hatte Delors' europapolitisches Profil in Frankreich an Bedeutung verloren bzw. war teilweise auch — insbesondere das

---

[396] Emanuele Gazzo: "Nach dem französischen 'Ja': Vorsicht vor Ablenkungsmanövern" (Leitartikel), in: Agence Europe v. 23.9.1992, S. 1.

[397] Vgl. Interview von Jacques Delors am 31.8.1992 in der Sendung "Le Club de la Presse" auf *Europe 1*, a.a.O.; sowie Alain Louyot: "Quand Delors se déchaîne. Inquiet de la progression du non dans le pays, le président de la Commission européenne monte au créneau. Et tance vertement ceux qu'il appelle les 'mauvais bergers'. Au risque d'en faire (presque) trop", in: L'Express v. 11.9.1992, S. 27f. Delors' Auftritte waren dabei keineswegs von Zurückhaltung geprägt; vielmehr vergriff sich Delors anläßlich einer Rede in Quimper am 28.8.1992 im Ton und bezeichnete die Anhänger eines Neins zu Maastricht als "apprentis sorciers" (frei übersetzt "Hexenmeister-Lehrlinge", Anm. d. Verf.) und forderte die "étrange coalition" bestehend aus Le Pen, Marchais, Séguin und Chevènement auf, entweder ihre Meinung zu ändern oder aufzuhören Politik zu betreiben.

[398] Hinweis von François Lamoureux im Gespräch mit dem Verf. am 13.1.1997.

Bild vom erfolgreichen Wegbereiter des Binnenmarktes — "renationalisiert" worden. Sein nationales Profil hatte — im Hinblick auf seine Verdienste als ehemaliger Wirtschafts- und Finanzminister — hat Bedeutung gewonnen. Gleichzeitig war es gelungen — zumindest mit Blick auf die Diskussion in Frankreich —, die an der Kommission geübte Kritik von der Person Delors zu trennen.[399] Delors wurde nunmehr, so schien es, für die Lösung der nationalen, französischen Probleme gebraucht und wurde dabei auch als möglicher Nachfolger Mitterrands gehandelt.[400]

Aufgrund der noch nicht gelösten dänischen Frage und der politischen Unsicherheiten in Großbritannien setzte nach dem französischen Referendum eine Debatte über das "Europa der zwei Geschwindigkeiten" ein.[401] Danach würde ein Kern von "integrationswilligen" Mitgliedstaaten in Richtung WWU und PU voranschreiten, falls Dänemark und Großbritannien den Vertrag nicht ratifizieren sollten (Grant 1994: 225). Im Anschluß an das Treffen von Kohl und Mitterrand am 22. September in Paris kamen Gerüchte auf über einen deutsch-französischen Alleingang bei der Herstellung einer vorgezogenen "kleinen Währungsunion", die nur Deutschland, Frankreich und die Benelux-Staaten umfassen würde.[402] Wenngleich — oder gerade weil — diese Gerüchte bald danach dementiert wurden, waren die Auswirkungen dieser Debatte erneut auf den Finanzmärkten spürbar und richteten sich dieses Mal verstärkt gegen den französischen Franc.

Ausgangspunkt der Spekulationsattacken waren wieder die Unsicherheiten hinsichtlich der Ratifizierung des Maastrichter Vertrags — vor allem in Großbritannien — aber auch die (Un)Glaubwürdigkeit der Politik des "franc fort" der französischen Regierung, die mit Blick auf die bevorstehenden Parlamentswahlen im März 1993 zu Zugeständnissen bereit sein könnte. Wenngleich die Grunddaten der französischen Wirtschaft gut waren, waren in Frankreich Stimmen laut

---

[399] So die Einschätzung des Kabinettchefs von Delors, Pascal Lamy, vgl. L'Express v. 9.10.1992, S. 5.

[400] Jérôme Vignon wies im Gespräch mit dem Verf. am 13.1.1997 darauf hin, daß das Verhältnis zwischen Delors und Mitterrand nicht gut war bzw. von einem gewissen Wettbewerb geprägt wurde; je mehr Delors als Kommissionspräsident an Profil gewann, desto mehr verschlechterte sich das Verhältnis zu Mitterrand bzw. zu Frankreich im allgemeinen. Dieses Konkurrenzverhältnis kann insofern als paradox bewertet werden, als Mitterrand auf die "Erfolge" Delors' in Brüssel gewissermaßen angewiesen war, da sie dessen politisches Ansehen in Frankreich eher stärkten und damit ein aussichtsreicher sozialistischer Präsidentschaftskandidat zur Verfügung stehen würde, der einen Sieg der Gaullisten bei den nächsten Wahlen verhindern könnte.

[401] Vgl. u.a. Yann de L'Écotais: "L'Europe flexible", in: L'Express v. 24.12.1992, S. 4.

[402] Vgl. Agence Europe, Nr. 5822 v. 25.9.1992, S. 3 und Agence Europe, Nr. 5826 v. 1.10.1992, S. 3.

geworden, die die Politik der "désinflation competitive" ablehnten und eine Entkoppelung des Franc von der D-Mark forderten. Dies würde ein Ende der hohen Zinssätze bedeuten, die Wirtschaft entlasten und eine Verbesserung auf dem angespannten französischen Arbeitsmarkt bewirken (La Serre/Lequesne 1993: 318). Die französische Regierung unter Premierminister Bérégovoy blieb bei ihrer Strategie des harten Franc und unterstrich damit den hohen Stellenwert, den sie dem Erhalt des EWS und indirekt der Realisierung der WWU einräumte. Sie wurde in ihrem Bemühen von deutscher Seite unterstützt. Am 23. September wurde ein Kommuniqué der Finanzminister Deutschlands und Frankreichs und der Banque de France und der Deutschen Bundesbank veröffentlicht, in dem mitgeteilt wurde, daß die Leitsätze zwischen dem Franc und der D-Mark die tatsächliche Situation der Wirtschaftsleistungen beider Länder wiedergäben, daß eine Änderung der Leitsätze somit nicht gerechtfertigt sei und daß beide Seiten "gemäß den EWS-Vorschriften handeln [würden]".[403]

Im Gegensatz zur gestärkten deutsch-französischen Zusammenarbeit befand sich die britische Regierung unter Premierminister Major nach dem französischen Referendum in einem Zwiespalt. Ein französisches "Nein" wäre das Ende des Vertrags von Maastricht gewesen und hätte es der britischen Regierung erlaubt, ihre Präsidentschaft zu nutzen, um die weitere Entwicklung der Gemeinschaft in ihrem Sinne zu bestimmen. Vermutet wurde, daß dann die britische Regierung auf einen Abbau der gemeinschaftlichen Instrumente der Integration — insbesondere der Kommission — gedrungen hätte und zwischenstaatlichen Instrumenten und einer schnellen Erweiterung den Vorzug gegeben hätte.[404] Im Gegensatz dazu hätte ein massives französisches "Ja" die Regierung Major dabei unterstützt, den Vertragstext gegen die Stimmen der Euroskeptiker durchzusetzen und die Ratifizierung abzuschließen.[405] Letztlich befand sich die britische Regierung in einer Situation, die zwischen diesen beiden Optionen angesiedelt war und die die Schwierigkeit der britischen Präsidentschaft im zweiten Halbjahr 1992 erklärte: Maastricht war nicht gescheitert, so daß der von Großbritannien angestrebte Ausbau der intergouvernementalen Zusammenarbeit nicht möglich war; gleichzeitig waren vom französischen Referendum keine wesentlichen politischen Impulse ausgegangen, um eine schnelle Lösung hinsichtlich Dänemarks bzw. der eigenen Ratifizierungsproblematik zu erreichen.

Die Regierung Major verstrickte sich bei der Ratifizierung des Vertragswerkes immer mehr in innenpolitische Auseinandersetzungen. In einer Rede im Unter-

---

[403] Vgl. Agence Europe, Nr. 5821 v. 24.9.1992, S. 7.

[404] Vgl. Emanuele Gazzo: "Wie soll ein gemeinsames Europa entstehen, wenn man sich gegenseitig den Rücken zukehrt?" (Leitartikel), in: Agence Europe, Nr. 5824 v. 28./29.9.1992, S. 1.

[405] Ebd.

haus Ende September erklärte Premierminister Major, daß Großbritannien den Vertrag über die Europäische Union erst ratifizieren werde, wenn eine Lösung für Dänemark gefunden worden sei, um den Vertrag erneut den Wähler vorzulegen.[406] Von Delors wurde dieser Schritt als eine innenpolitisch motivierte Verzögerungstaktik der angeschlagenen Major-Regierung kritisiert. Anfang November wurde die britische Regierung zusätzlich durch einen Streik im Kohlebergbau geschwächt, der die Position von Major auf dem Gipfel in Birmingham am 16. Oktober erschwerte.[407] Die Labour-Opposition nutzte diese Gelegenheit und stimmte zusammen mit den Euroskeptikern der konservativen Fraktion im Unterhaus gegen einen von der Regierung eingebrachten Antrag zur Weiterbehandlung des Maastrichter Vertrags. Die Regierung Major überstand diese Abstimmung nur knapp mit einer Mehrheit von drei Stimmen und nicht ohne den Euroskeptikern das Zugeständnis einzuräumen, den Unionsvertrag erst nach einem zweiten Referendum in Dänemark zu ratifizieren.[408] Dies stellte eine höchst ungewöhnliche Übertragung von Verantwortung auf die dänischen Wähler dar, die um so widersprüchlicher erschien, als Großbritannien normalerweise in europapolitischen Angelegenheiten sehr auf die Wahrung seiner Souveränität pochte (Wallace 1993: 359). Die europäischen Partner kritisierten diesen Schritt und befürchteten nun, daß sich damit nicht nur innerhalb der Gemeinschaft die Beziehungen verschlechtern würden, sondern auch der Fortgang der GATT-Verhandlungen und die anstehenden Erweiterungsverhandlungen Schaden nehmen könnten (Grant 1994: 225ff.).

Am 30. Oktober 1992 verabschiedete der dänische Folketing ein Memorandum mit dem Titel "Dänemark in Europa", das einen "nationalen Kompromiß" darstellte und als Grundlage für die Verhandlungen mit den anderen EG-Mitgliedstaaten über den Fortgang des Ratifizierungsprozesses diente (Thune 1993: 310). Darin wurden vier Bereiche genannt, für die Dänemark ein "opting out" forderte: Erstens die gemeinsame Unionsbürgerschaft; zweitens die Teilnahme an der dritten Stufe der WWU; drittens die gemeinsame Verteidigungspolitik und viertens die Justiz- und Innenpolitik. Wenngleich durch das Memorandum eine Neuverhandlung des Vertrages umgangen werden sollte, kam es einer solchen *de facto* sehr nahe. Die Befürchtung, die sich damit verband war, daß durch den Umfang der dänischen Ausnahmen ein Präzedenzfall geschaffen wird, den die Beitrittskandidaten eingefordern würden und der zu einem "Europa der unterschiedlichen Geschwindigkeiten" führen könnte. Delors' Haltung war vor allem von der Furcht vor Neuverhandlungen des Vertrags geprägt. Anläßlich eines

---

[406] Vgl. Agence Europe, Nr. 5823 v. 26.9.1992, S. 3.

[407] Vgl. Agence Europe, Nr. 5838 v. 17.10.1992, S. 3.

[408] Vgl. "Major: l'alibi danois", in: L'Express v. 20.11.1992, S. 19f. sowie Agence Europe, Nr. 5852 v. 6.11.1992, S. 3.

Treffens mit Mitgliedern der belgischen Abgeordnetenkammer und des belgischen Senats sprach sich Delors dafür aus, das dänische Problem nur durch eine interpretierende Erklärung und nicht durch ein vertragsänderndes Protokoll zu lösen, welches einer Vertragsänderung und damit einer Neuverhandlung gleichgekommen wäre. Er kritisierte Dänemark insofern, als er hinzufügte: "[wenn man] kein Land zwingen kann, den Vertrag von Maastricht zu ratifizieren, so kann auch kein Land das Gegenteil tun und den anderen ein Vetorecht aufzwingen, das die anderen daran hindern würde, vorwärts zu kommen".[409]

Die europäischen Partner standen den dänischen Ausnahmeforderungen ebenfalls kritisch gegenüber, da unklar war, wie die von Dänemark vorgeschlagene politische Lösung gleichzeitig für alle Mitgliedstaaten rechtlich verbindlich sein könnte.[410] Auf der Sondertagung der EG-Außenminister Anfang Dezember 1992 wies der italienische Außenminister Colombo im Zusammenhang mit den dänischen Vorschlägen auf die Gefahr eines Europa "auf zwei Ebenen" hin und der luxemburgische Außenminister Poos und Staatspräsident Mitterrand bezeichneten die dänischen Vorschläge inakzeptabel.[411] Auch verschiedene Abgeordnete des Europäischen Parlaments äußerten Vorbehalte gegenüber dem dänischen "nationalen Kompromiß".[412] Vor dem Hintergrund der von Major angekündigten Verschiebung der endgültigen Abstimmung im Unterhaus war zusätzlich die Befürchtung entstanden, daß in Großbritannien der dänischen Lösungsvorschlag dazu führen könnte, die im Maastrichter Vertrag vereinbarten Ziele abzuschwächen bzw. ganz zu Fall zu bringen. Der spanische Außenminister Solana war daher besorgt über die Auswirkungen der Verschiebung auf das "Delors-II-Paket".[413] Der dänische Außenminister Ellemann-Jensen verteidigte im Gegenzug den dänischen "nationalen Kompromiß" und bezeichnete ihn als die einzige Möglichkeit, um Maastricht umzusetzen und um Dänemark als Mitglied im europäischen Einigungsprozeß zu behalten.[414] Die dänische Regierung wünsche weder eine Neuverhandlung noch verlange sie ein neues Verfahren für die Ratifizierung. Das Kernargument des dänischen Außenministers war, daß es ohne die Ratifizierung in Dänemark keine Anwendung des Vertrags geben würde und es zu diesem Zweck notwendig sei, daß Dänemark einen "befriedigenden Vertrag" erhält, der ein Chance habe, in einem erneuten Referendum verabschiedet zu werden.[415] Mit dieser Argumentation unterstrich die dänische Regierung die

---

409 Vgl. Agence Europe, Nr. 5849 v. 31.10.1992, S. 3.
410 Vgl. Agence Europe, Nr. 5854 v. 9./10.11.1992, S. 3.
411 Vgl. Agence Europe, Nr. 5855 v. 11.11.1992, S. 3 und 4.
412 Vgl. Agence Europe, Nr. 5852 v. 6.11.1992, S. 5.
413 Vgl. Agence Europe, Nr. 5855 v. 11.11.1992, S. 3.
414 Vgl. Agence Europe, Nr. 5855 v. 11.11.1992, S. 4.
415 Ebd., S. 3.

Notwendigkeit zur Annahme des "nationalen Kompromisses" und distanzierte sich gleichzeitig von der britischen Sonderrolle, bei der es sehr viel mehr um ein innenpolitisches Taktieren "auf Kosten von Maastricht" ging, während sich Dänemark für eine Kompromißlösung "zugunsten von Maastricht" einsetzte. Es scheint, daß diese Argumentation die Mitgliedstaaten und die Kommission überzeugte. Letztere griff den dänischen Lösungsvorschlag konstruktiv auf, indem Delors den Vorschlag unterbreitete, ein "Paket rechtsverbindlicher Texte auf unbeschränkte Zeit in den Anhang [des Vertragswerkes]" aufzunehmen, um so die rechtliche Verbindlichkeit herzustellen.[416]

Auf dem Gipfel in Edinburgh am 11. und 12. Dezember 1992 wurde schließlich vereinbart, die "für Dänemark bestehende[n] Sonderprobleme, die in dem von Dänemark vorgelegten Memorandum ... aufgeworfen wurden, im Einklang mit dem Vertrag über die Europäische Union zu regeln".[417] Diese Regelung sollte "ausschließlich für Dänemark gelten, nicht aber für andere jetzige oder künftige Mitgliedstaaten".[418] Das Memorandum wurde durch den Beschluß der im Europäischen Rat vereinigten Staats- und Regierungschefs gebilligt[419] und durch eine einseitige Erklärung Dänemarks ergänzt.[420] Danach würde Dänemark nicht an der dritten Stufe der WWU teilnehmen, es würde nicht an verteidigungspolitischen Maßnahmen der Union mitwirken und es würde seine Vorbehalte bei der Weiterentwicklung der Unionsbürgerschaft aufrechterhalten. Ferner wurde in einer Erklärung des Europäischen Rates festgehalten, daß der Unionsvertrag strengeren Schutzmaßnahmen in der Sozial-, Verbraucher- und Umweltpolitik nicht entgegensteht und Dänemark im Falle von Maßnahmen mit verteidigungspolitischen Bezügen auf die Ausübung seines Rechts des Vorsitzes der Union verzichten kann.[421] Dänemark würde jederzeit mitteilen können, daß es von dem Beschluß der Staats- und Regierungschefs oder von Teilen dieses Beschlusses keinen Gebrauch mehr machen möchte. Soweit Dänemark betroffen sei, würde der Beschluß der Staats- und Regierungschefs für die Interpretation der Vertragsziele herangezogen werden, ohne daß die im Unionsvertrag genannten Ziele durch diesen Beschluß in Frage gestellt würden. Damit hatte sich die dänische Regierung weitgehend durchgesetzt und das dänische Memorandum war in seinen wesentlichen Punkten von den anderen Mitgliedstaaten und der Kommission akzeptiert worden.

---

[416] Vgl. Agence Europe, Nr. 5860 v. 19.11.1992, S. 3.

[417] Vgl. Schlußfolgerungen des Vorsitzes des Europäischen Rates, Tagung der Staats- und Regierungschefs in Edinburgh am 11. und 12. Dezember 1992, a.a.O., S. 1290.

[418] Ebd., S. 1289.

[419] Ebd., S. 1290.

[420] Ebd., S. 1291.

[421] Ebd., S. 1290f.

## 2.9 Bewertung der Rolle der Kommission

Wenngleich die Kommission am Ratifizierungsprozeß des EU-Vertrags in den Mitgliedstaaten nicht unmittelbar beteiligt war und Delors — mit Ausnahme des Referendums in Frankreich — nicht an der öffentlichen Debatte in den Mitgliedstaaten über das Pro und Contra des Vertragswerks teilgenommen hatte, gehörte die Kommission zu den "Verlierern" der Diskussion über den Maastrichter Vertrag im Laufe des zweiten Halbjahrs 1992. Die Delors-Kommission war nicht mehr "Agendasetterin", sondern hatte wesentliche Teile ihre "Ordnungsfunktion" in der Europapolitik an die Mitgliedstaaten abgegeben. Auf die europapolitische Tagesordnung waren Vorgänge und Entscheidungen gekommen, auf die die Kommission kaum noch Einfluß nehmen konnte: Der knappe Ausgang des Referendums in Frankreich; die währungspolitischen Turbulenzen, die aus Spekulationen gegen Maastricht gespeist waren; der innenpolitisch motivierte Machtkampf in Großbritannien, der die Europapolitik als Austragungsort benutzte; das weitreichende dänische "opting out", um den Unionsvertrag in Dänemark akzeptabel zu machen. Diese Entwicklung entzog sich weitgehend dem Zugriff und der "Expertise" der Kommission und wurde im wesentlichen auf der Ebene der Staats- und Regierungschefs gesteuert bzw. im Rahmen der nationalen Politik entschieden. Die Kommission war zu einer "Beobachterin" geworden, die nicht mehr aktiv ins Geschehen eingreifen konnte bzw. diesbezüglich von der Einwilligung der Mitgliedstaaten abhing. Bei der Suche nach einer Lösung im Zusammenhang mit dem von Dänemark vorgelegten "nationalen Kompromiß" spielte die Kommission nur eine marginale Rolle. Delors begründete die "Hilflosigkeit" der Kommission in einer Rede vor dem Europäischen Parlament wie folgt: "Die EG-Kommission kann sich nur dann bemühen, bei der Suche nach zufriedenstellenden Lösungen für die zwölf EG-Mitgliedstaaten zu helfen, wenn dies gewünscht wird".[422] Wie kann diese "Marginalisierung" der Kommission und ihre nachlassende "Ordnungsfunktion" erklärt werden, nachdem sie wenige Jahren zuvor noch die entscheidenden Impulse für einen Neubeginn der europäischen Integration gegeben hatte und damit den Grundstein für die Entwicklung in Richtung auf Maastricht erst möglich gemacht hatte?

Eine Interpretation ist, daß die Kommission zu Beginn der ersten Amtszeit Delors' Mitte der 80er Jahre von dem veränderten wirtschaftlichen und politischen Kontext und dem damit verbundenen Stimmungshoch in der Gemeinschaft profitiert hatte. Demgegenüber wurde sie zu Beginn der 90er Jahre "Opfer" eines Stimmungstiefs, das durch die wirtschaftliche Rezession und die generelle Politikverdrossenheit entstanden war, dessen Ursachen und tieferliegende

[422] Vgl. Agence Europe, Nr. 5860 v. 19.11.1992, S. 3.

Beweggründe auf sie projiziert wurden, die aber *de facto* nur sehr wenig mit ihrer tatsächlichen Rolle und Funktionsweise zu tun hatten und auf dessen Entwicklung sie keinen Einfluß nehmen konnte. Die Entstehung dieses Phänomens kann als "Sündenbock-Mechanismus" bezeichnet werden. Zu dieser Betrachtungsweise gehört auch, daß die Kommission bzw. die Gemeinschaft insgesamt für die Ausweitung des Kriegs im ehemaligen Jugoslawien und die Währungsunruhen verantwortlich gemacht wurde. Angesichts dieser Krisen lag die Frage nahe, warum trotz Binnenmarkt, GASP und EWS diese Entwicklung möglich sein konnte? Im Kern entstand dadurch für die Kommission — aber auch für die Gemeinschaft insgesamt — ein im wesentlichen durch den Kontext bestimmtes "Legitimationsproblem", gegen das sie nahezu machtlos war. Der Maastrichter Vertrag, aber auch Delors selbst, wurden im übertragenen Sinne zu Symbolen für all die Dinge, die die Menschen als negativ in Europa betrachteten.

Eine andere Interpretation besteht darin, daß die Kommission eine Entwicklung in Gang gebracht hatte, deren Auswüchse sie nicht mehr kontrollieren konnte, für deren Ausgang sie aber verantwortlich war. Im Gegensatz zur "Sündenbock-These" steht bei dieser Betrachtungsweise das eigene Unvermögen der Kommission in Mittelpunkt; sie kann daher verkürzt als "Scheitern-These" bezeichnet werden. Es wird davon ausgegangen, daß die Kommission die Gemeinschaft zu schnell und zu umfassend in eine Entwicklung "hineingetrieben" hat, deren gesamtes Ausmaß sie nicht überblickte und deren Konsequenzen sie nicht in der Lage war zu bewältigen. Diese These knüpft an die eingangs dargestellte Umschreibung der Kommission als "politischer Motor" an, der bei seinem Vorgehen eine zu große Dynamik entwickelte und sich und die Gemeinschaft überforderte. Aus dieser Perspektive war Delors der Initiator und "Kopf" einer Entwicklung, die von ihm im wesentlichen vorangetrieben wurde, ihm zunehmend entglitt und letztlich nicht mehr zu kontrollieren war. Die Thematisierung des Subsidiaritätsprinzips stellte in diesem Zusammenhang den Versuch der Delors-Kommission dar, diese Entwicklung zu stoppen und sich selbst — aber auch der Gemeinschaft bzw. der Union insgesamt — in gewisser Weise "Zügel" anzulegen. Dies war insofern mit Skepsis zu betrachten, als das Subsidiaritätsprinzip nicht nur dazu benutzt werden sollte, um zu einer — gemessen an ihrem Umfang und ihrer Intensität — "besseren" Rechtsetzung im Mehrebenensystem der EG/EU zu gelangen, sondern auch dazu dienen sollte, das durch das negative dänische Referendum ausgelöste Stimmungstief zu überwinden. Der Schwachpunkt dieser Strategie bestand darin, daß das Subsidiaritätsprinzip als ein kurzfristig angelegtes Legitimierungsinstrument nicht geeignet war und letztlich nicht die Impulse geben konnte, um die von der Kommission ausgelöste Dynamik zu korrigieren. Für die Kommission entstand ferner das Risiko, daß diese Entwicklung langfristig auf eine Reduzierung ihrer eigenen integrationspolitischen Rolle hinauslaufen würde.

Beide Interpretation besitzen eine gewisse Relevanz, ohne daß sie die Komplexität des Wechselspiels zwischen Kontext und Ideen, das für die Rolle der Kommission als entscheidend angenommen wird, vollständig erfassen. Sie können daher an dieser Stelle als ein Zwischenresümee verstanden werden, das Teil einer umfassenderen Schlußfolgerung zur Rolle der Europäischen Kommission in der Delors-Ära ist.

## 3. Schlußfolgerungen für die Studie

Der Überblick über die Kommissionspräsidentschaft Jacques Delors′ hatte zum Ziel, den Zusammenhang herauszuarbeiten zwischen den wesentlichen *Ideen* und *Initiativen* — hier im nicht juristischen Sinne verstanden —, die in der Zeit der Präsidentschaft Delors′ von 1985 bis 1992 von der Kommission ausgingen, und dem politischen und wirtschaftlichen *Kontext*, der in der Delors-Ära wirksam war. Die eingangs aufgestellte These bestand darin, daß ein enger Zusammenhang und eine wechselseitige Beeinflussung zwischen beiden besteht und dies für die institutionelle Entwicklung der Kommission — aber auch für die Gemeinschaft als Ganzes — ab Mitte der 80er Jahre prägend gewesen ist. Weiter wurde davon ausgegangen, daß sich die Kommission in der Ära Delors insbesondere dadurch auszeichnete, daß sie sich in einer bestimmten Phase der europäischen Integration und unter einer besonderen Führungspersönlichkeit — Jacques Delors — zu einem *politischen Motor* entwickeln konnte. Die Verfolgung der Leitidee des "politischen Motors" setzte voraus, daß — in Anlehnung an die vier eingangs entwickelten Modelle zur Rolle der Kommission im europäischen Integrationsprozeß — ein bestimmtes europapolitisches Leitbild — in diesem Fall vor allem das eines *kooperativ-föderalen Europas* — in der Zeit von 1985 bis 1992 wirksam war.

Die Betrachtung der Auslangslage der Delors-Ära ergab ein widersprüchliches Bild: Die Schaffung des Binnenmarktes war schon im EWG-Vertrag aus dem Jahr 1957 erwähnt und sollte in Etappen bis zum Ende der 60er Jahre realisiert werden. Sie stellte insofern keine neue Idee Delors′ dar, von der unmittelbar neue Impulse zu erwarten gewesen wären. Schon die Kommission unter Gaston Thorn hatte verschiedene Initiativen entwickelt, um den Binnenmarkt voranzutreiben. Unter den großen europäischen Unternehmen hatte zu Beginn der 80er Jahre ein Umdenken stattgefunden, das sich von der nationalen "Champion-Strategie" verabschiedet hatte und eine intensive Zusammenarbeit zwischen europäischen

Unternehmen befürwortete. Trotz dieser verschiedenen Ansätze, die zu Beginn der 80er Jahre wirksam waren, entwickelte sich erst ab 1984/85, als Jacques Delors Präsident der EG-Kommission wurde, eine neue politische und wirtschaftliche Dynamik. Welches waren die Gründe hierfür? Wie ist zu erklären, daß mit dem Beginn der Amtszeit Delors' eine neue Dynamik einsetzte und sich die Kommission zwischen 1985 und 1992 zu einem — so die These — *politischen Motor* innerhalb der Europäischen Gemeinschaft entwickeln konnte? Die folgenden Punkte sollen, zusammengefaßt, hierauf eine Antwort geben:

1) Ab 1984/85 war ein neuer politischer und wirtschaftlicher Kontext in Europa entstanden. Die Ost-West-Beziehungen waren in eine neue Entspannungsphase eingetreten, das wirtschaftliche Wachstum in den EG-Mitgliedstaaten hatte zugenommen und in den Mitgliedstaaten war ein "neuer politischer Wille" spürbar geworden, der dem Fortgang des europäischen Einigungsprozesses positive Impulse verlieh. Der Einfluß der verbesserten wirtschaftlichen und politischen Rahmenbedingungen hatte sich konkret auf dem Gipfel des Europäischen Rates in Fontainebleau niedergeschlagen, als es gelang, die seit Jahren schwelende Finanzkrise der Gemeinschaft zu lösen.

2) Delors stellte die Schaffung des Binnenmarktes ins Zentrum seiner ersten Präsidentschaft, nachdem er zuvor die Regierungen der EG-Mitgliedstaaten in dieser Angelegenheit konsultiert hatte. In seiner Antrittsrede vor dem Europäischen Parlament im Januar 1985 kündigte er die Abschaffung aller innergemeinschaftlichen Grenzen an. Das Vorhaben wurde in einem detaillierten Rechtsetzungsprogramm festgeschrieben — dem Weißbuch der Kommission — und mit einem konkreten Datum versehen — dem Zieldatum "1992". Durch die Einführung eines genauen Datums wurde nicht nur der erforderliche Zeitdruck bei der Umsetzung des Binnenmarktprogramms geschaffen, sondern es entstand gleichzeitig ein Symbol — der "Binnenmarkt 1992" oder schlicht "1992" — das innerhalb und außerhalb der Gemeinschaft eine neue Orientierung erzeugte. In Erwartung des Binnenmarktes entwickelte sich in Wirtschaft und Politik eine wahre "Binnenmarkteuphorie". Die positive Stimmungslage erleichterte der Kommission das Zusammenspiel mit Regierungen, Unternehmen, Gewerkschaften und anderen EU-Institutionen. Der Kommission gelang es, sich zu einer Art von "Garant" für die Realisierung des Binnenmarktes zu entwickeln und Delors wurde — nicht zuletzt durch seine Rolle bei der Thematisierung und Verbreitung der Binnenmarktstrategie — eine Art von "personifiziertem Symbol" für das Ziel "1992".

3) Es gelang Delors durch die Lancierung der Idee des "sozialen Europas" die Gewerkschaften für den Binnenmarkt zu gewinnen und der Gemeinschaft insge-

samt ein sozialverträgliches "Image" zu verleihen. Zwar wurde auf dem Gipfel des Europäischen Rates in Straßburg nur eine verwässerte Version des ursprünglichen Vorschlags der Kommission für eine Sozialcharta unterzeichnet, jedoch hatte die Kommission damit den Einstieg in das "soziale Europa" erreicht und eine "Plattform" geschaffen, von der aus es künftig möglich sein sollte, weitere sozialpolitische Maßnahmen zu unternehmen. Ein Paradoxon dabei war, daß Delors von der Idee des "sozialen Europas" überzeugt war und in verschiedenen Reden zum Ausdruck brachte, daß er dies als eine Notwendigkeit betrachte, um das "europäische Gesellschaftsmodell" zu bewahren. Gleichwohl spielte die Idee des "sozialen Europas" und der Dialog mit den Sozialpartnern — jedenfalls in der Anfangsphase der Delors-Ära — keine nachhaltige Rolle für die wirtschaftliche und soziale Entwicklung in der Gemeinschaft. Es gelang der Kommission, der Debatte um den Binnenmarkt eine "soziale Komponente" zu verleihen, die Zahl der Befürworter des Binnenmarktziels zu erweitern und dadurch ihre Rolle als "politischer Motor" zu festigen und auszubauen.

4) Die Kommission konzentrierte sich zunächst darauf, einige wenige zentrale Vorhaben durchzusetzen — den Binnenmarkt, die EEA, das Delors-I-Paket — die eng miteinander zusammenhingen und sich gegenseitig ergänzten. Delors sprach in diesem Zusammenhang vom "Triptychon" der Reformen seiner Präsidentschaft. Erst zu einem späteren Zeitpunkt wurden neue Projekte lanciert — die Sozialcharta, der Delors-Bericht, der Europäische Wirtschaftsraum — und der Weg in Richtung der Wirtschafts- und Währungsunion und der Politischen Union eingeschlagen. Die einzelnen Elemente fügten sich dabei logisch ineinander und formten eine Art von "grande stratégie", die eine große Orientierungskraft entfaltete. Zur Durchsetzung der "grande stratégie" hatte sich Delors von Anfang an für eine starke Rolle der Kommission im institutionellen Gefüge der Gemeinschaft eingesetzt. Dennoch lief die Entwicklung etwa ab 1989/90, als die vorbereitenden Arbeiten zur Wirtschafts- und Währungsunion immer mehr in den Mittelpunkt rückten, eher in Richtung auf eine größere Zurückhaltung der Kommission und ihres Präsidenten hinaus. Dies hatte unterschiedliche Gründe: Erstens war Delors daran gelegen, die Regierungen der Mitgliedstaaten und die Zentralbanken in den Mitgliedstaaten für die WWU zu gewinnen; dies gelang nur, wenn sich Delors bei der Ausarbeitung eines Plans für die WWU zurückhielt. Zweitens waren die Regierungen der Mitgliedstaaten im Vorfeld der beginnenden Regierungskonferenz zur WWU uneinig und standen den Vorschlägen der Kommission kritisch gegenüber. Die Kommission war dabei mit einem grundsätzlichen Dilemma konfrontiert: Die nördlichen Mitgliedstaaten (wobei die Bundesrepublik eine gewisse Ausnahme spielte) wollten einen zügigen Eintritt in die WWU mit festgelegten Kriterien, die eine Konsolidierung der Haushalte voraussetzen würde. Die südlichen Mitgliedstaaten wollten den Beginn der WWU hinausschieben und ver-

langten eine ausreichende finanzielle Unterstützung für die zu erwartenden Anpassungen ihren Volkswirtschaften. Es scheint, daß damit die Kommission allgemein in einen Prozeß des "politischen Rückzugs" gezwungen wurde, der sich durch verschiedene unvorhersehbare Faktoren noch verstärkte, wie dem Fall der Mauer, dem ersten negativen Referendum in Dänemark und dem schwierigen Ratifizierungsprozeß des Maastrichter Vertrags in den Mitgliedstaaten. Das ursprüngliche "Triptychon der Reformen" das durch den Binnenmarkt, das Delors-I-Paket und die EEA geprägt worden war, wurde im weiteren Verlauf durch ein "Triptychon der Schadensbegrenzung" abgelöst, das durch die Notwendigkeit zur Herstellung von mehr Transparenz, Subsidiarität und Demokratie bestimmt war. Dies implizierte schließlich die beginnende Erosion der Leitidee des "politischen Motors" zu Beginn der 90er Jahre.

5) Delors gelang es im Laufe seiner Präsidentschaft immer wieder, bei wichtigen Vorhaben der Kommission die Zustimmung einflußreicher Staats- und Regierungschefs zu erhalten — und hierbei insbesondere die von Bundeskanzler Kohl und Staatspräsident Mitterrand. Die in wichtigen Phasen immer wieder gut funktionierende Zusammenarbeit mit dem deutsch-französischen Tandem stellte in gewisser Weise das Gegengewicht dar zu den spannungsreichen Beziehungen mit der britischen Premierministerin Thatcher. Ohne die Unterstützung durch Mitterrand, die vor allem zu Beginn der Amtszeit Delors' spürbar war, und durch Kohl, die vor allem ab 1989 und dem deutsch-deutschen Einigungsprozeß eine immer wichtiger werdende Rolle spielte, hätte die Delors-Kommission keine ebenso dynamische Rolle spielen können. Delors' Version des Binnenmarktes wäre ohne die deutsch-französische Initiative im Vorfeld des Gipfels von Luxemburg im Dezember 1985 wohl kaum durchzusetzen gewesen. Das sog. "Delors-I-Paket" wäre ohne die Einwilligung der Bundesregierung, die die Hauptlast der Budgetmittelerhöhungen zu tragen hatte, sicherlich nicht zustande gekommen und auf dem Gipfel des Europäischen Rates in Hannover hätte Delors ohne die Rückendeckung durch den Bundeskanzler den Widerstand von Premierministerin Thatcher, die sich gegen die Einrichtung des Delors-Komitees aussprach, wohl kaum überwinden können.

6) Ein weiterer wichtiger "Alliierter" der Kommission stellte das Europäische Parlament dar. Der Kommission gelang es im Laufe der Delors-Ära immer wieder, in wichtigen Angelegenheiten den Schulterschluß mit dem Europäischen Parlament herzustellen und dadurch ihrer Strategie, zumindest teilweise, zum Durchbruch zu verhelfen. Delors hatte schon im Vorfeld der Regierungskonferenz zur EEA den Gedanken zum Ausdruck gebracht, daß die Kommission und das Europäische Parlament nur zusammen in der Lage sein würden, das "gemeinsame europäische Interesse" gegenüber den Mitgliedstaaten zu vertreten.

Im Verlauf der Verhandlungen trat die Kommission dann nachdrücklich dafür ein, die Befugnisse des Parlaments zu stärken und es am EG-Entscheidungsprozeß besser zu beteiligen. Im Gegenzug unterstützte das Parlament die Vorschläge der Kommission zur Anpassung der Entscheidungsverfahren — und hier insbesondere die Einführung des Verfahrens der Zusammenarbeit — und zur Stärkung der Durchführungsbefugnisse der Kommission. Das Parlament wurde bei seinem Vorgehen maßgeblich von Italien unterstützt, dessen Vorschläge zur Regierungskonferenz sich ausdrücklich auf den EP-Vertragsentwurf von 1984 bezogen und das ankündigte, keinem Verhandlungsergebnis zuzustimmen, das nicht auch vom Europäischen Parlament akzeptiert wird. Insofern war gegen Ende der Verhandlungen über die EEA eine informelle "Dreier-Allianz" bestehend aus der Kommission, dem Europäischen Parlament und der italienischen Regierung entstanden, die gegenüber den anderen Mitgliedstaaten glaubhaft werden ließ, daß für sie ein Scheitern der Regierungskonferenz besser war, als ein Verhandlungsergebnis, das zu keiner *relance européenne* führen würde. Innerhalb dieser Konstellation übernahm das Europäische Parlament die Initiative und verabschiedete einen Vorschlag zur Ausweitung von qualifizierten Mehrheitsentscheidungen und zur Ausgestaltung der zweiten Lesung. Dieser Vorschlag fand nicht die Zustimmung der Außenminister; gleichwohl führte er zu einer Kompromißlösung, die eine Aufwertung der Rolle der Kommission implizierte. Die Kommission hatte damit ohne entscheidendes Mitwirken an einer Kompromißlösung, und im wesentlichen dank der Initiative des Europäischen Parlaments, eine wichtige Rolle im Rahmen des Verfahrens der Zusammenarbeit erhalten. Die Kommission war die "Nutznießerin" der strategischen Allianz mit dem Europäischen Parlament, die von der italienischen Regierung maßgeblich unterstützt wurde. Für die Kommission bedeutete die Ausweitung von qualifizierten Mehrheitsentscheidungen eine Aufwertung ihrer Rolle, durch die sie einen entscheidenden Einfluß auf die weitere Politikgestaltung innerhalb der Gemeinschaft erhielt. Aus institutionentheoretischer Sicht — und in Anlehnung an Schaubild 2 oben[423] —, stärkte die "Verflechtung" mit dem Europäischen Parlament die der Kommission innewohnenden Leitidee(n) und war eine der Voraussetzungen für die von ihr erbrachten Ordnungs- und Orientierungsleistungen.

7) Delors erwies sich bei der Lancierung der verschiedenen Vorhaben während seiner Amtszeit als ein "pragmatischer Visionär".[424] Dabei zeichnete sich seine "visionäre Kraft" weniger dadurch aus, daß es sich um neue "geniale" Ideen handelte, als vielmehr dadurch, daß es im Kern schon bekannte Konzepte und Vor-

---

423 Vgl. oben Teil I, Kapitel 2.3.

424 Vgl. dazu auch: Klaus-Peter Schmid: Der Visionär, in: Die Zeit v. 30.12.1994, S. 11; Peter Hort: Ein Genie der Nützlichkeit. Jacques Delors — der Architekt Europas, in: Frankfurter Allgemeine Zeitung v. 31.12.1994 (Beilage).

stellungen waren, die auf der Grundlage neuer Erkenntnisse und mit Hilfe der Mobilisierung der betroffenen Akteure initiiert wurden. So war die Idee des Binnenmarktes nicht neu, jedoch gelang es Delors durch die Einbeziehung der Wirtschafts- und Sozialpartner eine breite Koalition zu schmieden, die die Kommission bei der Umsetzung des Binnenmarktprogramms unterstützte. Genauso war ein Dreistufenplan zur Errichtung der Wirtschafts- und Währungsunion schon in den 70er Jahren unter der Leitung des luxemburgischen Ministerpräsidenten und Finanzministers Pierre Werner entworfen worden. Der Dreitstufenplan, wie er im Delors-Bericht von 1989 enthalten war, glich in vieler Hinsicht dem Werner-Plan. Das Besondere am Delors-Plan war jedoch, daß er nicht allein von Delors verfaßt worden war, sondern im wesentlichen die Vorstellungen der Gouverneure der nationalen Zentralbanken wiedergab. Sie hatten ihre Expertise und Autorität im Rahmen der Arbeiten des sog. Delors-Komitees eingebracht und Delors hatte in gewisser Weise davon profitiert. Letztlich stellten für Delors die Realisierung des Binnenmarktes und die Errichtung der Wirtschafts- und Währungsunion lediglich Zwischenetappen dar, um das eigentliche Fernziel, die Schaffung der Politischen Union, zu erreichen. Vor diesem Hintergrund wird deutlich, daß der Fall der Mauer und die in Europa einhergehenden Veränderungen ab 1989 für Delors kein grundsätzliches Problem darstellten, sondern von ihm als eine Chance betrachtet wurden, um die Politische Union voranzutreiben.

8) Die Kommission wurde im Laufe der Delors-Ära in zunehmenden Maße zum "Sündenbock" für nationale und europäische Fehlentwicklungen. Den Höhepunkt dieser Entwicklung stellte der negative Ausgang des ersten dänischen Referendums im Juni 1992 dar und das "politische Erdbeben", das daraus für die Gemeinschaft folgte. Die Ratifizierung des Maastrichter Vertrags war damit formal zunächst gescheitert. In der Folge wurde auf der Ebene der Mitgliedstaaten das "Anti-Zentralisierungsargument" vorgebracht, das ein zentrales Element des "Sündenbock-Mechanismus" bildete, und das sich sowohl gegen die Kommission in ihrer Gesamtheit als auch gegen Delors als Präsident richtete. Nach dieser Argumentation war die Ratifizierung des Maastrichter Vertrags ins Stocken geraten, weil in "Brüssel" zuviel Macht angehäuft worden war, sich die Entscheidungsverfahren zu intransparent gestalteten und der Integrationsprozeß den Bezug zum Bürger verloren hatte. Die Kommission wurde als "Monster" bezeichnet und Delors wurde mit einem "Imperator" verglichen, der über einen technokratischen Apparat wachte, dessen Popularität auf europäischer Ebene im Schwinden begriffen war und der darauf abzielte, einen hohen Staats- oder Regierungsposten in Frankreich einzunehmen. Diese Argumentation war nicht nur gegen die Kommission gerichtet, sondern gegen die Entwicklung und den Stand des Integrationsprozesses insgesamt. Es setzte eine Debatte ein, die zunehmend "national" orientiert war und von innenpolitischen Beweggründen gespeist wurde. Zweifel

kamen auf, inwieweit der Maastrichter Vertrag und die darin skizzierte Wirtschafts- und Währungsunion und die Politische Union überhaupt ernst zu nehmende und realisierbare Projekte sein würden. Die Folge davon war unter anderem, daß Währungsspekulationen einsetzten, die die Funktionsfähigkeit des EWS — verstanden als eine Vorstufe für die zu schaffende WWU — einem "Test" unterzogen. Unsicherheiten über den Ausgang des französischen Referendums und den Ratifizierungsprozeß in Großbritannien traten hinzu. Die Kommission war die Verliererin dieser Diskussion. Zwar versuchte sie durch die Thematisierung des Subsidiaritätsprinzips dieser Debatte entgegenzuwirken, jedoch waren die Erläuterungen und die konkrete Umsetzung und Anwendung des Subsidiaritätsprinzips zu komplex, um einen schnellen Stimmungsumschwung herbeizuführen. Die Kommission hatte ein negatives Erscheinungsbild erhalten, das durch einen ungünstigen europapolitischen Kontext bestimmt wurde und für das kein einfacher Lösungsweg unmittelbar zur Verfügung stand.

9) Das Subsidiaritätsprinzip wurde von der Kommission — bzw. von der Gemeinschaft insgesamt — als ein geeignetes Instrument betrachtet, um die Krise, die 1992 entstand war, zu bewältigen. Auch das Subsidiaritätsprinzip stellte keine vollkommen neue Idee dar, die allein auf Delors zurückging, wenngleich der Kommissionspräsident schon Mitte der 70er Jahre diesen Begriff benutzte und sich im nationalen Rahmen für eine stärkere Dezentralisierung von Entscheidungsgewalt zugunsten der französischen Regionen und Kommunen einsetzte. Vielmehr handelte es sich um ein Rechtsprinzip, das der EuGH schon lange anwendete und das mit der EEA Teil des Vertragsrechts geworden war. Das Verdienst Delors´ bzw. der Kommission insgesamt bestand darin, daß sie die Idee hatten, das Subsidiaritätsprinzip verstärkt in die Debatte einzubringen, seinen Gehalt weiter zu präzisieren und durch konkrete Vorschläge dessen Umsetzung auf dem Gipfel in Birmingham und Edinburgh mit Hilfe der Staats- und Regierungschefs durchzusetzen. Damit war die Subsidiarität zwar nicht zu einem unmittelbar einklagbaren Recht geworden, jedoch war dadurch ein Denk- und Handlungsprozeß in Gang gekommen, der fortan die Entscheidungsfindung in der Gemeinschaft/Union bestimmen sollte. Für die Kommission bestand das Dilemma darin, daß durch das Subsidiaritätsprinzip zwar einerseits ein Beitrag zu mehr Bürgernähe und damit Vertrauen und Akzeptanz geleistet werden konnte, daß andererseits aber mit dem Subsidiaritätsprinzip langfristig eine Schmälerung ihrer integrationspolitischen Rolle verbunden sein würde. Die Kommission als "politischer Motor" zeichnete sich in der Vergangenheit dadurch aus, daß sie ihr Initiativmonopol extensiv anwendete. Unter Beachtung des Subsidiaritätsprinzips würde sie fortan Initiativen nur ergreifen, wenn Maßnahmen "wegen ihres Umfangs oder ihrer Wirkung besser auf Gemeinschaftsebene" vorgenommen werden können als auf der Ebene der Mitgliedstaaten und Regionen. Dies bedeu-

tete keine sofortige und grundsätzliche Revision der Rolle und Funktionsweise der Kommission, gleichwohl würde damit ein Umdenken verbunden sein, das eine neue Phase der Entwicklung der Kommission wahrscheinlich machen würde.

Zusammengefaßt scheint der Erfolg der ersten Jahre der Delors-Kommission vor allem darin zu bestehen, daß es ihr gelang, eine "Ordnungsfunktion" — die vor allem im Zusammenhang mit dem Binnenmarktprogramm, der Einheitlichen Europäischen Akte, dem Delors-I-Paket u.a. zum Ausdruck kam — mit einer "Orientierungsfunktion" — die unter anderem im Zusammenhang mit dem Datum "1992", der Idee des "sozialen Europas", dem "Europäischen Wirtschaftsraum" bzw. ganz allgemein durch das Vorantreiben der "grande stratégie" zum Ausdruck kam — zu verbinden. Das Zusammenspiel von beiden war die Voraussetzung dafür, daß die Kommission vor allem in der Anfangsphase der Delors-Ära die Rolle des *politischen Motors* in der Gemeinschaft spielen konnte. Damit bestätigt sich die eingangs dargestellte These,[425] daß die Rolle und Funktionsweise der Europäischen Kommission durch das Wechselspiel der von ihr erbrachten Ordnungs- und Orientierungsleistungen bestimmt wird. Nicht bestätigt hat sich demgegenüber die These, daß die Kommission in der Ära Delors in erster Linie eine Ordnungsfunktion durch das Instrument der Steuerung erbrachte und nur in zweiter Linie eine Orientierungsfunktion durch das Instrument der Repräsentation. Zwar gingen vom Binnenmarktprogramm, der EAA, dem Delors-Bericht u.a erhebliche Steuerungswirkungen aus und bestimmten diese maßgeblich den europäischen Integrationsprozeß, jedoch gingen mindestens ebenso nachhaltige Orientierungswirkungen von der Personifizierung der Kommission durch Jacques Delors aus, der in gewisser Weise die Verkörperung des "Binnenmarktes 1992", des "sozialen Europas" und der Weiterentwicklung in Richtung der Wirtschafts- und Währungsunion und der Politischen Union wurde.

Nicht bestätigt hat sich auch die Annahme, daß die Kommission in der Delors-Ära ausschließlich *politischer Motor* der Gemeinschaftsentwicklung war. Vielmehr konnte festgestellt werden, daß die Leitidee des politischen Motors vor allem zwischen 1985 und 1988/89 dominierte, jedoch ab dem Beginn der 90er Jahre zunehmend im Schwinden begriffen war. Die Kommission büßte von da ab sukzessive ihre Ordnungs- und Orientierungsfunktion ein. Den Höhepunkt dieser Entwicklung stellte die Ratifizierung des Vertrags über die Europäische Union dar. Die Ratifizierungsphase war im wesentlichen durch die innenpolitische Entwicklung in den EG-Mitgliedstaaten und durch Währungsspekulationen auf den Finanzmärkten bestimmt, die sich dem Zugriff der Kommission entzogen. Die wesentlichen Entscheidungen wurden durch die nationale Politik bzw. durch die

---

[425] Vgl. oben Teil I, Kapitel 2.2.1.

Staats- und Regierungschefs getroffen. Die Kommission wurde zu einer "Beobachterin" degradiert, deren Einflußmöglichkeiten begrenzt waren und deren bisherige "Ordnungsfunktion" nun von nationalen Akteuren übernommen wurde. Die europapolitische Orientierungsfunktion der Kommission verblaßte und Delors wurde als nationaler Politiker populärer als als Kommissionspräsident. Die Leitidee der Kommission näherte sich zunehmend der eines "Sekretariats" im Rahmen eines intergouvernemental bestimmten Europas an.

# Teil III: Zum Verwaltungsapparat der Delors-Kommission: Effiziente Verwaltung oder dysfunktionale Bürokratie?

## Einleitung: Der Gegensatz von "Bürokratie" und "politischer Verwaltung"

Im vorangegangenen Teil II wurde dargelegt, welche integrationspolitische Rolle die Europäische Kommission in den beiden ersten Amtszeiten von Jacques Delors zwischen 1985 und 1992 spielte. Es wurde festgestellt, daß die Kommission in einer ersten Phase vor allem die Rolle eines "politischen Motors" einnahm. Diese Rolle der Kommission war aber nicht durchgängig zu beobachten, sondern kam in unterschiedlichen Phasen und in unterschiedlichen Ausprägungen der Delors-Ära zum Tragen. In der weiteren Entwicklung näherte sich die Rolle der Kommission der eines "Sekretariats" an. Dennoch stellte die Rolle des "politischen Motors" eine Art von "roter Faden" der Entwicklung der Kommission in der Delors-Ära dar.[426] Sie ist — um mit Maurice Hauriou zu sprechen — die "idée directrice", die die Kommission in dieser Zeit maßgeblich prägte. Wenn die Kommission in der Delors-Ära vor allem ein "politischer Motor" war, dann stellt sich die Frage, welche institutionellen Voraussetzungen hierfür notwendig waren. Nach Hauriou bedarf eine politische Institution nicht nur einer "Leitidee", die nach innen und nach außen wirksam ist, sondern auch der "organisierten Führungsmacht" (Hauriou 1965: 40) bzw. des "pouvoir organisé" (Hauriou 1925: 17), um die Leitidee in die Tat umzusetzen und um auf Dauer funktionsfähig zu sein. In den folgenden Kapiteln sollen nun verschiedene Indikatoren der "organisierten Macht"[427] der Kommission untersucht werden, die gleichzeitig einen Hinweis geben auf die Funktionsweise der Kommission in der Ära Delors. Dabei handelt es sich im wesentlichen um die Rolle des Kommissionspräsidenten und seines Kabinetts, die Entwicklung des Beamtenapparats und der verschiedenen Ausschüsse sowie den Umfang der Vorschlagstätigkeit und des "legislativen Outputs" der Kommission. Vermutet wird, daß diese Indikatoren Anhaltspunkte liefern, die die Funktionsweise der Kommission als "politischer Institution" näher umschreiben und die eine Antwort geben auf die Frage nach den administrativen Voraussetzung, die in der Delors-Ära die Arbeit der Kommission bestimmten.

Diese Untersuchung soll dabei auch das eingangs erwähnte generelle Paradoxon aufgreifen,[428] das — über die Delors-Ära hinausgehend — die Rolle und Funkti-

[426] Vgl. zur Interpretation von Leitideen oben Teil I, Kapitel 2.2.2.

[427] Vgl. oben Teil I, Kapitel 3.1.2.

[428] Vgl. oben Einleitung von Teil I.

onsweise der Europäischen Kommission betrifft: Einerseits wird die Kommission als "bureaucratic branch" bezeichnet, die "like all bureaucracies, is interested in power and prestige" (Vaubel 1993: 45); und sie wird mit "the Eurocrats of Brussels" (Spinelli 1966: 98; vgl. auch Wessels 1985a: 21ff.) umschrieben, deren Arbeit in bestimmten Fällen "a rather bureaucratic, self-conscious formalism" (Coombes 1970: 228) widerspiegelt bzw. von einem "technokratischen und politikfernen Selbstverständnis" (Jachtenfuchs 1996: 438) geprägt ist; damit verbindet sich die Gefahr der Entstehung von "bureaucratic 'dysfunctions'" (Coombes 1970: 263), die die Entwicklung einer "increasing bureaucratization of the Commission" (ebd.: 264) vermuten lassen. Andererseits — und teilweise in den gleichen Schriften — wird anerkannt, daß die Kommission eine "zentrale Rolle" (Jachtenfuchs 1996: 437) im EG-Entscheidungsprozeß spielt, daß ihre Beamten die Funktion von "political promoters" bzw. von "constructors" (Wessels 1985a: 27) haben können und daß sich ihr Verwaltungsapparat — zumindest in früheren Jahren — durch eine "absence of 'classical' bureaucratic methods of organization" auszeichnet (Coombes 1970: 213). Verkürzt ausgedrückt stellt sich damit die generelle Frage, inwieweit die Kommission, hier bezogen auf die Delors-Ära, eine "dysfunktionale Bürokratie" oder eher eine effizient arbeitende "politische Verwaltung" darstellte?

## 1. Das Amt des Präsidenten und das Kabinett von Delors

Eines der wesentlichen Charakteristika der Amtszeit Delors′ war, daß die Rolle des Kommissionspräsidenten gegenüber früheren Kommissionspräsidentschaften gestärkt wurde und daß eine "presidentialization" (Ross 1995: 231) innerhalb der Kommission stattfand. Die Heraushebung des Präsidentenamtes ist nicht in den Verträgen bzw. der Geschäftsordnung der Kommission (GeschO) vorgesehen — er wird daher auch als "primus inter pares" (Hummer 1988: Art. 161, Rn. 4) bezeichnet — und hat sich erst im Laufe der Amtszeit Delors′ herausgebildet. Welches waren die Gründe für diese Entwicklung?

Für die Beantwortung dieser Frage können zwei Erklärungsansätze angeführt werden: Erstens hat sich Delors selbst durch seine Persönlichkeit und seine "geistige Leitungsfunktion"[429] innerhalb der Kommission eine herausgehobene Position erworben; dies wurde im wesentlichen im vorangegangenen Teil zu den beiden Präsidentschaften Delors′ dargelegt.[430] Im folgenden sollen diese Erkenntnisse durch Beobachtungen zu seiner Person und seinem Arbeitsstil ergänzt werden. Zweitens hat Delors′ Kabinett — und hierbei vor allem die straffe

[429] Begriff benutzt von Johannes Dohmes im Gespräch mit dem Verf. am 12.11.1996.
[430] Vgl. oben Teil II.

Führung durch seinen Kabinettchef Pascal Lamy — zu einer Stärkung des Präsidentenamts beigetragen.[431] Dieser zweite Erklärungsansatz soll im weiteren im Vordergrund stehen. Die zentrale These ist, daß die dominierende Rolle des Kabinetts des Kommissionspräsidenten einer der Hauptgründe dafür war, daß es Delors gelang, innerhalb des Kollegiums von 14, und ab 1986 von 17 Mitgliedern, eine zentrale Position einzunehmen, und dies dazu beitrug, "to make the commission function more like a real government and less like a college" (Ross 1994: 518).

## 1.1 Das Amt des Kommissionspräsidenten

### 1.1.1 Ernennung und Kompetenzen

Die Ernennung Delors' zum Kommissionspräsidenten erfolgte nach dem "alten" Verfahren, das vor dem Inkrafttreten des Maastrichter Vertrags gültig war.[432] Die damaligen Bestimmungen sahen vor, daß der Präsident sowie die Vizepräsidenten der Kommission gemäß Art. 161 EWGV bzw. Art. 14 des Fusionsvertrages (FusV) "aus deren Mitgliedern ... nach dem Verfahren ernannt [werden], das für die Ernennung der Mitglieder der Kommission vorgesehen ist". Die Mitglieder der Kommission wurden gemäß Art. 158 EWGV bzw. Art. 11 FusV "von den Regierungen der Mitgliedstaaten im gegenseitigen Einvernehmen ernannt", d.h. es gab im Prinzip kein gesondertes Ernennungsverfahren für den Kommissionspräsidenten. Hinsichtlich der zeitlichen Abwicklung suggerierte dieses Verfahren, daß zunächst die Mitglieder der Kommission und dann, aus deren Mitte, der Präsident und die Vizepräsidenten ernannt werden (Hummer 1988: Art. 161,

---

[431] Information von Johannes Dohmes im Gespräch mit dem Verf. am 12.11.1996. Dohmes wies in diesem Zusammenhang darauf hin, daß Delors nicht der Typ von Mensch ist, "der sich mit Ellenbogen an die erste Stelle drängt"; es scheint, daß ein "Machtinstinkt" — so denn vorhanden — weniger von Delors als vielmehr von Lamy ausging; letzterer wurde von Dohmes als ein "wahnsinnig hemdsärmeliger Mensch" bezeichnet.

[432] Bei seiner Ernennung zum Kommissionspräsident im Jahre 1985 wurde Delors auf der Grundlage der vor dem Inkrafttreten der EEA gültigen Bestimmungen ernannt, d.h. nach Art. 158 EWGV bzw. Art. 11 des Fusionsvertrages (FusV). Durch die EEA wurden die Artikel 156 bis 163 des EWG-Vertrags aufgehoben und durch die Artikel 10 bis 18 FusV ersetzt. Das Ernennungsverfahren der Kommission blieb dadurch im Prinzip unverändert. Mit der EEA wurden nur geringe Veränderungen hinsichtlich der Zusammensetzung und der Anzahl der Kommissionsmitglieder vorgenommen: die Zahl der Kommissionmitglieder wurde durch die Erweiterungen auf 17 erhöht, die Zahl der Vizepräsidenten stieg auf sechs an und es wurde im Fusionsvertrag ausdrücklich verankert, daß der Kommission mindestens ein Staatsangehöriger jedes Mitgliedstaates angehören muß (Hummer 1988: Art. 157, Rn. 2).

Rn. 6).[433] Die politische Praxis, die auf einer politischen Selbstverpflichtung des Europäischen Rates aus dem Jahr 1976 beruhte,[434] war jedoch eine andere (Garzon 1993: 66ff.): zunächst wurde Delors von den Regierungen der Mitgliedstaaten nach Konsultationen der irischen Präsidentschaft im Juli 1984 "im gegenseitigen Einvernehmen"[435] designiert und erst danach wurden im Laufe des zweiten Halbjahrs 1984 die übrigen Mitglieder der Kommission unter Berücksichtigung der nationalen (partei)politischen Umstände und Prioritäten benannt.[436] Dies dauerte bis Anfang Dezember 1984; Staatspräsident Mitterrand gab zu diesem Zeitpunkt die letzte Nominierung bekannt, die das zweite französische Mitglied der Kommission, Claude Cheysson, betraf.[437]

Die letztendliche Ernennung Delors' zum Kommissionspräsidenten und die Ernennung der übrigen 13 Kommissare erfolgten zum gleichen Zeitpunkt, formal gesehen aber nicht gemeinsam, da zwei verschiedene Beschlüsse der Vertreter der Regierungen der Mitgliedstaaten am Rande des Gipfels in Dublin am 4. Dezember 1984 durchgeführt wurden.[438] Dabei war die Art des "gegenseitigen Einver-

---

433 Bei einer strikten Anwendung dieses Verfahrens würde der Kommissionspräsident keine Möglichkeit haben, auf die Ernennung bzw. die Zusammensetzung der übrigen Kommissionsmitglieder einzuwirken (Hummer 1988: Art. 158, Rn. 6).

434 Diese ging auf den Tindemanns-Bericht aus dem Jahr 1975 zurück und war bei der Ernennung der Kommission unter Roy Jenkins erstmals angewendet worden (Schmitt von Sydow 1980: 86).

435 Unter "gegenseitigem Einvernehmen" wird verstanden, daß die Ernennung "mit ausdrücklicher Zustimmung aller Regierungsvertreter zu erfolgen [hat]", d.h. durch eine sog. "positive Einstimmigkeit", die keine Stimmenthaltung zuläßt (Hummer 1988: Art. 158, Rn. 2 und 3). Anläßlich der Designierung Delors' hieß es hierzu in einer Pressemitteilung der Kommission: ".... le Premier Ministre irlandais M. Garrett Fitzgerald a pu mener à bien ces consultations. Le nom de M. Jacques Delors a reçu l'accord de l'ensemble des Etats membres de la Communauté" (vgl. note BIO (84), 280 v. 19.7.1984). Dies bedeutete, daß Konsultationen geführt wurden, um die Ansichten der Regierungen zu den aus ihrer Sicht geeigneten Kandidaten einzuholen.

436 Auch an anderer Stelle wird von der "völligen Umkehr" der vertragsmäßig vorgesehenen Prozedur gesprochen, die seit 1976 praktiziert wurde. Der designierte Kommissionspräsident erhielt dadurch jedoch bei der Auswahl und Zusammensetzung der Kommissionsmitglieder eine gewisse Mitsprachemöglichkeit (Hummer 1988: Art. 161, Rn. 8).

437 Vgl. A. Graf Kageneck: "Quai d'Orsay verwaist", in: Die Welt v. 6.12.1984.

438 Die Mitglieder der Kommission (einschließlich Delors) wurden durch die "im Europäischen Rat vereinigten Vertreter der Regierungen der Mitgliedstaaten" für vier Jahre ernannt (vgl. Abl. L 341 v. 29.12.1984, S. 86). Delors wurde durch die "Vertreter der Regierungen der Mitgliedstaaten" für zwei Jahre zum Präsidenten der Kommission ernannt (vgl. Abl. L 341 v. 29.12.1984, S. 87); das Mandat Delors' als Kommissionspräsident wurde dann durch den Beschluß der Vertreter der Regierungen der Mitgliedstaaten vom 15. Dezember 1986 um zwei weitere Jahre bis Januar 1989 verlängert (vgl. Abl. L 359 v. 19.12.1986, S. 54).

nehmens",[439] das im Zuge des Ernennungsverfahrens des Kommissionspräsidenten und der übrigen Mitglieder hergestellt wurde, unterschiedlich: Vor der Designierung Delors' waren mehrere Kandidaten im Spiel und es wurde in gewisser Weise politisch um den neuen Kommissionspräsidenten "gerungen".[440] Auf dem Gipfel in Fontainebleau im Juni 1984 fand ein informeller Meinungsaustausch statt und der Präsident des Europäischen Rates, der irische Premierminister FitzGerald wurde beauftragt, Konsultationen mit den Regierungen der Mitgliedstaaten zu führen. Demgegenüber wurden die anderen Kommissionsmitglieder von den Regierungen der Mitgliedstaaten weitgehend selbständig, d.h. nach internen, nationalen politischen Kriterien benannt, ohne daß eine gegenseitige Absprache oder gar eine Einflußnahme hinsichtlich der Kandidatenauswahl stattfand. Die Konsultierung Delors' als designiertem Kommissionspräsidenten fand bei der Auswahl der übrigen Kommissionsmitglieder ebenfalls nur in Ansätzen statt, da noch vor der Aufnahme offizieller Gespräche die ersten Namen von Kandidaten bereits bekannt gegeben worden waren (Garzon 1993: 69f.). Daraus kann gefolgert, daß bei den übrigen Mitgliedern der Kommission nur formal ein "gegenseitiges Einvernehmen" zwischen den Regierungen der Mitgliedstaaten stattfand und daß auf die jeweiligen nationalen Benennungen kein Einfluß genommen wurde.[441] Aus dieser Perspektive traf ein tatsächliches "gegenseitiges Einvernehmen", im Sinne einer Konsultierung und politischen Abstimmung über die Kandidaten im Prinzip nur auf die Designierung Delors' zu.[442] Das Paradoxon diese Verfahrens war, daß in der politischen Praxis ein gesondertes Ernennungsverfahren für den Kommissionspräsidenten angewendet wurde und daß das "Besondere" dieses Verfahrens darin bestand, daß es dem regulären Verfahren, d.h. wie es die Vertragsbestimmungen vorsahen, der übrigen Kommissions-

---

[439] Bei der sog. "positiven Einstimmigkeit" (vgl. Fn. oben) ist eine "ausdrückliche Zustimmung" erforderlich; Stimmenthaltungen und schriftliche Umlaufverfahren sind ausgeschlossen. Im Gegensatz dazu würde die Erfüllung des Einstimmigkeitserfordernisses bedeuten, daß auch Stimmenhaltungen möglich wären und dies die Beschlußfassung nicht blockieren würde (Hummer 1988: Art. 158, Rn. 2). Politisch kann daraus gefolgert werden, daß das "gegenseitige Einvernehmen" die Regierungen sehr viel stärker bindet als die bloße Einstimmigkeit und eine Art von "höherer Form der Zustimmung" ist. Im übertragenen Sinne bedeutet dies, daß es sich bei der Ernennung der Kommissionsmitglieder nicht um ein bloßes "Akzeptieren" handelt, sondern um die ausdrückliche Zustimmung zu einem bestimmten Kandidaten, über den sich die Regierungen ein Bild gemacht haben und den sie für fähig halten, Mitglied der Kommission zu werden.

[440] Vgl. oben Teil II, Kapitel 1.1.

[441] An anderer Stelle heißt es hierzu ergänzend: "Die Regierungen üben das gegenseitige Einvernehmen ... bei der Ernennung im allgemeinen behutsam aus. Seit Mitte der 60er Jahre herrscht jedoch eine Art unausgesprochener Konsens, die Kandidatur allzu eigenwilliger Persönlichkeiten als Mitglied und insbesondere Präsident der Kommission zu vermeiden" (Oppermann 1991: 119).

[442] Vgl. die vorangegangenen Fn. zum Begriff des "gegenseitigen Einvernehmens".

mitglieder entsprach, die aber weder nach diesem Verfahren designiert noch ernannt wurden.

Die Verteilung der Zuständigkeiten der Kommissare verlief weitgehend außerhalb nationaler Einflußnahme. Dies war Sache des designierten Kommissionspräsidenten, dessen Vorstellungen sich auf einem Treffen mit den anderen designierten Kommissaren, das am 7. Dezember 1984 im französischen Kloster Royaumont stattfand, weitgehend durchsetzten.[443] Die bis dahin praktizierte "Nacht der langen Messer" blieb aus, so daß die Zuständigkeitsverteilungen schon vier Wochen vor dem Amtsantritt der Kommission festgelegt waren.[444] Lediglich die Ressorts von Lord Cockfield (Binnenmarkt) und Karl-Heinz Narjes (Industrie) waren auf dem Treffen in Royaumont umstritten und bedurften einiger Verhandlungen. Unklar war dabei vor allem die Zuständigkeit für den Bereich Kohle und Stahl gewesen, der in den Kompetenzbereich beider Kommissare fiel. Letztlich wurde jedoch ein Kompromiß gefunden, der beiden Kommissaren ein Teilgebiet zusprach und der zustande kam "without the need for 'political' intervention" (Cockfield 1994: 36) durch die Regierungschefs. Durch die recht umfassende Erneuerung der Kommissionsmannschaft — nur drei der insgesamt 14 Kommissionsmitglieder hatten der vorangegangenen Thorn-Kommission angehört[445] — und die frühzeitige Festlegung der Ressorts hatte Delors den Zugriff der nationalen Regierungen auf die Kommission begrenzt und seine eigene "Manövrierfähigkeit" erhöht.[446] Die Ernennung der damals fünf Vizepräsidenten lag dann wieder in "nationalen Händen" und erfolgte am 29. Januar 1985 durch einen Beschluß der Vertreter der Regierungen der Mitgliedstaaten.[447]

---

[443] An dem Treffen in Royaumont nahmen bis auf Claude Cheysson alle designierten Kommissare teil.

[444] Delors umging dadurch die in der Vergangenheit üblichen Interventionen der EG-Regierungen, die zum Zeitpunkt des Amtsantritts einer neuen Kommission stattfanden; vgl. auch Erich Hauser: "Neue EG-Kommission komplett. Präsident Delors setzte sich bei Ressortverteilung durch", in: Frankfurter Rundschau v. 10.12.1984. Delors achtete bei der Zuständigkeitsverteilung darauf, daß kein Mitgliedsland einen wie immer gearteten Anspruch auf ein bestimmtes Ressort geltend machen konnte; vgl. Wilhelm Hadler: "Delors setzt sich gegen eine 'Erbhof'-Mentalität durch", in: Die Welt v. 10.12.1984; sowie "Delors hebt das Erbhofsystem in der EG-Kommission auf", in: Frankfurter Allgemeine Zeitung v. 10.12.1984.

[445] Dies waren Frans Andriessen, Karl-Heinz Narjes und Lorenzo Natali.

[446] Vgl. "Amtsantritt von EG-Kommissionspräsident Delors. Viele alte Probleme für eine erneuerte Mannschaft", in: Neue Zürcher Zeitung v. 9.1.1985.

[447] In der politischen Praxis erfolgte die Verteilung der Posten der Vizepräsidenten nach einem "gentleman's agreement", das die Mitgliedstaaten im Dezember 1976 vereinbart hatten: Danach würden, falls der Kommissionspräsident aus einem großen Mitgliedstaat kommt, die Vizepräsidenten automatisch den anderen drei großen Mitgliedstaaten zufallen, d.h. in diesem Falle Deutschland, Großbritannien und Italien; die übrigen zwei Vizepräsidenten würden durch Rotation aus zwei Gruppen — Dänemark, Irland, Luxemburg einerseits und Belgien und die

Eine weitere Eigenheit hinsichtlich der Ernennung des Kommissionspräsidenten war, daß nach Art. 161 EWGV bzw. Art. 14 FusV seine Amtszeit nur zwei Jahre betrug, wobei eine Wiederernennung als Kommissionspräsident im Vertrag als zulässig bezeichnet wurde. In der politischen Praxis wurde jedoch von vornherein von einer vierjährigen Amtszeit ausgegangen, d.h. die Ernennung zum Kommissionspräsidenten wurde nach Ablauf von zwei Jahren quasi automatisch verlängert (Dietz/Glatthaar 1994: 38).[448] Eine vierjährige Kommissionspräsidentschaft war damit politischer *Usus* in der Gemeinschaft. Und fast genauso war es seit Hallstein in der Gemeinschaft politisch gebräuchlich geworden, daß kein Kommissionspräsident mit einer darüber hinausgehenden Amtszeit rechnen konnte. Nach der Ernennung Delors′ gab es jedoch Elemente, die darauf hindeuteten, daß Delors für eine zweite Amtszeit, d.h. eine zweite Vierjahresperiode an der Spitze der Kommission in Frage kommen würde. Erstens deuteten die Reaktionen — zumindest in der deutschsprachigen Presse — darauf hin, daß mit dem Amtsantritt der neuen Kommission unter Jacques Delors hohe Erwartungen verbunden waren[449] und nach der eher schwachen und enttäuschend verlaufenen Kommissionspräsidentschaft von Gaston Thorn (Thalmann 1985: 53) eine "neue Ära"[450] beginnen würde. Zweitens ging Delors offenbar selbst implizit von einer achtjährigen Amtszeit aus, wie er in seiner Antrittsrede vor dem Europäischen Parlament im Januar 1985 andeutete, um das Binnenmarktprogramm bis 1992 zu reali-

---

Niederlande andererseits — rekrutiert werden. Mit der Erweiterung um Spanien und Portugal fiel der sechste Vizepräsidentenposten Spanien zu, das — zumindest im Rahmen der Kommission — fortan als "großer" Mitgliedstaat behandelt wurde. Die Vizepräsidenten der Kommission im Jahr 1985 waren (vgl. Abl. L 32 v. 5.2.1985, S. 13): Frans Andriessen (NL), Henning Christophersen (DK), Lord Cockfield (GB), Karl-Heinz Narjes (D) und Lorenzo Natali (I). Durch den Beschluß der Vertreter der Regierungen der Mitgliedstaaten vom 1. Januar 1986 wurden Manuel Marín Gonzáles und Abel Matutes (beide E) und António José Baptista Cardoso e Cunha (P) zu Mitgliedern der Kommission ernannt (vgl. Abl. L 8 v. 11.1.1986). Von diesen wurde mit Beschluß vom 22. Januar 1986 Manuel Marín zum Vizepräsident der Kommission ernannt (vgl. Abl. L 27 v. 1.2.1986, S. 66). Schließlich wurde durch den Beschluß der Vertreter der Regierungen der Mitgliedstaaten vom 15. Dezember 1986 das Mandat der dann bestehenden sechs Vizepräsidenten um zwei Jahre bis zum 5. Januar 1989 verländert (vgl. Abl. L 359 v. 19.12.1986, S. 55).

[448] So im Falle der Kommissionspräsidenten Hallstein, Rey, Ortoli, Jenkins und Thorn; eine Ausnahme stellte Kommissionspräsident Malfatti dar, der in der ersten Hälfte seiner Amtszeit zurücktrat und durch Sicco Mansholt ersetzt wurde. Das Mandat Hallsteins wurde als einzigem der Kommissionspräsidenten vor Delors für eine zweite Vierjahresperiode erneuert.

[449] Vgl. Heinz Stadlmann: "Delors soll alles richten. Vom neuen Präsidenten wird viel erwartet", in: Frankfurter Allgemeine Zeitung v. 19.12.1984; sowie Roger de Weck: "Ein Idealist, dem die Macht gefällt. Jacques Delors, ein gestandener Europäer, packt die neue Aufgabe entschlossen an", in: Die Zeit v. 4.1.1985.

[450] Vgl. Erich Hauser: "Brüssels Eurokraten warten auf die 'Delors-Ära'. Nach vier Jahren Thorn-Kommission richten sich die Hoffnungen auf die neue Mannschaft", in: Generalanzeiger v. 29.11.1984.

sieren.[451] Drittens gab es ab 1987/88 erste Anzeichen dafür, daß sich die Regierungen der Mitgliedstaaten mit einer zweiten vierjährigen Amtszeit Delors' einverstanden erklären würden.[452] Auf dem Gipfel des Europäischen Rates in Hannover im Juni 1988 wurde schließlich vereinbart, das Mandat von Delors um eine zweite Amtszeit zu verlängern.[453]

Gleichwohl wäre es eine verkürzte Betrachtungsweise davon auszugehen, daß die doppelte Kommissionspräsidentschaft Delors', d.h. eine zweite Vierjahresperiode an der Spitze der Kommission, von vornherein unangefochten festlag. Erstens legte die Lancierung des Datums vom 31.12.1992 eine doppelte Kommissionspräsidentschaft lediglich nahe, ohne jedoch einen verbindlichen Beschluß darzustellen. Auch war die Realisierung des Binnenmarktes nicht von Anfang an abzusehen und Delors wurde mit dieser Absicht auch nicht von vornherein von allen Seiten ernst genommen.[454] Zweitens zeigte sich Delors zwar von Anfang an sehr ambitioniert,[455] jedoch folgte auf den Auftakt von 1985 schnell die Ernüchterung darüber, daß die angestrebte *relance européenne* nicht ohne Schwierigkeiten zu bewerkstelligen sein würde. Es scheint, daß Delors 1986 nicht weit davon entfernt war aufzugeben.[456] Auch gab es Gerüchte darüber, daß Delors nur die erste Amtszeit macht und durch Genscher abgelöst würde, der die zweite Amtszeit übernehmen würde.[457] Daneben gab es weitere Personen — die Premierminister Belgiens und der Niederlande, Wilfried Martens und Ruud Lubbers, die Kommissare Frans Andriessen, Henning Christophersen und Peter Sutherland sowie Bundeswirtschaftsminister Martin Bangemann (Stabenow 1989: 60) — über die bereits ab 1987 als potentielle Nachfolger Delors' spekuliert wurde. Drittens war auch das Europäische Parlament am Ernennungsverfahren des Kommissionspräsidenten beteiligt. In der politischen Praxis wurde ein Vertrauensvotum des Parlaments für die neu ernannte Kommission im Anschluß an die Debatte über das Programm der Kommission durchgeführt. In der Feierlichen Deklaration von Stuttgart vom 19. Juni 1983 war dieses Verfahren weitgehend

---

451 Vgl. oben Teil II, Kapitel 1.3.

452 Hinweis von François Lamoureux im Gespräch mit dem Verf. am 13.1.1997.

453 Vgl. Schlußfolgerungen des Vorsitzes des Europäischen Rates, Tagung am 27. und 28. Juni 1988 in Hannover, a.a.O., S. 847.

454 Johannes Dohmes im Gespräch mit dem Verf. am 12.11.1996: "Der Binnenmarkt war Delors' großes Ziel ... zunächst haben alle darüber gelacht ... keiner glaubte wirklich daran".

455 So soll Delors im Jahr 1984 gesagt habe, daß er nach Walter Hallstein der beste Kommissionspräsident werden wolle; Information von Karl-Heinz Narjes im Gespräch mit dem Verf. am 29.8.1996.

456 Information von Jérôme Vignon im Gespräch mit dem Verf. am 13.1.1997.

457 Hinweis von François Lamoureux im Gespräch mit dem Verf. am 13.1.1997.

bestätigt worden.[458] Ferner war darin vereinbart worden, daß "vor der Ernennung des Präsidenten der Kommission [...] der Präsident der Vertreter der Regierungen der Mitgliedstaaten die Stellungnahme des Erweiterten Präsidiums des Europäischen Parlaments [einholt]".[459] Wenngleich das Europäische Parlament am 15. Januar 1985 nach eingehender Debatte und mit großer Mehrheit der Delors-Kommission das Vertrauen aussprach, war dessen weitere "Zustimmung" zu Delors nicht von vornherein absehbar.[460]

Das Amt des Kommissionspräsidenten ist mit keinem besonderen Stimmengewicht und keinen besonderen Befugnissen ausgestattet. Tatsächlich ist der Kommissionspräsident bei Abstimmungen im Kollegium, die gemäß Art. 17 FusV mit "der Mehrheit ... ihrer Mitglieder" gefaßt werden, den übrigen Mitgliedern der Kommission gleichgestellt.[461] Daneben besitzt er nur begrenzte prozedurale Vorrechte: Gemäß Art. 3 der Geschäftsordnung der Kommission (GeschO)[462] wird die Kommission "durch den Präsidenten zu den Sitzungen

---

458 Vgl. Punkt 2.3.5. der Feierlichen Erklärung von Stuttgart, in: Presse- und Informationsamt der Bundesregierung, Bulletin, Nr. 65 v. 21.6.1983, S. 601—606.

459 Ebd.

460 Das Parlament verfügte zu diesem Zeitpunkt über kein echtes Zustimmungsrecht bei der Einsetzung der Kommission. Dennoch war in der Debatte im Europäischen Parlament im Dezember 1984 deutlich geworden, daß die Parlamentarier in dieser Hinsicht eine stärkere Beteiligung forderten. Der Abgeordnete Formigoni (EVP), der im Namen des Politischen Ausschusses einen Bericht zur Einsetzung und zum Amtseid der neuen Kommission vorgelegt hatte (Dok. 2-1119/84), merkte in diesem Zusammenhang an: "Wir möchten damit [d.h. mit dem Entschließungsantrag, der Teil des Berichts war, Anm. d. Verf.] den Wunsch des Europäischen Parlaments nach einer Mitwirkung bei der Bildung einer neuen Kommission bekräftigen. ... Ferner möchten wir, ... daß die Kommission ... bereits bei ihrer Bildung die Unterstützung und Zustimmung genießt, die sie nur von der Institution, welche die Völker der Gemeinschaft vertritt, erhalten kann", in: Amtsblatt der EG, Verhandlungen des Europäischen Parlaments, Sitzungsperiode 1984—1985, Sitzungsberichte vom 10. bis 14. Dezember 1984, Nr. 2-320, S. 92.

461 Vgl. Vertrag zur Einsetzung eines gemeinsamen Rates und einer gemeinsamen Kommission der Europäischen Gemeinschaften (sog. "Fusionsvertrag") vom 8.4.1965 (Inkrafttretung des Vertrags am 1.7.1967). Gemäß Art. P EUV wurden diese Bestimmung aufgehoben und in Art. 163 EGV übernommen; vgl. zur Beschlußfassung der Kommission auch Art. 6 der Geschäftsordnung der Kommission (GeschO).

462 Im folgenden wird immer die Geschäftsordnung in der Fassung vom 17. Februar 1993 zitiert (vgl. Abl. L 230 v. 11.9.1993 S. 15ff.). Vor diesem Zeitpunkt war nur eine vorläufige Geschäftsordnung in Kraft, die infolge des Fusionsvertrags von 1967 entstanden war (vgl. Abl. L 147 v. 11.7.1967, S. 1) und die im Zuge der Einführung des Ermächtigungsverfahrens (Abl. L 199 v. 30.7.1975, S. 43) und der Erweiterungen (vgl. Abl. L 8 v. 8.1.1981, S. 16; Abl. L 72 v. 15.3.1986, S. 34) mehrfach geändert wurde. Die vorläufige Geschäftsordnung von 1967 besteht aus Teilen der ursprünglichen Geschäftsordnung der Kommission von 1963 (vgl. Abl. L 17 v. 31.1.1963, S. 181ff.) und stimmt hinsichtlich der hier untersuchten Bestimmungen im wesentlichen mit der Version von 1993 überein.

einberufen"; gemäß Art. 4 GeschO "legt der Präsident für jede Sitzung eine Tagesordnung fest", jedoch kann innerhalb einer Frist von neun Tagen "von einem Mitglied der Kommission beantragt [werden, andere Punkte] ... in die Tagesordnung aufzunehmen"; daneben kann bei der Beschlußfassung gemäß Art. 6 GeschO "über einen von dem oder den zuständigen Mitglied(ern) oder dem Präsidenten geänderten Vorschlag abgestimmt werden"; und schließlich wird gemäß Art. 9 GeschO das "Protokoll [einer Kommissionssitzung, Anm. d. Verf.] ... durch die Unterschrift des Präsidenten und des Generalsekretärs festgestellt", nachdem es zuvor vom Kollegium genehmigt worden war. Mit Ausnahme der Sitzungsleitung, die nicht ausdrücklich in der Geschäftsordnung der Kommission genannt ist,[463] und der Erstellung der Tagesordnung haben keine der genannten Befugnisse dazu geführt, dem Präsidenten bei der täglichen Arbeit des Kommissionskollegiums ein größeres Gewicht zu verleihen.

Nicht ausdrücklich im Vertrag bzw. in der Geschäftordnung der Kommission genannt ist die Aufgabe des Kommissionspräsidenten, das Arbeitsprogramm der Kommission im Europäischen Parlament vorzustellen und zu erläutern.[464] Daneben nimmt der Kommissionspräsident an den regelmäßig stattfindenden Gipfeltreffen des Europäischen Rates teil und hat dort die Möglichkeit, die Staats- und Regierungschefs über die Situation in der Gemeinschaft zu unterrichten und die Sichtweise der Kommission darzulegen.[465] Diese beiden Funktionen haben eine politisch-legitimatorische Bedeutung für den Kommissionspräsidenten: Erstens wird er durch sein Auftreten im Europäischen Parlament und bei den Gipfeltreffen des Europäischen Rates gleichsam auf eine Ebene mit direkt legitimierten Volksvertretern gestellt; zweitens wird er von den Medien verstärkt wahrgenommen und er wird in die Lage versetzt, der Kommission bzw. der Gemeinschaft insgesamt ein "Gesicht" zu verleihen. Mit diesen weitgehend "ungeschriebenen" Zuständigkeiten des Kommissionspräsidenten verbindet sich

---

[463] In der vorläufigen Geschäftsordnung in der Fassung von 1967, die auf der Version von 1963 basiert, ist die Sitzungsleitung der Kommission durch den Präsidenten in Art. 5 GschO hingegen ausdrücklich erwähnt.

[464] In der Geschäftsordnung des Europäischen Parlaments von 1989 findet sich in Art. 29, Abs. 4 lediglich der Passus "nach der Vorlage des Jahresprogramms der Kommission und der Aussprache darüber im Parlament ..."; der Kommissionspräsident wird in diesem Zusammenhang nicht ausdrücklich erwähnt.

[465] Der Kommissionspräsident nahm an der ersten Gipfelkonferenz im Dezember 1974 in Paris teil und zählt damit zu den Gründungsmitgliedern des Europäischen Rates; gleichwohl fand die Kommission im Gründungsbeschluß des Europäischen Rates nicht ausdrücklich Erwähnung (Wessels 1980: 126 und 399). In Art. 2 der EEA wurde erstmals in formeller Weise festgelegt, daß "im Europäischen Rat [...] die Staats- und Regierungschefs der Mitgliedstaaten sowie der Präsident der Kommission der Europäischen Gemeinschaften [zusammenkommen]". Diese Bestimmung wurde in Art. D des Vertrags über die Europäische Union übernommen.

eine "politische Aufwertung" des Kommissionspräsidenten, die zumindest mittelbar die mit seinem Amt verknüpften eingeschränkten Handlungsbefugnisse kompensiert.

Der Kommissionspräsident verfügt über keine Richtlinienkompetenz (Dietz/Glatthaar 1994: 38), sondern ist ein Mitglied des Kommissionskollegiums und in dessen Funktionsweise eingebunden. Aus Art. 1 GeschO geht hervor, daß "die Kommission als Kollegium [handelt]"[466], d.h. das Kommissionskollegium ist bei seiner Arbeitsweise dem "Kollegialprinzip" unterworfen. In der politik- und rechtswissenschaftlichen Literatur wird die Kommission daher auch als "Kollegialorgan" (Hummer 1988: Art. 162, Rn. 15; Oppermann 1991: 123; Röttinger 1991: 80) bezeichnet. Für die Arbeitsweise der Kommission und die Rolle des Kommissionspräsidenten verbindet sich damit prinzipiell zweierlei: Erstens werden Entscheidung durch die "Kommission als Ganzes" beschlossen (Noël 1993: 51). Gemäß Art. 6 GeschO (bzw. Art. 163 EWGV und Art. 17 FusV) werden die Beschlüsse des Kollegiums "mit der Mehrheit der im Vertrag vorgesehenen Zahl der Mitglieder gefaßt", ohne daß der Kommissionspräsident mit seiner Stimme etwa bei Stimmengleichheit den Ausschlag geben könnte. Zweitens besteht nach der Beschlußfassung eine "kollektive Verantwortlichkeit" (Hummer 1988: Art. 162, Rn. 15). Die überstimmten Kommissare, einschließlich des Kommissionspräsidenten, sind dazu verpflichtet, die getroffenen Entscheidungen nach außen zu vertreten.[467] Zwar sind in der Praxis, um eine Überlastung der Sitzungen des Kommissionskollegiums zu vermeiden, andere entscheidungsbefugte Gremien bzw. quasi-entscheidungsdelegierende Verfahren eingeführt worden — wie die Sitzungen der Kabinettsmitglieder und der Kabinettchefs[468] bzw. das schriftliche Entscheidungsverfahren[469] und das Ermächtigungsver-

[466] Daneben wird in Art. 11 GeschO der "Grundsatz der kollegialen Verantwortung" genannt.

[467] Die "gesamthändische Verantwortung der Kommission" (Hummer 1988: Art. 162, Rn. 16) wird nicht zuletzt durch Art. 144 EWGV bedingt, wonach die Mitglieder der Kommission nach einem vom Europäischen Parlament angenommenen Mißtrauensantrag "... geschlossen ihr Amt niederlegen [müssen]".

[468] Auf der Ebene der Kabinettsmitglieder bzw. der Kabinettchefs können (Vor)Entscheidungen getroffen werden, wenn unter den Kabinettsmitgliedern bzw. den Kabinettchefs völlige Übereinstimmung über einen Entwurf bzw. Teile davon besteht. Der Entwurf wird dann nach dem sog. "A-Punkt Verfahren" an das Kommissionskollegium weitergeleitet, das ihn in der Regel ohne weitere Diskussion am Anfang einer Sitzung annimmt. Dadurch verfügen die Kabinette über eine beschränkte eigene Entscheidungskompetenz (Hummer 1988: Art. 162: Rn. 26).

[469] Dabei handelt es sich um eine Art "Umlaufverfahren" (Hummer 1988: Art. 163, Rn. 13) gemäß Art. 10 GeschO bei dem ein Kommissionsmitglied den Entwurf eines Rechtsaktes durch das Generalsekretariat verteilen läßt und die anderen Kommissionsmitglieder innerhalb einer gesetzten Frist — je nach Dringlichkeit drei bis fünf Tage — ihre Vorbehalte oder Änderungswünsche mitteilen können. Jedes Kommissionsmitglied kann innerhalb der Frist beantragen, daß der Entwurf in der Sitzung der Kommission mündlich behandelt wird. Hat kein

fahren[470] — jedoch blieb davon das Kollegialitätsprinzip und die damit in Zusammenhang stehende "Einbindung" des Kommissionspräsidenten im Grundsatz unberührt.[471]

Darüber hinaus verbindet sich mit dem Begriff des "Kollegialorgans", daß die Kommission kein echtes Ressortprinzip kennt im Sinne einer Delegierung der Entscheidungsbefugnis an die Mitglieder der Kommission oder die nachgeordneten Dienststellen (Hummer 1988: Art. 162, Rn. 18). Das bedeutet, daß Entscheidungsbefugnisse nicht auf ein einzelnes Mitglied der Kommission — einschließlich dem Kommissionspräsidenten — übertragen werden können, das dann — ähnlich einem Minister auf nationaler Ebene — selbständig und in eigener Verantwortung in seinem Zuständigkeitsbereich Beschlüsse faßt. Zwar ist das Kommissionskollegium gemäß Art. 12 GeschO nach den speziellen Aufgabenbereichen der einzelnen Kommissare aufgegliedert und jedem Kommissionsmitglied unterstehen die damit befaßten Generaldirektionen und anderen Dienste, gegenüber denen er gemäß Art. 12, Abs. 2 GeschO weisungsbefugt ist. Es handelt sich dabei jedoch um eine interne Geschäftsverteilung, die das Prinzip der kollektiven Verantwortung nach außen bzw. der einheitlichen Verwaltung gemäß Art. 17 GeschO nicht beeinträchtigt. Aufgrund dieses Unterschieds zu dem auf nationaler Ebene bestehenden Ressortprinzip hat sich in der praktischen Arbeit des Verwaltungsapparats der Kommission eine eigene Funktionsweise entwickelt, die sich von der nationaler Ministerien unterscheidet und die für die Kommissionspräsidentschaft Delors' von Bedeutung war. Grob vereinfacht ist der folgende Unterschied erkennbar: Auf nationaler Ebene — wie etwa der Ministerialverwaltung in der Bundesrepublik — ist eher ein "bottom up" Politikgestaltungsprozeß

---

Kommissionsmitglied einen Vorbehalt innerhalb der gesetzten Frist angemeldet, ist der Rechtsakt angenommen.

470 Gemäß Art. 11, Abs.1 GeschO kann die Kommission "eines oder mehrere ihrer Mitglieder ermächtigen, in ihrem Namen und vorbehaltlich ihrer Kontrolle eindeutig umschriebene Maßnahmen der Geschäftsführung und der Verwaltung zu treffen". Das Ermächtigungsverfahren wird vor allem bei immer wiederkehrenden "technischen" Angelegenheiten eingesetzt — etwa in der Agrarpolitik oder der Wettbewerbspolitik — bei denen der Ermessensspielraum gering ist und die politisch keine Probleme aufwerfen (Noël 1993: 52). Die bestehenden Regeln bei Finanz- und Personalangelegenheiten bleiben von der Ermächtigung unberührt. Das Ermächtigungsverfahren wurde 1975 eingeführt (vgl. Abl. L 199 v. 30.7.1975, S. 43) und hat das besonders beschleunigte schriftliche Verfahren ersetzt (Hummer 1988: Art. 163, Rn. 13 und 17).

471 Während das schriftliche Verfahren weitgehend akzeptiert worden ist, werden dem Ermächtigungsverfahren in der rechtswissenschaftlichen Debatte vielfach Bedenken entgegengebracht. Der EuGH hat dieses Verfahren jedoch sanktioniert und als eine zulässige "Übertragung von Zeichnungsberechtigung" bzw. als eine "interne Geschäftsverteilungsmaßnahme" qualifiziert, die mit der Geschäftsordnung der Kommission in Einklang steht (Hummer 1988: Art. 163, Rn. 20).

erkennbar, d.h. hier ist es in erster Linie die Verwaltung, die Vorschläge "produziert", die dann innerhalb der Verwaltungshierarchie — vom Fachreferenten, über den Referatsleiter, zum Abteilungsleiter und von dort über den Staatssekretär bis zum Minister — nach "oben" geleitet werden. Es besteht ein starker Sog von "unten" nach "oben", durch den der Minister mit Informationen und Vorschlägen "gefüttert" wird.[472] Innerhalb der Kommission scheint sich demgegenüber im wesentlichen ein "top down" Politikgestaltungsprozeß zu vollziehen, d.h. die Impulse für die Politikgestaltung gehen vom jeweiligen Kommissar aus, der mit Hilfe seines Kabinetts die Verwaltungsdienste mobilisiert und der darauf hinwirkt, daß "seine Ideen" realisiert werden. Die erfolgreiche Initiierung der Policygestaltung "von oben" ist dabei von Kommissar zu Kommissar unterschiedlich und hängt von seinem politischen Gewicht, seiner Persönlichkeit und seiner Kompetenzen bzw. der seines Kabinetts ab. In einem generellen Sinne scheint die Struktur der Kommission und ihr interner Entscheidungsprozeß, zumindest bezogen auf die 80er Jahre, die Voraussetzung dafür zu bieten, "[that the] ... personal role of individual Commissioners and their staff has ... often been substantial in promoting particular lines of policy" (Wallace 1983: 58). Aus dieser Perspektive wird der Verwaltungsapparat nicht als "Ideengeber" genutzt, sondern vielmehr als Instrument zur Umsetzung von Ideen, die von "oben" kommen.[473] Es scheint, daß diese Art der Politikgestaltung in der Delors-Ära intensiv genutzt wurde und dazu führte, daß die Kommissare und ihre Kabinette — und hier insbesondere Kommissionspräsident Delors und sein Kabinett — an Einfluß gewinnen konnten, während die Generaldirektoren und die ihnen unterstehenden Dienste eher an Einfluß verloren.[474] Für den Verwaltungsapparat der Kommission war damit offenbar ein wachsendes Maß an "Frustration" verbunden: "Wir haben dieses System [der starken Kabinette] genossen ... der Kommissar hatte die Ideen und das Kabinett schaute, daß es alles von den Diensten zur Verfügung hatte, die im Prinzip immer frustriert waren ...".[475]

Dem Kommissionspräsident unterstand von 1985 an das Generalsekretariat, der Juristische Dienst, der Dienst des Sprechers, der Gemeinsame Dolmetscher-Konferenzdienst und das Sicherheitsbüro; Delors behielt sich außerdem die Zustän-

---

[472] Johannes Dohmes im Gespräch mit dem Verf. am 12.11.1996.

[473] In einer neueren Studie über die Funktionsweise der Europäischen Kommission wird diese Beobachtung bestätigt und ergänzend hinzugefügt "[that on] ... rarer occurence, policy initiatives can even emerge from within the Commission's own services" (Cini 1996: 145).

[474] Auf diesen Umstand weist die Studie von Petit-Laurent hin, die unter anderem eine bessere Einbindung der Generaldirektoren in den internen Entscheidungsprozeß der Kommission fordert sowie eine wirksame Dezentralisierung durch die Schaffung von "thematischen Geschäftsbereichen" (Petit-Laurent 1994: 35f. und 45f.).

[475] Johannes Dohmes im Gespräch mit dem Verf. am 12.11.1996.

digkeit für die Koordinierung der Gemeinschaftsfonds[476] und für Währungsangelegenheiten vor.[477] Im Jahr 1989 wurde der Zuständigkeitsbereich des Präsidenten durch die sog. *Cellule de Prospective* (Gruppe für Prospektive Analysen) erweitert, die eine von Delors geschaffene Einheit von hochrangigen Beratern darstellte und verkürzt als "think tank" umschrieben werden kann;[478] 1991 kam die Generalinspektion der Dienststellen hinzu. Ein Teil der dem Präsidenten unterstehenden Dienste war jedoch sowohl gemessen am Zuständigkeitsbereich als auch gemessen am Umfang kaum in der Lage, das Präsidentenamt wirklich aufzuwerten. Einige Dienste — wie etwa der Dolmetscher-Konferenzdienst und das Sicherheitsbüro — hatten in erster Linie eine "technische" Funktion; die eher "politisch-konzeptionell" arbeitenden Dienste — wie etwa die *Cellule de Prospective*[479] — waren mit zu geringen Ressourcen ausgestattet, um dem Präsidentenamt wirklich Gewicht zu verleihen. Im Gegensatz dazu bedeutete die Zuständigkeit für das Generalsekretariat und den Juristischen Dienst eine deutliche Stärkung des Amtes des Kommissionspräsidenten und trug zur Aufwertung der Autorität des Präsidenten bei.[480]

Das Generalsekretariat und der Juristische Dienst sind große, horizontal ausgerichtete Dienste, die im internen Entscheidungsprozeß der Kommission eine wichtige Rolle spielen. Dem Generalsekretariat obliegt die Koordination der Arbeiten der Generaldirektionen und der übrigen Dienste, es steuert den internen

---

[476] Die Zuständigkeit für die Gemeinschaftsfonds unterstand Delors jedoch nur für kurze Zeit und wurde 1986 abgegeben und auf die Kommissare Grigoris Varfis (GR) und Abel Matutes (E) aufgeteilt.

[477] Dies wurde frühzeitig als Zeichen einer neuen Prioritätensetzung Delors' interpretiert, vor allem in Anbetracht dessen, daß im neuen Kommissionskollegium vier weitere ehemalige Finanzminister, namentlich Frans Andriessen, Henning Christophersen, Willy de Clercq und Lord Cockfield, vertreten waren; vgl. Carl. A. Ehrhardt: "Die neue Mannschaft der EG-Kommission. Club der Finanzstrategen", in: Handelsblatt v. 8.1.1985. Tatsächlich hat Delors unter anderem durch das Delors-I-Paket und den sog. Delors-Bericht die weitere Entwicklung in den Bereichen Strukturpolitik und Währungsangelegenheiten maßgeblich bestimmt (vgl. oben Teil II, Kapitel 1.5 und 1.6). Delors behielt sich die Zuständigkeit für Währungsfragen bis zu seinem Ausscheiden im Januar 1995 vor.

[478] Information von Thomas Jansen im Gespräch mit dem Verf. am 24.10.1995; an anderer Stelle wird darauf hingewiesen, daß die Einrichtung der *Cellule* unter den Mitgliedern der Kommission durchaus skeptisch aufgenommen wurde, da geargwöhnt wurde, daß Delors dadurch die ihm unterstehende Zuarbeitsebene lediglich verbreitern wollte (Dietz/Glatthaar 1994: 48).

[479] Zunächst handelte es sich nur um die "Gruppe der Berater", die 1987 innerhalb des Generalsekretariats eingerichtet wurde und vier Personen umfaßte. Die Bezeichnung "*Cellule de Prospective*" wurde erst 1989 eingeführt und sie wurde dann dem Präsidenten direkt unterstellt; sie wurde vergrößert und umfaßte von da an ca. zehn bis zwölf Berater; Information von Jérôme Vignon im Gespräch mit dem Verf. am 13.1.1997.

[480] Hinweis von François Lamoureux im Gespräch mit dem Verf. am 17.12.1996.

Entscheidungsablauf und es vertritt die Kommission auf Arbeitsebene gegenüber dem Ministerrat. Aufgrund seiner zentralen administrativen Funktion wird es daher auch als das "Bundeskanzleramt des Kommissionspräsidenten" bzw. als "das Herzstück der Kommission" bezeichnet (Dietz/Glatthaar 1994: 55 und 59). Der Juristische Dienst ist die zentrale Rechtsabteilung der Kommission und im wesentlichen dafür verantwortlich, daß Vorschläge der Kommission mit dem bestehenden Gemeinschaftsrecht in Einklang stehen. Bevor die Kommission dem Rat formell einen Vorschlag unterbreitet, ist immer die Stellungnahme des Juristischen Dienstes erforderlich. Indem der Juristische Dienst dem politischen Willen der Kommission erst die notwendige rechtliche Durchsetzungskraft verleiht, wird er auch als das "Notariat der Kommission" (Dietz/Glatthaar 1994: 60) bzw. als die "Anwaltskanzlei der Kommissionsdienste"[481] bezeichnet.

Delors hat mit beiden Diensten eng zusammengearbeitet und mit ihren jeweiligen Leitern — Generalsekretär war zunächst Emile Noël, dem im September 1987 David Williamson nachfolgte, und Generaldirektor des Juristischen Dienstes war zunächst Claus-Dieter Ehlermann, der im gleichen Jahr durch Jean-Louis Dewost abgelöst wurde — gute Beziehungen unterhalten.[482] Gleichwohl stellte die Zuständigkeit für das Generalsekretariat und den Juristischen Dienst weder eine Besonderheit dar — schon den Vorgängern Delors' waren beide Dienste unterstellt gewesen[483] —, noch erlaubten sie Delors, den Verwaltungsapparat der Kommission auf sich zu konzentrieren oder die "Machtbasis" der anderen Kommissare nachhaltig zu beschneiden. Noch zu Beginn der Amtszeit Delors' wurde der Kommissionspräsident daher unverändert als "primus inter pares" bezeichnet (Thalmann 1987: 69; Röttinger 1991: 81), dem keine besondere "Hausmacht" unterstand und der wie die anderen 13 Kommissare über eine Stimme verfügte.

Mit Ausnahme des "von oben" initiierten Politikgestaltungsprozesses innerhalb der Kommission, der gleichwohl allen Mitgliedern der Kommission offenstand, und der Zuständigkeit für das Generalsekretariat und den Juristischen Dienst, kann aus keiner der dargelegten Bestimmungen und Strukturen eine nachhaltige "institutionelle Macht" des Kommissionspräsidenten abgeleitet werden.[484] Unter Delors wurden die rechtlichen und strukturellen Bedingungen des Amtes des Kommissionspräsidenten — zumindest formal betrachtet — beibehalten und angewendet. Inwieweit der Kommissionspräsident im Laufe der Delors-Ära dennoch eine Machtfülle erlangte, die weit über die *primus inter pares*-Rolle hinaus-

---

[481] Bezeichnung von Ulrich Wölker im Gespräch mit dem Verf. am 26.1.1996.

[482] Hinweis von François Lamoureux im Gespräch mit dem Verf. am 17.12.1996.

[483] So etwa unter Thorn und Jenkins; vgl. die jeweiligen Organigramme der Kommission Ende der 70er und Anfang der 80er Jahre.

[484] Dies wurde von Johannes Dohmes im Gespräch mit dem Verf. am 12.11.1996 bestätigt.

ging, soll im weiteren im Zusammenhang mit der Person Delors und seinem besonderen Arbeitsstil untersucht werden.

### 1.1.2 Zur Person Delors

Die Persönlichkeit Delors′ hängt mit seinem besonderen Lebensweg zusammen: Delors entstammt einem einfachen, katholisch geprägten Elternhaus und hat nie einen Universitätsabschluß erworben oder eine *grande école* absolviert. Er begann seine Karriere als mittlerer Angestellter der *Banque de France* und hat sich über Abendkurse und berufsbegleitende Weiterbildungsangebote Kenntnisse in Volkswirtschaft und Finanzwesen angeeignet (Grant 1994: 9ff.). Delors galt früh als ein "Arbeitstier" und stieg innerhalb der *Banque de France* schnell auf. Gleichzeitig engagierte er sich in der *Confédération française des travailleurs chrétiens* (CFTC), der christlich orientierten Gewerkschaft, und begann ab Anfang der 50er Jahre Gewerkschaftsmitglieder in Abendkursen zu unterrichten. Ende der 50er Jahre wurde Delors zum Leiter der Forschungsabteilung der CFTC ernannt. Fortan war er neben seinem Beruf bei der *Banque de France* damit beschäftigt, Forschungsberichte zu schreiben; außerdem begann er — teilweise unter dem Pseudonym Roger Jacques —, in verschiedenen Zeitschriften zu publizieren. Im Jahr 1961 fiel Delors als Autor eines Berichts auf,[485] der sich mit der Verknüpfung von Wirtschaftswachstum und privatem bzw. öffentlichem Verbrauch beschäftigte und der für mehr Tarifautonomie in Frankreich plädierte. Dies führte dazu, daß Delors im folgenden Jahr in das *Commissariat au Plan* berufen wurde. Delors wurde damit beauftragt, die Abteilung für soziale Angelegenheiten der damaligen zentralen Planungsbehörde der französischen Wirtschaft aufzubauen. In dieser Funktion war Delors an einer Regierungsdelegation beteiligt, die Anfang der 60er Jahre einen langwierigen Streik im Bergbau beendete, der ihn als *ingénieur social* in Frankreich bekannt machte (Rollat 1993: 77ff.). Zwei Themen, die auch später seine Arbeit als Kommissionspräsident beeinflußten, waren damals zentral für Delors: Erstens die Idee der *politique contractuelle,* d.h. die Vorstellung, daß Arbeitnehmer und Arbeitgeber sich auf dem Verhandlungsweg über Löhne und Arbeitsbedingungen einigen;[486] zweitens

---

[485] Dem sog. "Rapport Bonety" aus dem Jahr 1961 mit dem Titel "Pour une politique des salaires".

[486] Die sog. "Tarifautonomie" war in den 60er Jahren in der Bundesrepublik die bestehende Praxis; in Frankreich und in anderen Industrieländern wurde sie erst in den 70er und 80er Jahren teilweise eingeführt. Die *politique contractuelle* kann auch als Vorläuferin der *Lois Auroux* von 1982 betrachtet werden, die eine der wichtigsten Reformen der ersten Mauroy-Regierung darstellten und die neben der Aushandlung von Löhnen und Gehältern auch die Möglichkeit von Teilzeitarbeit und die Einrichtung von Gesundheitsausschüssen und Ausschüssen zur Sicherheit am Arbeitsplatz in Betrieben vorsahen.

die Idee einer zentralen Steuerung der Preise und der Wohlfahrtsverteilung, um die mit dem Wirtschaftswachstum einhergehenden sozialen Spannungen auszugleichen (Milési 1985: 89ff.).

In politischer Hinsicht verfolgte Delors zunächst einen Weg außerhalb der Parteien. Er trat in den 60er Jahren verschiedenen politischen Clubs[487] bei und gründete selbst die Vereinigung "Citoyen 60"[488] (Rollat 1993: 65ff.). Er stand den kleinen Parteien der sog. "zweiten (gemäßigten) Linken" nahe,[489] ohne aber eine parteipolitische Karriere zu verfolgen. Nach dem Rücktritt de Gaulles erlebte die Linke in den Präsidentschaftswahlen vom Juni 1969 eine deutliche Niederlage. Georges Pompidou, de Gaulles ehemaliger Premierminister, wurde neuer Staatspräsident. Vor dem Hintergrund der Studentenunruhen von 1968 und der allgemein schwierigen wirtschaftlichen und sozialen Lage stand die neue gaullistische Regierung unter Premierminister Jacques Chaban-Delmas sozialen Reformen offen gegenüber. Delors wurde in das Kabinett von Chaban-Delmas[490] berufen und wurde Berater für soziale Angelegenheiten und Bildung (Maris 1993: 112ff.; Rollat 1993: 127ff.). Seine Arbeit konzentrierte sich im wesentlichen auf die Umsetzung der *politique contractuelle* und auf die Einführung der *formation permanente,* d.h. dem Recht der Arbeitnehmer auf bezahlten Bildungsurlaub, der Anfang der 70er Jahre als sog. *Loi Delors* eingeführt wurde. Delors stand damit erstmals — unter einem gaullistischen Premierminister — mit der "politischen Macht" unmittelbar in Kontakt. Er hat diesen Schritt später wie folgt begründet: "After the shock of the presidential election I thought the only way to realise my ideas was to work with the system" (Grant 1994: 30).

---

487 Delors war schon in den 50er Jahren der *Vie Nouvelle*, einer linken katholischen Bewegung, beigetreten, die durch das Denken Emmanuel Mouniers geprägten wurde. Mounier hatte die Philosophie des "Personalismus" ins Leben gerufen, die das Denken Delors' sehr beeinflußte (Mounier 1962). Später trat Delors anderen politischen Clubs bei, wie dem Club *Jean Moulin*, den er aber wegen dessen intellektueller Ausrichtung bald verließ.

488 "Citoyen 60" war sowohl ein Club als auch eine Zeitschrift; Ziel war es, die Mounieristische Bewegung "Vie Nouvelle" zu ergänzen und deren Mitgliedern Weiterbildung in den Bereichen Politik, Wirtschaft und Soziales zu ermöglichen. Bei den Präsidentschaftswahlen im Jahr 1965 unterstützte *Citoyen 60* die *Fédération de la Gauche Démocrate et Socialiste*, die Mitterrands Wahlbündnis darstellte (Goguel/Grosser 1984: 102f.).

489 Wie etwa der links-radikalen Splittergruppe *Jeune République*, die von Mendès France angeführt wurde und in den Wahlen von 1956 die *Front Républicain* unterstützte; 1957 fusionierte die *Jeune République* mit anderen Gruppierungen zur *Union de la Gauche Socialiste*, welche 1960 mit der von Michel Rocard aufgebauten *Parti Socialiste Autonome* zusammenging und die *Parti Socialiste Unifié* bildete. Die sog. "zweite Linke" stand der gemäßigten christlich orientierten Gewerkschaftsbewegung CFTC/CFDT nahe und zeichnete sich durch ein gewisses Spannungsverhältnis zur traditionellen Linken aus, die klassenkämpferischer orientiert war und sich durch eine größere Nähe zur CGT und zur PCF auszeichnete (Hamon/Rotman 1984).

490 Im Juli 1971 wurde Delors sogar Leiter des Kabinetts von Chaban-Delmas.

Als Chaban-Delmas im Juli 1972 durch den neuen Premierminister Pierre Messmer abgelöst wurde, war auch Delors' Tätigkeit im Kabinett zu Ende. Er wurde zunächst Generalsekretär für Berufsbildung und soziale Entwicklung innerhalb der Ministerialverwaltung. Im Jahr 1973 wurde er in den Aufsichtsrat der *Banque de France* berufen und nahm im gleichen Jahr eine Honorarprofessur für Betriebswirtschaftslehre an der Universität Paris-Dauphine an. Er richtete dort ein Forschungsinstitut ein, das sich mit Fragen zur Beschäftigungspolitik und zur Wirtschaftspolitik auseinandersetzte. Darüber hinaus unterrichtete er an der *Ecole National d'Administration* und gründete 1974 die parteipolitisch übergreifende Vereinigung *Echange et Projets*.[491] Ende 1974 trat Delors der von François Mitterrand angeführten *Parti Socialiste* (PS) bei. Dieser Schritt war für Delors durchaus delikat[492] und wurde von seiten der Parteibasis nicht ohne Kritik aufgenommen. Für Delors bedeutete dies einen "politischen Bußgang" und einen parteipolitischen Neuanfang, ohne aber eine Korrektur seiner wirtschaftlichen und sozialen Grundüberzeugungen zu bewirken (Maris 1993: 131ff.; Rollat 1993: 161ff.). Im Jahr 1976 wurde Delors in das Beraterteam Mitterrrands berufen. Er übernahm innerhalb des Parteiapparats die Leitung der Abteilung für internationale Wirtschaftsangelegenheiten und er unterstützte die PS im Wahlkampf zu den Parlamentswahlen vom März 1978; ein Jahr später wurde Delors Mitglied des Parteivorstands der PS. Der Wechsel zur Linken und das Engagement für die Sozialistische Partei sollte Delors neue Wege eröffnen: Bei den ersten Direktwahlen zum Europäischen Parlament wurde Delors über die Liste der französischen Sozialisten ins Europäische Parlament gewählt, wo er Vorsitzender des Ausschusses für Wirtschafts- und Finanzfragen wurde. Delors' Zeit als Mitglied des Europäischen Parlaments währte jedoch nur kurz: Er unterstützte Mitterrands Wahlkampf bei den Präsidentschaftswahlen von 1981 und als Mitterrand im Mai 1981 siegte, wurde Delors Finanzminister in der ersten Regierung unter Premierminister Pierre Mauroy. In der dritten Regierung Mauroy übernahm Delors zusätzlich das Wirtschafts- und Haushaltsressort und leitete von März 1983 bis Juli 1984 ein "Superministerium", das eines der "Schaltzentralen" der *politique de rigueur* wurde, die die ausgabenträchtige sozialistische Wirtschafts- und Sozialpolitik der ersten Mitterrandjahre korrigieren sollte (Maris 1993: 151ff.; Milési 1995: 213ff:). Es war im wesentlichen diese Zeit der *austerité,* die die wirtschaftliche und finanzpolitische Konsolidierung Frankreichs zu Beginn der

---

[491] *Enchange et Projets* war ein kleiner Zirkel von hohen Beamten, leitenden Angestellten der Wirtschaft, Gewerkschaftsfunktionären, Rechtsanwälten und Literaten, die sich mit Fragen zu Wirtschaft, Gesellschaft und zur internationalen Politik beschäftigten und die alle drei Monate eine gleichnamige Zeitschrift veröffentlichten bzw. verschiedene andere Publikationen herausbrachten.

[492] Noch Anfang 1974 gab es Hinweise darauf, daß Delors im Präsidentschaftswahlkampf Chaban-Delmas unterstützen würde.

80er Jahre bewirkte und die zu Delors' Renommee im In- und Ausland beitrug, das bei seiner späteren Nominierung zum Kommissionspräsidenten eine wichtige Rolle spielte.[493]

Die Mitarbeit im Kabinett eines gaullistischen Premiers wurde Delors von der politischen Linken nie ganz verziehen und mag erklären, warum er auch später innerhalb der *Parti Socialiste* nie einen echten "Stallgeruch" entwickeln konnte.[494] Aus der Distanz betrachtet entstand der Eindruck, daß in den 60er Jahren, als die Linke schwach war, Delors sich von ihr absonderte und sich der Rechten annäherte; und als die Linke in den 70er Jahre wieder stärker wurde, kehrte Delors der Rechten den Rücken und näherte sich wieder der Linken an. Delors hatte sich von einer reinen parteipolitischen Karriere immer ferngehalten und war damit nicht in die innerparteilichen Querelen und Machtkämpfe verwikkelt worden, die sich innerhalb der französischen Parteien vollzogen. Durch diese "Enthobenheit" und das Pendeln zwischen "Rechts" und "Links" war der Eindruck von "politischem Opportunismus" entstanden. Delors hat diesen Vorwurf nicht akzeptiert, ihn offenbar aber auch nie wirklich dementiert. In einem Radiointerview im März 1975 bemerkte Delors hierzu rechtfertigend und nicht ohne einen gewissen Trotz an: "The political world simplifies everything, but I'll always be on the right of the left or on the left of the right, rejected by both. I am *le mal aimé*. My route is uncomfortable and doubtless unrealistic, but one also needs people like me" (Grant 1994: 31).

Die Zwiespältigkeit seiner politischen Laufbahn enthielt aber auch positive Elemente und hat sich als ein Vorteil bei seiner späteren Nominierung zum Kommissionspräsident erwiesen: Delors hatte nicht den Dünkel des reinen "Parteikarrieristen", sondern bewahrte eine gewisse politische Unabhängigkeit; durch seinen zäh erarbeiteten Aufstieg aus kleinen Verhältnissen und seine autodidaktisch angeeigneten Kenntnisse in der Wirtschafts- und Sozialpolitik galt er als ein "self-made man", der durch Sachkenntnis, die Nähe zur Bevölkerung und durch Pragmatismus politisch überzeugend war. Bei seiner Nominierung zum Kommissionspräsident spielten diese Eigenschaften eine wesentliche Rolle: Er war aus (partei)politischer Perspektive ein Kompromißkandidat zwischen im wesentlichen den konservativen Regierungen in Deutschland und Großbritannien und der sozialistischen Regierung in Frankreich. In wirtschaftspolitischer Hin-

---

[493] Nicht unerheblich dürfte auch gewesen sein, daß Delors im ersten Halbjahr 1984 Präsident des ECOFIN-Rates war und er somit den Wirtschafts- und Finanzministern der anderen Mitgliedstaaten aus den Ratssitzungen bekannt war; vgl. auch oben Teil II, Kapitel 1.1.

[494] Dies mag auch einer der Gründe gewesen sein, warum Delors es letztlich ablehnte, bei den Präsidentschaftswahlen von 1995 Spitzenkandidat der PS zu werden; Hinweis von Karl-Heinz Narjes im Gespräch mit dem Verf. am 29.8.1996.

sicht verkörperte er eine Mischung aus marktwirtschaftlicher Grundorientierung und sozialpolitischer Überzeugung. Delors war somit sowohl für die "rechten" wie für die "linken" Regierungen in den EG-Mitgliedstaaten akzeptabel.[495]

Zusammengefaßt kann Jacques Delors mit den folgenden Eigenschaften belegt werden, die auch seine Arbeit als Kommissionspräsident maßgeblichen beeinflußten: Er war sehr arbeitsam und ehrgeizig. Er war ein "Intellektueller", der sich gleichzeitig durch eine pragmatische Vorgehensweise auszeichnete. Er war praktizierender Katholik, hatte sich früh in der christlichen Gewerkschaftsbewegung engagiert und stand parteipolitisch der gemäßigten französischen Linken nahe; 1974 war er der Sozialistischen Partei beigetreten.[496] Delors hat sich von einer Karriere innerhalb der politischen Parteien eher ferngehalten und eine größere Vorliebe für politische Clubs bzw. für Wissenschaft und Lehre entwickelt. Er kann insofern als jemand bezeichnet werden, der von keinem ausgeprägten "Machtinstinkt" geprägt wurde, der aber den Zugang zur politischen Macht durchaus immer gesucht hat.

### 1.1.3 Zum Arbeitsstil Delors'

Neben seinem politischen Werdegang zeichnete Delors vor allem sein besonderer Arbeitsstil aus, der in der Delors-Ära das Amt des Kommissionspräsidenten prägte. Dieser besondere Arbeitsstil wurde auch als "Delors-Methode"[497] bezeichnet und stellte eine Mischung dar aus, erstens einer institutionellen Perspektive, zweitens einem besonderen verfahrensmäßigen Vorgehen und drittens einer ungewöhnlichen Hingabe zur Arbeit.

Erstens argumentierte und handelte Delors aus einer "vraie perspective institutionnelle de la Commission"[498] heraus, d.h. die volle Bewahrung und Anwendung der Rechte und Zuständigkeiten der Kommission standen bei seinem Vorgehen im Vordergrund. Im Zentrum dieses Ansatzes stand das Initiativmonopol der Kommission im EG-Entscheidungsprozeß, das es der Kommission erlaubte, den Zeitpunkt und den Inhalt einer Initiative für einen EG-Rechtsakt zu bestimmen.

---

495 Vgl. oben Teil II, Kapitel 1.1.

496 Verschiedene Beobachter haben Delors eher mit einem gemäßigten deutschen Christdemokraten verglichen.

497 Bezeichnung von Johannes Dohmes im Gespräch mit dem Verf. am 12.11.1996; die Bezeichnung "Delors-Methode" wird in diesem Zusammenhang als eine Arbeitsmethode verstanden und soll nicht das Pendant zur "Monnet-Methode" darstellen, die sich auf die Entwicklung des europäischen Integrationsprozesses bezieht und dessen schrittweise Fortentwicklung beschreibt.

498 François Lamoureux im Gespräch mit dem Verf. am 17.12.1996.

Als Kommissionspräsident hat Delors diesen Ansatz — gleichwohl in abgewandelter Form — auch außerhalb des "normalen" EG-Entscheidungsprozesses gegenüber dem Europäischen Rat angewendet: Delors trat hier als "Ideengeber" und "expert technique" auf, der den Staats- und Regierungschefs weitgehend gleichgestellt war. Er nutzte dabei die Auftritte im Rahmen des Europäischen Rats in einer Weise, die ihn über sein Amt als Kommissionspräsident "hinauswachsen" ließen. Während Delors am ersten Tag eines Gipfeltreffens der "Experte" war, schwang er sich am zweiten Tag gleichsam zum "statesman" auf und schlüpfte am Ende eines Europäischen Rates gelegentlich in die Rolle des "saviour", um für den "guten Ausgang" des Gipfels zu sorgen (Ross 1994: 511). Delors achtete dabei darauf, daß dieser Ansatz auch von seinen Kabinettsmitgliedern verfolgt wurde und innerhalb der Kommission seinen Niederschlag fand. Die "Philosophie Delors′" bestand darin, die "capacité institutionnelle" der Kommission voll anzuwenden und dadurch "leadership" nach innen zu erzeugen, um den Verwaltungsapparat und die anderen Kommissare und ihre Kabinette für die Realisierung der eigenen Vorstellungen und Ziele zu mobilisieren.[499] Hinzu kam, daß Delors auf die Übertragung von Verwaltungsfunktionen auf die Kommission achtete und dabei auf die Stärkung — oder zumindest die Bewahrung — der institutionellen Rolle der Kommission großen Wert legte: "On savait que Delors voulait préserver le rôle de la Commission".[500]

Zweitens spielte Delors′ "Ideenreichtum" und "le côté très pédagogique de Delors" eine große Rolle.[501] Verkürzt ausgedrückt bestand aus dieser Perspektive die "Delors-Methode" aus verschiedenen Teilen: einer "Idee" — etwa die Idee des "Europe sociale" — für deren Umsetzung eine breite Debatte lanciert wurde — in diesem Zusammenhang insbesondere der sog. "dialogue social" im Rahmen der Val Duchesse-Treffen — und an dessen Ausgang die Herstellung eines Konsenses oder zumindest eines für alle Seiten akzeptablen Kompromisses stand — in diesem Fall die Sozialcharta vom Dezember 1989.[502] Die "Delors-Methode" umfaßte demnach nicht nur ein "visionäres" Element, sondern war auch pragmatisch angelegt. Ziel war es immer, zu einem Ergebnis zu kommen, selbst wenn sich — wie im Falle der Sozialcharta — Delors bzw. die Kommission als Ganzes nicht in allen Punkten durchsetzen konnte. Wichtig war es, einen Einstieg zu schaffen und danach die neu erworbenen Gemeinschaftszuständigkeiten auszubauen und zu verfeinern.

---

[499] Jérôme Vignon im Gespräch mit dem Verf. am 13.1.1997.

[500] François Lamoureux im Gespräch mit dem Verf. am 17.12.1996.

[501] François Lamoureux im Gespräch mit dem Verf. am 13.1.1997.

[502] Vgl. oben Teil II, Kapitel 1.3.3 und 2.1.

Um zur Durchsetzung wichtiger Entscheidungen innerhalb der Kommission zu gelangen, war es Teil der "Delors-Methode", ungewöhnliche Verfahrensschritte zu unternehmen, um die angestrebten Ziele zu erreichen. So hatte Delors etwa bei der Kommissions-internen Verabschiedung seines Vorschlags für das sog. Delors-I-Paket alle anderen Kommissare unter großen Druck gesetzt und die letztendliche Entscheidung auf einen Sonntag gelegt, um die Widerstände gegen seine Vorlage so gering wie möglich zu halten.[503] Das Besondere der "Delors-Methode" schien aber weniger die Anwendung von verfahrensmäßigen "Tricks" zu sein, als vielmehr das direkte Einwirken auf die Verwaltungsdienste. Die von Delors lancierten Ideen und Initiativen wurden von seinem Kabinett aufbereitet und durch das direkte Einwirken auf die Verwaltung aktiv vorangetrieben und zur Entscheidungsreife gebracht. Bei dieser Art des Vorgehens kam der Delors-Methode das Kabinettsystem der Kommission entgegen, das nach dem Vorbild des Systems in Matignon, d.h. dem Sitz des französischen Premierministers, funktionierte, mit dem das Kabinett des Präsidenten vertraut war und das ihm gegenüber den anderen Kabinetten einen Vorteil verschaffte (Ross 1994: 516).

In ähnlicher Weise hat die "Delors-Methode" auch "nach außen" gewirkt: Die Arbeit der Delors-Kommission war davon geprägt, daß bei der Entscheidungsvorbereitung systematisch der unmittelbare Kontakt mit Verbänden und Interessengruppen gesucht wurde. Delors bemühte sich daher um den Dialog mit den Spitzen der großen gesellschaftlichen Gruppen, der zumindest zu Beginn der Delors-Ära im Rahmen der Val Duchesse-Treffen regelmäßig stattfand. Die damit verbundene Zentralisierung führte zu einer Stärkung der Rolle des Kommissionspräsidenten; dies konnte Verstimmungen innerhalb der Kommission hervorrufen, wie etwa von seiten des Kommissars Manuel Marín, bzw. schien dies generell dazu zu führen, daß "die wachsende Präsidialmacht ... hinterfragt [wurde]".[504]

Drittens war Delors dafür bekannt, daß er seine Ämter — sei es als hoher Beamter des *Commissariat au Plan* oder später als Minister — mit großem Eifer erfüllte und er diesen Arbeitseifer auch von seinen Mitarbeitern verlangte: "Delors wollte alle Einzelheiten wissen ... Vermerke kamen rasch zurück, seine Reden wurden im Kabinett diskutiert und von ihm persönlich durchgearbeitet ... Reisen mußten minuziös vorbereitet werden ... es mußte alles sehr genau gemacht werden".[505] Generell war die Arbeit des Kabinetts damit von einem "très grand professionalisme" geprägt, der den Mitarbeiterinnen und Mitarbeitern sehr viel

[503] Information von Johannes Dohmes im Gespräch mit dem Verf. am 12.11.1996.
[504] Johannes Dohmes im Gespräch mit dem Verf. am 12.11.1996.
[505] Bernhard Zepter im Gespräch mit dem Verf. am 12.11.1996.

abverlangte, der aber zum Ergebnis hatte, "[que] les gens suivaient".[506] An anderer Stelle wird in diesem Zusammenhang vom *militantisme* gesprochen, der im Kabinett Delors' vorherrschte (Ross 1994: 516). Gemeint ist damit, daß die Mitglieder des Kabinetts — ähnlich wie Delors selbst — eine tiefe innere Überzeugung in sich trugen, die sie zu Anhängern einer "höheren Idee" machte — einer Art von *grande mission* — und die dazu führte, daß sie zu "Aktivisten" wurden, die sich über das normale Maß und mehr als die einfachen Beamten der Kommission für ihre Sache einsetzten.[507] Delors zeigte dabei im persönlichen Umgang wenig Anzeichen von Sympathie oder Antipathie, sondern war diskret und "an der Sache orientiert". Diese Haltung pflegte er auch gegenüber den Diensten, den anderen Kommissaren und den Regierungen der Mitgliedstaaten. Indem sich Delors nicht in persönliche Querelen verwickelte und er eine an der Sache orientierte Amtsführung pflegte, die sich als durchsetzungsfähig erwies, eröffnete er sich gleichzeitig den Spielraum, "großzügig" zu sein, wenn es die Situation verlangte: "Delors hatte die große Gabe, den Leuten etwas abzufordern, aber dann auch etwas zu geben".[508] Diese Haltung hat vor allem hinsichtlich des Verhältnisses zu den Regierungen der "großen" Mitgliedstaaten eine Rolle gespielt:[509] Delors setzte sich dafür ein, den Haushaltsrabatt Großbritanniens unter Thacher aufrechtzuerhalten und es war Delors' Vorschlag, daß Großbritannien unter Major aus dem Sozialprotokoll herausgenommen wurde; Deutschland wurde bei der Herstellung der deutschen Einheit unterstützt und Frankreichs (Agrar)Interessen wurden im Rahmen der Uruguay-Runde von der Delors-Kommission berücksichtigt. Delors hatte bei seinem Vorgehen "immer einen Blick für die Hauptstädte" und war sehr genau über den Stand der Debatte in den Mitgliedstaaten und die innenpolitischen Probleme informiert.[510]

---

506 François Lamoureux im Gespräch mit dem Verf. am 17.12.1996.

507 Ross weist dabei darauf hin, daß dies ein allgemeines Charakteristikum (linker) französischer Politik ist. Danach wird eine kleine Gruppe von fähigen Leuten gebildet, die von einer "Idee" überzeugt sind; sie legen eine gemeinsame Strategie zur Umsetzung der Idee fest und sammeln die überzeugendsten Argumente, um ihre Strategie gegenüber allen Gegenargumenten und Widerstände durchzusetzen (Ross 1994: 516). Der Erfolg Delors' und seines Kabinettchefs Lamy beruhte aus dieser Perspektive ganz wesentlich darauf, daß es ihnen gelang, diese Art des *militantisme* innerhalb des Kabinetts zu erzeugen.

508 Information von Bernhard Zepter im Gespräch mit dem Verf. am 12.11.1996.

509 Dies trifft in Ansätzen auch auf die "kleinen" und "ärmeren" Mitgliedstaaten zu; so wurde Griechenland aufgrund seiner Einwilligung zur Süderweiterung mit den Integrierten Mittelmeerprogrammen "belohnt" und auf dem Gipfel in Maastricht wurde auf Initiative Delors' für Griechenland, Irland, Portugal und Spanien die Einrichtung des Kohäsionsfonds beschlossen, um deren Zustimmung zur Wirtschafts- und Währungsunion zu erhalten (vgl. oben Teil II, Kapitel 2.6.1).

510 Information von Bernhard Zepter im Gespräch mit dem Verf. am 12.11.1996.

### 1.1.4 Bewertung

Das Amt des Kommissionspräsidenten ist gemäß den Verträgen und der Geschäftsordnung der Kommission nur mit geringen verfahrensmäßigen Vorrechten und besonderen Zuständigkeiten im Vergleich zu den übrigen Mitgliedern der Kommission ausgestattet. Dem Kommissionspräsident waren in der Delors-Ära verschiedene Verwaltungsdienste — wie der Gemeinsame Dolmetscher-Konferenzdienst, das Sicherheitsbüro und die Generalinspektion der Dienststellen — direkt unterstellt, ohne daß diese für den Kommissionspräsidenten eine besondere "institutionelle Machtbasis" darstellten. Lediglich die Zuständigkeit für das Generalsekretariat und den Juristischen Dienst deuteten auf eine dominierende Rolle des Kommissionspräsidenten hin, ohne daß dies jedoch eine Besonderheit gegenüber den vorangegangenen Kommissionspräsidenten darstellte. Die Designierung Delors' und die Ernennung des Kommissionskollegiums wurde nicht gemäß den in den Verträgen vorgesehenen Verfahren vorgenommen. Vielmehr fand die Nominierung Delors' zeitlich *vor* der Ernennung der übrigen Kommissare statt und der Kommissionspräsident war das einzige Mitglied der Kommission, bei dem ein wirkliches "gemeinsames Einvernehmen" unter den Regierungen der Mitgliedstaaten stattfand. Dieses "Privileg" hat sich jedoch nicht unmittelbar auf die institutionelle Rolle des Kommissionspräsidenten niedergeschlagen. Wenngleich der Amtsantritt Delors' fast einhellig begrüßt wurde, war daraus und aus den ihm zugeordneten Rechten und Zuständigkeiten nicht erkennbar, daß er eine über den *primus inter pares* hinausgehende Rolle spielen würde. Auch aus der frühen Festlegung des Termins zur Realisierung des "Binnenmarkts 1992" und der Ambition Delors', eine doppelte Amtszeit durchzuführen — die dann auch sehr bald von den Staats- und Regierungschefs beschlossen wurde — war eine starke Rolle des Kommissionspräsidenten nicht unmittelbar ersichtlich.

Für die besondere Rolle, die der Kommissionspräsident in der Delors-Ära erwarb, lassen sich vielmehr die folgenden Gründe anführen: Erstens spielte bei der Nominierung Delors' sein außerhalb einer einfachen rechts-links Einordnung liegender politischer Werdegang und sein Renommee als ehemaliger französischer Wirtschafts- und Finanzminister eine Rolle. Zweitens kam seinem besonderen Arbeitsstil — der auch als "Delors-Methode" bezeichnet wurde — und seinem großen Arbeitseifer entgegen, daß innerhalb des Verwaltungsapparats im wesentlichen ein "top down approach" vorherrschte, der den Politikgestaltungsprozeß der Kommission prägte; dieser beruhte im wesentlichen auf dem französisch geprägten Kabinettsystem, das vor allem der Arbeit des Kabinetts des Präsidenten entgegenkam. Drittens wurde durch die Anwendung der "Delors-Methode", d.h. durch die Lancierung einer Vielzahl von Ideen durch den Kommissionspräsidenten, deren Diskussion im Rahmen eines breit angelegten Dialogs mit den betroffenen gesellschaftlichen Akteuren und dem Bemühen, um einen für alle akzeptablen Kompromiß, eine Zentralisierung auf den Kommissionspräsidenten bewirkt. Die Umsetzung der Ideen wurde mit Hilfe des Kabinetts vorgenommen, das direkt in die Verwaltungsdienste einwirkte und dadurch die Stellung des Präsidenten als "Ideen- und Impulsgeber" an der Spitze des Verwaltungsapparats weiter ausbaute. Viertens spielte der Kommissionspräsident im Rahmen des Europäischen Rates sowohl als "technischer Experte" als auch als "politische Autorität" eine besondere Rolle, die sich unmittelbar aus dem Erfolg der Politik der Kommission ableitete. Fünftens schenkte Delors der politischen Lage in den Mitgliedstaaten kontinuierlich Beachtung und bemühte sich darum, den notwendigen Spielraum zu bewahren, um gegenüber den Mitgliedstaaten "großzügig" zu sein und um ihnen etwas "zu geben", wenn dies deren (innen)politische Lage erforderlich machte.

## 1.2 Das Kabinett von Delors

### 1.2.1 Funktionsweise

Delors selbst, so scheint es, hat sich weniger mit der "administrativen Seite" der Entwicklung und Absicherung seiner Macht auseinandergesetzt. Er überließ diese Aufgabe vielmehr seinem *chef de cabinet,* Pascal Lamy, der diese Position von Januar 1985 bis April 1994 ausübte.[511] Das Verhältnis zwischen einem Kommissar und seinem Kabinettchef kann als sehr eng und vertraulich bezeichnet werden. Lord Cockfield beschrieb das Verhältnis wie folgt: "There tends ... to be a degree of closeness between a ... Commissioner and his Chef de Cabinet unlike anything one finds in this country [d.h. Großbritannien, Anm. d. Verf.] and a good Chef will 'know' his ... Commissioner's mind and will accept a great deal of responsibility on his behalf" (Cockfield 1994: 47).

Die Position des Kabinettchefs ist in der Geschäftsordnung der Kommission nur am Rande erwähnt: Gemäß Art. 8 GeschO kann, falls ein Mitglied der Kommission abwesend ist, "sein Kabinettchef an der Sitzung [des Kommissionskollegiums, Anm. des Verf.] teilnehmen und ... die Meinung des abwesenden Mitglieds vortragen". In der praktischen Arbeit der Kommission ist der Kabinettchef zuständig für die Koordinierung der Arbeiten der übrigen Kabinettsmitglieder und er nimmt an den Sitzungen der Kabinettchefs — den sog. "hebdos" — teil, die jeweils montags stattfinden und die die Sitzungen des Kommissionskollegiums, die mittwochs stattfinden, vorbereiten. Die Sitzungen der "hebdos" werden

[511] Der Nachfolger von Lamy wurde Jean-Pierre Jouyet.

jedoch nicht vom Kabinettchef des Präsidenten, sondern vom Generalsekretär der Kommission — in der Delors-Zeit war dies Emile Noël und ab September 1987 David Williamson — geleitet. Gleichwohl spielt der Kabinettchef des Präsidenten bei der Vorbereitung und Durchführung der "hebdos" eine zentrale Rolle, da er zusammen mit dem Generalsekretär die wöchentliche Tagesordnung festlegt und in den Sitzungen aufgrund seines politischen Gewichts die Herstellung eines Konsenses beschleunigen bzw. auch verzögern kann. In den Sitzungen der Kabinettchefs kann — ähnlich der Funktion und Arbeitsweise des Ausschusses der Ständigen Vertreter — Einigung über Vorlagen erzielt werden, die dann als sog. "A-Punkte" nur noch formal an das Kommissionskollegium weitergeleitet und dort — im Regelfall ohne weitere Diskussion — verabschiedet werden. Umstrittene Punkte bleiben sog. "B-Punkte" und werden auf die Tagesordnung des Kommissionskollegiums gesetzt, das dann die von den Kabinettchefs identifizierten strittigen Fragen klären muß (Ross 1994: 501f.).

Die wöchentlich stattfindenden Sitzungen der Kabinettchefs sind von zentraler Bedeutung für den Entscheidungsprozeß der Kommission. Sie stellen ein wichtiges Element dar, um das Kommissionskollegium zu entlasten. Dabei handelt es sich keineswegs nur um "zweitrangige" Gesetzesvorhaben der Kommission. So wurden etwa alle ca. 300 Richtlinien des Binnenmarkt-Weißbuchs auf der Ebene der Kabinettchefs bzw. der sog. "besonderen Kabinettchefs", die unterhalb der Ebene der Kabinettchefs angesiedelt sind, diskutiert und als A-Punkte an das Kollegium weitergeleitet; sie wurden dann ohne weitere Diskussion von den Kommissaren verabschiedet.[512] Es scheint, daß dabei Adrian Fortescue, der Kabinettchef des für den Binnenmarkt zuständigen Lord Cockfield, eine wichtige Rolle spielte: "It was a remarkable achievement on the part of Adrian Fortescue, my Chef de Cabinet, ... that following the preliminary and very general discussions which had taken place in January [1985, Anm. d. Verf.] ... he was able to secure virtually total agreement among the Chefs de Cabinet both to the White Paper and to the 300 proposals it contained before the matter was referred to the Commission again" (Cockfield 1994: 47f.).

Pascal Lamy spielte eine dominierende Rolle bei den Sitzungen der Kabinettchefs, die sich in nahezu allen Politikbereichen niederschlug. Er hat die Entscheidungsfindung bei den Angelegenheiten, die für den Präsidenten höchste Priorität hatten, im Sinne Delors gelenkt: "... at the weekly meeting Lamy stood as the last barrier to inadequately executed and/or politically disagreeable work before it got passed upwards to the Commission. Here he really was the ultimate gatekeeper, prepared to deflect matters in graceful ways, or, if this was not possible, to fight

---

[512] Information von François Lamoureux im Gespräch mit dem Verf. am 17.12.1996.

hard. Others around the table either awaited his cues or more rarely prepared, reluctantly, to do battle with him" (Ross 1994: 513). Die Sitzungen der Kabinettchefs stellten eine Art von "Clearing-Stelle" dar. Die Kontrolle über dieses Gremium war ein zentraler Schlüssel für die weitere Entscheidungsfindung innerhalb der Kommission. Der Kabinettchef des Präsidenten erkannte diese Schlüsselfunktion und spielte sein politisches Gewicht in diesem Gremium aus. Er nahm dadurch die Rolle eines "gate-keeper" ein, der auf diese Weise ganz wesentlich zur Durchsetzung der Ideen und Strategien Delors' beigetrug.

Lamy hat die Funktion des Kabinettchefs von Jacques Delors in einer außerordentlichen Art und Weise erfüllt. Er "vertrat Delors",[513] ohne aber die Sitzungen des Kommissionskollegiums zu leiten, da dies gemäß Art. 21 GeschO im Fall der Abwesenheit des Präsidenten durch den Vizepräsidenten erfolgte. Seine Position war grob mit der eines deutschen "Staatssekretärs" in einem Bundesministerium vergleichbar;[514] an anderer Stelle wurde er sogar mit einem Minister oder Kommissar verglichen (Ross 1994: 516). Lamy spielte für die Stellung des Präsidenten — und damit indirekt für die Funktionsweise der Kommission insgesamt — in der Delors-Ära eine zentrale Rolle: "Er hat ganz wesentlich zum Erfolg von Delors beigetragen und Delors viele Schwierigkeiten aus dem Weg geräumt".[515] George Ross[516] umschreibt Lamy's Rolle wie folgt: "Everything seemed to be routed up to Pascal just as trains all went through Paris. If the cabinet was Delors's key team in helping the Commission to produce what Delors wanted, then Pascal was its star player and its coach" (Ross 1995: 61f.). Die zentrale Funktion Lamy's eröffnete Delors erst den nötigen Spielraum, um seine Fähigkeiten zur Anwendung zu bringen. Lamy selbst war sich darüber bewußt und erläuterte dies wie folgt: "... If you want to make good use of Delors's resources, you should leave strategy, communication to him, and let the system take care of the rest" (Grant 1994: 97). Verkürzt ausgedrückt stellte sich die Arbeitsteilung zwischen beiden wie folgt dar: Delors hatte die "Ideen" und Lamy verschaffte ihm die für ihre Durchsetzung erforderliche "pouvoir organisé",[517] d.h. die notwendige "administrative Macht". Lamy strebte dabei jedoch nicht danach, die Entscheidungsbefugnisse des Präsidenten an sich zu reißen. Vielmehr verhielt er sich loyal und betrachtete seine Hauptfunktion darin, den Präsidenten bei wichti-

---

513 Bezeichnung von Bernhard Zepter im Gespräch mit dem Verf. am 12.11.1996.

514 Hinweis von Bernhard Zepter im Gespräch mit dem Verf. am 10.12.1996.

515 Bernhard Zepter im Gespräch mit dem Verf. am 10.12.1996.

516 Georg Ross hat während eines Aufenthalts in Brüssel im Laufe des ersten Halbjahrs 1991 und während mehrerer Wochen im zweiten Halbjahr 1991 die Arbeit des Kabinetts von Delors intensiv verfolgt. Die Ergebnisse seiner Beobachtungen und Gespräche sind in einer aufschlußreichen Studie veröffentlicht worden (Ross 1995).

517 Vgl. oben Teil I, Kapitel 3.1.2.

gen Entscheidungen zu beraten und ihn dazu zu ermuntern, Entscheidungen zu fällen (Grant 1994: 97). "Le vrai chef était Delors", der dies seinem Kabinett gegenüber auch deutlich machte; die Führungsrolle Delors' wurde durch die Kabinettsmitglieder nie in Frage gestellt.[518] Lamy hatte die Aufgabe, die zentrale Rolle Delors' durch eine vertikal angelegte Kabinettsstruktur zu unterstützen. Im Zentrum dieser Struktur stand Delors bzw. die von ihm ausgehenden "Ideen" und Strategievorgaben, die eine Art von inhaltlicher Richtschnur darstellten, und die dazu dienten, den notwendigen Zusammenhalt im Kabinett zu erzeugen: "The unfolding presidential strategy served as *the* anchor point, an evolving text that centred everyone on the tasks of assimilation, interpretation and translation into policy detail. What Delors said and did ... [was] sufficiently general and clear to provide a set of shared and unifying outlooks. Lamy himself supplied the rest of the glue, through his own work" (Ross 1994: 515).

Pascal Lamy, Absolvent der Ecole Nationale d'Administration, wird als ein nüchterner, teilweise roher und aggressiver "workoholic" beschrieben, der an sechs Tagen in der Woche bis zu 13 Stunden am Tag arbeitete (Grant 1994: 98f.). Gleichzeitig wurde er als ein "außergewöhnlicher Mensch" bezeichnet, der sowohl "Organisationstalent" als auch "konzeptioneller Denker" war.[519] Der Umgang mit Lamy war nicht immer einfach und er hatte "Feinde" und "Bewunderer", "jedoch konnte man mit ihm auskommen".[520] Lamy wurde als "très proche de Delors" bezeichnet und als jemand "qui connaissait très bien la pensée de Delors".[521] Seine Stärke bestand darin, daß er das Kabinett in hervorragender Weise leitete und eine sehr gute Aufgabenteilung zwischen den Kabinettsmitgliedern vornahm. Eine weitere Stärke Lamy's war es, schnell und effizient zu arbeiten und die verschiedenen Aufgaben, die das Delors-Kabinett zu erledigen hatte, an die anderen Kabinettsmitglieder zu delegieren. Sein straffer Führungsstil führte aber auch dazu, daß innerhalb des Kabinetts eine klare Hierarchie herrschte und — im Kontrast etwa zum Kabinett Leon Brittans — sich kein echter Teamgeist entwickeln konnte (Grant 1994: 98). Als echte Teamarbeit war die Tätigkeit im Kabinett auch wenig geeignet, da jedes Mitglied des Kabinetts ein eigenes Dossier bearbeitete und "jeder viel zu viel zu tun hatte", um kollektive Arbeitsstrukturen zu nutzen und um eine ausreichende Kommunikation pflegen zu können. Im Laufe der Zeit setzte sich zur Verbesserung des Informationsflusses lediglich durch, daß alle Mitglieder des Kabinetts die von den Kolleginnen und Kollegen erstellten "Papiere" in Kopie erhielten.[522] Die Kommuni-

---

[518] Hinweis von François Lamoureux im Gespräch mit dem Verf. am 17.12.1996.

[519] Bernhard Zepter im Gespräch mit dem Verf. am 10.12.1996.

[520] Persönliche Anmerkung von Johannes Dohmes im Gespräch mit der Verf. am 12.11.1996.

[521] François Lamoureux im Gespräch mit dem Verf. am 17.12.1996.

[522] Hinweis von Bernhard Zepter im Gespräch mit dem Verf. am 10.12.1996.

kation fand im wesentlichen mit bzw. über Pascal Lamy statt und in bi- und trilateralen *ad hoc* Sitzungen der Kabinettsmitglieder, die gemeinsam an einem bestimmten Dossier arbeiteten und die in einem solchen sachbezogenen Kontext die notwendigen Absprachen vornahmen. Im Gegensatz dazu war jedoch auch zu beobachten, daß der große Druck und das gemeinsame Arbeiten an einem als "höher" empfundenen Ziel dazu führte, daß sich eine "gewisse Teamstimmung" entwickeln konnte.[523] Im Sinne Haurious entwickelte sich eine "Gemeinsamkeitsbekundung", die durch das gemeinsame Ziel der Realisierung der "Leitidee" erreicht wurde.[524] Die Teamstimmung wurde verstärkt durch die inhaltliche Verzahnung der einzelnen Dossiers, die zu einer gegenseitigen Abhängigkeit der Kabinettsmitglieder bei der Verwirklichung des gemeinsamen Ziels führte und eine Art von Zusammengehörigkeitsgefühl schuf. Aus dieser Perspektive wurde an anderer Stelle festgestellt, daß — zumindest in Ansätzen — "... the success of the total strategy created a 'team'" (Ross 1994: 517).

Der dennoch insgesamt vergleichsweise schwach ausgebildete Teamgeist reichte dabei nicht immer aus, die große Arbeitsbelastung und den sachlichen, vor allem an der Aufgabe orientierten Umgang im Delors-Kabinett zu kompensieren. Dies führte einerseits dazu, daß verschiedene Mitglieder des Kabinetts ihre Stellung bald aufgaben und die Fluktuation im Kabinett Delors' groß war.[525] Andererseits führte die harte Arbeit dazu, daß die Mitglieder des Delors-Kabinetts in den verschiedenen Sitzungen mit den anderen Kabinetten und den Diensten den auf sie ausgeübten Druck "nach außen" weitergaben und dadurch auch die Dienste in den Generaldirektionen den straffen Führungsstil zu spüren bekamen. Die gute Organisation und das zielgerichtete Vorgehen des Delors-Kabinetts trugen dazu bei, die recht schwach ausgebildeten formalen Rechte des Kommissionspräsidenten zu kompensieren und dem Präsidenten eine über die formalen Bestimmungen hinausgehenden Machtposition zu verschaffen.

Hinzu kam, daß das Kabinett Delors' im Laufe der Zeit eine Stärkung "von außen" erhielt, die unmittelbar mit der politischen Unterstützung des Kommissionspräsidenten durch den Europäischen Rat zusammenhing: Als in Folge der erfolgreichen ersten Jahre der Kommissionspräsidentschaft Delors' auf dem Gipfel in Hannover im Juni 1988 beschlossen wurde, das Mandat Delors' zu verlängern, gewann auch das Kabinett Delors' an Gewicht. Zwei Aspekte waren

---

[523] Hinwies von Jérôme Vignon im Gespräch mit dem Verf. am 13.1.1997.

[524] Vgl. oben Teil I, Kapitel 3.1.1.

[525] So wechselte beispielsweise der Deutsche Nikolaus van der Pas nach einem Jahr in die GD I (und später unter Santer in den Dienst des Sprechers) und sein Landsmann Karl Falkenberg blieb nur acht Monate im Delors-Kabinett; nur wenige blieben länger als zwei bis drei Jahre im Kabinett von Delors; Information von Bernhard Zepter im Gespräch mit dem Verf. am 12.11.1996.

hierfür verantwortlich: Erstens wurde durch die frühe Festlegung der Wiederernennung Delors′ verhindert, daß das letzte Jahr seiner Präsidentschaft — so wie dies bei seinen Vorgängern größtenteils der Fall gewesen war — ein "schwaches" Amtsjahr wurde. Zweitens erfuhren Delors und sein Kabinett eine Aufwertung gegenüber den anderen Kommissaren und ihren Kabinetten, deren Mandat sich dem Ende neigte bzw. deren Mandatsverlängerung noch offen war. Ein enger Mitarbeiter von Delors umschrieb dieses Phänomen zusammengefaßt wie folgt: "Nous avons eu du temps ... et ça plaçait le cabinet dans une position forte".[526]

Die Ernennung zum Mitglied des Präsidentenkabinetts — und dies traf im Prinzip auf alle Kabinette zu — erfolgte *ad personam,* d.h. der Kommissionspräsident bzw. jeder andere Kommissar wählte geeignete, ihm (politisch) nahestehende "Vertraute" aus, die für die Dauer seiner Amtszeit seine persönlichen Mitarbeiter wurden. Das Kabinett Delors′ bestand im Mai 1993 insgesamt aus elf Mitarbeiterinnen und Mitarbeiter und war damit etwas umfangreicher als die Kabinette der übrigen Kommissare, die zwischen sechs und acht Mitglieder aufwiesen.[527] Bei den Mitgliedern des Kabinetts handelte es sich durchweg um "des gens très forts", d.h. um Leute, die über eine hervorragende Qualifizierung und über eine entsprechende einschlägige Berufserfahrung verfügten.[528] Delors achtete bei der Zusammensetzung ferner darauf, daß mindestens zwei Nicht-Franzosen im Kabinett vertreten waren. Das Delors-Kabinett war, spiegelbildlich zur Aufteilung des Verwaltungsapparats der Kommission, in spezifische Aufgabengebiete gegliedert. Mit Ausnahme des Kabinettchefs, dem die Koordination oblag, hatte jedes der Kabinettsmitglieder einen fest umrissenen Zuständigkeitsbereich (vgl. Übersicht 1). Aus der Übersicht ist zu erkennen, daß es sich um durchweg umfangreiche Dossiers handelte, die von den einzelnen Kabinettsmitgliedern betreut wurden. Oftmals kamen zu diesen Aufgabenbereichen noch "besondere Aufgaben" hinzu, die sich *ad hoc* aus dem politischen Kontext ergaben und für deren Bearbeitung ein Kabinettsmitglied unmittelbar geeignet war bzw. die in den Arbeitsschwerpunkt eines Kabinettsmitglieds fielen. So war beispielsweise Bernhard Zepter für die Beziehungen des Präsidenten zu Deutschland zuständig und betreute nach dem Fall der Mauer das Dossier der Integration der neuen Bundesländer in die EG.[529] François Lamoureux, der für den Juristischen Dienst und institutionelle Angelegenheiten zuständig war, betreute die Verhandlungen über den Maastrichter Vertrag und war einer der persönlichen Beauftragten Delors′ in diesen Verhandlungen. Fabrice Fries hatte die besondere Aufgabe, vor allem Reden für den

---

[526] François Lamoureux im Gespräch mit dem Verf. am 17.12 1996 und 13.1.1997.
[527] Die Angaben beziehen sich nur auf die Kabinettsmitglieder des höheren Dienstes.
[528] François Lamoureux im Gespräch mit dem Verf. am 17.12 1996.
[529] Bernhard Zepter im Gespräch mit dem Verf. am 12.11.1996.

Übersicht 1: Das Kabinett von Kommissionspräsident Delors
nach dem Stand vom 15. Mai 1993

| Name | Zuständigkeit |
|---|---|
| Pascal Lamy (F) | Kabinettchef, allgemeine Koordination, persönlicher Vertreter des Präsidenten bei der Vorbereitung der Weltwirtschaftsgipfel, Generalsekretariat, Dienst des Sprechers, Gruppe für prospektive Analysen |
| Jean-Pierre Jouyet (F) | stellv. Kabinettchef, Haushalt, Finanzkontrolle, Betrugsbekämpfung, Rechnungshof, Generalinspektion der Dienststellen, Forschung, Technologie, Industriepolitik, Koordination der Strukturpolitiken, Personal, Verwaltung, Übersetzung, Gemeinsamer Dolmetscher-Konferenzdienst (zus. mit M. Magnier) |
| Christopher Boyd (GB) | wirtschaftliche, finanzielle und monetäre Angelegenheiten (auf gemeinschaftlicher und multilateraler Ebene), Kredite und Investitionen, Europäische Investitionsbank, Finanzinstitutionen, Statistisches Amt |
| Jean-Luc Demarty (F) | Landwirtschaft und ländliche Entwicklung (Ziel-5 Gebiete), Energie, Fischerei |
| Fabrice Fries (F) | Transport, Entwicklungspolitik und Nord-Süd Beziehungen, bilaterale Außenbeziehungen (Ressort M. Marín) |
| Michel Magnier (F) | Ziel-1 und Ziel-2 Gebiete, Verwaltung des Kabinetts, Reisen und Protokoll, Sicherheitsbüro (zus. mit P. Lamy) |
| Michel Petite (F) | Binnenmarkt und Raum ohne Grenzen, Steuern, Zollunion, Erweiterung, institutionelle und juristische Fragen, Unternehmenskonzentrationen und Absprachen |
| Geneviève Pons (F) | Umwelt, Wettbewerb (staatliche Beihilfen), Anwendung des Gemeinschaftsrechts (Vertragsverletzungen) |
| Patrick Venturini (F) | soziale Angelegenheiten, Immigration, Bildung, Ziel-3 und Ziel-4 Gebiete, kleine und mittlere Unternehmen, audiovisuelle Angelegenheiten, Verbraucherpolitik |

| | |
|---|---|
| Christine Verger (F) | Europäisches Parlament, Wirtschafts- und Sozialausschuß, Information, Kommunikation, Kultur, Amt für amtliche Veröffentlichungen, sog. "affaires réservées" (d.h. Beziehungen zur *Parti Socialiste*) |
| Bernhard Zepter (D) | Gemeinsame Außen- und Sicherheitspolitik (zus. mit P. Lamy), Handelspolitik, bilaterale Außenbeziehungen (Ressort L. Brittan) |

Quelle: internes Dokument der Kommission.
Anmerkung: Die Angaben in Klammern hinter dem Namen geben die Nationalität an.

---

Präsidenten zu schreiben; der Arbeitsbereich von Christine Verger umfaßte zusätzlich die sog. "affaires réservées", d.h. die Beziehungen zur *Parti Socialiste*; und Michel Magnier hatte die Funktion eines "Kanzlers" und war für alle organisatorischen Dinge und die Planung von Reisen zuständig. Das Kabinett traf sich zusammen mit dem Kommissionspräsidenten ein Mal pro Woche donnerstags zum Essen, um die anstehenden Termine und die wichtigsten Vorkommnisse zu besprechen. Ansonsten gab es keine regelmäßigen Zusammenkünfte des gesamten Kabinetts; lediglich politische Grundsatzprobleme wurden in einem größeren Kreis zusammen mit Delors diskutiert.[530]

Bei der täglichen Zusammenarbeit mit den Diensten und den anderen Kabinetten bestand das besondere verfahrensmäßige Vorrecht eines Mitglieds des Kabinetts des Präsidenten darin, daß er oder sie die sog. "special chef meetings", d.h. die "besonderen Kabinettchefsitzungen", einberief, dabei Ort, Zeitpunkt und Tagesordnung festlegen konnte und den Vorsitz bei diesen Sitzungen innehatte. Bei den "special chef meetings" handelte es sich um die Arbeitstreffen der zuständigen Fachleute aus den Kabinetten unterhalb der Ebene der Kabinettchefs, an denen nach Bedarf auch Beamte aus den Diensten teilnehmen konnte, wenn sie an der Vorbereitung und operativen Umsetzung einer Angelegenheit beteiligt waren und ihre Teilnahme erwünscht wurde. Innerhalb des Delors-Kabinetts wurden die besonderen Kabinettchefsitzungen in bilateralen Treffen der zuständigen Kabinettsmitglieder zusammen mit Lamy, und seltener auch Delors, sehr genau vorbereitet; gegebenenfalls wurden andere Kabinettsmitglieder, die davon unmittelbar betroffen waren, hinzugezogen. Besondere Teamsitzungen in einem größeren Rahmen fanden im Delors-Kabinett zu diesem Zweck nicht statt. Die besonderen

---

[530] Bernhard Zepter im Gespräch mit dem Verf. am 12.11.1996.

Kabinettchefsitzungen fanden sehr häufig und — je nach Angelegenheit — mit unterschiedlicher Besetzung statt: "Man holte sich die Leute zusammen, die man brauchte, um ein Problem zu lösen".[531] Die Ergebnisse dieser Treffen wurden dann zur Umsetzung in den normalen Verwaltungsablauf eingebracht, d.h. es wurde, nachdem die (politische) Leitlinie vereinbart worden war, die normale Hierarchie der Verwaltung genutzt, um eine Policyinitiative vorzubereiten. Danach arbeitete die zuständige Generaldirektion in Absprache mit den anderen beteiligten Generaldirektionen eine Vorlage aus, die zu einem späteren Zeitpunkt wieder in den "besonderen Kabinettchefsitzungen" bzw. den "normalen" Sitzungen der Kabinettchefs beraten wurde. Dabei war es für den "einfachen" Beamten — bei denen es sich vielfach auch um hohe Beamte aus den Diensten handelte — ein gewisses Privileg, vom Kabinett des Präsidenten zu einer Sitzung einberufen zu werden. Die Kabinettsmitglieder und Beamten, die an den Treffen der "special chefs" teilnahmen, gehörten gewissermaßen zum "inner circle" und trugen damit auch eine "besondere Verantwortung". Die Motivation, die sich damit für den einzelnen "einfachen" Beamten verband und die Aufwertung, die er dadurch erfuhr, darf nicht unterschätzt werden und mag erklären warum — zumindest teilweise — die eigenmächtige Vorgehensweise des Delors-Kabinetts von seiten der Dienste lange Zeit geduldet wurde. Die "normalen" Verfahren und Koordinationsmechanismen konnten durch das Kabinett Delors' auch deshalb umgangen werden, weil es auf seinen "Erfolg" bzw. auf den der Kommission insgesamt verweisen konnte. An anderer Stelle heißt es hierzu treffend: "The effect of Commission success ... was central in allowing the Delors strategy and Cabinet to demand an exceptional mobilization of internal resources ... (Ross 1994: 523). Hinzu kam, daß der "Erfolg" der Delors-Strategie innerhalb der Kommission eine Art von "Komplizenschaft" entstehen ließ. Selbst wenn das Kabinett des Präsidenten einen rüden Umgang pflegte und teilweise seine Kompetenzen überschritt, so wurde es dennoch von den anderen Kabinetten und den Diensten toleriert, da

[531] Bernhard Zepter im Gespräch mit dem Verf. am 12.11.1996. Zepter nannte in diesem Zusammenhang das folgende Beispiel: Nach dem Umbruch in Mittel- und Osteuropa wurde in der Presse über die dramatischen Zustände in Waisenhäuser in Rumänien berichtet, in denen Kinder unter den schlimmsten Bedingungen leben mußten. Delors regte innerhalb des Kollegiums an, rasch Hilfe zu leisten. Das Kabinett Delors' berief daraufhin eine *ad hoc* Sitzung ein, an der Fachleute aus den Generaldirektionen und den anderen Kabinetten teilnahmen: ein Mitglied des Kabinetts des Kommissars zuständig für den Haushalt, ein Beamter der GD I, ein Mitglied des Kabinetts des Kommissars, der für humanitäre Hilfe zuständig war sowie der für Finanzfragen zuständige Kollege aus dem Kabinett Delors' u.a. Für diese Art der *ad hoc* Sitzungen gab es keine festen Regeln. Da im genannten Falle die Angelegenheit nicht recht voran ging und technische Probleme die Hilfsaktion verzögerten, machte das Kabinett des Präsidenten großen Druck und übernahm schließlich die Initiative.

am Ende eine "erfolgreiche Politik" gewährleistet war.[532] Die Kehrseite davon war, daß durch die Vorgehensweise des Delors-Kabinetts die Eitelkeiten anderer Kommissare und ihrer Kabinette geweckt wurden. Gleichwohl hatte das Kabinett des Präsidenten im Laufe der Delors-Ära ein "standing" erworben, das es nahezu unmöglich machte, es zu bremsen bzw. es mit "normalen Mitteln" in die Schranken zu verweisen. Das Kabinett Delors′ stellte für die anderen Kabinette eine Art von "Hindernis" dar, das es zu überwinden galt, um eine Vorlage durchzubringen: "Auf dem Weg zum Erfolg mußte man über das Delors-Kabinett hinweg, ... es war wie eine Hürde, die zu nehmen war".[533]

Das besondere Charakteristikum der Arbeitsweise des Delors-Kabinetts war, daß seine Aufgabe im wesentlichen darin bestand, die von Delors vorgegebenen Ideen und Strategien innerhalb der Verwaltung und gegenüber den anderen Kommissaren durchzusetzen: "Man wandte sich an das Kabinett eines anderen Kommissars oder nahm informell Kontakt mit den zuständigen Diensten auf".[534] Der Vorteil bei dieser Vorgehensweise war, daß die Ausarbeitung von Vorlagen unmittelbar gesteuert werden konnte und es zu keinen "Überraschungen" kam: "Delors ist es selten passiert, daß er Dinge wegen einer schlechten Vorbereitung im Kommissionskollegium nicht durchdrücken konnte".[535] Die Mitglieder des Delors-Kabinetts nahmen frühzeitig Kontakt mit den zuständigen Mitgliedern der anderen Kabinette auf und trafen dabei Absprachen hinsichtlich der weiteren Behandlung der Vorlagen auf der Ebene der Kabinettchefs bzw. der Kommissare. Diese Art der präzisen Vorbereitung und der Suche nach "Alliierten" wurde von seiten des Delors-Kabinetts sehr intensiv betrieben. Dabei wurde auch von den normalen Regeln und Gepflogenheiten abgewichen. War etwa ein Mitglied der Kommission nicht bereit, auf die von Delors vorgegebene Linie einzuschwenken, arbeitete das Kabinett Delors′ direkt mit der zuständigen Generaldirektion zusammen, unter Umgehung des zuständigen Kommissars bzw. seines Kabinetts (Grant 1994: 99). Ein ehemaliger Mitarbeiter von Delors bewertete dieses Vorgehen wie folgt: "Wir haben die anderen Kabinette nicht immer gut behandelt ... aber wir waren auch für die anderen Kabinette und Kommissare wertvoll".[536] Gemeint war damit, daß es für die Umgehung der anderen Kabinette auch praktische Gründe gab, die darauf hindeuteten, daß es sich um keine systematische

---

[532] Dabei war das Kabinett des Präsidenten klug genug, den übergangenen Diensten den "Erfolg", der sich mit einer durchgeführten Maßnahme einstellte, weitgehend zu überlassen und seine eigene Tätigkeit eher in den Hintergrund zu stellen; das Kabinett bewahrte in dieser Hinsicht völlige Diskretion (Ross 1994: 521).

[533] Johannes Dohmes im Gespräch mit dem Verf. am 12.11.1996.

[534] Bernhard Zepter im Gespräch mit dem Verf. am 12.11.1996.

[535] Ebd.

[536] Jérôme Vignon im Gespräch mit dem Verf. am 13.1.1997.

Mißachtung ihrer Positionen handelte. Viele Vorlagen waren eilig und die Konsultierung aller zuständigen Kabinette war aus Zeitgründen oft nicht möglich bzw. die zuständigen Mitglieder der anderen Kabinette waren schlicht nicht erreichbar: "Es war keine Absicht, die anderen Kabinette zu umgehen, jedoch zwang uns manchmal die rasche Umsetzung einer Vorlage dazu ... bei wichtigen politischen Dingen wurden die anderen Kabinette informiert".[537] Das Delors-Kabinett konnte — zumindest in einzelnen Angelegenheiten — sehr eigenmächtig vorgehen, ohne dabei gleichwohl die anderen Kabinette systematisch zu umgehen. Ein ehemaliges Mitglied des Kabinetts von Delors rechtfertigte dies, auf den Punkt gebracht, wie folgt: "Wir waren machmal etwas rüde — aber der Laden lief".[538]

Wie "rüde" das Vorgehen sein konnte und daß davon auch wichtige Angelegenheiten betroffen sein konnten, wurde an anderer Stelle an Hand einiger Beispiele ausgeführt: Bei der Ausarbeitung des Entwurfs zur Wirtschafts- und Währungsunion vom Dezember 1991 und des Kommissionspapiers über Wachstum, Wettbewerbsfähigkeit und Beschäftigung, das Delors auf dem Gipfel in Kopenhagen im Juni 1993 präsentierte, wurden die anderen Kommissare nicht konsultiert (Grant 1994: 105). Bei einer Auseinandersetzung mit dem Kabinett Leon Brittans hinsichtlich der Anwendung von Beurteilungskriterien in der Wettbewerbs- und Regionalpolitik wurde offensichtlich, daß das Protokoll der maßgeblichen Kommissionssitzung im Nachhinein abgeändert worden war. Wenngleich von seiten Lamys abgestritten wurde, daß das Protokoll vom Kabinett Delors′ im Nachhinein umgeschrieben worden war, so deutete die Äußerung von ihm "that in an efficient system of government the minutes have to be 'managed'" (Grant 1994: 103) darauf hin, daß dies zumindest nicht ausgeschlossen war. Ferner wurde berichtet, daß Lamy in einem anderen Zusammenhang einen Abgesandten des Kabinetts zum Europäischen Parlament in Brüssel schickte, um darauf hinzuwirken, daß eine Rede Delors′ an einer bestimmten Stelle in den Protokollen des Europäischen Parlaments abgeändert wurde (Grant 1994: 104). Selbst wenn diese Fälle Einzelbeispiele darstellten, war es vor diesem Hintergrund nicht verwunderlich, daß die Gegner Delors′ dessen Kabinett auch als die "Delors Mafia"[539] (ebd.) bezeichneten.

Hinsichtlich der Zusammenarbeit mit der Verwaltung reagierte das Delors-Kabinett implizit auf ein Spannungsverhältnis, das in der Kommission zwischen den Kabinetten und den Diensten bestand. Das Spannungsverhältnis rührte daher,

---

[537] Bernhard Zepter im Gespräch mit dem Verf. am 10.12.1996.
[538] Bernhard Zepter im Gespräch mit dem Verf. am 12.11.1996.
[539] Diese Bezeichnung wurde von Johannes Dohmes im Gespräch mit dem Verf. am 12.11.1996 bestätigt.

daß die Generaldirektoren es ablehnten, daß von seiten der Kabinette in die Dienste "hineinregiert" wurde. Im Kontrast hierzu bestand innerhalb der Dienste eine gewisse "Erwartungshaltung" bezüglich einem ausreichenden Maß an politischer Führung.[540] Das Delors-Kabinett orientierte sich vor allem an diesem zweiten Aspekt und richtete danach seine eigene Rolle aus. Dabei versuchte es, eine "Scharnierfunktion" einzunehmen, um die Ideen und Strategien Delors' in die Dienste "hineinzutragen" und mit Hilfe der Verwaltung umzusetzen. Das Kabinett Delors' nutzte diese Scharnierfunktion sehr intensiv; vom Kabinett Delors' ging dabei nicht nur "politische Orientierung" aus, sondern auch "inhaltliche Steuerung". Es bewirkte damit eine Mischung aus "Einflußnahme und politischer Führung", die dazu führte, daß es selbst zu einer "quasi-politischen Instanz" wurde.

Nach dem Ausscheiden von François Lamoureux im August 1991 und dem von Pascal Lamy im April 1994 verfolgte das Kabinett Delors' eine "gemäßigtere Politik" gegenüber den Diensten und den anderen Kommissionsmitgliedern. Neben der personellen Veränderung, die durch den Weggang von zwei langjährigen Kabinettsmitgliedern hervorgerufen wurde,[541] die das Kabinett durch einen eher straffen und hierarchisch orientierten Arbeits- und Führungsstil geprägt hatten, schienen darüber hinaus zwei weitere Gründe für die damit verbundene Lockerung maßgeblich zu sein: Erstens verblaßte Delors' Image — nicht zuletzt durch das gescheiterte erste Referendum in Dänemark — innerhalb und außerhalb der Kommission im Laufe des Jahres 1992, weil der bislang gewohnte "Erfolg" der Kommission ausblieb. Zweitens gewannen die neuen Mitglieder der Kommission, deren Amtszeit im Jahr 1993 begann, an Profil (Grant 1994: 115). Diese Entwicklung zielte auf eine Dezentralisierung der Machtverteilung ab und minderte die zentrale Stellung des Präsidenten und den "eisernen Zugriff" seines Kabinetts. Dies erhöhte gleichwohl nicht den Grad der Kollegialität unter den Kommissaren, sondern räumte Alleingängen von Kommissaren und dem Aufkommen von Kommissions-internem "empire-building"[542] (Gordon 1995) mehr Raum ein.

---

[540] Information von Johannes Dohmes im Gespräch mit dem Verf. am 12.11.1996.

[541] François Lamoureux und Pascal Lamy gehörten zu den wenigen Kabinettsmitgliedern, die seit 1985 dem Kabinett von Delors angehörten und über das erste Mandat Delors' hinaus auch im Kabinett blieben. Es kann davon ausgegangen werden, daß sie die Funktionsweise und das Erscheinungsbild des Delors-Kabinetts wesentlich geprägt haben.

[542] Dies war vor allem im Bereich der Außenbeziehungen zu beobachten und erhielt 1993 durch die Schaffung der neuen Generaldirektion IA eine neue Dimension. Die Einrichtung der GD IA war unter anderem durch die Ernennung des ehemaligen niederländischen Außenministers, Hans Van Den Broek, zum neuen EU-Außenkommissar notwendig geworden, der als neues "heavy-weight" in der Kommission mit einer eigenen Generaldirektion "versorgt" werden mußte. Neben der dadurch entstandenen Rivalität auf politischer Ebene mit dem für die

Die machtvolle Rolle, die das Kabinett Delors' spielte, wäre nicht möglich gewesen, ohne die Unterstützung durch ein "Netzwerk von Vertrauten", das sich durch das Einwirken des Kabinetts in die Verwaltungsdienste entwickelt hatte und das mit dem Kabinett loyal und vertrauensvoll zusammenarbeitete. Das Netzwerk erlaubte ein effizientes Vorgehen bei der Entscheidungsfindung innerhalb der Kommission und stellte eine Art von "early warning system" dar, um frühzeitig Probleme und Widerstände zu erkennen und um den Präsidenten über sensible Punkte auf dem laufenden zu halten. Das Netzwerk stellte dabei weniger eine innerhalb der Kommissionverwaltung bestehende "geheime Vereinigung" dar, sondern war vielmehr ein "Kommunikationsverbund", der es erlaubte, schnell und effizient Informationen auszutauschen. Es stellte ein notwendiges Mittel dar, um innerhalb eines komplexen Verwaltungsapparats effizient handeln zu können und um bürokratische Strukturen und Verfahren zu umgehen: "Solche komplexen Projekte wie der Abschluß der Uruguay-Runde wären ohne das Netzwerk nicht möglich gewesen ... es erlaubt ein effizientes Arbeiten und funktioniert auf Vertrauensbasis. Man braucht verläßliche Kollegen, die nicht gleich zur Presse laufen".[543]

Hinzu kam, daß von etwa 1987 an "Leute des Präsidenten" auf Schlüsselpositionen innerhalb der Kommission versetzt wurden und dadurch das Netzwerk ergänzt und stabilisiert wurde. Zwei von ihnen — Jérôme Vignon und Günther Burghardt, die beide dem Kabinett angehört hatten — konnten auch nach ihrem Weggang als "'Para-Cabinet' people" (Ross 1994: 504) bezeichnet werden, da sie weiterhin unmittelbar mit dem Kabinett des Präsidenten in Verbindung standen. Jérôme Vignon wurde im Jahr 1987 Leiter der neu eingerichteten "Gruppe der Berater", die später zur sog. *Cellule de Prospective* avancierte und dem Präsidenten als eine Art von persönlichem "think tank" direkt unterstellt war. Sie hatte unter anderem die Aufgabe, aus einer langfristigen Perspektive heraus "strukturelle Tendenzen" zu erkennen und die Kommission für neue Fragestellungen und Themen zu sensibilisieren. Zu diesem Zweck wurden vorausschauende Analysen durchgeführt; es wurden in der *Cellule* aber auch Reden für Delors geschrieben.[544] Günter Burghardt, ehemaliger stellvertretender Kabinettchef von Delors, wechselte 1989 zunächst ins Generalsekretariat und wurde 1993

---

Handelspolitik verantwortlichen Kommissar Leon Brittan, bei der es unter anderem um die Zuständigkeit für die politisch interessanten Beziehungen zu Mittel- und Osteuropa und um die Außenvertretungen der Kommission ging, entstanden auf administrativer Ebene zwischen der GD I und der GD IA Konkurrenzen und Konflikte, die dem Ansehen der Kommission insgesamt Schaden zufügten (Gordon 1995: 36ff.).

543 Bernhard Zepter im Gespräch mit dem Verf. am 10.12.1996.

544 Information von Thomas Jansen im Gespräch mit dem Verf. am 24.10.1995.

Generaldirektor der neu eingerichteten Generaldirektion IA, die sich fortan um die Außenpolitik der Gemeinschaft kümmerte.

Ein weiteres Beispiel, das in diesem Zusammenhang genannt wurde, ist die Ablösung des Leiters des Juristischen Dienstes, Claus-Dieter Ehlermann, durch den Franzosen Jean-Louis Dewost, der im Jahr 1987 diesen Posten übernahm.[545] Ehlermann blieb weiterhin an hoher Stelle tätig und wurde im September 1987 Sprecher der Kommission. In diesem Zusammenhang wurde an anderer Stelle darauf hingewiesen, daß durch diese personelle Umbesetzung der Juristische Dienst in der Folgezeit Delors die notwendigen Argumente lieferte, um Vorschläge von anderen Kommissaren, die dem Präsidenten mißfielen, abzulehnen (Grant 1994: 101). Diese Beobachtung hat sich im Rahmen der hier durchgeführten Untersuchung nicht bestätigt.[546] Vielmehr schien generell zuzutreffen, daß die direkte Unterstellung des Juristischen Dienstes unter den Kommissionspräsidenten eine enge Zusammenarbeit zwischen Delors und Dewost ermöglichte und daß dadurch generell ein intensiver Informations- und Meinungsaustausch stattfand. Hinzu kam, daß Delors durch sein Amt und seinen "Ideenreichtum" generell einen großen Einfluß auf die Generaldirektoren und die ihnen unterstellten Dienste ausübte. Delors traf regelmäßig einmal im Monat mit den Generaldirektoren der Kommission zusammen, um ihnen seine Vorstellungen mitzuteilen und um mit ihnen über anstehende Probleme und den Stand der Integration zu diskutieren.[547] Insofern waren die Karriereentwicklungen der "Vertrauten des Präsidenten" und die damit verbundene Aufrechterhaltung von Kontakten mit dem Kabinett des Präsidenten keine "Sondervorgänge", sondern standen in dem breiteren Zusammenhang des generellen Bemühens von Delors um mehr Reflexion und Diskussion innerhalb der Kommission.

Im Falle der Ablösung des Franzosen Emile Noël durch den Briten David Williamson als neuem Generalsekretär der Europäischen Kommission spielte nicht die nationale Verbundenheit eine Rolle, sondern vielmehr Williamsons Bereitschaft zur Zusammenarbeit mit Delors. Ein Kennzeichen der "Delors-Vertrauten" war daher weniger die französische Nationalität oder ihre Nähe zur Sozialdemokratie oder zum Katholizismus — wenngleich diese prägend für Delors waren[548] — als vielmehr ihre Kompetenz und das Vertrauen, das Delors

---

[545] In diesem Zusammenhang wird auch die Ansicht vertreten, daß Ehlermann vom Juristischen Dienst weg wollte und aus diesem Grund die Position des Generaldirektors des Juristischen Dienstes frei wurde.

[546] François Lamoureux hat im Gespräch mit dem Verf. am 17.12.1996 diese These von Grant vehement kritisiert.

[547] Information von François Lamoureux im Gespräch mit dem Verf. am 17.12.1996.

[548] Vgl. oben Teil III, Kapitel 1.1.2.

ihnen gegenüber pflegte. War dies erfüllt, war auch ein Aufstieg innerhalb der Kommission nicht auszuschließen: So wechselte etwa Michel Jacquot, ehemaliger Mitarbeiter im Kabinett Delors', 1989 in die GD VI (Landwirtschaft) und wurde dort Direktor der Direktion G, die für den Europäischen Ausrichtungs- und Garantiefonds für die Landwirtschaft zuständig war. Joly Dixon, der von 1987 bis 1992 dem Delors-Kabinett angehörte und hauptsächlich für die Wirtschafts- und Währungsunion zuständig war, wechselte in die GD II (Wirtschaft und Finanzen) und wurde dort Direktor der Direktion F, die für internationale Wirtschafts- und Finanzfragen zuständig war. Jean-Charles Leygues, ehemaliger stellvertretender Kabinettchef von Delors, wechselte 1993 in die GD XVI (Regionalpolitik) und übernahm dort die Leitung der Direktion A, die die Verantwortung für die Konzeption der europäischen Regionalpolitik hatte. Und im Jahr 1994 wurde die bisher im Delors-Kabinett für die Beziehungen zum Europäischen Parlament und zur *Parti Socialiste* zuständige Christine Verger Leiterin der Vertretung der Kommission in Paris; sie löste dort Jean-Michel Baer ab, der ebenfalls aus dem Kabinett Delors' kam und diesen Posten seit 1989 innegehabt hatte.

Dies sind nur einige wenige Beispiele für den Wechsel von ehemaligen Mitgliedern des Delors-Kabinetts in die Dienste der Kommission.[549] Es wäre eine verkürzte Sichtweise, das Kabinett Delors' lediglich als ein "Sprungbrett" zu verstehen für hohe Posten innerhalb der Kommission — dem vielfach kritisierten "parachutage" (Spence 1994: 75ff.). Bei der beschriebenen Entwicklung sollte nicht übersehen werden, daß es sich um Kabinettsmitglieder handelte, die "handpicked" waren, über eine hervorragende Qualifizierung verfügten und die in ihrem Fachgebiet — nicht zuletzt auch durch die Mitarbeit im Kabinett des Präsidenten — große Erfahrung gesammelt hatten, an denen die Dienststellen interessiert waren. Dennoch ist insgesamt der Eindruck nicht von der Hand zu weisen, daß durch den Wechsel von Kabinettsmitgliedern in die Dienste ein enges "Netz von Vertrauten" entstand, das den Zugriff des Kabinetts von Delors auf die Verwaltung erleichterte und daß zu einer Stärkung des "Machtapparats von Delors" beitrug. Inwieweit dies gezielt und systematisch betrieben wurde und inwieweit dabei Delors oder Lamy selbst Einfluß nahmen auf eine ihnen genehme "Personalpolitik", kann dabei weder nachgewiesen noch vollkommen ausgeschlossen werden.

Die Pflege und der Ausbau des Netzwerks und die Nutzung informeller Informationskanäle und Entscheidungsmechanismen führte zunächst dazu, daß die

[549] Daneben gibt es auch Beispiele von Kabinettsmitgliedern, die aus den Diensten der Kommission ausgeschieden sind; so nahm etwa Pascal Lamy nach seinem Ausscheiden aus dem Delors-Kabinett einen hohen Posten in der französischen Bank *Crédit Lyonnais* in Paris an und Bernhard Zepter kehrte ins Auswärtige Amt nach Bonn zurück.

Macht des Kommissionspräsidenten gefestigt wurde. Im Laufe der zweiten und der dritten, verkürzten, Amtszeit Delors′ trat dann aber ein "Abnutzungseffekt" ein, der aus einer Mischung von Frustration — vor allem von seiten der vom Netzwerk ausgeschlossenen Beamten und Kommissare herrührte — und Erfolglosigkeit entstand. Das dänische "Nein" zum Vertrag über die Europäische Union, die Krise auf dem Balkan — wenngleich die Kommission hier Bemühungen unternommen hatte, um eine friedliche Lösung zu erreichen, aber ihr mangels Kompetenz weitgehend die Hände gebunden waren[550] — und die einsetzende Verschlechterung der wirtschaftlichen Lage ab Mitte 1992 konnten von Delors, seinem Kabinett und dem mit ihm verbundenen Netzwerk nicht abgewendet werden. Gleichzeitig setzte sich der Eindruck durch, daß das Netzwerk eher dazu beigetragen hatte, die Strukturen der Kommission zu verfestigen, die Flexibilität zu unterbinden und notwendige Reformen des Verwaltungsapparats aufzuschieben, als die kritische Entwicklung innerhalb der Gemeinschaft/Union aufzugreifen und abzufedern. Das Netzwerk hatte dazu geführt, daß im Laufe der Delors-Ära die Kabinette — und hier vor allem das Delors-Kabinett — und das Generalsekretariat gestärkt worden waren und die Generaldirektoren und die ihnen unterstellten Dienste an Einfluß verloren hatten.[551] Die Folge dieser Entwicklung war, daß ab 1992, als der bis *dato* vorzuweisende Erfolg des Delors-Systems zu verblassen begann, die Frustration und die schlechte Stimmung innerhalb der Kommissionsverwaltung anstiegen. Um mit Hauriou zu sprechen war die nachlassende Gemeinsamkeitsbekundung innerhalb der Kommission auf die ungenügende Realisierung des zu "schaffenden Werks", d.h. die mangelhaft gewordene Umsetzung der Leitidee, zurückzuführen.[552]

In einem internen Bericht, der im Auftrag der Kommission von einem ehemaligen hohen Beamten der GD IX (Personal und Verwaltung) erstellt worden war, wurde in diesem Zusammenhang eine "crise d′identité" (Petit-Laurent 1994: 12ff.)[553] innerhalb der Kommissionsverwaltung festgestellt und diesbezüglich weiter ausgeführt: "... au cours des dix dernières années la dynamique communautaire initiée par l′Acte unique a largement estompé les problèmes de gestion domestique, en mettant l′accent sur les priorités politiques d′une administration de mission" (ebd.: 18). Der Bericht plädierte unter anderem dafür, die Rolle der

---

550 So wurden 1991 mehrere Troika-Missionen nach Jugoslawien durchgeführt, an denen auch die Kommission beteiligt war; ferner arbeitete die Kommission Vorschläge über wirtschaftliche und finanzielle Maßnahmen der Gemeinschaft aus, um die Konfliktparteien zur Einhaltung der Waffenstillstandsabkommen zu bewegen (Delors 10.8.1992: 2; Regelsberger 1992: 235).

551 Hinweis von Adriaan van der Meer, Generalsekretariat der Kommission, im Gespräch mit dem Verf. am 27.1.1994.

552 Vgl. oben Teil I, Kapitel 3.1.3.

553 Philippe Petit-Laurent war in der Delors-Ära unter anderem Leiter der Direktion "Personal — Laufbahnen" und ab 1992 der Direktion "Personal" in der GD IX gewesen.

Generaldirektoren im internen Entscheidungsprozeß durch eine engere Zusammenarbeit mit den Kommissaren zu stärken, und die Koordination zwischen den Diensten zu verbessern, um dadurch die Zahl der sog. "besonderen" Kabinettchefsitzungen zu reduzieren. Ferner sollte die Rolle des Generalsekretariats auf eine "technische" Funktion zur Unterstützung der internen, vertikal wie horizontal ausgerichteten Koordinationsarbeit, begrenzt werden (ebd.: 35ff.). Das Kapitel in dem Bericht zur "Effizienz der Kommissionverwaltung" endete mit einem allgemeinen Ratschlag an den neuen Kommissionspräsidenten, der Delors nachfolgen würde. Dabei wurde auf die in der Delors-Ära angestaute interne Schwächung des Kollegiums und der Kommissionsdienste hingewiesen, die im Kern auf die fehlende Zusammengehörigkeit zurückgeführt wurde: "Une des premières responsabilités, peut-être parmi les plus importantes, du nouveau Président de la Commission, sera de veiller à restaurer des pratiques de convivialité qui semblent avoir disparu depuis longtemps au sein du Collège, et de réduire ainsi les sentiments de suspicion et de défiance, amplifiées à l'intérieur par les Cabinets et à l'extérieur par les médias, qui ont malheureusement trop souvent caractérisé les relations entre les Membres de la Commission au cours de la période récente" (ebd.: 38).

### 1.2.2 Das Verhältnis zu den anderen Kommissaren und Kabinetten

Hinsichtlich des Verhältnisses zwischen Delors und den anderen Kommissaren sind unterschiedliche Ansatzpunkte und Eindrücke erkennbar, die keinem einheitlichen Interpretationsschema folgen. In ihrer Summe vermitteln sie ein "Stimmungsbild" von der Zusammenarbeit zwischen den Kommissaren, das in unterschiedlichen Phasen der Delors-Ära mehr oder weniger ausgeprägt war. Drei grundlegende Beziehungsmuster lassen sich unterscheiden: die Anhängerschaft, die sporadische Profilierungssucht und die dauerhafte Konkurrenz.

Das Verhältnis zwischen Delors und den anderen Kommissaren wurde generell als "gut" bezeichnet. Ein Hauptgrund hierfür war, daß "jeder spürte, daß sich die Kommission im Aufwind befand".[554] Aus dem "Erfolg", der sich mit der Präsidentschaft Delors' verband, entwickelte sich unter den Kommissaren eine wechselnde, mehr oder weniger zahlreiche "Anhängerschaft" Delors'. So galt etwa Karel Van Miert als "Bewunderer" Delors', Karl-Heinz Narjes hatte im Zusammenhang mit der Binnenmarktidee großen Einfluß auf Delors und unterstützte ihn darin[555] und es wurde davon berichtet, daß Lorenzo Natali Delors sehr nahestand und durch seine Erfahrung und Autorität die Funktion des "Friedensstifters"

---

[554] Johannes Dohmes im Gespräch mit dem Verf. am 12.11.1996.
[555] Ebd.

innerhalb des Kollegiums innehatte (Grant 1994: 104). Auch der deutsche Kommissar Alois Pfeiffer kam mit Delors gut aus; dies ergab sich unter anderem daraus, daß der von Delors ins Leben gerufene Dialog mit den Sozialpartnern — in Anlehnung an das in Deutschland bekannte Modell der "konzertierten Aktion" — im wesentlichen auf Pfeiffer zurückging und von diesem Delors nahegelegt wurde.[556] Daneben bildeten sich verschiedene "Gespanne" zwischen Delors und anderen Kommissaren heraus, die jedoch keinen festen Beziehungsmustern unterlagen.[557] So gab es im Zusammenhang mit der Lancierung des Binnenmarktprogramms das Gespann Delors/Lord Cockfield; es gab das Gespann Delors/Sutherland, das zwar nicht immer reibungslos funktionierte und auch von Meinungsverschiedenheiten geprägt war, das aber in der Wettbewerbspolitik einen *modus vivendi* fand und dazu beitrug, daß die Kommission in diesem Bereich mehr Einfluß gewann, als in den meisten anderen Politikfeldern.

Im Jahr nach dem erfolgreichen Auftakt von 1985 hatte Delors mit der "sporadischen Profilierungssucht" einzelner Mitglieder des Kommissionskollegiums zu tun, die — zumindest vorübergehend — seine Autorität schmälerte. Der Autoritätsverlust hing damit zusammen, daß einzelne Kommissare dazu übergingen, ihm zu widersprechen und im neugebildeten Kommissionskollegium versuchten, ein eigenes Profil zu entwickeln: "der Niederländer Andriessen in der Agrar-, der Däne Christophersen in der Budgetpolitik, der Brite Lord Cockfield im Binnenmarktprogramm, der Franzose Cheysson mit großangelegten Strategiekonzepten gegenüber der Dritten Welt und der Belgier de Clercq im Getreidekonflikt mit den USA" (Thalmann 1987: 69). Symptomatisch für die "Profilierungssucht" der anderen Kommissare war, daß Delors in der Wettbewerbspolitik eine Abstimmungsniederlage hinnehmen mußte. Delors hatte — durchaus nachvollziehbar — dafür plädiert, die Arbeit der Kommission im Bereich Wettbewerb von Bagatellfällen zu entlasten und Staatsbeihilfen bis zu einer gewissen Mindesthöhe von der Ahndung durch die Kommission generell auszunehmen. Der für Wettbewerb zuständige Kommissar Peter Sutherland hatte einen Gegenvorschlag eingebracht, wonach die Wettbewerbsaufsicht der Kommission zu stärken sei und keine Präzendenzfälle zugelassen werden dürfen. Sutherland setzte sich schließlich mit der Mehrheit der Stimmen mit seinem Vorschlag durch (Thalmann 1987: 68).

Unabhängig von der Profilsuche einzelner Kommissare war, daß unter den Kommissaren in loser Form "ideologische" Gruppierungen bestanden. Dabei handelte es sich weniger um dauerhafte Formierungen, die sich selbst als solche so wahrnahmen, als vielmehr um "von außen" zu erkennende grobe Beziehungs-

---

[556] Information von Johannes Dohmes im Gespräch mit dem Verf. am 12.11.1996.

[557] Information von Bernhard Zepter im Gespräch mit dem Verf. am 12.11.1996.

muster, die gewissen Schwankungen unterlagen. So gab es die Gruppe der "Freihändler", die im wesentlichen aus den deutschen, niederländischen und britischen Kommissaren bestand.[558] Im Kontrast hierzu gab es die Gruppe der "Interventionisten", die vor allem von Kommissaren aus Frankreich, Belgien und den südlichen Mitgliedstaaten gebildet wurde.[559] Delors stand gewissermaßen zwischen diesen beiden Gruppen: Er wurde als "kein Interventionist" bezeichnet, sondern als ein Anhänger des "deutschen Modells der sozialen Marktwirtschaft", das für ihn Leitfunktion hatte. Das "britische Modell", wie es insbesondere von Thatcher propagiert wurde, lehnte er ab.[560]

Daneben gab es Reibungen mit Kommissaren, die eine Mischung aus Profilierung und gegensätzlicher "ideologischer" Ausrichtung darstellten. So war etwa Frans Andriessen mit Delors' Konzeption der Gemeinsamen Agrarpolitik häufig unzufrieden. Ein Grund hierfür war, daß die niederländischen Vorstellungen und die französischen Vorstellungen in der Agrarpolitik sehr unterschiedlich ausfielen.[561] Der für die Umweltpolitik zuständige Kommissar Carlo Ripa di Meana befürwortete ein schärferes Vorgehen der Kommission gegenüber den Mitgliedstaaten in umweltpolitischen Angelegenheiten als Delors. Die daraus resultierenden Meinungsverschiedenheiten rührten unter anderem aus der unterschiedlichen Einstellung gegenüber ökologischen Fragen her. Während Ripa di Meana als der "green man of Brussels" beschrieben wurde, der die Kommission im Juni 1992 verließ, um Umweltminister in Italien zu werden, stand Delors umweltpolitischen Fragen eher distanziert gegenüber: "Is Delors green? 'He makes an effort, but it's not his vocation,' ... he is not very concerned with animals and plants" (Grant 1994: 109). Wenngleich diese Beispiele durchaus Stoff für grundsätzlichere Meinungsverschiedenheiten zwischen Delors und einzelnen Kommissaren enthielten, entwickelten sich daraus keine wirklichen "Gegenkommissare", wie dies etwa unter Thorn der Fall gewesen war. Die Zusammenarbeit innerhalb des Kollegiums wurde dadurch nicht nachhaltig beeinflußt. Generell stellte die "Profilierungssucht" ein vorübergehendes Phänomen dar, aus dem sich keine dauerhafte Gegnerschaft zu Delors entwickelte. Auch bestanden keine festen Koalitionen unter den Kommissaren, die sich "für" oder "gegen" die Arbeit

---

[558] In diesem Zusammenhang wurden häufig Leon Brittan, Martin Bangemann und Frans Andriessen genannt; so etwa Bernhard Zepter im Gespräch mit dem Verf. am 12.11.1996 (vgl. auch Grant 1994: 162).

[559] Hier wurden nur selten konkrete Namen genannt; als "less fervently liberal" wurden u.a. Lorenzo Natali und Willy de Clercq bezeichnet (Grant 1994: 66); Bernhard Zepter nannte im Gespräch mit dem Verf. am 12.11.1996 keine konkreten Namen.

[560] Bernhard Zepter im Gespräch mit dem Verf. am 12.11.1996.

[561] Information von Johannes Dohmes im Gespräch mit dem Verf. am 12.11.1996.

Delors' aussprachen bzw. "für" oder "gegen" die von ihm eingebrachten Vorschläge stimmten.[562]

Problematischer für die Zusammenarbeit innerhalb der Kommission war, daß sich mehr oder weniger dauerhafte "Konkurrenzen" zwischen Delors und einigen Kommissaren entwickelten. So war etwa das Verhältnis zu Manuel Marín aufgrund dessen Persönlichkeit und dessen bedingungslosem Eintreten für die Interessen der südlichen Mitgliedstaaten eher schwierig. Auch das Verhältnis zu Claude Cheysson war eher getrübt. Bei letzterem spielte der Umstand eine Rolle, daß Cheysson, wie Delors, unter Mitterrand Minister gewesen war — er hatte den prestigeträchtigen Posten des Außenministers innegehabt — und 1985 dann nur "einfacher" Kommissar unter Delors wurde.[563] Hinzu kam, daß Cheysson das mit Abstrichen versehene Ressort der Nord-Süd Beziehungen der Gemeinschaft zugeteilt bekam. Dieses Ressort enthielt nicht den gewichtigen Posten des Lomé-Abkommens, für das Kommissar Natali verantwortlich wurde. Damit fiel Cheyssons Ressort weniger wichtig aus als in den 70er Jahren, als Cheysson schon einmal den Posten des Entwicklungshilfekommissars innegehabt hatte.[564] Die Beziehungen zu Henning Christophersen und zu Peter Schmidhuber waren durch Delors' eigenwilliges Vorgehen in der Finanz- und Haushaltspolitik grundsätzlich gestört. Christophersen und Schmidhuber waren in der ersten bzw. der zweiten Delors-Kommission jeweils für Haushalt und Finanzen zuständig. Das Konkurrenzverhältnis ergab sich vor allem daraus, daß die beiden großen Finanzpakete der Delors-Ära — das Delors-I und das Delors-II-Paket — im wesentlichen durch Delors initiiert wurden und Christophersen und Schmidhuber nur am Rande beteiligt waren.

Ähnlich entwickelte sich das Verhältnis zu dem für die Regionalpolitik zuständigen Kommissar Bruce Millan. Delors hatte in der Regionalpolitik eigene Vorstellungen und überließ dem zuständigen Kommissar nur einen geringen Handlungsspielraum. Als die Uruguay-Runde verhandelt wurde und die beiden Unterhändler — der Amerikaner Edward Madigan und der Ire Ray MacSharry — im November 1992 kurz vor einem Abschluß standen, nahm Delors — nicht zuletzt mit Blick auf den Schutz französischer Agrarinteressen — Einfluß auf seinen Kommissar und stoppte dadurch die im Gang befindliche Ausarbeitung eines Kompromisses (Grant 1994: 174f.). Die Verhandlungen wurden daraufhin unter-

---

562 Im Gegensatz zur "Davignon-Clique", die in der Thorn-Kommission eine feste Koalition darstellte und sich zum "Steuerzentrum" der Kommission entwickelt hatte (Thalmann 1987: 69).

563 Cheysson war unter anderem durch das Scheitern der französischen Politik im Tschad bei Mitterrand in Ungnade gefallen und wurde aus diesem Grund nach Brüssel "abgeschoben"; vgl. Die Welt v. 6.12.1984.

564 Cheysson war von 1973 bis 1981 Mitglied der Kommission gewesen.

brochen und erst wieder aufgenommen, nachdem die Mehrzahl der Mitgliedstaaten ihren Willen bekräftigt hatte, daß sie den Fortgang der Verhandlungen wünschten.[565] Inwieweit die Verhandlungspause maßgeblich auf Delors zurückging und von ihm zu verantworten war, ist umstritten. Fest scheint zu stehen, daß er unter den damaligen Bedingungen keinen Abschluß wollte.[566] Die anderen an den GATT-Verhandlungen beteiligten Kommissare kritisierten Delors; auch von seiten der Mitgliedstaaten und in der Presse wurde heftige Kritik an Delors laut.[567] In der Folge der zunächst gescheiterten GATT-Verhandlungen ließ Frans Andriessen im niederländischen Fernsehen verlauten, daß Delors' Ansichten nicht für die Kommission maßgeblich seien. Und Ray MacSharry gab im November 1992 zunächst seine Funktion als Chefunterhändler der Gemeinschaft auf: "He was resigning his responsibilities in the GATT talks because Delors had undermined the negotiations" (Grant 1994: 175). Auch hinsichtlich der EFTA-Erweiterung mischte sich Delors mit Unterstützung seines Kabinetts in die Dossiers der anderen Kommissare ein — insbesondere in die von Leon Brittan und Hans Van Den Broek —, als es in der Endphase darum ging, einen schwierigen Kompromiß unter Dach und Fach zu bringen.[568]

Wenngleich es sich bei diesen zuletzt genannten Fällen um durchaus gewichtige "Zusammenstöße" handelte, blieben es insgesamt betrachtet Einzelfälle. Dennoch ist unverkennbar, daß innerhalb der Kommission eine Tendenz zur Entwicklung einer institutionellen "Eigenlogik" vorhanden war,[569] die mehr oder weniger direkt von Delors und seinem Kabinett ausging, und die eine Verselbständigung bei der Umsetzung der Leitidee(n) der Kommission implizierte, die mit den inneren Strukturen der Kommission kollidierte. Zusammengefaßt kann festgehalten werden, daß das Verhältnis Delors' zu den anderen Kommissaren keinen festen Beziehungsmustern unterlag und — je nach Persönlichkeit und Zuständigkeitsbereich — von einem unterschiedlichen Grad der Anhängerschaft, der Profilierung oder der Konkurrenz geprägt war. Dort, wo ein Konkurrenzverhältnis bestand, leiste das "Delors-System" der Entwicklung einer "Eigenlogik" und damit der institutionellen Verselbständigung der Kommission Vorschub.

---

[565] Die Verhandlungen wurden daraufhin wieder aufgenommen und mündeten schließlich am 20.11.1992 in den Abschluß des sog. Blair-House Abkommens.

[566] Bernhard Zepter im Gespräch mit dem Verf. am 12.11.1996.

[567] Vgl. "Delors sous les fourches", in: L'Express v. 11.12.1992, S. 12.

[568] Information von Bernhard Zepter im Gespräch mit dem Verf. am 12.11.1996.

[569] Vgl. oben Teil I, Kapitel 2.2.2.

### 1.2.3 Bewertung

Die administrative Seite der Arbeit Delors', d.h. die Umsetzung seiner Ideen in die Praxis unter den Bedingungen komplexer Entscheidungsverfahren in einem hochdifferenzierten Verwaltungsapparat, war die Aufgabe seines Kabinetts, und hier insbesondere seines Kabinettchefs Pascal Lamy. Das Kabinett war das "Scharnier" zur Verwaltung und Lamy, als dessen Leiter, der zentrale Organisator der Strategien Delors'. Die Position des Kabinettchefs ist in den Verträgen nicht ausdrücklich erwähnt und er besitzt, abgesehen von der Teilnahme an den regelmäßig stattfindenden Sitzungen der Kabinettchefs, keine besonderen Vorrechte. Dennoch konnte Lamy seine Funktion sowohl nach "außen", d.h. gegenüber den anderen Kabinetten und den Diensten, als auch nach "innen", d.h. gegenüber den eigenen Kabinettsmitgliedern, stärken. Durch seine effiziente Arbeitsweise und den hierarchischen, teilweise auch harschen, Führungsstil verlieh Lamy seiner Funktion eine bisher nicht dagewesene Dynamik und Stärke. Das im wesentlichen vertikal strukturierte Kabinett, an dessen Spitze Delors stand und das von Lamy geleitet und koordiniert wurde, ließ keinen Platz für Teamarbeit. Gleichwohl entwickelte sich insofern ein Teamgeist, als die Ideen Delors' und die damit verbundenen Umsetzungsstrategien zu einer Art von "Zusammengehörigkeitsgefühl" führten, das aus der gemeinsamen Arbeit am "höheren Ziel" gespeist wurde. Hinzu kam der "Erfolg", auf den zumindest in der ersten Zeit der Delors-Ära die Mitgliedstaaten und die Wirtschafts- und Sozialpartnern positiv reagierten und der dadurch sowohl nach "innen" wie nach "außen" zusätzliche Ressourcen und Anhänger mobilisierte. Die Mitglieder des Präsidentenkabinetts wurden vom Denken und Vorgehen Delors' und Lamys "infiziert" und gaben den auf sie ausgeübten Druck "nach außen" an die anderen Kabinette und die Verwaltungsdienste weiter. Ein besonderes Instrument stellten hierfür die besonderen Kabinettchefsitzungen dar, deren Einberufungen und Tagesordnungen vom Kabinett Delors' bestimmt wurden und in denen die Mitglieder des Präsidentenkabinetts eine dominierende Rolle spielten.

Aus der Anzahl der Kabinettsmitglieder bzw. der Zusammensetzung des Kabinetts als solches, kann keine unmittelbare Stärkung der Rolle des Kommissionspräsidenten abgeleitet werden. Entscheidender war vielmehr die Art und Weise des Vorgehens des Kabinetts von Delors. Durch nicht-formalisierte Eingriffe in die Verwaltung und das Hinzuziehen von Beamten aus den Diensten gelang es, einen "inner circle" zu schaffen und ein "Netzwerk von Vertrauten" aufzubauen, die mit dem Kabinett Delors' eng zusammenarbeiteten. Auf diese Weise konnten schnell und unbürokratisch informelle Absprachen vorgenommen werden und es entstanden "Allianzen" mit Beamten in den Diensten bzw. mit anderen Kabinetten, die bei der Vorbereitung und Umsetzung der eigenen Strategien nützlich waren. Dabei wurde auch vor "ungewöhnlichen" Vorgehensweisen nicht zurückgeschreckt, wenn — verkürzt ausgedrückt — "der Zweck die Mittel heiligte."

Die Arbeitsweise der Mitglieder des Delors-Kabinetts bedeutete nicht nur den "Import" von französischen Verwaltungstraditionen nach Brüssel, sondern implizierte auch eine Änderung der Verwaltungsstruktur, die auf eine Zentralisierung der Macht hindeutete. An der Spitze einer "hierarchischen Pyramide" standen Delors, sein Kabinett, das Generalsekretariat und der Juristische Dienst und nur wenige Kommissare — wie etwa Leon Brittan — waren in der Lage, dieser Machtkonzentration entgegenzuwirken. Hinzu kamen drei weitere Elemente, die die Zentralisierung auf den Präsidenten maßgeblich unterstützten: Erstens der "Ideenreichtum" Delors', der innerhalb und außerhalb der Kommission "Anhänger" mobilisierte. Zweitens die recht frühe Entscheidung über eine zweites Mandat Delors', das dem Präsidenten und seinem Kabinett zusätzliches politisches Gewicht verlieh. Drittens die professionelle Arbeitsweise des Kabinetts von Delors, die zur Überlegenheit gegenüber den andere Kabinetten und den Dienststellen führte. Der Mangel an Kollegialität unter den Kommissaren war der "Preis" für die Rolle Delors' und die Vorgehensweise seines Kabinetts und führte dazu, daß vor allem in der zweiten und der dritten Präsidentschaft kein Teamgeist innerhalb des Kollegiums herrschte.

Die Zentralisierung und Machtanhäufung, die die Arbeitsweise des Delors-Kabinetts bewirkte, kann mit dem Argument des Effizienzgewinns rechtfertigt werden. Tatsächlich wird die Dauer des Entscheidungsfindungsprozesses beträchtlich erhöht, wenn eine Vielzahl von Akteuren — in diesem Fall die anderen 13, später 16, Kommissare — konsultiert werden. Es besteht die Gefahr, daß eine schnelle Reaktion auf aktuelle Problemstellungen nicht möglich ist bzw. daß am Ende des Konsultationsprozesses ein ursprünglich guter und kohärenter Vorschlag durch eine Vielzahl von Ansichten "verwässert" wird. Um ein effizientes Vorgehen gewährleisten zu können, mußte das Delors-Kabinett über ein Netzwerk verfügen, das eine Vielzahl von ständigen Kontaktstellen bot, und das es erlaubte, auf eine vertrauensvolle und unbürokratische Weise mit den anderen Kabinetten und den Diensten schnell in Verbindung zu treten. Das Netzwerk war somit Voraussetzung für effizientes Handeln und war ein Mittel, um bürokratische Verfahren und schwerfällige Strukturen zu umgehen. Hinzu kam, daß der "normale" Konsultationsprozeß der Kabinette und Dienste vor allem dazu diente, "im Innern" der Kommission die Zustimmung für ein Vorhaben zu erhalten; "nach außen" war ein derartiger Abstimmungsprozeß nur wenig geeignet, die Akzeptanz eines Vorhabens unter den Staats- und Regierungschefs oder in der Bevölkerung zu erhöhen. Von "außen" wurden — verkürzt ausgedrückt — "Ergebnisse" erwartet, die

die Kommission unter einen gewissen Erfolgsdruck setzten. Insofern war die Strategie Delors' und seines Kabinetts nur folgerichtig: Ziel war die effiziente Erarbeitung von "guten" Lösungsvorschlägen in einigen zentralen Themenbereichen — wie etwa im Bereich des Binnenmarkts oder später der Wirtschafts- und Währungsunion — und für deren Akzeptanz in der Öffentlichkeit zu werben. Die Herstellung von Akzeptenz "im Inneren" der Kommission war nach diesem Strategiekonzept sekundär und entsprechend gestaltete sich auch die Vorgehensweise des Kabinetts von Delors.

Im Kontrast hierzu kann die These vertreten werden, daß die Gemeinschaft zu Beginn der 90er Jahre Ziel öffentlicher Kritik wurde, die Teil einer generellen, auch auf nationaler Ebene spürbaren "Politikverdrossenheit" war. Delors wurde dabei zum "Symbol" für Versäumnisse und Fehler, die mit der Gemeinschaft als Ganzes in Verbindung gebracht wurden. Delors war sich darüber bewußt, daß die Gefahr bestand, ein zu elitäres und technokratisch erscheinendes Einigungswerk zu verfolgen, und daß daher über die Einbeziehung der Bürger nachgedacht werden mußte. Es gelang ihm im Laufe seiner zweiten Amtszeit jedoch nicht, den dazu notwendigen Dialog mit einer breiteren Öffentlichkeit zu führen. Ein Grund hierfür war sicherlich, daß "... Delors' Plädoyer, den 'Demokratisierungsprozeß ... voran(zu)treiben', wenig glaubwürdig [war], da er — in der französischen Verwaltung groß geworden — selbst das Image eines Technokraten mit preußischen Tugenden besitzt, das wenig geeignet scheint, einen 'Kreuzzug der Demokratie' in Europa zu führen" (Rometsch 1993b: 78). Vielmehr, so kann weiter argumentiert werden, ordnete sich Delors zunehmend den Wünschen der Regierungen der Mitgliedstaaten und der Wirtschaft unter, um die in Gang kommenden Regierungskonferenzen zur Wirtschafts- und Währungsunion und zur Politischen Union zu einem Erfolg zu führen. Er versäumte dabei, "den Bürger" für die Arbeit der Kommission zu gewinnen bzw. nach einer geeigneten "öffentlichen Absicherung" seiner Politik zu suchen. Zu dieser These paßt auch der Hinweis, daß das Kabinett Delors' gegen die in der Öffentlichkeit populäre Politik von Umweltkommissar Ripa di Meana intervenierte, der versucht hatte, durch neue Regulierungen der Gemeinschaft ein "grünes Image" zu verleihen und dabei nicht davor zurückgeschreckt war, Mitgliedstaaten vor dem EuGH zu verklagen. Ripa di Meana wurde bei seinem Vorhaben von Delors gebremst. Im Nachhinein kritisierte er Delors: "He aims his politics too much at governments and businessmen. When he was attacked as a scapegoat I told him to use environmental policy as a way of rallying the public behind him. But he didn't want to provoke the governments ... He's out of touch with popular gut-feelings and sympathies" (Grant 1994: 108).

Bei der Entwicklung des Delors-Kabinetts können aus dieser Perspektive zwei unterschiedliche Phasen unterschieden werden: Einerseits eine "Phase des Erfolgs", die von 1985 bis etwa 1990/91 andauerte und die bedingt durch das Binnenmarktprogramm, die EEA und das Delors-I-Paket eine Zeit der Kreativität und der klaren Zielvorstellungen darstellte. Andererseits eine "Phase des Rückschritts", die etwa ab 1990/91 einsetzte und die von Mißerfolgen und unterschiedlichen Aufgabenstellungen geprägt war. Diese Zweiphaseneinteilung stellt sicherlich eine grobe Vereinfachung dar und läßt weitgehend unberücksichtigt, daß auch in der zweiten Amtszeit Delors' einige wichtige Dossiers zum Abschluß gebrachten werden konnten — im Mai 1992 wurde der EWR-Vertrag unterzeichnet, auf dem Gipfel in Edinburgh im Dezember 1992 wurde das sog. Delors-II-Paket verabschiedet und im Dezember 1993 wurde die Uruguay Runde erfolgreich zu Ende gebracht — und die Kommission zur Behebung der Wirtschaftskrise ein neues Weißbuch zum Thema "Wachstum, Wettbewerbsfähigkeit, Beschäftigung" vorlegte. Gleichwohl wird hier die These vertreten, daß die Delors-Kommission trotz dieser unbestrittenen "Erfolge" bei den Regierungen der Mitgliedstaaten und den Wirtschafts- und Sozialpartnern nicht mehr den gleichen Rückhalt erfuhr, wie dies noch während der ersten Amtszeit der Delors-Kommission der Fall gewesen war. Die öffentliche Unterstützung, die der Kommission entgegengebracht wurde, nahm ab und die Kritik an Kommissionspräsident Delors wurde lauter: "... nach Jahren der Popularität [mußte] Jacques Delors zum ersten Mal eine wachsende Kritik an der Politik der von ihm geleiteten Behörde und an seiner Person hinnehmen [...]. Das Arbeitsprogramm der Kommission war in der Plenardebatte des Europäischen Parlaments im Februar 1993 heftig attackiert worden. Die Kritik richtete sich gegen die als unzureichend empfundenen Maßnahmen der Brüsseler Behörde im Bereich der Wirtschafts- und Sozialpolitik, und es wurde moniert, daß konkrete Antworten der Kommission zur Verbesserung von Demokratie und Transparenz in der Gemeinschaft fehlten" (Rometsch 1993b: 77).

Vor dem Hintergrund dieser Argumente und angesichts der weiteren Entwicklung innerhalb der Gemeinschaft/Union muß die Vorgehensweise des Kabinetts von Delors insgesamt kritisch bewertet werden. Der Vorwand des "Effizienzgewinns" bzw. des "Ideenreichtums" rechtfertigt eine Vielzahl von Mittel, um die Verwaltungsdienste an sich zu binden bzw. um sich gegenüber den anderen Kommissaren und ihren Kabinetten durchzusetzen. Kritisiert wird daher insbesondere, daß die Anwendung einer wenig demokratischen und nicht-formalisierten Entscheidungsfindung innerhalb der Kommission eine ausgeprägte Zentralisierung der Machtstrukturen bewirkte. Damit wurde zwar die Position des Kommissionspräsidenten gestärkt, jedoch bedeutete dies gleichzeitig ein Verlust an Expertise, Kollegialität und Zusammengehörigkeit, da nicht der gesamte Verwaltungsapparat einbezogen und genutzt wurde, sondern die Entscheidungsfindung sich im wesentlichen auf ein Netzwerk von loyalen Beamten und Mitarbeiter beschränkte. Dadurch wurde einer wachsenden Frustration innerhalb des Kommissionsapparats, aber auch außerhalb der Kommission in den Mitgliedstaaten, Vorschub geleistet, die sich als nachteilig für die Funktionsweise der Kommission erwies.

Insgesamt haben damit die in der Kommission vorhandenen Strukturen und die Art der Vorgehensweise Delors′ bzw. seines Kabinetts die oben beschriebene Entwicklung der "Eigenlogik" der Leitidee(n) der Kommission begünstigt.[570] Die Leitidee des "politischen Motors" erhielt von ihren "Anwendern" — d.h. im wesentlichen von Delors und seinem Kabinett — eine bestimmte Interpretation. Von ihnen gingen die wesentlichen Impulse aus und sie entwarfen die maßgeblichen Handlungsoptionen zur Umsetzung der Leitidee. Aufgrund ihrer Expertise und ihrer "bürokratischen Macht" setzte eine Verselbständigung des "Delors-Systems" ein, die die Funktionsweise der Kommission nachhaltig beeinflußte. Innerhalb der Kommission entstand ein "Partikularsystem", das den Zusammenhalt der Kommission untergrub und das unangreifbar war, solange es "Erfolge" vorweisen konnte. Mit dem Ausbleiben von Erfolgen mußte konsequenterweise auch die "Eigenlogik" des Delors-Systems bei der Umsetzung der Leitidee des "politischen Motors" zu ihrem Ende kommen bzw. die Leitidee der Kommission eine Neudefinition erhalten.

Als ein weiterer Indikator für die Funktionsweise der Kommission in der Ära Delors wird im folgenden die Entwicklung des Beamtenapparats untersucht.

## 2. Die Entwicklung des Beamtenapparats der Kommission

Die Zahl der Mitglieder des Kommissionskollegiums stieg zwischen 1985 und 1993[571] aufgrund der Erweiterung um Spanien und Portugal von 14 auf 17, d.h. um ca. 20 % an.[572] Demgegenüber wuchs die Zahl der Dauerplanstellen der Europäischen Kommission im gleichen Zeitraum von 10285 auf 14260 an und legte damit um ca. 40 % zu (vgl. Tabelle 1).[573] Die Zahl der Planstellen auf Zeit nahm von 475

---

570 Ebd.

571 Die im folgenden vorgenommene Untersuchung von Daten bezieht sich auf den Zeitraum 1985—1993, da die zweite Amtszeit Delors′ formal erst im Januar 1993 endete.

572 Von seiten Spaniens wurden Manuel Marín und Abel Matutes ernannt und von seiten Portugals António José Baptista Cardoso e Cunha. Die drei neuen Kommissare nahmen ihren Dienst in der Kommission im Januar 1986 auf.

573 Es ist zu erwarten, daß die Anzahl der Bediensteten der Europäischen Kommission auch in den kommenden Jahren insbesondere vor dem Hintergrund der angestrebten Erweiterungen zunehmen wird. Bevor die Erweiterung um Finnland, Österreich und Schweden vollzogen

auf 743 zu und legte damit um mehr als 50 % zu. Der erste Eindruck bei der Entwicklung des Beamtenapparats der Kommission in der Delors-Ära ist demnach, daß sich die Verwaltungsdienste im Vergleich zum politischen Gremium des Kommissionskollegiums deutlich stärker ausgeweitet haben.

Dieser Eindruck wird bestätigt, wenn das durchschnittliche Wachstum der Zahl der Beamtinnen und Beamten pro Jahr in der Europäischen Kommission betrachtet wird: es betrug in der Delors-Ära (1985—1993) 4,1 %; im Vergleich dazu wuchs die Zahl der Beamtinnen und Beamten in den neun vorangegangenen Jahren von 1976 bis 1984 pro Jahr um durchschnittlich 3,4 %.[574] In absoluten Zahlen ausgedrückt wuchs der Personalbestand der Kommission zwischen 1985 und 1993 um fast doppelt so viele Beamte an — um ca. 4000 Beamte — wie in dem davorliegenden genauso langen Zeitraum von 1976 bis 1984, als die Kommission um ca. 2000 Beamte zulegte. Es kann somit festgestellt werden, daß in den beiden Amtszeiten Delors' im Vergleich zur vorangegangenen Entwicklung der Kommission, die ganz grob die Amtszeiten von François-Xavier Ortoli, Roy Jenkins und Gaston Thorn umfaßt, der Verwaltungsapparat der Kommission deutlich stärker angewachsen ist.

Bei dieser Betrachtung der Entwicklung des Verwaltungsapparats der Kommission ist die durch Erweiterungen bedingte Zunahme des Personalbestandes nicht berücksichtigt worden. Generell ist zu beobachten, daß mit jeder Erweiterung der Gemeinschaft/Union der Verwaltungsapparat der Kommission an Personal zugenommen hat. Die Zahl der Dauerplanstellen bzw. der Stellen auf Zeit ist 1981/82 und 1986/87/88 von einer deutlichen Aufwärtsentwicklung gekennzeichnet. Diese "Sprünge" hängen dabei offenbar weniger mit einer Ausweitung der Aufgaben der Kommission zusammen, sondern sind vielmehr "politischer" Natur. Damit ist gemeint, daß im Zusammenhang mit einer Erweiterung dem oder den beitretenden Neumitgliedern eingeräumt wird, für Staatsangehörige, die die entsprechende Befähigung dazu besitzen, Stellen in der Verwaltung der Kommission zu schaffen. Diese informelle Regelung ist in den Statuten der EG/EU nicht ausdrücklich vorgesehen. In Art. 27 des Statuts der Beamten der Europäischen Gemeinschaften (SBEG) heißt es hierzu lediglich, daß die Beamten "unter den Staatsangehörigen der Mitgliedstaaten der Gemeinschaften auf möglichst breiter geographischer

---

wurde, ging die Kommission davon aus, "daß ihre Belegschaft langfristig um weitere 9000 Beamte auf 23000 zunehmen wird", VWD-Europa, 22. Juli 1990, Nr. 138, S. 4. Diese Zahl scheint aus heutiger Sicht nicht unrealistisch zu sein. Zur Entwicklung des EG-Beamtentums sei an dieser Stelle auch auf weiterführende Analysen zum Verwaltungsapparat der Europäischen Kommission verwiesen (Spence 1994; Wessels 1996).

[574] Diese Berechnung bezieht sich nur auf das Wachstum der Dauerplanstellen.

Tabelle 1: Übersicht über die Entwicklung des Personalbestands der Kommission
1975 — 1995

| Jahr | Dauer-planstellen | Zunahme in % | Planstellen auf Zeit | Zunahme in % | A-Beamte* | Zunahme in % | B-Beamte | Zunahme in % | C-Beamte | Zunahme in % | D-Beamte | Zunahme in % | LA-Beamte | Zunahme in % |
|---|---|---|---|---|---|---|---|---|---|---|---|---|---|---|
| 1975 | 7605 | | 171 | | 2087 | | 1583 | | 2610 | | 389 | | 1120 | |
| 1976 | 7810 | 2,7 | 173 | 1,2 | 2123 | 1,7 | 1664 | 5,1 | 2671 | 2,3 | 378 | - 2,8 | 1147 | 2,4 |
| 1977 | 8066 | 3,3 | 218 | 26,0 | 2199 | 3,6 | 1713 | 2,9 | 2778 | 4,0 | 397 | 5,0 | 1197 | 4,4 |
| 1978 | 8308 | 3,0 | 244 | 11,9 | 2233 | 1,5 | 1814 | 5,9 | 2888 | 4,0 | 400 | 0,8 | 1187 | - 0,8 |
| 1979 | 8573 | 3,2 | 278 | 13,9 | 2277 | 2,0 | 1888 | 4,1 | 2973 | 2,9 | 435 | 8,8 | 1234 | 4,0 |
| 1980 | 8680 | 1,2 | 470 | 69,1 | 2337 | 2,6 | 1959 | 3,8 | 3086 | 3,8 | 470 | 8,0 | 1298 | 5,2 |
| 1981 | 9149 | 5,4 | 342 | - 27,2 | 2408 | 3,0 | 1891 | - 3,5 | 3078 | - 0,3 | 508 | 8,1 | 1285 | - 1,0 |
| 1982 | 9540 | 7,6 | 313 | - 8,5 | 2507 | 9,5 | 2115 | 17,0 | 3318 | 10,8 | 591 | 16,3 | 1322 | 4,5 |
| 1983 | 9772 | 2,4 | 360 | 15,0 | 2586 | 3,1 | 2171 | 2,6 | 3406 | 2,7 | 602 | 1,9 | 1367 | 3,4 |
| 1984 | 9954 | 1,9 | 395 | 9,7 | 2631 | 1,7 | 2199 | 1,3 | 3492 | 2,5 | 640 | 6,3 | 1387 | 1,5 |
| 1985 | 10285 | 3,3 | 475 | 20,2 | 2713 | 3,1 | 2276 | 3,5 | 3512 | 0,6 | 665 | 3,9 | 1434 | 3,4 |
| 1986 | 10836 | 5,4 | 395 | - 16,8 | 2868 | 5,7 | 2380 | 4,6 | 3769 | 7,3 | 668 | 0,5 | 1546 | 7,8 |
| 1987 | 11614 | 7,2 | 388 | - 1,8 | 3300 | 15,7 | 2551 | 16,0 | 3895 | 6,6 | 692 | 10,2 | 1564 | 1,2 |
| 1988 | 12219 | 5,2 | 505 | 30,2 | 3448 | 4,5 | 2697 | 5,7 | 4098 | 5,2 | 869 | 25,6 | 1612 | 3,1 |
| 1989 | 12479 | 2,1 | 538 | 6,5 | 3522 | 2,1 | 2785 | 3,3 | 4211 | 2,9 | 879 | 1,2 | 1620 | 0,5 |
| 1990 | 12758 | 2,2 | 553 | 2,8 | 3560 | 1,1 | 2851 | 2,4 | 4279 | 1,6 | 891 | 1,4 | 1630 | 0,6 |
| 1991 | 13027 | 2,1 | 558 | 0,9 | 3772 | 6,0 | 2899 | 1,7 | 4367 | 2,1 | 901 | 1,1 | 1646 | 1,0 |
| 1992 | 13339 | 2,4 | 573 | 2,7 | 3958 | 4,9 | 2963 | 2,2 | 4446 | 1,8 | 896 | - 0,6 | 1649 | 0,2 |
| 1993 | 14260 | 6,9 | 743 | 29,7 | 4527 | 14,4 | 3168 | 7,1 | 4778 | 7,5 | 886 | - 1,1 | 1644 | - 0,3 |
| 1994 | 14535 | 1,9 | 848 | 14,1 | 4717 | 4,2 | 3227 | 1,9 | 4904 | 2,6 | 891 | 0,6 | 1644 | 0 |
| 1995 | 15234 | 4,8 | 799 | - 5,8 | 5032 | 6,7 | 3360 | 4,1 | 5077 | 3,5 | 907 | 1,8 | 1657 | 0,8 |

* Hier wurden die Dauerplanstellen und Planstellen auf Zeit aller Besoldungsgruppen (in diesem Fall A1 — A8) zusammengefaßt. So wurde auch bei den Laufbahngruppen B, C, D und LA verfahren.

Quellen: Haushalt der Gemeinschaft für das jeweilige Jahr; eurostat review 1977—1986 (nur für Zahlen der A-, B-, C, D- und LA-Beamten für 1981); Zahlen aus dem Gesamtbericht der Kommission über die Tätigkeit der Europäischen Gemeinschaften 1981 (nur für Zahlen über Planstellen auf Zeit und Dauerplanstellen für das Amt für amtliche Veröffentlichungen).

Anmerkung: Der in der Tabelle aufgeführte Personalbestand bezieht sich auf die unmittelbare Verwaltung der Kommission einschließlich des Amts für amtliche Veröffentlichungen der Europäischen Gemeinschaften. Nicht enthalten ist der Personalbestand des Bereichs Forschung und technologische Entwicklung (d.h. der Gemeinsamen Forschungsstelle sowie des Personals für indirekte Aktionen wie JET, ESPRIT, RACE etc.), des Europäischen Zentrums für die Förderung der Berufsbildung und der Europäischen Stiftung zur Verbesserung der Lebens- und Arbeitsbedingungen. Hierbei handelt es sich um weitgehend selbständige Einrichtungen, an denen die Kommission zwar inhaltlich und finanziell beteiligt ist, die aber dem Verwaltungsapparat der Kommission nicht unmittelbar zugeordnet werden können. Der Personalbestand dieser Einrichtungen (nur Dauerplanstellen) umfaßte 1985 die folgenden Werte (Angaben für 1993 in Klammern): Forschung und technologische Entwicklung 2640 (3239), Europäisches Zentrum für die Förderung der Berufsbildung 43 (76), Europäische Stiftung für die Verbesserung der Lebens- und Arbeitsbedingungen 38 (67).

Grundlage auszuwählen [sind]".[575] Dabei orientiert sich die Kommission *grosso modo* an den Proportionen im Europäischen Parlament, d.h. an der Zahl der Abgeordneten, die in jedem Mitgliedsland gewählt werden.[576] Daraus kann jedoch nicht der Anspruch abgeleitet werden, daß mit dem Beginn der Vollmitgliedschaft eines Landes unmittelbar auch Staatsangehörige dieses Landes in der Verwaltung der Europäischen Kommission beschäftigt werden.[577] Dies wäre auch nur wenig einleuchtend, da die Mitglieder der Kommission gemäß Art. 157 EGV die "volle Gewähr für ihre Unabhängigkeit" bieten müssen bzw. die Beamten der Kommission bei der Ausübung ihres Amtes gemäß Art. 11 SBEG sich "ausschließlich von den Interessen der Gemeinschaft leiten lassen" und "von keiner Regierung, Behörde, Organisation oder Person ... Weisungen anfordern oder entgegennehmen [dürfen]".[578] Das Prinzip der Unabhängigkeit bzw. der Weisungsungebundenheit von außen soll es der Kommission ermöglichen, das "gemeinsame Interesse" der Gemeinschaft/Union zu erfüllen und es soll vermeiden, daß die Kommission zur "Erfüllungsgehilfin" der Partikularinteressen der Mitgliedstaaten wird. Insofern ist es für die Aufgabenerfüllung der Kommission vom Prinzip her nur schwer begründbar, warum nach einem Beitritt Staatsangehörige des beitretenden Mitgliedstaats Beamte der Kommission werden.

Dieser Argumentation kann entgegengehalten werden, daß sie nicht ausreichend die politische Praxis berücksichtigt. Die Kommission hat ein Interesse daran, daß Staatsangehörige jedes Mitgliedstaats in ihrer Verwaltung arbeiten, da sie über die notwendigen Sachkenntnisse verfügen, die Probleme "vor Ort" kennen und aufgrund ihrer Sprachkenntnisse einfacher mit den jeweiligen nationalen Behörden und Verbänden in Verhandlungen treten können. Nichtzuletzt wird durch die Tatsache, daß ein Mitgliedstaat "seine" Beamten in Brüssel hat auch eine wichtige Vertrauensbasis geschaffen, die für die praktische Zusammenarbeit und den Rückhalt in der

---

[575] Vgl. Kommission der Europäischen Gemeinschaften (1994): Statut der Beamten der Europäischen Gemeinschaften, in: Statut, Verordnungen und Regelungen für die Beamten und sonstigen Bediensteten bei den Europäischen Gemeinschaften (Stand: Dezember 1993), Luxemburg: Amt für amtliche Veröffentlichungen der Europäischen Gemeinschaften, S.17.

[576] Information von Benoît Liger im Gespräch mit dem Verf. am 24.1.1996.

[577] Lediglich die Zahl der Kommissare ist an die Erweiterung der Gemeinschaft gebunden; nach Art. 10 FusV bzw. seit Maastricht nach Art. 157, Abs. 1 EGV "muß [der Kommission] mindestens ein Staatsangehöriger jedes Mitgliedstaates angehören, jedoch dürfen nicht mehr als zwei Mitglieder der Kommission dieselbe Staatsangehörigkeit besitzen". Diese Regelung wurde mit dem Beitritt Griechenlands, Spaniens und Portugals jeweils befolgt; der Beitritt Griechenlands veranlaßte die Kommission zur Änderung ihrer Geschäftsordnung, um das Quorum hinsichtlich der Beschlußfähigkeit der Kommission anzupassen (vgl. Kommission der Europäischen Gemeinschaften, Gesamtbericht über die Tätigkeit der Europäischen Gemeinschaften, Luxemburg 1981, S. 31; sowie Abl. L 8 v. 8.1.1981, S. 16).

[578] Vgl. Statut der Beamten der Europäischen Gemeinschaften, a.a.O., S. 14.

Bevölkerung wichtig ist. Insgesamt hat sich das System, daß Beamte aus allen Mitgliedstaaten in der Kommission vertreten sind, bewährt.[579] Wie hat sich nun die Beamtenschaft der Kommission unter Berücksichtigung dieses in der politischen Praxis bewährten Systems in der Delors-Ära entwickelt?

## 2.1 Dauerplanstellen und Planstellen auf Zeit

Wird das durchschnittliche "natürliche", d.h. das nicht im Zusammenhang mit einer Erweiterung stehende Wachstum des Beamtenapparates der Kommission pro Jahr berechnet, so lag dieses zwischen 1975 und 1980 bei ca. 200 Beamten jährlich.[580] Wird davon ausgegangen, daß sich die Erweiterung um Griechenland erst ab 1981 auf den Personalbestand der Kommission ausgewirkt hat[581] und damit ein gewisser "Verzögerungseffekt" von etwa zwei Jahren verbunden war, so lag der "Nettozuwachs", d.h. die Personalzunahme, die nur durch die Erweiterung bedingt war, im Jahr 1981 bei ca. 270 Beamten (470 minus 200) und im Jahr 1982 bei ca. 190 (390 minus 200). Grob vereinfacht kann daraus geschlossen werden, daß die Erweiterung um Griechenland — verteilt auf zwei Jahre — insgesamt ca. 460 Beamte umfaßte, die zusätzlich in der Verwaltung der Kommission beschäftigt wurden. Dieser Umfang blieb bei der nachfolgenden Erweiterung um Spanien und Portugal in etwa gleich: Im Jahr 1986 wuchs die Zahl der Kommissionsbeamten "netto", d.h. abzüglich der "natürlichen" Zunahme des Verwaltungsapparats von 200, um ca. 350 und im Jahr 1987 um ca. 580 an. Das bedeutet, daß die Kommission erweiterungsbedingt um ca. 930 spanische und portugiesische Beamte vergrößert wurde. Wird ganz grob davon ausgegangen, daß sich die Zahl der neuen Kommissionsbeamten gleichmäßig auf Spanien und Portugal verteilte, so entfielen auf jeden der beiden neuen Mitgliedstaaten etwa 465 Beamtinnen und Beamte. Dies entspricht

---

579 Hinweis von Benoît Liger im Gespräch mit dem Verf. am 24.1.1996.

580 Diese Zahl wurde auf der Grundlage der Zunahme der Dauerplanstellen zwischen 1975 und 1980 berechnet. Im folgenden wird grob vereinfacht davon ausgegangen, daß dieser "natürliche" Zuwachs von ca. 200 Beamtinnen und Beamten pro Jahr auch für die nachfolgenden Jahren zutrifft.

581 Aus dem Haushalt für das Jahr 1980 (vgl. Abl. L 242 v. 15.9.1980, S. 49ff.) ist zu entnehmen, daß im Vorgriff auf den Beitritt Griechenlands 131 Stellen auf Zeit in der Verwaltung der Kommission (davon 25 A-Beamte, 15 B-Beamte, 37 C-Beamte, 10 D-Beamte und 44 LA-Beamte) und 20 Stellen auf Zeit beim Amt für amtliche Veröffentlichungen eingerichtet wurden. Dies erklärt das vergleichsweise starke Anwachsen der Planstellen auf Zeit im Jahr 1980 (vgl. Tabelle 1). Es kann davon ausgegangen werden, daß diese Planstellen auf Zeit im nachfolgenden Haushaltsjahr in Dauerplanstellen umgewandelt wurden. Auch hinsichtlich der Erweiterung um Spanien und Portugal ist im Vorgriff auf die Erweiterung im Jahr 1985 eine deutliche Zunahme der Planstellen auf Zeit zu erkennen, die dann in den nachfolgenden Jahren durch die Umwandlung in Dauerplanstellen wieder abgebaut wurde.

etwa den 460 neuen Beamten, die infolge der griechischen Erweiterung eingestellt wurden.

Ein Ungleichgewicht entsteht dann, wenn diese Zahlen in Bezug gesetzt werden zur Gesamtbevölkerung der beitretenden Staaten und miteinander verglichen werden. Bei dieser Berechnung wird davon ausgegangen, daß mit jeder Erweiterung der Gemeinschaft auch die Kommission für mehr Menschen zuständig wird und mehr Beamten notwendig sind, um die verschiedenen Aufgaben zu erfüllen. So vergrößert sich mit einer Erweiterung etwa die Zahl der von der Kommission zu prüfenden Unternehmen und Märkte im Bereich der Wettbewerbspolitik und die Arbeit der Kommission bei der Umsetzung und Verteilung der Strukturfondsmittel nimmt zu. Zusätzliche Aufgaben entstehen aber auch für die sog. "horizontalen Dienste", die, wie der Dolmetscher-Konferenzdienst oder der Juristische Dienst, durch die weiteren Amtssprachen bzw. durch das zusätzliche nationale Recht automatisch mehr Personal benötigen. Hinzu kommt eine Ausweitung der "technischen" Dienste, wie z.B. die Herstellung und der Versandt von Dokumenten und Publikationen etc., die mit jedem weiteren Mitgliedsland zunehmen. Mit dem Beitritt Griechenlands nahm die Neuner-Gemeinschaft um ca. 10 Mio. Menschen zu; dies entsprach einem Bevölkerungszuwachs von damals ca. 3,8 %.[582] Gleichzeitig verzeichnete der Verwaltungsapparat der Kommission im Jahr 1981 einen "Nettozuwachs" von 270 Beamten, d.h. von 2,9 % bzw. im Jahr 1982 von 190 Beamten, d.h. von 2,0 %.[583] Im Vergleich dazu die Zahlen für Spanien und Portugal: Mit der Erweiterung der Gemeinschaft um ca. 50 Mio. Menschen im Jahr 1986, die etwa 19 % der damaligen Zehner-Gemeinschaft ausmachten,[584] stieg die Zahl der Beamten der Kommission aus beiden Ländern "netto" um 350, d.h. 3,2 %, bzw. 1987 um 580 Beamte, d.h. 5,0 % an.[585] Grob vereinfacht ausgedrückt wuchs der Personalbestand der Kommission bei der Erweiterung um Griechenland fast genauso stark an, wie bei der Erweiterung um Spanien und Portugal, wenngleich die Bevölkerung der Gemeinschaft im zweiten Fall um fünfmal mehr zulegte und damit auch die Kommission für fünfmal mehr Menschen zuständig wurde. Im Vergleich zur Entwicklung zu Beginn der 80 Jahre wuchs damit der Beamtenapparat der Kommission ab Mitte der 80er Jahre sowohl gemessen an der durch den griechischen Beitritt bedingten Personalzunahme als auch gemessen an der Zunahme der Gesamtbevölkerung in der Gemeinschaft nur verhalten an. Diese

---

[582] Die Gemeinschaft der Neun umfaßte 1981 ca. 260 Mio. Menschen (vgl. eurostat, 21. Ausgabe, Luxemburg 1983, S. 97).

[583] Gemessen an der Zahl der Dauerplanstellen für 1981 und 1982.

[584] Die Gemeinschaft der Zehn umfaßte 1986 ca. 270 Mio. Menschen; die Bevölkerungszahl von Portugal und Spanien betrug damals ca. 10 bzw. 40 Mio. Menschen (vgl. eurostat, 26. Ausgabe, Luxemburg 1989, S. 97).

[585] Der Berechnung liegen die Zahlen der Tabelle 1 zugrunde.

Entwicklung ist um so bemerkenswerter, als ab 1985/86 die Realisierung des Binnenmarktes in den Vordergrund rückte bzw. durch die Verabschiedung der EEA der Kommission neue Aufgabengebiete zufielen, die — so scheint es — keine wesentliche Aufstockung des Personalbestands der Kommission zur Folge hatten. Tatsächlich entwickelte sich die Zuwachsrate des Kommissionspersonals nach der Erweiterung um Spanien und Portugal bald wieder nach unten — sie fiel dabei sogar unter die Werte aus den 70er Jahren — und verlief von 1989 bis 1992 mit Werten zwischen 2,1 % und 2,4 % gleichbleibend tief. Erst 1993, vermutlich in Reaktion auf die im Maastrichter Vertrag vorgesehenen neuen Zuständigkeiten der Gemeinschaft/Union, nahm der Personalbestand der Kommission mit 6,9 % wieder überproportional zu (vgl. Tabelle 1). Aus dieser Perspektive kann somit ein gemäßigtes Wachstum des Personalbestands der Kommission in der Delors-Ära konstatiert werden.

Die Planstellen auf Zeit wiesen zwischen 1985 und 1993 eine stark schwankende Wachstumsrate auf. So verzeichneten die befristeten Planstellen im Jahr 1988 ein Wachstum von ca. 30 %, das drei Jahre später nur noch 0,9 % betrug und im Jahr 1993 wieder auf fast 30 % anstieg. Dies ist ein Indikator dafür, daß die Kommission in wechselndem Maße zeitlich befristete Arbeitsverträge mit nationalen Beamten und Experten abschloß, um die mit einer Erweiterung anstehende Personalaufstockung einzuleiten, um neue Gemeinschaftsprogramme auf den Weg zu bringen (etwa PHARE und TACIS) oder um bestimmte "technische" Aufgabenstellungen zu lösen. Die Kommission verfügt dadurch über ein flexibles Instrument ihrer Personalpolitik, das einer übermäßigen Ausweitung von Dauerplanstellen entgegenwirkt. In der Delors-Ära wurde davon unterschiedlicher Gebrauch gemacht, ohne daß eine klare Regelmäßigkeit oder ein direkter Zusammenhang mit den neu entstandenen Aufgabenstellungen der Kommission erkennbar ist.[586]

Im folgenden wird nach den einzelnen Laufbahngruppen A, B, C, D und LA unterschieden, die unterschiedliche Funktionen erfüllen.[587] Zu vermuten ist, daß das

---

586 Die Einrichtung des Programms PHARE wurde 1989 beschlossen und die des Programms TACIS 1990, ohne daß sich dies unmittelbar auf die Entwicklung der Planstellen auf Zeit niedergeschlagen hat. Zu vermuten ist, daß die Einstellung von neuem Personal zur Vorbereitung und Umsetzung dieser recht umfangreichen Programme mit einiger Zeitverzögerung erfolgte und die Wachstumsschübe von 1993 und 1994 erklärt.

587 Die Laufbahngruppe A bezeichnet den höheren Dienst und umfaßt acht Besoldungsgruppen (A 1 bis A 8); hierbei handelt es sich um Dienstposten mit Weisungsbefugnis oder Referententätigkeit, die eine Hochschulausbildung oder eine gleichwertige Berufserfahrung voraussetzen. Die Laufbahngruppe B bezeichnet den gehobenen Dienst und umfaßt fünf Besoldungsgruppen (B 1 bis B 5); hierbei handelt es sich um Sachbearbeitertätigkeit, die eine höhere Schulausbildung oder gleichwertige Berufserfahrung voraussetzt. Die Laufbahngruppe C bezeichnet den mittleren Dienst und umfaßt fünf Besoldungsgruppen (C 1 bis C 5); hierbei handelt es sich

Personal in allen Laufbahngruppen in der Delors-Ära angewachsen ist. Fraglich ist jedoch, inwieweit zwischen den Laufbahngruppen Unterschiede bestehen und welche Rückschlüsse daraus für die Funktionsweise der Kommission gewonnen werden können.

## 2.2 Die A-Beamten

Die Zahl der A-Beamten, d.h. die Beamten des höheren Dienstes der Besoldungsgruppen A 8 bis A 1, nahm im Zeitraum von 1985 bis 1993 von 2713 auf 4527 zu und hat damit um mehr als 60 % zugelegt. Der Bestand von über 4500 A-Beamten im Jahr 1993 scheint dabei nicht ungewöhnlich zu sein und ist in etwa vergleichbar mit den 4740 höheren Beamten, die im Jahr 1990 in Bonner Bundesministerien beschäftigt waren (Wessels 1996: 188). Ungewöhnlicher ist eher die Wachstumsrate der A-Beamten: Zwischen 1985 und 1993 nahm die Zahl der A-Beamten im Durchschnitt um 6,4 % zu. Im Vergleich dazu wuchs die Zahl der A-Beamten im davorliegenden gleichlangen Zeitraum von 1976 bis 1984 um durchschnittlich 3,2 % an. Ein grober Vergleich mit dem Wachstum der höheren Beamten in der Bundesrepublik vermittelt ein noch eindrucksvolleres Bild: Zwischen 1975 und 1990 stieg die Zahl der höheren Beamten in Bonner Ministerien von 4189 auf 4740 an (Wessels 1996: 188); das entsprach einem Wachstum von 13,2 %. Die Zahl der A-Beamten der Kommission stieg im gleichen Zeitraum von 2087 auf 3560 an; das entsprach einem Wachstum von über 70 %. Wird diese letzte Entwicklung noch einmal aufgesplittet, so fand in der Kommission im Zeitraum von 1975 bis 1984 ein Wachstum von 26 % statt und in dem halb so langen Zeitraum von 1985 bis 1990 ein Wachstum von 31 %. Es kann somit festgehalten werden, daß die Zahl der höheren Beamten der Europäischen Kommission im Laufe der Delors-Ära einen Umfang erreicht hat, der dem Bestand an höheren Beamten in Bundesministerien durchaus vergleichbar ist. Die Wachstumsrate der A-Beamten war dabei nicht nur im Vergleich zur Entwicklung der Kommission in den 70er und Anfang der 80er Jahre, sondern auch im Vergleich zur Entwicklung auf nationaler Ebene — in diesem Fall der Bundesrepublik Deutschland — deutlich stärker. Die Delors-Ära

---

um Dienstposten mit ausführenden Aufgaben, die Mittelschulbildung oder gleichwertige Berufserfahrung voraussetzen. Die Laufbahngruppe D bezeichnet den einfachen Dienst und umfaßt vier Besoldungsgruppen (D 1 bis D 4); hierbei handelt es sich um Hilfstätigkeiten, die Volksschulbildung, gegebenenfalls ergänzt durch technische Kenntnisse, voraussetzen. Die Sonderlaufbahn LA bezeichnet den Sprachendienst und umfaßt sechs Besoldungsgruppen (LA 3 bis LA 8), die den Besoldungsgruppen 3 bis 8 der Laufbahngruppe A gleichgestellt sind; hierbei handelt es sich um die Dienstposten der Übersetzer und Dolmetscher, die die entsprechende Hochschulausbildung und Berufserfahrung besitzen.

scheint insbesondere dadurch gekennzeichnet zu sein, daß in dieser Phase ein ausgeprägtes Wachstum der Rekrutierung von A-Beamten stattfand.

Hinsichtlich des Anteils der A-Beamten am gesamten Personalbestand der Kommission sind folgende Beobachtungen zu machen: Im Jahr 1976 gehörten 26,6 % der gesamten Beamtenschaft der Kommission[588] der Kategorie A an; im Jahr 1984 ging dieser Wert etwas zurück und erreichte 25,4 %. Im Vergleich dazu die Werte für die Delors-Ära: Der Anteil der A-Beamten am gesamten Beamtenapparat der Kommission stieg in der Zeit von 1985 bis 1993 von 25,2 % auf 30,2 % an. Die Entwicklung des Anteils der im höheren Dienst beschäftigten Beamten stellte sich dabei im Vergleich zu den übrigen Laufbahngruppen für die Jahre 1985 und 1993 wie folgt dar (die Werte für 1993 in Klammern): A-Beamte 25,2 % (30,2 %), B-Beamte 21,2 % (21,1 %), C-Beamte 32,6 % (31,8 %), D-Beamte 6,2 % (5,9 %), LA-Beamte 13,3 % (11,0 %). Damit blieb zwar der Anteil der A-Beamten 1985 und 1993 an zweiter Stelle hinter dem Anteil der C-Beamten, jedoch hat er sich dem Anteilswert der C-Beamten deutlich angenährt und weist im Vergleich zu allen Laufbahngruppen den größten Zuwachs auf.

Der höhere A-Beamtenanteil ist unter anderem ein Indikator dafür, daß sich die Rolle der Kommission im Laufe der 80er Jahre verändert hat. Durch die insbesondere mit dem Binnenmarktprogramm, den Strukturfonds und der EEA verbundenen zusätzlichen konzeptionell-planerischen Aufgaben wurden mehr A-Beamte, d.h. mehr Fachpersonal mit Universitätsabschluß benötigt. Insgesamt kann festgehalten werden, daß der Anteil der A-Beamten am gesamten Personalbestand der Kommission in der Ära-Delors gegenüber der Entwicklung in den 70er und zu Anfang der 80er Jahre, aber auch im Vergleich zu den anderen Laufbahngruppen, deutlich zugenommen hat.

### 2.3 Die übrigen Laufbahngruppen

Die B-Beamten, d.h. die Beamten der sog. Inspektorenlaufbahn, nahmen zwischen 1985 und 1993 von 2276 auf 3168 zu; das durchschnittliche jährliche Wachstum betrug dabei 5,2 %. Es lag damit etwas höher als die Zunahme der B-Beamten im vorangegangenen Zeitraum von 1976 bis 1984, als die durchschnittliche Wachstumsrate 4,4 % erreichte. Auffallend ist bei den B-Beamten, daß unmittelbar nach der Erweiterung um Spanien und Portugal ihre Zahl zunächst mäßig anstieg und erst ab 1987 deutlich zulegte.[589] Dies weist darauf hin, daß im Zusammenhang mit

---

[588] Dauerplanstellen und Planstellen auf Zeit zusammengefaßt.

[589] Im Falle der Erweiterung um Griechenland 1981/82 war die Entwicklung sogar negativ und die B-Beamten nahmen um 3,5 % ab.

der Erweiterung in dieser Laufbahngruppe die Rekrutierung ca. ein Jahr in Anspruch genommen hat — bzw. im Falle Griechenlands zunächst Stellen frei gemacht wurden — und erst dann eine größere Zahl von erweiterungsbedingten Beamten aufgenommen wurde. Gemessen an der Gesamtheit der Kommissionsbeamten blieb der Anteil der B-Beamten im Laufe der Delorszeit mit 21,2 % (1985) bzw. 21,1 % (1993) im Prinzip unverändert.

Die C-Beamten, d.h. die Beamten im Sekretariatsdienst haben von 3512 im Jahr 1985 auf 4778 im Jahr 1993 zugenommen und verzeichneten in diesem Zeitraum ein durchschnittliches Wachstum von jährlich 4,0 %. Verglichen mit dem vorangegangenen Zeitraum von 1976 bis 1984 blieb sowohl ihre jährliche Wachstumsrate als auch ihr Anteil am gesamten Personalbestand der Kommission in etwa unverändert. Die C-Beamten stellen damit die Laufbahngruppe dar, die die gleichbleibendste Entwicklung aufweist. Auch in der Delors-Ära waren die C-Beamten die zahlenmäßig stärkste Laufbahngruppe. Diese Laufbahngruppe zeichnete sich in der Delorszeit insbesondere dadurch aus, daß sich die von der Erweiterung und dem Binnenmarkt ausgehende "politische Dynamik" nur in geringem Maße auf sie zahlenmäßig auswirkte und keinen nachhaltigen Einfluß auf den insgesamt kontinuierlich verlaufenden Wachstumstrend der C-Beamten hatte. Es scheint, daß die Zunahme an Sekretariatskräften in der Kommissionsverwaltung weitgehend unabhängig von der politischen Entwicklung verlief.

Ähnlich verhält es sich mit den D-Beamten, d.h. den Beamten des technischen Dienstes, deren Entwicklung von unterschiedlichen Sprüngen gekennzeichnet ist, ohne daß daraus eine Regelmäßigkeit ableitbar wäre. Die Erweiterung um Spanien und Portugal ist nur begrenzt an der Zahlenentwicklung der D-Beamten ablesbar. Zwischen 1985 und 1993 haben die D-Beamten von 665 auf 886 zugenommen und verzeichneten dabei ein durchschnittliches jährliches Wachstum von 4,7 %. Dies war geringer als die durchschnittliche Wachstumsrate von 5,8 % im Zeitraum zwischen 1976 und 1984. Der Anteil am gesamten Personalbestand blieb in der Delors-Ära mit 6,2 % (1985) bzw. 5,9 % (1993) fast unverändert und hat gegenüber dem Stand von 1976 um etwas mehr als 1 % zugenommen. Für die D-Beamten gilt damit ähnlich wie für die C-Beamten, daß für sie ein gleichbleibender Bedarf besteht, ohne daß dabei ihre Entwicklung im Zusammenhang mit der politischen Dynamik der Kommission bzw. der Gemeinschaft insgesamt steht.

Die für den Sprachendienst der Kommission tätigen LA-Beamten nahmen von 1434 im Jahr 1985 auf 1644 im Jahr 1993 zu; dies entsprach einem durchschnittlichen jährlichen Wachstum von 1,9 %. Zum Vergleich dazu die Entwicklung der vorangegangenen acht Jahre: von 1976 bis 1984 nahmen die LA-Beamten von 1147 auf 1387 zu; dies entsprach einer durchschnittlichen Zuwachsrate pro Jahr von 2,6 %.

Die Wachstumsrate der Planstellen für Dolmetscher und Übersetzer hat demnach ab Mitte der 80er Jahre an Dynamik verloren und weist im Vergleich zu den anderen Laufbahngruppen den geringsten durchschnittlichen Zuwachs auf. Gemessen an der Gesamtheit der Kommissionsbeamten nahm der Anteil der LA-Beamten von 13,3 % im Jahr 1985 auf 11,0 % im Jahr 1993 sogar leicht ab. Diese Entwicklung ist überraschend, da die Zahl der Amtssprachen der Gemeinschaft im gleichen Zeitraum von sieben auf neun zugenommen hat. Trotz dieses zusätzlichen Arbeitsaufwands wurde das Personal des Sprachendienstes nur sehr gemäßigt aufgestockt.

## 2.4 Bewertung

Der Verwaltungsapparat der Kommission ist in der Delors-Ära sowohl gemessen an der Zunahme der Bevölkerung der Gemeinschaft/Union infolge der Erweiterung um Spanien und Portugal als auch vor dem Hintergrund der Ausweitung der Regelungstätigkeit der Kommission im Zusammenhang mit dem Binnenmarkt nicht überproportional angestiegen. Das durchschnittliche jährliche Wachstum des gesamten Personals der Kommission lag zwischen 1985 und 1993 zwar höher als in dem davorliegenden gleichlangen Zeitraum von 1976 bis 1984 (Anstieg von 3,4 % auf 4,1 %), jedoch fällt der Unterschied nicht so hoch aus, daß hinsichtlich der Delors-Ära von einer übermäßigen Wachstumsphase der "Bürokratie in Brüssel" gesprochen werden kann. Einzig der Vergleich mit der Beamtenentwicklung auf nationaler Ebene deutet darauf hin, daß sich der Verwaltungsapparat der Kommission in den 80er und 90er Jahren deutlich expansiver entwickelte als dies etwa bei Bonner Ministerien der Fall war. Insgesamt hat sich damit der schon in den 70er Jahren zu beobachtende Wachstumsprozeß des Brüsseler Apparats fortgesetzt, ohne daß daraus — gemessen an der Zunahme der Mitgliedstaaten und der Ausweitung der Befugnisse und Aufgaben der Kommission — auf eine überproportionale Zunahme der Personals der Kommission in der Delors-Ära geschlossen werden kann. Insofern liefert das Beispiel der Delors-Kommission keine Bestätigung für das Parkinson'sche Gesetz,[590] da der Personalbestand parallel zu den Aufgaben der Kommission angewachsen ist, ohne daß ein "bürokratischer Wildwuchs" stattfand.

---

[590] In einer Untersuchung über die Entwicklung der britischen Armeeverwaltung während des 2. Weltkriegs und in der Nachkriegszeit kam Northcote C. Parkinson zu dem Ergebnis, daß Bürokratien vor allem dann expandieren, wenn ihre konkreten Aufgabenstellungen am geringsten ausfallen. Verwaltungen tendieren in solchen Fällen dazu, sich mit sich selbst zu beschäftigen bzw. sich gegenseitig Arbeit zu verschaffen, um die Zahl der ihnen unterstellten Beamten zu vergrößern und um ihr Ansehen nach innen und nach außen zu bewahren bzw. gegebenenfalls auszubauen (Parkinson 1958).

Wird nach den einzelnen Laufbahngruppen unterschieden, so fällt die deutliche Zunahme der A-Beamten auf — sowohl für sich genommen als auch gemessen am gesamten Personalbestand der Kommission — sowie die verhaltene Entwicklung der Beamten im Dolmetscher- und Übersetzungsdienst, deren Anteil am gesamten Personalbestand der Kommission trotz der Zunahme der Amtssprachen der Gemeinschaft leicht zurückging. Die Zunahme des Anteils der Beamten im höheren Dienst (A-Beamte) sowie der insgesamt etwa gleichgebliebene Anteil des gehobenen Dienstes (B-Beamte), des Sekretariatsdienstes (C-Beamte) und des technischen Dienstes (D-Beamte) bzw. der Rückgang des Anteils des Sprachendienstes (LA-Beamte) weisen darauf hin, daß sich die Rolle der Kommission in der Delors-Ära verändert hat. Die Kommission hat sich — und darauf scheinen die dargelegten Zahlen zumindest vom Trend her hinzuweisen — in der Delors-Ära zunehmend von einer "Verwaltungsinstanz" — hier verstanden als eine "klassische Verwaltung" in Anlehnung an Max Webers Charakterisierung des "modernen Beamtentums" (Weber 1956: 559ff.)[591] — zu einer "politisch-konzeptionell" arbeitenden "Institution" — hier verstanden als eine "politische Institution" in Anlehnung an die von Gerhard Göhler entwickelte Definition (Göhler 1994: 39)[592] — gewandelt. Damit hat sie zwar nicht ihren Charakter als Verwaltungsinstanz grundlegend verändert, jedoch hat sich das Schwergewicht ihrer Arbeit verschoben, das sich — verkürzt ausgedrückt — von "Verwaltung" zu mehr politischer "Gestaltung" hin weiterentwickelt hat.

Im folgenden wird untersucht, welchen "legislativen Output" die Beamtenschaft der Kommission in der Delors-Ära erbracht hat. Zu diesem Zweck bedarf es zunächst einer Erläuterung hinsichtlich der Rolle der Kommission im EG-Entscheidungsprozeß.

---

[591] Neben festen Regeln, die die behördlichen Kompetenzen festlegen (d.h. Ressortverteilung, Amtspflichten, begrenzte Befehlsgewalt, Einstellung nach Qualifikation etc.) zeichnet sich nach Weber das "moderne Beamtentum" vor allem dadurch aus, daß das Prinzip der "Amtshierarchie und des Instanzenzuges" besteht d.h. daß ein monokratisch geordnetes System von Über- und Unterordnung der Behörden existiert, bei dem die Beaufsichtigung der unteren durch die oberen Instanzen stattfindet (Weber 1956: 559).

[592] Göhler unterscheidet in diesem Zusammenhang zwischen dem Begriff der "Organisation" und dem der "Institution". Organisationen sind danach primär "rational für einen bestimmten Zweck begründet und nach Effizienzkriterien formierte Verbände"; Institutionen sind demgegenüber primär "durch die Leitidee [bestimmt, die] eine Orientierung in doppelter Richtung [erbringt]: Orientierung zum einen für ihre Adressaten ... zum anderen für die Akteure in den Institutionen selbst". Diese Trennung zwischen "Organisation" und "Institution" wird dabei nur als analytische Unterscheidung verstanden, die nicht davon ablenken soll, daß beide Dimensionen aufeinander bezogen sind. Insgesamt handelt es sich jeweils um politische Institutionen, die "ohne den Bestimmungsfaktor 'Organisation' keine Institution und ohne den Bestimmungsfaktor 'Institution' keine Organisation [sind]" (Göhler 1994: 40ff.).

## 3. Die Rolle der Europäischen Kommission im EG-Entscheidungsprozeß

Die Darstellung und Untersuchung von Daten zur legislativen Beteiligung der Kommission ist kaum nachvollziehbar, ohne zuvor auf die Rolle der Kommission im EG-Entscheidungsprozeß einzugehen. Bei der Vorgehensweise der Darstellung wird zwischen den verschiedenen Phasen im politisch-administrativen Problemverarbeitungsprozeß der EG/EU unterschieden (Wessels 1996: 169ff.). Diese Herangehensweise erlaubt eine differenzierte Betrachtung der Beteiligung der Kommission am EG-Entscheidungsprozeß und gestattet es, Tätigkeitsschwerpunkte der Kommission im Policyprozeß zu identifizieren. Aus dieser Perspektive gliedert sich der EG-Entscheidungsprozeß in die Phasen der Vorbereitung, der Herstellung, der Durchführung und der Kontrolle von verbindlichen Entscheidungen. Je nach Phase hat die Kommission dabei eine unterschiedliche Beteiligungsfunktion bzw. können für die Kommission unterschiedliche Beteiligungsinstrumente und Beteiligungsgremien, in denen sie tätig ist, festgestellt werden (vgl. Übersicht 2).

### 3.1 Phasen im EG-Entscheidungsprozeß

#### 3.1.1 Die Phase der Entscheidungsvorbereitung

In der Phase der Vorbereitung von EG-Rechtsakten spielt die Europäische Kommission aufgrund ihres Initiativrechts eine zentrale Rolle: Sie ist "Initiatorin" von EG-Recht. Zu diesem Zweck arbeitet sie unverbindliche Mitteilungen, Memoranden und Berichte aus oder richtet formelle Vorschläge, Empfehlungen und Entwürfe von Rechtsakten an den Rat (vgl. 1. Phase in Übersicht 2). Im weitesten Sinn können hierzu auch internationale Abkommen zählen, die die Kommission aushandelt und die vom Rat beschlossen werden.

In Zusammenarbeit mit Experten aus den Ministerien der Mitgliedstaaten, unabhängigen Sachverständigen und in enger Konsultation mit den europäischen Dachverbänden der Wirtschafts- und Sozialpartner und anderer Interessenverbände werden die Entwürfe für EG-Rechtsakte ausgearbeitet. Die Kommission bedient sich dabei sog. Studien- und Arbeitsgruppen, die von der Kommission einberufen werden und in denen die Beratungen stattfinden. Bei diesem als "Verzahnungskonsultation" (Poullet/Deprez 1976: 116ff.) bzw. als "engrenage" (Coombes 1970: 86ff.) bezeichneten Vorgehen kann zwischen zwei Arten von Studien- und Arbeitsgruppen der Kommission unterschieden werden: Erstens den fest institutionalisierten, vor allem berufsständischen Studien- und Arbeits-

Übersicht 2: Die Beteiligung der Europäischen Kommission in den verschiedenen Phasen des politisch-administrativen Problemverarbeitungsprozesses in der EG

| | 1. Phase: Entscheidungsvorbereitung | 2. Phase: Entscheidungsherstellung | 3. Phase: Entscheidungsdurchführung | 4. Phase: Entscheidungskontrolle |
|---|---|---|---|---|
| Beteiligungsfunktion | "Initiatorin" von EG-Recht | "politische Maklerin" im Rat | Exekutivorgan | "Hüterin der Verträge" |
| Beteiligungsinstrument | Mitteilungen, Memoranden, Berichte [275]; Vorschläge, Empfehlungen, Entwürfe von Rechtsakten an den Rat [600] | Abänderung oder Zurückziehen eines Vorschlags | Entscheidungen, Verordnungen, Richtlinien der Kommission [ca. 1546] | Vertragsverletzungsverfahren [1016]*; Schutzklauseln |
| Beteiligungsgremium | Studien- und Arbeitsgruppen der Kommission [ca. 600— 1000] | Arbeitsgruppen des Rates [ca. 250] | Durchführungsausschüsse [ca. 328] | Kommissionskollegium, Juristischer Dienst |

Quelle: in Anlehnung an Wolfgang Wessels (1996): Verwaltung im EG-Mehrebenensystem: Auf dem Weg zur Megabürokratie?, in: Markus Jachtenfuchs und Beate Kohler-Koch (Hrsg.), Europäische Integration, Opladen: Leske + Budrich, S. 190—191.

Anmerkung: Die Zahlenangaben in eckigen Klammern beziehen sich auf das Jahr 1995; * = von der Kommission nach Schreiben gemäß Art. 169 eingeleitete Verfahren.

gruppen;[593] diese werden oftmals auch als "Beratende Ausschüsse" bezeichnet.[594] Zweitens den nicht fest institutionalisierten Studien- und Arbeitsgruppen, die primär aus nationalen Beamten und Sachverständigen gebildet werden. Eine klare Trennung zwischen diesen beiden Arten von Studien- und Arbeitsgruppen kann jedoch in der Praxis nicht gemacht werden, da es auch sog. gemischte Gruppen gibt bzw. je nach Beratungszeitpunkt bzw. Beratungsgegenstand die Zusammensetzung der Ausschüsse variieren kann. Die Studien- und Arbeitsgruppen werden von den einzelnen Fachressorts der Kommission selbständig und je nach Bedarf einberufen bzw. aufgelöst; ihr Bestand ist somit wechselhaft und ohne daß eine zentrale Koordinierung oder Erfassung ihrer Tätigkeit stattfindet. Die dezentrale Ausrichtung dieses Systems sowie die Unregelmäßigkeit der Zusammenkünfte der Studien- und Arbeitsgruppen führen dazu, daß ihre genaue Anzahl nicht bekannt ist. Nach informellen Angaben aus der Kommission lag ihre Zahl im Jahr 1995 zwischen 700 und 1000.[595]

Der Sinn und die Zweckmäßigkeit der "Verzahnungsstrategie" der Kommission war und ist umstritten. Aus der politik- und rechtswissenschaftlichen Literatur sind zwei grundsätzliche, einander gegenüberstehende Argumentationslinien zu entnehmen. Bei der ersten Argumentation wird davon ausgegangen, daß die Studien- und Arbeitsgruppen zu befürworten sind, da sie die Macht und die "administrative Kapazität"[596] (Poullet/Deprez 1976: 118) der Kommission erweitern, indem

---

[593] So etwa der Ausschuß für Wirtschaftspolitik oder der Ausschuß für wissenschaftliche und technische Forschung (Noël 1993: 53).

[594] So gibt es etwa Beratende Ausschüsse für die wichtigsten landwirtschaftlichen Erzeugnisse und einen Beratenden Verbraucherausschuß (Noël 1993: 53).

[595] Information von Joël de Bry, Generalsekretariat der Kommission, im Gespräch mit dem Verfasser am 7.6.1996. Es kann davon ausgegangen werden, daß die Zahl der Studien- und Arbeitsgruppen in den letzten Jahren stark zugenommen hat. Dies hat weniger mit der Ausweitung des Beratungsbedarfs der Kommission zu tun, als vielmehr mit der Änderung der haushaltsrechtlichen Vorschriften: Im Haushaltsjahr 1993 mußten erstmals die sog. "Mini-Budgets" aus dem Teil B des Haushalts der Kommission, der die operativen Mittel enthält, in den Teil A, der die administrativen Ausgaben enthält, übertragen werden. Dadurch wurden eine Reihe "neuer" Studien- und Arbeitsgruppen "sichtbar", die bisher unter den operativen Ausgaben "versteckt" waren, ohne daß damit ein realer Anstieg der Zahl der Studien- und Arbeitsgruppen verbunden war; Information von Joseph Goepp, Generaldirektion XIX (Haushalt), im Gespräch mit dem Verf. am 29.4.1993.

[596] Dies trifft in erster Linie auf diejenigen Studien- und Arbeitsgruppen zu, die sich aus nationalen Beamten zusammensetzen. Im Vorfeld der Ausarbeitung eines Entwurfs für neues EG-Recht bedarf die Kommission — je nach Regelungsbereich und spezifischer Regelungsmaterie — einer Vielzahl von Informationen, Statistiken, Daten etc. aus den Mitgliedstaaten, die durch die nationalen Beamten und Sachverständigen in der Vorbereitungsphase eingebracht werden können. Daneben vergibt die Kommission regelmäßig Aufträge für externe Studien an Forschungseinrichtungen und Universitäten sowie kommerzielle Beratungsunternehmen. Dies

möglichst viele Vertreter der Mitgliedstaaten und der Berufsverbände an der Ausarbeitung von EG-Recht beteiligt werden. Nach einer Schätzung aus dem Jahr 1989 finden wöchentlich etwa 150 Sitzungen mit auswärtigen Sachverständigen statt (Hay 1989: 28). Wird davon ausgegangen, daß pro Sitzung durchschnittlich 20[597] externe nationale Beamte, Sachverständige und Verbandsvertreter anwesend sind, dann stünden der Kommission pro Woche ca. 3000 bzw. auf zehn bis elf Monate gerechnet ca. 130 000 bis 145 000 zusätzliche externe Experten zur Verfügung.[598] Dadurch werden die Dienststellen der Kommission entlastet und es besteht ein flexibles System, um externe Expertise einzuholen. Die Kommission kann durch diese Art der "informal co-optation" (Lindberg 1963: 71) der nationalen Verwaltungen und der europäischen Dachverbände potentielle Konflikte frühzeitig erkennen und ausräumen. Im Gegenzug werden die nationalen Verwaltungen und die europäischen Dachverbände zu einem frühen Zeitpunkt über künftiges EG-Recht informiert bzw. erhalten die Möglichkeit der Einflußnahme auf die in der Planung befindlichen Rechtsakte.

Darüber hinaus findet zwischen den Eliten ein reger Dialog und Informationsaustausch statt, der für die Herausfilterung des "gemeinsamen Interesses" wichtig ist und der "Vertrauen" zwischen den Beteiligten schafft (Poullet/Deprez 1976: 116). Für die Kommission spielt der Informationsaustausch und die Anhörung der verschiedenen Meinungen eine besonders wichtige Rolle, da sie ein Interesse daran hat, daß der beim Rat eingebrachte Entwurf eine "Realisierungschance" (Beutler/Bieber/Pipkorn/Streil 1993: 145) hat und in den nachfolgenden Phasen der Entscheidungsherstellung und Entscheidungsdurchführung nicht abgelehnt wird.[599]

---

stellt einen weiteren Indikator für den Beratungsbedarf der Kommission dar, über dessen Umfang und Bedeutung jedoch keine Angaben vorliegen.

597 Hier wird davon ausgegangen, daß pro Mitgliedsland ein Sachverständiger oder Beamter entsandt wird und ca. fünf Verbandsvertreter anwesend sind. Diese Zahl ist dabei vergleichsweise niedrig angesetzt; für das Jahr 1963 — also noch in der 6er-Gemeinschaft — schwankten die Schätzung zwischen fünf und 60 Experten, die pro Sitzung teilnahmen (Lindberg 1963: 56). Auch hinsichtlich der berufsständischen beratenden Ausschüsse muß vermutlich von einer höheren Zahl ausgegangen werden, denn schon Mitte der 70er Jahre schätzten Poullet/Deprez die Zahl der Mitglieder auf "zwischen zwölf und sechsunddreißig je nach Agrarprodukt" (Poullet/Deprez 1976: 122).

598 Dabei handelt es sich natürlich oftmals um dieselben Personen, da diese Zahl auf der Basis der Sitzungen berechnet wurde. Wird davon ausgegangen, daß die externen Sachverständigen durchschnittlich vier Mal pro Jahr zu Studien- und Arbeitsgruppensitzungen nach Brüssel kommen, würde es sich um eine Zahl von ca. 32 000 bis 36 000 externe Experten handeln. Dies ist bedeutend mehr als die Gesamtzahl von ca. 20 000 Sachverständigen pro Jahr*, die für das Jahr 1972 berechnet wurde (Poullet/Deprez 1976: 117) [* hier eigene Hochrechnung auf 100 % auf der Grundlage der Zahlen von Poullet/Deprez, Anm. d. Verf.].

599 Information von Adrian van der Meer, Generalsekretariat der Kommission, im Gespräch mit dem Verf. am 27.1.1994.

Die Einbeziehung von Vertretern der nationalen Verwaltungen und Verbände ist aus dieser Sicht ein notwendiges Instrument, das zur Kompromißbildung beiträgt. Dies ermöglicht es der Kommission, nationalen Beamten "eine regelrechte europäische Schulung" zu verschaffen (Noël 1993: 53) und sie für das Gemeinschaftsinteresse zu gewinnen: "The involvement of national civil servants at an early stage is partly a way of cutting corners towards such compromise ... [and] a means ... of acting as a champion of the common interest ... by infecting national officials with the European idea" (Coombes 1970: 89).

Aus dieser Perspektive können die Studien- und Arbeitsgruppen zusammengefaßt als ein nützliches Instrument der Kommission beurteilt werden: "... these experts ... perform a useful function in guiding the Commission in its search for solutions that are technically accurate and generally acceptable ..." (Noël zit. nach Coombes 1970: 88) bzw. noch weiterführender: "Es geht also [bei den Zusammenkünften der Studien- und Arbeitsgruppen, Anm. d. Verf.] ... um die beispielhafte Anwendung des Prozesses der Entwicklung eines Gemeinsamkeitsgefühls, mit dem bei außerhalb stehenden Elementen 'neue Betrachtungsweisen, neue Loyalitäten, neue Identifikationen' ausgelöst werden sollen" (Poullet/Deprez 1976: 119).

Nach der zweiten Argumentationslinie wird die Rolle der Studien- und Arbeitsgruppen kritisch betrachtet, da sich mit ihnen generell das Problem der Bewahrung der Unabhängigkeit der Kommission verbindet. Das Kernargument ist, daß durch die Zusammenarbeit mit "feindlichen Akteuren" die Kommission gezwungen ist, sich anzupassen: "... the tendency of organisations to adapt to a potentially hostile environment by recruiting, and thus neutralising, potential antagonists ... is invariably damaging to the vitality and independence of the organization concerned" (Coombes 1970: 95). Bezogen auf den EG-Entscheidungsprozeß verbindet sich damit für die Kommission die Gefahr der "Verwässerung" ihres Initiativrechts. Indem die Kommission bei der Ausarbeitung eines Gesetzentwurfs nationale Verwaltungen, Verbände und Interessengruppen konsultiert, setzt sie sich deren Einfluß aus und verliert einen Teil ihrer Unabhängigkeit. Die Ausarbeitung eines Entwurfs für einen EG-Rechtsakt orientiert sich damit nicht mehr ausschließlich am "gemeinsamen europäischen Interesse", sondern es findet eine Vermengung mit den Partikularinteressen der nationalen Verwaltungen und der betroffenen Verbände und Lobbygruppen statt: "Not only would this derogate from the major power of the Commission in relation to the Council, namely its monopoly of the right to make proposals; ... Proposals arrived at by a group of national representatives will tend to be a compromise of differing national views" (Lindberg 1963: 63). Hinsichtlich der Funktionsweise der Studien- und Arbeitsgruppen stellt sich dann die Frage, inwieweit und zu welchem Zeitpunkt die darin stattfindenden "Konsultationen" in der politisch-administrativen Praxis "Vorverhandlungen" darstellen (Poullet/Deprez

1976: 119), die auf eine Kompromißfindung hinauslaufen und damit die Phasen der Entscheidungsherstellung und Entscheidungsdurchführung vorwegnehmen.

In der politischen Praxis haben sich die Studien- und Arbeitsgruppen weitgehend bewährt und als wirksam erwiesen (Hay 1989: 28).[600] Inwieweit damit das Initiativmonopol der Kommission unterlaufen wird, ist fraglich, und muß sicherlich je nach Regelungsbereich und je nach Art der Studien- bzw. Arbeitsgruppe unterschiedlich bewertet werden. Zu betonen ist, daß die Kommission die Tagesordnung der Studien- und Arbeitsgruppen bestimmt und nicht an ihre Schlußfolgerungen gebunden ist. Die in den Studien- und Arbeitsgruppen vertretenen nationalen Beamten und Sachverständigen unterliegen keinen offiziellen Weisungen ihrer Ministerien; ihre Stellungnahmen werden *ad personam* abgegeben und verpflichten folglich das jeweilige Mitgliedsland nicht. Insofern scheinen in den Studien- und Arbeitsgruppen weniger "(Vor)Verhandlungen" stattzufinden, als vielmehr ein breiter Informations- und Meinungsaustausch sich zu vollziehen, der die Unabhängigkeit der Kommission im wesentlichen unberührt läßt: "Die auf Initiative der Kommission institutionalisierten Beratenden Ausschüsse beeinträchtigen somit ihre Entscheidungsautonomie nicht erheblich" (Poullet/Deprez 1976: 123). Die Studien- und Arbeitsgruppen der Kommission können daher primär als Instrumente der "künstlichen" Erweiterung des Verwaltungsapparats der Kommission betrachtet werden. Sie geben Aufschluß über den Beratungsbedarf der Kommission und über die Nutzung ihrer Rolle als "Initiatorin" des Gemeinschaftsrechts, das von Rat und Europäischem Parlament verabschiedet wird.

### 3.1.2 Die Phase der Entscheidungsherstellung

In der Phase der Entscheidungsherstellung von EG-Rechtsakten ist das zentrale Organ der Ministerrat. Die Kommission spielt im wesentlichen die Rolle einer "politischen Maklerin" im Rat (vgl. 2. Phase in Übersicht 2), d.h. sie hat eine vermittelnde Funktion hinsichtlich der im Rat vertretenen nationalen Positionen. Durch die Einführung des sog. Zusammenarbeitsverfahrens nach Art. 149 EGV mit dem Inkrafttreten der EEA[601] und insbesondere durch die Einführung des sog. Mitentscheidungsverfahrens nach Art. 189 b EGV mit dem Inkrafttreten des Maastrichter Vertrags, ist das Europäische Parlament in zunehmenden Maße an der Entscheidungsherstellung beteiligt. Die Stärkung des Parlaments hat dabei die Rolle der Kommission nicht unberührt gelassen. Der Wirtschafts- und Sozialausschuß (WSA) und der mit Maastricht neu geschaffene Ausschuß der regionalen und lokalen Gebietskörperschaften (kurz: Ausschuß der Regionen, vgl. Art. 198 a EGV) werden

---

[600] So auch die Ansicht der meisten vom Verf. interviewten Kommissionsbeamten.

[601] Seit dem Inkrafttreten des Vertrags über die Europäischen Union Art. 189 c EGV.

in bestimmten Angelegenheiten lediglich konsultiert und spielen keine zentrale Rolle bei der Entscheidungsherstellung.

Die besondere Rolle der Kommission bei der Herstellung von EG-Rechtsakten im Rat beruht im wesentlichen auf zwei Mechanismen: Erstens dem Initiativmonopol der Kommission, d.h. der Befugnis zur förmlichen Einleitung eines Gesetzgebungsverfahrens, wobei die Kommission "das Recht zur Festlegung von Zeitpunkt, Inhalt, Art, Form und Dichte des Gesetzgebungsprojekts" hat (Beutler/Bieber/Pipkorn/Streil 1993: 140). Teil des Initiativrechts ist es, daß die Kommission gemäß Art. 149 Abs. 3 bzw. seit Maastricht gemäß Art. 189 a, Abs. 2 EGV, "solange ein Beschluß des Rates nicht ergangen ist ... ihren Vorschlag jederzeit im Verlauf der ... Verfahren ändern [kann]". Damit verbindet sich das Recht der Kommission, ihren Vorschlag auch ganz zurückzuziehen, wenn sie der Ansicht ist, daß dieser vom Rat (oder auch vom Europäischen Parlament) so verändert worden ist, daß er nicht mehr ihrer ursprünglichen Intention entspricht. In diesem Falle kann der Rat (bzw. auch das Europäische Parlament) überhaupt keinen Beschluß fassen. Versäumt es die Kommission, einen Gesetzentwurf vorzulegen, kann sie nach Art. 152 EGV vom Rat dazu aufgefordert werden. Im äußersten Fall kann sie auch von den Organen und Mitgliedstaaten der Union gemäß Art. 175 EGV vor dem Europäischen Gerichtshof (EuGH) wegen Untätigkeit verklagt werden.[602]

Zweitens ist die Kommission durch die Kommissare bzw. durch hohe Beamte in den für die Entscheidungsherstellung relevanten Gremien des Rates vertreten. So nimmt der jeweils zuständige Kommissar und der Generalsekretär der Kommission an den Ministerratssitzungen teil, die zuständigen Generaldirektoren und der stellvertretende Generalsekretär wirken an den Sitzungen des Ausschusses der Ständigen Vertreter (AStV) mit und die Fachbeamten der Kommission sind in den ca. 250 Arbeitsgruppen des Rates (Stand 1995) anwesend (Rometsch/Wessels 1994: 211ff.). Der Leiter der Direktion im Generalsekretariat, die für die Beziehungen zum Rat zuständig ist, nimmt an den Treffen der Antici-Gruppe teil;[603] sein Stell-

[602] Die Aktivlegitimation des Europäischen Parlaments im Rahmen der Untätigkeitsklage war lange Zeit umstritten. Durch das sog. "Verkehrspolitik-Urteil" des EuGH (Rs. 13/83 v. 22.5.1985), dem eine Klage des Europäischen Parlaments gegen die Kommission wegen Untätigkeit in der Verkehrspolitik vorausgegangen war, wurde das Parlament formal als klageberechtigtes Organ im Rahmen von Art. 175 EGV anerkannt. Dies wurde unter anderem als eine Art von Kompensation für die schwach ausgebildeten Legislativrechte des Parlaments gewertet (Oppermann 1991: 242).

[603] Dabei handelt es sich um eine 1975 eingerichtete Arbeitsgruppe, die nach ihrem ersten Vorsitzenden, dem italienischen Diplomaten Paolo Antici, benannt wurde, und die sich aus Vertretern der Ständigen Vertretungen der Mitgliedstaaten und der Kommission zusammensetzt. Neben der Vorbereitung der Sitzungen des Ausschusses der Ständigen Vertreter im Botschafterrang (AStV II) hat die Antici-Gruppe die Aufgabe, die Informationsübermittlung zwischen

vertreter ist für die sog. Mertens-Gruppe zuständig.[604] In der Antici-Gruppe und der Mertens-Gruppe werden die Koordinations- und Vorbereitungsarbeiten für die Sitzungen des AStV I und II vorgenommen. Dabei kann es vorkommen, daß Sitzungen der Antici-Gruppe in der Kommission stattfinden, um dem Generalsekretär der Kommission die Gelegenheit zu geben, die "Anticis" unmittelbar über die Ergebnisse einer wichtigen Kommissionssitzung zu unterrichten (Spence 1995: 371).

Der Präsident der Kommission und ein weiteres Mitglied der Kommission nehmen neben ihrer Anwesenheit im Ministerrat auch an den Treffen des Europäischen Rates teil (Rometsch/Wessels 1994: 218f.). Wenngleich der Europäische Rat erst mit Maastricht in den EU-Vertrag aufgenommen wurde[605] und *de jure* nach wie vor nicht Teil des gemeinschaftlichen Entscheidungsfindungsprozesses ist, wurden (und werden) auf der Ebene der Staats- und Regierungschefs vor allem seit Mitte der 80er Jahre häufig konkrete Beschlüsse gefällt (Bulmer/Wessels 1987: 59ff.; Werts 1992: 177ff.). Der Europäische Rat wurde dadurch insbesondere in strittigen finanziellen und institutionellen Fragen zu einem "zentralen Entscheidungsgremium der Gemeinschaft" (Wessels 1995: 185), in dem der Präsident der Kommission anwesend ist und in dem er — je nach Persönlichkeit und Thematik — auf die Entscheidungsfindung Einfluß nehmen kann. Delors hat als Kommissionspräsident eine aktive Rolle im Europäischen Rat gespielt und dieses höchste Gremium genutzt, um konkrete Ziele durchzusetzen. So wurden etwa die beiden Pakete zur Reform der Finanzen der Gemeinschaft von 1988 und 1992 vom Europäischen Rat im Grundsatz ebenso beschlossen wie die Einsetzung des sog. Delors-Komitees im Jahr 1988. Auf dem Gipfel in Kopenhagen im Juni 1993 klärte Delors die Staats- und Regierungschefs über die wirtschaftliche Rezession und die steigende Arbeitslosigkeit in der Gemeinschaft auf. Er bewirkte dadurch, daß die Kommission den Auf-

---

den Staats- und Regierungschefs und den nationalen Delegationen bei Gipfeltreffen des Europäischen Rates sicherzustellen. Dabei sind die "Anticis" oftmals die einzigen Beamten, denen es erlaubt ist, den Konferenzraum zu betreten, in dem die Staats- und Regierungschefs und der Präsident der Kommission tagen.

[604] Dabei handelt es sich um eine 1993 eingerichtete Arbeitsgruppe, die sich ähnlich wie die Antici-Gruppe zusammensetzt. Sie wurde nach ihrem ersten Vorsitzenden, Vincent Mertens de Wilmars, benannt und hat die Aufgabe, die eher "technischen" Angelegenheiten im Bereich des Binnenmarktes, der Umweltpolitik, der Verkehrspolitik etc., die den Ausschuß der Ständigen Vertreter im Rang der Stellvertreter der Botschafter (AStV I) betreffen, vorzubereiten und zu koordinieren.

[605] Der Europäische Rat wurde erstmals durch Art. 2 der EEA in einem rechtlich verbindlichen Text erwähnt, ohne dadurch aber Teil des Gemeinschaftsvertrags zu werden. Im Vertrag über die Europäische Union ist der Europäische Rat in Art. D genannt, ohne dadurch aber ein "echtes" Organ der Gemeinschaft gemäß Art. 4 EGV darzustellen. Nach Art. D EUV hat er die Aufgabe, der Union "die für ihre Entwicklung erforderlichen Impulse [zu geben] und legt die allgemeinen politischen Zielvorstellungen für diese Entwicklung fest".

trag erhielt, ein Weißbuch zu dieser Thematik zu verfassen, das eine Strategie für die Gemeinschaft auf dem Weg ins nächste Jahrhundert enthielt.[606] Neben den formellen Befugnissen, die sich unmittelbar aus dem Initiativmonopol ergeben, ist die Kommission demnach auch in informeller Weise durch ihre Mitwirkung in den verschiedenen Gremien des Rates bzw. durch die Teilnahme des Kommissionspräsidenten an den Gipfeltreffen des Europäischen Rates an der Entscheidungsherstellung beteiligt.

Die Vertreter der Kommission verfügen in den genannten Gremien über kein Stimmrecht, jedoch haben sie ein Rederecht und können durch mündliche Beiträge bzw. durch schriftliche Vorlagen die Entscheidungsfindung beeinflussen und dadurch auf die Herstellung eines Kompromisses hinwirken. Die Bedeutung dieses Vorrechts der Kommission wird insbesondere dann deutlich, wenn es sich um Vorschläge handelt, die die Kommission eingebracht hat und die nur durch sie geändert werden können. Die Kommission ist im weitesten Sinne "Herrin" ihres Vorschlags und kann diesen je nach Interessenlage und Verhandlungsstand mehr oder weniger umfangreich abändern. Dabei muß zwischen den einzelnen Entscheidungsebenen unterschieden werden: Auf der Ebene der Arbeitsgruppen des Rates, wo insbesondere die "technischen" Einzelheiten beraten werden, haben die Beamten der Kommission — nicht zuletzt durch ihre Expertise — ein großes Gewicht und üben einen starken Einfluß auf die von ihnen eingebrachten Vorschläge aus. Auf der Ebene der Ständigen Vertreter, wo die Verhandlungen sehr viel mehr politischer sind und technische Expertise allein nicht ausreicht, ist der Einfluß der Kommissionsvertreter hingegen geringer. Im Ministerrat, wo nur noch politisch umstrittene Vorlagen verhandelt werden, verfügt der jeweils zuständige Kommissar nur noch über eine marginale Einflußmöglichkeit auf die Entscheidungsherstellung. Der zuständige Kommissar ist überdies an das vom Kollegium beschlossene Verhandlungsmandat gebunden (Rometsch/Wessels 1994: 214). Indem jedoch ca. 90 % der EG-Entscheidungen auf der Ebene der Arbeitgruppen getroffen werden, die nach dem sog. "A-Punkt Verfahren" nur noch zur formalen Bestätigung an den Ministerrat weitergeleitet werden, und auf dieser Ebene die Kommissionsbeamten über den am weitreichendsten Handlungsspielraum verfügen, ist davon auszugehen, daß in

[606] Das Ergebnis war das Weißbuch "Wachstum, Wettbewerbsfähigkeit und Beschäftigung. Herausforderungen der Gegenwart und Wege ins 21. Jahrhundert" (Europäische Kommission 1994), das auf dem Gipfel in Brüssel im Dezember 1993 vorgelegt wurde und das eine nachhaltige Debatte über die wirtschaftliche Entwicklung in den Mitgliedstaaten auslöste. Das Weißbuch stieß auf mancherlei Kritik von seiten der Staats- und Regierungschefs, jedoch enthielten die darin entwickelten Analysen und die darauf aufbauenden Überlegungen und Vorschlägen einiges an Substanz, die in der weiteren Debatte durchaus positiv bewertet wurden und die einmal mehr darauf hindeuteten, daß Delors ein "Mann mit langfristigen Visionen" war (Rometsch 1994b: 74).

der politischen Praxis die Kommission — zumindest informell — einen nicht unerheblichen Anteil an der Herstellung einer Vielzahl von EG-Entscheidungen hat.

Die Geltendmachung des Einflusses der Kommission auf die Entscheidungsherstellung ist dabei ganz wesentlich davon abhängig, welches Verfahren im Rat Anwendung findet. In all den Fällen, in denen im Rat — und damit auch in den dem Rat untergeordeten Gremien — mit qualifizierter Mehrheit abgestimmt wird, verfügt die Kommission über einen größeren Handlungsspielraum, als in den Fällen, in denen mit Einstimmigkeit entschieden wird. Bei Entscheidungen mit qualifizierter Mehrheit kann die Kommission nach möglichen "Koalitionen" Ausschau halten und ihren Vorschlag so gestalten, daß die erforderliche Mehrheit im Rat zustandekommt. Bei Entscheidungen mit Einstimmigkeit verliert die Kommission diesen Spielraum. Das Recht zur Veränderung ihres Vorschlags geht im Prinzip auf den Rat über, der nach Art. 149, Abs. 1 EWGV bzw. nach Art. 189 a, Abs. 1 EGV den Vorschlag der Kommission einstimmig abändern kann. Die Beteiligung der Kommission an der Entscheidungsherstellung hängt daher ganz wesentlich davon ab, in welchen Fällen der Rat auf Vorschlag der Kommission mit Einstimmigkeit oder mit Mehrheit entscheidet. Letzteres ist vor allem dann der Fall, wenn das Verfahren der Zusammenarbeit gemäß Art. 149 EWGV bzw. Art. 189 c EGV und das Verfahren der Mitentscheidung gemäß Art. 189 b EGV angewendet werden.[607] Daneben entscheidet der Rat auch bei einigen Anhörungsverfahren und

---

[607] Das *Verfahren der Zusammenarbeit* gemäß Art. 189 c EGV ist im EG-Vertrag i.d.F. vom 1.11.1993 in den folgenden Artikeln ausdrücklich genannt: Art. 6 EGV (Diskriminierungsverbot); Art. 75, Abs. 1 EGV (Verkehr); Art. 84 EGV (Verkehrsmittel); Art. 103, Abs. 5 EGV (Verfahren der multilateralen Überwachung der Wirtschaftspolitik); Art. 104 a, Abs. 2 EGV (Maßnahmen zur Durchführung von Art. 104 a, Abs. 1 EGV); Art. 104 b, Abs. 2 EGV (Anwendung von Art. 104 EGV); Art. 105 a, Abs. 2 EGV (Harmonisierungsmaßnahmen hinsichtlich des Umlaufs von Münzen); Art. 118 a EGV (Mindestvorschriften für die Verbesserung der Arbeitsumwelt); Art. 125 (Sozialfonds); Art. 127 (berufliche Bildung); Art. 129 d, Abs. 3 (transeuropäische Netze außer den Leitlinien); Art. 130 e (Durchführung des Regionalfonds); Art. 130 o (Durchführung der mehrjährigen Rahmenprogramme im Bereich Forschung und Entwicklung); Art. 130 s, Abs. 1 und 3 EGV (Umwelt und Durchführung der Programme); Art. 130 w EGV (Entwicklungszusammenarbeit und Mehrjahresprogramme); Artikel 2, Abs. 2 des Protokolls über die Sozialpolitik. Das *Mitentscheidungsverfahren* gemäß Art. 189 b EGV ist im EG-Vertrag i.d.F. vom 1.11.1993 in den folgenden Artikeln ausdrücklich genannt: Art. 49 EGV (Maßnahmen zur Freizügigkeit der Arbeitnehmer); Art. 54, Abs. 2 EGV (Niederlassungsfreiheit); Art. 56, Abs. 2, Satz 2 EGV (Niederlassungsfreiheit nach Ende der zweiten Stufe); Art. 57, Abs. 1 und Abs. 2, Satz 3 EGV (gegenseitige Anerkennung von Diplomen); Art. 66 EGV (Dienstleistungen); Art. 100 a, Abs. 1 EGV (Binnenmarkt); Art. 100 b, Abs. 1 EGV (Gleichwertigkeit einzelstaatlicher Vorschriften im Binnenmarkt); Art. 126, Abs. 4 EGV (Fördermaßnahmen im Bereich Bildung und Jugend); Art. 129, Abs. 4 EGV (Fördermaßnahmen im Gesundheitswesen); Art. 129 a, Abs. 2 EGV (Verbraucherschutz); Art. 129 d EGV (Leitlinien im Bereich der transeuropäischen Netze); Art. 130 s, Abs. 3 EGV (allgemeine Aktionsprogramme in anderen Bereichen der Umwelt); Art. 128, Abs. 5 EGV

einigen Verfahren, bei denen keine Anhörung des Europäischen Parlaments stattfindet, mit qualifizierter Mehrheit nach einem Vorschlag der Kommission. Darüber hinaus gibt es noch einige wenige Zustimmungsverfahren auf Vorschlag der Kommission, bei denen eine Entscheidung nur zustande kommt, wenn das Europäische Parlament dem ausdrücklich zugestimmt hat.[608]

Hinzu kommt, daß Kommission und Europäisches Parlament im Jahr 1990 vereinbart haben, ihre "common front" (Nicoll 1996: 276) gegenüber dem Rat im Rahmen eines "code of conduct" festzuschreiben und weiter auszubauen. In dem neuen *code of conduct* vom März 1995 kamen beide Seiten unter anderem überein, daß die Kommission im Rahmen des Zusammenarbeitsverfahrens die vom Europäischen Parlament in zweiter Lesung beschlossenen Abänderungen an einem Gesetzesvorhaben soweit wie möglich in ihrem Vorschlag berücksichtigt, bevor sie dem Rat ihren modifizierten Vorschlag unterbreitet. Ferner wurde vereinbart, daß die Kommission einen Vorschlag unmittelbar zurückzieht, wenn er vom Europäischen Parlament abgelehnt wurde (Nicoll 1996: 279). Wenngleich es sich dabei um eine unverbindliche Absichtserklärung beider Institutionen handelte und insbesondere die zuletzt genannte Vereinbarung rechtlich nicht unumstritten war und ist, wurde deutlich gemacht, daß sich der Einfluß der Kommission auf die Entscheidungsherstellung im Rat nicht losgelöst von der Haltung des Europäischen Parlaments vollziehen würde. Die Mitwirkung der Kommission bei der Herstellung von EG-Recht ist demnach ganz wesentlich davon abhängig, welches Entscheidungsverfahren Anwendung findet und welches Wechselspiel dabei zwischen Rat, Europäischem Parlament und Kommission stattfindet.

Mit der Einführung des im Vertrag über die Europäische Union verankerten Mitentscheidungsverfahrens gemäß Art. 189 b EGV, das allerdings nur für bestimmte, aber durchaus zentrale, Politikbereiche gilt,[609] nähert sich die Union einem Zwei-Kammer-System an, in dem der Rat — als Vertretung der Staaten — und das Europäische Parlament — als Vertretungsorgan der Völker — im Entscheidungsprozeß

---

(Fördermaßnahmen im Bereich Kultur); Art. 130 i, Abs. 1 EGV (mehrjähriges Rahmenprogramm im Bereich Forschung und Entwicklung). Die beiden zuletzt genannten Bereiche Kultur und mehrjährige Forschungsprogramme sehen dabei Einstimmigkeit im Rat vor.

608 Diese sind seit Maastricht: Unionsbürgerschaft (Art. 8 a, Abs. 2 EGV); besondere Aufgaben der Europäischen Zentralbank (Art. 105, Abs. 6 EGV); Veränderung der Satzung des Europäischen Systems der Zentralbanken (Art. 106, Abs. 5 EGV); Struktur- und Kohäsionsfonds (Art. 130 d EGV); bestimmte internationale Abkommen (Art. 228, Abs. 3 EGV). Bei den folgenden zwei Zustimmungsverfahren verfügt die Kommission über kein Vorschlagsrecht: im Falle der Erweiterung der EU (Art. O EUV) wird die Kommission lediglich angehört und im Falle der Entscheidung über ein einheitliches Wahlverfahren des Europäischen Parlaments (Art. 138, Abs. 3 EGV) schlägt die Kommission weder vor noch wird sie angehört.

609 Vgl. die Angaben zum Mitentscheidungsverfahren in der Fn. oben.

über vergleichbare Rechte verfügen. Durch die Möglichkeit, drei Lesungen abzuhalten, die mehrere Stufen und unterschiedliche Fristen enthalten können, und durch die Möglichkeit, in Konfliktfällen einen Vermittlungsausschuß einzuberufen, hat sich zwischen Rat und Europäischem Parlament ein Dialog entwickelt, der den Einfluß des Europäischen Parlaments — so auch erste vorläufige Bilanzen zum Vermittlungsverfahren[610] — auf den EG-Entscheidungsfindungsprozeß verstärkt hat (Corbett/Jacobs/ Shackleton 1995: 204). Die Kommission hat im Rahmen dieses Verfahrens eher an Einfluß verloren, wenngleich sie nach Art. 189 b, Abs. 4 EGV dazu aufgerufen ist, "an den Arbeiten des Vermittlungsausschusses teil[zunehmen] und ... alle erforderlichen Initiativen [zu ergreifen], um auf eine Annäherung der Standpunkte des Europäischen Parlaments und des Rates hinzuwirken". Die Kommission besitzt jedoch nur wenig konkrete Eingriffsmöglichkeiten in das Vermittlungsverfahren, bei dem in der politischen Praxis die Vertreter des Rates und des Parlaments dominieren. Letztere können sich im Vermittlungsausschuß auf einen gemeinsamen Text einigen "even if the Commission is opposed" (Corbett/Jacobs/Shackleton 1995: 201). Aus dieser Perspektive ist daher zu befürchten, daß die Kommission langfristig aus dem weiteren Gesetzgebungsprozeß "hinausgedrängt" wird und ihre Rolle als "Vermittlerin" aufgrund der verbesserten Zusammenarbeit zwischen Rat und Parlament nicht, oder nur in Einzelfällen, zum Tragen kommt.[611]

### 3.1.3 Die Phase der Entscheidungsdurchführung

In der Phase der Durchführung von EG-Rechtsakten spielt die Kommission zusammen mit dem Rat eine entscheidende Rolle und nimmt die Funktion eines "Exekutivorgans" (Noël 1993: 17) wahr (vgl. 3. Phase in Übersicht 2). Damit verbinden sich die folgenden Aufgabenbereiche für die Kommission: Erstens die Anwendung der unmittelbar in den Verträgen genannten Bestimmungen; dies ist vor allem in den Bereichen der Fall, in denen die Verträge bereits die wesentlichen

---

[610] Vgl. Report on the Work of the Conciliation Delegations in the Second Half of 1994, Europäisches Parlament, PE 211.522 vom 1.3.1995; Europäisches Parlament, Delegationen des Europäischen Parlaments im Vermittlungsausschuß, Tätigkeitsbericht 1.3.1995 bis 31.7.1996, vorgelegt von Nicole Fontaine, Josep Verde i Aldea und Renzo Imbeni, DOC-DE\DV\293193, PE 216.734 sowie die Berichte der Kommission (Europäische Kommission 1995), des Rates (Rat der Europäischen Union 1996) und des Europäischen Parlaments (Europäisches Parlament 1996) an die Reflexionsgruppe über die Anwendung des Vertrags über die Europäische Union.

[611] In einem Bericht über die Arbeiten des Vermittlungsausschusses wurde von seiten des Europäischen Parlaments festgestellt, daß die Kommission "wirklich verwertbare Kompromißvorschläge" vorgelegt hat und dadurch ihrer Rolle als "neutrale Vermittlerin ... voll und ganz gerecht [wurde]"; vgl. Europäisches Parlament, Delegationen des Europäischen Parlaments im Vermittlungsausschuß, Tätigkeitsbericht 1.3.1995 bis 31.7.1996, a.a.O., S. 6.

Grundzüge eines Politikbereichs enthalten — wie etwa im EGKS-Vertrag, aber auch in einzelnen Kapiteln des Euratom und des EWG-Vertrags — und diese Politik "nur noch auszuführen ist" (Schmitt von Sydow 1980: 55). Nach dem EGKS-Vertrag verfügt die Kommission über weitreichende Zuständigkeiten im Bereich Kohle und Stahl.[612] Nach Art. 46 EGKS ist sie etwa dazu aufgerufen, "die Marktentwicklung und die Preistendenzen fortlaufend zu untersuchen" und "Programme für Erzeugung, Verbrauch, Ausfuhr und Einfuhr" aufzustellen; nach Art. 54 EGKS kann die Kommission zu Investitionen anreizen, indem sie "Kredite bewilligt oder für ... Anleihen die Gewährleistung übernimmt" und nach Art. 55 EGKS soll die Kommission "die technische und wirtschaftliche Forschung ... fördern"; schließlich kann die Kommission nach Art. 58 EGKS im Falle einer Absatzkrise ein "System der Erzeugungsquoten" einführen, um die Kapazitätsausnutzung der Unternehmen zu regeln. Nach dem Euratom-Vertrag hat die Kommission vor allem Verwaltungs- und Koordinierungsaufgaben im Bereich der Forschungsförderung (Art. 4 EAV ff.), der Lizenzvergabe bei der Verbreitung von Kenntnissen (Art. 12 EAV ff.), des Strahlenschutzes (Art. 30 EAV ff.), der Investitionen auf dem Kerngebiet (Art. 40 EAV ff.), der Errichtung gemeinsamer Unternehmen (Art. 46 EAV ff.), der Versorgung mit spaltbarem Material (Art. 52 EAV ff.) und der Überwachung der Sicherheit in den Mitgliedstaaten (Art. 77 EAV ff.).

Nach dem EWG-Vertrag hat die Kommission unmittelbar im Vertrag genannte Befugnisse vor allem im Bereich der Zollunion und der Wettbewerbspolitik, in geringerem Umfang aber auch in der Agrarpolitik, der Verkehrspolitik, der Handelspolitik und der Sozialpolitik. Die Kommission ist — um in diesem Zusammenhang nur die wichtigsten Bestimmungen zu nennen — nach Art. 13 ff. EGV für den Zollabbau zwischen den Mitgliedstataten zuständig; nach Art. 25, Abs. 2—4 EGV gewährt sie den Mitgliedstaaten Zollkontingente bzw. nach Art. 33, Abs. 2—7 EGV Einfuhrkontingente hinsichtlich der im Anhang des Vertrags aufgeführten Warenlisten. Nach Art. 46, Abs. 2 EGV kann die Kommission bei bestehenden landwirtschaftlichen Marktordnungen in den Mitgliedstaaten Ausgleichsabgaben festlegen und in Art. 90 EGV ist festgelegt, daß die Kommission zur Einhaltung der Wettbewerbsregeln durch öffentliche Unternehmen Richtlinien und Entscheidungen an die Mitgliedstaaten richten kann. Nach Art. 91 EGV kann sie "Dumping-Praktiken innerhalb des Gemeinsamen Marktes" anzeigen und die geschädigten Mitgliedstaaten zur Durchführung von "geeigneten Schutzmaßnahmen" ermächtigen; nach Art. 93, Abs. 2 und 3 EGV überprüft die Kommission

---

[612] Diese Zuständigkeiten waren ursprünglich Aufgabe der Hohen Behörde; durch den Fusionsvertrag, der am 1.7.1967 in Kraft getreten ist, sind diese Aufgabenbereiche auf die Kommission der Europäischen Gemeinschaften übergegangen und wurden im wesentlichen auf die Generaldirektion III (Industrie), die Generaldirektion IV (Wettbewerb) und die Generaldirektion V (Sozialpolitik) aufgeteilt.

die in den Mitgliedstaaten bestehenden Beihilferegelungen und kann entscheiden, daß ein Mitgliedstaat eine mit dem Binnenmarkt unvereinbare Beihilfe aufheben muß. Insgesamt gab es nach dem "alten" EWG-Vertrag vor dem Inkrafttreten der EEA 61 unmittelbar im Vertrag genannte eigenständige Durchführungsbefugnisse der Kommission, die sie dazu ermächtigten, Richtlinien, Empfehlungen, Vorschriften, Entscheidungen, Gewährungen etc. zu erlassen (Schmitt von Sydow 1980: 56—59). Die Gesamtzahl der eigenständigen Kommissionsbefugnisse ist nach Maastricht auf ca. 72 solcher Bestimmungen angestiegen.[613]

Zweitens ist die Rolle der Kommission als Exekutivorgan an den vom Rat auf sie übertragenen Zuständigkeiten zur Durchführung von Vertragsbestimmungen ablesbar. Dabei handelt es sich auf der Grundlage des durch die EEA eingeführten Art. 145, 3. Spiegelstrich, EGV um eine "Delegationsermächtigung" (Harnier 1991: 4247). Letztere geht über die in Art. 155, 4. Spiegelstrich, EGV enthaltene Bestimmung hinaus, da der Rat gleichsam zur Übertragung von Durchführungsbefugnissen auf die Kommission verpflichtet ist und von dieser Bestimmung auch regen Gebrauch gemacht hat.[614] Der Grund hierfür ist, daß die Übertragung von Durch-

---

613 Eigene Berechnung nach Durchsicht des Gemeinschaftsvertrags in der Fassung vom 1.11.1993. Dabei ist zu beachten, daß drei Durchführungsbefugnisse der Kommission durch entsprechende Änderung des Vertrags weggefallen sind (Art. 71 — 73 EWGV ersetzt durch Art. 73 b — 73 g EGV). In Ergänzung zu der bei Schmitt von Sydow aufgeführten Liste, handelt es sich um die folgenden zusätzlichen Durchführungsbefugnisse der Kommission: Art. 100 b, Abs. 1 EGV (Erfassung von Rechts- und Verwaltungsvorschriften im Bereich des Binnenmarktes für die keine Angleichung erfolgte); Art. 100 c, Abs. 4 EGV (Prüfung von Anträgen der Mitgliedstaaten im Bereich der Visapolitik); Art. 103 EGV (Empfehlung über die Grundzüge der Wirtschaftspolitik der Mitgliedstaaten), Art. 104 c, Abs. 2 EGV (Überwachung der Haushaltslage und des öffentlichen Schuldenstandes in den Mitgliedstaaten); Art. 109, Abs. 1—3 EGV (Empfehlungen der Kommission bei Währungsvereinbarungen mit Dritten); Art. 109 h, Abs. 1 EGV (Prüfung der Finanzlage der Mitgliedstaaten bei Zahlungsbilanzschwierigkeiten); Art. 109 j, Abs. 1 EGV (Bericht der Kommission über die Einhaltung der Konvergenzkriterien vor dem Eintritt in die dritte Stufe der WWU); Art. 109 k, Abs. 1 EGV (Empfehlung über Ausnahmeregelungen beim Eintritt in die dritte Stufe der WWU); Art. 129, Abs. 2 EGV (Initiativen zur Förderung der Koordinierung der Gesundheitspolitiken in den Mitgliedstaaten); Art. 129 c, Abs. 2 EGV (Initiativen zur Förderung der Koordinierung der Politiken der Mitgliedstaaten im Bereich der transeuropäischen Netze); Art. 130, Abs. 2 EGV (Initiativen zur Förderung der Koordinierung der Industriepolitiken in den Mitgliedstaaten); Art. 130 h, Abs. 2 EGV (Initiativen zur Förderung der Koordinierung im Bereich der Forschung und technologischen Entwicklung); Art. 130 x, Abs. 2 EGV (Initiativen zur Förderung der Koordinierung der Entwicklungszusammenarbeit); Art. 228, Abs. 4 EGV (Billigung von Änderungen eines internationalen Abkommens).

614 Art. 145, 3. Spiegelstrich, EGV wurde mit der EEA in den Vertrag aufgenommen. In Erweiterung des zu diesem Zeitpunkt schon bestehenden Art. 155, 4. Spiegelstrich, EGV wurde die Delegation von Durchführungsbefugnissen auf die Kommission durch Art. 145, 3. Spiegelstrich, EGV zum Grundsatz erhoben und die Nichtdelegation von Durchführungsbestim-

führungsbefugnissen auf die Kommission für den Rat eine "Arbeitsentlastung" bedeutet und dies generell ein "geschmeidiges Handeln der Gemeinschaft" erlaubt (Schmitt von Sydow 1980: 66).

Der Rat kann dabei jedoch nicht völlig eigenmächtig handeln, sondern ist gewissen Regeln unterworfen: a) Es können nur solche Befugnisse übertragen werden, die dem Rat nach dem Vertrag selbst zustehen; b) die Übertragung der Durchführungsbefugnisse erfolgt in der Regel auf Vorschlag der Kommission, die ihrerseits dann dazu verpflichtet ist, die entsprechenden Durchführungsmaßnahmen zu beschließen (Harnier 1991: 4249). Dabei handelt es sich um teilweise recht weitgehende Durchführungsbefugnisse vor allem in den Bereichen Wettbewerb, Landwirtschaft und Binnenmarkt, die der Kommission übertragen werden und die es ihr ermöglichen, selbständig Richtlinien, Verordnungen und Entscheidungen zu erlassen. Die Besonderheit bei der Anwendung der Durchführungsbefugnisse durch die Kommission besteht darin, daß sie diese ohne die Beteiligung des Europäischen Parlaments und des Wirtschafts- und Sozialausschusses ausüben kann. Das ist selbst dann der Fall, wenn der Rat nach den Vertragsbestimmungen dieser Entscheidungsbeteiligung unterworfen wäre. Grund hierfür ist, daß das Europäische Parlament, der Wirtschafts- und Sozialausschuß und seit Maastricht auch der Ausschuß der Regionen bei der Grundsatzentscheidung zur Übertragung von Durchführungskompetenzen auf die Kommission entsprechend der Vertragsbestimmungen beteiligt werden, sie demnach zumindest im Vorfeld auf die Befugnisübertragung Einfluß nehmen können. Nach der erfolgten Übertragung der Durchführungsbefugnisse auf die Kommission soll im Sinne des Vertrags ein langwieriges Mitwirken der anderen Organe verhindert werden, um dadurch ein schnelles und effektives Handeln der Gemeinschaft zu gewährleisten. Dies ruft in der Praxis den Argwohn der anderen Institutionen hervor und erklärt, warum seit Maastricht das Europäische Parlament seinen Anspruch angemeldet hat, bei den Entscheidungen, die auf der Grundlage des Mitentscheidungsverfahrens nach Art. 189 b EGV beschlossen werden und die die Übertragung von Durchführungsbefugnissen auf die Kommission vorsehen, an der Phase der Ausarbeitung der Durchführungsmaßnahmen beteiligt zu sein.[615]

---

mungen gemäß Satz 3 zur Ausnahme erklärt. Eine generalklauselartige Übertragung aller Durchführungsbefugnisse auf die Kommission enthält Art. 145, 3. Spiegelstrich, EGV nicht. Dies wurde von der Kommission zwar angestrebt, jedoch konnte dies in den EEA-Verhandlungen nicht durchgesetzt werden (vgl. oben Teil II, Kapitel 1.4).

[615] Die Befürchtungen des Europäischen Parlaments gehen dahin, daß ihm mit Maastricht zwar ein Mitentscheidungsrecht in verschiedenen Politikbereichen eingeräumt wurde, daß aber diese weitgehende Entscheidungsmitwirkung in der Phase der Durchführung einer Entscheidung unterwandert wird, wenn die Kommission zusammen mit den Vertretern der Mitgliedstaaten im Rahmen der Durchführungsausschüsse, d.h. der sog. "Komitologie", die konkreten Maßnahmen zur Anwendung der getroffenen Entscheidungen ausarbeitet. Hinzu kommt eine juri-

Der Argwohn der anderen EG-Institutionen hinsichtlich der Durchführungsbefugnisse der Kommission ist insofern ungerechtfertigt, als die Kommission dadurch nicht über eine generelle Ermächtigung verfügt bzw. der Rat im wesentlichen untergeordnete "technische" Aufgabenstellungen der Kommission überträgt. Der Rat hat ein Interesse daran, seinen Einfluß auf politisch sensible Bereiche und konzeptionelle Aufgabenstellungen aufrecht zu erhalten und diese nicht auf die Kommission zu übertragen. Aus dieser Perspektive wird folglich den anderen Institutionen — im Rahmen der Bestimmungen der Verträge — die Entscheidungsmitwirkung in wichtigen Angelegenheiten nicht entzogen. Außerdem kann der Rat gemäß Art. 145, 3. Spiegelstrich, Satz 2, EGV "bestimmte Modalitäten ... festlegen", an die die Ausübung der Durchführungsbefugnisse durch die Kommission geknüpft ist. Dies hat unter anderem dazu geführt, daß in den Fällen, in denen die Kommission über einen gewissen Entscheidungsspielraum verfügt, der Rat durch die Schaffung eines komplizierten Ausschußsystems — der sog. "Komitologie" — seine Einflußmöglichkeiten auf die Durchführungsmaßnahmen der Kommission weitgehend erhalten hat. Ohne die Anhörung, bzw. je nach Ausschußtyp[616] auch der Zustimmung eines Ausschusses, kann die Kommission die an sie übertragene Durchführung von EG-Rechsakten nicht rechtmäßig erlassen. Durch die Mitwirkung von nationalen Beamten in den verschiedenen Durchführungsausschüssen, die unter dem Vorsitz der Kommission tagen und in denen die Umsetzung von EG-Rechtsakten beraten wird, ist ein "intergouvernementales Element" in den Ent-

---

stische Feinheit, die dem Europäischen Parlament ein Mitspracherecht in der Phase der Entscheidungsdurchführung sichert: nach Art. 145, 3. Spiegelstrich, EGV kann der Rat nur in den "... von ihm angenommenen Rechtsakten ... " die Durchführungsbefugnisse auf die Kommission übertragen; damit sind, wie dies aus Art. 190 EGV implizit hervorgeht, Rechtsakte, die "... vom Europäischen Parlament und vom Rat gemeinsam ... angenommen werden ..." ausgeschlossen, d.h. der Rat ist nicht autonom zur Übertragung von Durchführungsbefugnissen befugt, die in den Anwendungsbereich des Mitentscheidungsverfahrens fallen. Das Europäische Parlament hat daher gefordert, zusammen mit dem Rat eine "politische Kontrollbefugnis" über die Durchführungstätigkeit der Kommission auszuüben und über die von der Kommission eingeleiteten Durchführungsbestimmungen informiert zu werden, die dann gegebenenfalls im dafür zuständigen Ausschuß des Parlaments beraten werden können (vgl. Bericht De Giovanni v. 6.12.1993, A3-0417/93). Diese Forderung führte zu einer Zwischenlösung, dem sog. "modus vivendi", der im Rahmen der Beratungen über das Socrates-Programm entstanden war, und der zumindest die Unterrichtung des zuständigen Ausschusses des Europäischen Parlaments durch die Kommission bei der Annahme von Durchführungsakten vorsieht. Ferner wird die Kommission im "modus vivendi" auffordert, den Stellungnahmen des Europäischen Parlaments möglichst weitgehend Rechnung zu tragen (vgl. Sekretariat Vermittlungen/Konzertierungen, Jugend für Europa, "Socrates", Aufzeichnung für die Mitglieder der Delegation des Parlaments, Anlage I, v. 2.12.1994 sowie Abl. C 293/1 v. 8.11.1995). Eine endgültige Regelung zwischen den Organen steht noch aus. Grundsätzlich deutet die Forderungen des Parlaments, an der Durchführungsphase stärker beteiligt zu sein, auf eine "Verkomplizierung" der Komitologie hin.

616 Vgl. zu den verschiedenen Ausschußtypen Teil III, Kapitel 3.4.1 unten.

scheidungsprozeß eingeführt worden, das die Exekutivfunktion der Kommission in bestimmten Fällen einschränkt und einer engen Kontrolle durch nationale Beamten unterwirft (Schaefer 1996: 12ff.). Dies beeinträchtigt die Unabhängigkeit der Kommission bei der Durchführung von EG-Recht: "A feature common to all the implementing powers conferred upon the Commission by the Council is ... [...] ... the involvement of the Member States or the Council itself in the Commission's internal decision-making. In certain cases, this includes the possibility to amend or even to block Commission decisions. As a result, the Commission is not totally free to act independently ... " (Docksey/Williams 1994: 121).

Dennoch verfügt die Kommission in bestimmten Bereichen zum Teil über weitgehende Durchführungsbefugnisse von EG-Rechtsakten, die an sie übertragen wurden und die sie selbständig ausübt. Der Kommission wurde beispielsweise durch eine Entscheidung des Rats aus dem Jahr 1962 die Durchführung der Wettbewerbspolitik, d.h. der Art. 85 und 86 des EG-Vertrags übertragen.[617] Diese Entscheidung wurde durch den Ratsbeschluß aus dem Jahr 1989 zur Kontrolle von Unternehmenszusammenschlüssen ergänzt,[618] der der Kommission die für seine Anwendung notwendige Festlegung der Durchführungsbestimmungen überließ.[619] Auch in der Agrarpolitik, der Strukturpolitik und der Außenhandelspolitik sind der Kommission zum Teil umfangreiche Regelungsbereiche übertragen worden. Dabei kann grob zwischen solchen Durchführungsbefugnissen unterschieden werden, die Routineentscheidungen beinhalten und von der Kommission selbständig und nach eigenem Ermessen erlassen werden,[620] und solchen Durchführungsbefugnissen, die von einer gewissen politischen und wirtschaftlichen Bedeutung sind und für die der Rat — je nach Brisanz der zu entscheidenden Materie — einen bestimmten Ausschußtyp einsetzt, um seinen Einfluß auf die Durchführungsentscheidungen der

---

[617] Vgl. Verordnung Nr. 17 des Rates, Abl. L 13 v. 21.2.1962.

[618] Vgl. Verordnung Nr. 4064 des Rates, Abl. L 395 v. 21.12.1989.

[619] Die Übertragung der Durchführungsbefugnisse ist im wesentlichen in Art. 23 der Verordnung Nr. 4064 geregelt und wurde von der Kommission auch angewendet. Dies führte zu einer Reihe von ergänzenden Durchführungsbeschlüssen der Kommission zur Anwendung der Verordnung des Rates über die Kontrolle von Unternehmenszusammenschlüssen; vgl. dazu etwa die Verordnung der Kommission Nr. 2367 über Fusionsanmeldungen und Mitteilungsfristen (Abl. L 219 v. 14.8.1990, S. 5ff.), die Bekanntmachung der Kommission über Nebenabreden zu Zusammenschlüssen von Unternehmen (Abl. C 203 v. 14.8.1990, S. 5ff.) oder die Bekanntmachung der Kommission über Konzentrations- und Kooperationstatbestände bei Unternehmenszusammenschlüssen (Abl. C 203 v. 14.8.1990, S. 10ff.).

[620] Dabei handelt es sich um eine Vielzahl von Entscheidungen in der Agrarpolitik, etwa zur Anpassung von Ausfuhrquoten oder der Festlegung von Währungsausgleichsbeträgen, die sich aufgrund der Wechselkursschwankungen fast täglich ändern; zumeist handelt es sich dabei um "technische" Anpassungen, bei denen der Ermessensspielraum der Kommission sehr gering ist.

Kommission nicht zu verlieren.[621] In der Praxis haben sich die Komitologieausschüsse, die im Jahr 1995 ca. 260 Ausschüsse[622] umfaßten, als ein durchaus funktionierendes Instrument der gemeinsamen Beratung und der Operationalisierung von Beschlüssen durch nationale Beamte und Beamte der Kommission erwiesen (Schaefer 1996: 21). Sie ermöglichen "das gute Einvernehmen zwischen den Beteiligten" und sind insgesamt von einem "kooperativen Interaktionsstil" (Wessels 1996: 177) geprägt, ohne die Befugnisse der Kommission nachhaltig zu beeinträchtigen: "... in practice ... [the Commission] will be able to exercise its management powers as it wishes in most cases" (Docksey/Williams 1994: 121).

Für die hier weiter vorzunehmende Analyse sind die beiden folgenden Erkenntnisse zentral: a) Die Kommission ist in der Phase der Durchführung von EG-Recht und im Rahmen der an sie delegierten Befugnisse ermächtigt, verbindliche Verordnungen, Richtlinien und Entscheidungen zu erlassen, die genauso wie Beschlüsse des Rates in allen Mitgliedstaaten gültig sind; b) die Kommission wird bei der Umsetzung und Operationalisierung von EG-Recht durch ein kompliziertes System unterschiedlicher Durchführungsausschüsse — der sog. "Komitologie" — kontrolliert, in denen Beamte aus den nationalen Ministerialverwaltungen an der Ausarbeitung der Durchführungsbeschlüsse der Kommission mitwirken. Beides, d.h. sowohl die verbindlichen Entscheidungen der Kommission wie die Durchführungsausschüsse sind ein Gradmesser für die Regelungstätig der Kommission und weisen auf die von ihr erbrachte "Ordnungsleistung" hin.

Drittens ist die Kommission nach Art. 205 EGV generell dazu angehalten, "den Haushaltsplan ... in eigener Verantwortung im Rahmen der zugewiesenen Mittel entsprechend den Grundsätzen der Wirtschaftlichkeit der Haushaltsführung [auszuführen]." In diesem Rahmen verwaltet die Kommission die für öffentliche

---

621 Dies ist besonders dann der Fall, wenn im Rahmen der Durchführung der Gemeinsamen Agrarpolitik eine Subventionsentscheidung getroffen wird, Produktionsquoten und der Umfang von Brachland festgelegt werden oder Lagerbestände von Agrarprodukten verkauft werden sollen.

622 Vgl. Haushalt der Gemeinschaft für das Jahr 1995, Abl. L 369 v. 31.12.1994, Teil A, Anlage I, "Liste der Ausschüsse, deren Einberufungskosten verbucht werden zu Lasten von Posten A-2510". Diese Berechnung berücksichtigt nicht die sog. "Gemeinsamen Ausschüsse", die im Rahmen der Umsetzung von internationalen Abkommen eingesetzt werden; hierbei handelt es sich nicht um "echte" Komitologieausschüsse. Weiter ist anzumerken, daß die in der Liste im Haushalt der Gemeinschaft aufgeführten Ausschüsse nur ca. 80 % aller Durchführungsausschüsse umfassen. Grund hierfür ist, daß sich auch in der Haushaltslinie A-250 Komitologieausschüsse "verbergen" — die intern als sog. "comités paria" bezeichnet werden — und die aus politischen und haushaltstechnischen Gründen nicht in der Liste im Anhang der Haushaltslinie A-2510 verzeichnet sind. Darüber hinaus ist zu vermerken, daß die verschiedenen Unterausschüsse und *ad hoc*-Gremien nicht in der Liste im Haushalt aufgeführt sind. Die tatsächliche Anzahl der Komitologieausschüsse dürfte demnach sehr viel höher liegen; Information von Herrn de Bry im Gespräch mit dem Verf. am 20.7.1993 und 29.9.1993.

Maßnahmen der Gemeinschaft bestimmten Mittel sowie die großen Gemeinschaftsfonds, d.h. den Europäischen Sozialfonds, den Europäischen Agrarfonds, Abteilung Ausrichtung, den Europäischen Regionalfonds und seit dem Inkrafttreten des Maastrichter Vertrags den Kohäsionsfonds. Dabei handelt es sich um recht beträchtliche Mittel: im Jahr 1995 umfaßten die operativen Mittel des EG-Haushalts, abzüglich der Verwaltungsausgaben und der verschiedenen Reserven, einen Gesamtbetrag von ca. 70 Mrd. ECU.[623] Davon entfielen auf die Gemeinsame Agrarpolitik 36,9 Mrd. ECU, auf die Strukturpolitik 24,1 Mrd. ECU, auf die Außenpolitik[624] 4,2 Mrd. ECU und auf die verschiedenen internen Politikbereiche[625] 4,7 Mrd. ECU. Die Mittel der einzelnen Fonds, die im Gesamthaushalt unter die Strukturpolitik fallen, erreichten im gleichen Jahr den folgenden Umfang: Europäischer Agrarfonds, Abteilung Ausrichtung, 2,9 Mrd. ECU; Europäischer Regionalfonds 9,6 Mrd. ECU; Europäischer Sozialfonds 5,8 Mrd. ECU; Kohäsionsfonds 1,7 Mrd. ECU.[626]

Bei der Verwaltung der Geldmittel der Gemeinschaft nimmt die Kommission die Rolle eines "manager of the Community's finances" (Docksey/Williams 1994: 121) wahr. Diese Rolle enthält dabei sowohl durchführende als auch kontrollierende Elemente: Die Kommission ist sowohl für die Vergabe der Gemeinschaftsmittel verantwortlich und erläßt zu diesem Zweck Durchführungsentscheidungen vor allem in den Bereichen der Agrar- und Strukturpolitik; die Kommission ist aber auch für die korrekte Verwendung der Gemeinschaftsmittel verantwortlich und überwacht die Mittelverwendung in den Mitgliedstaaten. Die Kommission hat ein Interesse daran, daß die Gemeinschaftsmittel von den Behörden der Mitgliedstaaten ordnungsgemäß und nach dem Prinzip der Wirtschaftlichkeit verwendet werden, da nach Art. 188 c EGV die Einnahmen und Ausgaben der Gemeinschaft jedes Jahr durch den Rechnungshof geprüft werden und die Kommission nach Art. 206 EGV für die Ausführung des Haushaltsplans durch das Europäische Parlament entlastet werden muß. Dabei wird zweierlei deutlich: a) die Abhängigkeit der Kommission von den Verwaltungsbehörden der Mitgliedstaaten, die die Durchführungsentscheidungen "vor Ort" anwenden und umsetzen müssen; b) die nur schwach ausgebildeten Instrumente und Möglichkeiten der Kommission, um die nationalen Verwaltungen zu überwachen und zu kontrollieren; dies wurde durch den EuGH in ver-

---

[623] Dieser Betrag bezieht sich auf die zur Verfügung stehenden Mittel für Zahlungen der Kommission, vgl. Europäische Kommission, Gesamtbericht über die Tätigkeit der Europäischen Union 1995, S. 453f.

[624] Darunter fallen unter anderem Nahrungsmittelhilfe, humanitäre Hilfe, Zusammenarbeit mit den Entwicklungsländern, Zusammenarbeit mit Mittel- und Osteuropa und der GUS.

[625] Darunter fallen unter anderem Forschung, Verkehr, allgemeine und berufliche Bildung, Sozialmaßnahmen, Umwelt, Binnenmarkt, transeuropäische Netze.

[626] Vgl. Europäische Kommission, Gesamtbericht über die Tätigkeit der Europäischen Union 1995, S. 453.

schiedenen Urteilen bestätigt und anerkannt (Docksey/Williams 1994: 120). Die Aufgabe der Kommission hinsichtlich der Verwaltung der Geldmittel der Gemeinschaft ist somit an der Schnittstelle zwischen der Phase der Durchführung und der Kontrolle von verbindlichen EG-Entscheidungen angesiedelt.

### 3.1.4 Die Phase der Entscheidungskontrolle

In der Phase der Kontrolle von verbindlichem EG-Recht spielt in erster Linie der Europäische Gerichtshof (EuGH) eine entscheidende Rolle. Unter bestimmten Umständen und in spezifischen Bereichen tritt aber auch die Kommission in dieser Phase in Erscheinung. In den Fällen, in denen die Kommission in dieser Phase tätig wird, wird sie als "Hüterin der Verträge" (Noël 1993: 15) umschrieben. Darunter wird verstanden, daß die Kommission generell dafür Sorge zu tragen hat, daß die sich aus dem geltenden Gemeinschaftsrecht ergebenden Rechte und Pflichten durch die Mitgliedstaaten, die anderen Organe, die Unternehmen und die Bürger eingehalten werden (vgl. 4. Phase in Übersicht 2). Die Kommission übt damit aber keine richterliche Funktion aus. Letzteres obliegt allein dem EuGH, der gemäß Art. 164 EGV für die "Wahrung" des primären und sekundären Gemeinschaftsrechts bei der "Auslegung und Anwendung" des Vertrags zuständig ist. Er kann von den verschiedenen Organen der EG, aber auch von den Gerichten der Mitgliedstaaten entsprechend der Bestimmungen der verschiedenen Klageverfahren angerufen werden.[627] Die Kommission verfügt durch ihr Anrufungsrecht des EuGH — insbesondere beim Vertragsverletzungsverfahren gemäß Art. 169 EGV und im Rahmen der Festlegung eines Zwangsgelds gegen Mitgliedstaaten gemäß Art. 171, Abs. 2 EGV — sowie durch die Überwachung der Anwendung der in den Verträgen enthaltenen Schutzklauseln über eine Reihe von besonderen Zuständigkeiten in der Phase der Kontrolle von verbindlichem EG-Recht.

Bevor es zur Anrufung des EuGH bzw. zur Verhängung von Zwangsgeldern kommt, kontrolliert die Kommission die Einhaltung und Durchführung von EG-Recht. So prüft sie etwa, inwieweit Unternehmen die erlassenen wettbewerbsrechtlichen Bestimmungen einhalten oder die Mitgliedstaaten EG-Richtlinien in nationales Recht umgesetzt haben und tatsächlich anwenden. Daneben kann die Kommission die Verwendung von EG-Fondsmitteln durch die nationalen Verwaltungen überprüfen bzw. die Erhebung der Eigeneinnahmen durch die nationalen Behörden kontrollieren. Zum Zweck der Prüfung kann die Kommission nach Art. 213 EGV "Auskünfte einholen und alle erforderlichen Nachprüfungen vornehmen"; in der

---

[627] Diese sind das Vertragsverletzungsverfahren gemäß Art. 169 EGV, die Nichtigkeitsklage gemäß Art. 173 EGV, die Untätigkeitsklage gemäß Art. 175 EGV und das Vorabentscheidungsverfahren gemäß Art. 177 EGV.

Praxis geschieht dies durch eigene Kontrollen, die von EG-Beamten in den Mitgliedstaaten oder in Unternehmen durchgeführt werden, oder durch die Veranlassung staatlicher Kontrollen unter Beteiligung der Kommission (Beutler/Bieber/Pipkorn/Streil 1993: 142).

Bei der Kontrolle der Anwendung der sog. Schutzklauseln handelt es sich um die Kompetenz der Kommission, die Mitgliedstaaten dazu zu ermächtigen, unter Abweichung vom Gemeinschaftsrecht Schutzmaßnahmen zu ergreifen. Diese Aufgabe wurde der Kommission übertragen, da sie die "Gewähr für Unabhängigkeit und Unparteilichkeit" (Schmitt von Sydow 1980: 62) bietet. Diese Kompetenz wird teilweise auch der Phase der Entscheidungsdurchführung zugeordnet (Noël 1993: 18), da es sich um die Anwendung von im Vertrag genannten Bestimmungen handelt.[628] An anderer Stelle wird davon ausgegangen, daß es sich bei den Schutzklauseln im wesentlichen um ein Kontrollrecht der Kommission handelt, gleichsam um eine "Ergänzung ... [ihrer Rolle, Anm. d. Verf.]... als Hüterin des Gemeinschaftsrechts" (Schmitt von Sydow 1980: 62). Dies wird damit begründet, daß die Kommission weniger im Sinne der Durchführung der Vertragsbestimmungen tätig wird, als vielmehr im Sinne der Bewahrung der Einheitlichkeit des EG-Rechts und der Prüfung der Rechtmäßigkeit der Ausnahmeregelungen. Weitere Schutzklauseln, für deren Anwendung die Kommission verantwortlich ist, sind in den Beitrittsverträgen neuer Mitgliedstaaten enthalten bzw. enthält das sekundäre Gemeinschaftsrecht vielfach Ausnahmeregelungen, die von der Kommission überwacht werden.

Die dagestellte Systematik des Politikzyklus soll bei der weiteren Untersuchung und Bewertung der Vorschlagstätigkeit, der Herstellung von verbindlichen Entscheidungen und der Durchführung von Entscheidungen durch die Kommission genutzt werden. Dabei werden unterschiedliche Indikatoren verwendet — die teilweise schon genannt wurden bzw. in Übersicht 2 enthalten sind —, um die Funktionsweise der Kommission in der Delors-Ära zu untersuchen. Dabei wird die Funktionsweise der Kommission in der Phase der Entscheidungsvorbereitung an Hand der Zahl der Mitteilungen, Memoranden und Berichte, der Zahl der Vorschläge der Kommission an den Rat und die Zahl der Studien- und Arbeitsgruppen

---

[628] Die Verankerung im Vertrag ist jedoch im Schwinden begriffen: Vor dem Inkrafttreten des Vertrags über die Europäische Union handelte es sich um 16 im EGKS- und im EWG-Vertrag enthaltene Schutzklauseln (Schmitt von Sydow 1980: 62). Mit Maastricht wurden die Schutzklauseln weitgehend aufgehoben — mit Ausnahme unter anderem von Art. 36 EGV (Ausnahmegründe bei Harmonisierungsmaßnahmen), Art. 115 EGV (Schutzmaßnahmen in der Handelspolitik) und Art. 226 EGV (Schutzmaßnahmen in der Übergangszeit) — bzw. hat die Kommission beschlossen, die Anwendung der noch bestehenden Schutzklauseln zumindest im Bereich des Binnenmarktes nicht mehr zuzulassen.

der Kommission untersucht (vgl. 3.2). Die Tätigkeit der Kommission in der Phase der Entscheidungsherstellung wird an Hand der von der Kommission beschlossenen verbindlichen Richtlinien, Entscheidungen und Verordnungen analysiert (vgl. 3.3). Schließlich wird die Funktionsweise der Kommission in der Phase der Entscheidungsdurchführung an Hand der Zahl der Durchführungsausschüsse und deren Sitzungstätigkeit im Bereich Landwirtschaft näher beleuchtet (vgl. 3.4). Die Phase der Entscheidungskontrolle wird keiner weiteren Analyse unterzogen, da hierzu keine ausreichenden Daten vorliegen.

## 3.2 Daten zum EG-Entscheidungsprozeß: die Vorbereitungsphase

### 3.2.1 Die Zahl der Mitteilungen der Kommission an den Rat

In der Phase der Vorbereitung von EG-Rechtsakten kann die Kommission in Anlehnung an Art. 189 EGV rechtlich nicht verbindliche Mitteilungen und Memoranden[629] an den Rat richten.[630] Sie haben die Funktion, den Rat bzw. im weiteren Sinne auch die Öffentlichkeit über geplante Rechtsakte zu informieren — wie etwa im Falle der verschiedenen Grün- und Weißbücher —und sie sollen den Rat zur Meinungsbildung in einem Politikbereich auffordern. Sie können als eine Art von Vorstufe für die EG-Rechtsetzung verstanden werden, die für die politische Überzeugungsarbeit der Kommission wichtig ist und die Aufschluß gibt über die rechtsvorbereitende Tätigkeit der Kommission. Vielfach steckt in den Mitteilungen der Kommission — wie etwa im Weißbuch der Kommission zur Errichtung des Binnenmarktes[631] — schon der Kern für die spätere Rechtsetzung durch Rat und

[629] Im Vertrag wird in Art. 189 EGV von "Empfehlungen" und "Stellungnahmen" gesprochen; hier wurde jedoch die im Tätigkeitsbericht der Kommission gebräuchliche Begriffswahl der "Mitteilungen" und "Memoranden" übernommen. Aus der Literatur ist — insbesondere mit Blick auf die rechtliche Unverbindlichkeit — kein Unterschied zwischen den verschiedenen Arten von Verlautbarungen der Kommission zu entnehmen. Ein Unterschied scheint nur insoweit zu bestehen, als der Begriff der "Empfehlung" in der Regel dann verwendet wird, wenn die Kommission aus eigener Initiative tätig wird, während die "Stellungnahme" auf eine fremde Initiative zurückgeht; die Kommission nutzt beide als Instrument, um sich in wirtschafts-, sozial- und umweltpolitischen Angelegenheiten zu äußern (Nicolaysen 1979: 60; Europäische Dokumentation 1984; Beutler/Bieber/Pipkorn/Streil 1993: 199f.).

[630] Generell scheint aus juristischer Sicht zuzutreffen, daß Empfehlungen, Stellungnahmen, Mitteilungen u.a. "rechtlich unverbindliche Verlautbarungen" sind (Beutler/Bieber/Pipkorn/Streil 1993: 199f.). Diese können gleichwohl in Einzelfällen und unter bestimmten Umständen eine rechtliche Wirkung entfalten und werden dann in der Regel als "Entschließungen" bezeichnet. Dies hängt nicht zuletzt von der Nähe zum bestehenden Gemeinschaftsrecht ab und vom Willen der Mitgliedstaaten (Everling 1983: 147ff.).

[631] Vgl. Kommission der Europäischen Gemeinschaften, Vollendung des Binnenmarktes bis 1992, Weißbuch, Dok. KOM (85) 310 endg.v. 14.6.1985.

Parlament, ohne daß es sich dabei um einen formellen Vorschlag der Kommission handelt. Das erwähnte Weißbuch der Kommission zur Vollendung des Binnenmarktes wurde an den Europäischen Rat gerichtet — und nicht den Ministerrat —, der es auf dem Gipfel in Mailand im Juni 1985 annahm;[632] insofern war das Binnenmarktprogramm im wesentlichen eine politisch motivierte Mitteilung der Kommission, die eine umfassende Rechtsetzungstätigkeit in der Gemeinschaft zur Folge hatte.

Neben der Erstellung von Mitteilungen und Memoranden hat die Kommission eine Berichtspflicht gegenüber dem Rat, die sich einerseits unmittelbar aus dem EG-Vertrag[633] und andererseits aus dem sekundären Gemeinschaftsrecht ergibt. Die Berichte der Kommission sind zwar kein unmittelbarer Teil des gemeinschaftlichen Policyprozesses, jedoch enthalten sie zum Teil wichtige Informationen und fließen indirekt in den Entscheidungsprozeß ein.[634] Sie werden bei der nachfolgenden Betrachtung daher ebenfalls berücksichtigt. Die Bedeutung der Berichte der Kommission wird auch daraus ersichtlich, daß die Kommission dazu verpflichtet ist, die ihr übertragene Berichtspflicht zu erfüllen. Unterläßt es die Kommission, dieser Pflicht nachzukommen, kann sie vor dem EuGH von den Mitgliedstaaten bzw. den anderen EG/EU-Organen gemäß Art. 175 EGV wegen Untätigkeit verklagt werden.

Die Gesamtzahl der nicht verbindlichen Mitteilungen, Memoranden und Berichte der Kommission betrug in der Delors-Ära 2028; dies entsprach einem durchschnittlichen jährlichen "Output" von etwa 225. Demgegenüber fiel die Zahl der Mitteilungen, Memoranden und Berichte im vorangegangenen Zeitraum von 1976 bis 1984 mit 1806 geringer aus; dies entsprach einem Durchschnitt von etwa 200 Mitteilungen, Memoranden und Berichten pro Jahr (vgl. Tabelle 2). Werden die Mitteilungen, Memoranden und Berichte der Kommission in ihrer zeitlichen Entwicklung betrachtet, so fallen die starken Schwankungen der jährlichen Zunahmeraten auf; negative und positive Werte, und umgekehrt, wechseln häufig recht willkürlich von einem Jahr zum nächsten. Dies trifft für die Entwicklung im Laufe der 70er und Anfang der 80er Jahre zu und dies ist auch für die Phase der Amtszeit von Delors

---

632 Vgl. oben Teil II, Kapitel 1.3.

633 Um nur einige wenige zu nennen: vgl. z.B. den jährlichen Gesamtbericht der Kommission über die Tätigkeit der Europäischen Gemeinschaften gemäß Art. 156 EGV; Bericht an den Rat u.a. Institutionen (alle drei Jahre) über die Fortschritte bei der Verwirklichung des wirtschaftlichen und sozialen Zusammenhalts gemäß Art. 130 b EGV; Bericht an den Rat und das Europäische Parlament (zu Beginn jeden Jahres) über die Entwicklung der Forschungs- und Technologiepolitik der Gemeinschaft gemäß Art. 130 p EGV.

634 Vgl. etwa die jährlichen Berichte der Kommission über den Stand des Binnenmarktes (z.B. KOM 51 endg. v. 20.2.1996), über die Wettbewerbspolitik (z.B. KOM 126 v. 10.4.1996) oder über die Strukturfonds (z.B. KOM 583 v. 14.12.1995).

Tabelle 2: Übersicht über die Entwicklung der Mitteilungen/Memoranden/ Berichte und die Vorschläge/Empfehlungen/Entwürfe von Rechtsakten der Kommission an den Rat 1975 — 1995

| Jahr | Zahl der Mitteilungen, Memoranden und Berichte der Kommission | Zunahme in % | Zahl der Vorschläge/ Empfehlungen/Entwürfe von Rechtsakten der Kommission an den Rat | Zunahme in % |
|---|---|---|---|---|
| 1975 | 235 | | 656 | |
| 1976 | 174 | - 26,0 | 649 | - 1,1 |
| 1977 | 202 | 16,1 | 747 | 15,1 |
| 1978 | 178 | - 11,9 | 625 | - 16,3 |
| 1979 | 216 | 21,3 | 616 | - 1,4 |
| 1980 | 208 | - 3,7 | 542 | - 12,0 |
| 1981 | 181 | - 8,2 | 651 | 20,1 |
| 1982 | 202 | 6,1 | 675 | 3,7 |
| 1983 | 221 | 9,4 | 663 | - 1,8 |
| 1984 | 224 | 1,4 | 555 | - 16,3 |
| 1985 | 224 | 0 | 694 | 25,0 |
| 1986 | 214 | - 4,5 | 739 | 6,5 |
| 1987 | 192 | - 10,3 | 699 | - 5,4 |
| 1988 | 238 | 24,0 | 696 | - 0,4 |
| 1989 | 214 | - 10,1 | 624 | - 10,3 |
| 1990 | 237 | 10,7 | 726 | 16,3 |
| 1991 | 208 | - 12,2 | 652 | - 10,2 |
| 1992 | 272 | 30,8 | 650 | - 0,3 |
| 1993 | 229 | - 15,8 | 619 | - 4,8 |
| 1994 | 272 | 18,8 | 558 | - 9,9 |
| 1995 | 275 | 1,1 | 600 | 7,5 |
| Gesamt 1976-84 | 1806 Ø pro Jahr: 200,6 | 4,5 Ø pro Jahr: 0,5 | 5723 Ø pro Jahr: 635,8 | 10,0 Ø pro Jahr: - 1,1 |
| Gesamt 1985-93 | 2028 Ø pro Jahr: 225,3 | 12,6 Ø pro Jahr: 1,4 | 6099 Ø pro Jahr: 677,6 | 16,4 Ø pro Jahr: 1,8 |

Quelle: Europäische Kommission, Gesamtberichte über die Tätigkeit der Europäischen Gemeinschaften, 1975 — 1995.

zu beobachten. Zu beobachten ist ferner, daß sich — wenn auch nur in geringem Maße — die durchschnittliche jährliche Wachstumsrate der Mitteilungen, Memoranden und Berichte in der Delors-Ära gegenüber dem vorangegangenen gleichlangen Zeitraum erhöht hat: sie betrug zwischen 1976 und 1984 0,5 % pro Jahr; in der Delors-Ära hat sie sich verdreifacht und erreichte 1,4 % pro Jahr. Damit ist zwar eine Steigerungsrate festzustellen, jedoch hat sich diese sehr ungleich auf die verschiedenen Jahre verteilt, so daß kein kontinuierlicher Wachstumstrend erkennbar ist. Auch in absoluten Zahlen ist diese Steigerung in der Delors-Ära nur schwer ablesbar: 1985 wie 1993 betrug die Zahl der Mitteilungen, Memoranden und Berichte etwa 230 und dies entsprach in etwa dem Wert von 1975. Insgesamt hat damit die Zahl der Mitteilungen, Memoranden und Berichte der Kommission leicht zugenommen, aber bei einem deutlich schwankenden Verlauf und ohne daß von einer nachhaltigen Wachstumsentwicklung gesprochen werden kann. Daraus kann geschlossen werden, daß die politische Dynamik, die von der Europäischen Kommission in der Ära Delors ausging, die Mitteilungen, Memoranden und Berichte recht unberührt gelassen hat bzw. die Delors-Kommission diese nicht als vorrangige Handlungsinstrumente einsetzte. Dies dürfte zum Teil damit zusammenhängen, daß die Berichtstätigkeit der Kommission rechtlich vorgeschrieben und im Regelfall einmal pro Jahr erfüllt werden muß. Viele Memoranden und Mitteilungen sind "technischer" Natur und werden von den zuständigen Fachreferaten erarbeitet. Sie unterliegen damit primär keiner politischen Dynamik bzw. eine politische Dynamik kann nur schwerlich auf sie übertragen werden.

### 3.2.2 Die Zahl der Vorschläge der Kommission an den Rat

Handelte es sich bis jetzt um den "Output" an nicht verbindlichen Mitteilungen, Memoranden und Berichten seitens der Kommission, so steht im folgenden in Anlehnung an Art. 149, Abs. 1 EGV bzw. seit Maastricht Art. 189 b, Abs. 2 EGV und Art. 189 c, Abs. a) EGV, das Vorschlagsrecht der Kommission im Vordergrund und damit die "exklusive" Art und Weise der Mitwirkung und Gestaltungsbeteiligung der Kommission an der Herstellung von verbindlichem EG-Recht durch den Rat und — in einem geringen Maße — durch das Europäische Parlament. Die Kommission nimmt dabei eine Schlüsselrolle ein, die als "Initiativfunktion" bezeichnet wird und die zentraler Bestandteil ihrer Rolle als "'Motor' der Gemeinschaft" (Beutler/Bieber/Pipkorn/Streil 1993: 140) ist. Die Untersuchung der Entwicklung der Anzahl der Vorschläge der Kommission an den Rat kann dabei Aufschluß geben über den Umfang der Nutzung dieser Funktion. Im folgenden soll untersucht werden, inwieweit die Kommission diese Funktion in der Ära Delors genutzt hat, d.h. in welchem Umfang sie ihrer Rolle als "Motor der Gemeinschaft" in der Delors-Ära tatsächlich nachgekommen ist.

Indem die Kommission das Recht zur Initiative für einen Rechtsakt hat, bestimmt sie im wesentlichen den Inhalt eines "Gesetzentwurfs". Rat und Parlament können in aller Regel nur auf der Grundlage eines Vorschlags der Kommission formal ihre Beratungen aufnehmen und zu einem späteren Zeitpunkt auf dieser Grundlage Beschlüsse fassen. Mit dem Vorschlagsmonopol der Kommission sind dabei zwei weitere wichtige Vorrechte verbunden, die für den EG-Entscheidungsprozeß von Bedeutung sind: Erstens legt die Kommission mit dem Einbringen ihres Vorschlags gleichzeitig die Rechtsgrundlage fest, nach der der Rat beschließt und nach der auch das anzuwendende Entscheidungsverfahren bestimmt wird. Dies hat in den 80er Jahren zu gelegentlichen Meinungsverschiedenheiten geführt, wenn die Kommission etwa einen Vorschlag auf der Grundlage von Art. 100 a EGV einbrachte (Binnenmarktpolitik), der Rat aber der Ansicht war, daß Art. 130 s (Umweltpolitik) anzuwenden sei. Im Kern ging es dabei um das anzuwendende Entscheidungsverfahren, da der Rat im ersten Fall mit qualifizierter Mehrheit und im zweiten Fall mit Einstimmigkeit beschließt. Zweitens können im Rahmen des Verfahrens der Zusammenarbeit gemäß Art. 149, Abs. 1 EGV (seit Maastricht gemäß Art. 189 a EGV) Änderungen der Vorschläge der Kommission durch den Rat nur einstimmig abgeändert werden bzw. können von der Kommission nicht übernommene Abänderungen des Europäischen Parlaments gemäß Art. 149, Abs. 2 d EGV (seit Maastricht Art. 189 c, Abs. d EGV) durch den Rat in zweiter Lesung nur einstimmig angenommen werden. Durch das Einstimmigkeitserfordernis sollen Abänderungen an einem Vorschlag der Kommission im Zuge der Beratungen im Rat und nach der Lesungen im Europäischen Parlament schwerer gemacht werden. Die Kommission bleibt dadurch — zumindest bis zu einem gewissen Grad — "Herrin" ihres Vorschlags.

Vor dem Inkraftreten der Einheitlichen Europäischen Akte und dem Maastrichter Vertrags traf das Vorschlagsrecht der Kommission auf 63 im Vertrag genannte Bestimmungen zu. Es umfaßte dabei grob die Bereiche der Übergangsphasen zum Gemeinsamen Markt, den Abbau bzw. die Anpassung der Zollsätze, die Gemeinsame Agrarpolitik, die Freizügigkeit und die Niederlassungsfreiheit, den freien Dienstleistungs- und Kapitalverkehr, die Verkehrspolitik, die Wettbewerbspolitik, die Handelspolitik, den Europäischen Sozialfonds und die Festlegung der Haushaltsordnung (Schmitt von Sydow 1980: 47—55). Mit dem Inkrafttreten der EEA kamen fünf zusätzliche Bereiche hinzu, in denen der Rat auf Vorschlag der Kommission tätig wird: die Verbesserung der Arbeitsumwelt (Art. 118 a EGV), die Einrichtung der Strukturfonds (Art. 130 d EGV), Durchführungsbeschlüsse hinsichtlich des Regionalfonds (Art. 130 e EGV), Durchführungsbeschlüsse in der Forschungs- und Entwicklungspolitik (Art. 130 q EGV) und die Durchführung der Umweltpolitik (Art. 130 s EGV). Ferner wurde das Vorschlagsmonopol der Kommission im Rahmen des Verfahrens der Zusammenarbeit gemäß Art. 149 EGV gleichsam fest institutionalisiert.[635] Mit dem Inkrafttreten der EEA konnte der Rat damit nur noch in Ausnahmefällen ohne einen Vorschlag der Kommission entscheiden.[636]

Im weiteren sollen nur die für den EG-Entscheidungsprozeß wesentlichen formellen Vorschläge, Empfehlungen und Entwürfe von Rechtsakten der Kommission an den Rat zur Verabschiedung von verbindlichem EG-Recht Berücksichtigung finden. Die Vorschläge der Kommission im Bereich der EPZ — bzw. seit Maastricht der GASP — bleiben unberücksichtigt, da erstens ihre eindeutige Zuordnung als genuine "Kommissionsvorschläge" fast nicht möglich ist, sie zweitens eine andere rechtliche Qualität haben und drittens ihre Zahl nach dem Stand der Bilanz aus dem Jahr 1995 zudem recht gering ausfällt.[637]

---

[635] Mit dem Inkrafttreten des Maastrichter Vertrages wurde Art. 149 EGV durch Art. 189 a und Art. 189 c EGV ersetzt und durch das Vorschlagsrecht der Kommission im Rahmen des neuen Mitentscheidungsverfahren gemäß Art. 189 b EGV ergänzt. Grundsätzlich hat sich damit an der Initiativfunktion der Kommission nichts geändert. Das für die Gemeinschaft/Union charakteristische Initiativmonopol der Kommission — von dem der Rat und gemäß Art. 189 b, Abs. 2 EGV in zunehmendem Maße auch das Parlament bei der Entscheidungsfindung abhängig sind — wurde beibehalten. Durch den mit Maastricht erfolgten Ausbau der bestehenden und die Schaffung neuer Zuständigkeitsbereiche im EG-Vertrag sowie durch die Einführung der sog. zweiten und dritten Säule in die Union, die sich auf die Gemeinsame Außen- und Sicherheitspolitik und die Justiz- und Innenpolitik beziehen und in denen die Kommission über kein exklusives Vorschlagsrecht verfügt, wurde die der Kommission zufallende Initiativfunktion — zumindest im Ansatz — erweitert. Die neuen Bereiche, auf die das Vorschlagsmonopol der Kommission seit Maastricht zusätzlich Anwendung findet, sind im wesentlichen: die Industriepolitik (Art. 130, Abs. 3 EGV), die transeuropäischen Netze (Art. 129 d EGV), die Sozialpolitik (Art. 2, Abs. 2 und 3 des Protokolls über die Sozialpolitik im Anhang des EGV), der Gesundheitsschutz (Art. 129, Abs. 4 EGV), der Verbraucherschutz (Art. 129 a, Abs. 2 EGV), die Entwicklungspolitik (Art. 130 w EGV), die Wirtschafts- und Währungspolitik (Art. 103, Abs. 4 EGV, Art. 103 a, Abs. 1 und Abs. 2 EGV, Art. 104 a, Abs. 2 EGV, Art. 104 b, Abs. 2 EGV, Art. 104 c, Abs. 14 EGV, Art. 105, Abs. 6 EGV, Art. 105 a, Abs. 2 EGV, Art. 106, Abs. 5 und Abs. 6 EGV, Art. 109, Abs. 4 EGV, Art. 109 c, Abs. 3 EGV, Art. 109 e, Abs. 3 EGV, Art. 109 f, Abs. 6 und 7 EGV, Art. 109 j EGV, Art. 109 k, Abs. 2 EGV, Art. 109 l Abs. 4 EGV).

[636] So im Falle der Verabschiedung eines einheitlichen Wahlverfahrens für das Europäische Parlament (Art. 138 EGV), des Abschlusses von internationalen Abkommen (Art. 228 EGV), der Änderung des Vertrags (Art. 236 EGV), der Erweiterung der Gemeinschaft (Art. 237 EGV) und der Assoziierung von Drittstaaten (Art. 238 EGV).

[637] Im Bereich der Gemeinsamen Außen- und Sicherheitspolitik hat der Rat seit dem Inkrafttreten des Vertrags über die Europäische Union bis zum Mai 1995 elf gemeinsame Standpunkte gemäß Art. J.2 EUV festgelegt und 16 gemeinsame Aktionen beschlossen. Bei keinem dieser Beschlüsse ist eindeutig erkennbar, daß die Initiative auf die Kommission zurückgeht; vielmehr ist zu beobachten, daß die Kommission dazu übergegangen ist, dem Rat Mitteilungen zu machen, die eine "integrale Lösung" beinhalten, d.h. mehrere Pfeiler der Union umfassen (vgl. Europäische Kommission, Regierungskonferenz 1996, Bericht der Kommission an die Reflexionsgruppe, Brüssel, Mai 1995, S. 62ff.). Bis zum Mai 1995 hat die Kommission im Bereich der Zusammen-

Im Beobachtungszeitraum von 1985 bis 1993 betrug die Gesamtzahl der Vorschläge, Empfehlungen und Entwürfe für Rechtsakte an den Rat 6099; dies entsprach einer durchschnittlichen jährlichen Vorschlagstätigkeit von etwa 677 (vgl. Tabelle 2 oben). Im Vergleich dazu fiel die Vorschlagstätigkeit im vorangegangenen Zeitraum von 1976 bis 1984 geringer aus: Die Kommission legte in diesem Zeitraum dem Rat 5723 Vorschläge, Empfehlungen und Entwürfe für Rechtsakte vor; dies entsprach einer jährlichen Vorschlagstätigkeit von etwa 635. Damit ist für die Delors-Ära eine Zunahme der Vorschläge der Kommission an den Rat zu erkennen, ohne daß mit dieser Zunahme gegenüber dem vorangegangenen Zeitraum von 1976 bis 1984 — also der Phase der sog. "Eurosklerose" — ein deutlicher "quantitativer Sprung" verbunden wäre.

Die Wachstumsrate der Vorschläge, Empfehlungen und Entwürfe für Rechtsakte erreichte in der Delors-Ära einen positiven Wert: im Untersuchungszeitraum von 1985 bis 1993 betrug sie durchschnittlich 1,8 % pro Jahr; demgegenüber wies die Zuwachsrate im vorangegangenen Vergleichszeitraum von 1976 bis 1984 mit - 1,1 % einen negativen Wert auf. Insgesamt hat damit die Vorschlagstätigkeit der Kommission in der Phase der "Eurosklerose" leicht abgenommen, während sie in der Delors-Ära leicht zulegte. Überraschend ist, daß die Delors-Ära nicht durch eine kontinuierliche Zunahme der Vorschlagstätigkeit der Kommission an den Rat charakterisiert ist. Vielmehr ist zwischen 1985 und 1993 eine schwankende Entwicklung zu erkennen, in deren Verlauf sich positive und negative Zuwachsraten abwechseln. Dabei kann ganz grob zwischen der Zeit der ersten Präsidentschaft und der Zeit der zweiten Präsidentschaft unterschieden werden: Von 1985—1988 sind eine hohe Anzahl von durchschnittlich ca. 700 Kommissionsvorschlägen pro Jahr an den Rat zu erkennen bei gleichzeitig leicht ansteigender Tendenz; demgegenüber betrug die Zahl der Vorschläge der Kommission in der Zeit von 1989—1993 nur ca. 650 (Ausnahme ist das Jahre 1990) bei gleichzeitig abnehmender Tendenz. Es scheint demnach, daß vor allem in der ersten Präsidentschaft Delors′ eine intensive Vorschlagstätigkeit der Kommission stattfand, während in der zweiten Präsidentschaft die Werte deutlich geringer waren und sich vom Umfang den Werten vom Ende der 70er Jahre annäherten. Erstaunlich ist auch, daß in der Phase der sog. "Eurosklerose" die Kommission dem Rat vereinzelt eine große Zahl von Vorschlä-

arbeit in der Justiz- und Innenpolitik nur zweimal die Initiative für verbindliche Übereinkommen ergriffen und ansonsten ihre Arbeit darauf beschränkt, Gesamtmitteilungen zu verschiedenen Fragen vorzulegen, wie etwa zu Einwanderung, Asyl, Drogenbekämpfung u.a.; vgl. Europäische Kommission, Regierungskonferenz 1996, Bericht der Kommission an die Reflexionsgruppe, a.a.O., S. 53; siehe auch Cullen, David/Grau, Christine/Myers, Philip/Monar, Jörg: Justice and Home Affairs. A Progress Report in View of the Intergovernmental Conference of 1996, unveröffentlichtes Manuskript vorgelegt auf der TEPSA-Konferenz "The Future of the European Constitution", 23.-24.6.1995, Europa-Kolleg Brügge, S. 26ff.

gen gemacht hat: So erarbeitete die Kommission etwa im Jahr 1977 fast 750 Vorschläge, Empfehlungen und Entwürfe von Rechtsakten — ein "Spitzenwert", der seither nicht mehr erreicht wurde. Seit dem Beginn der 90er Jahre ist dann eher ein Abwärtstrend bei der Vorschlagstätigkeit der Kommission erkennbar. Zu vermuten ist, daß diese Entwicklung unter anderem mit der Anwendung des Subsidiaritätsprinzip zusammenhängt, das ab dem Beginn der 90er Jahre zu greifen begann.

Zusammengefaßt kann festgehalten werden, daß im Vergleich zum vorangegangenen Zeitraum von 1976—84 in der Delors-Ära eine Zunahme der Vorschlagstätigkeit der Kommission an den Rat stattgefunden hat. Zu beobachten ist, daß sich diese Zunahme im wesentlichen im Laufe der ersten Präsidentschaft Delors' vollzog und danach die Vorschlagstätigkeit zurückgegangen ist und einen Umfang erreichte, der mit dem Mitte der 70er Jahre vergleichbar ist. Die Entwicklung der Vorschlagstätigkeit der Kommission deutet darauf hin, daß sich mit dem Voranschreiten der Umsetzung des Binnenmarktprogramms und ab dem Zeitpunkt der Anwendung des Subsidiaritätsprinzips die Vorschlagstätigkeit der Kommission deutlich zurückentwickelte. Seit dem Beginn der 90er Jahre scheint die Kommission hinsichtlich der Vorlage neuer Entwürfe von EG-Recht ein verhalteneres Vorgehen zu verfolgen.[638]

### 3.2.3 Die Zahl der Studien- und Arbeitsgruppen der Kommission

In der Phase der Entscheidungsvorbereitung bedient sich die Kommission einer Vielzahl von Expertengremien, die von ihr selbständig eingerichtet werden. Es handelt sich dabei um informelle Studien- und Arbeitsgruppen — die vielfach auch als Sachverständigen- oder Expertengruppen bezeichnet werden[639] — und die die Funktion haben, Vorschläge für Entscheidungen an den Rat oder eine neue Politik — die dann zu einem späteren Zeitpunkt in Form der sog. Grün- oder Weißbücher veröffentlicht wird — auf den Weg zu bringen. Die Studien- und Arbeitsgruppen sind von den in der Phase der Entscheidungsdurchführung tätig werdenden "Ausschüssen", von denen ein Teil nach den sog. "Komitologieverfahren" funktioniert, zu unterscheiden.[640] Letztere sind in einer Liste im Haushalt der Gemein-

[638] Ein zusätzlicher Hinweis, der diese Beobachtung bekräftigt, ist, daß nach dem Inkrafttreten des Vertrags über die Europäische Union die Kommission das bestehende Gemeinschaftsrecht systematisch untersucht hat und Vorschläge zur Abschaffung von Rechtsakten unterbreitete. Sie ist dabei zum Teil dazu übergegangen, an den Rat gerichtete Vorschläge für Rechtsakte wieder zurückzuziehen; vgl. Bericht des Rates über das Funktionieren des Vertrags über die Europäische Union, Amt für amtliche Veröffentlichungen, Luxemburg 1995, S. 8.

[639] Die Bezeichnung "Studien- und Arbeitsgruppen" ergibt sich aus dem Haushalt der Gemeinschaft und wird daher hier weiter verwendet.

[640] Vgl. unten Teil III, Kapitel 3.4.1.

schaft aufgeführt, während es für die hier im Vordergrund stehenden Studien- und Arbeitsgruppen keine separate Liste im EG-Haushalt gibt.[641] Die Studien- und Arbeitsgruppen setzen sich aus Beamten der Kommission und der Mitgliedstaaten zusammen sowie aus Vertretern der Verbände und unabhängiger Einrichtungen, d.h. es handelt sich um eine Mischung unterschiedlicher Sachverständiger, die im Politikformulierungsprozeß der Kommission herangezogen werden. Durch diese Art der "Verzahnungskonsultation" (Poullet/Deprez 1976: 116ff.) bzw. des "engrenage" (Coombes 1970: 86ff.) hat die Kommission ihren Verwaltungsapparat "künstlich" erweitert.

Die Anzahl und die Zusammensetzung der Studien- und Arbeitsgruppen der Kommission ist nicht leicht zu ermitteln. Da eine einheitliche und umfassende Quelle nicht vorliegt, müssen für die Ermittlung der Angaben unterschiedliche Indikatoren und Dokumente herangezogen werden und durch eigene Berechnungen ergänzt werden. Eine wichtige Quelle stellt der Haushalt der Gemeinschaft dar. Er sieht unter Artikel A-250 "Sitzungen und Einberufungen im allgemeinen" Mittel für die Reise-, Aufenthalts- und Nebenkosten (z.B. Honorare) der Regierungssachverständigen und anderer externer Sachverständiger vor, die an Sitzungen der Studien- und Arbeitsgruppen der Kommission teilnehmen. Über diesen Posten im Haushalt kann die Entwicklung der Finanzmittel, die den Studien- und Arbeitsgruppen zur Verfügung stehen, über einen längeren Zeitraum nachverfolgt werden. Dabei kann dieser Indikator aber nur eingeschränkt herangezogen werden. Grund hierfür ist, daß es vor 1993 gängige Praxis war, den Haushaltsposten A-250 für die Abrechnung der unterschiedlichsten Arten von Studien- und Arbeitsgruppen, Ausschüssen und anderen Gremien zu benutzen.[642] Die Komplexität der Vermischung wird zusätzlich dadurch erhöht, daß die Haushaltsordnung nicht explizit zwischen den Phasen der "Vorbereitung" und der "Durchführung" unterscheidet, sondern

---

[641] Vgl. die Liste der Ausschüsse im Rahmen von Artikel A-251 in Teil A, Anlage I des Haushalts der Gemeinschaft.

[642] Im Haushalt des Jahres 1993 wurden erstmals alle Durchführungsausschüsse und Expertenausschüsse in einer umfassenden Liste aufgeführt; dies war ein erster Schritt hin zu einer Systematisierung des bis *dato* vorzufindenden "Wildwuchses" aller Arten von Ausschüssen, Studiengruppen u.a. Gremien. Die Schaffung von mehr Transparenz hinsichtlich der Vielzahl der Gremien war schon in der Vergangenheit vom Europäischen Parlament angemahnt worden und hatte im Rahmen der allgemeinen Transparenz-Debatte im Zusammenhang mit der Ratifizierung des Maastrichter Vertags eine neue Brisanz erhalten. Es kann davon ausgegangen werden, daß durch die neue, umfassende Liste im EG-Haushalt und die von seiten des Generalsekretariats zu diesem Zweck betriebene Überprüfung der Gremienvielfalt der Kommission nach 1993 relativ verläßliche Werte für die einzelnen Haushaltslinien zu finden sind, d.h. daß der Posten A-250 nach 1993 ausschließlich die Kosten der Studien- und Arbeitsgruppen der Kommission enthält bzw. die Posten A-2510 und A-2511 nur diejenigen für die Durchführungsausschüsse.

vielmehr zwischen "obligatorischen" und "nicht obligatorischen" Gremien. Seit 1993 kann davon ausgegangen werden, daß unter der Haushaltslinie A-250 noch ca. 20 % der Durchführungsausschüsse verbucht werden.[643] Dies ist haushaltstechnisch nicht korrekt, da für die Durchführungsausschüsse die Linien A-2510 und A-2511 im Haushalt vorgesehen sind und gehört zu einer der "politischen Verschlagenheiten des Budgets der Gemeinschaft".[644] Für die hier weiter vorzunehmende Untersuchung ist festzuhalten, daß die Entwicklung der Finanzmittel, die unter der Haushaltslinie A-250 verbucht werden, einen wichtigen, aber insgesamt doch recht ungenauen Indikator hinsichtlich der Entwicklung der Studien- und Arbeitsgruppen der Kommission darstellt und daher durch andere Indikatoren, die auf genaueren Quellen beruhen, ergänzt werden muß.

Eine weitere wichtige Quelle für die Untersuchung der Studien- und Arbeitsgruppen der Kommission stellt die vom Generalsekretariat der Kommission erstellte Gesamtliste dar, die seit ca. 1985 jedes Jahr durch eine im Umlaufverfahren getroffene formelle Entscheidung der Kommission verabschiedet wird.[645] Diese Gesamtliste enthält offiziell die Gesamtheit der Studien- und Arbeitsgruppen, der Durchführungsausschüsse und der Forschungsausschüsse, die bei der Gemeinschaft angesiedelt sind. Sie listet nur diejenigen Gremien auf, die mehr als sechs Sachverständige umfassen, und enthält keine Angaben über einzelne Veranstaltungen größeren Umfangs, wie etwa spezifische Seminare oder Konferenzen. Über diese Liste kann die Zahl der Studien- und Arbeitsgruppen, die auf der Ebene der Gemeinschaft bestehen und die in der Phase der Entscheidungsvorbereitung eingesetzt werden, recht gut nachgewiesen werden. Die Gesamtliste unterscheidet nach der Art des Gremiums (Ausschuß oder Expertengruppe), der jeweiligen Generaldirektion und der Haushaltslinie; sie enthält damit präzise Hinweise auf alle sog. "groupes d'expert permanents" bzw. die "groupes d'experts passagers" und ihre jeweiligen Untergruppen, die über die Haushaltslinie A-250 abgerechnet werden.

---

[643] Dieser Anteil ergibt sich aus dem Hinweis, daß die Haushaltslinie A-2510 ca. 80 % der Komitologieausschüsse enthält und demnach max. 20 % auf die Linie A-250 entfallen dürften; unbeachtet bleibt bei dieser Schätzung, inwieweit der Anteil der Durchführungsausschüsse weniger als 20 % beträgt, da ein Teil der Ausschüsse — vor allem die Forschungsausschüsse — unter verschiedenen Haushaltslinien im operationalen Teil B des Haushalts verbucht werden; Information von Joël de Bry, Generalsekretariat der Kommission, im Gespräch mit dem Verf. am 14.1.1994.

[644] Joël de Bry, Generalsekretariat der Kommission, im Gespräch mit dem Verf. am 29.9.1993.

[645] Es handelt sich dabei um ein internes Dokument der Kommission, das dem Verf. nur für die Jahre 1988—1992 zur Verfügung gestellt wurde; vgl. Generalsekretariat der Europäischen Kommission, SEC(88) ohne Dok. Nr.; SEC(89) 615 v. 19.4.1989; SEC(90) 1183 v. 15.6.1990; SEC(91) 362 v. 28.2.1991; SEC(92) v. 27.3.1992.

Gleichwohl ergeben sich bei der "Nutzung" der Gesamtlisten verschiedene Probleme, die im folgenden erläutert werden, da sie gleichzeitig ein Schlaglicht auf die Komplexität der Gremienstruktur innerhalb der Gemeinschaft werfen und der damit verbundenen technisch-politischen Brisanz für die Kommission: Erstens stehen die Gesamtlisten nur für den Zeitraum 1988—1992 zur Verfügung, da es sich um vertrauliche Dokumente handelt. Ein Vergleich mit der Entwicklung der Studien- und Arbeitsgruppen in den 70er und zu Beginn der 80er Jahre scheidet auf dieser Grundlage aus. Zweitens weisen Nachprüfungen darauf hin, daß die in den Erläuterungen der Gesamtlisten gemachten Angaben zur Gesamtzahl der Ausschüsse und Sachverständigengruppen aus politischen und haushaltstechnischen Gründen Abweichungen aufweisen. Aus politischen Gründen deswegen, weil das Europäische Parlament hinsichtlich der Kosten und der Effizienz der Ausschüsse und Sachverständigengruppen die Kommission kritisiert hatte und sie in einer Entschließungen aus dem Jahr 1983 dazu aufforderte,[646] Rationalisierungsmaßnahmen einzuleiten und Angaben über die Mittelverwendungen in diesem Bereich zu machen.[647] Dies wurde in der Folgezeit dahingehend interpretiert, daß die Gesamtzahl der Studien- und Arbeitsgruppen, der Expertengruppen und der verschiedenen Ausschüsse auf 1000 begrenzt wird, um der von seiten des Europäischen Parlaments geäußerten Kritik nachzukommen.[648] Aus haushaltstechnischen Gründen deswegen, weil die Zahl der Gremien niedriger angegeben wurde, als sie tatsächlich war, um gegenüber dem Rat und dem Europäischen Parlament zu suggerieren, daß die von der Gemeinschaft für die Vorbereitungsgremien der Kommission tatsächlich auszugebenden Mittel geringer sind, als sie im Haushalt angesetzt wurden.

Eine präzise Quantifizierung der Studien- und Arbeitsgruppen der Kommission kann daher nur auf der Grundlage einer eigenen Zählung der in den Gesamtlisten enthaltenen Gremien gemacht werden. Das Ergebnis weicht insbesondere hinsichtlich der unter den Haushaltslinien im Teil B des Gemeinschaftsbudgets verbuchten Ausschüsse und Expertengremien[649] zum Teil erheblich von den vom Generalsekretariat gemachten Angaben ab. Hinsichtlich der Gesamtzahl aller Gremien gibt

---

646 Vgl. Abl. C 277 v. 17.10.1983, S. 195; diese Aufforderung wurde im darauffolgenden Jahr erneuert; vgl. Abl. C 127 v. 14.5.1984, S. 56 sowie Europäisches Parlament, Bericht über die Rationalisierung der Tätigkeiten der Verwaltungsausschüsse, beratenden Ausschüsse, Beiräte, Sachverständigengruppen und ähnlichen aus dem EG-Haushaltsplan finanzierten Gremien (Berichterstatterin: Bodil Boserup) v. 2.4.1984, Dok. 1-40/84, PE 89 377/endg.

647 Um Druck auszuüben war im Jahr 1983 ein wesentlicher Teil der Mittel für die Ausschußsitzungen durch das Parlament blockiert worden.

648 Hintergrundinformation von Joël de Bry, Generalsekretariat der Kommission, im Gespräch mit dem Verf. am 20.7.1993.

649 Dabei handelt es sich vor allem um Forschungsausschüsse, aber auch um andere Expertengruppen, deren genaue Funktion und Zuordnung nicht immer nachvollziehbar ist.

das Generalsekretariat für die Gesamtliste des Jahres 1992 insgesamt 1063 Gremien an, d.h. 428 Ausschüsse und 635 Sachverständigengruppen, ohne Hinweis auf bestehende Ausschüsse im Teil B; eigene Nachprüfungen ergeben, daß es sich um ca. 1363 Gremien handelt, d.h. ca. 445 Ausschüsse, ca. 613 Sachverständigengruppen und sonstige Beratungsgremien und ca. 305 Forschungsausschüsse. Vermutet wird, daß es neben einem "Verzählen" auch definitorische Gründe gibt — im Sinne von "was wurde gezählt" —, die diese Abweichungen erklären.[650] Zutreffend dürfte jedoch sein, daß die Dienststellen der Kommission die Angaben in den Gesamtlisten bewußt niedriger gehalten haben, als sie in Wirklichkeit waren, um der Aufforderung des Parlaments nachzukommen.

Trotz dieser augenscheinlichen "Manipulation" sind die Gesamtlisten durchaus nützlich. Aus ihnen kann zumindest durch eigenes Nachzählen und für einen begrenzten Zeitraum die Zahl der Studien- und Arbeitsgruppen, d.h. der unter A-250 verbuchten Gruppen recht genau ermittelt werden. Ferner gestatten sie es, einen Überblick über die Vielzahl der Studien- und Arbeitsgruppen, der Untergruppen, der Ad-hoc-Gruppen etc. zu gewinnen und es kann ein Vergleichsmaßstab gebildet werden zu den an anderer Stelle gemachten Angaben über die Studien- und Arbeitsgruppen bzw. die durch diese Gruppen herangezogenen externen Beamten und Sachverständigen (vgl. Tabelle 3).

Aus der linken Spalte von Tabelle 3 kann das kontinuierliche Anwachsen der Beträge entnommen werden, die für "Sitzungen und Einberufungen im allgemeinen" ausgegeben wurden. Daraus kann grob geschlossen werden, daß die Expertentätigkeit für die Kommission seit Anfang der 70er Jahre deutlich zugenommen hat: Wurden im Jahr 1972 1,56 Mio. RE für Studien- und Arbeitsgruppensitzungen ausgegeben, so betrug dieser Posten 1982 knapp dreimal mehr, nämlich 4,47 Mio. ECU, und erreichte im Jahr 1992 den vorläufigen Spitzenwert

---

[650] Schon an anderer Stelle wurde auf die begriffliche Vielfalt der unterschiedlichen Gremien hingewiesen, die mit Begriffen belegt werden wie "Gruppe, Beirat, Komitee, Kommission ... Gespräch am runden Tisch ... beratender, ständiger, paritätischer ... Verwaltungs-, Regelungs-, Revier-, Untersuchungs- oder Koordinierungsausschuß ... Sachverständigen-, Experten-, Arbeits- oder Untergruppen" (Schmitt von Sydow 1980: 134); werden zu dieser Vielfalt noch die verschiedenen Übersetzungen in den unterschiedlichen Amtssprachen hinzugenommen, wird die ganze Dimension der Komplexität der Gremienvielfalt in der Gemeinschaft offenbar.

Tabelle 3: Schätzung der Anzahl der Studien- und Arbeitsgruppen der Kommission und der dadurch herangezogenen externen Beamten und Sachverständigen 1972 — 1995

| Jahr | ausgegebene Haushaltsmittel nach HH-Linie A-250 (in Mio. RE bzw. ECU)[1] | Zunahme in % | geschätzte Anzahl der Studien- und Arbeitsgruppen, die unter der HH-Linie A-250 verbucht werden[2] | Zunahme in % | geschätzte Anzahl der dadurch hinzugezogenen externen Beamten und Sachverständigen[2] | Zunahme in % |
|---|---|---|---|---|---|---|
| 1972 | 1,56 | | [470] | | 19 456* | |
| 1973 | 2,10 | 34,6 | | | | |
| 1974 | 2,61 | 24,3 | | | | |
| 1975 | 2,98 | 14,1 | | | | |
| 1976 | 3,06 | 2,7 | | | | |
| 1977 | 3,34 | 9,2 | | | | |
| 1978 | 4,20 | 25,7 | | | | |
| 1979 | (keine Angaben) | | | | | |
| 1980 | 5,25 | | | | | |
| 1981 | 5,02 | - 3,8 | | | | |
| 1982 | 5,36 | 6,8 | [454] | | [18 761] | |
| 1983 | 4,47 | - 16,6 | [412] | - 9,2 | [17 025] | - 9,3 |
| 1984 | 4,07 | - 8,9 | 393¥ | - 4,6 | 16 240+ | - 4,6 |
| 1985 | 4,46 | 9,6 | 450¥ | 14,5 | [18 595] | 14,5 |
| 1986 | 5,53 | 24,0 | | | | |
| 1987 | 6,34 | 14,6 | | | | |
| 1988 | 6,92 | 9,1 | 586# | | [24 215] | |
| 1989 | 7,61 | 10,0 | 581# | - 0,9 | [24 009] | - 0,9 |
| 1990 | 7,69 | 1,1 | (460) 554# | - 4,6 | [22 893] | - 4,6 |

| | | | | | | |
|---|---|---|---|---|---|---|
| 1991 | 13,16 | 71,1 | (630) 534# | - 3,6 | [22 066] | - 3,6 |
| 1992 | 18,39 | 39,7 | (635) 541# | 1,3 | [22 356] | 1,3 |
| 1993 | 17,70 | - 3,8 | | | | |
| 1994 | | | | | | |
| 1995 | | | | | | |

[1] Hierbei handelt es sich nicht um die im jeweiligen Haushalt eingeschriebenen Mittel, sondern um die tatsächlichen Ausgaben für die Sitzungen und Einberufungen der Studien- und Arbeitsgruppen, die immer im zwei Jahr später erscheinenden Haushaltsplan verzeichnet sind; die genannten Beträge sind nicht inflationsbereinigt.

[2] Die in eckigen Klammern stehenden Zahlen sind eigene Schätzungen/Berechnungen auf der Grundlage der Angaben für 1984 (vgl. +).

* Berechung auf der Grundlage der Angaben bei Poullet/Deprez, 1976, S. 117.

\+ Angaben in der Mitteilung der Kommission an das Europäische Parlament, Bericht über die Ausschüsse und Sachverständigengruppen, Mitteilung der Kommission an das Europäische Parlament, KOM(85) 497 endg. v. 12.9.1985, S. 8f. Danach tagten im Jahr 1984 insgesamt 25083 nationale Beamte und Sachverständige in 607 Ausschüssen und Studien- und Arbeitsgruppen in Brüssel; bei der Berechnung wurden die Zahl der Beamten und Sachverständigen in den Durchführungsausschüssen entsprechend dem Anteil der Durchführungsausschüsse an den "Ausschüssen und Sachverständigengruppen" abgezogen (vgl. zum Vorgehen ¥).

¥ Eigene Berechnung auf der Grundlage der in der Mitteilung der Kommission an das Europäische Parlament, KOM(85) 497 endg. v. 12.9.1985, S. 9 genannten Zahl der "Ausschüsse und Sachverständigengruppen" abzüglich der im Haushalt für das jeweilige Jahr ermittelten Durchführungsausschüsse (1984: 214; 1985: 223; vgl. Tabelle 5).

# Anzahl der eingesetzten Expertengruppen gemäß der Haushaltslinie A-250 nach den Gesamtlisten des Generalsekretariats der Kommission, SEC(88) ohne Dok.Nr.; SEC(89) 615 v. 19.4.1989; SEC(90) 1183 v. 15.6.1990; SEC(91) 362 v. 28.2.1991; SEC(92) 619 v. 27.3.1992; die Werte in Klammern geben die Zahlen wieder, die in den Gesamtlisten als "Schätzungen ...aller Sachverständigengruppen" angegeben sind, d.h. nicht nur derjenigen, die unter A-250 verbucht sind, sondern auch derjenigen anderer Haushaltslinien, ohne daß diese Haushaltslinien jedoch genau nachzuvollziehen sind und sichergegangen werden kann, daß es sich ausschließlich um Studien- und Arbeitsgruppen handelt.

von 18,39 Mio. ECU.[651] Selbst bei einer grob inflationsbereinigten Berechnung[652] dürfte dieser zuletzt genannte Betrag noch mehr als zweimal so hoch sein wie vor 20 Jahren.[653] Für die Delors-Ära ist festzustellen, daß die Ausgaben für die Sitzungen und Einberufungen der Studien- und Arbeitsgruppen — abgesehen von dem Rückgang 1992/93 — im gesamten Zeitraum deutlich zugenommen haben. Auffallend ist zunächst, daß nach der negativen Entwicklung Anfang der 80er Jahre, die Ausgaben für die Studien- und Arbeitsgruppen in den Jahren nach 1985 mit Werten zwischen 10 % und 25 % deutlich zugenommen haben. Weiter ist auffallend, daß 1991 und 1992 die Ausgaben mit ca. 70 % bzw. 40 % jeweils sprunghaft angestiegen sind. Dies ist um so erstaunlicher, als im gleichen Zeitraum die Anzahl der Studien- und Arbeitsgruppen leicht zurückging (vgl. Spalte 2 in Tabelle 3), d.h. es wurde mehr Geld für weniger Studien- und Arbeitsgruppen ausgegeben. Diese widersprüchliche Entwicklung wurde auch von seiten des Europäischen Parlaments konstatiert und in der Stellungnahme des Haushaltsausschusses zum Bericht De Giovanni vom Dezember 1993 zum Ausdruck gebracht: "Von 1989 bis 1994 hat sich die Zahl der Ausschüsse um 40 % erhöht was möglicherweise auf die Zunahme der Tätigkeiten der Gemeinschaft zurückzuführen ist (Einheitliche Akte — Rechtsvorschriften für den Binnenmarkt). Wie hat sich die Zahl der im Rahmen von Artikel A-250 'Sitzungen und Einberufungen im allgemeinen' von 1989 bis 1994 entwickelt? Bei den bei Artikel A-250 veranschlagten Mitteln ist von 1989 bis 1994 eine Aufstockung um 118,78 % zu verzeichnen" (De Giovanni, 6.12.1993: 10).

Die in den weiteren Spalten in Tabelle 3 gemachten Angaben dürfen nur als grobe Näherungswerte der Gesamtzahl der Studien- und Arbeitsgruppen der Kommission und der dadurch hinzugezogenen Beamten betrachtet werden. Es handelt sich dabei teilweise um Schätzungen und eigene Berechnungen, die auf der Grundlage der nur spärlich vorliegenden Daten gemacht wurden. Wird Tabelle 3 dennoch als eine grobe Berechnungsgrundlage herangezogen, so geht daraus hervor, daß die Zahl der

---

651 Wenngleich hinzugefügt werden muß, daß die ECU-Beträge nicht inflationsbereinigt sind und durch die Erweiterung um Spanien und Portugal sowohl vom Beratungsbedarf wie von der geographischen Distanz her zusätzliche Reisekosten entstanden sein dürften. Auch sei — wie schon oben erwähnt — darauf hingewiesen, daß sich unter der Haushaltslinie A-250 auch die Kosten für ca. 20 % der Durchführungsausschüsse verbergen, die für die Implementierung von EG-Recht zuständig sind und die sowohl von der Zusammensetzung und vom Status her als auch gemessen an ihrer inhaltlichen Beschäftigung nichts mit den Studien- und Arbeitsgruppen der Kommission zu tun haben.

652 Wird davon ausgegangen, daß zwischen 1972 und 1992 die durchschnittliche Inflationsrate in der EG pro Jahr ca. 8,5 % betrug (vgl. eurostat, Statistische Grundzahlen der Gemeinschaft, Index der Verbraucherpreise), dann würden den 1,56 Mio. RE aus dem Jahr 1972 — grob gerechnet — 7,97 Mio. ECU im Jahr 1992 entsprechen.

653 Vgl. für die Werte von 1972 und 1992, Artikel A-250 im Gesamthaushalt 1974 (Abl. L 115 v. 29.4.1974, S. 212) und 1994 (Abl. L 34 v. 7.2.1994, S. 456).

Studien- und Arbeitsgruppen zwischen 1985 und 1992 von 450 auf 541 zugenommen hat; dies entsprach einer Zunahme um ca. 22 %. Wird nur die Entwicklung in der zweiten Präsidentschaft Delors' betrachtet, d.h. von 1988—1992, so ist ein Rückgang der Anzahl der Studien- und Arbeitsgruppen zu beobachten; ähnlich verhält es sich mit der Anzahl der dadurch hinzugezogenen externen Beamten und Sachverständigen, die im gleichen Zeitraum von ca. 24 000 anf 22 000 abnahm. Es scheint demnach eine gegenläufige Entwicklung erkennbar zu sein: Einerseits die Zunahme der Ausgaben für die Sitzungen der Studien- und Arbeitsgruppen, andererseits die Abnahme der Zahl der Studien- und Arbeitsgruppen und der in ihnen tätig werdenden Beamten und Sachverständigen.

Eine Erklärung hierfür ist, daß die Zahl der Sitzungen zugenommen hat und dies Mehrausgaben verursachte, d.h. daß weniger Studien- und Arbeitgruppen öfter getagt haben und mehr Finanzmittel verbrauchten. Dies würde bedeuten, daß der Beratungsbedarf der Kommission in der Delors-Ära weiter zugenommen hat. Eine weitere Erklärung ist — und dies greift die oben dargelegte Ungenauigkeit der verwendeten Dokumente der Kommission auf —, daß über diese Haushaltslinie ein Teil der in den offziellen Statistiken nicht vorkommenden Durchführungsausschüsse und anderer Gremien abgerechnet wurde. Dies würde bedeuten, daß vom Rat (Forschungs)Ausschüsse geschaffen wurden, für die in den Haushaltslinien A-2510 bzw. im operationellen Teil des Haushalts keine Mittel vorhanden waren und die daher über die Haushaltslinie A-250 verbucht wurden. Schließlich kann vermutet werden, daß die Kommission aufgrund eines höheren Beratungsbedarfs zusätzliche *ad hoc*-Gruppen eingerichtet hat, die nicht in den Gesamtlisten der Kommission vermerkt sind und die zu höheren Ausgaben geführt haben. Diese zusätzlichen Gremien wurden nicht in die Gesamtlisten aufgenommen, um die politisch motivierte Begrenzung auf insgesamt 1000 Expertengruppen und Ausschüsse einzuhalten. Insgesamt können hinsichtlich der Studien- und Arbeitsgruppen der Kommission in der Ära Delors aber nur wenig eindeutige Aussagen getroffen werden. Die Entwicklung ist recht verworren und von Undurchsichtigkeit geprägt. Dies ist auch ein Indikator dafür, daß die Studien- und Arbeitsgruppen zunehmend Gegenstand inter- und intrainstitutioneller (Macht)Auseinandersetzungen geworden sind. Mit Blick auf die Kommission entsteht das Bild eines Verwaltungsapparats, der im Entstehen begriffen ist und dessen externe Beratungsstrukturen (noch) nicht fest institutionalisiert sind.

Wird die Anzahl der in den Studien- und Arbeitsgruppen tätigen "Beamten und Sachverständigen" betrachtet, d.h. der unterschiedlichen Experten, Verbandsvertreter, nationalen Beamten etc., die die Kommission bei der Ausarbeitung von Rechtsakten beraten, so können — auf der Grundlage der hier vorgenommenen vorsichtigen Schätzungen — die folgenden Beobachtung gemacht werden: Die

Anzahl der für die EG-Kommission tätigen Sachverständigen stieg von ca. 20 000 im Jahr 1972 auf ca. 22 000 im Jahr 1992 an und hat sich damit in einem Zeitraum von etwa 20 Jahren um 10 % erhöht (vgl. Spalte 3 in Tabelle 3). Für die Delors-Ära ist nur eine mäßige Zunahme bzw. ab 1989 sogar ein Rückgang der Zahl der externen Beamten und Sachverständigen festzustellen. Im Vergleich zu der rückläufigen Entwicklung zu Beginn der 80er Jahre hat die Zahl der externen Sachverständigen von 1985 bis 1989 um ca. 30 % zugelegt, jedoch ist zu Beginn der 90er Jahre wieder ein Rückgang von ca. 7 % erkennbar. Dies bedeutet, daß — vor allem im Vergleich zu der erwähnten Zunahme der für die externen Berater verwendeten Haushaltsmittel — keine wesentliche Ausweitung der Anzahl der externen Sachverständigen stattgefunden hat. Aus der Zunahme der Haushaltsmittel ist jedoch zu entnehmen, daß die Ausgaben für die externe Beraterschaft gestiegen sind. Dies könnte auf höhere Kosten für Honorare, Reisekosten etc. zurückgeführt werden bzw. allgemein auf eine Intensivierung der Sitzungstätigkeit der Studien- und Arbeitsgruppen hinweisen. Zu vermuten ist, daß in der Delors-Ära weniger die Zahl der Gremien bzw. der externen Berater zugenommen hat, als vielmehr die bestehenden Beratungsgremien intensiver genutzt wurden und die in ihnen tätigen Beamten und Sachverständigen häufiger von der Kommission in Anspruch genommen wurden.

Zusammenfassend kann auf der Grundlage der hier vorgenommenen vorsichtigen Schätzungen festgehalten werden, daß die Kommission in der Delors-Ära von keiner übermäßigen Aufblähung ihres Verwaltungsapparats durch externe Beamte und Sachverständige geprägt war. Zu beobachten ist vielmehr, daß die Zahl der Studien- und Arbeitsgruppen im Laufe der zweiten Präsidentschaft leicht zurückging und die bestehenden Gremien offenbar intensiver genutzt wurden. Deutlich zugenommen haben die Ausgaben für die Sitzungstätigkeit der Studien- und Arbeitsgruppen. Der Rückgang der Zahl der Studien- und Arbeitsgruppen bzw. die generell ungenaue Situation hinsichtlich der Zahl und Zusammensetzung dieser Gremien deuten darauf hin, daß diese Ausgaben auch für die Sitzungen der Durchführungs- und Forschungsausschüsse verwendet wurden, in denen nationale Beamte zusammenkommen. Generell scheinen sich im Zusammenhang mit den Studien- und Arbeitsgruppen innerhalb der Kommission, aber auch zwischen Kommission, Rat und Europäischem Parlament mehr oder weniger offensichtliche (Macht)Auseinandersetzungen um Finanzmittel und damit letztlich um (politische) Einflußmöglichkeiten zu vollziehen. Inwieweit sich die Kommission durch haushaltstechnische "Tricks" bzw. durch die "Überlegenheit" ihres Verwaltungsapparats langfristig durchsetzen wird, muß offen bleiben. In der Delors-Ära, so scheint es, hat sich der Prozeß der Institutionalisierung externer Beratungsstrukturen weiter fortgesetzt, von deren Funktionsfähigkeit die Kommission — nicht zuletzt durch die Ausweitung der auf der Gemeinschaftsebene angesiedelten Politikfelder — auch in Zukunft in zunehmendem Maße abhängig sein wird.

## 3.3 Daten zum EG-Entscheidungsprozeß: die Herstellungsphase

### 3.3.1 Die Zahl der verbindlichen Beschlüsse der Kommission

Bei der Untersuchung der legislativen Tätigkeit der Kommission in der Phase der Herstellung von EG-Rechtsakten kann zwischen der Gesamtzahl der verbindlichen Beschlüsse der Kommission und der Anzahl der unterschiedlichen Arten von EG-Rechtsakten unterschieden werden. Letztere haben im Laufe der Integrationsentwicklung unterschiedliche Anwendung gefunden — insbesondere bei der Realisierung des Binnenmarktes — und damit einen unterschiedlichen Wachstumsprozeß erfahren. Zu differenzieren ist gemäß Art. 189 EGV zwischen den Verordnungen, den Richtlinien und den Entscheidungen. Während die Verordnung unmittelbar in allen Mitgliedstaaten Geltung hat und dort lediglich gegebenenfalls Durchführungsmaßnahmen in Form von Verwaltungsvorschriften erfordert, bedarf die Richtlinie eines zusätzlichen nationalen Rechtsaktes (durch gewöhnliches Gesetz oder durch Exekutivrechtsetzung) — der sog. "Inkorporation" von EG-Recht (Siedentopf 1990) —, um im nationalen Recht tatsächlich Geltung zu erhalten. Die Entscheidung ist, ähnlich wie die Verordnung, unmittelbar gültig, jedoch richtet sie sich nur an bestimmte Mitgliedstaaten, Organe oder Personen. Die Verordnung ist aufgrund ihres Vorrangs gegenüber dem nationalen Recht und ihrer unmittelbaren Anwendbarkeit das am häufigsten genutzte Rechtsetzungsinstrument und hat vor allem bei der Realisierung des Binnenmarktes breite Anwendung gefunden. Die Richtlinie — vergleichbar der deutschen Rahmengesetzgebung — besitzt eine eigene Qualität aufgrund des den Mitgliedstaaten eingeräumten Gestaltungsspielraums bei der Inkorporation in nationales Recht. Jedoch ist die Richtlinie gerade hinsichtlich letzterem und den damit verbundenen materiellen, politischen und zum Teil auch "technischen" Problemen mit einigen Unwägbarkeiten behaftet, was ihre effektive Umsetzung und tatsächliche Anwendung anbelangt (Beutler/Bieber/Pipkorn/Streil 1993: 191ff.).

Die Zahl der von der Kommission jährlich erlassenen verbindlichen Rechtsakte stieg von 1012 im Jahr 1975 auf 1546 im Jahr 1995 an (vgl. Tabelle 4). Wird nach einzelnen Entwicklungsphasen unterschieden, so ist zu beobachten, daß die Zahl der Rechtsakte der Kommission insbesondere bis 1980 einen deutlichen Zuwachs erfahren hat. Zu Beginn der 80er Jahre trat dann ein leichter Rückgang ein, der ab Mitte der 80er Jahre, in der Zeit des Binnenmarktprogramms, durch einen stufen-

Tabelle 4: Anzahl der von der Kommission verabschiedeten verbindlichen Rechtsakte (Richtlinien/Verordnungen/Entscheidungen)
1975 — 1995

| Jahr | Gesamtzahl (RL, E, VO) | Zunahme in % | Richtlinien | Zunahme in % | Entscheidungen | Zunahme in % | Verordnungen | Zunahme in % |
|---|---|---|---|---|---|---|---|---|
| 1975 | 1012 | | 9 | | 319 | | 684 | |
| 1976 | 1025 | 1,3 | 15 | 66,7 | 346 | 8,5 | 664 | - 2,9 |
| 1977 | 1124 | 9,7 | 11 | - 26,7 | 419 | 21,1 | 694 | 4,5 |
| 1978 | 1204 | 7,1 | 21 | 90,9 | 427 | 1,9 | 756 | 8,9 |
| 1979 | 1322 | 9,8 | 19 | - 9,5 | 573 | 34,2 | 730 | - 3,4 |
| 1980 | 1520 | 15,0 | 20 | 5,3 | 570 | - 0,5 | 930 | 27,4 |
| 1981 | 1294 | - 14,9 | 14 | 30,0 | 446 | - 21,8 | 834 | - 10,3 |
| 1982 | 1181 | - 8,7 | 26 | 85,7 | 373 | - 16,4 | 782 | - 6,2 |
| 1983 | 1404 | 18,9 | 24 | - 7,8 | 465 | 24,7 | 915 | 17,0 |
| 1984 | 1439 | 2,5 | 18 | - 25,0 | 475 | 2,2 | 946 | 3,4 |
| 1985 | 1253 | - 12,9 | 21 | 16,7 | 338 | - 28,8 | 894 | - 5,5 |
| 1986 | 1569 | 25,2 | 25 | 19,0 | 417 | 23,4 | 1127 | 26,1 |
| 1987 | 1443 | - 8,0 | 24 | - 4,0 | 319 | - 23,5 | 1100 | - 2,4 |
| 1988 | 1564 | 8,4 | 27 | 12,5 | 363 | 13,8 | 1174 | 6,7 |
| 1989 | 1453 | - 7,1 | 22 | - 18,5 | 412 | 13,5 | 1019 | - 13,2 |
| 1990 | 1400 | - 3,6 | 18 | - 18,2 | 252 | - 38,8 | 1130 | 10,9 |
| 1991 | 1550 | 10,7 | 24 | 33,3 | 330 | 31,0 | 1196 | 5,8 |
| 1992 | 1580 | 1,9 | 20 | - 16,7 | 416 | 26,1 | 1144 | - 4,3 |
| 1993 | 1782 | 12,8 | 39 | 95,0 | 577 | 38,7 | 1166 | 1,9 |
| 1994 | 1616 | - 9,3 | 28 | - 28,2 | 601 | 4,2 | 987 | - 15,4 |
| 1995 | 1546 | - 4,3 | 36 | 28,6 | 592 | - 1,5 | 938 | - 5,0 |
| Gesamt 1976-1984 | 12525 Ø pro Jahr: 1392 | 40,7 Ø pro Jahr: 4,5 | 168 Ø pro Jahr: 18,6 | 209,6 Ø pro Jahr: 23,3 | 4413 Ø pro Jahr: 490 | 53,9 Ø pro Jahr: 6,0 | 7251 Ø pro Jahr: 806 | 38,4 Ø pro Jahr: 4,3 |
| Gesamt 1985-1993 | 13594 Ø pro Jahr: 1510 | 27,4 Ø pro Jahr: 3,0 | 220 Ø pro Jahr: 24,4 | 119,1 Ø pro Jahr: 13,2 | 3424 Ø pro Jahr: 380 | 55,4 Ø pro Jahr: 6,2 | 9950 Ø pro Jahr: 1106 | 26,0 Ø pro Jahr: 2,9 |

Quelle: Justis CELEX CD-Rom (Deutsch, Disc 1), CDE 7.2.1, September 1996; CELEX-Datenbank der Zentralbibliothek der Kommission in Brüssel (nur für Entscheidungen und Verordnungen zwischen 1975 und 1982).

Anmerkung: Im Unterschied zum jährlich erscheinenden Gesamtbericht der Kommission über die Tätigkeit der Europäischen Gemeinschaften/Europäischen Union, in dem alle Arten von verbindlichen und unverbindlichen Verordnungen, Beschlüssen, Entscheidungen, Richtlinien, Empfehlungen und Stellungnahmen summiert sind, enthält CELEX (sowohl die on-line wie die CD-Rom Version, die für Zahlen ab 1983 nahezu identisch sind) nicht alle von der Kommission verabschiedeten Rechtsakte. CELEX enthält nur die im Amtsblatt veröffentlichten Rechtsakte und keine "Rechtsakte der laufenden Verwaltung", d.h. nicht die Vielzahl der täglich vorzunehmenden Entscheidungen etwa über Produktionsquoten oder zur Anpassung der Agrarpreise an die Wechselkursentwicklung etc. Ferner enthält CELEX nicht diejenigen Rechtsakte, die vor dem 1.7.1979 ungültig geworden sind. Dies erklärt, warum die hier angeführten Zahlen vor allem hinsichtlich der Entscheidungen und Verordnungen geringer ausfallen als im Gesamtbericht der Kommission.

---

weisen Anstieg der Rechtsetzungstätigkeit der Kommission wieder kompensiert wurde. Das "Rennen" um die Vollendung des Binnenmarktes hat sich in dieser Tabelle in dem deutlichen Wachstumstrend bei der Rechtsetzung in den Jahren 1991 und 1993 niedergeschlagen. Überraschend ist bei dieser Tabelle, daß der "legislative Output" der Delors-Ära zwar höher ausfällt, als in den neun vorangegangenen Jahren — zwischen 1976 und 1984 wurden 12 525 Rechtsakte verabschiedet, während es von 1985 bis 1993 13 594 Rechtsakte waren —, daß jedoch das Wachstum, das zu diesem hohen Niveau geführt hat, im wesentlichen in den 70er Jahren stattgefunden hat. Tatsächlich war die jährliche Wachstumsrate mit durchschnittlich 4,5 % zwischen 1976 und 1984 höher als zwischen 1985 und 1993, als sie 3,0 % betrug. Während die Zeit vor Delors im wesentlichen von einem recht gleichbleibenden Wachstumstrend geprägt ist, wird die Zeit von 1985 bis 1993 eher von sich abwechselnden "Hochs" und "Tiefs" charakterisiert. Die Delors-Ära ist insbesondere in den Jahren 1985/86, 1987/88 und 1990/91 von Schwankungen nach oben bzw. unten gekennzeichnet. Die gesamte Rechtsetzung fällt in der Delors-Ära um 8,5 % höher aus als im vorangegangenen Zeitraum von 1976 bis 1984, ohne daß dies jedoch eine übermäßige Zunahme darstellt bzw. daraus auf eine "Regelungswut" der Brüsseler Bürokratie geschlossen werden kann.

Ein etwas anderes Bild bietet sich dem Betrachter, wenn der "legislative Output" der Kommission nach einzelnen Rechtsakten aufgeschlüsselt wird. Die Zahl der erlassenen *Richtlinien* stieg ab Mitte der 70er bis Anfang der 80er Jahre leicht an; während der Delors-Ära stagnierte das Wachstum dann auf vergleichsweise hohem Niveau und legte 1993 deutlich zu. Die Zahl der Richtlinien hat in der Delors-Ära zugenommen, jedoch war die Entwicklung gemessen an ihrer jährlichen Wachstumsrate niedriger als im vorangegangenen Zeitraum von 1976 bis 1984. Ein deutlicher Anstieg hat ab 1975 auch bei den *Entscheidungen* stattgefunden, gefolgt von einer Phase des deutlichen Rückgangs zu Beginn der 80er Jahre; in der Delors-Ära war die Entwicklung dann von sich abwechselnden "Aufs" und "Abs" geprägt, ohne daß dabei das Niveau des vorangegangenen Zeitraums von 1976—1984, als über 400 Entscheidungen pro Jahr erlassen wurden, erreicht wurde. Lediglich 1993 wurden über 500 Entscheidungen von der Kommission erlassen. Wenngleich das jährliche Wachstum in der Delors-Ära mit 6,2 % leicht über dem des vorangegangenen Zeitraums lag, als 6,0 % erreicht wurden, fiel das Gesamtvolumen der Entscheidungen in der Delors-Ära mit 3424 insgesamt geringer aus als im vorangegangenen Zeitraum, als 4413 Entscheidungen erlassen wurden. Die von der Kommission verabschiedeten *Verordnungen* zeigen ebenfalls ab Mitte der 70er Jahre ein deutliches Wachstum auf, gefolgt von einem leichten Rückgang zu Beginn der 80er Jahre. Im Gegensatz zu den Entscheidungen legten die Verordnungen in der Delors-Ära dann jedoch kräftig zu und stabilisierten sich im Laufe der 80er Jahre auf einem vergleichsweise hohen Niveau. Durch diese eher gleichbleibende Entwicklung fiel das durchschnittliche jährlich Wachstum der Verordnungen in der Delors-Ära mit 2,9 % geringer aus als im vorausgegangen Zeitraum von 1976 bis 1984, als 4,3 % erreicht wurden. Gleichwohl war das Gesamtvolumen der Verordnungen mit 9950 in der Delors-Ära deutlich höher als in den vorangegangenen neun Jahren, als lediglich 7251 Verordnungen verabschiedet wurden. Zu beobachten ist demnach eine insgesamt differenzierte Entwicklung, die je nach Typ von Rechtsakt und je nach zeitlicher Phase unterschiedlich verlief.

Für die Delors-Ära können dabei zusammengefaßt die folgenden Beobachtungen festgehalten werden: Erstens, das Wachstum des "legislativen Outputs" der Kommission schwächte sich insgesamt ab. Die durchschnittliche jährliche Wachstumsrate fiel — mit Ausnahme bei den Entscheidungen — in allen Bereichen geringer aus als im vorangegangenen Zeitraum von 1976 bis 1984. Zweitens, der quantitative Umfang der Rechtsetzung der Kommission stieg an. Sowohl gemessen am Gesamtvolumen aller Rechtsakte als auch gemessen am Volumen der einzelnen Rechtsakte fiel — mit Ausnahme der Entscheidungen — der absolute Umfang der Rechtsetzung in der Delors-Ära höher aus als im vorangegangenen Zeitraum von 1976 bis 1984. Diese Zunahme geht jedoch nicht auf ein übermäßiges Wachstum der Rechtsetzungstätigkeit der Kommission in der Delors-Ära zurück, sondern beruht auf einer Zunahme, die schon in den 70er Jahre eingesetzt hat. Drittens spielten die Verordnungen eine wichtiger werdende Rolle. Vor allem die hohe Zahl der Verordnungen, die in der Delors-Ära absolut um ca. 2700 zulegten, trug zu dem gesteigerten Gesamtvolumen der Rechtsakte in der Delors-Ära bei. Es scheint demnach, daß vor allem die Verordnung das eigentliche Arbeitsmittel der Delors-Kommission darstellte und daß die mit dem Binnenmarkt, aber auch die im

Rahmen der neu hinzugekommenen Regional-, Umwelt- und Forschungs- und Technologiepolitik erlassenen Durchführungsmaßnahmen vor allem auf Kommissionsverordnungen beruhten.

### 3.3.2 Der Zusammenhang zwischen Kommissionsbeamten und verbindlichen Beschlüssen

Ein weiterer Indikator zur Beurteilung der Funktionsweise der Kommission in der Phase der Herstellung von EG-Recht stellt der Zusammenhang zwischen der Zahl der A-Beamten und der Rechtsetzungstätigkeit der Kommission dar. Wird die Entwicklung der A-Beamten (vgl. Tabelle 1 oben) dem Umfang des "legislativen Outputs" der Kommission gegenübergestellt (Tabelle 4), können Koeffizienten zur "Produktivität" der Kommission ermittelt werden, d.h. die Anzahl der Rechtsakte der Kommission pro A-Beamten. Diese "Produktivitätskoeffizienten" zeigen zwischen 1970 und 1993 grob die folgende Entwicklung auf: 0,36 (1970), 0,48 (1975), 0,65 (1980), 0,46 (1985), 0,39 (1990), 0,39 (1993).[654]

Die Zahlen weisen darauf hin, daß die "Produktivität" der A-Beamten der Kommission bis 1980 deutlich zugenommen hat, dann seit Mitte der 80er Jahre deutlich zurückging und 1993 in etwa das Niveau erreichte, das zu Beginn der 70er Jahre bestand. Auf der Grundlage dieser Werte können für die Delors-Ära die folgenden zwei weiterführenden Schlüsse gezogen werden: Erstens ist diese Entwicklung ein Indikator dafür, daß die Kommissionsbeamten seit Mitte der 80er Jahre — in Anlehnung an die oben verworfene These von der "Regelungswut" durch den Binnenmarkt — anteilsmäßig weniger mit der Ausarbeitung von verbindlichen Rechtsakten beschäftigt waren, als vielmehr mit nicht-rechtsetzenden Tätigkeiten zu tun hatten, wie etwa der Erstellung von umfangreichen Studien und Berichten — Beispiel hierfür ist etwa das Weißbuch über "Wachstum, Wettbewerbsfähigkeit, Beschäftigung" aus dem Jahr 1993 u.a. —, der Konsultierung der Sozialpartner und Interessengruppen — wie etwa im Rahmen des sozialen Dialogs — und der Kontrolle von schon bestehendem Recht in den Mitgliedstaaten, d.h. insbesondere die Umsetzung und Anwendung von Richtlinien.

Zweitens weist die Entwicklung der "Produktivitätskoeffizienten" darauf hin, daß gemessen an der Rechtsetzungstätigkeit die Zahl der A-Beamten der Kommission

[654] Die Koeffizienten wurden wie folgt berechnet: Zahl der Rechtsakte der Kommission pro Jahr (vgl. Tabelle 4; der Wert für 1970 beträgt 535 Rechtsakte) geteilt durch die Zahl der A-Beamten für das jeweilige Jahr (vgl. Tabelle 1; 1970 betrug die Zahl der A-Beamten 1478). Die genannten Werte für 1970 sind einem DFG-Projekt zur Dynamik der EG/EU Institutionen entnommen, an dem der Autor mitgewirkt hat (Wessels/Rometsch 1996b: 75ff. und 121ff.).

überproportional zugenommen hat, d.h. immer mehr A-Beamte haben immer weniger Rechtsakte "produziert". Es wäre allerdings ein falscher Schluß, daraus generell die Aufblähung des Kommissionsapparates bzw. die "Faulheit" der Beamten abzuleiten. Vielmehr ist der Rückgang der "Produktivität" der A-Beamten ein Indikator dafür, daß die Kommission als politische Institution in der Delors-Ära eine Veränderung ihrer Rolle erfahren hat, bei der es — wie etwa im Bereich der Außenbeziehungen — weniger um verbindliche Rechtsetzung ("hard instruments") geht, als vielmehr um den Einsatz politisch-diskursiver Handlungsinstrumente ("soft instruments"), wie etwa die Einrichtung von Vertretungen im Ausland, die Erarbeitung von Gesetzgebungsprogrammen (Grünbücher, Weißbücher), der Koordination von nationalen Politiken oder dem Einsatz von informellen Mechanismen bei der Durchführung von Maßnahmen. Dies schließt an die oben gemachte Beobachtung zur "Delors-Methode" an, die sich durch das Lancieren breit angelegter Debatten mit den relevanten gesellschaftlichen Gruppen und dem Bemühen um die Herstellung eines Konsenses unter den betroffenen Akteuren im Policyprozeß auszeichnete.[655] Dies würde auch der im Rahmen der Regionalpolitik gemachten Feststellung entsprechen, wonach die Kommission den Implementationsverlauf von Programmen "durch 'sanfte', indirekte Druckmittel" kontrolliert bzw. fehlende Kompetenzen durch "'sanfte' indirekte Steuerungsinstrumente" ersetzt (Tömmel 1992: 191f.).

Der Rückgang der "Produktivitätsquote" unter den A-Beamten ist aus dieser Perspektive darauf zurückzuführen, daß eine zunehmende Verwendung dieser Art von "soft instruments" stattgefunden hat, die keine verbindlichen Entscheidungen im oben definierten Sinne darstellen, jedoch aufgrund ihres Charakters quasi-verbindliche Wirkung entfalten können. Dies stellt — zumindest teilweise — eine Erklärung für die Steigerung des Umfangs der Mitteilungen, Memoranden und Berichte sowie der formellen Vorschläge der Kommission an den Rat in der Phase der Entscheidungsvorbereitung dar.[656] Inwieweit die vermutete Veränderung der Rolle der Kommission bei der EG-Rechtsetzung sich auch im Bereich des Verwaltungsapparats niedergeschlagen hat — und damit im Bereich der gemeinhin als "Eurokratie" kritisierten Beamtenverflechtung in Brüssel — soll im weiteren an Hand der Entwicklung der Ausschüsse in der Phase der Entscheidungsdurchführung untersucht werden.

---

[655] Vgl. oben Teil III, Kapitel 1.1.3.

[656] Vgl. oben Teil III, Kapitel 3.2.1 und 3.2.2.

## 3.4 Daten zum EG-Entscheidungsprozeß: die Durchführungsphase

### 3.4.1 Die Funktionsweise der Komitologieverfahren

In der Phase der Durchführung von Entscheidungen sind die in der Haushaltslinie A-2510 und A-2511 budgetierten Ausschüsse tätig. Es handelt sich dabei, vereinfacht gesagt, um ehemalige Studien- und Arbeitsgruppen der Kommission, die in Artikel A-250 des Haushalts verzeichnet waren.[657] Nach zwei bis drei Jahren der vorbereitenden Arbeiten werden die Arbeitsgruppen, nachdem ein Rechtsakt der Gemeinschaft/Union ergangen ist, zu formellen Durchführungsausschüssen, die sich dann mit der konkreten Umsetzung des verbindlichen Rechtsakts befassen. Während die Befassung der Ausschüsse der Haushaltslinie A-2510 bei der Ausarbeitung von Durchführungsmaßnahmen obligatorisch ist, handelt es sich bei den Ausschüssen der Haushaltslinie A-2511 um nicht-obligatorisch zu befassende Gremien. Letztere setzen sich vor allem aus Vertretern der Wirtschafts- und Sozialpartner zusammen, während in ersteren vor allem Beamte aus den Mitgliedstaaten vertreten sind. Es sind in erster Linie die Ausschüsse der Haushaltslinie A-2510, in denen "nationaler Einfluß" auf die Exekutivarbeit der Kommission ausgeübt wird und die diese gleichsam überwachen (Docksey/Williams 1994: 122). Je nach Regelungsmaterie gibt es dabei gemäß dem sog. "Komitologie-Beschluß" des Rates vom 13. Juli 1987[658] unterschiedliche Typen von Ausschüssen — die auch als "Komitologieausschüsse" bezeichnet werden können[659] — , die die Arbeit der Kommission entweder beratend, mitverwaltend oder regelnd begleiten. Insofern handelt es sich in Anlehnung an die Komitologie-Entscheidung um einen "beratenden Ausschuß", einen "Verwaltungsausschuß" oder einen "Regelungsausschuß" (Beutler/Bieber/Pipkorn/Streil 1993: 219). Diese Ausschüsse können in unterschiedlicher Weise auf die Durchführungsarbeit der Kommission Einfluß nehmen. Hierzu stehen ihnen mindestens fünf verschiedene Varianten von Ent-

---

[657] Information von Joseph Goepp, Generaldirektion XIX, im Gespräch mit dem Verf. am 29.4.1993.

[658] Vgl. Abl. L 197 v. 18.7.1987, S. 33ff.

[659] In der Fachliteratur überwiegt die Verwendung der Begriffe "Durchführungsausschüsse" (vgl. u.a. Wessels 1996: 176 und 191) oder schlicht "Ausschüsse" (vgl. u.a. Oppermann 1991: 122; Beutler/Bieber/Pipkorn/Streil 1993: 146). Bei einer genauen Auslegung der Begriffe würden die "Durchführungsausschüsse" sämtliche Ausschüsse bezeichnen, d.h. auch die Ausschüsse der Haushaltslinie A-2511 und die schon *vor* dem Komitologiebeschluß bestehenden und von diesem Regime nicht erfaßten Ausschüsse. Letztere umfaßten nach informellen Angaben im Jahr 1996 ca. 70 Ausschüsse von insgesamt ca. 380 existierenden Ausschüssen (Information von Joël de Bry, Generalsekretariat der Kommission, im Gespräch mit dem Verf. am 7.6.1996). Der Begriff "Komitologieausschüsse" würde demgegenüber nur die Ausschüsse bezeichnen, die unter das vom Rat mit der Entscheidung vom 13.7.1987 eingerichtete Regime fallen und die im Haushalt im wesentlichen unter der Linie A-2510 verbucht sind. Zur Vereinfachung werden im folgenden beide Begriffe jedoch weitgehend synonym verwendet.

scheidungsverfahren zur Verfügung, die in unterschiedlichen Politikbereichen schwerpunktmäßig angewendet werden (Docksey/Williams 1994: 125ff.; Harnier 1991: 4250ff.; Falke 1996: 121ff.):[660]

- das *Verfahren I des beratenden Ausschusses* (Anwendungsschwerpunkt: Wettbewerbspolitik): danach hört die Kommission den Standpunkt des Ausschusses an; sie faßt dann einen Beschluß zur Durchführung des EG-Rechtsaktes unter größtmöglicher Berücksichtigung des Standpunktes des Ausschusses, ohne jedoch an diesen gebunden zu sein;
- das *Verfahren II des Verwaltungsausschusses* (Anwendungsschwerpunkt: Agrarpolitik): danach verabschiedet der Ausschuß mit qualifizierter Mehrheit eine Stellungnahme zum Durchführungsvorhaben der Kommission; fällt die Stellungnahme befürwortend aus oder verabschiedet der Ausschuß keine Stellungnahme, kann die Kommission unverzüglich die von ihr vorgeschlagenen Maßnahmen beschließen und anwenden; spricht sich der Ausschuß gegen das Durchführungsvorhaben der Kommission aus, wird die Angelegenheit dem Rat übermittelt; für die Kommission sind dabei zwei Handlungsoptionen möglich:
  *Variante a):* die Kommission *kann* die Anwendung der von ihr beschlossenen Durchführungsmaßnahmen um einen Monat verschieben oder diese unmittelbar in Kraft setzen;
  *Variante b):* die Kommission *muß* die Anwendung der von ihr beschlossenen Durchführungsmaßnahmen verschieben, wobei die maximale Aufschubfrist drei Monate beträgt;
  bei beiden Varianten kann der Rat in der angegebenen Frist mit qualifizierter Mehrheit einen anderslautenden Beschluß zur Durchführung von EG-Recht fassen; faßt der Rat keinen anderslautenden Beschluß, ist die Durchführungsmaßnahme der Kommission verbindlich;

---

[660] Die Komitologieentscheidung des Rates enthält in Art. 3 noch zusätzlich das sog. *Schutzklausel-Verfahren* (Anwendungsschwerpunkt: Handelspolitik, Verkehrspolitik), das wiederum in zwei Varianten unterteilt ist. Nach diesem Verfahren kann die Kommission besondere Maßnahmen erlassen, die die Interessen der Gemeinschaft oder einzelner Mitgliedstaaten bei der Anwendung von EG-Recht schützen sollen. Zur Kontrolle der Schutzmaßnahmen der Kommission wird jedoch kein besonderer Ausschuß eingerichtet. Vielmehr kann jeder Mitgliedstaat innerhalb einer bestimmten Frist, die in der Grundnorm festgelegt ist, die von der Kommission verabschiedeten Schutzmaßnahmen unmittelbar dem Rat vorlegen, der entweder nach der Variante a) in einer bestimmten Frist mit qualifizierter Mehrheit einen anderslautenden Beschluß faßt oder nach der Variante b) in einer bestimmten Frist mit qualifizierter Mehrheit den Beschluß der Kommission befürwortet, abändert oder zurückweist; faßt der Rat im Rahmen dieser zweiten Variante keinen Beschluß, sind die von der Kommission beschlossenen Schutzmaßnahmen hinfällig.

- das *Verfahren III des Regelungsausschusses* (Anwendungsschwerpunkt sind unterschiedliche Politikbereiche, insbesondere die Bereiche Umwelt, Finanzen, indirekte Steuer und Landwirtschaft): danach verabschiedet der Ausschuß mit qualifizierter Mehrheit eine Stellungnahme zum Durchführungsvorhaben der Kommission; fällt die Stellungnahme befürwortend aus, kann die Kommission die von ihr vorgeschlagenen Maßnahmen beschließen und anwenden; unterstützt der Ausschuß dagegen das Durchführungsvorhaben der Kommission nicht oder wurde kein Beschluß gefaßt, muß die Kommission ihren Vorschlag unverzüglich dem Rat unterbreiten, der mit qualifizierter Mehrheit innerhalb einer Frist, die maximal drei Monate beträgt, einen anderslautenden Beschluß fassen kann; dabei sind zwei Optionen möglich:
  *Variante a* (sog. *filet*-Verfahren): der Rat faßt keinen Beschluß; in diesem Fall kann die Kommission die von ihr vorgeschlagenen Durchführungsmaßnahmen verabschieden (Anwendungsbereich: z.B. die Rechtsetzung im Bereich des Zollwesens);
  *Variante b* (sog. *contre-filet*-Verfahren): der Rat faßt keinen Beschluß; in diesem Fall kann die Kommission die von ihr vorgeschlagenen Durchführungsmaßnahmen verabschieden, außer der Rat weist den Vorschlag der Kommission mit einfacher Mehrheit zurück; in diesem Fall kommt es zu keiner Beschlußfassung über verbindliche Durchführungsmaßnahmen (Anwendungsbereich: z.B. die Rechtsetzung im Bereich des Veterinärwesens, der Futtermittel und des Pflanzenschutzes).

Die materiellen Zuständigkeiten der Ausschüsse können unterschiedlich ausfallen, d.h. mehrere Rechtsakte — und damit unterschiedliche Regelungsfragen — können auf ein und denselben Ausschuß Bezug nehmen; dabei kann ein Ausschuß durchaus nach unterschiedlichen Verfahren arbeiten, d.h. je nach Regelungsmaterie mal nach dem Verfahren des beratenden Ausschusses, mal nach dem Verfahren des Verwaltungsausschusses oder dem des Regelungsausschusses (Schmitt von Sydow 1991: 4334). Dies unterstreicht die Komplexität der Komitologie und verhindert eine einfache Quantifizierung der verschiedenen Ausschußtypen.

Für die Kommission bedeutet die "Komitologie" in erster Linie ein Element der "Kontrolle" — im Zusammenhang mit dem Verfahren III-b wird auch von einer "totalen Kontrolle" durch die Mitgliedstaaten gesprochen (Docksey/Williams 1994: 131) — und eine Beschneidung ihrer Durchführungskompetenzen. Verschiedene Ausschußverfahren enthalten darüber hinaus Reglementierungen, "die den Entscheidungsspielraum der Kommission entweder rechtlich oder politisch einschränken" (Hummer 1988: Art. 155, Rn. 66). Die Durchführungsausschüsse werden zwar von der Kommission einberufen und geleitet, jedoch wird ihre Einrichtung entsprechend der vom Rat verabschiedeten Grundnorm, die die Delegation von Durchführungsbefugnissen an die Kommission enthält, der Kommission "vorgeschrieben". Die Kommission, unterstützt durch das Europäische Parlament,[661] beklagt sich dabei vor allem über die Praxis des Rates, den Typ des Verwaltungs- bzw. des Regelungsausschusses zu bevorzugen und nicht die vergleichsweise schwache Form des "beratenden Ausschusses" zu wählen (Engel/Borrmann 1991: 55 und 138).[662]

Es wäre aber eine verkürzte Betrachtungsweise, die Komitologieausschüsse nur als "Kontrollinstanzen" des Rates gegenüber der Kommission zu charakterisieren. An anderer Stelle wird festgestellt, daß die Ausschüsse zu einer "Stärkung" der Kommission beigetragen haben (Schmitt von Sydow 1991: 4334) und sie dadurch in ihrer Arbeit "sehr entlastet" wurde (Hummer 1988: Art. 155, Rn. 59). Bei Ausschußsitzungen ist es die Kommission, die das "Steuer in der Hand hält" und sie ist es im wesentlichen "which sets the agenda, and which is very experienced and effective in chairing meetings" (Schaefer 1996: 21). Die Kommission bekommt über die Komitologieausschüsse das einschlägige nationale Expertenwissen vermittelt, das notwendig ist, um Rechtsakte in den Mitgliedstaaten umzusetzen und tatsächlich zur Anwendung zu bringen. Diese unterstützende Funktion der Komitologieausschüsse ist um so wichtiger für die Kommission, als sie über keinen eigenen Verwaltungsunterbau verfügt, der Informationen und Erfahrung hinsichtlich der Umsetzung und Anwendung von EG-Recht "nach oben" vermitteln könnte.

Im Bereich der Agrarpolitik existiert im Prinzip für jedes landwirtschaftliche Erzeugnis ein Verwaltungs- oder Regelungsausschuß (Docksey/Williams 1994:

---

[661] Das Europäische Parlament hatte den sog. Komitologie-Beschluß des Rates in verschiedenen Entschließungen kritisiert (vgl. Abl. C 297 v. 24.11.1986, S. 94ff.; Abl. C 246 v. 14.9.1987, S. 42f.) und gegen diese Entscheidung vor dem Europäischen Gerichtshof Klage erhoben (Rs. 302/87). Die Nichtigkeitsklage des Parlaments wurde jedoch vom EuGH als unzulässig zurückgewiesen (Urteil v. 27.9.1988, Slg. 1988, S. 5615ff.).

[662] Die Kommission hatte im Rahmen der Regierungskonferenz zur EEA vorgeschlagen, im Bereich des Binnenmarktes die Einrichtung des beratenden Ausschusses zur Regel zu machen (vgl. oben Teil II, Kapitel 1.4). Auf dem Gipfel des Europäischen Rates in Luxemburg im Dezember 1985 wurde vereinbart, den beratenden Ausschuß zu bevorzugen; im Anhang der EEA wurde daher die Erklärung aufgenommen, dem beratenden Ausschuß künftig einen "maßgeblichen Platz" einzuräumen. Im sog. Hänsch-Bericht vom Juli 1986 wurde von seiten des Europäischen Parlaments festgestellt, daß "das Verfahren 1 [d.h. des Beratenden Ausschusses, Anm. d. Verf.] ... zweifellos das geeignetste Verfahren [ist]" (vgl. EP-Dok. A2-78/86 v. 2.7.1986, S. 15). Gleichwohl blieben diese Appelle ohne nachhaltige Wirkung (vgl. auch die kritischen Stellungnahmen der Kommission hierzu in den Gesamtberichten über die Tätigkeit der Europäischen Gemeinschaften zum Thema "Durchführungsbefugnisse").

127).[663] Die Durchführungsausschüsse sind somit in diesem Bereich sowohl ein Gradmesser für die Regelungsaktivitäten der Gemeinschaft, als auch ein Indikator für die Durchführungstätigkeit der Kommission im Zusammenspiel mit den Verwaltungen der Mitgliedstaaten. Die wenigen vorliegenden Daten zur Arbeitsweise der Komitologie weisen darauf hin, daß entgegen der viel geäußerten Kritik — die insbesondere die Intransparenz, die Komplexität und die fehlende Legitimität dieses Ausschußsystems betrifft — die Komitologieausschüsse recht gut funktioniert haben: zwischen 1960 und 1990 gaben die landwirtschaftlichen Verwaltungsausschüsse bei 37 281 Abstimmungen 34 256 (92 %) befürwortende Stellungnahmen ab, in 3015 Fällen (8 %) gab es keine Stellungnahme und nur in 10 Fällen (0,03 %) lehnte ein Ausschuß den Entwurf einer Durchführungsmaßnahme der Kommission ab (Schmitt von Sydow 1991: 4334).

Aus dem Bericht der Kommission über die Funktionsweise des Maastrichter Vertrags ist zu entnehmen, daß von den rund 200 Ausschüssen, die seit 1992 getagt haben, es nur in sechs Ausschüssen zu einer Abstimmung und zur Zurückweisung der Beschlußfassung an den Rat kam; in keinem Fall wurde durch die Nicht-Beschlußfassung in einem der Ausschüsse die Durchführung eines Rechtsaktes blockiert.[664] Insofern können die Komitologieausschüsse als konsensstiftende Elemente bei der Zusammenarbeit zwischen Kommission und Rat bezeichnet werden. Darüber hinaus vollzieht sich in und durch sie eine "Verschmelzung" von Kommissionsverwaltung und nationalen Verwaltungen bei der gemeinsamen Beratung und Umsetzung von EG-Rechtsakten, die zur Vertrauensbildung und in begrenztem Maße auch zur Identitätsstiftung der Verwaltungseliten beiträgt. Im folgenden werden die Durchführungsausschüsse vor allem als ein Indikator für die Regelungstätigkeit der Kommission betrachtet. Ihre Anzahl gibt einen Hinweis auf den Umfang der auf die Kommission übertragenen Durchführungsmaßnahmen. Darüber hinaus sind die Durchführungsausschüsse ein Indikator für die gemeinsame Ausübung von Verwaltungs- und Exekutivbefugnissen durch Kommissionsbeamte und Beamte aus den Mitgliedstaaten, die zunehmend "in Brüssel" stattfindet. Der Umfang und die Bedeutung dessen kann, bezogen auf die Ära Delors, grob an Hand der Sitzungen der Ausschüsse und der Reisetätigkeit der dadurch betroffenen nationalen Regierungsbeamten nachvollzogen werden.

---

[663] Vgl. hierzu das Kapitel zur Agrarpolitik in den Gesamtberichten der Kommission über die Tätigkeit der Europäischen Gemeinschaft und die darin enthaltene Tabelle der landwirtschaftlichen Verwaltungs- und Regelungsausschüsse.

[664] Vgl. Europäische Kommission, Regierungskonferenz 1996, Bericht der Kommission an die Reflexionsgruppe, a.a.O., S. 31.

### 3.4.2 Die Zahl der Durchführungsausschüsse und deren Sitzungstätigkeit im Bereich Landwirtschaft

Die quantitative Erfassung der Durchführungsausschüsse ist — ähnlich der oben ausgeführten Schwierigkeiten hinsichtlich der Zählung der Studien- und Arbeitsgruppen — nicht unproblematisch. Eine Möglichkeit besteht darin, die Anlage I der Haushaltslinien A-2510 und A-2511 im Gesamthaushaltsplan der Gemeinschaft zu untersuchen, die den Großteil der Durchführungsausschüsse enthält. Daß nicht alle Durchführungsausschüsse in der Anlage des EG-Haushalts verzeichnet sind liegt unter anderem daran, daß vor 1993 ein beträchtlicher Teil der Ausschüsse in sog. "Minibudgets" im Teil B des EG-Haushalts unter den operativen Ausgaben verbucht worden war und verschiedene Untergruppen von Durchführungsausschüssen zur Vereinfachung nicht im Budget aufgeführt wurden. Nach informellen Angaben waren vor 1993 nur ca. 60 % der Ausschüsse tatsächlich in der Liste des Haushalts enthalten.[665] Seit dem Haushalt 1993 sind von wenigen Ausnahmen abgesehen ca. 80 % aller Ausschüsse in der Anlage I des Haushalts aufgeführt. Ein weiteres Element der "Verkomplizierung" stellen die sog. "Gemischten Ausschüsse" dar, die im Bereich der Auswärtigen Beziehungen der Gemeinschaft als Ausschüsse genannt werden. Wenngleich sie in der Anlage I im Haushalt aufgeführt sind, können sie nicht als "echte" Komitologieausschüsse gezählt werden, da sie auf einer "besonderen" Rechtsgrundlage basieren — in den meisten Fällen handelt es sich um internationale Verträge und Abkommen — und sie nicht den Zweck haben, die Durchführungstätigkeit der Kommission zu überwachen. Vielmehr handelt es sich um Ausschüsse, in denen Beamte der EG-Mitgliedstaaten, der Kommission und aus Drittstaaten zusammentreffen, um über die zwischen ihnen bestehenden internationalen Verträge und Vereinbarungen zu beraten und um geeignete Durchführungsmaßnahmen zu erarbeiten. Die oben dargestellten fünf verschiedenen Komitologie-Verfahren finden auf die Gemischten Ausschüsse keine Anwendung.

Verschiedene Studien haben auf der Grundlage des EG-Haushalts die Entwicklung der Durchführungsausschüsse über einen längeren Zeitraum dargelegt (Institut für Europäische Politik 1989; Grote 1990; Wessels 1996: 188). Die Ergebnisse dieser Studien wurden durch einen Forschungsbericht über das Wachstum und die Differenzierung des EG/EU-Institutionensystems ergänzt (Wessels/Rometsch 1996b).[666] Wenngleich in diese Untersuchungen die genannten Einschränkungen hinsichtlich der Anlage I des Haushalts — insbesondere hinsichtlich der Gemischten Aus-

---

[665] Information von Joseph Goepp, Generaldirektion XIX, im Gespräch mit dem Verf. am 29.4.1993.

[666] Neuere Studien kommen dabei zu ähnlichen Ergebnissen hinsichtlich der Anzahl der Durchführungsausschüsse (Falke 1996: 136).

schüsse, die keine Komitologieausschüsse sind — nicht eingeflossen sind, vermitteln sie dennoch einen ersten groben Überblick hinsichtlich der quantitativen Entwicklung des gesamten Ausschußwesens der Gemeinschaft in den vergangenen ca. 30 Jahren.

Bemerkenswert sind dabei die folgenden Beobachtungen: Erstens die deutlich Zunahme der Ausschüsse über einen längeren Zeitraum; die Zahl der Ausschüsse stieg von 10 im Jahr 1962 auf 385 im Jahr 1993 an (Institut für Europäische Politik 1989: 43; Wessels/Rometsch 1996b: 106a). Zweitens eine abnehmende durchschnittliche Wachstumsrate der Durchführungsausschüsse pro Jahr; zwischen 1962 und 1975 nahmen die Ausschüsse durchschnittlich um 18,5 % jährlich zu; im Zeitraum 1975—1990 betrug dieser Wert 7,7 %; für den gesamten Zeitraum 1962—1990 wurde eine durchschnittliche Wachstumsrate von 12,6 % festgestellt (Wessels 1996: 188). Drittens erfolgte in absoluten Zahlen ausgedrückt eine vom Umfang her signifikante Zunahme der Ausschüsse vor allem ab Anfang der 80er Jahre. Von 1983—1993 wuchs die Zahl der Ausschüsse von 177 auf 385 und nahm dabei um eine größere Anzahl zu, als in dem um zehn Jahre längeren Zeitraum von 1962—1983, als die Zahl der Ausschüsse von 10 auf 177 anstieg. Viertens ist keine ausgesprochen sektorspezifische Zunahme der Ausschüsse erkennbar, d.h. wird für die 80er und 90er Jahre nach den einzelnen Generaldirektionen unterschieden, so ist festzustellen, daß in allen Politikbereichen die Zahl der Durchführungsausschüsse zugenommen hat. Besonders auffallend ist der Zuwachs der Ausschüsse im Bereich der Auswärtigen Beziehungen (GD I), im Bereich Binnenmarkt und gewerbliche Wirtschaft (GD III), in der Agrarpolitik (GD VI), der Verkehrspolitik (GD VII) und im Bereich Zollunion und indirekte Steuern (GD XXI). Dies sind auch diejenigen Politikbereiche, in denen die Gemeinschaft in der Vergangenheit die größten Aktivitäten entwickelt hat. Überraschend ist, daß der Zuständigkeitsbereich der Generaldirektion XII, die für Wissenschaft, Forschung und Entwicklung verantwortlich ist, der einzige Bereich ist, in dem sich die Zahl der Ausschüsse in den Jahren 1992/93 durch einen deutlichen Sprung nach unten verringert hat (Wessels/Rometsch 1996b: 107a, in Anlehnung an Grote 1990: 242).

Im folgenden sollen diese Erkenntnisse hinsichtlich der Delors-Ära verfeinert werden. Dabei wird zunächst die quantitative Entwicklung aller Durchführungsausschüsse untersucht. In einem weiteren Schritt wird die Anzahl der Verwaltungs- und Regelungsausschüsse im Bereich der Landwirtschaft näher analysiert sowie deren Sitzungstätigkeit und die dadurch bedingte Reisetätigkeit von Regierungsbeamten aus den Mitgliedstaaten (vgl. Tabelle 5).

Aus Tabelle 5 geht hervor, daß die Zahl der Durchführungsausschüsse in der Delors-Ära von 223 auf 334 deutlich angestiegen ist. Pro Jahr bestanden im Durch-

Tabelle 5: Anzahl der Durchführungsausschüsse der Kommission sowie die Sitzungstätigkeit und die geschätzte Reisetätigkeit externer Regierungsbeamter 1972 — 1995

| Jahr | Anzahl der Durchführungsausschüsse der HH-Linie A-2510 und A-2511[1] (A-2510, A-2511) | Zunahme in % | Anzahl der landwirtschaftlichen Verwaltungs- und Regelungsausschüsse[2] | Zunahme in % | Anzahl der Sitzungen der landwirtschaftlichen Verwaltungs- u. Regelungsausschüsse | Zunahme in % | geschätzte Reisetätigkeit der hinzugezogenen externen Regierungsbeamten[3] | Zunahme in % |
|---|---|---|---|---|---|---|---|---|
| 1972 | 67 | | 24 | | 353 | | 4236 | |
| 1973 | 92 | 37,3 | 24 | 0 | 488 | 38,2 | 8784 | 107,4 |
| 1974 | 93 | 1,1 | 26 | 8,3 | 441 | - 9,6 | 7938 | - 9,6 |
| 1975 | 96 | 3,2 | 26 | 0 | 477 | 8,2 | 8586 | 8,2 |
| 1976 | 87 | - 10,3 | 27 | 3,8 | 598 | 25,4 | 10 764 | 25,4 |
| 1977 | (keine Angaben) | | 28 | 3,7 | 410 | - 31,4 | 7380 | - 31,4 |
| 1978 | [125] ¥ | | 26 | - 7,1 | 529 | 29,0 | 9522 | 29,0 |
| 1979 | [138] ¥ | 10,4 | 26 | 0 | 518 | - 2,1 | 9324 | - 2,1 |
| 1980 | [212]+ | 53,6 | 27 | 3,8 | 696 | 34,4 | 12 528 | 34,4 |
| 1981 | [216]# | 1,9 | 27 | 0 | 527 | - 24,3 | 10 540 | - 15,9 |
| 1982 | [234]# | 8,3 | 26 | - 3,7 | 509 | - 3,4 | 10 180 | - 3,4 |
| 1983 | 218 | - 6,8 | 26 | 0 | 358 | - 29,7 | 7160 | - 29,7 |
| 1984 | 214 | - 1,8 | 26 | 0 | 386 | 7,8 | 7720 | 7,8 |
| 1985 | 223 (162, 61)* | 4,2 | 27 | 3,8 | 388 | 0,5 | 7760 | 0,5 |
| 1986 | 231 (164, 67) | 3,6 | 26 | - 3,7 | 407 | 4,9 | 9768 | 25,9 |
| 1987 | 225 (164, 61) | 2,6 | 28 | 7,7 | 393 | - 3,4 | 9432 | - 3,4 |
| 1988 | 225 (162, 63) | 0 | 28 | 0 | 393 | 0 | 9432 | 0 |
| 1989 | 232 (169, 63) | 3,1 | 30 | 7,1 | 407 | 3,6 | 9768 | 3,6 |
| 1990 | 258 (195, 63) | 11,2 | 31 | 3,3 | 454 | 11,5 | 10 896 | 11,5 |
| 1991 | 305 (231, 74) | 18,2 | 35 | 12,9 | 430 | - 5,3 | 10 320 | - 5,3 |

| | | | | | | | | |
|---|---|---|---|---|---|---|---|---|
| 1992 | 343 (257, 86) | 12,5 | 39 | 11,4 | 484 | 12,6 | 11 616 | 12,6 |
| 1993 | 334 (260, 74) | - 2,6 | 41 | 5,1 | 516 | 6,6 | 12 384 | 6,6 |
| 1994 | 322 (254, 68) | - 6,6 | 41 | 0 | 522 | 1,2 | 12 528 | 1,2 |
| 1995 | 328 (260, 68) | 1,2 | 41 | 0 | 539 | 3,3 | 16 170 | 29,1 |
| Gesamt 1976-84, Ø pro Jahr | 181 | 7,9 | 26,5 | 0,06 | 503 | 0,7 | 9458 | 1,6 |
| Gesamt 1985-93, Ø pro Jahr | 264 | 5,9 | 31,6 | 5,3 | 430 | 3,4 | 10 153 | 5,8 |

Quelle: Haushalt der Gemeinschaft für das jeweilige Jahr; Gesamtbericht über die Tätigkeit der Europäischen Gemeinschaften.

1 A-2510: Ausschüsse, deren Konsultierung im Rahmen des Verfahrens zur Ausarbeitung von Gemeinschaftsrecht obligatorisch ist; ohne die sog. "Gemischten Ausschüsse", da diese keine echten Komitologieausschüsse sind; A-2511: Ausschüsse, deren Konsultierung kein obligatorisches Element bei der Ausarbeitung von Durchführungsmaßnahmen darstellt.

2 Dabei handelt es sich um Komitologieausschüsse, die unter der Haushaltslinie A-2510 verbucht sind; ihr Umfang und ihre Aktivitäten sind im jeweiligen Kapitel über die Gemeinsame Agrarpolitik im Gesamtbericht über die Tätigkeit der Gemeinschaft/Union aufgeführt.

3 Grundlage der Schätzung ist die Annahme, daß pro Mitgliedsland durchschnittlich zwei Regierungsbeamte an den Ausschußsitzungen teilnehmen; die Angaben ergeben sich aus der Multiplikation der Ausschüsse, der Sitzungen und der durchschnittlich anwesenden Regierungsbeamten pro Ausschuß, d.h. vor 1973 ca. 12, von 1973—80 ca. 18, von 1981—85 ca. 20, von 1986—94 ca. 24 und ab 1995 ca. 30.

¥ Vgl. Institut für Europäische Politik: "Comitology" — Characteristics, Performance and Options, vorläufiger Endbericht an die EG-Kommission, September 1989, S. 43.

+ Diese Zahl gibt den Stand bis zum 31.10.1980 wieder; vgl. Comités fonctionnant auprès du Conseil ou de la Commission, in: Bulletin des Communautés Européennes, supplément 2/1980.

# Vgl. Grote, Rolf Jürgen: Steuerungsprobleme in transnationalen Beratungsgremien: Über soziale Kosten unkoordinierter Regulierung in der EG, in: Ellwein u.a. (Hrsg.), Jahrbuch zur Staats- und Verwaltungswissenschaft, Bd. 4, 1990, S. 242.

* Ab 1985 wird im Haushalt der Gemeinschaft zwischen den obligatorischen (A-2510) und den nicht obligatorischen (A-2511) Ausschüssen unterschieden.

schnitt 264 Ausschüsse; dies ist deutlich mehr als im Vergleichszeitraum von 1976 bis 1984 als durchschnittlich 181 Ausschüsse tätig waren. Weiter ist zu beobachten, daß die Ausschüsse in der Delors-Ära recht kontinuierlich angewachsen sind und mit Ausnahme von 1993 kein Rückgang feststellbar ist.[667] Demgegenüber scheint die Entwicklung in den 70er Jahren von deutlichen Sprüngen nach "oben" bzw. "unten" gekennzeichnet zu sein. Überraschend ist dabei, daß trotz dieser "unruhigen" Entwicklung die durchschnittliche jährliche Wachstumsrate zwischen 1976 und 1984 mit ca. 8 % höher ausfiel als zwischen 1985 und 1993, als sie ca. 6 % betrug. Die Wachstumsentwicklung der Durchführungsausschüsse war in den 70er und Anfang der 80er Jahre demnach stärker als während der Zeit der Kommissionspräsidentschaft von Delors. Zwar hat das Volumen der Ausschüsse in der Delors-Ära stetig zugenommen, jedoch ist kein unverhältnismäßiger Anstieg feststellbar. Den Umfang, den die Durchführungsausschüsse zu Beginn der Delors-Ära im Jahr 1985 erreichten, geht vielmehr auf das starke Wachstum in den 70er und Anfang der 80er Jahre zurück. Der Anstieg der Ausschüsse kann für die Delors-Zeit auch deshalb als vergleichsweise gemäßigt beurteilt werden, da in dieser Zeit durch das Inkrafttreten der EEA neue Kompetenzen auf die Gemeinschaft übergingen und durch die Ausweitung der Rechtsetzung zusätzliche Durchführungsausschüsse entstanden sind.

Zur Verfeinerung dieser Erkenntnisse, bzw. im Kontrast hierzu, enthält Tabelle 5 auch Daten hinsichtlich der Entwicklung der Durchführungsausschüsse in einem seit langem bestehenden Politikbereich, d.h. der Gemeinsamen Agrarpolitik. Letztere zeichnet sich dadurch aus, daß sich die damit verbundenen Regulierungsfragen im wesentlichen auf die verschiedenen, seit vielen Jahren unverändert bestehenden landwirtschaftlichen Produktgruppen beziehen, die von einem recht gleichbleibenden Umfang an EG-Rechtsetzung geprägt sind und die — auch im Gegensatz zu den bisher vorgenommenen Untersuchungen aller Durchführungsausschüsse — weniger politisch bedingten Schwankungen unterliegen. Es ist zunächst feststellbar, daß die Anzahl der landwirtschaftlichen Verwaltungs- und Regelungsausschüsse zwischen 1976 und 1984 mit Werten zwischen 26 und 27 Ausschüsse in etwa gleich blieb; entsprechend gering fällt die durchschnittliche jährliche Wachstumsrate aus, die lediglich 0,06 % betrug. In der Delors-Ära nahm demgegenüber die Anzahl der Verwaltungs- und Regelungsausschüsse von 27 auf 41 deutlich zu. Mit Ausnahme von 1986 war die Entwicklung in keinem Jahr rückläufig; die durchschnittliche jährliche Wachstumsrate der landwirtschaftlichen Ausschüsse fiel mit 5,3 % deutlich höher aus als im vorangegangenen Vergleichszeitraum. Es scheint demnach, daß im Bereich der Landwirtschaft in der Delors-Ära deutlich mehr

---

[667] Der Rückgang im Jahr 1993 ist um so erstaunlicher, als in diesem Jahr zum ersten Mal die bislang in verschiedenen Haushaltslinien im Teil B des Haushalts "versteckten" Ausschüsse in die Liste im Anhang der Haushaltslinie 2510 aufgenommen wurden.

Durchführungsausschüsse geschaffen wurden als in den 70er und zu Beginn der 80er Jahre. Dies ist um so erstaunlicher, als es sich um einen Politikbereich handelt, der während der Kommissionspräsidentschaft Delors′ keiner besonderen politischen Dynamik unterlag.

Unerwartet verlaufen auch die Zahlen hinsichtlich der Entwicklung der Sitzungstätigkeit der landwirtschaftlichen Verwaltungs- und Regelungsausschüsse. Zwischen 1976 und 1984 entwickelte sich die Zahl der Sitzungen recht wechselhaft und erreichte nur eine geringe Wachstumsrate von durchschnittlich 0,7 % pro Jahr. Die Werte schwankten jedoch auf vergleichsweise hohem Niveau zwischen ca. 350 und 700 Sitzungen und erreichten einen Durchschnitt von jährlich ca. 500 Ausschußsitzungen. Demgegenüber hat die Anzahl der Sitzungen in der Delors-Ära insgesamt leicht zugelegt und erreichte ein durchschnittliches Wachstum von 3,4 % pro Jahr. Die Zunahme erfolgte jedoch auf einem niedrigeren Niveau als im Vergleichszeitraum und erreichte einen Durchschnittswert von 430 Sitzungen jährlich. In der Delors-Ära fiel demnach die Sitzungstätigkeit der landwirtschaftlichen Verwaltungs- und Regelungsausschüsse geringer aus als in den 70er und Anfang der 80er Jahre. Wird diese Beobachtung in Zusammenhang mit der oben ausgeführten Gesamtzahl der landwirtschaftlichen Ausschüsse gebracht, kann daraus grob geschlossen werden, daß in der Delors-Ära offenbar mehr Ausschüsse weniger oft tagten. Umgekehrt trifft auf die Zeit zwischen 1976 und 1984 zu, daß eine recht gleichbleibende Zahl von Ausschüssen vergleichsweise häufig getagt hat. Es wäre jedoch eine verkürzte Sichtweise, daraus zu schließen, daß in der Delors-Ära in den Durchführungsausschüssen "weniger gearbeitet wurde" und zusätzliche Ausschüsse geschaffen wurden, um die bestehenden Ausschüsse zu entlasten. Da es sich im Bereich Landwirtschaft fast ausschließlich um Ausschüsse handelt, die für bestimmte Produktgruppen zuständig sind, kann nicht davon ausgegangen werden, daß neue Ausschüsse gebildet wurden, um die bestehenden zu entlasten. Vielmehr kann aus der Zusammensetzung der Ausschüsse geschlossen werden, daß im Laufe der Delors-Ära in der Gemeinsamen Agrarpolitik zusätzliche Produkte hinzukamen (z.B. Bananen, Zierpflanzen), neue handelspolitische und agrartechnische Regelungsbereiche erschlossen wurde (z.B. ökologischer Landbau, Ursprungsbezeichnungen, Handelsmechanismen etc.) und es zu einer Verfeinerung der bestehenden Rechtsetzung kam, die den Einsatz weiterer Ausschüsse erforderlich machte.[668] Aus dieser Entwicklung ist auch zu schließen, daß — zumindest im hier untersuchten Agrarbereich — die durch die Ausschüsse ausgeübte "Kontrolle" der Kommission in der Delors-Ära zugenommen hat. Mit der Zunahme der Zahl der Ausschüsse war gleichzeitig eine zunehmend größere Anzahl von Regierungsbeamten "in Brüssel"

---

[668] Vgl. dazu die Listen der Ausschüsse in den Gesamtberichten über die Tätigkeit der Europäischen Gemeinschaft zwischen 1976 und 1993 im jeweiligen Kapitel über die Gemeinsame Agrarpolitik.

vertreten, um die Arbeit der Kommission bei der Umsetzung von EG-Recht zu "überwachen".

Tabelle 5 enthält Schätzungen hinsichtlich der Anzahl der von den nationalen Regierungsbeamten unternommenen Reisen nach Brüssel, die im Rahmen der landwirtschaftlichen Verwaltungs- und Regelungsausschüsse jährlich stattfanden.[669] Während zwischen 1976 und 1984 durchschnittlich ca. 9500 Reisen für Ausschußsitzungen nach Brüssel unternommen wurden, waren es in der Zeit von 1985 bis 1993 ca. 7 % mehr, d.h. durchschnittlich etwa 10 200 Reisen. Gleichzeitig hat sich die durchschnittliche Wachstumsrate der Reisetätigkeit in der Delors-Ära im Vergleich zu den 70er und dem Beginn der 80er Jahr von 1,6 % auf 5,8 % deutlich erhöht. Aus dieser recht groben Schätzung, die sich lediglich auf den Bereich der Landwirtschaft bezieht — und folglich ein Vielfaches davon auf alle bestehenden Durchführungsausschüsse zutreffen dürfte —, können die folgenden generellen Schlußfolgerungen für die Funktionsweise der Kommission in der Phase der Durchführung von EG-Recht gezogen werden: Erstens wurde in der Delors-Ära eine wachsende Zahl von Durchführungsausschüssen eingerichtet. Dadurch — aber auch bedingt durch die Erweiterung der Gemeinschaft im Jahr 1986 — wurde eine zunehmende Anzahl von Regierungsbeamten aus den Mitgliedstaaten "nach Brüssel" entsandt, um die Arbeit der Kommission bei der Durchführung von EG-Recht "zu kontrollieren" bzw. um der Kommission nationale Erfahrungen und Expertise "zu vermitteln".

Zweitens wurden dabei nicht nur die bestehenden Ausschüsse vergrößert, sondern es wurden auch zusätzliche Ausschüsse eingerichtet, die für die neu entstandenen Regelungsbereiche zuständig wurden. Indem immer mehr nationale Regierungsbeamte in immer mehr Ausschüssen "in Brüssel" tagten, wurde in der Delors-Ära insgesamt die "Kontrolle" der Kommission, aber auch die Zusammenarbeit der Kommission mit nationalen Verwaltungsbeamten erhöht.

Drittens kann aus der im Vergleich zu den 70er Jahren nachgelassenen Sitzungstätigkeit der Durchführungsausschüsse grob geschlossen werden, daß die Intensität der Zusammenarbeit mit nationalen Regierungsbeamten bzw. die damit verbundene

---

[669] Dabei wurde davon ausgegangen, daß pro Mitgliedsland durchschnittlich zwei Regierungsbeamte an den Ausschußsitzungen teilnahmen. Nicht berücksichtigt werden konnte bei dieser Schätzung, inwieweit Beamte "vor Ort" aus den Ständigen Vertretungen Ausschüsse betreuten und inwieweit Beamte aus den Mitgliedstaaten für mehrere Ausschüsse gleichzeitig verantwortlich waren und dadurch die Reisetätigkeit gegebenenfalls vermindert wurde, da mehrere Ausschußsitzungen am gleichen Tag oder an aufeinanderfolgenen Tagen stattfanden. Insofern stellen die hier dargelegten Zahlen sicherlich Maximalwerte dar, die nicht mit der Gesamtzahl der nationalen Beamten in den Durchführungsausschüssen gleichgesetzt werden dürfen.

"Überwachung" der Kommission nachgelassen hat. Daraus kann weiterführend entnommen werden, daß immer weniger Sitzungen notwendig waren, um über eine Durchführungsmaßnahme der Kommission zu beschließen. Letztere Beobachtung würde die oben angeführten Daten zum Abstimmungsverhalten der Ausschüsse bestätigen wonach — bezogen auf den Zeitraum von 1960 bis 1990 — nur ca. 0,03 Prozent der Ausschüsse einen Vorschlag der Kommission zur Durchführung von EG-Recht ablehnten. Die zahlenmäßig umfangreicher gewordenen Durchführungsausschüsse haben in der Delors-Ära damit "besser" funktioniert und die Durchführungsmaßnahmen der Kommission wurden weniger oft blockiert bzw. an den Rat verwiesen.

Viertens kann aus den hier vorliegenden Daten geschlossen werden, daß der vielfach kritisierte "Wasserkopf" in Brüssel und die damit einhergehende "Bürokratisierung" der Entscheidungsfindung in europapolitischen Angelegenheiten weniger den Verwaltungsapparat der Kommission als solches betraf, sondern in wachsendem Maße durch Beamte aus den Mitgliedstaaten bedingt wurde, die in einer steigenden Anzahl von Ausschüssen unmittelbar in Brüssel verteten waren.

Der Vorwurf, eine komplexe "Bürokratie" bzw. "Eurokratie" darzustellen, der gegenüber der Kommission immer wieder geäußert wurde und wird und für den die Ausweitung der Entscheidungsfindung in intransparenten Ausschüssen ein Indikator darstellte, scheint insofern nicht gerechtfertigt zu sein. Es waren im wesentlichen die Mitgliedstaaten, die an der Einrichtung der Ausschüsse ein Interesse hatten und die durch Beamte der nationalen Ministerialverwaltungen in zunehmendem Maße in den Durchführungsausschüssen "in Brüssel" vertreten waren. Wird aus der Reisetätigkeit der nationalen Regierungsbeamten geschlossen, daß an der Durchführung von EG-Recht mehrere 10 000 nationale Beamten beteiligt waren, spielte gemessen daran die Beamtenschaft der Kommission mit einem Umfang von ca. 5 000 A-Beamten nur eine geringe Rolle.[670]

## 4. Schlußfolgerungen für die Studie

Ausgangspunkt dieses Teils III über die Funktionsweise des Verwaltungsapparats der Kommission in der Ära Delors war die Frage nach den institutionellen Voraussetzungen, die notwendig waren, daß die Kommission — wenn nicht durchgängig, so doch in vorherrschender Weise — die Rolle des "politischen Motors" im europäischen Integrationsprozeß spielen konnte. Dieser Aspekt, der bei Hauriou als "pouvoir organisé" (Hauriou 1925: 17) bzw. "organisierte Führungs-

[670] Die Zahlenangaben zu den A-Beamnten beziehen sich auf das Jahr 1995; vgl. Tabelle 1 oben.

macht" (Hauriou 1965: 40) bezeichnet wird und der dazu dient, die "Leitidee" einer politischen Institution in die "Tat" umzusetzen, wurde, bezogen auf die Delors-Kommission, an Hand verschiedener Indikatoren untersucht: Erstens der Rolle des Kommissionspräsidenten und der Nominierung Delors'; zweitens der Zusammensetzung und Arbeitsweise des Kabinetts von Delors; drittens der Entwicklung des Beamtenapparats in der Ära Delors; viertens der Rolle der Kommission bei der Vorbereitung von EG-Rechsakten und fünftens ihrer Rolle bei der Herstellung und Durchführung von EG-Recht. Bei diesen zuletzt genannten Indikatoren stand die Zusammenarbeit der Kommission mit den Sachverständigen und nationalen Beamten in den verschiedenen Studien- und Arbeitsgruppen und Ausschüssen im Vordergrund. Dabei wurde im wesentlich ein quantitativer Untersuchungsansatz gewählt und der Versuch unternommen, einen Vergleich mit der Arbeitsweise der Kommission in der Zeit *vor* der Delors-Ära von 1976 bis 1984 vorzunehmen.

Das generelle "puzzle", das dabei hinsichtlich der Funktionsweise der Kommission im Vordergrund stand und auf das versucht wurde, eine Antwort zu geben, war aus einem in der Literatur und in der öffentlichen Diskussion vielfach zu findenden Kontrast entstanden: Einerseits wird die "Bürokratisierung" der europäischen Politik beklagt, in deren Zentrum die "Eurokratie in Brüssel" steht und die durch eine dysfunktionale Arbeitsweise charakterisiert ist; andererseits wird die zentrale Rolle der Kommission als "Initiatorin" und effizient arbeitende Verwaltung betont, die der Gemeinschaft in der Ära Delors neue Impulse verliehen hat und für die *relance européenne* ab 1985 verantwortlich war. Jacques Delors hatte an dieser erfolgreichen Entwicklung entscheidenden Anteil und wird aus dieser Perspektive gleichsam als "Wegbereiter" und "Symbol" für das "neue Europa" gesehen. Die These, die in diesem Zusammenhang vertreten wird ist, daß die starke Stellung des Kommissionspräsidenten und die von ihm ausgehenden Ideen und Initiativen gleichsam die Dysfunktionen der "Bürokratie in Brüssel" ausschalteten bzw. zumindest für eine vorübergehende Zeit neutralisierten, ohne jedoch die damit verbundenen Mängel der Funktionsweise der Kommission wirklich zu beheben. Welche Erkenntnisse lassen sich nun hinsichtlich der Widersprüchlichkeit in der öffentlichen Debatte und der hier formulierten These aus den in diesem Teil dargestellten Beobachtungen und Daten gewinnen?

## 4.1 Delors und sein Kabinett: Die Zentralisierung der Kommission durch "Erfolg"

Bei der Untersuchung des Verfahrens der Nominierung und der Ernennung Delors', des Beginns seiner Kommissionspräsidentschaft und der Entscheidung über die Dauer seiner Amtszeit wurden drei Besonderheiten festgestellt: Erstens wurde Delors als einziger der Kommissare wirklich im "gegenseitigen Einvernehmen" der Regierungen der Mitgliedstaaten ernannt; zweitens gelang es Delors recht bald, ohne nationale Einflußnahme die Zuständigkeitsverteilung der Kommissionsmitglieder vorzunehmen; drittens hat Delors sehr früh seine Ambition signalisiert, eine zweite Amtszeit durchzuführen — eine vierjährige Präsidentschaft war bis dahin politischer *Usus* gewesen — und hat hierzu vergleichsweise früh, d.h schon im Frühjahr 1988, die Zustimmung von seiten der Staats- und Regierungschefs erhalten. Alle drei Faktoren trugen zu einer Stärkung seiner Position bei und haben seine "Manövrierfähigkeit" gegenüber den nationalen Regierungen erhöht, ohne daß diese Beobachtungen eine Erklärung dafür abgeben, daß im weiteren Verlauf der Amtszeit Delors′ eine "Präsidentialisierung" der Kommission stattfinden konnte.

Bei der Untersuchung der formellen und informellen Rechte und Kompetenzen, die sich mit dem Amt des Kommissionspräsidenten verbinden, konnten in Ergänzung hierzu die folgenden Beobachtungen gemacht werden: Erstens verfügt der Kommissionspräsident gemessen an den formellen Bestimmungen der Geschäftsordnung der Kommission und im Vergleich zu den übrigen Kommissaren über keine besonderen Befugnisse und über kein besonderes Stimmengewicht; lediglich die Erstellung der Tagesordnung, die Einberufung der Sitzungen und die Sitzungsleitung bedeuten ein begrenztes verfahrensmäßiges Vorrecht.

Zweitens erfährt der Kommissionspräsident durch eher informelle, nicht in der Geschäftsordnung ausdrücklich genannte Befugnisse, eine politische wie symbolische Aufwertung. Indem er das Jahresprogramm der Kommission im Europäischen Parlament vorstellt und an den Gipfeltreffen im Rahmen des Europäischen Rates teilnimmt, steht er auf einer Ebene mit direkt gewählten Volksvertretern und wird in den Medien wahrgenommen; er erhält dadurch ein größeres politisches Gewicht als die anderen Kommissare, das, zumindest mittelbar, seine beschränkten formellen Rechte kompensiert.

Drittens sind die Handlungen des Kommissionspräsidenten durch das Kollegialprinzip gebunden. Er verfügt über keine Richtlinienkompetenz, sondern ist der kollektiven Verantwortung des Kollegiums unterworfen. Darüber hinaus bewirkt das Fehlen eines echten Ressortprinzips, daß es dem Kommissionspräsident verwehrt ist, durch besondere Zuständigkeiten eine herausgehobene Stellung einzunehmen.

Viertens ist innerhalb der Kommission — im Gegensatz etwa zum Verfahren in der Ministerialverwaltung in der Bundesrepublik — ein "top down approach" bei der Politikgestaltung erkennbar. Danach kommen die Impulse für eine Politik im wesentlichen "von oben", d.h. von den Kommissaren und ihren Kabinetten und werden in der Verwaltung in konkrete Policyvorschläge umgesetzt. Die damit verbundene Zentralisierung und die Stärkung der Kommissare und ihrer Kabinette betrifft jedoch nicht nur den Kommissionspräsidenten, sondern auch die übrigen Mitglieder der Kommission.

Fünftens waren Kommissionspräsident Delors von Anfang an bestimmte Dienste unterstellt, die jedoch sowohl gemessen an ihrem Umfang wie an ihrem besonderen Zuständigkeitsbereich keine Aufwertung des Kommissionspräsidenten bedeuteten. Lediglich mit der Zuständigkeit für die beiden gewichtigen horizontalen Dienste, das Generalsekretariat und den Juristischen Dienst, war eine Stärkung der Rolle Delors′ verbunden. Gleichwohl war dies keine Besonderheit der Kommissionspräsidentschaft Delors′, da schon die vorangegangenen Kommissionspräsidenten die Zuständigkeit für diese Dienste innehatten. Aus den dargelegten formellen und informellen Rechten und Zuständigkeiten kann daher, bis auf wenige Ausnahmen wie insbesondere die Teilnahme an den Gipfeln des Europäischen Rates und die "Sprecherrolle" gegenüber dem Europäischen Parlament, keine "institutionalisierte Macht" des Kommissionspräsidenten entnommen werden. Die vorgegebene Funktion eines im wesentlichen eingebundenen und nur über beschränkte formale Rechte verfügenden Kommissionspräsidenten wurde unter Delors beibehalten. Aus dieser Perspektive blieb der Kommissionspräsident daher auch in der Delors-Ära im wesentlichen ein *primus inter pares*.

Aufschlußreicher als das Amt des Kommissionspräsidenten als solches war der intellektuelle und politische Lebensweg, den Jacques Delors vor seiner Ernennung zurückgelegt hatte. Er enthält eine Reihe von Elementen, die nicht nur seinen persönlichen Hintergrund schildern, sondern auch seine inneren Überzeugungen und die für ihn wichtigen Themen wiedergeben und die den Grundstock für das bildeten, was im Nachhinein verkürzt als *Delorism* bezeichnet wird (Grant 1994: 272ff.). Aus dieser Perspektive wird deutlich, daß die Präsidentschaft Delors′ Teil eines Lebenswegs war und den Höhepunkt eines Lebenswerkes darstellte. Der "Erfolg", der sich für die Kommission bzw. die Gemeinschaft insgesamt mit der Ära Delors verband, wäre nicht denkbar gewesen ohne diesen Lebensweg und den besonderen persönlichen und intellektuellen Werdegang Jacques Delors′.

Die folgenden Aspekte waren dabei prägend: Erstens das einfache, katholisch geprägt Elternhaus und der zähe, arbeitsame Aufstieg des jungen Delors vom mittleren Angestellten der *Banque de France* zum hohen Regierungsbeamten bzw. späteren Minister in Frankreich. Zweitens das Engagement in der gewerkschaftlich orientierten französischen Linken und die damit verbundene Tätigkeit Delors' im Bereich der Erwachsenenbildung. Drittens die Spezialisierung Delors' im Bereich der Wirtschafts- und Sozialpolitik, die von drei zentralen Themen geprägt war: die Durchführung der *politique contractuelle*, die Frage der Einkommenspolitik und der Wohlfahrtsverteilung und die Einführung der *formation permanente* in Frankreich. Viertens der politische Werdegang Delors', der zunächst im wesentlichen abseits der politischen Parteien verlief und von der Gründung und Mitarbeit in politischen Clubs geprägt war, die der französischen Linken nahestanden. Mitte der 70er Jahre der Beitritt Delors' zur *Parti Socialiste*, der einem "politischen Bußgang" glich, nachdem Delors zuvor Mitarbeiter des gaullistischen Premierministers Chaban-Delmas gewesen war. Fünftens die Konzeption und Durchsetzung der *politique de rigueur* in Frankreich als Wirtschafts- und Finanzminister, nachdem die ersten Jahre des "sozialistischen Experimentierens" unter Mitterrand gescheitert waren und die französische Wirtschafts- und Finanzpolitik dringend konsolidiert werden mußte.

Zusammengefaßt sind vor diesem Hintergrund zwei Beobachtungen bemerkenswert: Erstens hat Delors im weitesten Sinne einen "nationalen" Aufstieg genommen; sein intellektueller Werdegang und die ihn beschäftigenden Themen, die Ausgangspunkte für seinen späteren "Ideenreichtum" als Kommissionspräsident waren, beruhten im wesentlichen auf den Erkenntnissen, die er aus der wirtschaftlichen und sozialpolitischen Entwicklung in Frankreich gewonnen hatte. Der "europapolitische Aspekt" — wenngleich er sicherlich nie ganz ausgeblendet war — kam im Grunde erst zu einem späteren Zeitpunkt hinzu. Zweitens ist Delors im engeren Sinne keinen parteipolitischen Weg gegangen, sondern hat eine gewerkschaftlich geprägte "Schule" durchlaufen. Der Zwiespalt in seiner politischen Karriere zwischen "rechts" und "links" kam ihm bei seiner Nominierung als Kommissionspräsident entgegen und hat dazu geführt, daß er als Kommissionspräsident in parteipolitischer Hinsicht über eine gewisse Unabhängigkeit verfügte bzw. im weiteren Sinne auch eine Überparteilichkeit bewahren konnte. Delors war ein "Kompromißkandidat" der sowohl für die "Rechte" wie die "Linke" in Europa akzeptabel war und der sowohl für Marktwirtschaft wie für eine sozialpolitische Überzeugung stand.

Das entscheidende Charakteristikum von Kommissionspräsident Delors war sein besonderer Arbeitsstil, der auch als "Delors-Methode" bezeichnet wurde. Es war vor allem die erfolgreiche Anwendung dieser Methode, die die Grundlage dafür schuf, daß im Laufe der Amtszeit Delors' eine "Präsidentialisierung" innerhalb der Kommission standfinden konnte. Mit der Delors-Methode verbanden sich drei Aspekte: Erstens die "institutionelle Perspektive" Delors', in deren Zentrum die volle Bewahrung und Anwendung der Rechte und Zuständigkeiten — insbesondere der Initiativ- und Exekutivrechte — der Kommission standen. Delors hat diese Perspektive und den damit verbundenen Handlungsansatz sowohl nach "innen" gegenüber den anderen Kommissaren, ihren Kabinetten und der Verwaltung angewendet, als auch nach "außen" gegenüber den Mitgliedstaaten und den im Europäischen Rat versammelten Staats- und Regierungschefs. Er hat dadurch einen "politischen Machtgewinn" erwirkt und konnte innerhalb und außerhalb der Kommission "leadership" erzeugen.

Zweitens der Ideenreichtum Delors′ verbunden mit einer bestimmten Handlungsstrategie, die sich aus der "Kraft der Idee", einem breiten Dialog und der Herstellung eines Konsenses bzw. Kompromisses zusammensetzte und die zu Paketlösungen führte, die ein häufig angewendetes Instrument der Entscheidungsfindung in der Delors-Ära darstellten. Das Vorgehen Delors′ war somit von einer eigentümlichen Dualität bestehend aus Vision und Pragmatismus bzw. Dynamik und Konsolidierung geprägt, deren "Erfolg" eine Stärkung der Kommission bewirkte. Damit waren teilweise auch ungewöhnliche Schritte verbunden bzw. wurden besondere Mittel eingesetzt, um zum Ziel zu gelangen. Im Zentrum stand dabei das Kabinett Delors′, das die Aufgabe hatte, die Ideen des Präsidenten umzusetzen. Das Kabinett ging dabei teilweise "rüde" vor und hat bei seinem "besonderen Vorgehen" den in der Kommission vorherrschenden "top down approach" und das politische Gewicht des Präsidenten voll ausgenutzt. Das Ergebnis war eine Zentralisierung der Politikgestaltung auf den Kommissionspräsidenten und sein Kabinett und eine wachsende präsidiale Machtausübung, die innerhalb der Kommission akzeptiert wurde, solange sich der erwartete Erfolg für die Kommission bzw. für die EG/EU insgesamt einstellte.

Drittens der große Arbeitseinsatz Delors′, den er auch von seinen Kabinettsmitgliedern verlangte, und der von innerer Überzeugung und Professionalität geprägt war. Innerhalb des Kabinetts herrschte dabei ein "an der Sache orientierter" Umgang vor, in dessen Zentrum die Ideen und Strategievorstellungen des Präsidenten standen, denen sich die Mitarbeiter "unterwarfen" und die für ihr Vorgehen die "einzuhaltende Richtschnur" darstellten. Mit dieser Art des *militantisme* verbanden sich zwei Vorteile: a) der Präsident erwies sich dadurch sowohl nach "innen" wie nach "außen" als durchsetzungsfähig; b) durch die zentrale Stellung der Ideen und Strategien des Präsidenten wurde im Kabinett eine Art von "höherer Zusammengehörigkeit" erzeugt, die über den normalen Teamgeist hinausging. Beide zusammen haben Delors den notwendigen Spielraum verschafft, um sich auf die Weiterentwicklung seiner Ideen zu konzentrieren und um die Probleme der Mitgliedstaaten bei der Umsetzung seiner Strategien zu berücksichtigen.

Zusammengefaßt verbanden sich mit der Delors-Methode zwei generelle "Effekte": Erstens die Zentralisierung des Systems auf den Präsidenten und seine Ideen, die zur "Präsidentialisierung" der Kommission beitrugen. Zweitens die Abhängigkeit dieser Zentralisierung vom sich einzustellenden "Erfolg"; in dem Moment, in dem der Erfolg ausbliebe, würde den Ideen und Strategien des Präsidenten und seines Kabinetts die wesentliche Legitimationsgrundlage entzogen werden. Insofern handelte es sich neben der Machtkonzentration auf den Präsidenten gleichzeitig um ein instabiles und mit Risiken behaftetes System, das durch die Delors-Methode geschaffen wurde.

Der Erfolg der Kommissionspräsidentschaft von Jacques Delors wäre nicht möglich gewesen ohne die Unterstützung durch ein effizient arbeitendes Kabinett, dessen Aufgabe gleichsam die "Absicherung der Macht" Delors′ war. Unter der Leitung des Kabinettchefs von Delors, Pascal Lamy, wurde ein schlankes, hierarchisch strukturiertes Kabinett aufgebaut, das mit dem Präsidenten loyal zusammenarbeitete und das für die Durchsetzung der Ideen und Strategien Delors′ innerhalb der Kommission sorgte. Die Stellung und Arbeitsweise des Kabinetts und ihres Kabinettchefs wurden in der Delors-Ära durch die folgenden Elemente geprägt: Erstens war die Position des Kabinettchefs gemäß den Bestimmungen der Geschäftsordnung der Kommission, die ihn nur am Rande erwähnt, mit keinen besonderen formalen Rechten und Zuständigkeiten ausgestattet. Ungeachtet dessen verlieh Lamy durch seine Persönlichkeit, sein organisatorisches und konzeptionelles Geschick und seinen großen Arbeitseinsatz der Position des Kabinettchefs des Präsidenten eine bisher nicht gekannte Dynamik und Stärke. In den wöchentlich stattfindenden Kabinettchefsitzungen spielte Lamy eine zentrale Rolle. Indem er die Weiterleitung von Vorlagen an das Kommissionskollegium beeinflußte, nahm er eine Art von "gate-keeper"-Funktion ein und trug dadurch ganz wesentlich zur Steuerung der Strategien Delors′ bei.

Zweitens wurde durch die hierarchische Anordnung des Kabinetts eine Zentralisierung auf Delors und Lamy bewirkt, die ganz entscheidend die Arbeitsweise des Kabinetts prägte. Im Zentrum standen dabei die Ideen und Strategievorgaben Delors′, die den übrigen Kabinettsmitgliedern im wesentlichen durch Lamy vermittelt wurden und dem die damit verbundene Koordinierung und Umsetzung innerhalb des Kabinetts zufiel. Delors und Lamy ergänzten sich dabei in nahezu perfekter Weise: Delors entwickelte die Ideen und Strategien und Lamy schirmte ihn ab und verschafft die notwendige "administrative Macht". Die Strategievorgaben Delors′ dienten den übrigen Mitgliedern des Kabinetts als Orientierungs- und Handlungsanweisungen und wurden durch den von Delors und Lamy "von oben" erzeugten Druck mittels der Kabinettsmitglieder in die Dienste und die anderen Kabinette "hineingetragen". Das Kabinett nahm dadurch gleichsam die Funktion eines "Scharniers" zwischen Präsident und Verwaltung ein.

Drittens stellten für das Vorgehen des Kabinetts des Präsidenten die "besonderen Kabinettchefsitzungen" ein wichtiges Instrument dar. Diese Sitzungen wurden von seiten des Delors-Kabinetts sehr präzise vorbereitet. Indem die Mitglieder des Kabinetts Ort, Zeitpunkt und Tagesordnung dieser Sitzungen festlegten und die Sitzungsleitung innehatten, nahmen sie großen Einfluß auf den Einscheidungsablauf innerhalb der Kommission.

Viertens wurde durch das Hinzuziehen zu den besonderen Kabinettchefsitzungen von "einfachen" Beamten aus den Diensten und durch den Wechsel von Mitarbeitern des Kabinetts des Präsidenten in die Verwaltungsdienste eine Art von "Netzwerk von Vertrauten" geschaffen, das für die Umsetzung der Strategie des Präsidenten genutzt wurde und das mit dem Delors-Kabinett "loyal" zusammenarbeitete. Bei dem "Netzwerk" handelte es sich nicht um eine "geheime Vereinigung", sondern um eine Art von "Kommunikationsverbund", um innerhalb der Kommissionsverwaltung schnell und unbürokratisch handeln zu können. Es funktionierte auf Vertrauensbasis und war ein Instrument, um in einer komplexen Verwaltung rasch Informationen auszutauschen. Dabei wurden auch "ungewöhnliche" Methoden angewendet, um "widerspenstige" oder als inkompetent erachtete Kommissare zu umgehen, d.h. das Netzwerk wurde dazu benutzt, um direkt mit den Verwaltungsdiensten unter Umgehung des zuständigen Kommissars und seines Kabinetts zusammenzuarbeiten. Wenngleich es sich um keine systematisch betriebene Umgehung der Zuständigkeiten der anderen Kommissare handelte, wurden durch dieses Vorgehen dennoch Konflikte erzeugt bzw. entstanden bei den vom Netzwerk ausgeschlossenen Beamten Frustrationen. Das Dilemma der effizienten Arbeitsweise des Kabinetts des Präsidenten war es demnach, daß es den "Keim säte" für die Entstehung potentieller Gegenkräfte innerhalb der Kommissionsverwaltung und der anderen Kabinette.

Fünftens waren die Beziehungsmuster, die das Kabinett bzw. Delors selbst zu den übrigen Kommissionsmitgliedern unterhielten, von wechselhafter Art, die sich je nach Situation und Politikbereich unterschiedlich gestalteten. Neben der "Anhängerschaft" einzelner Kommissare gab es Bestrebungen zur Profilierung von seiten anderer, bis hin zu Reibungen und offener Konkurrenz mit Delors. Wenngleich es sich um keine festen Gruppierungen von Kommissaren handelte, enthielt das Kommissionskollegium durchaus das Potential an mehr oder weniger offenen Kritikern und möglichen Gegnern Delors', die bei gegebenem Anlaß den Konflikt mit Delors nicht scheuten.

Sechstens war im Laufe der zweiten Amtszeit Delors' eine Phase des Rückschritts und der Mißerfolge der Arbeiten des Kabinetts erkennbar. Unter den seit 1989 veränderten europapolitischen Bedingungen blieb der "gewohnte Erfolg" der Präsidentschaft Delors' mehr und mehr aus. Gleichzeitig wies das Netzwerk Risse auf und konnte die der Gemeinschaft bzw. der Kommission zugeschriebenen Mißerfolge (Balkankrieg, wirtschaftliche Rezession, Scheitern des ersten dänischen Referendums etc.) nicht verhindern. Mit der wachsenden Erfolglosigkeit stieg die Kritik am Kabinett bzw. der Präsidentschaft von Delors an. Es erwies sich als nachteilig, daß in den erfolgreich verlaufenen Jahren die Durchführung von Reformen innerhalb der Verwaltung weitgehend vernachlässigt worden war. In der Delors-Ära war ein hierarchisch strukturierter und effizient arbeitender "Machtapparat" entstanden, an dessen Spitze Delors und sein Kabinett standen und die vom Juristischen Dienst und vom Generalsekretariat unterstützt wurden. Es war ein "Partikularsystem" innerhalb der Kommission entstanden, das — in Anlehnung an Göhler und Hauriou — einer "Eigenlogik" folgte und sich verselbständigt hatte. Der "Preis" für dieses System war eine wenig demokratische Entscheidungsfindung, fehlende Kollegialität und mangelhafte Reformfähigkeit, die sich zu Beginn der 90er Jahre, als die "Erfolge" ausblieben und der Machtapparat zu "stottern" begann, als hinderlich erwiesen und nicht dazu beitrugen, den notwendigen Wandel zu vollziehen.

## 4.2 Der Verwaltungsapparat der Kommission: Wachstum und "Output" ohne Bürokratisierung

Im Zusammenhang mit der Frage nach der Entwicklung und Funktionsweise des Verwaltungsapparats, d.h. der "organisierten Macht"[671] der Kommission in der Ära Delors, wurden verschiedene Daten zum Beamtenapparat, der Herstellung und Durchführung von verbindlichen Entscheidungen und der damit verbundenen Beamtengremien gemäß dem EG-Policyzyklus untersucht. Dabei wurde im wesentlichen die quantitative Entwicklung verschiedener Indikatoren, wie die Zahl der Beamten, die Zahl der Rechtsakte, die Zahl der Studien- und Arbeitsgruppen, die Zahl der Ausschüsse etc., dargestellt und — soweit dies möglich war — der Entwicklung im vorangegangenen Vergleichszeitraum von 1976 bis 1984 gegenübergestellt. Zur Beantwortung der eingangs aufgeworfenen Frage, inwieweit die Kommission in der Delors-Ära eher eine "dysfunktionale Bürokratie" oder eine effizient arbeitende "politische Verwaltung" darstellte, konnten die folgenden Erkenntnisse gewonnen werden:

---

[671] Vgl. oben Teil I, Kapitel 3.1.2.

Erstens wurde bei der Untersuchung des Verwaltungsapparats der Kommission festgestellt, daß die Zahl der Dauerplanstellen zwischen 1985 und 1993 deutlich stärker zugenommen hat als zwischen 1976 und 1984. In absoluten Zahlen ausgedrückt stieg die Zahl der dauerhaft angestellten Beamten um ca. 4000 in der Delors-Ära an, während es im vorangegangenen Vergleichszeitraum nur ca. 2000 Beamtinnen und Beamten waren; das durchschnittliche jährliche Wachstum nahm von 3,4 % auf 4,1 % zu. Bei einer weiter differenziert durchgeführten Betrachtung wurde festgestellt, daß sowohl gemessen an der Gesamtbevölkerung der Gemeinschaft — unter Berücksichtigung der Erweiterung von 1986 — als auch gemessen an der Ausweitung der Zuständigkeiten der Gemeinschaft durch die EEA, kein überproportionales Wachstum der Beamtenschaft in der Ära Delors stattgefunden hat. Die Unterscheidung zwischen den einzelnen Laufbahngruppen ergab, daß vor allem die Zahl der A-Beamten, d.h. des höheren Dienstes, in der Delors-Ära deutlich zunahm, während die B-, C- und D-Beamten, d.h. der gehobene, der mittlere und der technische Dienst, nur von einem geringen Wachstum bzw. einer gleichbleibenden Entwicklung gekennzeichnet waren. Erstaunlich war — insbesondere vor dem Hintergrund der durch die Erweiterung bedingte Ausweitung der Gemeinschaftssprachen — das nachlassende Wachstum der Zahl der Beamtinnen und Beamten im Sprachendienst. Vor diesem Hintergrund können zwei generelle Schlußfolgerungen gezogen werden: a) Die Delors-Ära war von einer Zunahme der Beamtenschaft geprägt, ohne daß jedoch ein personalpolitischer "Wildwuchs" stattfand, der auf eine "Aufblähung" des Verwaltungsapparats der Kommission hindeutete; b) in der Delors-Ära fand eine Veränderung der Gewichtung der Laufbahngruppen statt, die sich durch einen höheren Anteil der A-Beamten und einen gleichbleibenden bis geringeren Anteil der gehobenen bis "technischen" Laufbahngruppen auszeichnete. Dies deutete auf eine allmähliche Veränderung der Rolle der Kommission hin, die sich in der Delors-Ära vollzogen hat. Die Kommission entwickelte sich — gemessen an diesem Trend — weg von einer eher "verwaltenden Instanz" hin zu einer eher "politisch-konzeptionell" handelnden "Institution".

Zweitens wurde die Tätigkeit der Kommission in der Phase der Vorbereitung von Entscheidungen untersucht. Dabei wurde festgestellt, daß die Zahl der Mitteilungen, Memoranden und Berichte der Kommission in der Delors-Ära gegenüber dem Vergleichszeitraum von 1976 bis 1984 leicht zunahm. Insgesamt war die Entwicklung dieses Indikators jedoch recht wechselhaft und ließ keinen kontinuierlichen Wachstumstrend erkennen. Die Zahl der formellen Vorschläge der Kommission an den Rat war ebenfalls durch keine kontinuierliche Zunahme, sondern eher durch eine wechselhafte Entwicklung geprägt, die sich — sowohl gemessen an ihrem Umfang wie an ihrer Wachstumsrate — nur unerheblich vom Vergleichszeitraum 1976 bis 1984 abhob. Lediglich in der Zeit der ersten Präsidentschaft Delors' war eine deutliche Zunahme der Vorschlagstätigkeit der Kommission zu erkennen; in der zweiten Präsidentschaft zeichnete sich die Vorschlagstätigkeit der Kommission durch einen deutlichen Rückgang aus und erreichte zu Beginn der 90er Jahre einen Umfang, der dem der 70er Jahre entsprach. Die Zahl der in der Vorbereitungsphase von der Kommission eingesetzten Studien- und Arbeitsgruppen nahm gegenüber dem Vergleichszeitraum von 1976 bis 1984 zu, fiel dann aber im Laufe der zweiten Präsidentschaft Delors' wieder ab. Die Zahl der dadurch hinzugezogenen externen Beamten und Sachverständigen erhöhte sich dadurch in der Delors-Ära gegenüber dem Stand der 70er Jahren nur geringfügig. Trotz dieser insgesamt gemäßigten Zunahme der Studien- und Arbeitsgruppen und der Beamten und Sachverständigen, erhöhten sich die damit verbundenen Ausgaben in der Delors-Ära beträchtlich. Das Paradoxon, das festgestellt werden konnte, war, daß in der Delors-Ära für eine geringer werdende Anzahl von Studien- und Arbeitsgruppen mehr Geld ausgegeben wurde. Dies wurde als ein Hinweis auf inter-institutionelle Machtauseinandersetzungen um Finanzmittel und politische Einflußmöglichkeiten gewertet, die in der Delors-Ära zwischen Kommission, Rat und Europäischem Parlament stattfanden. Eine Aufblähung des Verwaltungsapparats der Kommission war aus der Zahl der Studien- und Arbeitgruppen und der Sachverständigen nicht zu entnehmen. Insgesamt deuteten die untersuchten Daten darauf hin, daß die Kommission ihrer Funktion als "Initiatorin" von EG-Recht — und damit auch als "Motor" der Gemeinschaft — in der Delors-Ära verstärkt nachkam, ohne daß sich damit eine überproportionale Zunahme der externen Beraterschaft verband, die sich deutlich und nachhaltig vom Niveau der 70er und Anfang der 80er Jahre unterschied.

Drittens wurde die Tätigkeit der Kommission in der Phase der Herstellung von Entscheidungen untersucht. Der Umfang der von der Kommission verabschiedeten verbindlichen Entscheidungen lag in der Delors-Ära höher als in der Zeit zwischen 1976 und 1984, jedoch verband sich damit keine übermäßige Zunahme, die auf eine "Regelungswut" der Kommission schließen ließ. Vielmehr ging die jährliche Wachstumsrate der verbindlichen Entscheidungen in der Delors-Ära im Durchschnitt zurück. Mit der vergleichsweise weniger umfangreichen Verabschiedung von verbindlichem EG-Recht in der Delors-Ära verband sich die weitergehende Beobachtung eines rückläufigen "Produktivitätskoeffizienten", d.h. es wurde beobachtet, daß immer mehr A-Beamte der Kommission immer weniger Recht "produzierten". Dies wurde als ein Indikator für eine veränderte Rollenwahrnehmung der Kommission gewertet. Die Kommission ging in der Delors-Ära dazu über, weniger "verbindliche Rechtsakte" herzustellen und mehr "soft instruments" wie Vorschläge, Mitteilungen, Grün- und Weißbücher etc. an den Rat und die Öffentlichkeit zu richten. Als politische Institution folgte die

Kommission damit einem Trend, der — in Anlehnung an Göhler[672] — weniger in der Erbringung von "Ordnungsleistung durch "Steuerung und Regulierung" bestand, als vielmehr in der Erbringung von "Orientierungsleistung" durch "Ideen" und "Symbole".

Viertens wurde die Tätigkeit der Kommission in der Phase der Durchführung von EG-Recht untersucht. Dabei wurde festgestellt, daß die Zahl der Durchführungsausschüsse in der Delors-Ära insgesamt deutlich anstieg. Jedoch war auch hier kein unverhältnismäßiger Anstieg im Vergleich zum Zeitraum 1976 bis 1984 zu erkennen; vielmehr ging die durchschnittliche jährliche Wachstumsrate in der Delors-Ära zurück. Bezogen auf den Bereich der Landwirtschaft nahm die Zahl der eingesetzten "Komitologieausschüsse" während der Präsidentschaft Delors′ deutlich zu und verzeichnete eine höhere jährliche Zuwachsrate als im Vergleichszeitraum von 1976 bis 1984. Grund hierfür war, daß neue Produktgruppen hinzukamen, die zur Einrichtung neuer Ausschüsse führten. Dadurch kamen in der Delors-Ära eine steigende Anzahl von nationalen Beamten "nach Brüssel", um die Ausarbeitung von Durchführungsmaßnahmen der Kommission "zu kontrollieren". Dies war auch ein Indikator dafür, daß sich im Untersuchungszeitraum die Zusammenarbeit zwischen Kommissionsbeamten und nationalen Beamten erhöhte. Die nachlassende Zahl der stattgefundenen Sitzungen der landwirtschaftlichen Ausschüsse deutete darauf hin, daß die Intensität der Kontrolle durch die nationalen Beamten nachließ und sich die Arbeitsweise der Ausschüsse verbesserte. In der Delors-Ära waren weniger Ausschußsitzungen notwendig, um die von der Kommission vorgeschlagenen Durchführungsmaßnahmen zu billigen. Der gestiegene Umfang der Durchführungsausschüsse deutete insgesamt darauf hin, daß sich der vielfach als "bürokratischer Wasserkopf" kritisierte Beamtenapparat in Brüssel weniger aus Beamten der Kommission zusammensetzte, als vielmehr aus Beamten aus den Mitgliedstaaten, die in wachsendem Maße in Ausschüssen in Brüssel tagten. Generell bedeutete die zunehmende Verschmelzung mit Beamten aus den nationalen Verwaltungen für die Kommission als einer politischen Institution den Verlust an Unabhängigkeit und die Zunahme an bürokratischen Stukturen, die sich aufgrund ihres Umfangs und ihre Komplexität einer einfachen Kontrolle entzogen und der Erhöhung der Intransparenz in der Gemeinschaft Vorschub leisteten.

---

[672] Vgl. oben Teil I, Kapitel 2.2.1.

# Teil IV: Zusammenfassung der Untersuchungsergebnisse und Schlußfolgerungen für die Rolle und Funktionsweise der Europäischen Kommission

## Einleitung: Das "Ausgangspuzzle" und die Ausgangsannahmen

Ausgangspunkt dieser Arbeit war die Beobachtung, daß die Europäische Kommission eine der zentralen Institutionen der Europäischen Gemeinschaft/Europäischen Union ist. In Zeiten einer "starken Kommission" — wie etwa unter Hallstein und Delors — machte auch der europäische Integrationsprozeß Fortschritte; umgekehrt fiel die Phase der "Eurosklerose" zwischen 1965 und 1985 mit einer allgemein als "schwach" empfundenen Kommission zusammen. Als Jacques Delors im Jahr 1985 Kommissionspräsident wurde, setzte eine Phase der *relance communautaire* ein, die der Gemeinschaft vor allem durch das Binnenmarktprogramm, die EEA und das Delors-I-Paket zu neuem Schwung verhalf und den Weg in Richtung auf ein "neues Europa" wies. Trotz — oder gerade wegen — dieser zentralen integrationspolitischen Rolle war (und ist) die Kommission Zielscheibe öffentlicher Kritik. Dieses Dilemma zwischen der als "Motor" der Integration umschriebenen Rolle der Kommission einerseits, und der öffentlichen Kritik, die ihr entgegengebracht wird, andererseits, war das "Ausgangspuzzle" der Arbeit. Es wurde am Beispiel der Rolle und Funktionsweise der Europäischen Kommission in der Ära Delors von 1985 bis 1992 einer empirischen Untersuchung unterzogen.

In Anlehnung an die Arbeiten von Göhler zur Definition von "politischen Institutionen", von Hauriou zur *idée directrice* und von March und Olsen zum "Neo-Institutionalismus" wurde ein spezifischer institutionentheoretischer Untersuchungsansatz entwickelt.[673] Im Mittelpunkt stand die Überlegung, daß die Kommission als ein eigenständiger politischer Akteur zu betrachten ist, der im Rahmen eines komplexen, im Entstehen befindlichen politischen Systems an der Vorbereitung, Herstellung, Durchführung und Kontrolle von verbindlichen Entscheidungen beteiligt ist. Die Kommission ist dabei in einen spezifischen politischen, wirtschaftlichen und sozialen "Kontext" eingebettet, der der ihr unterstellten Eigenständigkeit entgegensteht. Die zentrale Frage dabei war, durch welche "inneren" und "äußeren" Faktoren die Mitwirkung der Kommission am EG/EU-Entscheidungsprozeß bedingt wird? Hinsichtlich der Rolle und Funktionsweise der Kommission in der Ära Delors wurden dabei die folgenden theoriegeleiteten Ausgangsüberlegungen angestellt: Erstens, die Europäische Kommission erfüllte unter

[673] Vgl. oben Teil I, Kapitel 2.3.

Jacques Delors in erster Linie eine Ordnungsfunktion durch das Instrument der Steuerung; Beispiele hierfür waren im wesentlichen das Binnenmarktprogramm, die Politik im Bereich des wirtschaftlichen und sozialen Zusammenhalts, die EEA, die WWU etc. Sie nahm weniger eine Orientierungsfunktion durch das Instrument der Repräsentation, d.h. durch personifizierte Symbole wie Delors selbst, sein Kabinett oder die anderen Kommissare ein. Zweitens war die Kommission in der Delors-Ära Trägerin unterschiedlicher "Leitideen", die einer eigenen Entwicklungslogik folgten und die sich sowohl auf ihren inneren Zusammenhalt auswirkten als auch für die (Macht)Auseinandersetzungen mit den Mitgliedstaaten und den anderen Organen bestimmend waren. Drittens wurde die Funktionsweise des Verwaltungsapparats der Kommission in der Delors-Ära durch unterschiedliche Kräfte bestimmt, d.h. im wesentlichen durch die Führung der politischen Eliten einerseits und durch die Eigenlogik des Verwaltungsapparats andererseits; die daraus entstehenden internen und externen Konflikte wurden durch die Vermittlung eines "Sinns", der durch übergreifende "Symbole" abgebildet wurde, überlagert. Welchen Bestand hatten nun diese theoriegeleiteten Annahmen mit Blick auf die "empirische Realität" der Rolle und Funktionsweise der Europäischen Kommission in der Ära Delors?

## 1. Die Rolle der Kommission in der Ära Delors: "politischer Motor" durch "Ideen"

Die *relance communautaire,* die die Gemeinschaft ab Mitte der 80er Jahre erfuhr, wäre nicht möglich gewesen ohne die einsetzende Entspannung zwischen Ost und West, die Erholung der Weltwirtschaft, das Scheitern des sozialistischen Experiments in Frankreich, den wachsenden globalen Wettbewerb, das Drängen der europäischen Industrieunternehmen auf Abbau von Handelsbeschränkungen und die Entstehung eines neuen politischen Willens unter den Regierungen der Mitgliedstaaten zur Revitalisierung des europäischen Einigungsprozesses. Unter Ausnutzung dieses günstigen makro-politischen und makro-ökonomischen Umfelds gelang es der Kommission, sich zu einer treibenden Kraft, d.h. zu einem "politischen Motor" des Integrationsprozesses zu entwickeln. Von der Kommission gingen in einem veränderten Kontext Initiativen und Impulse aus, die bei den politischen und wirtschaftlichen Akteuren neue Erwartungen und Perspektiven entstehen ließen und sie zur einer Veränderung ihrer Handlungsstrategien veranlaßten. Die Kommission entwickelte sich in der Delors-Ära zu einem "entrepreneur politique" (Lequesne 1996: 397ff.), der sich durch Erfindungsgabe und Ideenreichtum auszeichnete und der die Fähigkeit besaß, seine "Ideen" in den politischen Entscheidungsprozeß einzuspeißen, dafür zu werben und für deren Umsetzung Verbündete zu finden. Der Kommission gelang es in der Delors-Ära, einige zentrale Projekte wie das Binnenmarktprogramm, die Einheitliche Europäische Akte, das Delors-I-Paket und die Wirtschafts- und Währungsunion auf den Weg zu bringen und dafür die Unterstützung einiger zentraler "Alliierter" — insbesondere Deutschland und Frankreich — zu gewinnen und gegen den Widerstand retardierender Kräfte — insbesondere von seiten Großbritanniens — durchzusetzen. Das Besondere diese Vorgehens bestand darin, daß die von der Kommission initiierten "großen Projekte" erstens eng miteinander verknüpft waren und insofern eine "ganzheitliche" Strategie bildeten; und zweitens, daß diese Projekte Elemente enthielten, die bei einer erfolgreichen Lancierung eine neue Dynamik entfalten würden, die für weiterführende Initiativen genutzt werden konnte. Das Binnenmarktprogramm enthielt im Kern die Idee vom "Raum ohne Grenzen", in dessen logischer Konsequenz es lag, weiterführende Überlegungen und Initiativen zum Ausbau des "sozialen Europas", zur Wirtschafts- und Währungsunion und zur Politischen Union zu unternehmen. Dies erklärt sowohl das Bemühen der Kommission um den "sozialen Dialog", der durch die Verabschiedung der Sozialcharta im Jahr 1989 zumindest teilweise von Erfolg gekrönt war, als auch die Initiative der Kommission zur Einrichtung des Delors-Komitees, das den Delors-Bericht hervorbrachte, der einen Dreistufenplan zur Schaffung der Wirtschafts- und Währungsunion skizzierte. Das maßgebliche Verdienst der Kommission bei der Durchsetzung der Einheitlichen Europäischen Akte bestand im wesentlichen in der Einführung von qualifizierten Mehrheitsentscheidungen in der Binnenmarktgesetzgebung. Die damit verbundene Dynamisierung des EG-Entscheidungsprozesses berührte aber nicht nur den Binnenmarkt, sondern hatte auch Auswirkungen auf andere Politikbereiche — wie etwa die Strukturpolitik, die Forschungs- und Technologiepolitik etc. — und führte zu institutionellen Veränderungen, die dazu beitrugen, daß sich das Europäische Parlament zu einem echten Mitgestalter im europäischen Policyprozeß entwickeln konnte.

Die Entwicklung der Kommission zu einem "politischen Motor" wäre nicht möglich gewesen ohne die dynamische Führung unter Jacques Delors. Der Kommissionspräsident war dabei nicht nur das Zentrum des "Ideenreichtums" der Kommission, von dem immer neue Initiativen und Pläne ausgingen, sondern er erzeugte auch "leadership" innerhalb und außerhalb der Kommission. Mit Hilfe des Kabinetts von Delors wurde im Innern der Kommission ein effizient arbeitendes "Netzwerk" aufgebaut, das dazu beitrug, die Ideen und Strategien des Präsidenten gegen interne Widerstände und bürokratische Schwerfälligkeiten des Kommissionsapparats durchzusetzen. Die innerhalb der Kommission entwickelte Dynamik setzte sich dabei auch "nach außen" fort und schlug sich auf den Europäischen Rat nieder, bei dessen Treffen die Kommission durch Delors' besonderes Auftreten ein neues Profil gewann. Auch auf internationaler Ebene spielte die Kommission eine zentrale Rolle durch ihr weitreichendes Verhandlungsmandat im Rahmen der GATT-Verhandlungen zum Abschluß der Uruguay-

Runde. Die Zentralisierung der Macht innerhalb der Kommission und die wichtiger gewordene Bedeutung der wirtschaftlichen Beziehungen in der europäischen und internationalen Politik bewirkten dabei eine generelle Veränderung der Kommission: Es setzte eine "Präsidentialisierung" innerhalb der Kommission ein, die nicht nur eine allgemeine Stärkung des Kommissionspräsidenten implizierte, sondern auch unmittelbar mit der Person Jacques Delors verbunden war. Innerhalb der Kommission hatte sich ein System entwickelt, daß auf Delors zugeschnitten war und durch ihn "mit Leben" erfüllt wurde.

Eine Beurteilung dieses Phänomens, die auch Delors selbst vertritt, ist eher beschwichtigend und betrachtet den Kommissionspräsidenten mehr als ein "Ideenproduzent" und weniger als einen "Machtpolitiker" der an der Spitze Europas steht: "I think of myself as an engineer, and less as a philosopher or political leader. ... My job is to provide momentum, ideas, initiatives" (Grant 1994: 257). Danach wurde der Integrationsprozeß durch die "Kraft der Ideen" der Kommission vorangetrieben, die in der Delors-Ära in einem besonders günstigen historischen, politischen und wirtschaftlichen Kontext zum Tragen kamen. Die Kommission war für diese Aufgabe gleichsam prädestiniert und betrachtete sich allein in der Lage, die damit verbundenen Schwierigkeiten zu überwinden und die Gemeinschaft in Richtung eines vereinten Europas voranzutreiben. Delors umschrieb dies wie folgt: "There's no longer a body of people with the same ideas as me on a united Europe. The construction of Europe defies nature and is difficult. It demands vision, force of character, courage vis-à-vis public opinion and institutions which work effectively" (Grant 1994: 269).

Eine andere Beurteilung besteht darin, daß in der Delors-Ära ein Machtapparat in Brüssel errichtet wurde, von dem immer mehr neue Ideen und Initiativen ausgingen, die letztlich dazu dienten, die Kommission in den Mittelpunkt zu rücken und ihre Rolle zu stärken. Der "Machthunger", der von der Kommission ausging, weitete sich im Laufe der Delors-Ära aus und schürte den Konflikt mit Großbritannien. Die Auseinandersetzung Delors/Thatcher war aus dieser Perspektive weniger die Folge des Ideenreichtums der Kommission, als vielmehr die Folge ihres Bestrebens, eine die Mitgliedstaaten überragende "europapolitische Vorreiterrolle" zu spielen. Darin lag gleichzeitig auch der Grund ihres späteren Scheiterns verborgen, das im Rahmen des Maastricht-Prozesses deutlich zutage trat. Indem sich die Kommission zu einem Machtzentrum entwickelte und weitreichende Ideen und Vorschläge einbrachte, forderte sie die Machtstellung und das Selbstverständnis der Mitgliedstaaten heraus und plädierte implizit für deren Degradierung. Dies konnte von letzteren nicht akzeptiert werden und führte dazu, daß die *raison d'être* des "politischen Motors", den die Kommission bis dahin gespielt hatte, für sie an Überzeugungskraft und Akzeptanz verlor. Hinzu kam, daß durch den veränderten politischen Kontext ab 1989 die Stellung der Nationalstaaten an Bedeutung gewonnen hatte und eine zu machtvolle Kommission in Brüssel eher als ein Hindernis bei der anstehenden Neuordnung Europas perzipiert wurde. Die Folge davon war, daß es nicht zu einer Degradierung der Mitgliedstaaten kam, sondern zu einem Machtverlust der Kommission. Insofern war es auch weniger der nachlassende Ideenreichtum Delors', der den "politischen Motor" am Ende seiner Amtszeit "ins Stottern" geraten ließ, wie dies an anderer Stelle festgestellt wurde (Grant 1994: 243), als vielmehr die nachlassende Bereitschaft der Mitgliedstaaten und ihrer Bevölkerungen, die Kommission als einen "politischen Motor" zu akzeptieren.

In der weiteren Entwicklung übte die von der Europäischen Kommission angeführte *relance* kaum richtungweisenden Einfluß auf den Prozeß zur Herstellung der Wirtschafts- und Währungsunion und der Politischen Union aus. Zwar trug die Kommission ganz entscheidend zur Ausarbeitung des Konzepts der WWU bei, jedoch bestimmten ab 1990/91 die Mitgliedstaaten in zunehmendem Maße den Diskussions- und Entscheidungsprozeß und damit die weitere Ausgestaltung der Gemeinschaft/Union. Im Rahmen der Maastricht-Verhandlungen konnte die Kommission auf die Gestaltung der Bestimmungen zur Politischen Union kaum Einfluß nehmen. Mit der Schwächung der Kommission und der Veränderung des politischen und ökonomischen Kontexts zu Beginn der 90er Jahre, der durch Währungsturbulenzen, die wirtschaftliche Rezession und den Krieg im ehemaligen Jugoslawien geprägt war, geriet auch die Gemeinschaft immer deutlicher in eine Krise, deren Höhepunkt der negative Ausgang des ersten Referendums in Dänemark darstellte. Der Ideenreichtum der Kommission versiegte damit in der weiteren Entwicklung zwar nicht vollständig — die Kommission brachte das Subsidiaritätsprinzip verstärkt in die Debatte ein, auf dem Gipfel in Edinburgh wurde das Delors-II-Paket verabschiedet und die Kommission legte im Dezember 1993 ein neues Weißbuch zur Behebung der Wirtschaftskrise vor — jedoch hatten die von ihr lancierten Ideen einen anderen Charakter und stießen nicht mehr auf die gleiche Resonanz wie in den 80er Jahren. Es handelte sich zunehmend um "Reparaturen" für Fehlentwicklungen in der Gemeinschaft/Union und weniger um "neue Konzepte", um den Integrationsprozeß voranzutreiben. Innerhalb der Mitgliedstaaten war immer weniger die Bereitschaft und der politische Spielraum vorhanden, weitreichenden Integrationsentwürfen die notwendige Unterstützung zu geben. Entsprechend wandelte sich auch die Rolle der Kommission zu Beginn der 90er Jahre: ihre Rolle als "politischer Motor", der den europäischen Einigungsprozeß bis dato gestaltet hatte, verblaßte und sie wurde zunehmend in Richtung der Rolle eines "Sekretariats" gedrängt, dessen integrationspolitischer Einfluß beschränkt war.

Mit Blick auf das eingangs dargestellte institutionentheoretische Modell[674] können thesenhaft zusammengefaßt die folgenden Ergebnisse festgehalten werden: Erstens wurde die Rolle und Funktionsweise der Kommission in der Ära Delors durch den internationalen und integrationspolitischen Kontext unmittelbar bedingt. Zweitens wendete die Kommission in der Delors-Ära nicht nur ihre formellen Entscheidungsrechte an, sondern nutzte auch ihre informellen Handlungsmöglichkeiten, indem sie "Ideen" lancierte, themenspezifische Diskurse anstieß, die Wirtschafts- und Sozialpartner zum Dialog ermunterte und diese in einen gemeinsamen "Denkprozeß" einbezog. Es scheint, daß diese zuletzt genannte Dimension, die im Modell als "Ordnung/Orientierung durch Symbole" bezeichnet wurde, die in vieler Hinsicht dominierende und entscheidende Handlungsoption der Kommission in der Delors-Ära darstellte. Drittens konnte die Kommission vor allem deswegen in der Delors-Ära eine zentrale Rolle im EG/EU-Entscheidungsprozeß spielen, weil es ihr gelang, unter den Regierungen — hier vor allem Deutschland und Frankreich — unter den anderen Institutionen — hier vor allem dem Europäischen Parlament — und unter den Verbänden — hier vor allem den Unternehmern und Gewerkschaften — "Verbündete" zu finden, die die Strategien der Kommission unterstützten und die in entscheidenden Phasen ihren Ideen und Initiativen zum Durchbruch verhalfen. Sie bildeten zusammengenommen die zentralen Akteure, mit denen die Kommisson im Policyprozeß verflochten war. Viertens gelang der Kommission in der Ära Delors eine breite Mobilisierung von gesellschaftlichen Kräften innerhalb und außerhalb der Gemeinschaft, die zur *relance communautaire* ab Mitte der 80er Jahre beitrugen.

## 2. Die Funktionsweise der Delors-Kommission: Machtkonzentration ohne "Bürokratisierung"

Die erfolgreiche Funktionsweise der Delors-Kommission kann damit erklärt werden, daß eine günstige Symbiose entstanden war zwischen den persönlichen Eigenschaften und Fähigkeiten Delors', dem effizient arbeitenden Kabinett, das mittels eines breiten Netzwerks den Verwaltungsapparat steuerte, und der Unterstützung durch einflußreiche Staats- und Regierungschefs, die die Ideen und das Vorgehen Delors' befürworteten. Damit war eine Machtkonzentration auf den Kommissionspräsidenten und sein Kabinett verbunden, die in die Lage versetzt wurden, der Kommission die notwendigen Orientierungen "nach innen" und "nach außen" zu geben. Die Kehrseite dieser Entwicklung war, daß die Machtkonzentration eine Verselbständigung des "Delors-Systems" bewirkte, das beste-

[674] Vgl. oben Teil I, Kapitel 2.3.

hende Verwaltungs- und Managementprobleme innerhalb des Kommissionsapparats nicht löste bzw. neue inneradministrative Probleme und Konflikte entstehen ließ.

Die Machtkonzentration auf Delors und sein Kabinett war insofern erstaunlich, als sie weder aus der Logik des Gemeinschaftssystems noch aus den Statuten der Kommission hervorging. Kommissionspräsident Delors war formal lediglich ein *primus inter pares* innerhalb einer nach dem Kollegialprinzip arbeitenden Institution, die wiederum ein Teilelement eines von "checks and balances" geprägten institutionellen Systems darstellte. Der Kommissionspräsident leitete zwar die Sitzungen des Kollegiums, jedoch verfügte er weder über ein besonderes Stimmengewicht, noch über eine Richtlinienkompetenz und er besaß aufgrund des schwach ausgebildeten Ressortprinzips keine herausgehobenen Zuständigkeiten. Der Kabinettchef des Präsidenten nahm an den regelmäßig stattfindenden Sitzungen der Kabinettchefs teil, ohne daß ihm die Sitzungsleitung oblag oder er über andere verfahrensmäßige Vorrechte und Befugnisse verfügte. Die übrigen Mitglieder des Kabinetts des Präsidenten leiteten lediglich die sog. besonderen Kabinettchefsitzungen. Der Kommissionspräsident, sein Kabinettchef und die übrigen Kabinettsmitglieder waren demnach mit keinen besonderen formalen Rechten und Befugnissen ausgestattet, die auf eine "institutionalisierte Macht" *qua* Amt hinwiesen.

Die Machtkonzentration, die in der Delors-Ära stattfand, war vielmehr im Bereich der informellen Rechte und Befugnisse zu verorten, die Delors und sein Kabinett ausübten. Diese standen dabei in unmittelbarem Zusammenhang mit der besonderen Persönlichkeit und der Arbeitsmethode Delors', aber auch der seiner Kabinettsmitglieder. Der Kommissionspräsident stellte das Arbeitsprogramm der Kommission im Europäischen Parlament vor und nahm an den Gipfeltreffen der Staats- und Regierungschefs im Rahmen des Europäischen Rats teil. Delors nutzt diese "Auftritte" intensiv, um die Vorstellungen und Initiativen der Kommission zu erläutern und um eine breite Öffentlichkeit über "die Politik" der Kommission zu informieren. Nahezu alle wichtigen Projekte der Delors-Ära (wie z.B. das Binnenmarktprogramm, das Delors-I-Paket, der Delors-Bericht, die Sozialcharta u.a.) wurden zuerst den Staats- und Regierungschefs vorgelegt und auf dieser Ebene diskutiert. Das besondere Vorgehen Delors' bestand darin, zunächst auf höchster Ebene die notwendige Zustimmung zu erhalten. Die Unterstützung durch die Staats- und Regierungschefs verschaffte Delors den entsprechenden Rückhalt, um die Vorschläge innerhalb des Kommissionsapparats durchzusetzen und um innerhalb und außerhalb der Kommission weitere "Verbündete" zu finden. Delors' Kabinettchef, Pascal Lamy, sowie die übrigen Mitglieder des Kabinetts nutzten ihrerseits diesen Rückhalt und entwickelten durch die von

Delors ausgehenden "Ideen" eine Art von *militantisme,* der dazu führte, daß sie im Rahmen der Kabinettchefsitzungen bzw. der besonderen Kabinettchefsitzungen eine dominierende Stellung einnahmen. Die Führung "von oben" ließ sich ideal mit dem in der Kommissionsverwaltung verankerten "top down approach" verbinden, d.h. mit der Erwartung von seiten der Verwaltung, daß Führung "von oben" ausgeübt wird, und wurde durch ein "Netzwerk" von "Verbündeten" innerhalb der Dienste unterstützt. Es setzte eine politische und verfahrensmäßige Zentralisierung im Policyprozess der Kommission ein, die von Delors und seinem Kabinett gesteuert wurde und die sich dadurch zu einem sich "verselbständigenden Machtzentrum" innerhalb der Kommission entwickelten.

Mit der Machtkonzentration waren verschiedene "Effekte" verbunden, die für die Rolle und Funktionsweise der Europäischen Kommission in der Delors-Ära prägend waren und die darüber hinaus Elemente enthielten, die für die Funktionsweise von politischen Institutionen generell aufschlußreich sind. Delors fiel eine über die Ausfüllung des Amts des Kommissionspräsidenten hinausgehende "symbolische Rolle" zu. Durch die von ihm ausgehenden "Ideen", die von ihm praktizierte dynamische Führung der Kommission und die sich dadurch einstellenden "Erfolge" der Kommission bzw. der Gemeinschaft als Ganzes, wurde Delors in der breiten Öffentlichkeit gleichsam als "Mr. Europe" wahrgenommen. Diese Wahrnehmung der Rolle Delors′ verkam dabei nicht zu einem bloßen Etikett, sondern von ihr ging — in Anlehnung an Göhler — eine "Orientierungsleistung" aus für die innerhalb der Gemeinschaft agierenden organisierten Interessen, d.h. insbesondere für die Unternehmen und die europäischen Arbeitgeber- und Gewerkschaftsverbände. Das Symbol "Delors" war in der Lage, die wirtschaftlichen und sozialen Kräfte in der Gemeinschaft ab Mitte der 80er Jahre zu mobilisieren und dadurch die bislang vorherrschende Phase der "Eurosklerose" durch eine Phase der "Europhorie" zu ersetzen.

Die Symbolwirkung Delors′ war dabei kein Selbstläufer, sondern sie basierte auf einer tatsächlich erbrachten "Ordnungsleistung", die sich in Form von zuordenbaren "Erfolgen" niederschlug und die ihrerseits wieder eine Orientierungswirkung entfalteten. Die schrittweise Umsetzung des Binnenmarktprogramms und die damit verbundene wirtschaftliche Liberalisierung, die Verabschiedung der EEA und die dadurch einsetzende Beschleunigung der Entscheidungsfindung, die Durchsetzung des Delors-I-Pakets und die damit verbundene Erhöhung der Finanzmittel u.a.m. beinhalteten konkrete Ergebnisse für die betroffenen Mitgliedstaaten, Verbände und Unternehmen. Die Funktionsweise der Delors-Kommission war insbesondere dadurch charakterisiert, daß es ihr gelang, durch konkrete Steuerung eine Ordnungsleistung zu erbringen, die sich durch Symbole niederschlug und die einen über die bloße Ordnungsleistung hinausgehenden

"Sinn" vermittelten. Die symbolhafte Darstellung eines "Sinns" war dabei unmittelbar mit der Person Delors und dem "Erfolg" der Arbeit der Kommission verknüpft. Nur eine erfolgreich agierende Kommission unter der Führung von Kommissionspräsident Delors löste auch die entsprechende Orientierungsleistung aus und erreichte die damit verbundene "positive" Symbolverfestigung. Als zu Beginn der 90er Jahre der "gewohnte Erfolg" der Kommission mehr und mehr ausblieb — unabhängig davon, ob die Kommission hierfür tatsächlich "verantwortlich" war bzw. über die entsprechenden Kompetenzen verfügte, wie etwa im Zusammenhang mit der Suche nach einer Lösung des Konflikts im ehemaligen Jugoslawien oder dem Abbau der Arbeitslosigkeit —, verlor auch das Symbol "Delors" an Attraktivität bzw. war nicht in der Lage, die ausbleibende Ordnungsleistung zu ersetzen.

Damit muß der eingangs dargestellte Zusammenhang zwischen der Ordnungs- und der Orientierungsfunktion der Kommission durch den Faktor "Erfolg" ergänzt werden.[675] Die von der Kommission in der Delors-Ära erbrachte "Orientierungsleistung durch das Instrument der Repräsentation", die symbolhaft durch den Kommissionspräsidenten bzw. die Person Delors abgebildet wurde, hat nicht zu einer dauerhaften Legitimierung der Kommission und der von ihr erbrachten Ordnungsleistungen unabhängig vom "Erfolg" geführt. Vielmehr wurde trotz der symbolhaften Abbildung eines "Sinns" und der Personifizierung der Kommission die grundsätzlich zweckgebundene Legitimierung der Kommission bzw. der Gemeinschafts als Ganzes nicht aufgebrochen. Die Kommission war in der Delors-Ära in der Lage, eine "Orientierungsleistung" zu erbringen und "Sinn" zu vermitteln, weil sie gleichzeitig in der Lage war, eine Ordnungsleistung zu erbringen, die sich als "erfolgreich" erwies.

Ein weiterer "Effekt" der Machtkonzentration innerhalb der Kommission war, daß sie ein effizientes und effektives Handeln innerhalb der Kommission ermöglichte und dies eine "Bürokratisierung" der Kommissionsverwaltung verhinderte. Das Vorgehen der Kommission war in der Delors-Ära durch die "Delors-Methode" geprägt, die zu einer Machtkonzentration beitrug, die sich durch drei Eigenschaften auszeichnete: Erstens rückte die Anwendung der im Vertrag verankerten Rechte und Befugnisse der Kommission durch eine "institutionelle Perspektive" in den Mittelpunkt. Zweitens wurde ausgehend von den Ideen und Initiativen Delors' ein Dialog mit den Regierungen der Mitgliedstaaten und den Wirtschafts- und Sozialpartnern angestoßen, um einen möglichst breiten Konsens bei der Umsetzung und Anwendung der von der Kommission lancierten Vorschläge zu erhalten. Drittens war die "Delors-Methode" von dem großen Arbeits-

[675] Vgl. oben Teil I, Kapitel 2.2.1.

einsatz Delors´ und seines Kabinetts geprägt, die darüber hinaus über ein "Netzwerk von Verbündeten" verfügten, das ihnen einen schnellen Informations- und Kommunikationsaustausch innerhalb der Kommissionsverwaltung ermöglichte. Die "Delors-Methode" trug durch dies drei Eigenschaften — d.h. einer institutionellen Perspektive, der Herstellung von Konsens durch Dialog und den hohen Arbeitseinsatz und die Netzwerkbildung — dazu bei, daß die bürokratischen Strukturen und die Schwerfälligkeiten des Kommissionsapparats umgangen werden konnten bzw. daß eine Ausweitung der "Bürokratie" innerhalb und durch die Kommission in der Delors-Ära weitgehend ausblieb. Tatsächlich wiesen die untersuchten Daten zur Zusammensetzung und Funktionsweise der Kommission darauf hin, daß weder eine "Aufblähung" des Verwaltungsapparats noch eine "Regelungswut" hinsichtlich der von ihr erbrachten "Ordnungsleistungen" stattfand. Die Zahl der Beamten der Kommission und die Zahl der in der Entscheidungsvorbereitung herangezogenen externen Berater stiegen in der Delors-Ära an, jedoch war im Vergleich zum vorangegangenen Referenzzeitraum von 1976 bis 1984 kein überproportionales Wachstum zu erkennen. Der Umfang und die Zunahme der Vorschläge der Kommission an den Rat war lediglich in der ersten Präsidentschaft Delors´ sehr hoch und ging danach wieder auf ein "normales Maß" zurück. Die von der Kommission verabschiedeten verbindlichen Rechtsakte legten in der Delors-Ära zu, ohne daß dadurch jedoch das schon in den 70er und 80er Jahren vorzufindende Wachstum an Regulierungstätigkeit überschritten wurde. Eine "Bürokratisierung" nach dem hier vertretenen Verständnis fand dort statt, wo unmittelbar nationale Beamte beteiligt waren, d.h. insbesondere im Bereich der landwirtschaftlichen Durchführungsausschüsse. Der Zuwachs an bürokratischen Strukturen und Mehrausgaben lag in diesem Zusammenhang jedoch außerhalb der unmittelbaren Kontrolle der Kommission.

Die Kommission agierte in der Delors-Ära "nach außen" um so effektiver, weil sich "im Innern" eine Zentralisierung und Machtkonzentration vollzog. Eine Delegierung und Dezentralisierung ihrer internen Entscheidungsfindung hat kaum stattgefunden. Die wesentlichen Impulse bei der Entscheidungsvorbereitung kamen weniger "von unten", d.h. von den Fachbeamten in den Diensten, als vielmehr "von oben", d.h. von den Kommissaren und ihren Kabinetten, wobei Delors und sein Kabinett eine besondere Rolle spielten. Die Funktionsweise der Kommission wurde in der Delors-Ära in erster Linie durch die strukturellen Bedingungen innerhalb des Verwaltungsapparats und die damit verbundene "Machtverteilung" bestimmt. Eine "Bürokratisierung" der Kommission durch einen übermäßigen Personalanstieg, eine Zunahme von Expertengremien und Durchführungsausschüssen und durch die Verabschiedung von immer mehr Entscheidungen hat nicht stattgefunden. Die unterschiedlichen Organisationskulturen in den verschiedenen Generaldirektionen und die multinationale Zusammensetzung der Beamten haben bei der hier vorgenommenen Untersuchung keine bedeutende Rolle gespielt, ohne daß damit die Relevanz spezifischer Untersuchungen zu diesem Themenkomplex in Frage gestellt wird (Abélès/Bellier/McDonald 1993; Bellier 1995; Abélès/Bellier 1996). Hier wird vielmehr die These vertreten, daß gemessen an der Zentralisierung der Handlungsstrukturen und der Machtkonzentration, die in der Delors-Ära zu beobachten war, der Aspekt der unterschiedlichen Organisationskulturen in den Diensten ein weniger großes Gewicht für die Funktionsweise der Kommission in dieser Phase spielte.

Für das Verständnis der Europäischen Kommission als politischer Institution können vor diesem Hintergrund zwei weiterführende Schlußfolgerungen gezogen werden: Erstens trifft die in der Öffentlichkeit weit verbreitete und eingangs erwähnte Beobachtung nicht zu, daß die Kommission — zumindest bezogen auf die Delors-Ära — eine "Eurokratie" bzw. eine "bürokratische Technokratie" darstellte, mit allen damit verbundenen Annahmen von Ineffizienz und Ineffektivität. Zweitens scheint sich generell ein Wandel der Rolle und Funktionsweise der Kommission zu vollziehen, die immer weniger in die "Kategorie" einer personalintensiven, durch die Herstellung und Durchführung von legislativem Output geprägten "Behörde" eingeordnete werden darf, sondern vielmehr unter dem Blickwinkel eines schlanken, eher politisch-konzeptionell arbeitenden "think tank" betrachtet werden muß. Inwieweit das zu Beginn dieser Arbeit erwähnte generelle Dilemma, mit dem die Kommission konfrontiert war und ist, d.h. das Dilemma einer in der Öffentlichkeit als "bürokratischen Behörde" wahrgenommenen "Eurokratie" einerseits, und einer effizient arbeitenden und eine "Ordnungsleistung" erbringenden "politischen Institution" andererseits, einer Lösung entgegengeführt werden kann, muß an dieser Stelle offen bleiben. Zu vermuten ist, daß dieses Dilemma fortbestehen wird, solange es der Kommission nicht gelingt, den "Erfolg" der von ihr erbrachten Ordnungs- und Orientierungsleistungen nachhaltig und erfahrbar im öffentlichen Bewußtsein zu verankern.

## 3. Die Europäische Kommission in der Delors-Ära: Mehr als ein "Sekretariat", aber weniger als eine "föderale Regierung"

Aus der Distanz betrachtet besteht oftmals die Versuchung, politische Phänomene einer extremen Beurteilung zu unterziehen, d.h. sie entweder "zu verdammen" oder sie über die Maßen "zu feiern". Dies scheint auch auf die Ära Delors zuzutreffen, die sowohl als eine Art "goldenes Zeitalter" der europäischen Integration betrachtet wird als auch als Höhepunkt einer von "Brüssel" aus gesteuerten grundsätzlichen Fehlentwicklung in Europa. Keine von beiden Auffassungen scheint nach der hier vorgenommenen Untersuchung zuzutreffen. Mißachtet wird bei den meisten Charakterisierungen, daß es sich bei der Ära Delors um keinen "monolithischen Block" handelte, sondern daß diese Ära — ebenso wie vorangegangene Kommissionspräsidentschaften — von "Hochs" und "Tiefs" geprägt war und daß je nach untersuchtem Politikbereich und der dabei angelegten "Meßlatte" eine anderes Ergebnis erzielt wird. Darüber hinaus ist auffallend, daß die verschiedenen Einschätzungen zur Delors-Ära die unterschiedlichsten Begriffe und Umschreibungen für die Kommission bzw. für Delors als Kommissionspräsident benutzen, die inhaltlich mehr oder weniger zutreffend sind, die jedoch keine weiterführende Konzeptionalisierung der Rolle und Funktionsweise der Europäischen Kommission erlauben.

Im Jahr 1987 wurde in einer Bilanz zur Arbeit der Kommission die Frage aufgeworfen, inwieweit "das Erfolgsjahr 1985 vielleicht nur ein Zwischenhoch im Leben des zentralen EG-Organs [d.h. der Kommission, Anm. d. Verf.] gewesen sei. Sein erneuter Abstieg könnte ... irgendwo auf einem Niveau zwischen den Thorn-Jahren und dem ersten Delors-Jahr gestoppt oder umgekehrt werden. Der Status der Kommission könnte so in den nächsten Jahren zwischen den Extremen 'Politisches Mitregierungs-Organ' und 'gesetzestechnische Dienstleistungsstelle' hin- und herpendeln" (Thalmann 1987: 75). Gleichsam als Fortsetzung hierzu wurde die Kommission in einem Kommentar in der Financial Times vom Juni 1993 als eine komplexe Organisation dargestellt, die zwischen einem "Mini-Parlament" und einer "Regierung" angesiedelt ist: "By any measure, the European Commission is a complex organisation. With 17 commissioners from 12 member states, it resembles less an executive branch and more a mini-parliament. The bureaucracy itself is divided into a host of competing power centres: the president, who controls his own cabinet and a secretariat general; 16 commissioners, each with a cabinet or legislative support staff; and the director-generals ... Delors simply bypassed the old bureaucracy. 'He created a parallel government, ... but in doing so he made the Commission structures more complicated than ever'".[676] Und auf die Frage "Was bleibt am Ende der Ära Delors?" schrieb Peter Hort im Dezember 1994: "Er [d.h. Delors, Anm. d. Verf.] hat die Gemeinschaft inmitten kaleidoskopartiger Umbrüche neu zentriert und ihr ein vordem unbekanntes politisches Gewicht gegeben. Wenn die Europäer heute von gleich zu gleich mit Amerikanern und Japanern sprechen, ist das vor allem sein Verdienst. ... [...] ... Darin mag sich der Visionär Delors am Ende getäuscht haben; die Beharrungskräfte der Nationalstaaten und der Wunsch ihrer Völker nach überschaubaren, einfachen Verhältnissen scheinen eher noch zu wachsen".[677]

---

[676] Vgl. Financial Times v. 21.6.1993, S. 15.

[677] Vgl. Peter Hort: Ein Genie der Nützlichkeit. Jacques Delors — der Architekt Europas, in: Frankfurter Allgemeine Zeitung v. 31.12.1994 (Beilage).

Die zitierten Kommentare vermitteln ein Stimmungsbild von Einschätzungen zur Delors-Ära und machen dabei gleichzeitig die Schwierigkeit einer gemeinsamen begrifflichen und konzeptionellen Erfassung der Rolle und Funktionsweise der Kommission deutlich. Um der Debatte über die Delors-Ära mehr Klarheit zu verleihen, ohne die damit verbundene politische und institutionelle Komplexität zu verkürzen, und um über ein Erklärungsschema zu verfügen, das über eine reine begriffliche Fixierung hinausgeht, wird dafür plädiert, die eingangs dargestellten idealtypischen Modelle zum Zusammenhang zwischen den "Leitbildern der Europapolitik" und den darin der Kommission zugeordneten institutionellen "Leitideen" aufzugreifen.[678] Diese scheinen am ehesten geeignet, die Ambivalenz zwischen öffentlicher Wahrnehmung, empirisch nachweisbaren Leistungen und politischer (Be)Deutung der Rolle und Funktionsweise der Kommission in der Delors-Ära zu erfassen und diese in einen breiten "Denkzusammenhang" zu stellen.

Die Rolle und Funktionsweise der Europäischen Kommission hat sich in der Delors-Ära in einem sich wandelnden internationalen und europapolitischen Kontext entwickelt und unterlag dabei Veränderungen. Um die Rolle und Funktionsweise der Europäischen Kommission adäquat zu charakterisieren, ist die eindeutige Zuordnung *einer* spezifischen Leitidee im Rahmen *eines* bestimmten europapolitischen Leitbildes selbst für eine so kurze Zeit, wie die der Kommissionspräsidentschaft von Jacques Delors, nicht möglich. Vielmehr ist von einer Gleichzeitigkeit unterschiedlicher Leitbilder und ihrer institutionellen Leitideen auszugehen, die sich überlappen, miteinander konkurrieren oder nacheinander abfolgen können. Bei der hier vorgenommenen Untersuchung wurde davon ausgegangen, daß das Leitbild des "kooperativen Föderalismus" am ehesten die europapolitische "Realität" der 80er und 90er Jahre beschreibt und folglich die Leitidee des "politischen Motors" am besten geeignet ist, die institutionelle Rolle und Funktionsweise der Kommission zu erfassen. Als analytisches Instrumentarium erwies sich dieser Ansatz als günstig und erlaubte es, bei der empirischen Untersuchung den Zusammenhang zwischen dem Kontext und den von der Kommission initiierten Ideen aufzugreifen und herauszuarbeiten. Als erklärendes Konzept reichte dieser Ansatz jedoch nicht aus, um die Komplexität und den Wandel der Rolle und Funktionsweise der Europäischen Kommission in der Ära Delors zu deuten. Vielversprechend ist es, den Rahmen abzustecken, in dem sich die Europäische Kommission in der Ära Delors bewegte. Danach kann ihre Rolle und Funktionsweise als ein "Pendeln" zwischen zwei Polen beschrieben werden. An anderer Stelle wird dies auch als "swinging pendulum" bezeichnet und dient in diesem Zusammenhang als Erklärungsansatz für den Politikgestaltungsprozeß

---

[678] Vgl. oben Teil I, Kapitel 4.

in der Gemeinschaft/Union insgesamt (Wallace 1996: 12ff.). Nach dem Bild des Pendels war die Europäische Kommission in der Ära Delors "mehr als ein Sekretariat, aber weniger als eine föderale Regierung". Damit wird am ehesten die Ambivalenz ihres Charakters in einem sich wandelnden Kontext umschrieben und gleichzeitig zum Ausdruck gebracht, daß der Leitidee des "politischen Motors" eine zentrale Bedeutung in der Ära Delors zufiel.

Die Kommission war in der Delors-Ära insofern *mehr als ein Sekretariat,* als Delors — ähnlich wie Monnet — von der zentralen Rolle der Institutionen überzeugt war und sie als eine Art "Gestaltungsfaktor" und "Gedächtnis" der europäischen Integration betrachtete, ohne die keine dynamische Entwicklung des Einigungsprozesses denkbar sein würde. Entsprechend konnte die Kommission kein einfaches "Sekretariat" in einem intergouvernemental bestimmten Europa bleiben, sondern sie war dazu aufgerufen, die rein zwischenstaatliche Kooperation aufzubrechen und den Regierungen der Mitgliedstaaten das "gemeinsame europäische Interesse" zu verdeutlichen. Die Kommission entwickelte in der Delors-Ära eine Vielzahl von Ideen und Initiativen, die von den Mitgliedstaaten akzeptiert wurden und die die Policygestaltung und das politische System der Gemeinschaft/Union insgesamt weiterentwickelten. Beispiele hierfür waren unter anderem das Binnenmarktprogramm, die EEA, der Delors-Bericht, die Delors-Pakete zur Finanzreform und die in Maastricht beschlossene Wirtschafts- und Währungsunion, die ohne die Kommission nicht zustande gekommen wären. Darüber hinaus traf die Kommission in der Delors-Ära zunehmend verbindliche Entscheidungen bzw. wirkte an der Weiterentwicklung des politischen Systems der EG/EU mit und spielte dadurch eine über ein einfaches Sekretariat hinausgehende Rolle. Ungeachtet dessen war im Laufe der zweiten Amtszeit Delors' eine Entwicklung erkennbar, die auf eine "Renationalisierung" des Integrationsprozesses hindeutete und in deren Rahmen die Kommission zunehmend in Richtung eines Sekretariats zurückgedrängt wurde. Beispiele hierfür waren das Scheitern der Vorschläge der Kommission bei der Ausgestaltung der Gemeinsamen Außen- und Sicherheitspolitik im Zusammenhang mit den Verhandlungen über den Maastrichter Vertrag und die Kritik, die der Kommission nach dem negativen Ausgang des ersten Referendums in Dänemark entgegenschlug. Die Rolle des Sekretariats war dabei auch ein Reflex auf die zu große Dynamik, die die Kommission in der Delors-Ära gewonnen hatte und die den Argwohn der Regierungen hervorrief bzw. Ängste bei der Bevölkerung erzeugte. Dies war zugleich auch ein Ausdruck der Schwäche der Kommission in der Delors-Ära, die — verkürzt ausgedrückt — in der "institutionellen (Eigen)Logik" ihres Präsidenten verankert war, der in zu kurzer Zeit zu viel für die Kommission als Institution erreichen wollte.

Die Kommission war in der Delors-Ära insofern gleichzeitig *weniger als eine föderale Regierung,* als Delors, ähnlich wie Spinelli, ein Anhänger der föderalen Idee war und den Föderalismus — bzw. in der französischen politischen Debatte die *décentralisation* — als ein zentrales Strukturprinzip moderner staatlicher Entwicklung betrachtete. Entsprechend trat Delors für eine Föderalisierung der Gemeinschaft/Union ein und bemühte sich im Laufe seiner Kommissionspräsidentschaft um die Schaffung eines "starken Zentrums". Darauf deutete die in der Delors-Ära festgestellte Machtkonzentration innerhalb der Kommission hin und die damit einhergehende "Präsidentialisierung", durch die der Kommissionspräsident eine einem Regierungschef vergleichbare Stellung erhielt. Dies schlug sich besonders nachdrücklich im Auftreten Delors' bei den Gipfeltreffen des Europäischen Rates nieder. Darüber hinaus wurde Kommissionspräsident Delors — insbesondere aus deutscher Sicht — gleichsam zum "Staatsmann" durch seine besonnene Reaktion auf den Fall der Mauer und durch die Hilfe, die von seiten der Kommission für die neuen Länder bzw. für Mittel- und Osteuropa nach dem Umbruch von 1989 gewährt wurde. Dennoch stieg die Kommission in der Delors-Ära nicht zu einer "echten Regierung" in Brüssel auf, sondern blieb im weitesten Sinne ein "embryonic European government".[679] Die Grenzen, denen sich die Kommission in der Delors-Ära gegenüber sah und die verhinderten, daß sie sich zu einer "föderalen Regierung" weiterentwickelte, wurden ihr von seiten der Mitgliedstaaten auferlegt. Letztere hatten ein Interesse an der *relance européenne*, die ab Mitte der 80er Jahre einsetzte, aber sie waren nicht daran interessiert, daß sich die Kommission im Zusammenhang mit Maastricht zu einer regierungsähnlichen Instanz aufschwingt und die Regierungen der Mitgliedstaaten im Umkehrschluß immer mehr Souveränität einbüßen und die Kontrolle über den weiteren Verlauf der europäischen Einigung verlieren.

Am Ende seiner zweiten Amtszeit zeigte Delors Anzeichen von Enttäuschung und Pessimismus bezüglich der weiteren Zukunft der europäischen Integration und unterstrich dabei die Bedeutung der Zäsur von 1989. In einem Interview sagte er: "Until 1989 I thought one day there would be a political Europe, with a federal structure and a common foreign and security policy in certain domains ... [...] ... The combination of Europe's economic crisis, Yugoslav ethnic cleansing and the virtual collapse of the ERM meant that 'frankly I am no longer the man for the job'" (Grant 1994: 268f.).

Ein Grund für die "Eindämmung" der Rolle der Kommission nach 1989 — und hierbei vor allem der im Zusammenhang mit dem Maastrichter Verhandlungs- und Ratifizierungsprozeß erlittene Rückschlag — war sicherlich, daß Delors teils

---

[679] So oder ähnlich die vielfach in der englischsprachigen Presse und Literatur zu findende Bezeichnung; hier wurde The Independent v. 31.10.1994, S. 15, zitiert.

wegen einer in der Öffentlichkeit bestehenden Unkenntnis, teils auch wegen einer vor allem von Großbritannien angeführten Ablehnung des Begriffs "föderal", mißverstanden wurde. Dabei forderte Delors nicht mehr und nicht weniger, als schon in der Vergangenheit Robert Schuman in der Erklärung vom 9. Mai 1950 gefordert hatte, nämlich "... die Grundlage gemeinsamer wirtschaftlicher Entwicklung schaffen als Etappe der europäischen Föderation".[680] Delors sprach von der Wirtschafts- und Währungsunion und der Politischen Union "qui aurait à terme une vocation fédérale ... [mais il y avait] une fixation britannique sur ce terme".[681] Maastricht als ein "Scheitern" der Kommission — und damit auch als ein Scheitern der Leitidee der "föderalen Regierung" — zu bezeichnen, ist vor dem Hintergrund des Ergebnisses, das hinsichtlich der Politischen Union erreicht wurde, sicherlich gerechtfertigt. Maastricht kann aber auch als ein "Erfolg" für die Kommission eingestuft werden, wenn bedacht wird, daß die Bestimmungen zur Wirtschafts- und Währungsunion im wesentlich auf die Delors-Kommission zurückgehen und darin Elemente enthalten sind, bei deren Umsetzung die Kommission eine wichtige Rolle spielen wird und von denen — nicht zuletzt vor dem Hintergrund der Erweiterung der EG/EU — eine neue institutionelle Dynamik ausgehen könnte, die weit über das Jahr 2000 hinausreicht.

## 4. Das institutionentheoretische Untersuchungsmodell "revisited"

In Teil I wurden unterschiedliche Ansätze zur Theorie politischer Institutionen diskutiert und in einem institutionentheoretischen Modell zur Untersuchung der Europäischen Kommission dargestellt.[682] Der Vorteil dieses Vorgehens bestand darin, daß über die rein nationale — vor allem durch Gerhard Göhler — geprägte Debatte Elemente der "internationalen" Debatte zur Theorie politischer Institutionen — vor allem die Arbeiten von Hauriou und von March/Olsen — aufgegriffen wurden und in die theoretisch-konzeptionellen Überlegungen "zur Erfassung" des Untersuchungsgegenstands, d.h. der Europäischen Kommission, Eingang fanden. Ziel war es dabei, aus den vorliegenden unterschiedlichen Ansätzen Gemeinsamkeiten und Eckpunkte des Wirkens von politischen Institutionen herauszuarbeiten und auf die Europäische Kommission anzuwenden. Das daraus entstandene institutionentheoretische Modell diente sowohl zum besseren Verständnis der angenommenen Rolle und Funktionsweise der Kommission als auch als Analyseraster für die empirische Untersuchung. Welche Schlußfolgerungen

---

680 Vgl. Erklärung der französischen Regierung vom 9. Mai 1950 über die Vereinigung der deutschen und französischen Kohle- und Stahlindustrie (sog. Schuman-Plan).

681 François Lamoureux im Gespräch mit dem Verf. am 13.1.1997.

682 Vgl. Schaubild 2 in Teil I, Kapitel 2.3 oben.

können nun vor dem Hintergrund der empirischen Ergebnisse aus der Anwendung des Modells gezogen werden?

Das Modell hat sich einerseits bewährt, da es den Blick auf einige zentrale Aspekte der Rolle und Funktionsweise der Europäischen Kommisssion lenkte. Das Wechselspiel zwischen *Kontext* und *Ideen* in der Ära Delors führte vor Augen, daß die der Kommission innewohnende *Leitidee* kein fest definierter und unabänderlicher Zustand ist, sondern einem permanenten politischen Prozeß unterliegt. Daraus wurde erklärbar, daß sich die Kommission in der Ära Delors von einem "politischen Motor" in Richtung der Rolle eines einfachen "Sekretariats" veränderte. Das Modell legte nahe, daß es nicht *die* Leitidee der Europäischen Kommission gibt, sondern daß sich ein Wandel und eine Überlappung von mehreren Leitideen vollzieht. Die Pluralität und Dynamik von Leitideen stellte dabei eine Abweichung von der Hauriou'schen Konzeption der Leitidee dar, die eher von einem statischen Verständnis ausging.

Aus dem Modell wurde deutlich, daß die Europäische Kommission in einen spezifischen sich wandelnden (nationalen) Kontext eingebettet ist und die Teilnahme am Entscheidungsprozeß durch die Verflechtung mit anderen Institutionen charakterisiert ist. Beide wirken unmittelbar auf das "Innenleben" der Kommission ein und bestimmen die von ihr ausgehenden Ideen, Entscheidungen und Symbole. Letztere machen die Europäische Kommission zu einer unabhängig handelnden Institution, die aber auch und gleichzeitig von einem bestimmten Umfeld abhängig ist. Die Europäische Kommission unter Jacques Delors hat eine Epoche geprägt; gleichzeitig war die Delors-Kommission aber auch ein "Produkt" dieser Epoche und hätte sich nach dem hier vertretenen Verständnis zu einem anderen Zeitpunkt und in einem anderen Kontext auch in anderer Form entwikkelt.

Das Modell richtete ferner den Blick auf das "Innenleben" der Kommission und legte die Untersuchung der Frage der Machtorganisation und der inneren Zusammengehörigkeit der Kommission nahe. Es wurde davon ausgegangen, daß ein enger Zusammenhang zwischen beiden Aspekten besteht, d.h. daß die Machtorganisation die interne Zusammengehörigkeit bedingt und umgekehrt. Dieses Wechselverhältnis hat sich etwa hinsichtlich der Machtkonzentration auf das Delors-Kabinett und dessen Funktion für die Durchsetzung von Entscheidungen und die Herstellung der internen Zusammengehörigkeit niedergeschlagen. Im Umkehrschluß wäre ohne die Entstehung einer internen "Gefolgschaft" die Durchsetzung von Macht im Innern der Kommission kaum vorstellbar gewesen. Sowohl die Machtkonzentration als auch die Gefolgschaftsbildung standen dabei in Abhängigkeit von den der Kommission innewohnenden Leitideen, die gleichsam das "dominierende Element" darstellten. Der Zusammenhang zwischen Leitideen, Machtorganisation und Zusammengehörigkeit hat sich insofern für die Untersuchung der Kommission als nützlich erwiesen, als dadurch ein "integrierter Blick" auf die Strukturen der Kommission und ihre Teilnahme am politischen Entscheidungsprozeß ermöglicht wurde. Offen blieb bei dieser schematischen Darstellungsweise gleichwohl das Wechselspiel zwischen den einzelnen Elementen. Wenn Leitideen für die Europäische Kommission bzw. für politische Institutionen allgemein eine zentrale Rolle spielen, dann wäre wichtig zu wissen durch welche Mechanismen dies geschieht. Wie rekrutieren sich die Leitideen etwa aus der organisierten Macht? Welche Rolle spielt die innere Zusammengehörigkeit für den Wandel von Leitideen? Dies sind nur einige wenige Beispiele für Fragen, die in einem weiterführenden institutionentheoretischen Untersuchungsmodell berücksichtigt werden müßten.

Das Modell stieß dort an seine Grenzen, wo es um den vielfach angedeuteten Aspekt des "Erfolgs" der Kommission ging. In der empirischen Untersuchung wurde herausgearbeitet, daß sich die Kommission vor allem deswegen zum "politischen Motor" entwickeln konnte und durch das Symbol "Delors" eine Orientierungsleistung erbrachte, weil sie "erfolgreich" war bzw. als eine "erfolgreich" agierende Institution perzipiert wurde. Der Aspekt des "Erfolgs" wurde — unabhängig davon, was darunter im einzelnen zu verstehen war — nicht ausdrücklich in dem Untersuchungsmodell berücksichtigt. Zwar wurde in dem Modell nahegelegt, daß eine politische Institution Ordnungs- und Orientierungsleistungen durch Entscheidungen und Symbole erbringt, jedoch wurde weitgehend außer acht gelassen, welche als "positiv" bzw. als "negativ" perzipierten Wirkungen davon ausgehen. Die Untersuchung der Europäischen Kommission hat gezeigt, daß gerade dieser Faktor für die Delors-Ära von zentraler Bedeutung war. Fraglich ist, inwieweit dieser Aspekt von grundsätzlicher Bedeutung für das Verständnis von politischen Institutionen allgemein ist? Reicht es aus, um — bezogen auf Göhler — abstrakt von Ordnungs- und Orientierungsleistungen zu sprechen, ohne den angedeuteten "qualitativen Aspekt" dessen mit einzubeziehen? Der Hinweis auf die Erbringung von Ordnungs- und Orientierungsleistungen einer Institution, die gleichsam das Bindeglied zwischen den Leitideen einer politischen Institution und dem Kontext darstellen, scheint zu kurz zu greifen. Die "Art" der erbrachten Ordnungs- und Orientierungsleistung, die hier frei übersetzt als "Erfolg" bezeichnet wurde, hat sich bei der Untersuchung der Europäischen Kommission als ein zentraler Aspekt erwiesen und muß bei künftigen und weiterführenden institutionentheoretischen Arbeiten stärker Berücksichtigung finden.

Auch mit Blick auf die Rolle der "Person Delors'" und dessen "Ideenreichtum" bedarf es weiterführender theoretisch-konzeptioneller Aussagen. Dabei sollte es gelingen, einen solchen "Persönlichkeitsfaktor" in ein politikwissenschaftliches Untersuchungsmodell zu integrieren. Fraglich ist dabei, inwieweit die Leitideen weiter als "das dominierende Element" der Funktionsweise der Europäischen Kommission unterstellt werden können oder inwieweit nicht vielmehr der "Faktor Mensch", der letzten Ende der Träger und Gestalter der Leitideen ist, stärker Berücksichtigung finden muß?

Das Problem der Entstehung von Leidideen stellt ebenfalls einen Ansatzpunkt für weiterführende theoretisch-konzeptionelle Überlegungen dar. Einerseits ist die Kommission bzw. sind die in ihr handelnden Menschen Träger der Leitideen. Die Delors-Kommission wurde zum "politischen Motor" aufgrund des von Delors ausgehenden Ideenreichtums, der sich im Rahmen eines spezifischen politischen und wirtschaftlichen Kontexts besonders günstig entfalten konnte. Andererseits sind Leitideen außerhalb der Kommission angesiedelt und damit Teil spezifischer europapolitischer Leitbilder. Sie werden der Kommission gleichsam "von außen" zugeordnet und nehmen Einfluß auf ihr internes Gefüge und die im Innern entwickelten Leitideen. Als Beispiel für das Wechselverhältnis bzw. den Konflikt von internen und externen Leitideen wurde die Rivalität zwischen den unterschiedlichen Konzeptionen von Delors und Thatcher genannt. Ein weiterführendes institutionentheoretisches Modell sollte diesen Aspekt der unterschiedlichen Ausgangspunkte und Träger von Leitideen aufgreifen.

Schließlich hat die Untersuchung gezeigt, daß die Europäische Kommission vor allem durch "informelle Handlungsmuster", wie etwa Ideen, Dialog, Überzeugung etc. tätig wurde, die gemäß dem Untersuchungsmodell weder als "Entscheidungen" noch als "Symbole" bezeichnet werden können. Ein weiterführendes Untersuchungsmodell sollte diesen Aspekt aufgreifen und eine präzise Unterscheidung der Handlungsinstrumente und -mechanismen der Kommission bzw. von politischen Institutionen allgmein anbieten. Die Differenzierung und Kategorisierung von institutionellen Handlungsinstrumenten und die mit ihnen verbundenen Handlungsmechanismen könnten es gestatten, das Verständnis für das komplexe Wechselspiel zwischen den internen Handlungsbedingungen von Institutionen und dem externen Umfeld besser zu verstehen. Dies könnte einen weiterführenden und vielversprechenden Zugang für die Analyse der Rolle und Funktionsweise von politischen Institutionen darstellen.

# Quellen- und Literaturverzeichnis

## I. Interviews und Informationsgespräche

Die Angaben zur Person beziehen sich, soweit nicht anders gekennzeichnet, auf deren Funktion zum Zeitpunkt des Gesprächs. Nach den Personenangaben sind der Ort und das Datum des Gesprächs vermerkt. Über die Interviews liegen dem Autor jeweils Aufzeichnungen vor. Die Interviewpartner sind nur soweit dies vereinbart wurde im Text namentlich zitiert.

Niels Ahrendt, Europäische Kommission, Generalsekretariat, Direktion C (Koordinierung innerhalb der Kommission, Organisation der Dienststellen der Kommission), Brüssel, 26.1.1996.

David Bearfield, Europäische Kommission, Chefredakteur von “Commission Direct”, Generaldirektion X (Information, Kommunikation, Kultur, Audiovisuelle Medien), Brüssel, 26.1.1996.

Joël de Bry, Europäische Kommission, Generalsekretariat, Direktion B.1 (Koordinierung, institutionelle Fragen), Brüssel, 20.7.1993 (per Telefon), 29.9.1993, 14.1.1994 und 7.6.1996 (per Telefon).

Nicolas Clegg, Europäische Kommission, Generaldirektion I (Außenwirtschaftsbeziehungen), TACIS-Programm, Brüssel, 20.9.1994.

Michael Curtis, Europäische Kommission, Generaldirektion XXIV (Verbraucherpolitik), Brüssel, 25.1.1996.

Vincent Degert, Europäische Kommission, Assistent des Generaldirektors, Generaldirektion XVI (Regionalpolitik), Brüssel, 23.10.1995.

Bettina Döser, Europäische Kommission, Generaldirektion IA (Außenpolitik), Brüssel, 26.1.1996.

Johannes Dohmes, Auswärtiges Amt, Ministerialdirigent (ehem. Kabinettchef von Karl-Heinz Narjes), Bonn, 12.11.1996.

Wolfgang Ernst, ehem. Direktor der Hohen Behörde, später leitender Beamter in der EG-Kommission, Generaldirektion I (Außenwirtschaftsbeziehungen), Bonn, 10.11.1994.

Dr. Florika Fink-Hooijer, Europäische Kommission, Generaldirektion IA (Außenpolitik), Brüssel, 21.9.1994.

Prof. Francisco Fonseca Morillo, Europäische Kommission, Task Force "Vorbereitung der Regierungskonferenz 1996", Brüssel, 24.10.1995.

John Gatti, Europäische Kommission, Generaldirektion IV (Wettbewerb), Task Force "Fusionskontrolle" im Rahmen des EWG- und des EGKS-Vertrages, Brüssel, 21.9.1994.

Joseph Goepp, Referatsleiter, Europäische Kommission, Generaldirektion XIX (Haushalt), Direktion A. 7 (Verwaltungsausgaben), Brüssel, 29.4.1993.

Dr. h.c. Hans von der Groeben, ehem. Mitglied der EG-Kommission (1958—1967), Rheinbach, 15.2.1995.

Dr. Fritz Hellwig, ehem. Mitglied der Hohen Behörde und der EG-Kommission, Bad Godesberg, 28.4.1995.

Dr. Thomas Jansen, Europäische Kommission, Gruppe für Prospektive Analysen, Brüssel, 24.10.1995.

Prof. Dr. Peter Karpenstein, Referatsleiter, Europäische Kommission, Generaldirektion VI (Landwirtschaft), Direktion B. I (Wirtschaftsgesetzgebung für die Landwirtschaft), Brüssel, 21.9.1994.

Dr. Thomas Kaufmann, Europäische Kommission, Generaldirektion IV (Wettbewerb), Task Force "Fusionskontrolle" im Rahmen des EWG- und des EGKS-Vertrages, Brüssel, 21.9.1994.

Dietrich Kleemann, Europäische Kommission, Generaldirektion IV (Wettbewerb), Merger Task Force, Brüssel, 21.9.1994.

Jürgen Köhler, Europäische Kommission, Generaldirektion VI (Landwirtschaft), Direktion F.1 (ländliche Entwicklung, Ziel-1 Gebiete), Brüssel, 22.9.1994.

François Lamoureux, stellv. Generaldirektor, Europäische Kommission, Generaldirektion IA (politische Außenbeziehungen, zuständig für Mittel- und Osteuropa und die neuen unabhängigen Staaten), ehem. stellv. Kabinettchef von Delors, Brüssel, 17.12.1996 und 13.1.1997.

Benoît Liger, stellv. Referatsleiter, Europäische Kommission, Generaldirektion IX (Personal und Verwaltung), Direktion A (Personal), Brüssel, 24.1.1996.

Juan Riviere Martí, Referatsleiter, Europäische Kommission, Generaldirektion IV (Wettbewerb), Task Force "Fusionskontrolle" im Rahmen des EWG- und des EGKS-Vertrages, Brüssel, 21.9.1994.

Adriaan van der Meer, Europäische Kommission, Generalsekretariat, Brüssel, 27.1.1994.

Dr. Karl-Heinz Narjes, ehem. Mitglied der Europäischen Kommission (1981—1988), Bonn, 29.8.1996 und 6.10.1996.

Hans-Dieter Seifert, Europäische Kommission, stellv. Referatsleiter in der Generaldirektion VI (Landwirtschaft), Direktion G (Europäischer Ausrichtungs- und Garantiefonds für die Landwirtschaft), Brüssel, 20.9.1994.

Alain van Solinge, Europäische Kommission, Generalsekretariat, Direktion B.1 (Koordinierung I, institutionelle Fragen), Brüssel, 29.9.1993.

David Spence, Europäische Kommission, Generaldirektion IA (Außenpolitik), Direktion E (Fortbildung und Information der Außendienste), Brüssel, 25.10.1995.

Gerd Tebbe, Europäische Kommission, Generaldirektion IA (Außenpolitik), Direktion A (multilaterale Beziehungen, Menschenrechte und Demokratisierung), Brüssel, 1.6.1994.

Martin Ulbrich, Europäische Kommission, Generaldirektion III (Industrie), Brüssel, 24.10.1995.

Dr. Werner Ungerer, Botschafter a.D., ehem. ständiger Vertreter der Bundesrepublik Deutschland in Brüssel (1985—1989), Bonn, 5.8.1996.

Jérôme Vignon, Europäische Kommission, Leiter der Gruppe für prospektive Analysen (ehem. Kabinettsmitglied von Jacques Delors), Brüssel, 13.1.1997.

Markus Wagemann, Europäische Kommission, Generaldirektion IV (Wettbewerb), Merger Task Force, Brüssel, 21.9.1994.

Dr. Ulrich Wölker, Europäische Kommission, Juristischer Dienst, Brüssel, 26.1.1996.

Bernhard Zepter, Ministerialdirigent, Leiter der Unterabteilung Europa 2 und des Arbeitsstabes EU-Osterweiterung, Auswärtiges Amt (ehem. stellv. Kabinettchef von Jacques Delors), Bonn, 12.11.1996, 10.12.1996 und 18.2.1997.

## II. Dokumente und Reden

Die Reden von Jacques Delors stammen zum größten Teil aus dem Archiv der Vertretung der Europäischen Kommission in Bonn. Sie wurden in der dem Autor vorliegenden Fassung zitiert.

Außenpolitik der Bundesrepublik Deutschland, Dokumente von 1949—1994, hrsg. vom Auswärtigen Amt, Köln: Verlag Wissenschaft und Politik, 1995.

Bericht der drei Weisen (1979): Bericht über die europäischen Organe.

Bundesverfassungsgericht (1994): Urteil vom 12. Oktober 1993 (2 BvR 2134, 2159/92). Maastrichtvertrag, in: Entscheidungen des Bundesverfassungsgerichts, Bd. 89, Nr. 17, Tübingen, S. 155—213.

De Giovanni, Bagio (6.12.1993): Bericht des institutionellen Ausschusses über die bei Inkrafttreten des Vertrags von Maastricht zu erwartenden Komitologieprobleme, Europäisches Parlament, Dok. A3-0417/93, PE 206.619/endg.

Delors, Jacques (14.1.1985): Die Orientierungen der Kommission der Europäischen Gemeinschaften, Rede vor dem Europäischen Parlament in Straßburg, in: EG-Bulletin, Beilage Nr. 1 (1985), S. 5—22.

Delors, Jacques (12.3.1985): Einführungsrede vor dem Europäischen Parlament in Straßburg, in: EG-Bulletin, Beilage Nr. 4 (1985), S. 6—7 (Auszüge).

Delors, Jacques (9.9.1985): Rede zur Eröffnung der Regierungskonferenz in Luxemburg, in: EG-Bulletin, Beilage Nr. 9 (1985), S. 7—11 (Auszüge).

Delors, Jacques (13.9.1985): L'Europe: Succès, Missions et Defis, exposé introductif à la table ronde organisée à l'occasion du salon de l'automobile de Francfort, Frankfurt/Main, 11 S.

Delors, Jacques (23.10.1985): Intervention bei der Aussprache im Europäischen Parlament zur Verabschiedung einer Entschließung über die Beteiligung des Parlaments an der Endphase der Arbeiten, in: EG-Bulletin, Nr. 10 (1985), S. 10—12 (Berichterstattung).

Delors, Jacques (29.10.1985): Intervention, Confederation of British Industries, London, 18 S.

Delors, Jacques (27.11.1985): Conférence de Presse (à la veille du Conseil européen à Luxembourg), Brüssel, 7 S.

Delors, Jacques (16.1.1986): Intervention bei der Aussprache im Europäischen Parlament über die Ergebnisse der Arbeiten der Regierungskonferenz vom 16. und 17.12.1985, in: EG-Bulletin, Beilage Nr. 1 (1986), S. 9 (Berichterstattung).

Delors, Jacques (15.9.1986): Discours devant le Congrès d'ESOMAR, Monte Carlo, 18 S.

Delors, Jacques (7.11.1986): L'Acte unique c'est l'Europe du possible, déclaration à la Commission des Affaires étrangères de l'Assemblée Nationale française, Brüssel, 5 S.

Delors, Jacques (10.11.1986): Address to the Confederation of British Industries (C.B.I.), London, 8 S.

Delors, Jacques (21.11.1986): L'Europe et l'Acte unique: un moment de vérité, discours à l'Institut Universitaire Européen de Florence, 20 S.

Delors, Jacques (18.2.1987): Einführungsrede vor dem Europäischen Parlament zur Vorstellung des Arbeitsprogramms der Kommission für 1987, in: EG-Bulletin, Beilage 1 (1987), S. 30—41.

Delors, Jacques (6.7.1988): Erklärung der Kommission vor dem Europäischen Parlament zum Europäischen Rat in Hannover, in: Amtsblatt der Europäischen Gemeinschaften, Verhandlungen des Europäischen Parlaments, Sitzungsperiode 1988—89, Ausführliche Sitzungsberichte vom 4. bis 8. Juli 1988, Nr. 2—367, S. 154—157.

Delors, Jacques (28.10.1988a): Address at a Reception for the Representatives of Industry and Agriculture, Iveagh House, Dublin, 6 S.

Delors, Jacques (28.10.1988b): 1992: The Human Dimension, address to the Irish Congress of Trade Unions, National Seminar on Completion of the Internal Market, Dublin, 10 S.

Delors, Jacques (17.10.1989): Séance d'Ouverture de la Quarantième Année Académique du Collège d'Europe, Discours de Monsieur Jacques Delors, Président de la Commission des Communautés Européennes, Bruges, 39 S.

Delors, Jacques (10.11.1989): Solidarität mit den Deutschen, Telegramm an Bundeskanzler Kohl, Pressemitteilung vom 10.11.1989, Kommission der Europäischen Gemeinschaften, Vertretung in der Bundesrepublik Deutschland, 1 S.

Delors, Jacques (12.11.1989a): Emission Sept sur Sept — Anne Sinclair invite Jacques Delors, Textaufzeichnung, 9 S.

Delors, Jacques (12.11.1989b): Interview im ZDF, Sendezeit zwischen 19.15 Uhr und 19.45 Uhr, Textaufzeichnung, 2 S.

Delors, Jacques (10.10.1990): Rede vor dem Europäischen Parlament in Straßburg, 5 S.

Delors, Jacques (17.4.1991): Intervention du Président devant le Parlement Européen, Straßburg, 5 S.

Delors, Jacques (21.3.1991): Le Principe de Subsidiarité, Rede auf dem Kolloquium des Institut Européen d'Administration Publique in Maastricht, 16 S.

Delors, Jacques (20.11.1991): Intervention devant le Parlement Européen dans le débat sur l'Union Politique, Straßburg, 4 S.

Delors, Jacques (7.4.1992): Intervention after the statements of the General Rapporteur Martin and the contributing committees, Europäisches Parlament, Straßburg, 7 S.

Delors, Jacques (10.8.1992): Session extraordinaire de Commissions du Parlement européen, intervention de Jacques Delors, Bruxelles, 5 S.

Delors, Jacques (14.10.1992): Résumé de l'intervention du Président Delors à la session spéciale du Parlement Européen à Strasbourg, 4 S.

Delors, Jacques (31.8.1992): Interview in der Radiosendung "Le Club de la Presse", Europe 1, Textaufzeichnung, 23 S.

Delors-Bericht (1989): Bericht zur Wirtschafts- und Währungsunion in der EG, vorgelegt vom Ausschuß zur Prüfung der Wirtschafts- und Währungsunion am 17. April 1989, abgedruckt in: Europa-Archiv, Nr. 10 (1989), S. D 283—D 304.

Europäische Kommission (1994): Wachstum, Wettbewerbsfähigkeit, Beschäftigung. Herausforderungen der Gegenwart und Wege ins 21. Jahrhundert, Weißbuch, Luxemburg: Amt für amtliche Veröffentlichungen (ursp. KOM 93, 700 endg.).

Europäische Kommission (1995): Regierungskonferenz 1996. Bericht der Kommission an die Reflexionsgruppe, Amt für amtliche Veröffentlichungen der Europäischen Gemeinschaften, Brüssel/Luxemburg (ursp. Sec 95, 731 final v. 10.5.1995).

Europäisches Parlament (1983): Verfassung der Europäischen Union (sog. Luster/Pfennig Entwurf), Sitzungsdokumente 1983—84, Dok. 1—653/83 v. 13.9.1983, PE 86 372, S. 20—126.

Europäisches Parlament (1984): Entwurf eines Vertrags zur Gründung der Europäischen Union, Protokoll der Sitzung v. 14.2.1984, PV 60, PE 88 842, S. 27—67.

Europäisches Parlament (1986): Bericht im Namen des Politischen Ausschusses über den Vorschlag der Kommission der Europäischen Gemeinschaften an den Rat (KOM 86, 35 endg. — Dok. C 2-7/86) für eine Verordnung zur

Festlegung der Modalitäten für die Ausübung der Durchführungsbefugnisse, die der Kommission übertragen werden (sog. Hänsch-Bericht), Dok. A2-78/86 v. 2.7.1986, PE 105.536/ endg.

Europäisches Parlament (1989): Geschäftsordnung, 5. Aufl., Juli 1989.

Europäisches Parlament (1990): Zwischenbericht im Namen des institutionellen Ausschusses über die Regierungskonferenz im Rahmen der Strategie des Parlaments im Hinblick auf die Europäische Union (Berichterstatter: David Martin), Dok. A3—47/90 v. 27.2.1990.

Europäisches Parlament (1994): Bericht des Institutionellen Ausschusses über die Verfassung der Europäischen Union (Berichterstatter F. Herman), Dok. A 3—0064/94 v. 10.2.1994.

Europäisches Parlament (1996): Entschließung vom 17. Mai zur Funktionsweise des Vertrags über die Europäische Union im Hinblick auf die Regierungskonferenz 1996, in: Europäisches Parlament, Arbeitsgruppe "Regierungskonferenz", Weissbuch zur Regierungskonferenz 1996, Band I, offizielle Texte der Institutionen der Europäischen Union, Luxemburg, S. 219—234 (ursp. A4-0102/95, Bourlanges/Martin v. 17.5.1995, PE 190.441).

Genfer Konferenz von Widerstandskämpfern (1944): Deklaration zugunsten Europäischer Föderation, abgedruckt in: Walter Lipgens (Hrsg.), 45 Jahre Ringen um die Europäische Verfassung. Dokumente 1939—84. Von den Schriften der Widerstandsbewegung bis zum Vertragsentwurf des Europäischen Parlaments, Bonn: Europa Union Verlag, 1986, S. 174—177.

Kommission der Europäischen Gemeinschaften (1985): Vollendung des Binnenmarktes. Weißbuch der Kommission an den Europäischen Rat in Mailand am 28./29. Juni 1985, KOM(85) 310 endg. v. 14.6.1985.

Kommission der Europäischen Gemeinschaften (1990): Industriepolitik in einem offenen und wettbewerbsorientierten Umfeld — Ansätze für ein Gemeinschaftskonzept, KOM (90) 556 endg. v. 16.11.1990 (sog. Bangemann-Papier).

Kommission der Europäischen Gemeinschaften (1990): Panorama der EG-Industrie 1990. Darstellung von über 165 Branchen der gewerblichen Wirtschaft der Europäischen Gemeinschaft, einschließlich der Verarbeitungsindustrie und des Dienstleistungsgewerbes, Brüssel/Luxemburg: Amt für amtliche Veröffentlichungen.

Kommission der Europäischen Gemeinschaften (1990): Wirtschafts- und Währungsunion, SEK (90) 1659 endg. v. 21.8.1990.

Kommission der Europäischen Gemeinschaften (1990): Stellungnahme der Kommission vom 21. Oktober 1990 zu dem Entwurf zur Änderung des Vertrags zur Gründung der Europäischen Wirtschaftsgemeinschaft im

Zusammenhang mit der Politischen Union, KOM (90) 600 endg. v. 23.10.1990.

Kommission der Europäischen Gemeinschaften, Generaldirektion Wirtschaft und Finanzen (1990): Ein Markt, eine Währung. Potentielle Nutzen und Kosten der Errichtung einer Wirtschafts- und Währungsunion — eine Bewertung, in: Europäische Wirtschaft, Nr. 44, Brüssel/Luxemburg, Oktober.

Kommission der Europäischen Gemeinschaften (1990): Die Europäische Gemeinschaft in den 90er Jahren: auf dem Weg zur Wirtschafts- und Währungsunion, in: Europäische Wirtschaft, Nr. 46, Dezember.

Kommission der Europäischen Gemeinschaften (1991): Jahreswirtschaftsbericht 1990/91 (Revision). Die Europäische Gemeinschaft in den 90er Jahren: Auf dem Weg zur Wirtschafts- und Währungsunion, KOM (91) 185 endg. v. 23.5.1991.

Kommission der Europäischen Gemeinschaften (1991): Regierungskonferenzen: Beiträge der Kommission, in: Bulletin der Europäischen Gemeinschaften, Beilage, Nr. 2.

Kommission der Europäischen Gemeinschaften (1992): Die Position der EG-Kommission zur Festlegung und Anwendung des Subsidiaritätsprinzips, in: Agence Europe, Dokumente, Nr. 1804/05 v. 30.10.1992, 13 S.

Kommission der Europäischen Gemeinschaften (1993): Geschäftsordnung der Kommission, in: Amtsblatt der Europäischen Gemeinschaften, Nr. L 230 vom 11.9.1993, S. 15—19.

Kommission der Europäischen Gemeinschaften (1994): Statut der Beamten der Europäischen Gemeinschaften, in: Statut, Verordnungen und Regelungen für die Beamten und sonstigen Bediensteten bei den Europäischen Gemeinschaften (Stand: Dezember 1993), Luxemburg: Amt für amtliche Veröffentlichungen der Europäischen Gemeinschaften, S. 9—87.

Läufer, Thomas, Bearb. (1996): Europäische Union — Europäische Gemeinschaft. Die Vertragstexte von Maastricht, Bonn: Europa Union Verlag.

Major, John (1994): Europe: A Future that works, Rede des britischen Premierministers in der Universität Leiden am 7. September.

Mitterrand, François (1984): Rechenschaftsbericht vor dem Europäischen Parlament zum Abschluß der französischen Ratspräsidentschaft am 24. Mai 1984, in: Europa-Archiv, Nr. 12, S. D 331—338.

Monnet, Jean (1952): Ansprache des Herrn Jean Monnet, Präsident der Hohen Behörde, anläßlich der ersten Tagung der Gemeinsamen Versammlung am 11. September 1952 in Straßburg.

Monnet, Jean (1955): Les Etats Unis d'Europe ont commencé. La Communauté européenne du Charbon et de l'Acier. Discours et Allocutions 1952—1954, Paris: Robert Laffont.

Monnet, Jean (1961): La Communauté et l'Unité de l'Occident, Rede in der Universität von Darmouth, NH, USA, Centre de recherches européennes de l'Université de Lausanne.

Padoa-Schioppa-Bericht (1988): Effizienz, Stabilität und Verteilungsgerechtigkeit. Eine Entwicklungsstrategie für das Wirtschaftssystem der Europäischen Gemeinschaft, Wiesbaden: Gabler (ursp. Brüssel, April 1987).

Petit-Laurent, Philippe (1994): Réflexions sur l'efficacité de l'institution et de son administration, Bericht an die Europäische Kommission (hektographiertes Manuskript), Brüssel.

Petit-Laurent, Philippe (1995): Réflexions sur l'efficacité de l'institution et de son administration (deuxième rapport). L'image de la Commission et de ses services (hektographiertes Manuskript), Brüssel.

Rat der Europäischen Union (1996): Bericht vom 6. April 1995 über die Funktionsweise des Vertrags über die Europäische Union, in: Europäisches Parlament, Arbeitsgruppe "Regierungskonferenz", Weissbuch zur Regierungskonferenz 1996, Band I, offizielle Texte der Institutionen der Europäischen Union, Luxemburg, S. 45—148 (ursp. SN 1821/95).

Spierenburg, Dirk (1979): Vorschläge für eine Reform der Kommission der Europäischen Gemeinschaften und ihrer Dienststellen, Bericht vom 24.9.1979 erstellt auf Verlangen der Kommission der Europäischen Gemeinschaften unter dem Vorsitz von Dirk Spierenburg, Brüssel.

Spinelli, Altiero (1941): Die Vereinigten Staaten von Europa, abgedruckt in: Walter Lipgens (Hrsg.), 45 Jahre Ringen um die Europäische Verfassung. Dokumente 1939—84. Von den Schriften der Widerstandsbewegung bis zum Vertragsentwurf des Europäischen Parlaments, Bonn: Europa Union Verlag, 1986, S. 71—72 (Auszüge).

Thatcher, Margaret (1988): Speech to be given by the Rt Hon Mrs Margaret Thatcher Frs, MP, at the opening ceremony of the 39th acadmic year of the College of Europe, Bruges: 20 September 1988, British Embassy — Press Service, Brüssel, 11 S. (Rede der britischen Premierministerin vor dem Europa-Kolleg in Brügge am 20. September 1988, abgedruckt auf deutsch in: Werner Weidenfeld und Wolfgang Wessels (Hrsg.), Jahrbuch der Europäischen Integration 1988/89, Bonn: Europa Union Verlag, S. 411—18).

Tindemans, Leo (1976): Die Europäische Union, Bericht an den Europäischen Rat vom 29.12.1975, in: Bulletin der Europäischen Gemeinschaften, Beilage 1/1976.

Vedel, Georges (1972): Bericht der ad-hoc-Gruppe für die Prüfung der Frage einer Erweiterung der Befugnisse des Europäischen Parlaments, 25.3.1972.

Wirtschafts- und Sozialausschuß (1989): Die sozialen Grundrechte der Europäischen Gemeinschaften, Stellungnahme, CES 270/89 v. 22.2.1989, Brüssel.

## III. Monographien, Sammelbände und Zeitschriftenaufsätze

Abélès, Marc (1992): La Vie Quotidienne au Parlament européen, Paris: Hachette.

Abélès, Marc/Bellier, Irène (1996): La Commission européenne: du compromis culturel à la culture politique du compromis, in: Revue Française de Science Politique, Nr. 3, S. 431—456.

Abélès, Marc/Bellier, Irène/McDonald, Maryon (1993): Approche Anthropologique de la Commission européenne (hektographiertes Manuskript), 79 S.

Adam-Schwaetzer, Irmgard (1988): The German Role in the European Community — Basic Interests and present Policies, in: Wolfgang Wessels und Elfriede Regelsberger (Hrsg.), The Federal Republic of Germany and the European Community: The Presidency and Beyond, Bonn: Europa Union Verlag, S. 6—19.

Algieri, Franco/Rometsch, Dietrich (1994): Europäische Kommission und organisierte Interessen: Die Rolle des Ausschußwesens und Ansätze für einen strukturierten Dialog, in: Volker Eichener and Helmut Voelzkow (Hrsg.), Europäische Integration und verbandliche Interessenvermittlung, Marburg: Metropolis, S. 131—149.

Axt, Heinz-Jürgen (1989): Griechenland, in: Werner Weidenfeld und Wolfgang Wessels (Hrsg.), Jahrbuch der Europäischen Integration 1988/89, Bonn: Europa Union Verlag, S. 324—332.

Bellier, Irène (1995): Une culture de la Commission européenne? De la rencontre des cultures et du multilinguisme des fonctionnaires, in: Yves Mény/Pierre Muller/Jean-Louis Quermonne (Hrsg.), Politiques Publiques en Europe, Paris: l'Harmattan, S. 49—60.

Berlin, Dominique (1987): Organisation de la Commission, in: Sabino Cassese et al., The European Administration, Institut International des Sciences Administratives/Institut Européen d'Administration Publique, S. 21—370.

Beutler, Bengt/Bieber, Roland/Pipkorn, Jörg/Streil, Jochen (1993): Die Europäische Gemeinschaft: Rechtsordnung und Politik, 4. Aufl., Baden-Baden: Nomos.

Bieber, Roland/Dehousse, Renaud/Pinder, John/Weiler, Joseph H.H. (1988): Back to the Future: Policy, Strategy and Tactics of the White Paper on the Creation of a Single European Market, in: dies., (Hrsg.), 1992: One European Market, Baden-Baden: Nomos, S. 13—31.

Bonvicini, Gianni/Wessels, Wolfgang (1984): The European Community and the Seven, in: C. Merlini (Hrsg.), Economic Summits and Western Decision-Making, London: Croom Helm, S. 167—191.

Breit, Ernst (1988a): Gewerkschaftliche Kriterien für einen europäischen Sozialraum, in: ders. (Hrsg.), Europäischer Binnenmarkt: Wirtschafts- oder Sozialraum?, Dokumentation der von der Hans-Böckler-Stiftung und vom Deutschen Gewerkschaftsbund am 19. April 1988 in Bonn veranstalteten Tagung zum europäischen Gesellschaftsrecht, Bonn: Europa Union Verlag, S. 56—63.

Breit, Ernst, Hrsg. (1988b): Europäischer Binnenmarkt: Wirtschafts- oder Sozialraum?, Dokumentation der von der Hans-Böckler-Stiftung und vom Deutschen Gewerkschaftsbund am 19. April 1988 in Bonn veranstalteten Tagung zum europäischen Gesellschaftsrecht, Bonn: Europa Union Verlag.

Brückner, Ulrich (1997): Kompetenzerweiterung partout — Die Europäische Kommission im Prozeß der Europäischen Integration, unveröffentlichte Dissertation, Fachbereich Politische Wissenschaft der Freien Universität Berlin.

Brusis, Ilse (1988): Die Vollendung des Binnenmarktes aus gewerkschaftlicher Sicht: Inhaltliche Einführung, in: Ernst Breit (Hrsg.), Europäischer Binnenmarkt: Wirtschafts- oder Sozialraum?, Dokumentation der von der Hans-Böckler-Stiftung und vom Deutschen Gewerkschaftsbund am 19. April 1988 in Bonn veranstalteten Tagung zum europäischen Gesellschaftsrecht, Bonn: Europa Union Verlag, S. 13—17.

Bulmer, Simon/Wessels, Wolfgang (1987): The European Council. Decision-Making in European Politics, Houndmills/London: Macmillan.

Bulmer, Simon (1994a): The Governance of the European Union: A New Institutionalist Approach, in: Journal of Public Policy, Nr. 4, S. 351—380.

Bulmer, Simon (1994b): Institutions, Governance Regimes and the Single European Market: Analyzing the Governance of the European Union (hektographiertes Manuskript), Conference of Europeanists "Contending Approaches to EC Governance", 31.3. — 2.4.1994, Chicago.

Burkhardt-Reich, Barbara/Platzer, Hans/Steiert, Rudolf (1984): Die europäischen Interessenverbände, in: Werner Weidenfeld und Wolfgang Wessels (Hrsg.), Jahrbuch der Europäischen Integration 1983, Bonn: Europa Union Verlag, S. 283—297.

Burkhardt-Reich, Barbara/Platzer, Hans/Steiert, Rudolf (1987): Die europäischen Interessenverbände, in: Werner Weidenfeld und Wolfgang Wessels (Hrsg.), Jahrbuch der Europäischen Integration 1986/87, Bonn: Europa Union Verlag, S. 288—301.

Cameron, David R. (1995): Transnational relations and the development of European economic and monetary union, in: Thomas Risse-Kappen (Hrsg.), Bringing transnational relations back in. Non-state actors, domestic structures and international institutions, Cambridge: Cambridge University Press, S. 37—78.

Cecchini, Paolo (1988): Europa '92. Der Vorteil des Binnenmarktes, Baden-Baden: Nomos.

Christiansen, Thomas (1998): Tensions of European governance: politicized bureaucracy and multiple accountability in the European Commission, in: Journal of European Public Policy, März, S. 73-90.

Cini, Michelle (1996): The European Commission. Leadership, organisation and culture in the EU administration, Manchester: Manchester University Press.

Claude, Inis L. (1971): Swords into Plowshares. The Problems and Progress of International Organization, 4. Aufl., New York: Random House.

Cockfield, Lord (1994): The European Union: Creating the Single Market, London: Wiley Chancery Law.

Constantinesco, Léontin-Jean (1977): Das Recht der Europäischen Gemeinschaften, Bd. I: Das institutionelle Recht, Baden-Baden: Nomos.

Coombes, David (1970): Politics and Bureaucracy in the European Community, London: George Allen & Unwin.

Corbett, Richard (1987): The 1985 Intergovernmental Conference and the Single European Act, in: Roy Pryce (Hrsg.), The Dynamics of European Union, London u.a.: Croom Helm, S. 238—272.

Corbett, Richard (1993a): Governance and Institutional Developments, in: Neill Nugent (Hrsg.), The European Community 1992: Annual Review of Activities, Journal of Common Market Studies, Sonderheft, Oxford: Blackwell, S. 27—50.

Corbett, Richard (1993b): The Treaty of Maastricht. From Conception to Ratification: A Comprehensive Reference Guide, Harlow: Longman.

Corbett, Richard/Jacobs, Francis/Shackleton, Michael, Hrsg. (1995): The European Parliament, 3. Aufl., London: Cartermill.

Costa Pereira, Pedro Sanchez da (1988): The Use of a Secretariat, in: Alfred Pijpers/Elfriede Regelsberger/Wolfgang Wessels (Hrsg.), European Political Cooperation in the 1980s, Dordrecht: Martinus Nijhoff, S. 85—103.

Cram, Laura (1993): Calling the tune without Paying the Piper? Social Policy Regulation: the Role of the Commission in European Community Social Policy, in: Policy and Politics, vol. 21, Nr. 2, S. 135—146.

Cullen, David/Grau, Christine/Myers, Philip/Monar, Jörg (1995): Justice and Home Affairs. A Progress Report in View of the Intergovernmental Conference of 1996 (hektographiertes Manuskript), TEPSA-Konferenz "The

Future of the European Constitution", 23.—24.6.1995, Europa-Kolleg Brügge.
De Ruyt, Jean (1987): L'Acte Unique Européen, Commentaire, Brüssel: Editions de l'Université Libre de Bruxelles.
Dehousse, Renaud (1993): Does subsidiarity really matter?, working paper, EUI-Law, Nr. 32, Florenz: European University Institute.
Delors, Jacques (1975): Changer, Paris: Stock.
Delors, Jacques (1977): Redresser le Cap, in: La Démocratie à portée de la main, (Publikation des Clubs "Echange et Projets"), Paris: Albin Michel.
Delors, Jaques (1989): Der Aufbau Europas — Das Gebot der Stunde, Rede auf Einladung der Bonner Vertretung der EG-Kommission im Wissenschaftszentrum in Bonn, in: Europäische Gespräche, Heft 1, hrsg. von der Vertretung der EG-Kommission in der Bundesrepublik Deutschland, Bonn.
Delors, Jacques (1993): Das neue Europa, München/Wien: Carl Hanser.
Delors, Jacques (1994): L'unité d'un homme. Entretiens avec Dominique Wolton, Paris: Editions Odile Jacob.
Deutsch, Karl W. et alii (1957): Political Community and the North Atlantic Area. International Organization in the light of Historical Experience, Princeton, NJ: Princeton University Press.
Deutsch, Karl W. (1964): Communication Theory and Political Integration, in: Philip E. Jacob und James V. Toscano (Hrsg.), The Integration of Political Communities, New York, 2. Aufl., New York: J. B. Lippincott, S. 46—74.
Deutsch, Karl W. et alii, Hrsg. (1967a): France, Germany, and the Western Alliance. A study of Elite Attitudes on European Integration and World Politics, New York: Charles Scribner's Sons.
Deutsch, Karl W. (1967b): Communication Models and Decision Systems, in: James C. Charlesworth (Hrsg.), Contemporary Political Analysis, New York: The Free Press, S. 271—299.
Dietz, Wolfgang/Glatthaar, Christiane (1994): Das Räderwerk der Europäischen Kommission. Strukturen, Zuständigkeiten, Entscheidungswege, Adressen, 2. neubearb. und erw. Aufl., Bonn: Economica.
Dinan, Desmond (1994): Ever closer Union? An Introduction to the European Community, London: Macmillan.
Docksey, Christopher/Williams, Karen (1994): The Commission and the execution of Community policy, in: Geoffrey Edwards und David Spence (Hrsg.), The European Commission, Harlow: Longman, S. 117—145.
Duff, Andrew, Hrsg. (1993): Subsidiarity within the European Community. A federal trust report, London: Federal Trust for Education and Research.
Easton, David (1965): A Systems Analysis of Political Life, New York: J. Wiley.

Edwards, Geoffrey/Spence, David (1994a): The Commission in Perspective, in: Geoffrey Edwards und David Spence (Hrsg.), The European Commission, Harlow: Longman, S. 1—30.

Edwards, Geoffrey/Spence, David, Hrsg. (1994b): The European Commission, Harlow: Longman.

Ehlermann, Claus-Dieter (1988): Die Beschlüsse des Brüsseler Sondergipfels: Erfolg einer Gesamtstrategie der Delors-Kommission, in: integration, Nr. 4, S. 56—63.

Engel, Christian (1993): Der Europäische Rat, in: Werner Weidenfeld und Wolfgang Wessels (Hrsg.), Jahrbuch der Europäischen Integration 1992/93, Bonn: Europa Union Verlag, S. 55—62.

Engel, Christian/Borrmann, Christine (1991): Vom Konsens zur Mehrheitsentscheidung. EG-Entscheidungsverfahren und nationale Interessenpolitik nach der Einheitlichen Europäischen Akte, Bonn: Europa Union Verlag.

Europäische Dokumentation (1984): Die Rechtsordnung der Europäischen Gemeinschaft, 2. Aufl., Heft 5, Luxemburg: Amt für amtliche Veröffentlichungen der Europäischen Gemeinschaften.

Everling, Ulrich (1983): Zur rechtlichen Wirkung von Beschlüssen, Entschließungen, Erklärungen und Vereinbarungen des Rates oder der Mitgliedstaaten der Europäischen Gemeinschaft, in: Gerhard Lüke/Georg Ress/Michael R. Will (Hrsg.), Rechtsvergleichung, Europarecht und Staatenintegration. Gedächtnisschrift für Léontin-Jean Constantinesco, Schriftenreihe Annales Universitatis Saraviensis, Bd. 100, Köln u.a.: Carl Heymanns Verlag, S. 133—156.

Falke, Josef (1996): Comitology and Other Committees: A Preliminary Emperical Assessment, in: Robin H. Pedler und Guenther F. Schaefer (Hrsg.), Shaping European Law and Policy: The Role of Committees and Comitology in the Political Process, Maastricht: European Institute of Public Administration, S. 117—166.

Fischer, Fritz (1976): Die "Eurokratie" geht uns alle an. Auswirkungen der Verwaltungspraxis der Europäischen Gemeinschaften auf die Mitgliedstaaten, in: Europa-Archiv, Nr. 22, S. 717—724.

Gaddis, John L. (1992): The United States and the End of the Cold War. Implications, Reconsiderations, Provocations, New York/Oxford.

Garthe, Michael (1986): Bundesrepublik Deutschland, in: Werner Weidenfeld und Wolfgang Wessels (Hrsg.), Jahrbuch der Europäischen Integration 1985, Bonn: Europa Union Verlag, S. 324—334.

Garthe, Michael (1988): Bundesrepublik Deutschland, in: Werner Weidenfeld und Wolfgang Wessels (Hrsg.), Jahrbuch der Europäischen Integration 1987/88, Bonn: Europa Union Verlag, S. 342—350.

Garzon, Isabelle (1993): La Nomination de la Commission. Enjeu National et Communautaire, Magisterarbeit zur Erlangung des Dîplome d'Etudes Européennes Approfondies, Brügge.

Gazzo, Marina, Hrsg. (1985): Towards European Union. From the "Crocodile" to the European Council in Milan (28—29 June 1985), Documents selected and introduced, Bd. 1, Brussels/Luxembourg: Agence Europe.

Göhler, Gerhard, Hrsg. (1987): Grundfragen der Theorie politischer Institutionen: Forschungsstand — Probleme — Perspektiven, Opladen: Westdeutscher Verlag.

Göhler, Gerhard (1990): Einleitung: Politische Ideengeschichte — institutionentheoretisch gelesen, in: Gerhard Göhler/Kurt Lenk/Herfried Münkler/Manfred Walther (Hrsg.), Politische Institutionen im gesellschaftlichen Umbruch, Opladen: Westdeutscher Verlag, S. 7—19.

Göhler, Gerhard, Hrsg. (1994): Die Eigenart der Institutionen. Zum Profil politischer Institutionentheorie, Baden-Baden: Nomos.

Göhler, Gerhard (1996): Institutions in political theory: lessons for European integration, in: Dietrich Rometsch und Wolfgang Wessels (Hrsg.), The European Union and Member States: Towards institutional fusion?, Manchester: Manchester University Press, S. 1—19.

Göhler, Gerhard/Lenk, Kurt/Münkler, Herfried/Walther, Manfred, Hrsg. (1990): Politische Institutionen im gesellschaftlichen Umbruch, Opladen: Westdeutscher Verlag.

Godet, Michael/Ruyssen, Olivier (1981): The Old World and the New Technologies. Challenges to Europe in a Hostile World, Luxemburg: Amt für amtliche Veröffentlichungen der Europäischen Gemeinschaft.

Goguel, François/Grosser, Alfred (1984): La Politique en France, Paris: Armand Colin.

Glaesner, Hans-Joachim (1986): Die Einheitliche Europäische Akte, in: Europarecht, Nr. 2, S. 119—152.

Gordon, Tim (1995): Empire-Building Within the Commission. A Case Study of the DG I / DG IA Relationship, Magisterarbeit zur Erlangung des Master of European Studies, Europa-Kolleg Brügge.

Grabitz, Eberhard (1986): Zur Einheitlichen Europäischen Akte. Rechtliche Bewertung, in: integration, Nr. 3, S. 95—101.

Grabitz, Eberhard/Läufer, Thomas (1980): Das Europäische Parlament, Bonn: Europa Union Verlag.

Grabitz, Eberhard/Schmuck, Otto/Steppat, Sabine/Wessels, Wolfgang (1988): Direktwahl und Demokratisierung. Eine Funktionenbilanz des Europäischen Parlaments nach seiner ersten Wahlperiode, Bonn: Europa Union Verlag.

Grant, Charles (1994): Delors: Inside the House that Jacques built, London: N. Brealey.

Groeben, Hans von der (1995): Deutschland und Europa in einem unruhigen Jahrhundert, Baden-Baden: Nomos.

Grote, Rolf Jürgen (1990): Steuerungsprobleme in transnationalen Beratungsgremien: Über soziale Kosten unkoordinierter Regulierung in der EG, in: Thomas Ellwein/Joachim Jens Hesse/Renate Mayntz/Fritz Scharpf (Hrsg.), Jahrbuch zur Staats- und Verwaltungswissenschaft, Bd. 4, Baden-Baden: Nomos, S. 227—254.

Haas, Ernst B. (1968): The Uniting of Europe: Political, Social and Economic Forces 1950—1957, Stanford: Stanford University Press.

Habermas, Jochen (1976): Legitimationsprobleme im modernen Staat, in: Peter Graf Kielmansegg (Hrsg.), Legitimationsprobleme politischer Systeme, Tagung der Deutschen Vereinigung für Politische Wissenschaft in Duisburg, Herbst 1975, in: Politische Vierteljahresschrift, Sonderheft, Nr. 7, Opladen, S. 39—61.

Hallstein, Walter (1974): Die Europäische Gemeinschaft, 2. Aufl., Düsseldorf: Econ.

Hamann, Rudolf/Matthies, Volker, Hrsg. (1991): Sowjetische Außenpolitik im Wandel, Baden-Baden: Nomos.

Hamon, Hervé/Rotman, Patrick (1984): La Deuxième Gauche. Histoire intellectuelle et politique de la CFDT, Paris: Editions du Seuil, collection “Points politique”.

Harnier, Otto (1991): Art. 145, in: Hans von der Groeben/Jochen Thiesing/Claus-Dieter Ehlermann (Hrsg.), Kommentar zum EWG-Vertrag, Bd. 3, 4. Aufl., Baden-Baden: Nomos, S. 4239—4253.

Hassner, Pierre (1995): Nationalstaat — Nationalismus — Selbstbestimmung, in: Karl Kaiser und Hans-Peter Schwarz (Hrsg.), Die neue Weltpolitik, Bonn: Bundeszentrale für Politische Bildung, S. 91—103.

Hauriou, Maurice (1925): La Théorie de l’Institution et de la Fondation, in: Cahiers de la Nouvelle Journée, Nr. 4, S. 2—45.

Hauriou, Maurice (1965): Die Theorie der Institution und der Gründung, in: Roman Schnur (Hrsg.), Die Theorie der Institution und zwei andere Aufsätze von Maurice Hauriou, Berlin: Duncker & Humblot (ursp. Paris 1925).

Hay, Richard (1989): The European Commission and the administration of the Community, Luxemburg: Amt für amtliche Veröffentlichungen der Europäischen Gemeinschaften.

Héritier, Adrienne (1993a): Einleitung. Policy-Analyse. Elemente der Kritik und Perspektiven der Neuorientierung, in: dies., (Hrsg.), Policy-Analyse.

Kritik und Neuorientierung, Politische Vierteljahresschrift, Sonderheft 24, S. 9—36.

Héritier, Adrienne (1993b): Policy-Netzwerkanalyse als Untersuchungsinstrument im europäischen Kontext: Folgerungen aus einer empirischen Studie regulativer Politik, in: dies., (Hrsg.), Policy-Analyse. Kritik und Neuorientierung, Politische Vierteljahresschrift, Sonderheft 24, S. 432—447.

Holland, Martin (1987): Three Approaches for Understanding European Political Co-operation: A Case-Study of EC-South African Policy, in: Journal of Common Market Studies, Nr. 4, S. 295—313.

Holland, Martin (1993): European Community Integration, London: Pinter.

Hooghe, Lisbet (1997): Serving 'Europe' - Political Orientations of Senior Commission Officials, in: European Integration online Papers (EIoP) Nr. 8, 22 Seiten, http://eiop.or.at/eiop/texte/1997-008a.htm.

Hrbek, Rudolf (1979): Politikverflechtung macht an den Grenzen nicht halt. Auswirkungen der EG-Mitgliedschaft auf die föderative Ordnung der Bundesrepublik Deutschland, in: Der Bürger im Staat, Nr. 1, S. 38—43.

Hrbek, Rudolf (1981): Die EG ein Konkordanz-System? Anmerkungen zu einem Deutungsversuch der politikwissenschaftlichen Europaforschung, in: Roland Bieber/Albert Bleckmann/Francesco Capotorti u.a. (Hrsg.), Das Europa der zweiten Generation, Gedächtnisschrift für Christoph Sasse, Band I, Baden-Baden: Nomos, S. 87—103.

Hrbek, Rudolf (1982): “Relance européenne” 1981?, in: integration, Nr. 1, S. 3—18.

Hrbek, Rudolf (1986): EG-Reform in kleinen Schritten, in: Wirtschaftsdienst, Nr. 41, S. 172—179.

Hrbek, Rudolf (1987): Die “Europäische Union” als unerfüllbare integrationspolitische Daueraufgabe? Lehren aus dem Reform-Septennium der EG (1980—1987), in: Ernst-Joachim Mestmäcker/Hans Möller/Hans-Peter Schwarz (Hrsg.), Eine Ordnungspolitik für Europa. Festschrift für Hans von der Groeben zu seinem 80. Geburtstag, Baden-Baden: Nomos, S. 167—200.

Hrbek, Rudolf, Hrsg. (1995): Das Subsidiaritätsprinzip in der Europäischen Union — Bedeutung und Wirkung für ausgewählte Politikbereiche, Beiträge für eine Tagung des Arbeitskreises Europäische Integration e.V. mit dem Staatsministerium Baden-Württemberg, 13.—15. Oktober 1994 in Tübingen, Schriftenreihe des Arbeitskreises Europäische Integration e.V., Bd. 36, Baden-Baden: Nomos.

Hrbek, Rudolf, Hrsg. (1997): Die Reform der Europäischen Union: Positionen und Perspektiven anläßlich der Regierungskonferenz, Baden-Baden: Nomos.

Hrbek, Rudolf/Jamar, Joseph/Wessels, Wolfgang, Hrsg. (1984): Le Parlement européen à la veille de la deuxième élection au suffrage universel direct: bilan et perspectives, Brügge: De Tempel.

Hrbek, Rudolf/Läufer, Thomas (1986): Die Einheitliche Europäische Akte. Das Luxemburger Reformpaket: eine neue Etappe im Integrationsprozeß, in: Europa-Archiv, Nr. 6, S. 173—184.

Hrbek, Rudolf/Erdmann, Vera (1987): Integrationsschub durch Technologiepolitik?, in: ORDO, Jahrbuch für die Ordnung von Wirtschaft und Gesellschaft, Bd. 38, S. 183—207.

Hummer, Waldemar (1988): Die Kommission, in: Eberhard Grabitz (Hrsg.), Kommentar zum EWG-Vertrag (Loseblattsammlung), München: Beck.

Hummer, Waldemar/Obwexer, Walter (1995): Die neue "Europäische Kommission" 1995-2000 — Benennung, Investitur und Zusammensetzung, in: Europarecht, Nr. 1/2, S. 129—141.

Institut für Europäische Politik (1989): "Comitology" — Characteristics, Performance and Options, vorläufiger Endbericht an die EG-Kommission (hektographiertes Manuskript), September.

Jachtenfuchs, Markus (1992): Die EG nach Maastricht. Das Subsidiaritätsprinzip und die Zukunft der Integration, in: Europa-Archiv, Nr. 10, S. 279—287.

Jachtenfuchs, Markus (1996): Regieren durch Überzeugen: Die Europäische Union und der Treibhauseffekt, in: Jachtenfuchs, Markus/Kohler-Koch, Beate (Hrsg.), Europäische Integration, Opladen: Leske + Budrich, S. 429—454.

Jachtenfuchs, Markus/Diez, Thomas/Jung, Sabine (1996): Regieren jenseits der Staatlichkeit? Legitimitätsideen in der Europäischen Union (hektographiertes Manuskript), Tagung der Sektion Internationale Politik der DVPW "Normen und Ideen in der internationalen Politik", Evangelische Akademie Arnoldshain, 18.—20.2.1996.

Jachtenfuchs, Markus/Kohler-Koch, Beate (1996): Regieren im dynamischen Mehrebenensystem, in: Markus Jachtenfuchs und Beate Kohler-Koch (Hrsg.), Europäische Integration, Opladen: Leske + Budrich, S. 15—44.

Jachtenfuchs, Markus/Strübel, Michael, Hrsg. (1992): Environmental Policy in Europe. Assessment, Challenges and Perspectives, Baden-Baden: Nomos.

Jacqué, Jean-Paul/Bieber, Roland/Constantinesco, Vlad/Nickel, Dietmar (1984): Le Parlement européen, Paris: Economica.

Jacquemin, Alexis/Sapir, André (1989): The European internal Market. Trade and competition, Oxford: Oxford University Press.

Jamar, Joseph/Wessels, Wolfgang, Hrsg., (1985): Community Bureaucracy at the Crossroads, Bruges: De Tempel.

Janning, Joseph (1990): Bundesrepublik Deutschland, in: Werner Weidenfeld und Wolfgang Wessels (Hrsg.), Jahrbuch der Europäischen Integration 1989/90, Bonn: Europa Union Verlag, S. 303—313.

Janning, Joseph (1991): Bundesrepublik Deutschland, in: Werner Weidenfeld und Wolfgang Wessels (Hrsg.), Jahrbuch der Europäischen Integration 1990/91, Bonn: Europa Union Verlag, S. 299—308.

Jansen, Thomas/Weidenfeld, Werner (1973): Europa. Bilanz und Perspektive, Mainz: v. Hase u. Koehler Verlag.

Jopp, Mathias/Schmuck, Otto, Hrsg. (1996): Die Reform der Europäischen Union. Analysen —Positionen — Dokumente zur Regierungskonferenz 1996/97, Bonn: Europa Union Verlag.

Keatinge, Patrick (1987): Irland, in: Werner Weidenfeld und Wolfgang Wessels (Hrsg.), Jahrbuch der Europäischen Integration 1986/87, Bonn: Europa Union Verlag, S. 369—375.

Keck, Otto (1991): Der neue Institutionalismus in der Theorie der Internationalen Politik, Politische Vierteljahresschrift, Nr. 4, S. 635—653.

Keohane, Robert O./Hoffmann, Stanley (1991): The New European Community. Decisionmaking and Institutional Change, Boulder u.a.: Westview Press.

Kerremans, Bart (1996): Do Institutions Make a Difference? Non-Institutionalism, Neo-Institutionalism, and the Logic of Common Decision-Making in the European Union, in: Governance, Nr. 2, S. 217—240.

Kielmansegg, Peter Graf (1995): Läßt sich die Europäische Union demokratisch verfassen?, in: Werner Weidenfeld (Hrsg.), Reform der Europäischen Union. Materialien zur Revision des Maastrichter Vertrages 1996, Gütersloh: Verlag Bertelsmann Stiftung, S. 229—242.

Kirchhof, Paul (1994): Kompetenzaufteilung zwischen den Mitgliedstaaten und der EU, Europäische Gespräche, Nr. 2, S. 57—67.

Kirchhof, Paul (1996): Das Recht Europas und das der Staaten. Eine Normenhierarchie wie im Bundesstaat gibt es nicht, in: Frankfurter Allgemeine Zeitung v. 4.12.1996, S. 11.

Kisker, Gunter (1971): Kooperation im Bundesstaat. Eine Untersuchung zum kooperativen Föderalismus in der Bundesrepublik Deutschland, Tübingen: Mohr.

Kleinhenz, Gerhard (1990): Die sozialpolitische Bedeutung der Verwirklichung des Binnenmarktes, in: Rolf Birk (Hrsg.), Die soziale Dimension des Europäischen Binnenmarktes, Referate der Tagung des Arbeitskreises Europäische Integration in Hamburg vom 19.—21.10.1989, Schriftenreihe des Arbeitskreises Europäische Integration e.V, Bd. 27, Baden-Baden: Nomos, S. 9—28.

Kloten, Norbert (1989): Der "Delors-Bericht", in: Europa-Archiv, Nr. 9, S. 251—260.

Köpke, Günter (1988): Europäisches Gesellschaftsrecht und Informations- und Konsultationsrechte der Arbeitnehmer ("Vredeling-Richtlinie"), in: Ernst Breit (Hrsg.), Europäischer Binnenmarkt: Wirtschafts- oder Sozialraum?, Dokumentation der von der Hans-Böckler-Stiftung und vom Deutschen Gewerkschaftsbund am 19. April 1988 in Bonn veranstalteten Tagung zum europäischen Gesellschaftsrecht, Bonn: Europa Union Verlag, S. 47—55.

Krenzler, Horst G. (1993): Die Rolle der Europäischen Gemeinschaft beim Weltwirtschaftsgipfel, in: integration, Nr. 2, S. 68—79.

Kröger, Morton (1998): A Heart without Cardiology. The European Commission in a System of Multilevel Governance, M.A. thesis, Aarhus University, Institute of Political Science (hektographiertes Manuskript).

Kunze, Renate (1968): Kooperativer Föderalismus in der Bundesrepublik. Zur Staatspraxis der Koordinierung von Bund und Ländern, Stuttgart: G. Fischer.

La Serre, Françoise de/Lequesne, Christian (1991): Frankreich, in: Werner Weidenfeld und Wolfgang Wessels (Hrsg.), Jahrbuch der Europäischen Integration 1990/91, Bonn: Europa Union Verlag, S. 315—322.

La Serre, Françoise de/Lequesne, Christian (1993): Frankreich, in: Werner Weidenfeld und Wolfgang Wessels (Hrsg.), Jahrbuch der Europäischen Integration 1992/93, Bonn: Europa Union Verlag, S. 314—322.

Ladrech, Robert (1994): Europeanization of Domestic Politics and Institutions: The Case of France, in: Journal of Common Market Studies, Nr. 1, S. 69—88.

Laffan, Brigid (1997): From policy entrepreneur to policy manager: the challenge facing the European Commission, in: Journal of European Public Policy, September, S. 422-438.

Lasok, D./Bridge, J.W. (1982): An Introduction to the Law and Institutions of the European Communities, 3. Aufl., London: Butterworths.

Laursen, Finn (1996): The Role of the Commission, in: Svein S. Andersen und Kjell A. Eliassen (Hrsg.): The European Union. How Democratic is it?, London u. a.: Sage, S. 119—141.

Lepsius, Rainer M. (1991): Nationalstaat oder Nationalitätenstaat als Modell für die Weiterentwicklung der Europäischen Gemeinschaft, in: Rudolf Wildenmann (Hrsg.), Staatswerdung Europas? Optionen für die Europäische Union, Baden-Baden: Nomos, S. 19—40.

Lequesne, Christian (1996): La Commission européenne entre autonomie et dépendance, in: Revue Française de Science Politique, Nr. 3, S. 389—408.

Lequesne, Christian/Mazey, Sonia/Richardson, Jeremy/Abélès, Marc/Bellier, Irène/Cini, Michelle/Smith, Andy/Jourdain, Laurence (1996): La Commission Européenne. Cultures, Politiques, Paradigmes, in: Revue Française de Science Politique, Nr. 3.

Lindberg, Leon N. (1963): The Political Dynamics of European Economic Integration, London: Oxford University Press.

Lindberg, Leon N./Scheingold, Stuart (1970): Europe's Would-be Polity. Patterns of Change in European Community, Englewood Cliffs: Prentice Hall.

Link, Werner (1988): Der Ost-West-Konflikt. Die Organisation der internationalen Beziehungen im 20. Jahrhundert, 2. überarb. und erw. Aufl., Stuttgart u.a: Kohlhammer.

Lipgens, Walter, Hrsg. (1986): 45 Jahre Ringen um die Europäische Verfassung, Dokumente 1939—1984. Von den Schriften der Widerstandsbewegung bis zum Vertragsentwurf des Europäischen Parlaments, Bonn: Europa Union Verlag.

Lippert, Barbara (1993): Die EG als Mitgestalter der Erfolgsgeschichte — der deutsche Einigungsprozeß 1989/90, in: Barbara Lippert/Dirk Günther/Rosalind Stevens-Ströhmann/Grit Viertel/Stephen Woolcock, Die EG und die neuen Bundesländer. Eine Erfolgsgeschichte von kurzer Dauer?, Bonn: Europa Union Verlag, S. 35—101.

Lodge, Juliet (1996): The European Parliament, in: Svein S. Andersen und Kjell A. Eliassen (Hrsg.): The European Union: How Democratic Is It?, London u. a., S. 187—214.

Loth, Wilfried, Hrsg. (1990): Die Anfänge der europäischen Integration 1945—50, Bonn: Europa Union Verlag.

Loth, Wilfried (1995): Hallstein und de Gaulle: Die verhängnisvolle Konfrontation, in: Loth, Wilfried/Wallace, William/Wessels, Wolfgang (Hrsg.), Walter Hallstein. Der vergessene Europäer?, Bonn: Europa Union Verlag, S. 171—188.

Louis, Jean-Victor/Waelbroeck, Denis, Hrsg., (1989): La Commission au Coeur du Système institutionnel des Communautés Européennes, Brussels: Editions de l'Université de Bruxelles.

Ludlow, Peter (1991): The European Commission, in: Stanley Hoffmann und Robert O. Keohane, Hrsg., The New European Community. Decision-Making and Institutional Change, Boulder: Westview Press, S. 85—132.

Luhmann, Niklas (1969): Legitimation durch Verfahren, Neuwied/Berlin: Luchterhand.

Majone, Giandomenico (1989): Regulating Europe: Problems and Prospects, in: Thomas Ellwein et. al., Jahrbuch zur Staats- und Verwaltungswissenschaft, Bd. 3, Baden-Baden: Nomos, S. 159—177.

Majone, Giandomenico (1996): Redistributive und sozialregulative Politik, in: Jachtenfuchs, Markus/Kohler-Koch, Beate (Hrsg.), Europäische Integration, Opladen: Leske + Budrich, S. 225—247.

March, James G./Olsen, Johan P. (1984): The New Institutionalism: Organizational Factors in Political Life, in: American Political Science Review, vol. 78, Nr. 3, S. 734—749.

March, James G./Olsen, Johan P. (1989): Rediscovering Institutions, New York: Free Press.

March, James G./Olsen, Johan P. (1994): Institutional Perspectives on Political Institutions, Arena Working Paper, Nr. 2, Oslo.

Maris, Bernard (1993): Jacques Delors. Artiste et martyre, Paris: Michel Albin.

Marks, Gary (1993): Structural Policy and Multilevel Governance in the EC, in: Alan W. Cafruny und Glenda G. Rosenthal (Hrsg.), The State of the European Community, vol. 2: The Maastricht Debates and Beyond, Boulder/London: Lynne Rienner, S. 391—410.

Maurer, Andreas (1995): Das Europäische Parlament und das Investiturverfahren der Kommission — Bilanz eines Experiments, integration, Nr. 2, S. 88—97.

Mayne, Richard/Pinder, John (1990): Federal Union: The Pioneers. A History of Federal Union, Houndmills/London: Macmillan.

Mayntz, Renate (1979): Regulative Politik in der Krise?, in: Joachim Matthes (Hrsg.), Sozialer Wandel in Westeuropa: Verhandlungen des 19. Deutschen Soziologentages, Frankfurt: Campus, S. 55—81.

Mayntz, Renate (1988): Funktionelle Teilsysteme in der Theorie sozialer Differenzierung, in: Renate Mayntz/Bernd Rosewitz/Uwe Schimanek/Rudolf Stichweh, Differenzierung und Verselbständigung. Zur Entwicklung gesellschaftlicher Teilsysteme, Frankfurt/New York: Campus Verlag, S. 11—44.

Mayntz, Renate/Rosewitz, Bernd/ Schimanek, Uwe/Stichweh, Rudolf (1988): Differenzierung und Verselbständigung. Zur Entwicklung gesellschaftlicher Teilsysteme, Frankfurt/New York: Campus Verlag.

Mazey, Sonia/Richardson, Jeremy J. (1996): La Commission européenne: une bourse pour les idées et les intérêts, in: Revue Française de Science Politique, Nr. 3, S. 409—430.

Mentler, Michael (1996): Der Ausschuß der Ständigen Vertreter bei den Europäischen Gemeinschaften, Baden-Baden: Nomos.

Mény, Yves/Muller, Pierre/Quermonne, Jean-Louis, Hrsg. (1995): Politiques Publiques en Europe, Actes du colloque de l'Association française de science politique 23.-24.3.1994, Paris: l'Harmattan.

Merten, Detlef, Hrsg. (1993): Die Subsidiarität Europas, Berlin: Duncker u. Humblot.

Mertes, Michael/Prill, Norbert (1992): Europäische Strukturen: Ein Plädoyer für institutionelle Ökonomie, in: Europa-Archiv, Nr. 6, S. 143—152.

Middlemas, Keith (1995): Orchestrating Europe. The Informal Politics of European Union 1973—1995, London: Fontana Press.

Milési, Gabriel (1985): Jacques Delors, Paris: Pierre Belfond.

Milési, Gabriel (1995): Jacques Delors. L'homme qui dit non, Paris: Edition 1.

Minc, Alain (1992): Die Wiedergeburt des Nationalismus in Europa, Hamburg: Hoffmann u. Campe.

Minford, Patrick, Hrsg. (1992) The Cost of Europe, Manchester: Manchester University Press.

Mitrany, David (1943): A working peace system, in: Walter Lipgens (Hrsg.) 1986, Documents on the History of European Integration, Bd. 2: Plans for European Union in Great Britain and in Exile, Berlin/New York: de Gruyter, S. 233—237.

Mitrany, David (1966): A Working Peace System, Chicago: Quadrangle Books (ursp. 1943).

Monar, Joerg/Ungerer, Werner/Wessels, Wolfgang, Hrsg. (1993): The Third Pillar on European Union, Bruges: De Tempel.

Monnet, Jean (1976): Mémoires, Paris: Fayard.

Moravcsik, Andrew (1991): Negotiating the Single European Act: national interests and conventional statecraft in the European Community, in: International Organization, Nr. 1, S. 19—56.

Morgenthau, Hans J. (1956): Politics among Nations: The Struggle for Power and Peace, New York: Alfred Knopf.

Mounier, Emmanuel (1962): Oeuvres, 1944—50, Paris: Seuil.

Münster, Winfried (1992): Die Kommission, in: Werner Weidenfeld und Wolfgang Wessels, Hrsg., Jahrbuch der Europäischen Integration 1991/92, Bonn: Europa Union Verlag, S. 73—80.

Nicolaysen, Gert (1979): Europäisches Gemeinschaftsrecht, Stuttgart: Kohlhammer.

Nicoll, William Sir (1996): The 'Code of Conduct' of the Commission towards the European Parliament, in: Journal of Common Market Studies, Nr. 2, S. 275—281.

Noël, Emile (1993): Die Organe der Europäischen Gemeinschaft, Luxemburg: Amt für amtliche Veröffentlichungen der Europäischen Gemeinschaften.

Nugent, Neill (1994): The Government and Politics of the European Union, 3. Aufl., Houndmills: Macmillan.

Nugent, Neill (1997): At the Heart of the Union. Studies on the European Commission, Basingstoke/London: Macmillan Press.

Nuttall, Simon (1989): Wo die Kommission ins Spiel kommt, in: Alfred Pijpers/Elfriede Regelsberger/Wolfgang Wessels (Hrsg.), Die Europäische

Politische Zusammenarbeit in den achtziger Jahren. Eine gemeinsame Außenpolitik für Westeuropa?, Bonn: Europa Union Verlag, S. 133—47.

Nuttall, Simon (1990): The Commission: protagonists of inter-regional cooperation, in: Geoffrey Edwards und Elfriede Regelsberger (Hrsg.), Europe's Global Links: The European Community and Inter-Regional Cooperation, London: Pinter, S. 143—60.

Nuttall, Simon (1992): European Political Co-Operation, Oxford: Clarendon Press.

Nuttall, Simon (1994): The Commission and foreign policy-making, in: Geoffrey Edwards und David Spence (Hrsg.), The European Commission, Harlow: Longman, S. 287—303.

Oppermann, Thomas (1991): Europaarecht, München: Beck.

Pag, Sabine (1987): The Relations between the Commission and National Bureaucracies, in: Sabino Cassese et al., The European Administration, Institut International des Sciences Administratives/Institut Européen d'Administration Publique, S. 443—480.

Parkinson, Northcote C. (1958): Parkinson's Law or The Pursuit of Progress, London.

Pelkmans, Jacques/Beuter, Rita (1986): Binnenmarktpolitik, in: Werner Weidenfeld und Wolfgang Wessels (Hrsg.), Jahrbuch der Europäischen Integration 1985, Bonn: Europa Union Verlag, S. 149—162.

Pescatore, Pierre (1986): Die Einheitliche Europäische Akte. Eine ernste Gefahr für den Gemeinsamen Markt, in: Europarecht, Nr. 2, S. 153—169.

Peters, Guy B. (1992): Bureaucratic Politics and the Institutions of the European Community, in: Alberta M. Sbragia (Hrsg.), Euro-Politics. Institutions and Policymaking in the "New" European Community, Washington: Brookings, S. 75—122.

Peters, Guy B. (1993): Alternative Modelle des Policy-Prozesses: Die Sicht "von unten" und die Sicht "von oben", in: Adrienne Héritier (Hrsg.), Policy-Analyse. Kritik und Neuorientierung, Politische Vierteljahresschrift, Sonderheft 24, S. 289—306.

Peterson, J. (1991): Technology Policy in Europe: Explaining the Framework Programme in Theory and Practice, Journal of Common Market Studies, Nr. 3, S. 269—290.

Picht, Robert (1990): Deutsch-französische Beziehungen nach dem Fall der Mauer: Angst vor "Großdeutschland"?, in: integration, Nr. 2, S. 47—58.

Poullet, Edouard/Deprez, Gérard (1976): Struktur und Macht der EG-Kommission. Die Kommission im System der Europäischen Gemeinschaft, Bonn: Europa Union Verlag.

Puchala, Donald J. (1972): Of blind men, elephants and international integration, in: Journal of Common Market Studies, Nr. 3, S. 267—284.

Rahmsdorf, Detlev (1991): Währungspolitik, in: Werner Weidenfeld und Wolfgang Wessels (Hrsg.), Jahrbuch der Europäischen Integration 1990/91, Bonn: Europa Union Verlag, S. 119—128.

Regelsberger, Elfriede (1991): Die Europäische Politische Zusammenarbeit, in: Werner Weidenfeld und Wolfgang Wessels (Hrsg.), Jahrbuch der Europäischen Integration 1990/91, Bonn: Europa Union Verlag, S. 221—229.

Regelsberger, Elfriede (1992): Gemeinsame Außen- und Sicherheitspolitik in: Werner Weidenfeld und Wolfgang Wessels (Hrsg.), Jahrbuch der Europäischen Integration 1991/92, Bonn: Europa Union Verlag, S. 231—244.

Regelsberger, Elfriede, Hrsg. (1993): Die Gemeinsame Außen- und Sicherheitspolitik der Europäischen Union. Profilsuche mit Hindernissen, Bonn: Europa Union Verlag.

Reif, Karlheinz (1993): Ein Ende des "Permissive Consensus"? Zum Wandel europapolitischer Einstellungen in der öffentlichen Meinung der EG-Mitgliedstaaten, in: Rudolf Hrbek (Hrsg.), Der Vertrag von Maastricht in der wissenschaftlichen Kontroverse, Beitrag zum Jahreskolloquium des Arbeitskreises Europäische Integration e.V., 12.—14. November 1992 in Bonn, Baden-Baden: Nomos, S. 23—40.

Renzsch, Wolfgang (1993): Die Subsidiaritätsklausel des Maastrichter Vertrages. Keine Kompetenzabgrenzung in einer Europäischen Politischen Union, in: Zeitschrift für Parlamentsfragen, Nr. 1, S. 104—116.

Risse-Kappen, Thomas (1996): Exploring the Nature of the Beast: International Relations Theory and Comparative Policy Analysis Meet the European Union, in: Journal of Common Market Studies, Nr. 1, S. 53—80.

Röttinger, Moritz (1991): Organisation und Arbeitsweise der Kommission, in: Moritz Röttinger und Claudia Weyringer (Hrsg.), Handbuch der europäischen Integration. Strategie, Struktur, Politik im EG-Binnenmarkt, Wien: Manz, S. 76—92.

Rollat, Alain (1993): Delors, Paris: Flammarion.

Rometsch, Dietrich (1993a): Politik des "leeren Stuhls", in: Jörg Monar/Nanette Neuwahl/Paul Noack (Hrsg.), Sachwörterbuch zur Europäischen Union, Stuttgart: Kröner, S. 269—270.

Rometsch, Dietrich (1993b): Die Kommission, in: Werner Weidenfeld und Wolfgang Wessels, Hrsg., Jahrbuch der Europäischen Integration 1992/93, Bonn: Europa Union Verlag, S. 72—79.

Rometsch, Dietrich (1994a): Das Europäische Parlament in der wissenschaftlichen Literatur, in: integration, Nr. 1, S. 34—39.

Rometsch, Dietrich (1994b): Die Europäische Kommission, in: Werner Weidenfeld und Wolfgang Wessels (Hrsg.), Jahrbuch der Europäischen Integration 1993/94, Bonn: Europa Union Verlag, S. 71—78.

Rometsch, Dietrich (1995): Die Europäische Kommission, in: Werner Weidenfeld und Wolfgang Wessels (Hrsg.), Jahrbuch der Europäischen Integration 1994/95, Bonn: Europa Union Verlag, S. 55—62.
Rometsch, Dietrich (1996): Die Europäische Kommission, in: Werner Weidenfeld und Wolfgang Wessels (Hrsg.), Jahrbuch der Europäischen Integration 1995/96, Bonn: Europa Union Verlag, S. 55—62.
Rometsch, Dietrich (1997): Die Europäische Kommission, in: Werner Weidenfeld und Wolfgang Wessels (Hrsg.), Jahrbuch der Europäischen Integration 1996/97, Bonn: Europa Union Verlag, S. 55—62.
Rometsch, Dietrich (1998a): Die Europäische Kommission, in: Werner Weidenfeld und Wolfgang Wessels (Hrsg.), Jahrbuch der Europäischen Integration 1997/98, Bonn: Europa Union Verlag, S. 71—78.
Rometsch, Dietrich (1998b): La Commission européenne dans l'ère Jacques Delors: Ordre et Orientation pour devenir "moteur politique", in: Marie-Thérèse Bitsch/Wilfried Loth/Raymond Poidevin (Hrsg.), Institutions européennes et identités européennes, Brüssel: Emile Bruylant, S. 419-432.
Rometsch, Dietrich/Wessels, Wolfgang (1994): The Commission and the Council of Ministers, in: Geoffrey Edwards und David Spence (Hrsg.), The European Commission, Harlow: Longman, S. 202—224.
Rometsch, Dietrich/Wessels, Wolfgang, Hrsg. (1996): The European Union and Member States: Towards institutional fusion?, Manchester: Manchester University Press.
Rometsch, Dietrich/Wessels, Wolfgang (1997): Die Europäische Kommission - "Leitideen" und empirische Realitäten, Projektbericht an die Deutsche Forschungsgemeinschaft im Rahmen des Schwerpunktprogramms "Theorie politischer Institutionen", Az. We 954/5-1, Bonn/Köln (hektographiertes Manuskript).
Ross, George (1993): Sidling into Industrial Policy: Inside the European Commission, in: French Politics and Society, vol. 11, Winter, S. 20—45.
Ross, George (1994): Inside the Delors Cabinet, in: Journal of Common Market Studies, vol. 32, Nr. 4, S. 499—523.
Ross, George (1995): Jacques Delors and European Integration, Cambridge: Polity Press.
Rouget, Werner (1990): Die deutsche Frage und ihre formelle französische Lesart, in: Dokumente, Nr. 1, S. 56—58.
Sandholtz, Wayne/Zysman, John (1989): 1992: Recasting the European Bargain, in: World Politics, Nr. 42, S. 95—128.
Sarcinelli, Ulrich (1987): Symbolische Politik, Opladen: Westdeutscher Verlag.
Sarcinelli, Ulrich (1989): Symbolische Politik und politische Kultur, Politische Vierteljahresschrift, Nr. 30, S. 292—309.

Schaefer, Guenther F. (1996): Committees in the EC Policy Process: A First Step Towards Developing a Conceptual Framework, in: Robin H. Pedler und Guenther F. Schaefer (Hrsg.), Shaping European Law and Policy: The Role of Committees and Comitology in the Political Process, Maastricht: European Institute of Public Administration, S. 3—23.

Scharpf, Fritz W. (1985a): Plädoyer für einen aufgeklärten Institutionalismus, in: Hans-Hermann Hartwich (Hrsg.), Policy-Forschung in der Bundesrepublik Deutschland. Ihr Selbstverständnis und ihr Verhältnis zu den Grundfragen der Politikwissenschaft, Opladen: Westdeutscher Verlag, S. 164—170.

Scharpf, Fritz W. (1985b): Die Politikverflechtungs-Falle: Europäische Integration und deutscher Föderalismus im Vergleich, in: Politische Vierteljahresschrift, Nr. 4, S. 323—356.

Schlüter, Peter-W. (1988): Währungspolitik, in: Werner Weidenfeld und Wolfgang Wessels (Hrsg.), Jahrbuch der Europäischen Integration 1987/88, Bonn: Europa Union Verlag, S. 135—147.

Schmitt von Sydow, Helmut (1980): Organe der erweiterten Europäischen Gemeinschaften — Die Kommission, Baden-Baden: Nomos.

Schmitt von Sydow, Helmut (1991): Die Kommission, in: Hans von der Groeben/Jochen Thiesing/Claus-Dieter Ehlermann (Hrsg.), Kommentar zum EWG-Vertrag, Bd. 3, 4. Aufl., Baden-Baden: Nomos, S. 4312—4336.

Schmitz, Klaus (1990): Der soziale Dialog als Element eines einheitlichen Sozialraumes Europa — die Sicht der Gewerkschaften, in: Rolf Birk (Hrsg.), Die soziale Dimension des Europäischen Binnenmarktes, Referate der Tagung des Arbeitskreises Europäische Integration in Hamburg vom 19.—21.10.1989, Schriftenreihe des Arbeitskreises Europäische Integration e.V, Bd. 27, Baden-Baden: Nomos, S. 103—106.

Schmuck, Otto (1991): Das Europäische Parlament, in: Werner Weidenfeld und Wolfgang Wessels (Hrsg.), Jahrbuch der Europäischen Integration 1990/91, Bonn: Europa Union Verlag, S. 79—86.

Schmuck, Otto/Wessels, Wolfgang, Hrsg. (1989): Das Europäische Parlament im dynamischen Integrationsprozeß: Auf der Suche nach einem zeitgemäßen Leitbild, Bonn: Europa Union Verlag.

Schneider, Heinrich (1977): Leitbilder der Europapolitik — Der Weg zur Integration, Bonn: Europa Union Verlag.

Schneider, Heinrich (1986): Rückblick für die Zukunft. Konzeptionelle Weichenstellung für die Europäische Union, Bonn: Europa Union Verlag.

Schneider, Heinrich (1992): Europäische Integration: die Leitbilder und die Politik, in: Michael Kreile (Hrsg.), Die Integration Europas, Politische Vierteljahresschrift, Nr. 23, Sonderheft, Opladen: Westdeutscher Verlag, S. 3—35.

Schneider, Heinrich/Wessels, Wolfgang, Hrsg. (1994): Föderale Union — Europas Zukunft?, München: C.H. Beck.

Schneider, Volker/Werle, Raymund (1989): Vom Regime zum korporativen Akteur. Zur institutionellen Dynamik der Europäischen Gemeinschaft, in: Beate Kohler-Koch (Hrsg.), Regime in den internationalen Beziehungen, Baden-Baden: Nomos, S. 409—434.

Schroeter, Henning (1963): Montan-Behörde und EWG-Kommission. Leitbild und Bewährung, Studien zum internationalen Wirtschaftsrecht und Atomenergierecht, Bd. 12, Göttingen: Institut für Völkerrecht der Universität Göttingen.

Schumann, Wolfgang (1992): EG-Forschung und Policy-Analyse. Das Beispiel der Milchquotenregelung, Kehl/Rhein: Engel.

Schumann, Wolfgang (1993): Die EG als neuer Anwendungsbereich für die Policy-Analyse: Möglichkeiten und Perspektiven der konzeptionellen Weiterentwicklung, in: Adrienne Héritier (Hrsg.), Policy-Analyse. Kritik und Neuorientierung, Politische Vierteljahresschrift, Sonderheft 24, S. 394—431.

Seidel, Bernhard (1989): Regional- und Sozialpolitik, in: Werner Weidenfeld und Wolfgang Wessels (Hrsg.), Jahrbuch der Europäischen Integration 1988/89, Bonn: Europa Union Verlag, S. 151—160.

Seidel, Bernhard (1990): Sozial- und Regionalpolitik, in: Werner Weidenfeld und Wolfgang Wessels (Hrsg.), Jahrbuch der Europäischen Integration 1989/90, Bonn: Europa Union Verlag, S. 167—177.

Siedentopf, Heinrich (1990): Die Umsetzung des Gemeinschaftsrechts durch die Verwaltungen der Mitgliedstaaten, Vortrag vor dem Europa-Institut der Universität des Saarlandes, Saarbrücken.

Smith, Michael (1994): The Commission and external relations, in: Geoffrey Edwards und David Spence (Hrsg.), The European Commission, Harlow: Longman, S. 249—273.

Smith, Mitchell P. (1998): Autonomy by the Rules: The European Commission and the Development of State Aid Policy, in: Journal of Common Market Studies, Nr. 1, S. 55-78.

Smyrl, Marc E. (1998): When (and How) Do the Commission's Preferences Matter?, in: Journal of Common Market Studies, Nr. 1, S. 79-99.

Spence, David (1991): Enlargement without Accession: The EC's Response to German Unification, RIIA Discussion Papers, Nr. 36, London: Royal Institute of International Affairs.

Spence, David (1994): Staff and personnel policy in the Commission, in: Geoffrey Edwards und David Spence (Hrsg.), The European Commission, Harlow: Longman, S. 62—94.

Spence, David (1995): The co-ordination of European Policy by the Member States, in: Martin Westlake, The Council of the European Union, London: Cartermill, S. 353—372.

Spinelli, Altiero (1958): Manifest der Europäischen Föderalisten, Frankfurt: Europäische Verlagsanstalt.

Spinelli, Altiero (1966): The Eurocrats. Conflict and Crisis in the European Community, Baltimore: Johns Hopkins Press.

Stabenow, Michael (1989): Die Kommission, in: Werner Weidenfeld und Wolfgang Wessels (Hrsg.), Jahrbuch der Europäischen Integration 1988/89, Bonn: Europa Union Verlag, S. 56—63.

Stavenhagen, Lutz (1988): The Responsibilities of the German Presidency — The Issues Ahead, in: Wolfgang Wessels und Elfriede Regelsberger (Hrsg.), The Federal Republic of Germany and the European Community: The Presidency and Beyond, Bonn: Europa Union Verlag, S. 36—53.

Steinmo, S./Thelen, K./Longstreth, F., Hrsg. (1992): Structuring Politics: Historical Institutionalism in Comparative Analysis, Cambridge: Cambridge University Press.

Stevens, Christopher (1996): EU Policy for the Banana Market, in: Helen Wallace und William Wallace (Hrsg.), Policy-Making in the European Union, 3. Aufl., Oxford: Oxford University Press, S. 325—352.

Streeck, Wolfgang (1994): Einleitung des Herausgebers. Staat und Verbände: Neue Fragen. Neue Antworten?, in: ders. (Hrsg.), Staat und Verbände, Politische Vierteljahresschrift, Sonderheft, S. 7—34.

Stubbs, Peter/Saviotti, Paolo (1994): Science and Technology Policy, in: Mike Artis und Norman Lee (Hrsg.), The Economics of the European Union, Oxford: Oxford University Press, S. 139—171.

Teltschik, Horst (1991): 329 Tage. Innenansichten der Einigung, Berlin: Siedler.

Thalmann, Jörg (1985): Die Kommission, in: Werner Weidenfeld und Wolfgang Wessels (Hrsg.), Jahrbuch der Europäischen Integration 1984, Bonn: Europa Union Verlag, S. 52—61.

Thalmann, Jörg (1986): Die Kommission, in: Werner Weidenfeld und Wolfgang Wessels (Hrsg.), Jahrbuch der Europäischen Integration 1985, Bonn: Europa Union Verlag, S. 69—75.

Thalmann, Jörg (1987): Die Kommission, in: Werner Weidenfeld und Wolfgang Wessels (Hrsg.), Jahrbuch der Europäischen Integration 1987/88, Bonn: Europa Union Verlag, S. 68—75.

Thatcher, Margaret (1993): The Downing Street Years, London: HarperCollins.

The City of Man (1941): A Declaration on World Democracy, New York: Viking.

Thüsing, Rolf (1990): Der soziale Dialog als Element eines einheitlichen Sozialraumes Europa — Die Sicht der Arbeitgeber, in: Rolf Birk (Hrsg.), Die soziale Dimension des Europäischen Binnenmarktes, Referate der Tagung des Arbeitskreises Europäische Integration in Hamburg vom 19.—21.10.1989, Schriftenreihe des Arbeitskreises Europäische Integration e.V, Bd. 27, Baden-Baden: Nomos, S. 107—109.

Thune, Christian (1992): Dänemark, in: Werner Weidenfeld und Wolfgang Wessels (Hrsg.), Jahrbuch der Europäischen Integration 1991/92, Bonn: Europa Union Verlag, S. 321—326.

Thune, Christian (1993): Dänemark, in: Werner Weidenfeld und Wolfgang Wessels (Hrsg.), Jahrbuch der Europäischen Integration 1992/93, Bonn: Europa Union Verlag, S. 308—313.

Tömmel, Ingeborg (1992): System-Entwicklung und Politikgestaltung in der Europäischen Gemeinschaft am Beispiel der Regionalpolitik, in: Michael Kreile (Hrsg.), Die Integration Europas, Politische Vierteljahresschrift, Sonderheft 23, S. 185—208.

Vaubel, Roland (1993): The Danger of Europe's Democratic Deficit, in: Economic Affairs, November/Dezember, S. 45—48.

Vetter, Heinz O. (1988): EG-Binnenmarkt und Arbeitnehmermitbestimmung, in: Ernst Breit (Hrsg.), Europäischer Binnenmarkt: Wirtschafts- oder Sozialraum?, Dokumentation der von der Hans-Böckler-Stiftung und vom Deutschen Gewerkschaftsbund am 19. April 1988 in Bonn veranstalteten Tagung zum europäischen Gesellschaftsrecht, Bonn: Europa Union Verlag, S. 111—126.

Vignon, Jérôme (1986): Sept ans pour construire le vrai Marché commun, in: Economie Prospective Internationale, Revue du Centre d'Etudes Prospectives et d'Informations Internationales, Nr. 25, S. 5—23.

Voigt, Rüdiger, Hrsg. (1989): Symbole der Politik, Politik der Symbole, Opladen: Westdeutscher Verlag.

Wallace, Helen (1983): Negotiation, Conflict, and Compromise: The Elusive Pursuit of Common Policies, in: Helen Wallace/William Wallace/Carole Webb (Hrsg.), Policy Making in the European Community, Chichester u.a.: John Wiley, S. 43—80.

Wallace, Helen (1989a): Vereinigtes Königreich, in: Werner Weidenfeld und Wolfgang Wessels (Hrsg.), Jahrbuch der Europäischen Integration 1988/89, Bonn: Europa Union Verlag, S. 362—369.

Wallace, Helen (1989b): Widening and Deepening. The European Community and the New European Agenda, London: Pinter.

Wallace, Helen (1990): Making multilateral negotiations work, in: William Wallace (Hrsg.), The Dynamics of European Integration, London/New York: Pinter, S. 213—228.

Wallace, Helen (1991): Vereinigtes Königreich, in: Werner Weidenfeld und Wolfgang Wessels (Hrsg.), Jahrbuch der Europäischen Integration 1990/91, Bonn: Europa Union Verlag, S. 355—362.

Wallace, Helen (1993): Vereinigtes Königreich, in: Werner Weidenfeld und Wolfgang Wessels (Hrsg.), Jahrbuch der Europäischen Integration 1992/93, Bonn: Europa Union Verlag, S. 355—362.

Wallace, Helen (1996): Politics and Policy in the EU: The Challenge of Governance, in: Helen Wallace und William Wallace (Hrsg.), Policy-making in the European Union, 3. Aufl., Oxford: Oxford University Press, S. 3—36.

Wallace, William (1990a): The Transformation of Western Europe, London: Pinter.

Wallace, William, Hrsg. (1990b): The Dynamics of European Integration, London/New York: Pinter.

Wallace, Helen/Wallace, William/Webb, Carole, Hrsg. (1983): Policy-Making in the European Community, Chichester u.a.: J. Wiley.

Waltz, Kenneth N. (1959): Man, the State and War: A Theoretical Analysis, New York: Columbia University Press.

Webb, Carole (1983): Theoretical Perspectives and Problems, in: Helen Wallace/William Wallace/Carole Webb (Hrsg.), Policy Making in the European Community, Chichester u.a.: John Wiley, S. 1—41.

Weber, Max (1956): Wirtschaft und Gesellschaft. Grundriss der verstehenden Soziologie, hrsg. von J. Winckelmann, 2 Halbbände, 4. Aufl., Tübingen: Mohr.

Weber, Max (1958): Bureaucracy, in: From Max Weber: Essays in Sociology, übersetzt und hrsg. von H.H. Gerth und C. Wright Mills, New York: Oxford University Press, S. 196—244.

Weidenfeld, Werner (1986): Die Einheitliche Europäische Akte, in: Außenpolitik, Nr. 4, S. 375—384.

Weidenfeld, Werner, Hrsg. (1995): Reform der Europäischen Union. Materialien zur Revision des Maastrichter Vertrages 1996, Gütersloh: Verlag Bertelsmann Stiftung.

Weisser, Ulrich (1991): Sicherheitspolitik in Westeuropa, in: Werner Weidenfeld und Wolfgang Wessels (Hrsg.), Jahrbuch der Europäischen Integration 1990/91, Bonn: Europa Union Verlag, S. 237—244.

Werner, Horst (1989): Perspektiven und Probleme des Gemeinsamen Marktes 1993, in: Aus Politik und Zeitgeschichte, Nr. B 24—25, S. 3—14.

Werts, Jan (1992): The European Council, North Holland u.a.: Elsevier Science Publishers.

Wessels, Wolfgang (1980): Der Europäische Rat. Stabilisierung statt Integration? Geschichte, Entwicklung und Zukunft der EG-Gipfelkonferenzen, Bonn: Europa Union Verlag.

Wessels, Wolfgang (1985a): Community Bureaucracy in a Changing Environment: Criticism, Trends, Questions, in: Joseph Jamar und Wolfgang

Wessels (Hrsg.), Community Bureaucracy at the Crossroads, Bruges: De Tempel, S. 8—36.

Wessels, Wolfgang (1985b): Alternative Strategies for Institutional Reform, European University Institute, working paper no. 85/184, San Domenico di Fiesole, Florenz.

Wessels, Wolfgang (1986): Die Einheitliche Europäische Akte — Zementierung des Status quo oder Einstieg in die Europäische Union?, in: integration, Nr. 2, S. 65—79.

Wessels, Wolfgang (1990): Administrative interactions, in: William Wallace (Hrsg.), The Dynamics of European Integration, London: Pinter, S. 229—41.

Wessels, Wolfgang (1992): Staat und (westeuropäische) Integration. Die Fusionsthese, in: Michael Kreile (Hrsg.), Die Integration Europas, Politische Vierteljahresschrift, Sonderheft 23, S. 36—61.

Wessels, Wolfgang (1993): Deepening versus Widening? Debate on the Shape of EC-Europe in the Nineties, in: Wolfgang Wessels und Christian Engel (Hrsg.), The European Union in the 1990s — Ever closer and larger?, Bonn: Europa Union Verlag, S. 17—56.

Wessels, Wolfgang (1994): Institutionen der Europäischen Union: Langzeittrends und Leitideen, in: Gerhard Göhler (Hrsg.), Die Eigenart der Institutionen. Zum Profil politischer Institutionentheorie, Baden-Baden: Nomos, S. 301—330.

Wessels, Wolfgang (1995): Europäischer Rat, in: Werner Weidenfeld und Wolfgang Wessels (Hrsg.), Europa von A—Z, Taschenbuch der europäischen Integration, 5. Aufl., Bonn: Europa Union Verlag, S.183—187.

Wessels, Wolfgang (1996): Verwaltung im EG-Mehrebenensystem: Auf dem Weg zur Megabürokratie?, in: Markus Jachtenfuchs und Beate Kohler-Koch (Hrsg.), Europäische Integration, Opladen: Leske + Budrich, S. 165—192.

Wessels, Wolfgang/Rometsch, Dietrich (1996a): Conclusion: European Union and national institutions, in: Dietrich Rometsch und Wolfgang Wessels (Hrsg.), The European Union and Member States: Towards institutional fusion?, Manchester: Manchester University Press, S. 328—365.

Wessels, Wolfgang/Rometsch, Dietrich (1996b): Zur Dynamik der EG/EU Institutionen. Eine empirische Untersuchung von Wachstum und Differenzierung des EG/EU-Institutionensystems (hektographiertes Manuskript), Abschlußbericht an die Deutsche Forschungsgemeinschaft im Rahmen des Schwerpunktprogramms "Theorie politischer Institutionen", Bonn.

Wester, Robert (1992): The European Commission and European Political Union, in: Finn Laursen und Sophie Vanhoonacker (Hrsg.), The Intergovernmental Conference on Political Union. Institutional Reforms, New Policies

and International Identity of the European Community, Maastricht: European Institute of Public Administration, S. 205—214.
Westlake, Martin (1994): The Commission and the Parliament. Partners and Rivals in the European Policy-making Process, London: Butterworths.
Westle, Beate (1989): Politische Legitimität. Theorien, Konzepte, empirische Befunde, Baden-Baden: Nomos.
Westle, Bettina/Niedermayer, Oskar (1991): Die Europäische Gemeinschaft im Urteil ihrer Bürger — ein sozialwissenschaftlicher Untersuchungsansatz, in: integration, Nr. 4, S. 177—186.
Wolf, Anita (1991): Die Kommission, in: Werner Weidenfeld und Wolfgang Wessels (Hrsg.), Jahrbuch der Europäischen Integration 1990/91, Bonn: Europa Union Verlag, S. 71—78.
Woyke, Wichard (1991): Belgien, Niederlande, Luxemburg, in: Werner Weidenfeld und Wolfgang Wessels (Hrsg.), Jahrbuch der Europäischen Integration 1990/91, Bonn: Europa Union Verlag, S. 287—298.
Woyke, Wichard (1992): Belgien, Niederlande, Luxemburg, in: Werner Weidenfeld und Wolfgang Wessels (Hrsg.), Jahrbuch der Europäischen Integration 1991/92, Bonn: Europa Union Verlag, S. 297—309.
Zellentin, Gerda (1992): Der Funktionalismus — eine Strategie gesamteuropäischer Integration?, in: Michael Kreile (Hrsg.), Die Integration Europas, Politische Vierteljahresschrift, Nr. 23, Sonderheft, Opladen: Westdeutscher Verlag, S. 62—77.

## IV. Nachschlagewerke und Jahrbücher

Dichtl, Erwin/Lessing, Ottmar, Hrsg. (1993): Vahlens Großes Wirtschaftslexikon, 2 Bde., 2. Aufl., München.
Eurostat (1974ff.): Statistische Grundzahlen der Gemeinschaft, verschiedene Ausgaben, Brüssel/Luxemburg: Amt für amtliche Veröffentlichungen der Europäischen Gemeinschaften.
Kommission der Europäischen Gemeinschaften (1981ff.): Gesamtbericht über die Tätigkeit der Europäischen Gemeinschaften, Brüssel/Luxemburg: Amt für amtliche Veröffentlichungen.
Weidenfeld, Werner/Wessels, Wolfgang, Hrsg. (1980ff.): Jahrbuch der Europäischen Integration, Bonn: Europa Union Verlag.
Encyclopedia Britannica (1995), 15. Aufl., Chicago.

## V. Benutzte Zeitungen, Zeitschriften und Informationsdienste

Agence Europe, Brüssel
Bulletin des Presse- und Informationsamtes der Bundesregierung, Bonn
Der Spiegel, Hamburg
Die Welt, Berlin
Die Zeit, Hamburg
Dokumente, Zeitschrift für den deutsch-französischen Dialog, Bonn
EG-Bulletin, Brüssel/Luxemburg
Europäische Wirtschaft, Brüssel/Luxemburg
Financial Times, London
Frankfurter Allgemeine Zeitung, Frankfurt
Frankfurter Rundschau, Frankfurt
Handelsblatt, Düsseldorf
International Herald Tribune, Frankfurt
L'Express (International), Paris
Le Monde, Paris
Neue Zürcher Zeitung, Zürich
Newsweek, Brüssel/New York
Süddeutsche Zeitung, München
The Economist, London
The Independent, London
The Times, London
The Wall Street Journal, Brüssel/New York

Peter Lang · Europäischer Verlag der Wissenschaften

Ernst Veser

## Semipräsidentielles Regierungssystem und institutionelle Effizienz im Prozeß der Transformation

**Eine empirisch-systematische Studie am Beispiel Portugals von 1974 bis 1992**
**Herausgegeben von Horst Bahro**

Frankfurt/M., Berlin, Bern, New York, Paris, Wien, 1999. XVI, 500 S.
ISBN 3-631-34494-5 · br. DM 128.–*

Auf der Grundlage des in Deutschland fast unbekannten, von Maurice Duverger geprägten Begriffs „Semipräsidentialismus" untersucht die Arbeit dessen Bedeutung für die Erklärung der revolutionären Transformation vom Salazar-Regime zur Demokratie in Portugal. Dazu werden auch die neuere Transitionsforschung und die Parteientheorie, besonders von Giovanni Sartori, kritisch herangezogen. Der historische Ablauf der politischen Entwicklung in Portugal vom Putsch des 25. April 1974 bis zur Konsolidierung des Parteiensystems im Jahre 1992 ist Gegenstand der ausführlichen empirischen Darstellung dieser Epoche. In der Analyse kommt der Verfasser zu dem Ergebnis, daß das semipräsidentielle Regierungssystem für den friedlichen Transitionsprozeß mit dem Präsidenten der Republik als eigenständigem Machtfaktor und in seiner Legitimitätskonkurrenz mit dem Parlament einen wesentlichen Beitrag geleistet hat.

*Aus dem Inhalt*: Begriff „Semipräsidentialismus" · Transitionsforschung · Parteientheorie · Putsch vom 25. April 1974 · Bewegung der Streitkräfte (MFA) · Revolutionsrat · Provisorische Regierungen · Verfassung von 1976 und ihre Revisionen · Verfassungsmäßige Regierungen · Präsident der Republik und Parteiensystem · *pouvoir neutre*

FSC
www.fsc.org
MIX
Papier | Fördert gute Waldnutzung
FSC® C083411

Kolibri 360 GmbH
Ferdinand-Jühlke-Straße 7
99095 Erfurt, Deutschland
produktsicherheit@kolibri360.de

Druck:
CPI Druckdienstleistungen GmbH
im Auftrag der
Kolibri 360 GmbH
Ferdinand-Jühlke-Str. 7
99095 Erfurt